フィクションとは何か

ごっこ遊びと芸術

ケンダル・ウォルトン 著
KENDALL WALTON

田村 均 訳
TAMURA HITOSHI

MIMESIS AS MAKE-BELIEVE: ON THE FOUNDATIONS OF THE REPRESENTATIONAL ARTS

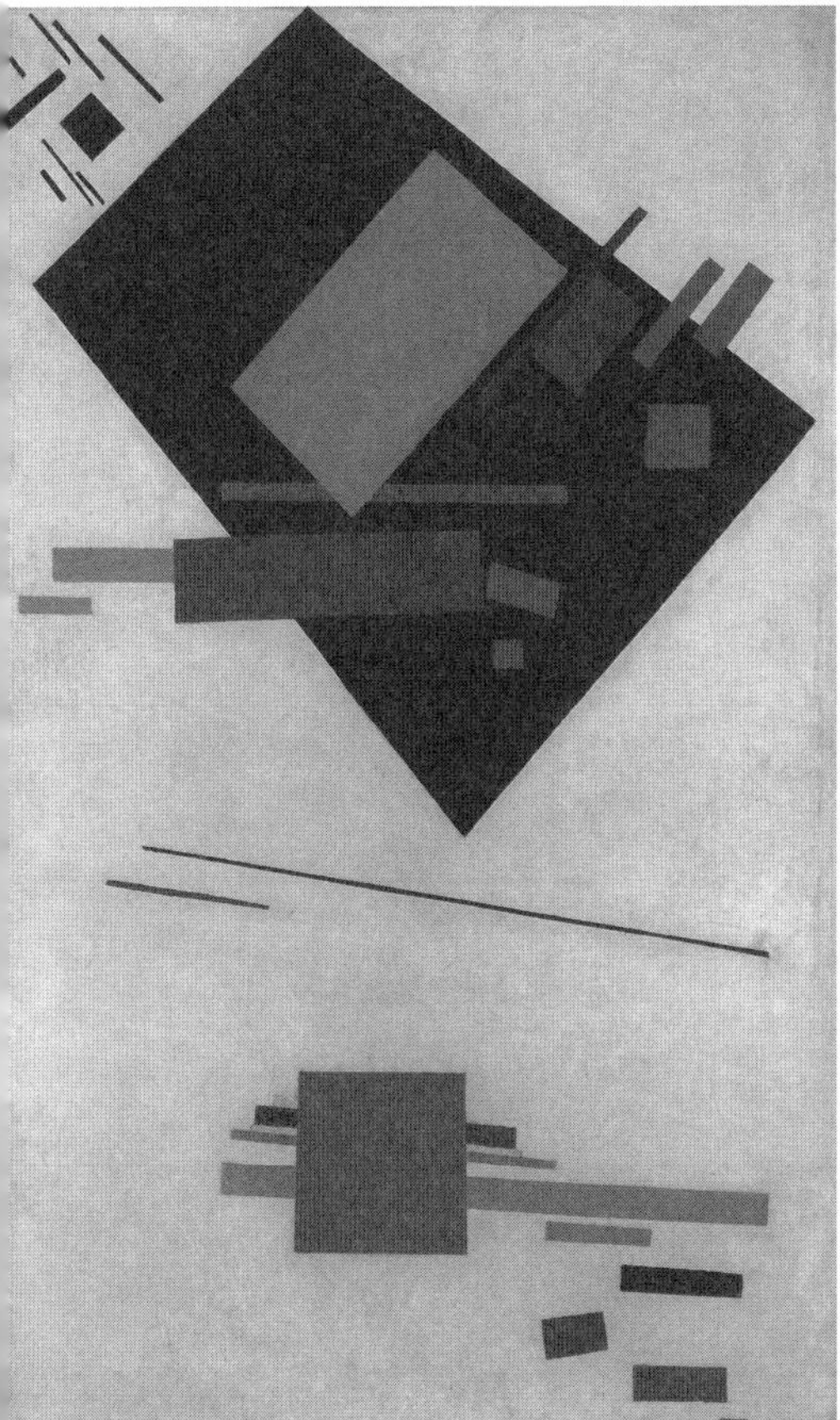

名古屋大学出版会

MIMESIS AS MAKE-BELIEVE

On the Foundations of the Representational Arts

By Kendall L. Walton

Japanese translation published by arrangement with
Harvard University Press through The English Agency (Japan) Ltd.

フィクションとは何か——目　次

第2章　フィクションとノンフィクション……71

第3章　表象の対象……106

第IV部　意味論と存在論

凡　例

一、本書は、Kendall L. Walton, *Mimesis as Make-Believe : On the Foundations of the Representational Arts*, Harvard University Press, 1990 の日本語訳である。
一、（ ）と〔 〕はウォルトンによる補いを示す。ただし、（ ）で括った英語はすべて訳者による補いである。
一、［ ］は訳者による補いを示す。
一、原文のイタリックには傍点を付した。
一、注の番号に付した（ ）は原書の注、［ ］は訳注を示す。

間もなく、ベン・ロジャーズがのらくら視界に入って来た。こいつにだけはからかわれたくない、と思っていたまさにその本人である。ホップ、ステップ、ジャンプの足取りでベンはやって来る。心は軽く、この先楽しいことが待っている証拠だ。リンゴを囓っていて、時おりホーッと、長いメロディアスな叫びを上げては、太い声でディンドンドン、ディンドンドンと続けている。蒸気船を演じているのだ。近づくにつれて速度を落とし、道の真ん中を歩いて、右舷に大きく傾いたかと思うと、重々しくかつ仰々しく船首を風上に向ける。何しろそんじょそこらの蒸気船ではない、「ビッグ・ミズーリ」号を演じているのであり、喫水二・七メートルのつもりなのだ。船と船長と警鐘を一人でやっているので、自分の最上甲板の上に立って自ら命令を発し、自らそれらを遂行しているところを想像しないといけないのである。

「止めろぉ！　ティンガリンガリン！」。船足がほぼゼロとなり、ベン・ロジャーズは歩道の方にゆっくり身を寄せてきた。

「埠頭に入るぞ！　ティンガリンガリン！」。両腕がまっすぐ脇腹に沿って伸び、静止した。

「右舷に戻せ！　ティンガリンガリン！　チョウ！　チチョウウォウ！　チョウ！」。その間右手は堂々たる円を描く。十二メートルの外輪なのだ。

「左舷に戻せ！　ティンガリンガリン！　チョウチチョウチョウ！」。左手が円を描きはじめた。

「右舷止めろ！　ティンガリンガリン！　左舷止めろ！　右舷出ろ！　止まれ！　外輪、ゆっくり回せ！　ティンガリンガリン！　チョウオウオウ！　船首舫《ヘッド＝ライン》、出せ！　気合い入れろぉ！　さあさあ——斜舫《スプリング＝ライン》索だせ——ほらそこ何してんだ！　そこの杭に引っ掛けて回せ！　桟橋に出ろ——放せ！　エンジン、止めろ！　ティンガリンガリン！　シュト！　シュト！　シュト！　シュト！（験水コックを試している）」

トムは相変わらず漆喰を塗りつづけ、蒸気船には何の興味も示さなかった。

——マーク・トウェイン『トム・ソーヤーの冒険』[1]

彼らはゲームをして遊んでいる。彼らはゲームをして遊んでいないふりをして遊んでいる。彼らがゲームをして遊んでいるところを私が見ているのを彼らに見せてしまうと、私はルール違反をすることになり、彼らは私を罰するだろう。私は彼らのゲームをして遊ばなければならない。私がそのゲームを見ているのが見えないというゲームを。

——R・D・レイン『結ぼれ』[2]

序　章

私の出発点は、絵画、小説、物語、戯曲、映画、といったものを単純に観察することである。例えばスーラの『グランド・ジャット島の日曜日の午後』や、ディケンズの『二都物語』、ヒッチコックの『北北西に進路を取れ』、イプセンの『ヘッダ・ガーブラー』、モーツァルトの『魔笛』、ミケランジェロの『ダヴィデ像』、エドガー・アラン・ポーの『告げ口心臓』といった作品を、それが人生と文化に対してもっている重要性に十分注意しながらよく見るのである。私たちは、こういう作品が何から作られていてどう作用するのか考えてしまうし、それを不思議に思わないわけにはいかない。こういう作品はどんな目的に役立っているのだろうか。どういう手段で目的を達するのだろうか。また、人々が作品を理解し鑑賞する多様な方法や、個人や集団の歴史の中でこうした作品がどのような位置を占めているのかについても、思いを巡らせる。そして、より専門的見地から接近しても、こういった作品にはさらなる魅力がある。これらは実に不思議な問題を提示するのだ。そしてその問題は、形而上学の理論や言語の理論にとってしばしば破壊的なものとなるのである。

これから探究する範囲は、出発点ほど簡単には決められない。私たちが探究するのはどんなカテゴリーに当てはまる事物なのだろう。私が付けた副題では、「表象芸術（representational arts）」の探究が約束されている。私はこの約束をそれなりに守るつもりでいる。上に例示した作品は、私には表象芸術の典型だと思われる。だが、このカテゴリーがどの方向にどこまで広がっていくのかは確定していないのだ。さらに上の例は、「虚構（fiction）」の作品の中心的な例としても認められてよい。虚構という概念も私たちの探検する領域を確定する上で、ある役割を果たすことになる。「表象芸術」と「虚構」という二つの語句は正しい方向を指してはいるが、漠然と、おおまかに正しいだけなのである。

表象芸術という概念は、その最前線をちょっと調べてみるだけで、非常に問題の多い概念であることが分かる。シドニー・

オペラハウスは表象芸術に入るのだろうか。あれが「天空への帆走」という名前を持っていたら、表象芸術になるのだろうか。ブランクーシの『空間の鳥』は表象的なのか。モンドリアンの『ブロードウェイ・ブギウギ』はどうか。ジャクソン・ポロックの絵画は描かれたときの身体動作を表象しているのだろうか。私たちは「表現的な」音楽が感情を表象しているとか、感情を経験することを表象していると認めないといけないのだろうか。表現（expression）は表象（representation）の一種なのか。標題音楽はたしかに表象的である。では、映画の背景に流れる音楽はどうなのか。ストラヴィンスキーの『プルチネッラ組曲』はどう分類すべきか。ジャスパー・ジョーンズの標的や旗はどうか。デュシャンのレディ・メイドやハプニングはどうか。だが、境界線上にあるどちらとも決めがたい事例の存在自体は、たとえそれが厖大にあったとしても、ここでの問題ではない。ここで問題になるのは、なぜある作品は表象的であり別の作品は表象的でないのかを私たちが容易に言えない、ということの方である。ある作品がなぜ境界線上にあるのかも言えないし、表象的かどうかを決めるためにその作品について何を知るべきなのかも言えないのである。いくつかの問題含みの作品のなかには、境界線上にあるとは言えないものもあるだろう。表象性とは何なのかをもう少しよく理解できさえすれば、任意のものが表象的であるかないかが確実にわかるはずだ、と感じられるかもしれない。私たちは、何が表象的なのかについて確信が持てないだけではない。混乱しており、理論を必要としているのである。

　私たちの扱うカテゴリーが表象芸術だとしたら、芸術を芸術でないものから分けるというまったく無価値で終わりのない作業に取り組むことになってしまう。表象的なものという部類に視野を限ることで少しは悩みを軽くできる。表象的なものは芸術であってもよいのだが、芸術である必要はない。とはいえ、これがもっと多くの謎を連れて来てしまう。表象的なものという部類は、動物みたいに見える雲とか星座を含むのだろうか。パスポート写真は表象的なものに入るのか。X線写真はどうか、テレビの中継映像はどうか、水面に映った像はどうか。化学の教科書、歴史小説、トルーマン・カポーティの『冷血』、ラブポエム、韻を踏んだラブレター、こういったものはすべて、それぞれ何らかの意味では表象的である。だが、『告げ口心臓』が表象的であるのと同じ意味においてそうなのだろうか。カカシは表象的なのか。造花はどうなのか。ドル紙幣、偽ドル札、モノポリーのお金、ミサにおけるパンと葡萄酒、ブロンズ加工をして飾ってある子ども靴[1]、スープの味、マダム・タッソーの蠟人形、足跡、ドルードル[2]、王冠、火葬、闘鶏、図表、設計図、トランプ、チェスの駒、そしてさらに付け加えれば、棒馬[3]やオモチャのトラックは、表象的なのか。いったいどうやってこれを決定すればよいのだろう。これらすべては、もとより、何らかの真っ当な意味において「表象的」であると認められてよい。面倒なのは、あまりにもたくさんの意味があり、それらが縦横に交差して互いに干渉しあっているように見えるということなのである。

　私は新しいカテゴリーをこれから作り上げるつもりでいる。そのカテゴリーは、表象芸術の通常の概念を、一つの原理にもとづいて改変したものである。これは改変であって、たんなる明瞭化や洗練ではない。そのカテゴリーのメンバーは、端的に「表象体（representations）」と呼ばれる。「表象体」という言い方は私固有の目的のためにのみ使われ、表象という言葉が通常もつと思われているよりも広い範囲に及ぶ側面と、より狭い範囲にしか及ばない側面とをあわせもつ。芸術という概念は、大体においてさほど真剣には受け取らないことにするが、私が表象体と呼ぶもののある重要な側面については示唆するところがある。「表象芸術」の作品として心に浮かんできやすいものは、最初に挙げた例のように虚構の作品なのである。例えば、文字による作品のうちでは小説、物語、お話であって、伝記や歴史書、教科書などではない。私は、虚構のみを考察する。虚構だけが、私の言う特別の意味での「表象体」たる資格を有する。

　「虚構」という語で私たちは何を意味しているのだろうか。「虚構」という表現は、「表象」が根本的に備えているような純然たる謎を投げかけてはこないが、混乱はたくさん見つかる。第2章では、虚構という言葉の一つの意味を他の意味から分離して洗練し、虚構にまつわる混乱のいくつかを取り除くことにする。「虚構」という言葉を作品（*works*）、つまり人が作ったものに限定せず、それを通常よりも広くさまざまなものにあてはめる方がはるかによい、ということがわかってくるはずである。この意味での「虚構」は、私たちの理解する意味での「表象体」と交換可能である。だが、私は、「ノンフィクション（nonfiction）」と呼ばれるものと対比して強調する必要のある場合を除き、「表象体」の方を好んで使うつもりである。

　「表象体」という言葉は、私が割り当てる役割にとって理想的とはとても言えないが、これよりよいものを私は知らない。「虚構的表象」にすれば、ノンフィクションを排除することについてはもっと明瞭になるだろう。だが私としては、これから作るカテゴリーが、「虚構的」なものも「虚構的でない」ものも含むより大きな「表象」という部類の一種類なのだ、という含みが生じることを阻止しておきたいのである。「虚構的（fictional）」という語には、それが果たすべき別の役割がいずれ与えられることになる。「模倣（mimesis）」という語は、その特筆すべき歴史とあわせて、私の言う「表象」と大まかに対応していると理解されてよい。この語は、私が扱う問題の多くに関する過去の重要な議論と結びついている。だからこの語を本書の表題に使った。しかし私は、模倣という語が含意する言語の画像説（ないし「象徴」の画像説）や、真理の対応説や、絵画的描出の模倣説ないし類似説といった立場に肯定的に関与するつもりはない。「表象体」もまた、画像説や対応説への肯定を示唆すると思う人がいるかもしれない。だが、少なくともある一点で、「表象」という言葉は他のどれよりも優れている。この言葉はあまりにも多様に用いられており、意味を成す用法も成さない用法もまぜこぜにして、いろいろな理論的なもくろみに当てられてきた。そのため、現行のどんな用法も独占使用権を主張できないという状態にある。「表象」という語については、一から新しく始める必要があることは明白なので、私がそうしても反論されるはずはないだろう。

表象体というカテゴリーをどう形づくるべきか、またそう決定する理由は何か、といったことは、理論が展開されるにつれて徐々に明らかになるだろう。実際、理論を組み立ててものごとの理解に達するということは、その大部分が、ものごとをどう分類すれば最善なのかを決定し、どの類似性と相違性を認知し強調すべきかを決定する、ということなのである。それゆえ、探究範囲の確定は、その大部分が探究の結果として得られる。最初に挙げた作品例を越えて、いったい私たちの理論が何についての理論なのかを分かろうとしても、理論そのものを手中にするまでは無理なのだ。

とはいえ、私たちには最初に挙げた作品例がある。それは、普通は「表象芸術」とも「虚構の作品」とも言い表されうる文化的な事物を、おおまかに集めたものである。この集まりないし作品群は、表象体という、もっと明確で役に立つ特別な意味をもったカテゴリーに置き換えられるだろう。だが、そのときでさえ、『グランド・ジャット島の日曜日の午後』や『二都物語』、『告げ口心臓』、『ヘッダ・ガーブラー』、『北北西に進路を取れ』といった個々の絵画や小説、物語、戯曲、映画は、依然として私たちの関心の中心に置かれる。表象体というカテゴリーを発明し、これにかかわる理論を作り上げる主たる目的は、個々の作品とそれをめぐる状況をより深く理解するためなのである。こういうやり方で、私は、「表象芸術」の基礎を探究するという自分の約束を守るつもりである。

最初に挙げた作品例にも非常に大きな多様性がある。確認しておけば、そこには文学作品があり、視覚芸術の作品があり、演劇や映画やオペラのような混合的な作品もある。作品例に含まれるこのような相違点は、今後しかるべき仕方で検討することになる。しかし、きわめて重要なのは、多種多様な表象体のすべてが共通に備えているものを最初に見て取ることである。文学にだけ注意を向けたり、視覚芸術にだけ注意を向けたりすることは、深刻な考え違いをもたらすことがある。だがそんな考え違いは、他の種類の表象体と並べてみればうまく訂正できるのである。文字による表象体と絵画的描出による表象体とを体系的に区別し、この二つに見出される他の相違点をじっくり考察するのは、第III部に到ってからにしたい。それまでは、表象体全般について言いうることに焦点を置くことにする。

すべての表象体が共通に備えているものは、ごっこ遊びにおけるように信じるという心的態度（*make-believe*）[4]にかかわるある役割である。この、ごっこ遊び的に信じるという心的態度は、想像力の観点から説明され、私の理論の核心を成すことになる。私は、子どもたちの遊びとこの心的態度の結びつきを真剣に捉えている。この心的態度は、ままごと遊びや学校ごっこ、警官と泥棒ごっこ、カウボーイとインディアンごっこなどと結びついており、また、お人形やテディベアやオモチャのトラックで作り上げられる空想世界と結びついている。ごっこ遊びとの類似性を追究することによって、私たちは小説や絵画や演劇について多くを学ぶことができる。

この提案は決して大胆な新機軸とは言えない。エルンスト・ゴンブリッチが有名な論文[1]で絵画を棒馬になぞらえたときにも、これは新機軸などではなかった。何らかのごっこ遊び的な態度（想像したり、何かのふりをしたりすること）が「虚構作品」にとって中心的なものであることは疑問の余地がない。これだけのことなら、驚くべきことのように見えて実は当たり前のことにすぎない。だが、ごっこ遊びのように信じるという心的態度がどういうものであるのかを説明する試みや、虚構（すなわち、私たちの言う意味での表象体）の根源をこの方向で追跡する試みは、ほとんど計画されたことがない。また、ごっこ遊びを中心に置いて考えるということの帰結も、十分理解されてはこなかった。その帰結のいくつかは驚くべきものである。基本的な洞察はおよそ自明で退屈なものに思われるかもしれないが、その洞察を展開していく中で、私たちは、まったく予想もできなかった正統的ではない結論を自分が承認しているのに気づくことになる。最終的に、ごく当たり前に見えたことが実は真に驚くべきことであったと思われてくるかもしれない。しかし、そこまで行けば、私たちは得るべきものを得ているのである。

最近の理論家の多くは、小説や絵画、演劇、映画を理解するためのモデルとして、特に言語に期待を寄せている。この場合の言語とは、虚構的でない標準的な文脈における通常の自然言語のことを言う。ごっこ遊びを私が強調するのは、部分的には、この言語アプローチが過剰になっているのに対抗するためである。言語的なモデルが多くのことをもたらすというのを否定するわけではない。芸術作品をいわゆる「真面目な」言語使用と並べて考察し、言語理論を芸術作品に関係づけることによって、理論家たちは、私たちが関心を寄せるような作品の重要な特徴を明らかにしてきた。しかし、どんなモデルにも陥穽はある。言語モデルは虚構と表象芸術に関する近年の考察を大いに支配してきた。その結果、そのモデルの限界の多くが気づかれないままになっている。もはや新しい見方でものごとを見るべき時が来ている。もちろん、ごっこ遊び理論は言語に基礎を置く理論と必ずしも衝突するとは限らない。ある理論による真実の洞察は他の理論の洞察とあわせて受け入れることが可能である。ごっこ遊びを言語学的な用語で（例えば「記号論的」に）検討することによって、ごっこ遊び自体が解明されると論ずる人もいるかもしれない。この考えにもたしかに何らかの真理はある。だが、これから見ていくように、ごっこ遊びの概念が言語の重要な側面を明らかにすることができるというのも同じように真理なのである。いずれにせよ、きわめて重要なのは、言語へのこだわりが私たちの考え方に及ぼしている支配を打ち破り、それが生み出した歪みの本質を見抜くことである。言語モデルに立ち返ってどういうところが正しいのかを評価することは、後になってからいつでもできるのだから。

さて、探究されるべき二種類の問いの区別があることについては、すでに少し触れた。一方には、表象体が私たちの生において持つ役割に関する問いや、表象体が貢献するさまざまな目的についての問い、鑑賞者の反応の本質に関する問い、などがある。人間が物語を作り、お互いにそれを語り合うというまさにその事実、つまり、たんなる虚構にすぎないと分かっていることに人間が関心を抱くという事実は、驚くべきことであり、これは説明されなければならない。他方には、登場人物その他架空の存在物の存在論的な地位と、それらを指すと称する名前や記述の意味論的な役割に関して、より専門的な問題がある。これら二つの問題群は、大まかに言えば、虚構に対する美学指向の理論化と形而上学指向の理論化に対応するが、顕著かつ不幸な分離がこれらの問題群をめぐる議論の間に存在してきた。二種類の探究はめったに交差も交流もしないのである。美学者たちは、トム・ソーヤーやモビー・ディックが本当に存在するかどうか、まず悩まない。典型的な形而上学者や言語哲学者は、虚構の芸術作品という制度にどういう重要性や価値があるかにほとんど興味を示さない。言うまでもないことだが、美学的な問題と形而上学的な問題を統一的に扱うような統合理論の方がはるかに望ましい。そういう理論においては、一方の問いへの回答が、もう一方への回答を指し示し、裏づけることになる。

そのような統合理論を見出しうると考えることには十分な理由がある。虚構の芸術作品という制度がいろいろな目的に適合したものであると考えるのは理に適っている。また、私たちは、どうやってそれが目的に適合しているのか、理解することができるはずである。すると、その制度の論理的・意味論的・存在論的構造の説明が、そういう構造を備えた制度の存在する理由を謎のままにしておくとしたら、その説明は非常に疑わしいものとならざるをえない。その制度が架空の存在者の承認を含むとしたら、私たちは、なぜそれがそういう承認を含んでいるのか、その承認がどんな目的にどのようにして役立っているのか、説明が与えられると期待するだろう。虚構という制度の存在論的な前提まで含む説得力のある形而上学的な論述は、その制度の重要性とは何なのかという美学的な問いと、意味のあるつながりをもつべきなのである。私たちにはこのことを要求する権利がある。

美学的な問題と形而上学的な問題の間につながりがあることを予期させるもっと具体的な理由も存在する。「物語のとりこになる」経験、ないし小説や戯曲や絵画の世界に感情的に巻き込まれる経験は、虚構の鑑賞の多くにとって中心的なものである。この経験の本質を説明することは美学者の重要な任務なのだ。非常に魅力的な説明の仕方は、物語のとりこになっているとき、人は一時的に現実との接触を失って虚構を本気で信じるのだ、と想定することである。『アンナ・カレーニナ』を読む人は小説にまったく身をまかせ、少なくともある程度まで、一時的にはアンナの存在を確信し、その小説がアンナについて語ることが本当だと信じるのである。そうでないなら、アンナの苦境になぜ読者が気持ちを動かされたりするだろうか。また、なぜ読者がわざわざ小説を読むなどということに興味を持ったりするだろうか。ところが、そうはいうものの、正常な鑑賞者は虚構を本当に信じたりはしない（当然だ！）。かくして、虚構に関する形而上学の中心的問題は、まさに鑑賞の経験そのものの中に、そのまま映し出されているのである。美学と形而上学が密接にからみ合っていないと信じることは困難である。鑑賞者がまさに本当に虚構を信じているのかどうかという問いが、理論家は虚構をそのまま受け取るべきかどうかという問いと、重要な点で関係していないなどとは到底信じられない。

この二種類の問題の結びつきは、これからこの二つを扱って行くなかで明らかになるはずである。ごっこ遊びにおけるように信じるという心的態度は、両方の問題にとって中心にある。第I部、第II部、第III部では、私は、ごっこ遊び的に信じるという心的態度の理論を発展させ、その理論を（広い意味での）美学的な問題に適用することに専念する。形而上学と意味論への関心がまったく表面に現れないというわけではないが、それらの諸問題を直接扱うのは、第IV部で、それまでに得られた成果を利用して行なうことにしたい。

形而上学的かつ意味論的な問題は、美学的問題と同様に、ある程度まで、ごっこ遊び的に信じることが芸術において果たす役割のゆえに生じている。だが、ごっこ遊び的に信じることは、人間的経験に広く浸透している要素であって、芸術ばかりでなく生活の他の領域でも重要である。ごっこ遊び的に信じるという態度は中心的、典型的、第一義的に芸術の特徴ではないし、「美的」経験の構成要素でもない。つまりそれは、ときおり美的経験から他の事物へと溢れ出る、というようなものではないのである。ごっこ遊び的に信じることそのものには、特別に「美的」なところはまったくない。また、芸術作品は、私たちが言う意味での表象体の、唯一の事例でも第一義的な事例でもない。芸術作品は、この研究で私が焦点とすることを選んだ事例にすぎない。ごっこ遊び的に信じることを解明し、芸術におけるその役割を検討するなかで、私は、子どもの遊びを論じていくつもりである。そして、存在と非存在に関する主張や文字通りではない言語の用法について、ごっこ遊び的に信じるということから理解するやり方を提案するつもりである。この場合のごっこ遊びには、虚構作品とも表象体とも関係がない事例が含まれる。私は、ごっこ遊び的に信じるということが、宗教的な実践にも決定的な形で関与しているのではないかと考えている。[2] 私たちの文化におけるスポーツの役割にも、道徳的な制度にも、科学における「理論的存在」の仮定にも、また、そのほかの形而上学的な「実在論（realism）」の争点が目につくさまざまな領域でも、私はごっこ遊び的な信念が決定的な形で関与しているのではないかと考えている。だが、私の理論がこういった方向にどの程度適用できるのかについては、わずかなヒントを与える程度にとどめておくことにする。

他の領域への適用がうまくいきそうだということは重要な意味をもっている。それは私の理論をより確かなものとして示し、芸術の領域で自分の理論に大いに説明力があると主張する私の大胆な姿勢を裏づける。芸術における表象性はよく知られた他の制度や活動と切れ目なくつながっていて、芸術だけが特別な説明を求める独特のものではないことが分かってくるはずだ。しかしまた、私の理論は、表象芸術とそれ以外のごっこ遊び的な信念の関与する領域との間の不連続性を十分に説明するような、豊かさと柔軟性を備えた枠組みを提供するはずである。この枠組みはまた、表象芸術そのものの内部での不連続性も十分に説明できるのである。

私はごっこ遊び的に信じることの役割に関する大胆な主張を立てるが、そこには多数のよく知られた問題が（また、いくつかのあまり知られていない問題が）含まれている。すなわち、フィクションはノンフィクションとどうやって（ないし、そもそも）区別できるのか（第2章）。読んだり理解したりすることをどういう原理が支配して（あるいは記述して）いるのか（第4章）。語りの理論の諸問題、例えば、信頼できる語りと信頼できない語り、仲立ちする者としての語り手の役割、文学作品にどれほど語り手が広く見出されるのか、といった問題（第9章）。鑑賞と批評の関係、虚構に対する鑑賞者の感情反応の特性（第II部）。悲劇のパラドックス（鑑賞者はいったいなぜ、悲劇がもたらすように思われる喜ばしくない経験に、みずから進んで入っていこうとするのかなど）、絵画的描出の本質は何か、絵画的描出は言語的記述とどう違うのか、絵画的描出は「自然」なのか「規約的」なのか（第8章）。また、私たちは、文学的表象と絵画的表象における写実主義と視点の概念を検討する。さらに、表象的なものの最果てに（見かけ上または現実に）広がる領域を、非具象的な絵画（第1章8節）や文学的ノンフィクション（第2章7節）、装飾芸術（第7章6節）、音楽（第8章6節、同7節）に特に着目して探索する。写真と映画、伝説と神話、「時間」芸術と「静止」芸術、といった議論に貢献する機会もあるだろう。虚構的な存在者の形而上学的地位という伝統的な哲学的難問についても貢献することになるのは言うまでもない。芸術におけるごっこ遊び的な信念の働きに限定しても、覆うべき領域は広大であり、読者はそれぞれ違う部分に引き付けられるだろう。だから、相当な程度まで、自分が最も興味を持っている論点に集中してもらってかまわない。それがどこにあるかは目次と索引で分かるはずである。だが、初めの方の数章の、ごっこ遊び的な信念に関するいろいろな議論と、表象体のごっこ遊び理論の基本的要素を展開した部分は、すべての読者がまず最初に目を通しておくべきである。私としては、少なくとも第1章（の特に奇数番号の節）と、第3章の1節から6節、第5章全体、そして第6章と第7章の最初の数節は、先に進む前に読んでおくことをお薦めする。相互参照の指示もしてあるので、ある議論が特に拠りどころとする節を知るのに役立つだろう。理論のかなり抽象的な説明をいろいろと読んでいくことで、その理論がどう働くのかが具体的に分かるようになると思う。この本は、個々の問題に対する別々の応答をまとめたものではなく、多くの適用可能性を備えた包括的で統一的な理論を作り上げようという試みである。

では、始めよう。

第Ⅰ部　表象体

第1章　表象体とごっこ遊び

狂人、恋人、そして詩人
みなすっかり想像力でできている。
地獄に収まらないほどどっさり悪魔を見る、
これが気違いだ。恋人はどうにも逆上して
エジプト人の表情にヘレネーの美を見たりする。
詩人の眼ときたら、見事な狂乱でぐるぐる回り、
天から地へ、地から天へと彷徨うのだ。
見知らぬ物を想像力が如実に示せば、詩人のペンは
形を与え、空気のような虚無に
居場所を与え、名前を付ける。
強烈な想像はそんないんちきをするから、
喜びを少しもたらすときは、
喜びを運ぶ輩を連れてくる。
だから、夜には恐怖を想像し
薮の中に熊がいると思うのだ！

——シェイクスピア『真夏の夜の夢』[1]

絵画や戯曲や映画や小説を理解するためには、お人形、棒馬、オモチャのトラック、テディベアといったものをまず見なくてはならない。表象的な芸術作品にかかわる人々の活動のうちで、作品の肝心かなめのところを作り上げている活動は、子どもたちのごっこ遊びとつながっていると考えるのが最もよい。私は、芸術作品をめぐる活動を、本気でごっこ遊びと見なすことを提唱する。そして、表象作品はそのごっこ遊びの中で小道具となると論ずるつもりである。それは、お人形やテディベアが子どもたちのごっこ遊びの小道具となるのと同じことなのだ。

子どもたちは莫大な時間と労力をごっこ遊びという活動に費やす。ごっこ遊びに夢中になることはほぼ普遍的らしい。[1] それは特定の文化や社会集団に特有のものではない。ごっこ遊びに参加したいという衝動と、遊びの実践が満たしている欲求は、きわめて根本的なものであるように見える。だとすると、子どもたちが成長するにつれてごっこ遊びからあっさり卒業していくなどとは考えられない。成人期の開始とともにごっこ遊びが跡形もなく消え去ったりしたら、その方が驚きである。

ごっこ遊びは消え去りはしない。私たちと表象的芸術作品との関わりの中でそれが続いている、と私は主張する（芸術作品との関わりも、もちろん子ども時代に始まっている）。ごっこ遊び的な活動が行われる形態は、私たちが成熟するにつれてかなり大きく変化する。ずっととらえ難くなり、洗練され、開けっぴろげではなくなる。子どもたちがお人形やオモチャのトラックで行なう遊びは、後年に行なわれるもっと洗練された形態に比べて、いくつかの点でずっと透明で理解しやすいものである。これが、子どもたちの遊びが、表象的芸術作品を用いる大人たちの遊びを理解する助けになる理由の一つである。

言うまでもないが、ごっこ「遊び」と言うとき、それが単なる気軽な楽しみであるという含みはしりぞけておかなければならない。遊びは、子どもたちを楽しませて悪戯をさせないでおく、という目的よりもずっと重要な目的に役立っている。一般に認められていることだと思われるが、そういった遊び――一般的には想像的な活動――は、広く行き渡っていることから示唆されるように、周囲の環境にうまく対処するためにいろいろ私たちが努力するとき、ある根源的な役割を果たすのである。[2] アウシュヴィッツ強制収容所にいた子どもたちは「ガス室行き」と呼ぶ遊びをした。[3] あれほど悲劇的な事態をそんなにも軽々しく扱うことを思えば、ぞっとする人もいるかもしれない。だがこの「遊び」は、参加者たちが自分の置かれた恐るべき状態をしっかり理解して把握するための非常に真剣な試みだった、と見なす方がはるかに適切である。そうやって「遊ぶ」ことによって、子どもたちは、最大限の真剣さで民族虐殺の現実と直面していたのだと私には思われる。

ごっこ遊びのもたらす利益や、それが一体どんな欲求をどうやって満たしているのかについて、もっと多くのことを学ぶ必要がある。しかし、答えの方向は容易に示唆される。すなわち、ごっこ遊びに携わることは、実生活でいつの日か引き受けることになる役割を練習する機会を提供する。またそれは、他人を理解して共感するのを助ける。さらに、自分自身の感情をしっかり把握することを可能にし、自分の視野を広げるのである。絵画や演劇をごっこ遊びにおける小道具と見なすことの優れた点は、子どもたちのごっこ遊びの働きについて私たちが学ぶことのすべて、ごっこ遊びについて分かったと感じることのすべてが、表象的な芸術作品に価値があって重要なのはなぜ、どのようにしてであるのかを説明することに役立つからである。

ごっこ遊びは、想像的な活動の一種である。それは、特に、小道具をともなった想像力の働きである。だが「小道具」とは何であり、どう作用するのかを説明する前に、想像することについての私の見解を述べておかねばならない。

1 想像の働き

想像について考えてみると、自然に心に浮かんでくるのはこんな例である。フレッドは、仕事の空き時間に、独りで考えにふけっている。勤めはパッとしないし周りは自分を分かってくれていない感じがする。だから、自分が金持ちで有名な政治家になったところを夢想し始める。拍手喝采する有権者たち、訪問に来る大物たち、巨大な邸宅、フレッドにぞっこんのご婦人たち、何台もの凄いクルマ、といった映像を思い浮かべる。だが、残念ながら結局は現実が戻ってきて、フレッドは靴を売る仕事に戻るのだ。

これはたしかに想像力の行使の典型的な例である。とはいえ、すべての面で典型的であるわけではない。フレッドの想像体験に固有の特徴と想像一般の特徴とを取り違えないように、十分注意しなければならない。想像力の行使という項目のうちには、けた外れに多様な体験が入れられているのである。

フレッドの想像に特有な点の一つは、小道具が使用されていないという点である。もう一つは、想像が心像を抱く活動になっている点である。想像活動は心像なしでも起こりうる。ここでは、しかし、これら以外の三つの特徴に注意を向けることにしたい。その三つはフレッドの白昼夢に見出されるものだが、想像活動一般に共通のものではない。まず、フレッドの白昼夢は熟慮にもとづいている。また、現に起きている心的出来事（ないし行為）である。そして、単独で、つまりフレッドが自分だけで行なっている。これに対し、想像活動は自然に起こるものでありうるし、現に起きていることでなくてもよい。そして、それは時には単独での活動や経験ではなく、むしろ社会的な活動や経験となる。

先に進む前に、想像活動が、真であることや信じることから独立であることに注意しておくべきだろう。フレッドの想像したことの多くが偽なることであり、フレッド自身も偽だと分かっていることである。ところが、フレッドは自分の名前がフレッドであると想像している。また、自分が温暖な気候を好むこと、フランスがヨーロッパにあること、そのほか真であると自分が知っていることを、たくさん想像している。誰かがしかじかのことを想像していると述べることが、それは真ではないとか、想像している人自身がそのことを信じていない、といったことを含意したり示唆したりすることはたしかにある。にもかかわらず、何かを想像するということは、そのことが真であると知っていることと完全に両立するのである。

さて、命題を想像することと、一つのものを想像すること、何かをすることを想像すること、この三つには相違点も関連性もある。例えば、クマがいるということを想像することと、一頭のクマを想像することと、自分がクマを見ているところを想像すること、この三つには違いも関連もある。だが、それを検討することは、もっと先に延ばしたい。このことは後に重要になってくる。

自然に起こる想像と熟慮にもとづく想像

私たちは、フレッドがしたように何かを想像しようと決心することがある。あれこれのことを想像する意図を形成し、それを実行するのである。想像活動は熟慮にもとづいて行なわれることもある。だがいつもそうなのではない。私たちは、しばしば自分が何かを想像していることに気づかされることがある。心は夢見やすくできていて、意識的な方向付けなどなく成り行きにまかせてさまようように見える。考えは頭の中にひとりでにふと浮かぶ。想像とは、場合によっては、私たちが行なうことというよりは、私たちに起こることであるように思われる。呼吸と似て、想像は熟慮にもとづいていることも自然に起こることもありうる。

熟慮にもとづく想像と自然に起こる想像との間の区分は判然としたものではない。何を想像するか（また、そもそも想像するのかどうか）についてさまざまな程度と種類の操作が行なわれうる。熟慮にもとづく想像と自然に起こる想像が一つの想像体験の中で結びついていることもしばしばある。熟慮して始まった一連の想像は、ほとんど常にそれ自身の働きで展開していく。クマを想像すると決めたら、ある種類のクマを想像しているのに気づくことになる。例えば、大きくて獰猛なハイイログマが行ったり来たりしている、というように。熟慮にもとづいて想像していることを洗練する働きは、自然に起きてくる。

とはいうものの、比較的自然に起こる想像活動をかなり多く含む想像の経験は、より熟慮して行なわれるものとは重要な点で違っている。想像活動が熟慮にもとづくものであるかぎり、私たちはそれが自分に依存していることをよく自覚している。「自分の想像の世界」が人為的に工夫して造られたものであり、自分の夢見たもの、自分が何を想像すべきかを選択して少しずつ組み立てたものであることは、それを想像している人物にとって明らかなのだ。だが、自然に起こる想像はそれ自身の生命を持っている。想像する者は、自然に起こる想像の実行者というよりも「見物人」である。自分の想像上の世界を組み立てるというよりは、世界が展開していくのを「見まもっている」のである。その世界は、その人物が工夫して造ったというよりは、その人物から独立に創造されて存在しているように見える。その世界がどうなっていくかを見てその人が驚くこともありうる。キャンディストライプのクマを自分が想像していることに驚嘆し、この異様な猛獣が、例えば月を飛び越えるのを、びっくりしながら「見まもる」こともありうる。自然に起こるかたちで創造された想像上の世界は、私たちを驚かすことができるという点で、現実世界に似ている。自然に起こる想像は、熟慮した想像よりも楽しくて、わくわくさせるものとなりうる。そういう想像は、ずっと「生き生きと」して「真に迫った」体験になりやすいのである。それは、意志から独立であるという点で、現実に知覚経験をすること、言い換えれば現実世界と相互作用することによく似た体験なのである。[4]

なぜ自然に起こる想像が熟慮にもとづく想像よりも生き生きとしているのか、もう少し深い説明を与えるならば、次のようになるだろう。その説明にかかわる大事な原理は、ある命題が偽である証拠が意識に強く提示されると、その命題が真であると生き生きと想像するのは難しくなる、ということである。人跡未踏の荒野にいると想像したいならば、私は、目を閉じたり、高層ビルや自動車の往来を手で遮って視野から閉め出し、樹木と空しか見えないようにしたりして、自分の想像経験の生気を高めるようにするだろう。高層ビルや自動車をじっと見ていると、自分が荒野にいると想像することが難しくなるというわけではない。紛れもない文明の証拠が意識を占有しているのに、荒野にいると生き生きと想像することが困難なのである。目を閉じたからといって、自分が自動車や高層ビルに囲まれていることを私が忘れるわけではないし、目を閉じると何か幻影が得られるわけでもない。私は、自分が荒野にいるのではないことを、以前と同様に確実に知っている。大事な点は、私の事実認識が私の想像活動の生気に影響するということではないのである。そうではなくて、大事なのは、私が信じている諸事実が私に対してどの程度目についてしまうのか、そういう事実がどのくらいしつこく私の思考に侵入してくるか、そういう事実について（心に生起してくる）思考をもつのを避けることがどのくらい難しいのか、ということなのである。

森でクマに出くわすとジェニファーが想像する場合、彼女はクマについての思考を抱く。クマが自分の前にいるという命題を心の中に抱いて、熟慮し、あれこれ思いめぐらせてみる。命題はもう少し詳しくて、例えば、恐ろしげなハイイログマが自分の目の前を行ったり来たりしている、というような命題かもしれない。また、ジェニファーはクマを視覚的に思い描くかもしれない。いずれにせよ、想像が熟慮にもとづく場合、クマについての思考と心像の源泉が、（実在の）クマではなく自分であるという事実、ジェニファー自身がそのクマを思い描いたという事実は、当然意識の中でくっきり浮かび上がっていて、それを無視することは困難である。だが想像が自然に起こる場合は、同じことを無視するのがさほど困難ではない。この場合もジェニファーは、現実のどんなクマも自分の思考と心像の原因ではない、ということを完全に知っている。つまり、思考や心像が自分の無意識のどこか暗い底から出てきたということを少しも疑いはしない。しかし、想像が自然に起こる場合には、想像の源泉が自分だという事実にずっとこだわるよう仕向けるものは何もない。そんな事実はジェニファーの思念の流れに割り込んでこない。あえて尋ねられればその事実を認めるのにやぶさかでないとしても、それが表に現れてはこないのである。これが、なぜ熟慮にもとづく想像よりも自然に起こる想像の方が、いっそう生き生きとしていて、いっそう心を捉え、いっそう「驚かせる」ものになりやすいのかの理由である。

自然に起こる想像活動が、想像する人の操作に従うという側面もある。想像する人は、自分の想像経験に熟慮しつつ介入するという選択肢を——実際には介入しないことを選ぶ場合でさえ——有してはいる。キャンディストライプのホッキョクグマが月を飛び越えるところを自分が想像してしまっているのに私が気づいたとしよう。こういう場合でも、私は、その代わりにポルカドットのハイイログマが星を飛び越えるのを想像するとか、あるいは想像するのを完全にやめてしまうとか、そうしたければできる、ということを理解しているだろう。この理解によって、想像経験が自分から独立であるという感じは限界を与えられている。想像世界はまさにそれ自身の力で展開していく。だが、それは、私の（暗黙の）許可によって、つまりそれがそう展開するのを私が許容しているということによって成り立っているのである。(5)

しかし、ときには自分の想像を操作する潜在的な能力がない場合もある。睡眠中や憑依の意識変容状態ではそうなる。夢は熟慮を介さず自然に起こる想像活動である。想像をする人は想像を方向付けしないだけでなく、（意識的には）方向付けできない。(6) このことが、なぜ夢を見ることが白昼夢より強烈な経験となり、人を突き動かしやすく、ずっと「現実そっくり」なのかを説明してくれる。白昼夢の場合、想像する当人が自分の想像活動を方向付けたり、熟慮にもとづいて介入をやめたりしているのである。

現に生起している想像と生起していない想像

人間はそれぞれ非常に多くの信念と莫大な数の意図や欲求を持っている。だが、どんな時でも、注意が向けられているのは、その内のごくわずかの部分でしかない。こういうわけで、信念や意図や欲求について、現に生起しているものと現に生起してはいないもの（潜在的なもの？）という伝統的な区別が生まれる。次の選挙で民主党が勝つという考えがマリリンに生じてくるとき、つまり確信をもってそう考えたりそう心の中で言ったりしているとき、マリリンは、現に生起しているという仕方で、民主党が次の選挙で勝つと信じているのである。だが、これと同時に、彼女はたくさんの他の信念を保持している。マリリンはトーマス・エジソンが電話を発明したことも信じているし、ヴァイキングが最初にアメリカ大陸にやってきたヨーロッパ人だということも、自分がプロレスラーでないということも信じており、他にもっともっとたくさんのことを信じている。でもこういった他の信念のうち、マリリンの意識にその時点で上ってきているものはほとんどない。なかには、決して上ってこないものもあるだろう。

想像についても同様である。フレッドが夢想を開始して、自分が巨額の宝くじを当て、それを選挙運動に使って当選し、在職中は何百万もの人々から愛され尊敬され、最後は南フランスの別荘に隠退すると（現に心に生起している状態で）想像すると仮定しよう。フレッドが空想するのにつれて、こういった思念が意識の中を流れていく。だが、選挙戦を勝ち抜くにあたり、自分は投票箱に不正投票を仕込んだりせず、有力な敵対候補を買収したりもしなかったとフレッドが想像している、ということもまた真であってよい。同様に、隠退する土地が地中海に臨んだ温暖な気候のところだと想像している、ということも真であってよい。そして、隠退する時点で自分は健康であると想像している、ということも真でありうる。この内容の考えが明示的にフレッドの心に生じていない場合でさえ、これらは真でありうる。自分の選挙戦が公明正大だったのかどうかという問いは、フレッドの心に一度も浮かんでこないかもしれない。フレッドは当然そうだったと思っているだけなのだ。南フランスに隠退すると現に心に思い浮かべるならば、そこは温暖な地中海性の気候に恵まれたところだと自分に言い聞かせたりしなくても、心の片隅にはこの考えをもっている。また、フレッドは隠退の時点で健康であると暗黙のうちに考えている。つまり、隠退時の自分が健康であると、現に心に生起してはいない状態で想像しているのである。こういった思念は、白昼夢の間のフレッドの「心の備え」だ、と言ってもよいだろう。

　フレッドは、現に心に生起した状態で、宝くじを当てて億万長者になると想像し、その後、さらに自分の政治的経歴と隠退にいたるまでを考えていく場合、自分が宝くじを当てたということを想像するのをやめるわけではない。この想像は持続的な状態であって、その考えがフレッドの心に浮かんだときに始まり、おそらくその白昼夢が続いている間は続く。最初にその考えが浮かんだとき以降、宝くじのことは心に現に生起していない状態の想像となり、フレッドの政治的経歴と隠退に関して引き続いて生じる想像の背景となる。(だから、空想を続けていくうちに、この背景的想像の効果として、宝くじで得た富が原因であるかぎり、自分の成功は本当に自力で得たものではないし、自分はそれに値しない、という漠然とした自責の念がフレッドに生じるということもありえなくはない。)

　白昼夢を個々の心的出来事のとぎれとぎれの系列として考えるのは間違いである。それはけっして、最初に一つのことを想像し、次にもう一つを想像し、さらに三つ目を想像するというような想像活動ではない。それは、いろいろな想像活動が一枚の連続した布となるように織り上げられている。ある特定の時点では、そのうちの何本かの糸だけが表面に見えているのである。

　現に生起していない想像活動が何でできているのか、また生起している兄弟分とどう違っているのか、といったことを決める必要はない。たぶんそれは、現に生起した状態で想像することに向けた準備状態なのだろう。だが、ここでよく注意しなければならない。有名で金持ちになるという白昼夢に何度も耽る人物は、この想像をしていない合間のときに、自分が金持ちで有名だと想像することに向けた準備状態にある。しかし、この人物は、合間のときにこのことを現に生起していない状態で想像していなければならない、というわけではない。合間のときには、その反対をずっと想像していてもよいのである。フレッドは、白昼夢に耽っている間、自分がグレタ・ガルボと結婚する、と現に生起した状態で想像する準備状態にあるかもしれない。つまり、彼はグレタ・ガルボに夢中になっていて、仮に誰かと結婚するかどうかという問いが心に浮かんだとしたら、自分はガルボと結婚すると想像したに違いない、という状態なのである。しかし、だからといって、現に生起していない状態でガルボと結婚すると、フレッドがまさしく想像していたということにはならないのである。現に生起していない状態の想像活動のうちのあるものは、ある種の（現に生起している）経験であるように思われる。すなわち、自分の心の片隅で気づかれずに思念を抱くという経験、少なくとも、自分の他の思念に影響を及ぼす作用をもつという経験であるように思われる。この経験は、宝くじの件については成り立つ。フレッドが、豪勢な隠退生活について、自力で得たのではなく自分はそれに値しないという感じをもちながら考えているとき、フレッドの中で、宝くじで大金を当てたという想像は引き続いて作用していることになる。

現に生起していない想像、ないしエピソードにならない想像といったものが、必ずしも意識されない想像であるわけではないことは明らかなはずである。少なくとも私たちは、そういう想像に現に生起していない状態で気づいていてもよい。（おそらく、そういう想像に現に生起した状態の注意を向けることが、現に生起した状態における想像を構成するのだろう。）私は、現に生起している想像が意識されている必要もないのではないか、と疑っている。

現に生起していない想像活動の本性については多くの問いが残ったままである。それは現に生起している想像活動とどう違っているのか、個々のいろいろな事例をどう分類するべきか。だが、想像活動というものは現に生起していなくてもよいということを憶えておくだけで、さしあたり私たちの目的には十分である。

単独の想像と社会的な想像

ここまでは想像することを独りですること、つまり人が自分だけで行なったり経験したりする何かであると考えてきた。しかし、人間はいつも独りで想像活動に携わるとはかぎらない。私的空想に耽ることは、ときには社会的な出来事となりうる。私的な空想もあれば、共同作業による白昼夢もあるのだ。

私たちは、自分たちが何を想像することにするのか、お互いに合意を形成する場合がある。「宇宙船で冥王星に向かって宇宙旅行する、と想像しよう。」「いいね、じゃあ土星を通過するときに宇宙海賊に襲われる、というのはどうだろう。」共同で空想作業をすると、想像のための各人の発想や知力を共同利用できるようになる。一緒にやれば、ばらばらにやるときよりも、ずっと刺激的なことや面白いこと、納得できることを、考えつくかもしれない。共同での空想作業の参加者はお互いの経験を共有できる。つまり、自分が想像したことについて議論したり、お互いの反応を比較したりできるのである。

集団的想像という社会的な活動は、想像されるものに関する単なる一致以上のものを含んでいる。異なる参加者が同じことの多くを想像するというだけではなく、それぞれの参加者が、自分の想像していることを他の人々が想像している、ということを理解しており、また各人は、他の人々がこの点を理解しているということを理解している。さらに、一致が成立していることを確かめる手続きも成り立つ。そして、それぞれの参加者は、活動がうまく進んでいるかぎりで、他の人々が想像することについて、理にかなった期待を抱き、正しい予測を行なうことができるのである。

　上の宇宙旅行の空想のように、何を想像するかについて明示的な合意をすることは、想像活動を同調させる一つの方法である。しかし、それには重大な難点がある。何を想像すべきかについて、参加者たちが集合的に決定するかぎり、彼らの想像活動は、熟慮にもとづいて行なわれるほかなくなってしまう。各人は、それぞれ個人的に、同意されたことについて想像すると決定せねばならないのである。同意による同調の代価に支払われるのは、自然に起こる想像の「生き生きとした感じ」である。しかし、すぐに見るように、想像の同調は、この代価を支払わずに他のやり方で達成することが可能である。人形や、棒馬や、雪のお城や、オモチャのトラックや、泥のパイといったものに協力を求めることによって、そして、表象的な芸術作品に協力を求めることによって、それが可能となるのである。

想像活動と思念を心に抱くこと

想像するとはどういうことなのだろうか。ここまでは想像活動に変化が生じる特性について、いくつか取り上げて検討してきた。そろそろ想像活動が共通に備えていることについて、はっきり言っておくべきではないだろうか。

　確かにそのとおりで、できればそうしたいのだが、私にはそれができない。ただ幸いなことに、想像するとはどういうことかについての直感的理解があれば、私たちが探究を続けるにはそれで十分なのである。そうした理解は本章の見解によっていくらか輪郭が明確になってくるはずだ。だが、想像することを理解する上でうまくいきそうに見えて実は無力なやり方の一例を、簡単に見ておくのは意味があるだろう。話を単純にするため、命題的な想像——何かが成り立っていると想像すること——だけに注目することにしよう。さて、Pという命題を想像することとは、Pという命題を心に抱くこと、その命題に注意を向け、その命題を考察することである。こういう見解がありうるだろう。[7]

　心に抱くことや、注意を向けること、考察することは、ごく自然に、現に生起している心的出来事として解釈されるように思われる。これらが現に生起しているものであるとして、では果たして「現に生起していない状態でPという命題を想像する」ということに意味がありうるだろうか。こちらは「Pという命題を心の片隅で持つこと」を意味すると解釈されるかもしれない。だが、この言い換えは想像することそのものより明瞭なわけではない。この考え方が多少とも役に立つというのなら、ある命題を（暗黙にすら）信じることなしに、それを心の片隅で持つことができるのでなければならない。というのも、自分が信じていないことを想像することは可能だからである。では、現に生起していない状態で気づいていたり知っていたりする命題はすべて、人はそれを「現に生起していない状態で心に抱く」、つまり心の片隅で持っている、と私たちは言うつもりなのだろうか。だが、これでは多くを許容しすぎることになる。例えば、聖アンセルムスは八月に生まれたという命題に、私は、人生においてほとんどいつも、現に生起していない状態で気づいているということになる。私はそういう命題が存在すると暗黙のうちにずっと分かっていたのだ、と。しかし、私はその命題を信じたことも、信じなかったこともないし、そうあって欲しいとか、その他いかなる特定の心的態度も――たぶんその命題の真理値を知らないという心的態度だけは除いて――その命題に対して持ったことはなかった。ではこの年月の間、私はアンセルムスが八月に生まれたと、現に生起していない状態で想像していたのだろうか。もちろんそんなはずはない。この命題は、フレッドの白昼夢の中でフレッドが健康なまま引退するという命題が果たしているような役割を、私が想像活動を営んできた人生の中でいっさい果たしてこなかった。フレッドの場合は、引退することだけを心の中で考えている間も、健康なまま引退すると暗黙のうちに考えている。ある命題を想像することがそれを心に抱くこと、心の中に持つことであるのならば、私たちは、心に抱くとか心の中に持つということについて、もっと限定されていて、なおかつ現に生起していない状態を許容するような理解を必要としている。いったいどのような意味において、私の場合は、このページを書く以前にはアンセルムスが八月に生まれたという命題を暗黙的にでさえ心に抱いたり、心の中に持ったりしたことはなかった、と言うことができて、なおかつ、フレッドの場合には、白昼夢の間ずっと、健康なままで引退するという命題を暗黙的に心に抱き、心の中に持っていた、と言うことができるのだろうか。たぶんそれができるのは、ある命題を心に抱いたり、心の中に持ったりすることは、その命題を想像するということなのだ、という意味においてである。私たちは出発点に戻っている。想像するとはどういうことだろうか。

命題を心に抱くという考え方は、現に生起している想像活動の説明としてさえ機能するかどうか疑わしい。ヘレンが、現に生起した状態で、西暦二〇〇〇年までにサンフランシスコで地震が起こると信じているとしよう。つまり、彼女はひそかにそう考えているわけである。確かにヘレンが行なっていることの一部は、この命題を心に抱くことである。このとき、ヘレンがその命題を想像していると見なすことは、それほど無理なく受け入れられる。一般に、ある人が現に生起している状態で信じていたり、信じないでいたり、恐れたり、意図したり、欲したりしていることについて、その人はそれを想像している、というのは無理なく受け入れられるだろう。ところが、ディックが、西暦二〇〇〇年までにサンフランシスコで地震が起こるということにはならない、と考えているとしよう。この場合ディックは、西暦二〇〇〇年までにサンフランシスコで地震が起こるだろうという命題を、これの否定命題とともに心に抱いているように思われる。では、ディックは地震が起こるという命題と起こらないという命題の両方を想像している、と私たちは認めなければならないのだろうか。現に生起している想像活動は、通常理解されているかぎりで、また表象作用を説明するために私たちが理解しておく必要があるかぎりで、想像されている命題を心に抱くとか、考えるとか、心の中に持つ、といった以上のことを含んでいる。想像活動（命題に関する想像活動）は、（命題を）信じたり欲したりすることと同様に、心の中に持っている命題でもって何かを行なうことなのである(8)。

想像するとはどういうことかを説明するさらにまた別の戦略は、通常とは違う困難に出くわすことになる。どのような行動上の基準が想像活動を解明するのに役立つのか、あるいは機能主義的な説明において重要になる機能が何なのか、いずれも容易には分からない。想像することは、信じること、意図すること、欲求すること、あるいは、うれしいとか悲しいとか、罪を感じるとか妬みを感じるといった、しばしば議論される心的態度に比べて、ずっと扱いにくいように思われる。

以上の否定的な結論は、想像することの完全な説明を構成しようとするいかなる試みにも立ちふさがる困難のうちのいくつかを、例示し強調するものである。私はそういう試みをしないという決心をしているのだが、以上の否定的結論を示すことで読者の共感を得ることができればよいと思っている。残るのは、そんな説明はなくても私たちがやっていけることを示すことだけだ。いずれにしても、困難があるからといって、想像することよりも弱い概念、例えば考慮といった概念でもって間に合わせておく言い訳にはならない。どんなに明瞭でも、間に合わせの概念ではすべき仕事ができないのだから。「想像すること」という概念は、他の役には立たなくても、ある概念が占めるはずの場所を示すことには役立つ。あとでその概念を明瞭にすればよいのである。

すでに注意しておいたように、人形やオモチャのトラックや表象的芸術作品は、想像を同調させるのを助けることによって社会的な想像活動に貢献する。これは、現実の事物が私たちの想像上の人生を豊かなものにする多くの重要なあり方の、一つの例にすぎない。想像するという経験は、一般に現実世界と関係のないうわついた空想と見なされているが、これは浅くて歪んだ考えである。時には、たしかに想像が現実逃避の手段となることがある。私たちは、本当は事実ではないことをしばしば想像する。だがそんなときでさえ、私たちの想像経験は、現実の環境への非常に綿密な注意をともなっている場合が多い。周囲の環境を全体として忘却しているわけではないのである。ほとんどの場合、想像活動は何らかの仕方で現実世界に依存し、現実世界へと向かっており、そこに根拠をもっている。これから私は、現実の事物が私たちの想像体験の中で果たしている三つの重要な役割について検討していく。第一に、現実の事物は想像活動を促す。第二に、現実の事物は想像活動のオブジェクトとなる。第三に、現実の事物は虚構的真理を生み出す。この第三の役割は、今後私が特別な意味で使う「小道具（props）」という言葉を定義する特徴である。

2　想像を促す事物

　森の中を歩いていると、ヘザーはびっくりするほどクマに似た切り株[2]に出くわす。ともかくそれは彼女にはクマみたいに見えるのだ。そこで、ヘザーはクマが自分の行く手をさえぎっていると想像する。このとき、切り株によってヘザーの想像は促されている。切り株がなければそういう想像をしていなかったはずである。スズメのさえずりは、人にカクテルパーティの喧噪を想像させる。新しいオモチャのトラックの箱を開けるとき、子どもは大きな赤いダンプカーを想像する。眠っている人は、目覚まし時計が鳴っているのを夢うつつで聞くと、学校の始業ベルが鳴っていると想像する。こういった事例は、環境中の事物が想像を促す例である。幻覚性の薬剤や脳外科手術も私たちが想像することに影響を与えうる。だが、想像を促すもの（prompters）として私が関心を持っているのは、知覚されたり、経験されたり、認知されたりすることによって想像を促す事物である。切り株は、それを見たということだけで、ヘザーがクマを想像するように仕向けている。

　想像を促す事物は、私たちの想像体験にいろいろな仕方で貢献している。まったく明白なのは、そういう事物は私たちの想像の地平を拡大するということである。そういう事物は、それがなかったら到底思いつきもしなかったようなことを想像するように、私たちを誘うのである。例えば、怪物を示唆するような形状の岩が山の頂に見えていなかったとしたら、山のてっぺんに怪物が座っているという想像を私がするはずもなかった、というわけだ。想像活動は、思いもよらない目新しい着想にふと気づいて、それをよく調べ、あれこれ験してみる、という活動の一つである。ゆえに、想像活動を未知の領域に誘うことに価値があるのだ。

　目新しい着想のすべてに、等しく取り上げる価値があるわけではない。切り株や岩のような自然物は、実りある方向に想像力を促すこともあれば促さないこともある。自然物が何を私たちに想像させるかということは、それがどんな形状でどういう特徴をたまたま持っているかに左右される偶然的な事柄である。だから、人間は、他人の想像活動を決まった方向に動かすために、想像を促す事物を自分で制作したり、自然の事物を作り替えたりすることがある。雪だるまや人形やオモチャのトラックは、それを見たり使ったりする人々が人間や赤ちゃんや特定のタイプのトラックを想像するように、作り手が形状を工夫して作ったものである。間違えようがないくらい切り株をクマ「そっくり」に彫刻して、見た人にクマの想像を促すことを確実にする、というやり方もありうる。想像を促す人工物を作ることによって、私たちは他人と想像上の思考を共有する。私たち皆が、普通より想像力に富み創造的で洞察力のある人々から、そうやって利益を得るのである。そういう人々は、他人の興味を引いたり、ハッとさせたり、好い気持ちにさせたりするような想像の流れを考えつく特別の才能に恵まれているからである。

他人の想像活動を方向付けるとき、言葉で指図を与えるだけではなぜだめなのか。手間をかけて切り株を彫るかわりに、「恐ろしいハイイログマが行く手をさえぎっていると想像してごらんなさい」と言うのではなぜだめなのか。第一に、他人に何を想像して欲しいのかを正確に言葉にするのは困難だ、ということがある。(「クマが今にも攻撃を仕掛けそうな姿勢をとっていて、でも憎悪よりは恐怖が表情に現れているっていう、分かると思うけど、そんな感じのところを想像してごらん。」)また、言いたいことをどうにか言い表すのに成功したとしても、指図がすぐに理解されるとはかぎらない。自分が他人に想像して欲しいことを伝えるためには、明示的に言葉で指示するよりも、「そっくり」のものを何か作ってしまう方がたやすいということもある。(文学作品の中には、何を想像すべきかに関する明示的な指図と解釈できるものもあるかもしれない。だが、ほとんどの作品は、それよりずっと複雑な役割を果たしている。その点については第9章で見るつもりだが、その役割は、彫り込まれた切り株など「そっくり」なものの役割によく似ている。)

彫り込んだ切り株などが言葉による指図よりも有利である第二の点は、次のことである。指図に従うことは、想像する者の側に内省や熟慮を要求することになりやすい。特に指図が複雑な場合はそうなる。実物とそれなりに「そっくり」なものに対しては、私たちは当然より自動的に応答するのである。ヘザーは切り株に出くわしたとき、クマを想像するかどうか決定する必要はない。そのクマが大きいのか小さいのか、自分の方に向かって来るのか逃げて行くのかについても、やはり決定する必要はない。切り株の方がこういった多くのことを、彼女の代わりに決定してくれるからである。切り株やオモチャのトラックのような想像を促す事物によって引き起こされた想像は、手の込んだ詳細な想像の場合でさえ、指図に応じて行なわれる想像よりも、意図と熟慮の度合いが少なく、自然に生じてくる。

想像を促す事物は、集団による想像活動にとって明らかにありがたいものである。オモチャのトラックや上手に作った雪だるまは、見る人すべてにほとんど同じもの、つまりトラックやある種の人間を想像させる。オモチャのトラックや雪だるまは人々の想像を同調させるのである。この同調は合意や約束、集団的な熟慮を伴わないから、そこでの想像活動は自然に起こるものとなる。それだけでなく、集団的想像活動の参加者それぞれにとって、自分が想像しているものを他人も想像しているということはほぼ明らかである。各人は、その雪だるまが自分にもそうしたように、ある種の人間を想像するよう他の人々を誘うということを、合理的に仮定してよい。想像を促す事物は参加者たちの想像活動を同調させ、そういう同調を期待するための根拠を与える。そして、想像活動を台無しにしがちな話し合いを伴わずにこれを実現するのである。

想像を促す自然物は、人工物と同様にこの点で役に立つ。クマに十分よく似た切り株は、クマを想像するようにそれを見るすべての人を促し、他人もまた似たように促されると考える理由を各人に与えるだろう。自然の状態ではそれほどクマに似ていない切り株だと、上手に彫り上げる必要があるかもしれない。だが、もっと簡単なのは、そのままのその切り株で間に合わせておいて、最初の約束ないし合意を形成することにし（つまり、「切り株をクマと呼ぶことにしよう」とか、端的に「ほら、あのクマを見ろよ」と言うのだが）、その後は切り株にさらに個別的な想像活動を指導させるようにするというやり方である。一旦基本的な約束ができれば、さらにあれこれ熟慮する必要はなくなる。その切り株の特徴によって、大きくて恐ろしいクマが後ろ足で立ち上がっているといった想像が、熟慮するまでもなく参加者全員に促されるだろう。また各人は、他の人々が似たように想像していると確信をもって予想できるのである。（この点は、表題に強く依存する絵画作品や彫刻作品に比べられてよい。例えば、マルモッタン美術館所蔵の晩年のモネの作品や、ジャック・リプシッツ『ギターを持って横たわる裸像』といった作品である。）

共同的な想像活動に参加する人々が形成する合意や約定には、また別の種類のものもある。それは表象芸術の決定的な特徴を予告している。人々は、特定の切り株についてクマを想像するのに合意するだけではなく、むしろ、自分たちが切り株に出くわすときには常に、すべての切り株についてクマを想像すると合意する、ということがありうる。（「すべての切り株がクマだ、ということにしよう」という合意である。）人々は、実際にやっているうちにこの規約を十分に「内面化」し、切り株を見ると、あまりクマみたいには見えない場合でも、反省を介さず自動的にクマを想像するようにその切り株によって促されるようになる。切り株を見て「驚愕して飛び上がる」ということさえ起こりうるのである。

切り株や雪だるま、オモチャのトラックなどの想像を促す働きは、重要ではあるが、強調しすぎてはならない。ケイトとスティーヴが雪でお城を作っているとしよう。櫓と塔を備え、濠をめぐらした堂々たる建物である。二人は、櫓と塔と濠をもったお城を想像するという着想を、できあがった建物から得たわけではない。なぜなら、ケイトとスティーヴは、雪で堂々たる建物を作るという着想をすでに持っていて、それによってその建物を作ったのだから。二人はおそらく実際に作る前にそれを想像していたはずであり、いずれにせよ作り終わる前には想像していたはずである。ひょっとすると、自分たちの作品が他人の想像を促すということを二人は意図したかもしれないが、特にそう意図していなくてもかまわない。自分たちが楽しむためだけに作ったということでよいのである。とはいえ、その雪のお城がまったく想像を促さないということもありそうにない。壁に凹んだところができていて、特にその凹みを作るつもりで作ったわけではないとしても、できた後でそれが腰掛けだと解釈されるということはありうる。つまり、その凹みがケイトとスティーヴに腰掛けを想像させるということは起こりうる。雪だるまを作っている人は、どういう表情の雪だるまにするのか漠然とした考えしかもたずに、雪だるまの顔の造作をいじる。だが、結果としてできたものは、特定の表情を浮かべた人物を想像するように作り手を促すだろう。その表情は事前には予想されていない。こういうことはあるが、制作された雪のお城自体のもつ想像を促す働きは、ケイトとスティーヴの想像活動に少ししか貢献していないということは明らかである。

オモチャのトラックは、それを作った人以外の人物の利用に供するために作られ、明らかに利用者の想像活動を促すように意図して作られている。だが、オモチャのトラックは、想像を促すというのとは違う仕方においても重要なものとなる。オモチャのトラックで遊んでいる子どもは、それをじっと見て、それが自分に想像するよう促すものを想像しているというだけではない。その子は「それを動かす」のである。速く動かしたり、遅く動かしたり、部屋から部屋へと動かしたりする。そうやって動かしているとき、その子は（ある本物の）トラックがそういうふうに動いているところを想像している。そのオモチャ自体がこのとおりの想像活動を促す固有の特性をもっているとはまず考えられないし、そのオモチャの動きの方もまたそうは考えられない。遊んでいる子が、そのオモチャを特定の仕方で動かしている。それは、その子の方が、あるトラックがそう動くと想像することを望んでいるからなのであって、トラックの方がその子がそう想像することを望んでいるからではないのだ。

雪のお城やオモチャのトラックといったものは、それがなければとても思いつかなかったようなことを私たちに想像させるのだが、私たちの想像の地平を拡大するのにいつでもこのやり方で非常に貢献している、というわけではない。他にそれらが想像活動の中で果たしている役割としては、想像活動のオブジェクトとなる、という役割がある。

3　想像活動のオブジェクト[3]

お城を作り上げたとき、ケイトとスティーヴは櫓と塔と濠を備えた（本物の）お城を想像するだけではない。二人は、現実にそこにある雪に彫刻したものそれ自体がそんなお城だと想像するのである。布で作ったお人形で遊んでいる子どもは、赤ちゃんを想像するだけではない。そのお人形が赤ちゃんだと想像しているのである。（このことは、布で作った人形であり赤ちゃんでもある何ものかが存在する、と想像することではない。その子は、事実としては布製の人形であるものについて、それは人形ではなく赤ちゃんであると想像しているのである。）子どもは切り株がクマであると想像し、空洞のできた大木が家であると想像する。人は夢うつつで、目覚まし時計の音が学校の始業ベルだと想像する。このように、多くの想像活動が、実在の事物について成り立つ。そして、想像を促す事物の多くが、その事物自身についての想像活動を促している。人が想像活動をそれについて展開する事物が、想像のオブジェクトである。(9)

想像を促す事物のすべてが、それによって促された想像のオブジェクトになるわけではない。例えば、ネイサンはイタリア旅行のことを空想しているときに、水道の蛇口を見てイタリアで雨が降っているところを想像するよう促されるかもしれない。だが、ネイサンは蛇口そのものについてはたぶん何も想像していない。蛇口は一つの刺激にすぎない。上述の雪のお城のように、何かが想像のオブジェクトではあるが想像活動を促してはいない、ということもあるのだ。私の今の関心は、それが想像を促すかどうかにかかわらず、想像のオブジェクトに向かっている。

オブジェクトについての想像活動の中には、目につく相違点がいくつかある。サラが、ジョージ・ブッシュは賭け屋なのだと想像しているとしよう。ブッシュはサラの想像のオブジェクトである。だが、サラの想像経験の中でのブッシュの役割は、人形や切り株や雪の城といったものが想像活動の中で持つ役割とはかなり違っている。一例を挙げれば、人形、切り株、雪の城はオブジェクトであるだけでなく、小道具でもあるが、ブッシュはそうではない(少なくとも、ブッシュは小道具として大いに働くというわけではない)。私たちは今のところこの相違点をよく理解しうるところまで来ていない。とはいえ、これと関係なくはない別の相違点を理解することはできる。

サラはブッシュを想像のオブジェクトとして選んだ。彼女にとってブッシュは特別な関心に値するものであるからだ。ブッシュが有徳で正直でボーイスカウト的な人物だとサラが考えているのなら、彼女はブッシュが賭け屋だという思いつきのばかばかしさを面白がっているのかもしれない。それとは逆に、サラはこの思いつきのちょっとびっくりするほど自然な感じを究めてみたいと思っているのかもしれない。賭け屋であるということと、ブッシュの人柄の奥に潜んでいると彼女が思っている特徴との両立の可能性を追究するということである。どちらの場合でも、ブッシュは想像経験の焦点にある。この経験の目的、ないし、少なくともその経験がたぶんもたらす重要な帰結とは、ブッシュについてのサラの理解が深まることであり、ブッシュに対する彼女の態度がはっきりすることである。

エリックが切り株をクマだと想像しているとき、彼は切り株そのものについては実質的な関心を抱いてはいない。エリックが関心をもっているのは、自分の行く手にクマがいるという考えの方である。自分がどう反応するのか、どのくらい勇気があるのか、本当にクマがいたら恐怖で竦んでしまうのではないか、といったことをたぶんエリックは考えるのだ。しかし彼は、特定の切り株がクマであるという考えには特別な関心を寄せていない。(それどころか、その切り株がクマであるはずがないとエリックが信じていてもよいのである。つまり、クマでないということがその切り株の本質的特性である、と信じていてもよいのだ。）その切り株についての洞察を得ることは、エリックの実行する想像活動の目的の中に入っていない。切り株は、ブッシュがサラの関心の焦点であったのとは違って、エリックの関心の焦点になっていないのである。

では一体、切り株がクマだと想像することの大事な点は何なのだろうか。なぜ行く手にクマがいると想像するだけにしておかないのか。想像を促すだけではなく、想像のオブジェクトとしての切り株の役割は、想像するという経験にどのように貢献しているのか。直観的な解答は、切り株は、想像上のクマに、言わば「実体を与える」ということである。切り株がクマだと想像されているときには、そこに何かがある――現実の、中身の詰まった、蹴飛ばすことができて想像上のクマと呼ぶことのできる何かがある。ただ単にある地点にクマがいると想像しているだけの時には、こういう実体的な対象を想像上のクマとして同定することはできない。何か現実の物体がクマであると想像しているときは、そうでないときに比べて、クマを想像する経験がよりいっそう「生き生きと」したものになりやすいと私は思う。そういう印象を私は持つし、他の人もこの印象を共有していると思う。そして、想像上のクマとして同定されるオブジェクトが有るか無いかという違いは、この印象をある程度説明すると私には思われる。オブジェクトが有ると想像が生々しくなるという印象が私個人の思い込みであるわけではない、ということを示す証拠を、二つ提出しておこう。

一般に論じられてきたことだが、映画にはない演劇の重要な特徴は、俳優という本物の人間が現実に観客の目の前にいることだとされている。[10] 俳優が目の前にいることの意義は、その俳優が観客の想像活動のオブジェクトとなるという事実によって説明できるだろう。例えば、ローレンス・オリヴィエ卿がハムレットを演じる場合、観客はローレンス・オリヴィエについて、彼がデンマークの王子であると想像する。目の前に本物の人間がいて、観客は、その人間が父殺しへの復讐という責務に直面し、実行するのをためらっている、と想像するのである。ところが映画の鑑賞者の目の前には、スクリーン上の映像のほかには何もない。その映像は、駅馬車が襲われ、人々が恋に落ちる、といったことを想像するよう鑑賞者を促す。だが、鑑賞者は、そういう映像について、それらが駅馬車の襲撃や恋愛であると想像するのではない。映像は想像を促す事物ではあるが、鑑賞者の想像活動のオブジェクトではないのである。大事な点は、映画の鑑賞者の想像活動が現実の事物を対象として持たないということではない。スクリーン上の映像は、おそらく、映画俳優について、彼らが駅馬車を襲い、彼らが恋に落ちると想像するよう鑑賞者を促すだろう。だが、その俳優たちは映画館に現にいるわけではない。それゆえ、大事な点は、俳優たちが現に目の前にいる、ということによって、想像活動がより生き生きとしたものになる、ということに違いない。私が示唆したいことは、俳優たちが現に目の前にいることが重要なのは、彼らが想像のオブジェクトであるという理由のみによるのだ、ということである。だから、たぶん、不在のオブジェクトはまったく何もないよりはましなのである。おそらく実写映像は、ある意味において（他の意味ではまた別だが）、オブジェクトとして機能しうる俳優がまったくいないアニメーションよりも、「生々しい」だろう。（この生々しさは、映画俳優をその映画とは別に直接知っていたり、彼らについて何か知識を持っていたりする場合には、非常に成立しやすいのではないか、と私は思っている。）

私の提出する二つ目の証拠は、一五世紀に作られた若い娘のための手引き書である。この書は、キリストの受難物語を想像するにあたって、身近な事物をオブジェクトとして利用することを奨めている。

受難の物語をあなたの心に深く刻みつけ、その物語の中の一つひとつの行動を記憶しておくために、それらの場所と人々をあなたの心の中にしっかりと留めておくことが役に立つし、そうすべきである。例えば、一つの都市を取り上げて、エルサレムに見立てるのだが、この目的のためには、あなたがよく知っている都市を取り上げるのがよい。そして、この都市の中に、受難のすべての挿話が起こった主要な場所を設定するのだ。例えば、キリストが弟子たちと最後の晩餐をとった部屋のある場所、アンナの家、カヤパの家、イエスがその夜に逮捕される場所、イエスがカヤパの前に引き出されて嘲られ打たれる部屋、などである。また、ピラトがユダヤの長老たちと会談した住居、その住居の中のイエスが柱に繋がれた部屋。そしてまた、イエスが十字架に架けられたゴルゴタの丘。こういった場所を設定するのである。

次に、よく見知っている人々を取り上げて、受難に関わった人物たちを表現するように心の中で造形せねばならない。イエス自身、聖母マリア、聖ペトロ、洗礼者聖ヨハネ、マグダラのマリア、アンナ、カヤパ、ピラト、ユダ、および他のすべての人物たちを、すべて心の中で形づくらねばならないのである。

想像力のすべてを注ぎ込んでこの作業を全部行なったら、自分の部屋に行きなさい。そして、たった独り、孤独の中で、雑念をすべて心から追い出し、イエスはロバに乗ってどのようにエルサレムに入城したのか、受難の始まりから考え始めなさい[11]。

この奨めは、実在の事物を想像活動のオブジェクトとして利用せよということだが、事物が現に目の前にある状態で想像せよとは言っていないことに注意しておこう。

最も重要な想像のオブジェクトの一つは、想像する者自身である。これは特別な取り扱いを必要とする。

4　自分自身についての想像

フレッドは自分が金持ちで有名になると想像した。彼は自分の白昼夢の中心人物なのである。フレッドの空想はこの点で典型からまったく外れていない。私の印象では、事実上私たちの想像活動のすべてが部分的には自分自身に関するものである。自分が白昼夢のヒーローでなく、夢やごっこ遊びの中心人物でないとしても、私たちはその中で何らかの役割はもっている。少なくとも起こっていることの観察者の役割はもっているのだ。セントラル・パークにいる象を想像することは、セントラル・パークに象がいるのを自分が見ているという想像を伴うことになりやすい。特にその象を視覚化する場合にはそうなるだろう。象を視覚化しない場合でも、その象について自分が知っているという想像はするはずである。(知っているといっても、その象について何らかの仕方で学んだという想像を伴わねばならないわけではない。セントラル・パークに象がいるというニュースに驚いているとか、興奮している、あるいは怖がっているといった想像を伴っているかもしれないのだが、伴わなくてもよいのである。)

想像活動の多くが自分自身を中心にしているということは、驚くべきことではない。人間は自己中心的なのである。だが、私としては、想像することは、ある意味において本質的に自己指示的なのだと考えたい。これは意図することと同じである。(ある事柄の成立を意図するとは、そのことを実現するために、適切な機会に自分自身が何かを実行することを意図する、ということである。自分で実行する気がないのなら、意図しているのではなくて、たんに望んでいるとか期待しているだけである。)クリストファー・ピーコックは、想像することが本質的に自分について想像することを伴うと論じている。[12]

想像する人自身が想像活動のオブジェクトになるのには、いくつかのかなり違ったあり方がある。まず、自分について想像する人が自分のことを自分自身として想像するときがある、と言ってよいだろう。だが、そうではないこともある。また、自分のことを一人称のやり方で、つまり内側から想像することがある。だが、そうではないこともある。私はこういった区別について完全な説明を与えようとは思わない。それよりも、立てるべき重要な区別があることを例示するつもりである。そして、それらの事例によって、自分についての想像の多様なあり方の目立った特徴が明らかになるだろう。

ピーコックの提案では、「何かを想像することは、常に、少なくとも自分が何らかの意識状態にあるのを、内側から想像することを含んでいる」[13]ということになる。私が示唆するのは、これよりは弱いことである。すなわち、すべての想像活動は、自分についての想像(self-imagining)(自己想像 imagining *de se*)の一種を含んでいる。内側からの想像はその最も普通のあり方である。特定しておくなら、すべての想像活動にともなう最小限の自分についての想像は、どんなものを想像していようと、そのものに自分が気づいていると想像していることである。

さて、新聞にテッドについての記事が載っている。だが仮名を使ってテッドだと分からないようにしてある。テッドはこの記事を読んでいるのだが、自分のことだと気づいてはいない。彼は言及されている人物について——自分自身について——その人が金持ちで有名なのだと想像する。テッドはテッド自身の想像のオブジェクトになっているのだが、本人は自分が想像のオブジェクトなのだと分かってはいない。テッドは自分自身について、例えば、一定の経験をしたり、名声と富を享受していたりするということを想像する。だが、彼はこのことを「内側から」想像してはいない。内側から想像するということは、一つには、自分の想像している人物が自分自身であることを気づかないでいることができないような仕方で想像する、ということなのである。

内側から想像することは、「自己想像（imagining *de se*）」と私が呼ぶものの一つのあり方である。「自己想像」は、典型的には、自分が何かをしているところを想像するとか、経験しているところ（または、ある状態であるところ）を想像する、と記述されるような自分についての想像の形式である。これと対比されるのは、たんに自分が何かをしているということを想像する、あるいは、何かを経験しているということや、ある特性を保有しているということを想像する、というものである。[4] フレッドは自分が宝くじを当てるところを想像し、フランスに移住するところを想像し、日射しを背中にあびているところを想像する。だが、テッドは、彼が名声と富を獲得し享受するということを想像しているだけである。テッドは、名声と富を自分が獲得しているところやそれを享受しているところを想像しているのではない。自己想像は、また「彼自身が（he himself）」という言い方で典型的に記述される。テッドについて、彼自身が名声と富を獲得し享受するということを想像した、と記述するのは当たっていないだろう。

自己想像は一般に、自分が想像しているのは自分自身についてなのだということを、想像している人物が気づかないでいることが不可能であるような想像活動である。しかし、自己想像だけが、想像のオブジェクトについて疑いが成立しないという地位を認められる想像活動であるというわけにはいかない。ウィトゲンシュタインは、キングズカレッジが火事だとある人が想像しているとき、自分の想像しているのはキングズカレッジなのだというその人の主張には疑いの余地がないだろう、という観察を述べている。[14] 別のカレッジとかハリウッドの映画セットがその人の視覚像に（彼がそういう像を持っているとして）完全に合致している場合でさえも、その主張に疑いの余地はないだろう、と述べている。ところが、想像されたカレッジがどのカレッジであるのかについて、完全に疑問の余地がないというわけではないのである。この想像をしている人物が、それ以前に別のカレッジをキングズカレッジだとすでに思い違いしていて、この人が意図しているのはそちらのカレッジを想像することだった場合、この人は、実際には別のカレッジを想像しているのに、自分の想像しているのはキングズカレッジだと考えていることになりうる。また、この人がキングズカレッジを見てもキングズカレッジだと分からないとしたら、この人は、自分の想像しているカレッジがキングズカレッジだとは理解せずに、キングズカレッジが火事だと想像することになるだろう。

　この種の誤りは、フレッドが自分の背中に日射しを感じていると想像する（自己想像する）ときにはありえないように思われる。キングズカレッジについての想像がどのようにしてキングズカレッジにかかわるのかについては、その経緯を語る物語がある。また、テッドの想像活動がどういう事情でテッド自身についての想像活動となるのかについても、経緯を語る物語がある。その物語は、ある程度、当該の対象と当該の人物の経験（そのカレッジを見るという経験、新聞を読むという経験）の間の因果的なつながり、および、こういった経験とその人物の想像活動との間の因果的なつながりからできている。これらの事例では、何かがその人物の想像のオブジェクトになっていると同定する作業は、どういう種類の物語が語られるべきかについての仮説を提出することである。そういう仮説は間違うこともある。だが、自己想像が何によって自分自身についての想像活動となるのかについて、似たような物語が成り立つようには思われない。

　火事になっていると私が想像しているのがキングズカレッジである場合、私はそれを「ある記述の下で」、あるいは「ある現前の様態の下で」想像すると言ってよい。例えば、「しかじかの折りに私が見たカレッジ」として私はそれを想像するのである。テッドは「新聞記事の主題として」テッドを想像する。だが、フレッドが背中に日射しを感じていると想像するとき、自分自身についてのフレッドの（自己）想像に関して、そういうことが言えるかどうか明らかではない。

　自己想像が常に内側からの想像であるわけではない[15]。私の解釈では、フレッドは背中に当たる日射しの暖かさを内側から想像している。また、グレゴリーがメジャーリーグで自分がプレーしていてホームランを打つところを想像するとき、これを内側から想像するということはありうる。彼は、例えば、ボールがバットに当たる衝撃を手のひらに感じるところを想像したりするのである。しかしここで、そのホームランを打つところを、グレゴリーがスタンドの観客の視点で想像していると考えてみよう。グレゴリーは、その場面をその視点から視覚化する。グレゴリーのその野球場のイメージは、センターのフェンスを越えてボールをかっ飛ばし、ゆっくりベースを回るグレゴリーを含んでいる。この想像活動は、自己想像に分類するのが最も適切であると私には思われる。グレゴリーは自分がホームランを打つところを想像し、彼自身がそれを打つということを想像している、と記述するのはまったく自然である。グレゴリー自身がグレゴリーの想像の中でホームランを打ったプレーヤーであることについて、疑いの余地はない。グレゴリーの想像活動に因果的に先行する何らかの経緯があり、その経緯が反証となって自分がホームランを打ったのかどうかグレゴリーが疑問を抱く、ということは考えようがないのだ。グレゴリーが想像している人物がどのようにしてグレゴリーであることになるのかという点について、決定的に関与してくる物語が何かあるとは思われない。グレゴリーは、自分自身を想像するとき、「新聞記事の主題」とか「しかじかの折りに出会った人物」といった記述と類似する何らかの記述の下で想像しているのではないよう見える。ところが、そうは言うものの、彼の想像活動は内側からのものではない。それは、あたかも誰か他人がボールをかっ飛ばしてベースを回るのを観ているかのような想像なのだが、にもかかわらず、自分がまさにその人物なのだという揺るがぬ理解を伴っているのだ。（グレゴリーは、自分がその試合を観客席から観ているところを内側から想像するのかもしれない。[16] そして自然な成り行きで、スタンドの視点からホームランを打つところを想像する活動が、ホームランを打つところを内側から想像する活動に入れ替わるのかもしれない。）

　想像活動が内側からのものであるかどうかという問いは、想像されていることが（広い意味での）経験である場合だけに生じる。だが、経験ではないような特性を自分が備えているところを想像することは可能である。例えば、一三世紀の船乗りの子孫であると（自己）想像することは可能である。あるいは、珍しい血液型であると想像することも可能である。だが、内側からはできないのである。

　内側からの想像活動は必然的に自分自身についての想像となるのだろうか。私はそうだと考えている。そして、何かを経験しているところや行なっているところを想像したり、一般に、ある仕方で存在しているところを想像したりすることは、内側からであるかないかにかかわらず、自分自身についての想像となると考えている。（これらが自分を想像する活動でないとしたら、こういう活動を自己想像と呼ぶべきではないのだ。）サイを見ているところを想像すること（to imagine seeing a rhinoceros）は、自分自身がサイを見ていると想像することである。たんに、サイを見ることの一例を想像することではない。ナポレオンがサイを見ているのを想像する人や、誰が見ているのかは想像せずにサイを見ていることを想像する人は、「サイを見ているところを想像する（imagine seeing a rhinoceros）」という表現で通常理解されるような想像活動を行なっているのではない。そして、（自分自身が）サイを見ているところを想像するのでないかぎり、想像活動は内側からのものにはなりえない。[17] この点で「想像する（imagine）」という動詞は通常の類型に合致している。スピーチを行なったのを憶えている（to remember giving a speech）とは、自分自身がスピーチを行なったのを憶えているということである。スピーチが行なわれた一つの事例を憶えているということではない。山に登ろうとする（to try climbing a mountain）とは、自分がその山に登ろうとするということである。ある仕事の求人に応募しようと考える（to think about or consider applying for a job）とは、その仕事に自分が応募することを考えるということである。[5]

　だが、自己想像の中に出現する自己の概念は、非常に豊かな概念だったり完全な概念だったりする必要はない。このことは、懐疑家を宥める助けにはなるだろう。サイを（自分が）見ているところを私が想像するとき、ある意味で、ケンダル・ウォルトンがサイを見ているということを私が想像しているのではないし、また、ウォルトンがサイを見ているところを想像しているのでもないし、ウォルトンについて彼がサイを見ていると想像しているのでもない、ということがありうる。想像しているときに、私自身を表す言語的表現が（私の名前、私自身の記述、一人称の代名詞などが）私の思考の中に現れる必要はないのだ。「私はサイを見ている」ではなく、「あれはサイだ」といったことを考えていればよい。「あれはサイだ」という思考は、想像の上で、そのサイを私に対して関係づける。私はある人物（つまり私自身）を取り上げて、しかるのちにその人物について想像することに進む、というわけではないのだ。また、通常のどんなやり方によるのであれ、何者か（つまり私自身）を私の想像活動のオブジェクトとして同定しているのでもないのだ。この点を表現するには、自分がサイを見ていると私が想像しているときのその自分とは「裸のデカルト的私」であると言えばよいかもしれない。そしてここに、私のこの想像活動に関して、それが私自身に関する物の水準での想像活動（*de re* imagining）の一例である、と見なすのを拒む理由があると言ってよいだろう。私としては、自己想像（imagining *de se*）を、物の水準での想像活動の一種と考えるのではなく、むしろ想像活動が自分自身に「ついての」ものとなりうる異なったやり方として考えることを提案したい[18]。

人は自分がナポレオンであると想像することができるし、彼の目を通して自分がサイを見ているところを想像することもできる。さて、ジョイスがそう想像していると考えてみよう。彼女の経験を解釈する方法は一つではないが、最も賛成しやすい解釈は、自分自身がサイを見ているところをジョイスが想像していることを必然的に含んでいるように私には思われる。

最も真っ直ぐに解釈すると、ジョイスは自分がナポレオンと同一人物であると想像しつつ、自分がサイを見ていると想像している、ということになるだろう[19]。しかし、ジョイスがナポレオンであるということは形而上学的に不可能である。いったい人は形而上学的に不可能なことを想像できるのだろうか。おそらくできるのだ。風刺漫画で、よく知られた政治家の顔にかなり似ている豚の描写を見ているとき、人がしていることはこういうことだろうと思われる。すなわち、その政治家について、彼は豚であると想像しているのである。人によっては、ジョイスとナポレオンの同一性のような、形而上学的に不可能な同一性を信じることができる、ということまでも許容するだろう。遠くからブライアン・マルルーニー[6]を見て、私は彼をウィリアム・レンクィスト[7]と取り違えてしまう。このとき私は、マルルーニーについて、彼がレンクィストと同一人物であると信じるのではないだろうか。だがもちろん、私には、自分がレンクィストだと信じている人物が、実はマルルーニーである、ということは分かっていない。それゆえ、私は自分の信じているのは不可能なことだということが分かってはいない。だがジョイスの場合、自分がジョイスであることが分かっており、自分がナポレオンであることは不可能だということも分かっている。この事情によって、ジョイスが自分はナポレオンだと信じることは困難になっている。だが、同じ事情によってジョイスが自分はナポレオンだと想像することまで妨げられるのかどうかは明らかではない。ここで異なった「現前の様態」について語ればよいのかもしれない。私は、マルルーニーについて、指示的な現前の様態の下で（つまり、「あの男」として）彼がレンクィストだと信じているのである。[8]ジョイスの方は、自分自身としての自分自身について、彼女がナポレオンだと想像しているが、この場合、ナポレオンの方は記述的に、または何かそれ以外の仕方で、同定されている。ジョイスが自分自身を想像する場合の現前の様態は、指示的な様態であると（つまり、内面的に自分自身を指して言われる「この人物」として）解釈する人々もいる。だが、何らかの現前の様態が伴っているということを否定する人々もいるのである。[9]

　リチャード・ウォルハイムによると、「自分がスルタン・メフメト二世であると私は想像している」と言うことは、その人が自分自身とそのスルタンの同一性を想像していると言うことではない。ウォルハイムの見解によれば、同一性は対称的な関係であるのに、「自分がスルタン・メフメト二世であるという想像」は、「スルタン・メフメト二世が私であるという想像」と同一ではないのである。[10]これらは「二つの異なった想像の企て」である。[20]だが、この理由づけは不十分である。私がそのスルタンであると想像することの方には、私とそのスルタンの同一性を想像すること以上のものがある、というだけのことかもしれない。（より以上のどんなものが含まれるのかは、その言い方を使用することによって、語られるというよりは含意されるのである。）自分がそのスルタンであると私が想像するとき、同一性に加えて想像が広がっていく方向は、そのスルタンが私であると想像するときに想像が広がっていく方向とは違ってくる。前者の場合、私は、自分自身（＝そのスルタン）が一五世紀に生きていてコンスタンティノープルへの攻撃を指揮していると想像する。後者の場合、私は、自分自身（＝そのスルタン）が二〇世紀に生きていて表象芸術について執筆していると想像する。そしてまた、「自分自身がそのスルタンであるという想像」は私が自分自身（＝そのスルタン）を内側から想像しているのを示唆することになりそうである。あるいは少なくとも、自己想像という仕方で想像していることを示唆するだろう。ところが、「そのスルタンが私であるという想像」は、内側からでも自己想像でもないのである。

　依然として、ジョイスは不可能なことを想像しているという考え方には抵抗があるかもしれない。むしろ、彼女は、自分がナポレオンと同じ立場にいると想像しているだけではないのか。この問いかけの意味するところは、ジョイスは、自分自身とナポレオンとの同一性を想像しているのではなく、ナポレオンがかつて陥ったとジョイスが理解している境遇と似た境遇に自分がいるところを想像しているだけなのではないか、ということである。だが、このことは「自分がナポレオンであるところを想像する」という表現によって意味されていることではない。なぜなら、ナポレオンは、この想像活動の内容として登場してはこないからである。ウォルハイムはかつて、このような事例における想像活動には、それなくしてはナポレオンが存在しなくなるような「主たる思念」が必然的に含まれると示唆した。[21]だが、この考え方はうまくいかない。ノートルダムで戴冠し、ウォータールーで敗北するところをジョイスが想像するとき、彼女は自分がナポレオンの代わりに存在していると端的に想像することが可能なのである。つまり、ジョイスの想像するところでは、ノートルダムで戴冠し、ウォータールーで敗北するのは彼女であって、彼ではないのだ。これは、自分が「ナポレオンである」という想像ではない。

ナポレオンであると想像するために、ナポレオンが経験したと信じられる種類の経験を自分がしているところを想像する、ということは必要条件ではない。私は、自分がナポレオンであり、月に上陸していると想像することが可能である。そして、こう想像するとき、私は、ナポレオンが事実として月に上陸したと考えなくてもよいし、また、彼が戴冠したと想像しなくてもよく、戴冠以外でも、何かナポレオンが事実として経験したと考えられる事柄を、ナポレオンがまさに行なったり経験したりしたと想像しなくてもよいのである。確かにここで、自分がその者であると私が想像しているその存在者は、何によってナポレオンであることになるのか、という問いはありうる。だが、この問いへの解答は、私の想像活動の記述的な内容には見出されない。つまり、想像において私が行なったり経験したりする事柄の中には見出されない。

ジョイスが形而上学的に不可能なことを想像していると想定するのを避けなければならないと感じるのなら、それを避ける最もよいやり方は次のようなものだろう。[22]ジョイスは（自分自身が）サイを見ていると想像する。そして、この一人称の自己想像を手段として、ジョイスはナポレオンがサイを見ていると想像する。こういうやり方である。ジョイスは、自分自身が経験しているところを想像することによって、ナポレオンが経験すると彼女が想像する事柄を、自分に対して絵解きして説明する、と言ってもよい。（黒澤明の映画『羅生門』と重ね合わせてみよう。盗賊が男を殺す場面の映像は、虚構において盗賊が起きたと証言する事柄を、絵解きして説明しているのである。これについては、第8章7節を見られたい。）ジョイスは自分自身とナポレオンの同一性を想像しているのではない。だが、彼女は自分自身とナポレオンの両方を想像していて、この二つの想像活動は、別個な活動ではあるが、重要な仕方でつながるのである。

本書のこれ以後の議論では、誰か（自分自身以外の者）であるところを想像するという概念はほとんど利用されることはない。だが、（自分が）何かを行なったり経験したりするところを想像すること、さらに特定するならそれを内側から想像することは、中心的なものになる。自分についてのこういう想像は、想像するという私たちの経験の決定的な構成要素である。私たちが自分の気持ちを把握して受け入れることができるようになるのは、自分がある状況に直面しているところや、何か活動しているところや、出来事に立ち会っているところや、ある気持ちや態度を経験したり表明したりしているところなどを想像することによってなのである。私たちはこうした想像活動によって、自分の気持ちを発見したり、自分の気持ちを受け入れることを学んだり、逆に自分の気持ちを吹っ切ったり、およそ想像活動に助けられて行なうことが正確には何であれ、そういったすべてを行なっているのだ。自分についての想像は、他人についての洞察を得ることが目的である場合にさえ、重要である。少数派の人々が差別を被るときどのような気持ちがするのかを理解するためには、たんに差別の事例を想像するのではなく、自分自身が差別される事例を想像しなければならない。差別を自分が経験しているところを想像しなければならないのだ。他人を理解するために私の想像力が助けになるのは、自分自身が他人と同じ立場にいると（自分がその人物であると想像するかどうかはともかくとして）私が想像するときなのである。（想像によるこのような理解は、了解（*Verstehen*）と呼ばれてきたものなのかもしれない。）そして、こういう想像を行なうとき、私は自分自身についても学んでいるのである。

　先に、ジョージ・ブッシュについてのサラの空想と、切り株についてのエリックの想像とを対比した。ほとんどの自己想像は、エリックよりもサラの空想の同類である。サラの想像のオブジェクトと自己想像のオブジェクトは、両者とも想像する者にとって重要である。サラの想像はブッシュについての特別な関心によって動機付けられ、導かれている。サラはおそらくその想像によってブッシュについて洞察を得ることを望んでいる。同様に、人間が自分自身について想像するのは、自分についての最低限の想像は自動的なものであるとしても、典型的には、自分が自分にとって特に重要だからである。想像する者の主たる目的が他人を理解することである場合でさえ、自分自身について得られる洞察は、それがたとえある程度想像活動が偶然にもたらしたものであるとしても、やはり重要なのである。想像のオブジェクトとしての想像者自身は、切り株とは違って、単なる手段でしかない場合はめったにない。想像者自身は、他の事物の想像活動を展開するためのただの枠組みではないのである。

　とはいうものの、想像者は、自己想像のオブジェクトであるとき、ある意味では、サラの想像においてブッシュが果たすと想定される役割よりも、切り株が果たす役割に近いやり方で機能する。想像者は、切り株同様に、オブジェクトであるだけでなく、小道具（*props*）でもあるのだ。

5　小道具と虚構的真理

さてここからは、想像する行為そのものよりも、想像活動が起こる設定の方に目を向けることにしよう。そういう設定には、夢や白昼夢、ごっこ遊び、また、表象的な芸術作品を体験することが含まれる。

　ジュールズがバッファロー狩りに行くということが「あるごっこ遊びにおいて真」であるとき、彼がバッファロー狩りに行くという命題は虚構的（fictional）である。そして、それが虚構的であることが、虚構的真理（*fictional truth*）である。一般的に言って、「ある虚構世界において」成り立っていることはすべて、虚構的なのである。虚構世界とは、ごっこ遊びの世界、夢の世界、白昼夢の世界、あるいは表象的芸術作品の世界、等々である。フレッドが名声と富を夢見ているとき、彼が有名であり金持ちであることは虚構的である。スーラの『グランド・ジャット島の日曜日の午後』の中で、二人連れが公園を散歩している。これは虚構的にそうなのである。リリパット人と呼ばれる六インチの背丈の人々の社会がある、ということは虚構的である。グレゴール・ザムザという人物が虫に変身した、ということも虚構的である。[23]

　ある命題が虚構的であると言うことは、結局はそれが「何らかの虚構世界において真である」と言うことにすぎない。私たちは、あることがどの「世界」において真なのか、もっと特定したいと思うときがある。それゆえ、六インチの背丈の人々の社会が存在するという命題は、たんに虚構的であるというだけでなく、より個別的には、『ガリヴァー旅行記』において虚構的である、あるいは、『ガリヴァー旅行記』－虚構的である、と言うことにしよう。だから、ゆで卵は丸い方か尖った方かどちらから割るべきかをめぐって戦争があったということも、『ガリヴァー旅行記』－虚構的である。しかし、公園を二人連れが散歩しているという命題は、違う世界に属している。こちらは『グランド・ジャット島』－虚構的なのである。「Pということが虚構的である」は、「Pということがどこかの誰かによって信じられて（あるいは、望まれて、主張されて、否定されて）いる」ということによく似ていると考えられる。それゆえ、「Pということが『ガリヴァー旅行記』－虚構的である」は、「Pということがジョーンズによって信じられて（あるいは、望まれて、主張されて、否定されて）いる」ということによく似ているのである。用語法の説明はこれだけにしておこう。[11]

　虚構性を命題の特性と考える点で、私は、形而上学と哲学的論理学の議論の尽きない論点を強引に先取りしてしまっている。命題をどのように理解するかについて、あまり細かく気を遣う必要はない。ただし次の点は例外である。私は、当面の議論のために、命題のうちのあるものは個々の対象を構成要素とする、と考えるつもりである。フレッドは、フレッドが金持ちで有名だという命題の構成要素である。物の水準での虚構的真理（*de re* fictional truths）は、命題が個物を構成要素として持って虚構として成り立つこと、に存している。[24]「現前の様態」といった種類の何かも、やはり必要となる。それは、例えば、フレッドとテッドがそれぞれ自分自身のことを金持ちで有名だと想像するときの、一人称的なやり方と三人称的なやり方を区別するために必要になる。私は、現前の様態が命題の構成要素だとは考えない。しかし、現前の様態は、フレッドとテッドの白昼夢の特徴に大いに関係しているのであり、一般に、想像するという経験の特徴に大いに関係してくる。

こういった問題を扱うには別のやり方もある。私はよく知られた上述のやり方を選ぶが、確信があってというよりは、便利だからそうするのである。また、長い目で見ると、この選択によって、扱う問題に実質的な影響が出るとは思っていない。読者が命題というものを認めないとか、上に述べたのとは違うやり方で命題を理解することを好むという場合は、虚構性についての私の主張を、自分の哲学的良心が命ずるのに合わせてどのようにでも作り直してもらってよい。命題的態度（と呼ばれるもの）一般をどう扱うかは、それぞれの好むやり方に合わせてよいのである。[25] 私の考えでは、合理的に作り直すのであれば、どうやっても同じになることが判明するはずである。つまり、取り扱われる問題の実質は同じになり、問題を取り扱う方法の実質も同じになるはずである。

では、虚構性とは何なのか。私たちは、何かが「ある虚構世界において真」であるとはどういうことなのか、直観的に理解している。そうでなかったら、私たちの知っているような批評という活動は不可能だったはずである。しかし、虚構性はどのように分析されるべきなのだろうか。分析のための第一歩は、虚構性と想像力の関係を探究することである。これによって、私たちは、小道具とは何であり、どのように重要なのかを理解できるはずである。

虚構的であることと想像されることは多くの命題が共有している特徴である。『ガリヴァー旅行記』の読者は、背丈が六インチの人々の社会が存在すると想像する。フレッドは自分が金持ちで有名だと想像する。しかし、虚構的なものと想像されることとを単純に同じだと見なすのは深刻な誤りである。虚構として成り立つことが想像されている必要はないし、おそらく想像されていることが虚構的である必要もないのである。[26]

「切り株がクマだと言うことにしよう」とエリックが提案する。グレゴリーがこれに同意して、ごっこ遊びが始まる。このごっこ遊びでは、たった一つの切り株とか特定のいくつかの切り株ではなく、すべての切り株がクマとして「勘定される」のである。森の中で一つの切り株に出くわしたら、エリックとグレゴリーは一頭のクマを想像する。二人が想像することの一部を成すのは、ある特定の場所——つまり、その切り株が現実に占めている場所——に一頭のクマがいるということである。「おーい、あそこにクマがいるよ」とグレゴリーがエリックに叫ぶ。すると、ごっこ遊びに参加していないスーザンは、この声をそばで聞いて、怯えてしまう。それで、エリックは、指し示した場所にクマがいるというのは「ごっこ遊びの中で」だけなのだということをスーザンに告げて、安心させてあげる。クマがそこにいるという命題は、そのごっこ遊びの中で虚構として成り立っているのである。

こういうわけで、エリックとグレゴリーはクマがそこにいると考える。二人は注意深くそのクマに近づいていく。ところが、それは全然切り株などではなくて、苔に覆われた岩だったことが発見される。グレゴリーは、驚きながらもほっとして、「警告は間違い。結局そこにクマはいなかった」と言う。そして部外者のことを考えて、「ごっこ遊びの世界でそこにクマがいると考えたのは、僕たちの間違いだった」と言う。エリックとグレゴリーは、クマがそこにいるとまさしく想像したのだった。だが、この想像は、そこにクマがいるということを、彼らのごっこ遊びの中で虚構として成り立つようにはしなかったのである。エリックとグレゴリーは、クマは虚構的に存在したのだけれど近づいたら消滅した、とは言わないし、クマはさっきまでそこにいたのだが、それは虚構としてもはや成り立たなくなった、とも言わない。グレゴリーは、指し示した場所に虚構としてクマがいたという先の主張を引っ込めるのだ。そして、そうするのが正しいのである。

ところが、誰ひとり知らないのだが、エリックの後ろ二〇フィートも離れていないところに、灌木の茂みに埋もれて本物の切り株が一つ存在している。虚構的に、一頭のクマが茂みに隠れて待ち伏せしている。とはいえエリックもグレゴリーもその危険を察知してはいない。誰も茂みの中にクマがいると想像してはいない。クマがそこにいると誰かが想像しているゆえにそこにクマがいる、ということは虚構として成り立ってはいない。だが、そこにクマがいるのは虚構として成り立っているのだ。いったい何がこのことを虚構として成り立たせているのか。それは、その切り株なのである。その切り株は、かくして一つの虚構的真理を生み出している。これが小道具である。小道具たちは虚構的真理を生み出すものなのだ。小道具とは、その本質または実在によって、命題を虚構として成り立つようにする物体（things）なのである。雪のお城は小道具である。それは櫓と濠を備えた（本物の）お城が存在するという命題の、虚構としての成立の原因である。お人形は、子どもの遊びの中で、金髪の女の子の赤ちゃんがいるということを虚構として成り立つようにしている。

表象的な芸術作品もまた小道具である。『グランド・ジャット島』の中で二人連れが公園を散歩しているということを虚構として成り立つようにしているものは、その絵画それ自体である。つまり、画布の表面の絵の具の染みの配置である。ゆで卵をどうやって割るべきかをめぐって戦争に突入する六インチの背丈の人々の社会が虚構として存在するのは、『ガリヴァー旅行記』を構成している言葉のゆえである。

小道具は、誰かが現に想像したり想像しなかったりする事柄から独立に、虚構的真理を生み出す。しかし、まったくそれ自身だけで、（現実のまたは可能的な）想像する人間たちと別個に虚構的真理を生み出すわけではない。小道具は社会的な設定の中でのみ、あるいは少なくとも人間的な設定の中でのみ機能する。茂みの中の切り株は、ごっこ遊びにおける慣習や理解や合意にもとづいてのみ、そこにクマがいるということを虚構として成り立たせる。この場合は、どこでも切り株があるところはクマが虚構的に存在する、という合意がある。私はこういう慣習や理解や合意を生成の原理（a principle of generation）と呼ぶことにしたい。この例の場合、原理は「切り株はクマだと言うことにしよう」という明示的な約定によって確立された。だが、すべての原理がこのようにして立てられるわけではない。非常に含蓄の多い芸術作品などでは、原理が明示的に合意されることは決してなく、定式化されることさえなくて、想像する人々の方も原理に気づかないかもしれないのである。少なくとも、原理を言い表すことができないという意味では気づかれないのだ。私は、生成の原理が「慣習的である」か「自由裁量による」か、一般的に決めてかかることはないし、標準としてどちらなのかさえ決めはしない。あるいは、生成の原理が学習されねばならないとも決めつけない。にもかかわらず、どういう生成の原理があるのかということは、さまざまな文脈で人々がどういう原理を受け入れるかにもとづいている。有効に機能する原理は、有効であると少なくとも暗黙には理解されている原理である。

小道具はしばしば想像を促す物となったり、想像のオブジェクトとなったりする。三つを全部兼ねることもある。エリックとグレゴリーがごっこ遊びの最中に発見する切り株は、三つの役割を兼ねている。切り株は、エリックとグレゴリーが一定の事物を想像するように促しており、促された想像の中には切り株自身についての想像が含まれている（つまり、切り株について、それがクマだと想像するのである）。しかし、この三つの機能は別個のものである。すでに明らかなように、小道具が必ず想像を促すわけでも、必ず想像のオブジェクトとなるわけでもない。未発見の切り株はいかなる想像も促していないし、それについて想像が行なわれているわけでもない。だがそれは小道具ではあるのだ。また、想像を促す物や想像のオブジェクトが、必ず小道具となるわけでもない。いま仮に、エリックが、ラズベリーからツタウルシを連想したと仮定しよう。エリックがツタウルシによる最悪のかぶれを体験したのはラズベリー摘みをした後でのことだったのだ。彼はそれが忘れられない。そこで、森でラズベリーの藪を見てツタウルシを想像したのである。さらに、エリックはラズベリーの藪について、それがツタウルシだと想像する、と言うことにしよう。だが、これによって、ツタウルシが森の中に生えているということが、彼のごっこ遊びで虚構として成り立つことにはならない。なぜなら、ラズベリーの藪をツタウルシであると「勘定する」生成の原理は、実際に存在していないし、暗黙に理解されてもいないからである。何らかの理由で、たまたまグレゴリーもラズベリーの藪からツタウルシを連想し、エリック同様に想像を促されたとしても、このときでさえ、そういう生成の原理が必然的に有効になるというわけではないのである。その原理にかかわる決定的な理解が成立しないかぎり、それはエリックとグレゴリーの想像がたまたま同じ方向にさまよっているだけなのである。二人はごっこ遊びを中断し、それぞれの個人的な空想に耽っているということなのだ。

私たちは虚構性の明示的な説明を依然として欠いている。虚構として成り立つことが想像されることと同じでないことは分かった。そして虚構的真理がどのようにして確立されるのかも見た。虚構的真理は、生成の原理とともに小道具が作用することによって確立されるのである。しかし、こうして確立されるのは何なのか。この問いへの答えは、虚構性と想像作用の間にどのような結びつきが成り立つのかを考えるなかで、浮かび上がるはずである。

想像活動は、気まぐれや、偶然の出来事や、無意識の漠然とした欲求以外のどんな制約にも従わない自由で統制されない活動と考えられやすい(27)。想像力は、私たちの思考の宇宙を思いのままに探検し放浪するものだということになっている。この面で、想像は、信念と鋭く対照をなすように見える。信念は、想像と異なり、正しいか正しくないかである。信念は真理を目指す。真なるものが、そして真なるもののみが信じられるべきである。私たちは自分の好きなように信じる自由があるわけではない。だが、私たちは、自分の好きなように想像する自由がある。

こんな風に思われるかもしれないが、本当にそうであるわけではない。想像活動も制約を受けている。ある想像はその文脈において適切でふさわしいが、別の想像はそうではない。ここに虚構的真理という概念の大事な手がかりがある。簡単に言えば、虚構的真理は、ある文脈においてあることを想像せよという指令ないし命令がある、ということにおいて成り立つのである。虚構的命題とは、実際に想像されているかどうかにはかかわらず、想像されるべき命題なのである。

何を想像すべきかについて集団的な白昼夢への参加者が形成するいくつかの合意は、一定の想像活動を命ずる規則と考えることができる。参加者はロケットに乗って土星へと旅しているところを想像することになっているとか、特定の切り株についてそれがクマであると想像することになっているということは、その共同的空想の規則なのである。たしかに、そういう合意は作られるものであり、規則も随意に樹立されるものであって、それらによる命令も、当該の想像活動への参加者としての、その人の役割に関連したものである。だが、規則はまさに命令している。合意されたことを想像するのを拒否する者は誰でも、「そのごっこ遊びをすること」を拒否しているか、その遊びを間違ったやり方でしているのである。そういう人は規則を破っているのだ。

上で挙げた規則は無条件的である。しかし私は、主として条件的な規則に、すなわち、ある条件が成立するならば一定の事柄が想像されなければならない、という趣旨の規則に関心がある。エリックとグレゴリーのごっこ遊びにおける生成の原理は、条件的な規則である――それは、ある場所に切り株があったら、そこにクマがいると想像せねばならない、という規則である。ある切り株がある地点を占めているかぎり、その地点をクマが占めていると想像することが命令されている。もちろん、遊びの参加者たちが特定の切り株に気づかない場合は――

例えば、切り株が藪に埋もれているという理由で——命令された通りに想像することに失敗するのは無理もない。人は規則に従うために最善を尽くすことができるだけなのだから。しかし、切り株があることがはっきり見えている場所なのに、そこにクマがいると想像するのを拒否することは、規則をないがしろにすることであり、そのごっこ遊びを行なうことを拒否しているのである。

ある場所にクマがいるという命題が虚構として成り立つことは、その命題を想像することがその遊びの規則によって命令されているということに存している。この規則は条件的である。この規則の命令は、ある切り株の存在に依存しているからである。このようにして、切り株が虚構的真理を生み出すのである。

すべての虚構的命題について、それを想像すべきだという要請が存在しているのだろうか。切り株が正確に四フィート五インチ半の高さであるならば、まさにその背の高さのクマがいるということは、おそらく虚構として成り立つ(「その遊びにおいて真」)。エリックとグレゴリーはこのことをどうしても想像しなければならないのだろうか。そうしないとその遊びを間違って行なったことになるのだろうか。二人は(心に現に生起していない仕方であるにせよ)、すべてのクマ同様に、このクマも身体に血を循環させる心臓を備えているとか、ブルーベリーが好きであると想像しなければならないのだろうか。鳥の群れの絵を鑑賞する人は、虚構として四七羽の鳥が存在していることに注意し、そのように想像することを要求されるのだろうか。こんなことを実行するのは、その絵を間違ったやり方で見ることだと言ってよいだろう。それは、些末な細部によって絵の大事なところから鑑賞者の注意を逸らさせることである。ある命題が虚構として成り立つとは、次のような場合であると言うことにしよう。すなわち、仮にその命題を想像するかどうかに関して疑問が生じたとしたら、その命題を(問題となるその文脈では)想像すべきであるという場合、ある命題は虚構として成り立つのである。だが、このような疑問は多くの場合まず生じないと思われる。通常の場合、この条件は次のように理解してよい。すなわち、Pが虚構として成り立つならば、仮にPを想像するかPの否定を想像するか選ぶように強いられた場合、人はPを想像するべきである、ということである[28]。以下の議論において、想像への命令について語る場合、そういう命令は以上のように条件付けられているものとする。

生成の原理は、一般的には、どんな状況で何が想像されるべきかに関する規則として理解することができる。しかし、規則という言葉が意味しがちなことを注意深くしりぞけなければならない。生成の原理を規則と呼ぶと、それが明示的な決定や合意によって確立され、作用する文脈では意識的に心に保持されるということが示唆されるかもしれない。エリックとグレゴリーの遊びの規則はそうである。だが、私はそういう仮定をまったくしていない。この点は念を押しておく。しかじかの状況であればこれこれのことが想像されるべきである、とある文脈において理解されているならば、その特定の文脈で、ある原理が実効性を持っている。この理解は、明示的であることも意識的であることも必要としない。また、私はその理解が「自由裁量的」でなければならないとも「慣習的」でなければならないとも前提しない。原理がとても深く根付いているので、ほとんどそれに気づくことができないこともある。また、あまりにも自然なのでその原理を持たない状態を思い描くことが難しいこともある。私たちがある原理を備えて生まれてきたとか、それを獲得するほとんど抵抗しがたい傾向を備えて生まれてきたということもありうる。そうはいうものの、生成の原理は、それを規則と呼ぼうと呼ぶまいと、どんな状況でどんなことが想像されるべきかについて、条件付きの命令を形づくる。かくして、想像されるべき命題が虚構的なのである。

　虚構性は、真理とある程度似ていることが判明してきた。虚構性と想像との間の関係は、真理と信念との間の関係に対応している。想像することは虚構として成り立つものを目指している。それはちょうど信念が真なるものを目指すのと同じである。真なることが信じられるべきであり、同様に、虚構として成り立つことが想像されるべきなのである。

　もう一歩踏み込んで、虚構的であることを真理の一種として考えたくなる誘惑は、常に存在している。(このとき、想像することは信じることの一種と見なされるのかもしれない。それはこの種類の真理にふさわしい信じ方というものになるのだろう。)この誘惑は、虚構的なことが、くだけた言い方では「虚構世界において真である」と記述されるという事実に反映されており、またこの事実によって力を与えられてもいる。「虚構世界」は、ユニコーンが本当に歩き回っていたり、ゆで卵の割り方をめぐって本当に戦争が起こっていたり、エリックから数フィートの藪の中にクマが隠れていることが本当だったりするような、この宇宙の遠方の片隅であるかのように考えられやすい。そのうえ私たちは、しばしば「〜ということはある虚構世界において真である」という語句全体を自由に省いてよいと感じる。これはちょうど、「〜ということは真である」は省いてよく、これを省くことで、何かが真であると記述する代わりに、何かが真であると断定するという場合と同じことのように見える。私たちは、「そのごっこ遊びにおいてはクマが藪の中に隠れていることは真だ」と言う代わりに、たんに「藪の中にクマが隠れている」と言うのであり、これを断定する口調で言うのである。私たちは、「ユニコーンのタペストリー(の世界)の中では、ユニコーンが捕まえられている」と言う代わりに、「ユニコーンが捕まえられている」と明言する。「私たちは土星に行くところだ」は、「私たちは、白昼夢の世界の中で、土星に行くところだ」と同じ働きをする。こうして私たちは、クマが(本当に)藪に隠れている、等々と断定するかのように見えるのである。私たちは、あたかも虚構的命題が真であるかのように語っている。虚構的命題が真であるということはありうるのだろうか。仮にそれを認めたとしても、一般的には、虚構的命題は、ユニコーンは存在しないとか、子どもたちは時々ごっこ遊びをする、といった命題が保有している種類の真理性を享受してはいない。「ある虚構世界において真」ということは、「現実世界において真」ということから区別されなければならない。しかし、この両者を一つの類に属する二つの種であると見なしたくなる誘惑は明らかにある。

私は誘惑に抵抗する。私たちが虚構世界における真理と呼ぶものは、真理の一種ではない。「ユニコーンが捕まえられている」の前に置かれた「ユニコーンのタペストリーの世界において」という一句は、ユニコーンが捕まえられているということが真になるのがどのような仕方で、どこで、どのような領域においてなのか、といった類のことを指定していない。それは真ではない、以上。「Pということが信じられて（あるいは、望まれて、主張されて、否定されて）いる」は、Pが真であると断定するために使用されているのではない。それは、Pに真理性とは違う特性を帰属させるために使用されている。すなわち、この命題が信じられているとか、あるいは誰かがその命題が真であることを望んでいたり、主張していたり、否定していたりする、ということを断定するために使用されているのである。同様に、「Pということが虚構として成り立つ」や、これのくだけた変形は、真理性ではなく、虚構性をPに帰属させているのである。

虚構性を真理の一種として解釈することへの誘惑を私がしりぞける理由は、なぜ私たちが誘惑されるのかを理解できるようになってきたときにのみ、浮かび上がってくる。どんな場合にも、少なくとも誘惑と戦うことと同じぐらい、誘惑を理解することは重要である。私たちが現にしているとおり、あたかも本当にユニコーンが存在し、現実にゆで卵の割り方をめぐって戦争があったかのように語るのは、何ら偶然のことではない。だから、なぜ私たちがそうしているのかについて説明が必要なのである。その説明と誘惑の源泉とは、虚構という人間的制度のまさに基礎のところに存在している。

虚構性は真理ではないが、虚構性と真理は完全に両立可能である。すでに注意したように、人々はしばしば真であることや真であると分かっていることを想像する。このような想像活動は時には命令されている。フレッドの白昼夢においては、現実の場合と同様、彼が暖かい気候を好むということが虚構として成り立っている。ミシシッピ川がミズーリ州に沿って流れているということは、『トム・ソーヤー』- 虚構的であると同時に、現実に真でもある。この点は明白すぎて強調する必要がないと思われるだろう。だが、その必要があるのだ。

小道具の役割は、虚構的真理を生み出す上で非常に重要である。小道具は虚構世界とその中身に一種の客観性を付与する。つまり、認識する人々とその経験からの独立性を小道具が与え、虚構世界での私たちの冒険がわくわくするものになるのに大いに貢献するのである。この客観性は、小道具から導き出されるかぎりで、虚構性と真理とのもう一つの親近性を構成する。切り株＝クマごっこが示しているように、小道具が関係している場合、虚構として成り立つことは、私たちの想像と別個に成り立つだけでなく、人々が考えることや虚構として成り立っていると解釈することからも別個に成り立つ。私たちは、いくつかの虚構的真理に気づかないでいられるし、虚構的真理について間違うこともできる。この間違いは、虚構的真理が依存する現実世界の側面について間違うのと同じように、容易に起こる。エリックとグレゴリーは、虚構において藪の中にクマが隠れているのを発見して、本当にびっくりする。そうなるように仕向けているのは、人間の思考ではない。小道具なのである。虚構世界は、現実と同じく「すぐそこに」存在していて、私たちがそうしようと思えば、可能な範囲で探索したり探検したりすることもできる。虚構世界を「人々の想像する絵空事」として片付けることは、それを侮辱し過小評価することなのだ。

最後の注意を一つ。小道具が虚構的真理を生み出すのは、命題を想像するように命令することによってである。だが、想像には命題的なものしかないわけではない。一頭のクマを想像することは、クマが一頭いることを想像すること以上の何かである。自分が泳いでいるところを想像する、山登りしているところを想像する、スピーチしているところを想像する、ということは、自分自身について、泳いだり山に登ったりスピーチしたりすることを想像するだけのことではない。部分的には確かにそうであるとしても、それだけではない。（第4節を見よ。）小道具は、命題的な想像ばかりでなく、命題的でない想像も命令する。小道具は、命題的でない想像によって虚構的真理を生み出すことはない。だが、命令にもとづく命題的でない想像は、私たちのごっこ遊びにおける別の重要な一部分を成している。現時点での考察の焦点は、命題的な想像と虚構的真理の生成に置かれているが、命題的でない想像は、後のいくつかの論点で決定的な役割を果たすことになる。

6 小道具を介さない虚構性——夢と白昼夢

以上の観察は、虚構世界の内容が小道具によって生み出される事例に当てはまる。だがすべての虚構的真理が小道具によって生み出されるわけではない。夢や白昼夢の虚構的真理は小道具によって生み出されるようには見えない。ジェレミーは、夢の中で怪物に追いかけられている。虚構としてそうなのである。だがそこには、エリックとグレゴリーのごっこ遊びで切り株が虚構的真理を生み出すようなやり方で、怪物に追いかけられることを虚構として成り立たせているものは何もないように思われる。同様に、フレッドの白昼夢で虚構として彼が金持ちで有名であるという事実は、小道具によって生み出されてはいない。こういった虚構的真理は、たんにジェレミーやフレッドの現実の想像活動に依存しているだけなのだろうか。夢や白昼夢の場合、虚構的なものは想像されたものに退化してしまいそうである。

だが、必ずしもそうなるわけではない。夢や白昼夢の中で虚構として成り立つことも、現に想像されていることではなく、想像されるべきことにかかわるものとして解釈することができる。この点は、ごっこ遊びや表象的な芸術作品の中で虚構として成り立つことと同じなのだ。夢や白昼夢についてこれから述べることは、私たちの全体計画にとって副次的な事柄である。だが、虚構的であることの統一的な説明が、私がここまで示してきたやり方に沿って可能であると分かることは、それなりに意味のあることである。

やさしい事例から始めよう。共同的な白昼夢を考える。共同で想像する人たちは、ロケットで土星まで旅するところを想像すると決定し、参加者は土星までロケットで行くことを想像するべしという無条件的な規則を採用する。土星までロケットで行くということを白昼夢の中で虚構として成り立たせるのは、参加者たちがそう想像しているということではない。むしろ、参加者たちにそう想像せよと命令している規則なのである。決定が下される前に議論があったと考えてみよう。土星より冥王星の方が目的地としてよいと提案するものや、ロケットではなく空飛ぶ円盤の方がよいと言うものがいただろう。参加者は提案された別の可能性をよく考えてみて、試しにどうなるかそれぞれ想像してみる、というのはありそうなことである。ところが、集団的な決定が下されて規則が確立されるまでは、共同的白昼夢の中で虚構として成り立ったことは何一つなかった。みんなが冥王星に向かって出発したとか、空飛ぶ円盤で旅をしたといったことは、その白昼夢の中で虚構として成り立ちはしなかったのである。というのも、最終的に合意されたのは、土星へのロケットの旅だったからである。その白昼夢の中で虚構として成り立つこととは、その白昼夢への参加者であるかぎりにおいて人々が想像すると想定されることなのである。人々が実際に想像することとは関係がない。採用された規則は無条件的であるから、命令は小道具に依存していない。だが、ごっこ遊びにおけるのと同様に、どんな想像活動が命令されているかということが、虚構として成り立つことを決定している。

一人でする白昼夢も、熟慮にもとづくものであるかぎり、似たやり方で解釈できる。フレッドは南フランスに引退するところを想像すると決める。この決定は、自分で一つの規則を採用し、自分に向かって、この内容が想像されるべきだと要請することに等しい。そして、フレッドの空想の中で南フランスに隠退するということが虚構として成り立つのは、この要請のせいなのである。

夢や自然に生じる白昼夢のような、熟慮をともなわない想像経験はどうなるだろうか。この場合も統一的な理論を維持することは可能である。そのためには、夢や白昼夢の一部分として実際に想像された事柄はすべて想像されるべきである、という全体を一括する規則が支配していると解釈すればよい[29]。これを受容則と呼ぶことにしよう。想像する人は、自分が携わっていると気づいた想像活動を、適切かつ適正なものとして単純に受け入れるのである。(受容則は、生成の原理を構成する諸規則と同様に条件付きの規則である。)自然に起こる空想の中で、私が自分はインディアンの酋長であると想像したのなら、私がそれを想像するというその事実が、それを（この空想の主体としての私の役割に関連して）想像すべきであるという命令を構成する。たしかに、私はもう想像をしてしまっている。しかし、だからといってこの命令が何の効果ももたないわけではない。この白昼夢を行なう人物であるかぎりにおいて、自分がインディアンの酋長であると考え続けることが私に命令されている。少なくとも、現に心に生起していない仕方でそう想像することが命令されているのだ。代わりに自分は白人保安官だと想像することにした場合は、私は新しい空想を開始して、あるいは古い空想の規則を改変して、「違う遊びをしている」ことになるのである。

受容則は、想像された事柄と、夢や自然に生じる白昼夢において虚構として成り立つ事柄との間に、非常に密接なつながりを生み出す。自然に生じるかたちで何かを（そういった空想の一部として）想像することは、事実上、そのことを（その空想において）虚構として成り立つようにする。だが、そのことを想像せよという命令を確立することによってそうするのである。ここでもまた、虚構的なものは想像されるべきこととして理解できるのだ。

このやり方で虚構性の統一的説明を維持するのは、見かけほどその場しのぎの方策ではない。私は、自然に生じる空想の一部として想像された事柄のすべてがその空想において虚構として成り立つ、ということを受け入れる。しかし、この逆が成り立つかどうかは明らかではない。つまり私は、想像されていない命題が自然に生じる空想の中で虚構として成り立つことがある、と言いたいのである。そして、そういう命題を虚構として成り立つようにしているのは、それらを想像せよという命令であるということは、信じ難いことではない。

ある朝、ドリスは以下のような夢の報告を行なう。

夢の中で、私は、ニューヨークにいるジョーンズにシカゴから電話をかけていました。それから今度はニューヨークのオフィスでジョーンズに直接会って話をしました。……この中間で、私はニューヨークに旅をしたはずです。

（ドリスは、ニューヨークまで「現実生活では」飛行機で行くのが習慣だったとしたら、もっと話を特定したかもしれない。つまり彼女は——彼女の夢の世界で——自分はニューヨークまで飛んでいった、と言っただろう。）

言いたいことは、ニューヨークまで旅することをドリスは夢に見なかった、つまり旅をしているところは想像しなかったけれど、にもかかわらず、ドリスが旅をしたということは「彼女の夢の中で真」なのだ——彼女の夢の中で虚構として成り立つ——ということである。私としては、この言い分をそのまま受け入れたいと思う。そして、この夢の報告は自然で完全に首尾一貫したものに見える。それゆえ、夢において虚構として成り立つことは、夢見られたことに帰着しない。

ドリスはニューヨークまで旅をすることを何らかの仕方で夢に見たと考えるべきなのだろうか。南フランスに隠退するとき自分は健康であるとフレッドが想像したように、ドリスもおそらく心に現に生起しない仕方で、あるいは無意識的に、夢に見たことになるのだろうか。私はこんな想定をしなければならないとは思わない。ドリスが夢について語りながら、シカゴからニューヨークまで「旅をしたはず」と特に言及するとき、そこにはある驚きがともなっている。これは彼女にとって一つの発見のように感じられるのだ。フレッドの場合、自分が空想の中で健康なまま隠退すると分かっても驚いたりはしない。空想している間にこの考えが明示的には生じていなかったとしても、特に驚いたりはしないのである。それはフレッドの心の片隅にあったのだ。だがドリスの心の片隅には、シカゴからニューヨークまで旅をするという考えが、フレッドの場合と同じ意味では存在していなかったように思われる。だからドリスは驚いたのである。(心に現に生起していない仕方で何かを想像するということと、あることを想像しなかったけれども夢や白昼夢の中でそれが虚構として成り立つということとの間を分ける線は、ひどくぼんやりしている。)

ドリスがそのことを無意識的に夢に見ていたという仮説は、発見や驚きの感覚を説明するかもしれない。そう思う人もいるだろう。だが、どうしてドリスはそれを夢に見ていなければならないのだろうか。彼女の夢が意識されなかったことに関して、それは抑圧によるのだ、といったよくある種類の説明は、ここでは少しも必要とされない。そして、彼女の発見も、意識できなかったことに気づいていく通常の例にはあまり似ていない。精神療法によって、以前は意識できなかった動機や感情を認知するようになる人は、彼女と同じような仕方で驚きはしない。そういう人は、その動機や感情に漠然とではあるがずっと気づいていた、という印象をもつ。それはよく知っている感じがするのであり、とりわけ驚かされるといったものではないのだ。人はそういう動機や感情をありのままに「認め」て、最終的に自分の中に受け入れる。だがドリスは、その旅を夢に見たことを「認め」るのではないし、自分が夢に見たということを最終的に自分の中に受け入れるのでもない。ドリスは、その夢について語るうちに、「彼女の夢の中では」その旅をしたことになると初めて分かるのである。ドリスは単にそのことを「認識し」、それに同意するのではない。他の事柄から、つまり、虚構として最初はシカゴにいて、後ではニューヨークにいたという事実から、それを推論するのである。

では、ドリスがニューヨークへ旅をしたという命題の虚構性を構成するのは、いったい何なのだろうか。少し前に述べた虚構性に関する特徴づけに従えば、私たちは、ニューヨークへの旅をドリスは想像することになっている、と言わねばならない。たとえ彼女が想像していなくても、こう言わねばならないのである。つまり、この夢を見る人であるかぎりにおいて、彼女に対して、このことを想像せよと命令する規則があるのだ。これに関連する重要な規則は、次のようなものになるだろう。

その夢において虚構として成り立つ命題の集まりは、ある一定の自然で自明なやり方で、欠落を補充して全体の調和が維持されなければならない[30]。（必要になる欠落補充の詳細は、第4章で論じる含意の諸原理と似たところを含んでいる。）これを補充則と呼びたい。受容則に沿って、ドリスが夢見たがゆえに虚構として成り立つ事柄が与えられたなら、一定の他の事柄が想像されるべきなのであり、したがってそれらも虚構として成り立つのである。ある場面でドリスがシカゴにいて後にはニューヨークにいる、ということがその夢の中で虚構として成り立つのだから、シカゴからニューヨークに旅をしたと想像することが要請される。こうして、ドリスが旅をしたということが、その夢の中で虚構として成り立つのである。この規則は、生成の原理を形成する規則のように、条件的な規則である。しかし、この規則の命令は、小道具の存在やそれの性質によって条件づけられるのではなく、もう一つの規則〔受容則〕のせいでどんな命題が虚構として成り立つのかによって条件づけられている。

自分は旅をしたのだと想像するようにドリスが命令されているということは、意識経験の事実とも整合するように思われる。その夢を物語っているとき、ドリスは、夢が完結していないとか不完全だといった感じをもっても不思議はない。旅を想像する（または旅をしたと想像する）ことがとにかく要請されている、という感じがするのである。この感じは、私の考えでは、以下のような体験とよく似ている。昔からの友だちに思いもよらず道でばったり会う。私はずいぶん興奮してしまい、その友人が放り込まれたはずの刑務所にもういなくて、どうにかして出所したのだという点には注意しない。出所は明白な事実なのだが、現に心に生起していない仕方においてさえ、私はそれを思いつくところまで気が回らないのだ。だが、とうとう私はそのことに思い至る。するとそのとき、私は、そう思いつく前から私はこのことに気づいていたはずであり、そう思っていたはずだと感じるのである。ドリスは夢を物語りながら、ニューヨークに自分が旅をしたという命題が虚構として成り立っていて、明白にそうなのだということを理解するに至る。だから、ドリスはそれを想像していたはずなのである。

ここで次のような反論があるだろう。どうやって夢が規則に服従することが可能なのか、つまり、夢見ることは命じられうるのか。規則は行為を支配する。命令は私たちが行うことに対して下される。ところが夢見ること（そして一般に自然に起こる想像活動）は、行為ではない。それは私たちに起こることなのであって、私たちが行うことではないのだ。

この反論は大事な点を外している。ここでの命令は、あることを夢見よではなく、それを想像せよなのである。夢を見ることとは想像活動の一種である。適切なことを夢に見ているのなら、そういう人は、おそらくそれと気づかずにその夢の規則を守っている。しかし、その規則に従うための別のやり方もある。すなわち、命令されていることを熟慮にもとづいて想像するというやり方である。〔ドリスが欠落を補充したように〕熟慮にもとづいて従うことができるのだから、命令があるということは意味を成す。従うために特に何かをしてはいないのに自分が従っていることに気づく場合〔例えば、自然に夢を見ている場合〕があるということは、この点には関係がない。(息をすることはしばしば意図的ではない。だが、聖歌隊の指揮者や水泳の指導者が息をするよう要請したり命じたりするというのは、完全に意味を成す。なぜなら、息をすることは熟慮して行うこともできるからである。私たちは要請を守るとか命令に従うということを選び取ることができるのである。)

しかしながら、ここでの命令は単純に何かを想像せよという
ことではなく、その夢の一部として想像せよ、ということである。これは、その命令が何かを夢見よという命令であることを意味するのではないだろうか。そうではない。特定の空想の一部として何かを想像せよということが命令されているのであって、この空想がこの場合たまたま夢だっただけなのである。そして、夢は夢であり続けなければならないわけではない。自然に起こる想像の経験は、熟慮にもとづく経験に変わることがある。夢として始まったことが、目覚めてから、熟慮にもとづく白昼夢として続くことがありうるのだ。(夢の続きを白昼夢として行うことは、夢を思い出したり報告したりすることと同じことではない。)目が覚めたとき、ドリスは、それまで夢だった空想を続けることができる。そのときは、この空想の一部として、熟慮にもとづいて、この空想の主体である自分に命じられていることを、何であれ想像できるのである。だが、自分の見ていた夢の続きを想像しているとドリスが考えているかぎり、ある一定の事柄を想像せねばならないと彼女は感じるはずである。そう私には思われる。例えば、自分がシカゴからジョーンズに電話をかけたと(さしあたり心に現に生起してはいない状態で)想定し続けねばならず、さらにはシカゴからニューヨークに旅をしたとも想像せねばならない、とドリスは感じるはずなのである。

ここで思い出しておかねばならないが、条件付きの規則の条件が満たされていることに人々が気づかない場合には、規則が命ずることを彼らが当然想像するものと期待するわけにはいかない。例えばエリックとグレゴリーが藪の中にクマを想像しなかったのは、そこに切り株があるのを知らなかったせいである、という弁明が成り立つ。同様に、ドリスの場合も、熟慮による空想の段階で、自分がシカゴからジョーンズに電話をかけたことと、後にニューヨークで直接会って話したことを両方夢に見たのを彼女が思い出さなかったとしたら――あるいはこの二つを互いに結びつけるのに失敗したとしたら――ドリスがニューヨークまで旅をしたと想像しないことは許容される。あるいは少なくとも理解できる。しかし、ドリスがこの二つのことをたしかに思い出して「互いに結びつけて」いるのに、旅をしたと想像するのを拒むとしたら、彼女は適切に「そのゲームを実行」しておらず、違う話に空想を切り換えてしまったと非難されても仕方がないのである。

ではドリスが、旅をしたと想像するのを単純に拒否するのではなく、旅をしなかったと想像すると考えてみよう。普通の旅

ではなく、ドリスはたぶん、自分が瞬間的で非連続的な場所の移動を体験すると想像するのである。(例えば、シカゴで身体が消滅すると同時に、ニューヨークで遺伝情報に沿って再生されるというように。)この場合、彼女はこのゲームを不適切に行なっていると咎められることはない。というのもこの場合、ドリスはニューヨークに(普通のやり方で)旅をしたのではなくそこに瞬間移動したのだということが、虚構として成り立つからである。(この新しい想像活動が熟慮にもとづくのなら、ドリスは瞬間移動を想像することを自分に要請したのである。自然に起こる想像なら、受容則が当てはまる。)この場合、補充則は通常の旅を想像することを命令しない。実際、補充則はそんな旅がなかったということを命令するのである。というのも、補充則とは、虚構的真理の全体の整合性、つまり虚構世界の整合性を維持するものとされるからである。シカゴである人が消滅すると同時にその人がニューヨークで突然存在し始めるような虚構世界は、奇妙な世界ではある。だが、その人物がこういう方法と普通の方法の両方のやり方でニューヨークに行くとしたら、その方がもっと奇妙であるし、整合性はさらに低下することになるだろう。

ドリスが瞬間移動を想像するなら、普通の旅を想像する義務はなくなる。だが、だからといって普通の旅を想像することが禁じられるわけではない。ドリスが普通の旅も想像するとしてみよう。すると、ドリスの空想の中では、瞬間移動の結果としてニューヨークに着くとともに、普通の旅の結果としてもニューヨークに着いた、ということが虚構として成り立つ。例えば、アメリカン航空も使ったし、遺伝情報再生会社も使った、ということになる。この夢と白昼夢の世界は整合性に欠けているが、だからといって、この世界のための空想の規則は、どれも侵害されてはいない。

ここまでの観察から、夢の本質について重要な教訓が得られる。夢とは、単に眠っている間に人間が体験する現象学的経験ではない、ということである。夢は単に一定の種類の想像活動が続いていくことではない。夢は、特定の仕方で解釈された睡眠経験なのである。その経験は、経験自体の中に与えられている規則によってではなく、経験に対して課されている規則によって解釈される。[31] 規則は文化的に条件付けられているかもしれない。つまり、夢を物語るという活動にともなう伝統がかかわっているのである。するとこのかぎりで、夢とは文化的なものである。ただし、夢の規則は、文化や経験や伝統よりも、人間の心理的な構造の固定した特徴によって決定される部分の方が多いかもしれない。特に受容則は格別に自然に根ざした規則である。それはどんなに拡張された意味においても「慣習的」でも「自由裁量的」でもない。とはいえ、受容則は(それを私たちが自由に改変することはできないとしても)違うかたちでありうるのであり、同様に補充則も違うかたちでありうるのだ。夢見られたことだけが夢の中で虚構として成り立つ、というように受容則を理解することも可能である。そのときは、ドリスの現象学的経験がまさに私たちが想定したとおりであったとしても、彼女がニューヨークまで旅をしたということはドリスの夢の中で虚構として成り立たないことになるだろう。（だがもちろん、彼女がニューヨークに旅をしなかったということが虚構として成り立つはずだ、ということも帰結しない。）さらには、夢見られたすべてが虚構として成り立つわけではない、というやり方による解釈さえありうるだろう。現在のやり方で私たちが夢を解釈しているということは、偶然的な事実なのである。仮にそれが私たちの文化的伝承に関する事実でないとしても、心理的構造にかかわる事実ではある。夢に固有の特性は、私たちの睡眠経験の現象学的な特徴ばかりでなく、睡眠経験を解釈するやり方に左右されるのだ。

こうして、夢は大いにごっこ遊びに似たものに見えてくる。そして夢を見る経験の方は、表象的な芸術作品を含むいろいろな小道具に似たものに見えてくる。ある絵の中で虚構として成り立つことは、画布上の絵の具の染みに左右されるだけでなく、絵の具の染みをどう解釈するかに関する伝統によっても左右される。これと同様に、夢の中で虚構として成り立つ事柄も、夢を見る人の現象学的経験だけでなく、その経験の解釈の仕方を私たちがどう理解するのかによって左右されるのだ。夢を見る経験は小道具であり、夢は（また自然に起こる白昼夢も）ある種のごっこ遊びである、と言ってよいかもしれない。仮にそう言うなら、熟慮にもとづく白昼夢（単独のまたは集団の）だけが、虚構性が小道具によらずに存在する文脈として浮かび上がってくるだろう。

もちろん、違うところもある。私たちは夢を見ているとき、外部世界の小道具を使って想像するときよりも、想像にのめり込んでいて注意がよそに向かわないように思われる。これはしばしば白昼夢の場合にも起こる。絵画や小説の鑑賞や普通のごっこ遊びをする人は、通常の場合、一種の二重化されたものの見方を取っている。ごっこ遊びに参加すると同時に、そのごっこ遊びを観察してもいるのである。そういう人たちは、虚構として成り立つ命題に注意を向けつつ、その命題が虚構的であるという事実や、その命題の虚構性を生み出す手段の方にも注意を向ける。それは、小道具のどういう特徴が原因となっているのか、あるいはどんな生成の原理が作用しているのか、ということに注目することによって行なわれる。小説や絵画を鑑賞する人は、芸術家が小道具をうまく使いながら虚構世界を作っていく技術の巧みさを誉め称えるだろう。また、グレゴリーとエリックは、特別に背が高くて細長い切り株をクマに見立てるのは無理があることに気づくかもしれない。そして、そういう切り株はキリンと見なすように遊びの規則を変えようと考えることもありうる。逆に、びっくりするほどクマに似た切り株に出くわして、その絶妙な一致に驚嘆するかもしれない。

ところが、夢を見る人はもっぱら虚構世界に浸りきっているようで、白昼夢に耽る人もそうなるときがある。こういう人は、虚構として成り立っていることに注意を集中している。それが虚構であるという事実ではなく、実際に虚構として成り立っている命題の方に集中している。想像するという仕方で、命題の方に注意を向けているのである。夢を見ている人は、小道具としての夢見る経験そのものには注意を払わない。これは、事物を知覚するとき、通常、人が知覚経験に注意を払わないのと同じである。知覚する人は自分の知覚経験を通じて（実在の）世界が現れてくるのを見ている。夢を見る人も、自分の想像活動を通じて夢の世界が現れてくるのを見ている。どちらの場合も、経験それ自体には注意を向けないのだ。

　空想するときに外的または内的な小道具を使うことは、空想に参加しながら観察もするかどうかということと、必然的に結びつくわけではない。白昼夢を見ている人は、小道具としての自分の想像活動と、小道具が虚構的真理を生み出すやり方に注意を向けて内省することもできる。夢を見ている人も、自分が夢を見ているという印象をもつことが時々はある。外部の小道具が夢に典型的な空想への没入を排除するわけでもない。目覚まし時計の音は、夢の中では虚構として学校の始業ベルとなるのだが、夢への没入を弱めはしない。バリ島のトランス・ダンスでは、外的な小道具が使用される。仮面、衣裳、クリース（短剣）、魔女ランダを防ぐ白い布、そして参加者自身の身体、といった小道具である。だが、忘我の状態（トランス）に入った参加者は、虚構世界に没入している。おそらく、虚構的真理が生み出される有り様は眼中にない。もちろん、参加者は小道具に一定の仕方で注意を向けてはいる。しかし、その思考はもっぱら小道具が生み出す虚構的真理の方に向かっているように思われる。たぶん、その人は、それが小道具だということに気づいてさえいないだろう。

　ひょっとするとこの参加者は、当の命題が虚構として成り立つにすぎないことさえ実感していないかもしれない。ランダが本当に自分に襲いかかってくると思っているのだろう。（このことは、ランダが襲うのは虚構としてであるとその人が受け取ってもいる、ということを排除するわけではない。）おそらく（デカルトが想定したように）夢を見ている人たちは、自分の夢の中で虚構として成り立つにすぎないことを、ただ単に想像するだけではなく、信じてもいるのだろう。だが、その点を決める必要はない。

　夢と白昼夢については以上である。本来の探究の道筋に戻ることにしよう。その道筋とは、外部の小道具を使うごっこ遊びを通じて表象芸術に到る道である。

7　表象体

『グランド・ジャット島』や、ミケランジェロの『ダヴィデ像』、『ガリヴァー旅行記』、『マクベス』などの表象的な芸術作品一般は、ごっこ遊びの小道具である。(32) お人形やオモチャのトラック、エリックとグレゴリーのごっこ遊びの切り株もまた、ごっこ遊びの小道具である。雲の形や星々の配置も、そこに動物や人の顔が「見える」とき、雲や星々の促す想像活動が命令されていると理解するならば、ごっこ遊びの小道具である。こういったいろいろな小道具の間の相違点は、それらの共通性を背景にして見なければならない。共通性は、それらが皆、想像活動を命令し、虚構的真理を生み出すという事実である。だが相違点も重要なのだ。相違の一つは、最初に取り上げて考える価値がある。切り株と雲の形を、表象的芸術作品とならべて分類するのは特に奇妙に見えるはずである。私は、切り株や雲の形を除外して「表象体」を理解することを提案する。

切り株は、その場限りの小道具である。そのとき一回の、たった一つのごっこ遊びのために、ある役割を担わされている。これに対し、お人形やオモチャのトラックは、小道具となるために意図的に考案されたものである。その目的のために特に作られたものなのだ。小道具であることは、そういうものたちの機能であり、それはそのためにある。ちょうど、椅子の機能がその上に座ることであり、自転車の機能はそれに乗ることであるのと同じである。さらに、お人形やオモチャのトラックは、単に小道具であるだけではなく、特定の種類のごっこ遊びにおける小道具となることを意図されている。つまり、特定の種類の虚構的真理を遊びの中で生み出す小道具なのである。お人形は赤ちゃん「と見なされる」ことを、オモチャのトラックはトラック「と見なされる」ことを、それぞれ意図されている。ある与えられた小道具が特定の機能を果たすような種類の遊びのことを、その小道具にとっての公認された遊び（*authorized games*）と呼ぶことにしたい。もちろん、ある一つのお人形は、ある一回の個別的な遊び（トークン）のために意図的に考案されているわけではない。お人形は、たくさんの異なった遊びの中で役立つことを期待されている。壊れずに長く保てば、その人形は数世代の子どもたちの遊びの中で役割を果たすことだろう。（しかし、雪のお城はある一回の特定の遊びを念頭に置いて建設される。）

『グランド・ジャット島』などの表象的な芸術作品は、切り株よりもお人形にずっとよく似ている。芸術作品は、一定の種類のごっこ遊びの中で小道具として使用する目的のために作られている。違う鑑賞者がそれぞれ違う機会に行うその種類のごっこ遊びの、不特定多数の事例のために作られているのである。

小道具にするために創作された物だけを、つまり創作されたという意味におけるその物の機能が小道具となることであるような物だけを、表象体に分類する方がよいと考える人もいるだろう。こうすると、切り株だけでなく、おおぐま座といった星座も表象体から排除されることになる。自然物は一般に（創造主の意図を考慮したいと思うのでない限り）排除されるし、また他の目的のために作られた人工物（例えば、ごっこ遊びで「お家」として使われているテーブルなど）も当然排除される。

私としては、小道具となることがその機能であるような物に「表象体」を限定するのが好ましいと思うが、「機能」という語のゆるやかで制約の少ない意味においてそうするのがよい。ただし、機能のこのゆるやかな意味を厳密に定義するつもりはない。（第2章7節でもう少し語るつもりである。）典型的に、ないし通常の場合に、ある種類の物がある目的に役立つとその種の物の作り手たち一般が思っているならば、個別の作り手の意図とは無関係に、ある物がある一定の目的に役立つ機能を持つと言ってよいだろう。この考え方によると、岩の亀裂のパターンや何の気なしに描いたいたずら書きであっても、それがたまたま顔の線描に似ていたら、顔がそこにあるということをごっこ遊びの中で虚構として成り立たせる機能を持つ、と言うことができるようになる。また、何かある物ないしそれに似た物を、何らかの目的のために利用する伝統や共通の実行例や慣習が（ある社会集団の中に）存在する場合、その物はそういう機能を（その社会集団において）持つと言うこともできるようになる。だから、例えば、石炭の機能は家を暖房することでありうるし、黄金の機能は交換の媒体となることでありうるし、おおぐま座の機能はクマがいるということを虚構として成り立たせることでありうる、ということになる。

（私たちが、物の機能を作り手側の目的に結びつけて現に理解しているとしても、そう理解する伝統や慣習や解釈がたまたま存在するという理由でそうなっているにすぎないだろう。）

機能とは、ある場合には、物がどのように使用されるべきかについての規則のことであると考えてもよい。一定の物が、ごっこ遊びにおける一定の種類の小道具として使用されるべきである、とする規則が存在しうる。ある種類の物や、ある意図の下に作られた物や、一定の社会的文脈の物についてもまた、そういう規則が存在しうる。こういう規則は、特定のごっこ遊びの規則と混同してはならない。これらの規則はメタ規則である。つまり、どんな規則を備えたどういう種類のごっこ遊びが、問題の物を使って行なわれるべきか、についての規則なのである。私が示唆するのは、この種のメタ規則（ただし非明示的なもの）が表象的な作品の標準的な事例に当てはまるということである。

実際に小道具として役立てられたことが一度もなく、それを使ったごっこ遊びが一度も行なわれたことがなくても、一つの小道具となることがある物の機能である、ということがありうる。だから、表象体は現実に小道具として使用されなくてもよい。誰も見たことがない絵画や永遠に読まれることのない小説も、表象体に数え入れてよい。（こういう作品はあるごっこ遊びのタイプにおいて小道具なのである。当該作品の機能を前提すれば、このタイプが事例つまりトークンを持たなくても、当該作品によってごっこ遊びタイプが確立される。[12]）

機能は社会に相対的である。石炭も黄金も星座も人形も、ある社会的文脈においてのみある機能を持つ。ある物はある社会集団にとっては何かをごっこ遊び的に信じさせる機能を持つが、別の社会集団には持たない。すると、その物は一方の集団にとっては表象体であるが、他方にとってはそうではないだろう。切り株は、私たちの社会全体にとってはその場限りの小道具にしかすぎないが、もっと狭い文脈では小道具として役立つ機能を持つかもしれないのである。子どもたちは切り株が完璧に表象体となるような一時的な社会を作ることがありうるのだ[33]。

ごっこ遊びの小道具として役立つということは、機能という語を理に適った意味で理解するかぎり、通常の表象的芸術作品の機能なのである。このことは、芸術作品に関する注目すべき事実であり、「表象」という言葉をどう定義するかとはまったく独立に成り立つ。ある対象の機能が一定の種類のごっこ遊びにおいて小道具になることであると理解できる場合、その遊びを行うそれぞれの場合にその遊びを新しく設定し直す必要はない。その遊びにかかわる生成の原理を確立するために、約定が要求されることもない。これは、どんな会話にでも使用できる確立された言語をもっている状態に似ている。一回ごとの会話にその場限りの規程を設定し直すのとは違うのである。とはいえ、得られるものは便利さだけではない。一定の種類のごっこ遊びで小道具となることがその対象の認められた機能であるとされているかぎり、生成の原理は自然なものに見え、自動的に受け入れられやすく、内面化もされやすい。そして、それが命令する想像活動も自然に起こるものとなりやすいのである。さらに、小道具の作り手は、自分の作った物がどう使われるかを予測できるので、小道具を意図して適切に考案すれば人々の想像活動を導いていくこともできるのだ。

絵画や小説を鑑賞することは、大抵の場合、その作品が小道具となる機能を持つ種類のごっこ遊びを、その作品を使って行うということである。だが私たちは、個々の遊びとは別に、小道具自身の方に関心を抱くことがある。ごっこ遊びにどういう貢献をするのがそれの機能なのかを理解することに関心をもったり、どういう虚構的真理を生み出すのがそれの機能なのかを理解することに関心をもったり、どんな種類のごっこ遊びがその機能にうまく合致するのか、必ずしも実際にその遊びをするわけではなくても理解したいと思ったりするのだ。しばしばこれは批評家の関心である。彼らは表象体を理解し、評価しようと思っている。これはまたしばしば芸術家について、その人物像や様式、才能、独創性といったことに関する推論を作品から引き出したいと思う人たちの関心の持ち方でもある。後に（第7章6節で）批評だけでなく鑑賞にもこの種の関心が含まれていることを見ることになる。だが、こういう関心は、切り株のようなその場限りの小道具たちにはまったくふさわしくない。こういうものは小道具としてのそういう機能を欠いている。

表象体とはごっこ遊びの小道具となる機能を持った物であると特徴づけても、何がそう認められるのかについては、多くの問題が不確定のままに残される。ストラヴィンスキーの『プルチネッラ組曲』を聴くとき、聴き手はそれがバロック後期に書かれたと想像すべきなのだろうか。それとも、そのスタイルがバロック期の作品とかなり似ていることに注意するだけでよいのだろうか。テレビの生放送は想像活動を命令する機能を備えているのだろうか。ミサで使用されるパンと葡萄酒はどうなのか。ブロンズ加工した子ども靴はどうなのか。疑問の残る事例のいくつかはもっとよく理解する必要がある。だが、ほかの事例では、恣意的で漠然とした取り決めに従う以外にないだろう。このことは私たちの理論への反論にはならない。この理論がもたらす明るい見通しは、理論の描く境界線の鮮明さにもとづくのではないからである。そうではなくて、確信の持てなかった事柄の中で、謎めいた部分が少し減っているということにあるのだ。

表象体として何が認められ、何が認められないのかについてのいくつかの問いは、後に考察することにしよう。それよりも、「非表象的な」芸術、または「非具象的な」芸術、ないし「非写実的な」芸術と呼ばれるものに目を向けることにしたい。これには、アルバース、マレーヴィチ、モンドリアン、ポロック、ロスコ、ステラ[13]といった芸術家の絵画が含まれる。

8 非写実的な芸術

リチャード・ウォルハイムはこう主張している。

> 何かを表象として見るということは、白いカンヴァス上に黒い絵の具が塗られたとき、黒が白の上にあるというようにも、黒が白の背後にあるというようにも、黒が白と同じ平面にあるというようにも見ることができる、という見え方の問題と本質的に結びついている。最も高度な達成においても、表象として見ることは、こういう見え方の洗練や拡張にすぎない。［反論：］図形やアラベスク模様やいたずら書きも……一つのものが別のものの上にあるのを見る事例ではあるが、もちろん、こういうものは表象的ではない。私たちは、一本の線がもう一本の線の上を横切っているのを見るし、立方体の一つの端がもう一つの端より前方に突き出ているのを見るのだ。……私はこれに同意する。だがそれならば、どうしてこれらが何かを表象として見る事例と見なされてはいけないのか、私には分からない。私の思いつく限りでそうしない唯一の理由は、偏見のせいだということである。……つまり、表象的なものを写実的なものと粗雑に同一視するせいなのである。というのは、もちろん立方体の図や格子状のいたずら書きを何か写実的なものと見ることはできないからである[34]。

カジミール・マレーヴィチの『絶対主義者の絵画（*Suprematist Painting*）』（図1-1）の中に、私たちは次のようなものを「見る」。カンヴァスの上の方には、対角線方向に置かれた黄色の長方形が水平の緑色の線（または細長い長方形）の前にあり、これがまた反対向きの対角線方向に置かれた大きな黒い台形の前に位置している。だがこれは、私たちがどのようにこの絵を見るかということであって、この絵がどのように存在しているか、ではない。現実には、黄色と緑色と黒色は（事実として）同一の平面の上にある。一つではなく二つの緑色の横長の形があり、二つは黄色の長方形の角で分割されている。黒色は台形ではなく、いくつもの四角を囲む複雑な形状である。こうしたやり方で絵を見ることは、ある程度、黄色の四角形が細長い緑色の四角形の前にあるというように（熟慮しないで）想像することではある。とはいえ、この絵について想定されている見方は、想像して見る方の見方である。黄色の四角形が緑色の四角形の前にあると想像することは、カンヴァスの現実の特徴によって命令されている。だから、この絵は小道具なのである。つまり、この絵は、見る人が行なうごっこ遊びにおいて、黄色の長方形が緑色の長方形の前にあるということを虚構として成り立つようにしているのだ。そしてもちろん、そういう小道具として役立つということは、理に適った意味で、この絵の機能である。だから、『絶対主義者の絵画』は表象的なのである。

　この論証を回避する方法はないと思う。ここにあるのは想像活動の一例ではなく、単なる錯覚だと思われるかもしれない。つまり見る人にとって、黄色の四角形が細長い緑色の四角形の前にあり、これがまた黒色の台形の前にある、というように見えているだけなのだ。しかし第一に、これが本格的な錯覚なのかどうか、はっきりしない。というのも、ある意味で、この絵が平らな表面であると見えていて、どの部分もはっきり他の部分の前にあったりはしない、ということが成り立っているからである。黄色が緑色の前にあると「見えて」いるときでさえ、私たちは絵を見て容易に平らだと分かる。錯覚があると仮定したところで、この絵を見る人々が黄色は緑色の前にあると想像しないということを意味するわけではない。この錯覚は、本当にそれが錯覚だとしても、私たちを騙さないのだ。私たちは絵の表面が平らであると完全に理解している。ならばどうして、錯覚の代わりに、絵が想像活動を誘発すると言わないのか。この絵を見る人は、黄色が緑色の前にあるという「見かけ」の「錯覚」からうまく逃れようとしたり、それを無視したりはしない。代わりに、その錯覚を育て、じっくり付き合うのだ。だとしたら、想像を誘発すると言うことは、とりわけ理に適っているだろう。

　しかし、『絶対主義者の絵画』が表象的ならば、表象的でない絵画などほとんどないことになる。どんな「非写実的」ないし「非具象的」な絵画でも、形に基礎を置く配列として見られうるなら、表象的と認められるはずである。たぶん、ゲシュタルト心理学者が閉合（*closure*）と呼ぶものを利用した図案は、すべてそう認められるだろう。そういう図案は、例えば四角形のかすかな示唆しか含んでいなくても、四角形を想像すること

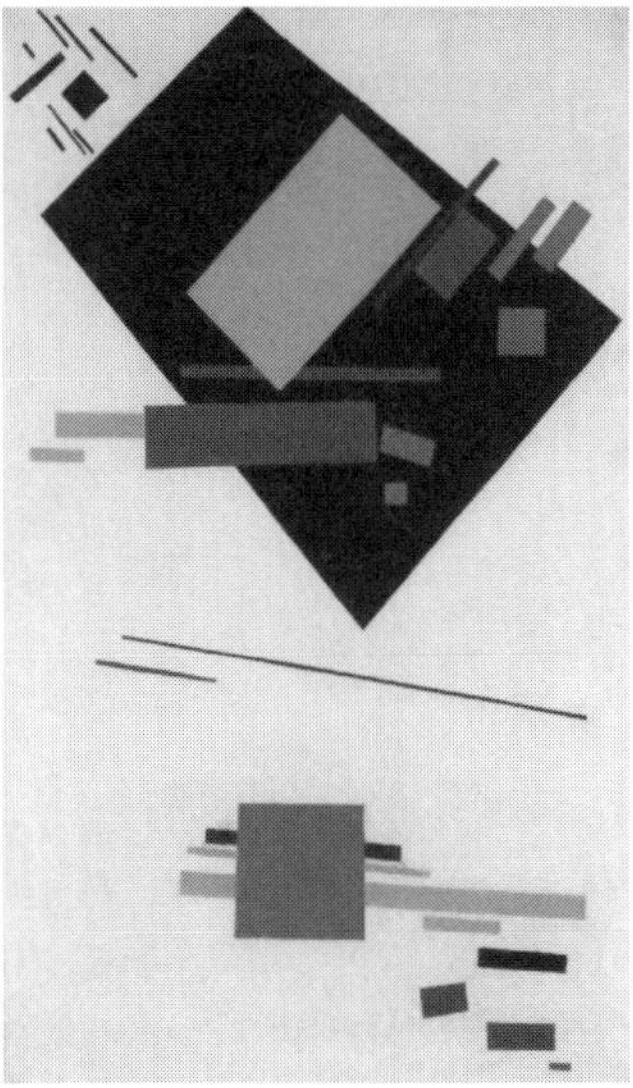

図 1-1　カジミール・マレーヴィチ『絶対主義者の絵画』1915 年，アムステルダム市立美術館蔵

を私たちに命ずるからである[14]。すると、ジャクソン・ポロックの絵の具の垂らしやはねによる絵画も、垂らしやはねについての虚構的真理を生成することになる。似た理由によって、ほとんどすべての音楽が表象的と見なされるべきだ、ということになるだろう。

私はこの結論が困ったものだとは思わない。この結論は、一般に「非具象的」だとされる作品と、明らかに表象的な作品との間の、見逃されやすくて重要な類似性を強調している。だが問題は残っている。『絶対主義者の絵画』のような作品と『グランド・ジャット島』のような作品との間には、かなりの非連続性が存在している。両者とも「表象体」であると認められるにしても、この非連続性は説明される必要がある。ウォルハイムはちょっとした専門用語を使っている。彼にとっては、『絶対主義者の絵画』は「表象的」ではあるが「写実的（figurative）」ではない。これに対し、『グランド・ジャット島』は「表象的」かつ「写実的」なのである。だがウォルハイムがこの違いをどう説明するのかははっきりしない。

さて、以下のことは一つの示唆である。『絶対主義者の絵画』が命令する想像活動は、作品自体の部分についての想像である。私たちは、カンヴァス上の現実の黄色い長方形について、それが緑色の長方形の前にある、といったことを想像するだろう。このことは『絶対主義者の絵画』を『グランド・ジャット島』から区別し、お人形や彫刻と同列に置く。私たちは『グランド・ジャット島』とその部分については何も想像しないのだが、お人形については、それが赤ちゃんであると想像するだろう。また、（私の推定では）ナポレオンの青銅の胸像について、それがナポレオン（の一部分）であると私たちは想像するだろう。とはいえ、お人形とナポレオンの事例では、私たちの想像のオブジェクトは、現実のその物とはまったく異なった何ものか、その物が（ほぼ間違いなく）必然的にそうではありえない何ものかであると想像されている。例えば、成形されたプラスチックの物体が、血の通った生身の赤ちゃんであると想像されている。ところが、『絶対主義者の絵画』の黄色い長方形は、その物がそれであるところのもの、黄色の長方形であると想像されている。さらに、黄色の長方形は、他の物に対し、現実にはそうなってはいない仕方で関係づけられていると想像されている。それは、例えば、緑色の水平の長方形の前にあると想像されている。とはいえ、黄色の長方形は、これら他の物たちとそのような仕方で関係づけられることもありえたのではある。『絶対主義者の絵画』の中の黄色い長方形は、お人形よりもファン・グリスのコラージュ作品『大理石のコンソール』の中の本物の鏡によく似ている。その鏡は、それが現実にそうであるとおり、一つの鏡であると想像され、さらに大理石のテーブル面に装着されていると想像される。だが、鏡はテーブル面に装着されてはいない。（鏡は絵に描いた大理石のテーブルに装着されているのだ。）

以上の示唆を、写実的な絵画は『絶対主義者の絵画』にはない仕方で自分自身を越えて指し示す、と言い表すこともできるかもしれない。『グランド・ジャット島』は、その絵画自身とはまったく異なった人々や物（たぶん架空のそれら）を描いている。だが、『絶対主義者の絵画』は、単に、ある様式でそれ自身の構成要素を描出しているだけなのだ。『グランド・ジャット島』は、カンヴァスの外にある事物について想像活動を引き起こし、命令する。だが、『絶対主義者の絵画』は、それ自身のカンヴァス上の印された形を想像上で並べ替えることだけを求めている。相違点のこういう定式化は、私たちが架空の対象（fictitious objects）を承認しないことにしたら存立しないだろう。だが、それにもかかわらず、私たちは『グランド・ジャット島』はそれ自身を越えて架空の物たちを描いているが、『絶対主義者の絵画』はそうではない、と考えるのである。

9　虚構世界

私たちが抱いている理論以前の虚構世界の概念は危険なものであり、不注意な理論家を容易に誤った方向へと導いてしまう。すでに注意しておいたように、虚構世界の概念は、虚構性を真理の一種として考えたくなる誘惑とつながっている。ほかのさまざまな危険は、虚構世界と最近の意味論における可能世界とを結びつけるという避けがたい傾向から生じてくる。虚構世界についての私たちの直観的な理解が、今一般に受け入れられている可能世界の専門的な概念をもたらす考察のきっかけになる、といったこともあったのかもしれない。だが、可能世界の概念は、私たちが普通理解している虚構世界とは明確に異なる。私は、どんな概念であれ虚構世界の概念に依存することはできるだけ少ない方がよいと思う。そうは言っても、虚構世界を完全に無視することはできない。どんな危険があるにせよ、虚構世界の通常の概念が、表象体について私たちが考えるときに中心的な役割を果たしていることは否定できないからである。そして、表象体は文化的な現象であるから、私たちがそれについて考えている内容はまさに理解されるべきことの一部になるのだ。

私はここまでに二度、虚構世界の概念に訴えた。虚構性を、最初は虚構世界の概念によって特徴づけた。ある命題は「ある虚構世界において真」である場合に虚構的であると言われる、としたのである。だが、これは単なる出発点にすぎず、この特徴づけは、後になって、より深い考察にもとづく虚構性の説明に置き換えられた。虚構性は、想像せよという命令と関係づけられたのである。

私が虚構世界を二度目に使ったところは、まだそのままになっている。ある命題が「エリックとグレゴリーのごっこ遊びの世界において」虚構として成り立つとか、「『グランド・ジャット島』の世界において」あるいは「『ガリヴァー旅行記』の世界において」虚構として成り立つ、などと私は言ってきた。あるものが「ある虚構世界において」虚構として成り立つとはどういうことなのか、また、二つの命題が「同一の虚構世界において」虚構として成り立つとか、「異なった虚構世界において」虚構として成り立つとはどういうことなのか、虚構世界の単なる直観的な概念に必要以上に依存することなく説明できる方が望ましいだろう。

ある世界における虚構性

ごっこ遊びの世界、表象作品の世界、夢や白昼夢の世界といったさまざまな世界が存在している。一方の側に世界を置き、もう一方の側にごっこ遊び、作品、夢、白昼夢を置いて、作業仮説としてこの二つの間に一対一の対応があることにしよう。遊びや夢は言うまでもないが、さまざまな作品をそれぞれ一個の作品と見なすことについて、常に曖昧さがないわけではない。(連載されるコミックは一つの作品なのだろうか、それとも多くの作品なのだろうか。)また、組み合わされた二つの作品や、ある作品の一部分が(つまり作品そのものではないものが)固有の虚構世界を持っていると言いたい場合もある。多義的な作品が二つ以上の世界を備えていて、それぞれ相異なる妥当な解釈に対応していると言いたい場合もある。だが、今こういった複雑な事例に関わり合う必要はない。

いろいろなごっこ遊びの世界に含まれる形で、表象作品が小道具となっているごっこ遊びの世界が存在している。リチャードが『グランド・ジャット島』をじっと見ている鑑賞者だとしたら、リチャードのごっこ遊びの世界が存在している。私たちは、このリチャードの世界を『グランド・ジャット島』そのものの世界と混同しないように注意しなければならない。一般的に、鑑賞者が表象作品を使って行なうごっこ遊びの世界と、表象作品の世界とを混同しないように注意しなければならない。

この混同は、ごっこ遊び世界と作品世界とが多くの虚構的真理を共有しているという事実によって助長される。あるごっこ遊びで虚構として成り立つ命題は、その遊びのいろいろな原理とさまざまな小道具によって生み出される命題である——つまり、実効性のある諸原理と小道具の性質ゆえに、その遊びの参加者によって想像されるべき命題なのである。『グランド・ジャット島』は、リチャードのごっこ遊びの小道具だから、リチャードの遊びの中で、二人連れが公園を散歩していることや、帆掛け舟が湖に浮かんでいること、等々を虚構として成り立つようにしている。これらの命題はまた、その絵画の世界でも虚構として成り立っているのだ。

私たちは、しかし、この二つの世界の間の区別を強調しなくてはならない。作品が小道具になるごっこ遊びの世界と、作品の世界とが別個でないとしたら、『グランド・ジャット島』を使って別々の鑑賞者が行なうさまざまなごっこ遊びや、同じ鑑賞者が違う機会に行なうさまざまなごっこ遊びの世界のうちで、一体どれが『グランド・ジャット島』の世界であると同定すべきなのか、どうやって決められるだろうか。これを恣意的でなく決めることはできないとしたら、私たちは、『グランド・ジャット島』の世界を、鑑賞者たちのいろいろなごっこ遊びの世界の上位にある世界と見なすように強いられる。

さらにまた、リチャードのごっこ遊びにおいて虚構として成り立つ命題と、『グランド・ジャット島』において虚構として成り立つ命題との間にはかなりの重複があるとはいえ、前者の命題のいくつかは後者のうちに入らない。後に論ずるが、リチャードのごっこ遊びにおいては、二人連れが公園を散歩するのをリチャードが見ているということが虚構として成り立つ。だが、このことはその絵画においては虚構として成り立たない。リチャードは、現に見ている絵画の登場人物のうちには含まれない。だから、二つの世界は別個なのである。

　どのような虚構的真理が作品の世界に本当に属しているのかについて、さらに言っておかねばならないことがある。ある鑑賞者のごっこ遊びで虚構として成り立つ命題のうちのきわめて少数しか、その人が鑑賞している作品の世界では虚構として成立しない、ということが考えられる。また一つとして成立しないことさえ考えられる。人々はある作品を使って、どんな種類のごっこ遊びでも実行することができる。私たちは、ある生成の原理を採用すると、まったく恣意的に決めることが可能なのである。採用される原理は、『グランド・ジャット島』の示している絵の具の配置から、二人連れが公園を散歩しているのではなく、ぬかるみの中で二頭のカバが転げ回っていると想像することを求める原理となることもありうる。この原理は、私たちのごっこ遊びの中でカバが転げ回っているという方の命題を虚構的とするが、二人連れの方の命題は虚構的としない。しかし、この原理は絵画の世界を変えはしない。つまり、カバがぬかるみの中で転げ回っているということは、『グランド・ジャット島』－虚構的とはならないのである。仮にこの絵を見るすべての人が、カバの方の命題が虚構として成り立つようなごっこ遊びを行なうことを何らかの理由で選ぶとしても、その命題は『グランド・ジャット島』－虚構的とはならない。そして、二人連れが公園を散歩しているということは、依然として『グランド・ジャット島』－虚構的であるだろう。

　機能という概念が役に立つのはここである。一定の種類のごっこ遊びで小道具として役立つということが、『グランド・ジャット島』の機能であり、目的なのである。そういうごっこ遊びとは、二人連れが公園を散歩しているという命題が（その遊びの中で）虚構として成立することを帰結するような生成の原理を持った遊びである。虚構としてカバがぬかるみの中で転げ回っている、というごっこ遊びで小道具になることは、『グランド・ジャット島』の機能ではないのだ。実際にこの絵で皆がどういうごっこ遊びを行なおうともこれは変わらない。カバの方のごっこ遊びは、この絵に対して不適切であり、（先に定義した意味で）公認されない（*unauthorized*）。そういう遊びをすることは、この作品の間違った使い方なのである。これが、なぜカバがぬかるみで転げ回っていることが『グランド・ジャット島』－虚構的とならないのかの理由である。

　公認されたごっこ遊びとは、その中で用いられることが作品の機能となっているようなごっこ遊びのことである。では、そんな公認された遊びの中で虚構として成り立つすべての命題が、その作品において虚構的である、と言うことになるのだろうか。こう言うことにすると、二人連れが公園を散歩しているということは『グランド・ジャット島』‐虚構的となる。これはそうあるべきだろう。だが同様に、リチャードが公園を散歩する二人連れを見ているということも『グランド・ジャット島』‐虚構的となってしまう。なぜなら、リチャードのごっこ遊びは、この絵の機能に適合している（と考えられる）からである。だが、この絵の公認されたごっこ遊びでありながら、リチャードに関する命題が虚構として成り立たない遊びももちろん存在する。というのも、リチャードに関する命題がリチャードの遊びの中で虚構として成り立つのは、部分的にはこの遊び特有の事実から、つまり、そのごっこ遊びを行なっているのがリチャードだという事実から、もたらされているからである。その絵だけから生み出されているのではないのだ。

上のことは次のような結論を指し示している。すなわち、『グランド・ジャット島』において虚構として成り立つ事柄は、その絵が小道具として用いられることがその絵の機能であるようないかなるごっこ遊びにおいても、虚構として成り立つ（または、虚構として成り立ちうる）事柄である。そういうごっこ遊びにおけるそれらの事柄の虚構性は、その絵だけによって生み出されている。私は、この結論が基本的に正しいと考える。

どの命題が作品世界で虚構として成り立つのかをこういうやり方で特定することによって、作品世界と作品を使って行なうごっこ遊びの世界との結びつき方が明らかになる。だが、こうすることによって、作品における虚構性がごっこ遊びにおける虚構性とは非常に異なっていると思われるようになるかもしれない。これはある意味でそうあるべきなのだ。というのも作品とごっこ遊びとは重要な点で異なっているからである。しかし、命題が虚構として成り立つようになるさまざまな文脈は、重要な共通性も備えている。この共通性は、あることが作品世界の中で虚構として成り立つとはどういうことか、別のやり方で示すことによってはっきりさせることができる。

表象体の機能とは、一定の種類のごっこ遊びの中で小道具として用いられるということである。この場合、機能とは、その作品をどう用いるべきかについて、規則や慣習が存在するということだと考えてもよいだろう。鑑賞者はその作品を使って一定の種類のごっこ遊びをするものと想定されるのだ。そして、この種のごっこ遊びは、遊ぶ人々が、その作品の中で虚構として成り立つ一定の命題を命令に従って想像する、という遊びである。こういう命令は、その遊びの規則と作品の本質から導き出される。すると、私たちは、ある作品の中で虚構として成り立つ事柄とは、その作品を鑑賞する人たちが、その作品の鑑賞者であるというかぎりで想像すべき事柄である、と言えることになる。同様に、夢や白昼夢の中で虚構として成り立つ事柄とは、夢を見る人によって想像されるべき事柄なのであり、あるごっこ遊びの中で虚構として成り立つ事柄とは、その遊びをする人が想像すべき事柄なのである。一般的に言えば、ある命題を想像すべきだという命令が存在するならば、その命題は虚構として成り立つ。ある命題がどの世界で虚構として成り立つのかということは、誰がその命令に服従し、どんな役割をその命令が果たすのか、という問題である。異なった種類の文脈と、それらの文脈に沿った世界は、命令の原因になるものによって区別される。ある場合（熟慮して行なわれる白昼夢のような場合）には、命令は、端的に一定の命題が想像されるべきだという無条件の規則から帰結する。他の場合（ごっこ遊び、夢、自然に起こる白昼夢などの場合）には、条件付きの規則が存在していて、それにかかわる条件が満たされると命令が発せられる。表象体の場合には、命令はさらに直接的でないやり方で設定される。まずメタ規則が存在し、これらの規則が作品の機能を構成する。このメタ規則は一定の種類のごっこ遊びを行なうことを命令する。そして、それぞれのごっこ遊びには、小道具として機能する作品と結びついた条件付き規則によって、その遊びに固有の命令があるのだ。

世界をともなわない小道具

すべての小道具が、それを使って行なわれるごっこ遊びの世界と別に、その小道具自身の虚構世界をもつわけではない。その場かぎりの小道具は、それ自身の世界をもたない。このことは、その場かぎりの小道具が表象体と異なる重要な一面である。

エリックとグレゴリーの遊びにおいて切り株は小道具として使われているが、そういう使い方は切り株の機能ではない。言い換えれば、切り株の鑑賞者が、鑑賞者であるかぎりにおいて想像せねばならぬことは何もない、ということである。ある作品世界で虚構として成り立つ命題とは、小道具となることがその作品の機能であるようなそんなごっこ遊びの世界で、虚構として成り立つ、ないし虚構として成り立ちうる命題であった。切り株はそういう機能を持っていない。それゆえ、切り株の世界というものがあるとしても、その世界には虚構的真理が何もない。そういう世界は認知しても仕方がないのである。

お人形やオモチャのトラックはどうだろうか。ごっこ遊びで小道具として用いられる機能は確かに持っている。だが、お人形やオモチャのトラックの世界を（それを使う遊びの世界とは区別して）語ることは簡単ではない。また、私たちの理論がそういう世界を認知してもしなくても、ほとんど違いは生じない。しかし、そういう世界を認めることを、私たちが理論以前にためらう理由は興味深い。私には、三つの異なった理由があるように見える。

（一）一定の種類のごっこ遊びをせよという命令があることが含意される、という意味において、お人形が小道具となる機能を持つかどうかは明らかではない。人形の製造元は一定の仕方で人形が使用されることを予測している。そういう仕方で使うことは慣習的である。だが、お人形の「鑑賞者」に対してそういう仕方で使うようにという何らかの要請があるだろうか。お人形の慣習的でない使い方（例えば、赤ちゃんではなく枕と「見なされる」ような遊び方）は、『グランド・ジャット島』を、二匹のカバがぬかるみで転げ回っていることが虚構として成り立つ遊びで使うのと同じ意味で、誤った使い方であるわけではない。表象作品の使い方が適切かどうかということは、作品に対して私たちが下す判断や価値評価と結びついている。だから、作品を不適切に用いることは、作品に対する自分の判断を歪めることになる。普通の（オモチャ屋で買った）人形が似たような仕方で判断され、価値評価されているかどうかは明白ではない。お人形が用いられることが「機能」であるようなごっこ遊びにおいて虚構として成り立つ命題が、はたして、お人形の「鑑賞者」（それとも使用者か？）であるかぎりにおいて、人々が想像することを義務づけられているような命題であるのかどうかは、明白ではないのである。それゆえ、それらの命題を、人形の世界において虚構的とは見なさない方が理に適っているだろう。

（二）虚構世界について語ることは、幾分かは、その世界に属す虚構的真理の集合ないし集まりについて語ることである。虚構世界という概念を持つ理由の一つは、そういう集まりを簡単に指示できるようにすることである。ではなぜ、私たちは、『グランド・ジャット島』の世界に属す虚構的真理の集まりに、（『グランド・ジャット島』を使うごっこ遊びに属すさらに大きな虚構的真理の集まりに、ではなく）特に関心を寄せるのだろうか。それは、『グランド・ジャット島』の世界が、この絵を使ったごっこ遊びに対して絵が行なっている貢献のあり方を表しているからなのである。私たちは、その絵自体に関心を寄せるかぎりで、つまり絵の特徴、様式、価値や、画家の才能、想像力、創造力といったことに関心を寄せるかぎりで、その絵がそれ自身で生み出す作品世界のさまざまな虚構的真理に特別の注意を払うのだ。人形の場合、私たちは、人形による遊びと別に、人形それ自身にはそれほど関心を持たない。そういう遊びに対して人形が行なう貢献は、ほとんどの場合、あまり重要ではない。重要なのは、通常は、人形を使って行なわれることによって生み出される虚構的真理である。例えば、虚構としてヘザーは人形をお風呂に入れているのか、服を着せているのか、叱っているのか、ということの方である。人形がそれ自身だけで生み出す虚構的真理は、二本の腕、二本の脚、一つの頭を持った赤ちゃんが虚構として存在する、という以外のことをほとんど含んでいないだろう。絵や小説といった表象作品は、明らかに、自分たちが小道具となるごっこ遊びに対して、もっとずっと実質的な貢献をしている。

（三）絵画は（とにかく絵画の多くは）それら自身の「虚構空間」を創造すると言えるだろう。だがお人形は、ヘザーの遊び部屋といった「現実空間」で機能する。これは何を意味しているのだろうか。思うに、お人形の現実空間における場所は重要であるが、同じように、ある絵画の現実空間における場所が重要であるわけではない、ということである。お人形がヘザーの腕に抱かれているとか、赤ちゃんがヘザーのベッドの上にあるという事実は、たぶん、赤ちゃんがヘザーの腕に抱かれているとか、ヘザーのベッドの上にいるということを（ヘザーのごっこ遊びにおいて）虚構として成立させる。しかし、ユニコーンのタペストリーがメトロポリタン美術館の壁に掛かっているという事実は、ユニコーンがその場所にいることを虚構として成立させるわけではない。ユニコーンがどこか別の場所、「虚構的な場所」にいる、ということは虚構として成り立つ。その場所を私たちは、「虚構世界」として考えるかもしれない。しかし、虚構として赤ちゃんが存在している場所は、その人形がたまたま存在している現実のその場所である。「虚構世界」として考えうるような「虚構的な場所」は存在しない[35]。彫像や彫刻については、この点で人形と同じような仕方で考える場合がある。コンコード橋[15]の上の民兵の像は、コンコード橋の上に兵士がいるということを虚構として成立させる。そして確かに、「その彫像の世界」について語ることは、非常に自然だというわけではないと感じられる（とはいえ、私はそうするつもりだが）。

「虚構的空間」としての虚構世界という考え方は、これまで使ってきた虚構世界という概念には結びつかないように思われる。だが、この考え方はそれでも重要であるし、人形とユニコーンのタペストリーの間にある今述べた違いも重要である。

かなり先になるが、少し違った種類の事例で、作品をそれ自身の虚構世界をともなわない小道具と考えることに説得性がある場合に遭遇することになる。それは音楽の場合である。

虚構世界とは何か

この小説の主要人物は税関の役人である。その人物は役人ではない、古い商社の幹部社員だ。その会社の仕事は悪質で、詐欺すれすれのところだ。その会社の仕事はとても立派だ。主要人物は――人の噂では――不まじめな人間である。彼はまじめな人間だ。自動車事故で死んだ前任者が悪化させた状態をたて直そうとしている。いや、彼には前任者なんかいない。その会社はごく最近設立されたばかりだ。それに、あれは事故ではなかった。船（白い大きな船）の話で、自動車じゃない。

――アラン・ロブ＝グリエ『嫉妬[16]』

夢や白昼夢、ごっこ遊び、表象作品のそれぞれに虚構世界があると語り、虚構世界において命題が虚構として成り立つとはどういうことなのかを語ることは、虚構世界がどういう種類の存在なのかを語ることではない。この問いに決着をつけることは私たちの目的にとって決定的なことではないと、いずれ分かる。きちんと見ておく必要があるのは、むしろ虚構世界が何でないのかということである。

それぞれの虚構世界は、特定の命題の集合ないし集まりと結びつけられる。つまり、その世界で虚構として成り立つ命題と結びつけられる。虚構世界をこういう命題の集まりと同じものだと見たくなる人々もいるだろう。『グランド・ジャット島』の世界とは、『グランド・ジャット島』‐虚構的なる命題の集合

図 1-2　ウィリアム・ホガース『間違った遠近法』1754 年，大英博物館蔵

である、と見なされることになる。このやり方をすると、虚構世界はきわめて可能世界に似たものになる。というのも、可能世界を解釈する標準的なやり方は、それを命題の集合と見なすことだからである。しかし、虚構世界は可能世界ではない。二つの違いが、これまで特に議論されてきている。虚構世界が時には不可能であり、通常は不完全であるのに対し、可能世界は（通常の解釈では）必然的に可能かつ完全である。この違いは、今まで十分に追究されていない重要な違いを派生させる。そして、それ以外の違いもまた存在するのである。

　ウィリアム・ホガースの銅版画『間違った遠近法（*False Perspective*）』の世界（図1-2）は、不可能である。この銅版画の中で虚構として成り立つ命題たちは、上で示した見方によればこの銅版画の世界を構成するのだが、それら全部が真になることはありえない。一本の木が木立よりも手前にあり、その一本の木は看板の後ろにあるが、木立の方はその看板よりも手前にある。また、二階の窓のところにいる女性はずっと離れた丘の上にいる男性と手の届く距離（パイプに火を点けられる距離）にいる。これらのことは『間違った遠近法』-虚構的である。M・C・エッシャーの不可能な絵はよく知られているし、『三つ叉の二叉分岐（*Triple-Pronged Bifurcation*）』など、その他のだまし絵もよく知られている。時間旅行が不可能ならば、時間旅行の物語の世界も不可能である。（H・G・ウェルズの『タイムマシン』の世界は、いずれにしても不可能である。）おそらく、カフカの『変身』の世界や、人間がカボチャや蛙や鹿になってしまうおとぎ話の世界も不可能である。ただし、この場合の不可能性は（時間旅行の物語の一部と同様に）論理的不可能性ではなく形而上学的不可能性かもしれない。円と同面積の正方形を作図する小さな妖精の物語を誰かが語っても、それを阻止するものは何もないのである。

　不可能なことを想像することができるのだろうか。想像可能かどうかが可能性の適切なテストである場合、たぶんできない。だがその場合、矛盾した命題や形而上学的に不可能な命題は、私たちの説明にもとづいて、虚構として成り立つのだろうか。私としては、矛盾命題でさえ、今の議論に関わりのある意味では想像できると考える方に傾いている。だが、仮に想像できないとしても、虚構性に関する私たちの理解は損なわれない。矛盾を想像することが可能でないとしても、矛盾を想像せよという命令はありうるからである。（不完全な仕方で起草された法律は、何かを行なうことを要求しながら、行なうのを止めることも要求するかもしれない。）Pを想像せよという命令とPの否定を想像せよという命令が分離して存在していて、この二つの連言命題を想像せよという命令はない、ということもありうるだろう。いかなる矛盾も虚構として成り立っていなくても、与えられた世界において虚構として成り立つ命題の集合が不整合であるということはありうる。

虚構世界の不可能性は注目に値する場合もある。『間違った遠近法』の要点は、矛盾命題を虚構として成立させているという事実が中心となっている。しかし、おとぎ話の読者は、目をぱちくりさせたりせずに、人間が虚構として蛙や鹿に変えられる事実を受け入れることが期待されている。また、読者は虚構として成り立っている事柄の不可能性に注意することも滅多にないのである。

『変身』では、グレゴールの曾祖父が錠前屋だったということは虚構として成り立っていない。だが、錠前屋ではなかったということも『変身』-虚構的ではない。グレゴールの曾祖父について、小説は何ひとつ言っていないし、ほのめかしてもいない。この面について、『変身』の世界は不確定ないし不完全なのである。『グランド・ジャット島』では、手前の二人連れが結婚しているということも、結婚していないということも、いずれも『グランド・ジャット島』-虚構的ではない。虚構世界が多くの側面で不確定であることは明白である。だが、可能世界は通常の解釈では完全である。すなわち、任意のある可能世界を構成する命題の集合は、すべての命題Pについて（つまり、その世界に存在しない個体についての命題でないすべての命題について）、PかPの否定かのいずれかを含んでいるのだ。

これまでのところ、虚構世界を命題の集合と同じものと見なしてはならない理由を見出してはいない。私たちはただ、虚構性を構成する命題の集合が、可能世界を構成するものとは違って無矛盾である必要も完全である必要もない、ということを条件としただけである。だが、私たちを警戒させる事情が他のところにある。虚構世界が存在するのは偶然だと考えるのは自然なことである。『グランド・ジャット島』の世界は、その絵が存在するという理由でのみ存在する。その世界は、その絵を制作したときにスーラによって創造されたのである。しかし命題および命題の集合は、必然的に存在する（あるいは少なくとも、命題の存在は、命題がかかわる何らかの個体にのみ依存する）。すると、『グランド・ジャット島』という絵が存在しなくても、『グランド・ジャット島』-虚構的である命題の集合は存在しえたことになる。その集合は、それゆえ、その絵が制作される前から存在していたのである。

さらに、より重要なことを言えば、異なった二つの作品が正確に同一の虚構的真理群を生み出すことがあるかもしれない。二人の作家が、お互いまったく知らずに、たまたま正確に同じ命題群を虚構として成立させる小説を書いてしまう、ということがあるかもしれないのである。（二つの小説は一字一句同一かもしれない。また、そうでなくても、二つが同一の虚構的真理群を生み出すと考えることはできる。）思うに、こういう場合、たとえ同一の命題群が虚構として成り立っていても、私たちは依然として、それぞれの作品が別々の固有の世界をもつと見なすだろう。

この二つの批判は、虚構世界を命題の集合ではなく、与えられた作品によって（またはごっこ遊びや夢や白昼夢によって）提示されたとおりの命題の集合と同じものと見るようにすれば、うまく免れることができるかもしれない[36]。ところが、このやり方を（のみならず単純な命題集合の理論でも）とると、ある与えられた世界について、その世界で現に虚構として成り立つ命題とは異なる命題をそれが備えていたかもしれない、と語ることができなくなってしまう。異なった命題がその世界で虚構として成り立っていたとすると、「その世界」は現にそれである虚構世界ではなかったことになるからである。だから、カフカが物語にしかじかのことを追加していたら、『変身』の世界（で事実として成り立っていること）においてグレゴールの曾祖父が錠前屋だったということが虚構的となっていただろう、と語ることは真ではなくなるのである。

虚構世界の本質についてこれ以上語るつもりはない。この先にはいろいろな選択がありうる。たぶん、虚構世界を命題の集合と考えたり、提示されたかぎりの命題の集合と考えたりする理論も、虚構世界の通常の考え方から離れることを厭わないなら、うまく機能するようにできるだろう。こうする代わりに、通常の考え方にうまく対応するような形而上学的に体裁のよい種類の存在を捜してもよい。だが、虚構世界とは何なのかを決める必要はないのである。私たちは、そんなものを認める必要さえない。重要なのは、命題が時に応じて持ついろいろな特性の方である。すなわち、虚構として成り立つという特性、ある特定の表象作品やごっこ遊びや夢や白昼夢において虚構として成り立つという特性である。これらの特性を言い表すのに虚構世界を指示するように見える言い方（「……の世界で虚構的であるという特性」）の助けを借りるのは、自然なことである。私も便宜上しばしばこういう言い方をする。だがこれらの特性に対する私の説明は、指示対象の存在を前提してはいない。

10 ごっこ遊びという魔法

ごっこ遊び——すなわち、想像活動における（身体外的な）小道具の使用——は、本当に素晴らしい発明である。私たちは、小道具によって虚構世界が人々の行動や思考から独立する仕方を見てきた。小道具は、虚構世界に対して現実世界に匹敵するような一種の客観的一貫性を与え、虚構世界を探検することが発見や驚きに満ちた冒険になるようにする（本章5節を見られたい）。だが、ごっこ遊びの世界は現実よりもずっと柔軟である。小道具を操作したり、必要ならば生成の原理まで変えてしまったりすれば、ごっこ遊びの世界の内容は好きなように作りかえることができる。人間をカボチャにすることも、善人が勝つようにすることも、悪人が勝つとはどういうことなのかを確かめることもできる。自分でそういう世界を作っていくと、関与の度合いに応じて未知を探求する興奮は失われてしまう。だが他人（芸術家）が、そういう世界を作り上げてくれるなら、私たちは、わくわくできるだけでなく、その人の仕事に結実している特別な才能や洞察という利益も享受できるのだ。

現実世界で悪漢が勝ってしまうと、こんな経験からも何かを学べるとはいえ、支払わないといけない代価が発生する。だが、ごっこ遊びは経験を提供し——とにかく似たものを提供し——無料である。大惨事が起こるということが虚構として成り立つ場合でも、それは（通常は）本当に起こりはしない。虚構性と真理性の間の隔たりが、現実世界では必ずやってくる苦痛や不幸を免除してくれる。本当につらい体験をすることなく、つらい体験から得る利益の幾分かをありありと理解できるのだ。

いま述べたごっこ遊びのよいところは、想像活動一般に共通している。だが、ごっこ遊びだけが、いま主張している他の特徴との素晴らしい組み合わせを提供してくれる。熟慮にもとづいて行われる白昼夢の世界（フレッドの白昼夢のような）は人間が統御しやすいが、ごっこ遊びの世界のような独立性を備えてはいない。夢や自然に起きる白昼夢は、ある種の独立性を誇っている。夢見る人は何かが起こるのを待ち受けていて、しばしばそれに驚かされるのである。[37] しかし、夢や自然な白昼夢をうまく操ることは、夢見る人自身にも他の誰にもできはしない。（麻薬や幻覚性のキノコ類や香辛料の効いた食品も、予測不能な効果を持っていることがある。）夢の世界は、それが生じるままに受け入れるしかないものなのだ。

さらに、夢を見ることは、不可避的に孤独な活動になる。夢の内側でなら、たくさんの人々と一緒にいることができるかもしれない。自分だけでなく他人についても夢を見ることはあるからである。夢を見た人は朝食の席でそういう経験を共有できる。だが、共有できるのは、自分が夢について夢の外側から考えたことだけなのだ。夢を一緒に見ることはない。他人と一緒に一つの夢を体験するということはないのである。熟慮して行う白昼夢は、これと対照的に、社会的なものでありうる。だが、そういう白昼夢は、虚構世界の客観性を犠牲にしているだけでなく、自然に起こる想像作用の生き生きとしたところも犠牲にしている。ところが、ごっこ遊びは簡単に共有できる。一緒に遊べるのだ。その上、共有しても虚構世界の客観性を危険にさらすことはないし、参加者の想像活動の自然な自発性を低下させることもないのである。

客観性、統御、共同参加の可能性、自然な自発性、さらに何よりも現実世界でのいろいろな気遣いからの解放。ごっこ遊びはすべてを備えているように見える。他の様式の想像活動に携わることにもたしかに理由はあるし、ごっこ遊びが役立たないような目的に他の様式の想像活動が役立つということもある。

しかし、ごっこ遊びという魔法は、表象的芸術作品の力や、その複雑さと多様さ、それによって人生を豊かにする可能性を解明する上で、けた外れに有望な説明基盤なのである。

すでに述べたとおり、表象体とは、ごっこ遊びの小道具として働くという社会的な機能を備えた物体である。表象体は、いろいろな想像活動を促したり、ときには想像のオブジェクトとなったりもする。小道具とは、条件付きの生成の原理の力によって、想像活動を命令する何らかのものである。想像するように命じられる命題は、虚構的である〔虚構として成り立つ〕。ある命題が虚構として成り立つという事実は、虚構的真理である。虚構世界は、虚構的真理の集合と結びつけられている。虚構的なものは、ある与えられた世界において虚構的である——例えば、ごっこ遊びの世界や表象的な芸術作品の世界において虚構的である。これが短くまとめた私の理論の骨格である。これに肉付けし、これで何ができるのかを見てみよう。

第2章　フィクションとノンフィクション

1　ノンフィクション

ダーウィンの『種の起源』やプレスコットの『ペルー征服』、サンドバーグのエイブラハム・リンカーンの伝記を、私たちはいったいどこに位置づけたらよいのだろうか。さらには、哲学論文や数学の教科書、取扱説明書、調理法メモ、法律書面、あるいは「塩を取ってください」というお願いといったものは、どうしたらよいのか。こういった「ノンフィクション作品」は、どうやって小説などのフィクション作品と比較対照すればよいのか。

修正や洗練はしばらく先送りして、次のように言うことができる。ごっこ遊びの小道具として用いられることは、伝記や教科書や新聞記事のそれ自体としての機能ではない。これらの書き物は、ある命題が真であると主張するために用いられている。命題が虚構として成り立つようにするためではない。虚構世界を打ち立てるのではなく、現実世界を記述すると称しているのである。私たちが『ニューヨーク・タイムズ』を読むのは、ワシントンあるいはワラワラで現実に何が起きたのかを知るためであって、「ニューヨーク・タイムズの世界で」何が起きたのかを知るためではない。ノンフィクション作品は、一般に、私たちの特別の意味において、表象体としての資格を認められないのである。

次のような反論がある。例えば、ダーウィンの『種の起源』は、信念を抱かせるように意図して作られている。何かを信じることは、その何かを想像することを必ずともなうと主張できる。(少なくとも、信じる働きが現に起こっているときは、想像活動を必ずともなうし、ダーウィンの作品は、信念が現に起こるように意図して作られている。) それゆえ、『種の起源』は想像活動を命令しており、虚構的真理を生み出すのではないか。

そうではない。その本を書いているとき、ダーウィンは、もちろん読者にある事柄を信じてもらうことを意図していた。しかし、その本が述べていることのすべてを、まさにその本がそう述べているというだけの理由で、読者が信じなければならないという理解の仕方は存在しない。進化論を信じなければならないとしたら、それはその理論が真理であるから、つまり有力な証拠があるからであって、『種の起源』で進化論が述べられているからではない。もちろん、『種の起源』は、その理論が真理であると私たちに確信させるかもしれないし、その理論の証拠を教えてくれるかもしれない。だが、ダーウィンの本それ自体は、信じることを命令してはいない。それゆえ、たとえ信じることが想像することを必然的にともなうとしても、その本が想像活動を命令していると結論することはできないのである。

『種の起源』の読者は、その作品の読者であるかぎり、その中で表現されている命題たちについて、その真偽にかかわらず、少なくともそれらを考察し、理解し、注意を向け、心に抱くようにせねばならない。それをしないとしたら、たぶんその読者はその本をきちんと読むという「ゲームをして」いない。とはいえ、前に見たとおり（第1章2節）、命題を考察したり心に抱いたりすることは、命題を想像するまでには達しないのである。

『種の起源』と、『ガリヴァー旅行記』のような私が表象的であると認める作品とは違っている。その違いの重要な徴候は、『種の起源』の中で言われていることが、それ自体では「種は自然淘汰によって進化した」といった断定を保証しないということである。『種の起源』は、こういった断定が真であると考えるためのしかるべき理由を提供するかぎりにおいてのみ、主張を正当化する。ところが、『ガリヴァー旅行記』の中の文章は、「ゆで卵の割り方をめぐって戦争が行なわれた」という断定的な発話を保証するのであり、その保証は、そんな戦争が現実に行なわれたと考える理由をそれらの文章が与えるかどうかとはまったく独立なのである。

もちろん、歴史や伝記や論文や委員会報告の類を小説として読み込むことはできる。サンドバーグのリンカーン伝が表現している命題をすべて想像する、と決めることは可能である。そうすることにするという原理を採用できるからである。（こうすることは、命題の真偽を無視することを含むかもしれないが、必ずしもそうでなくてもかまわない。）こうして、通常は小説が小道具になるところを、伝記がその種の小道具となってごっこ遊びが行なわれることになる。ある人がそれを実行した場合、私たちは、その伝記はその読者にとっては表象体である、ということを認めてもよいだろう。だが、その伝記が端的に（私たちの意味で）表象体であるということは否定するだろう。なぜなら、それを誰がどのように使うことを選択しようと、その伝記の機能は、ここで問題となる意味においてごっこ遊びの小道具となることではないからである。

ある種の作品は境界線の両側にまたがっている。例えば歴史小説の多くは、そこに表現されている命題を想像することを命令しており、かつ命題のうちの多くについて、読者に信念を抱かせようともしている。こう理解するのが最も適切である。（とはいえ、読者は歴史上の人物の交わす会話の詳細にかかわる命題を信じるべきではない、というふうに通常は理解されている。小説家は、そんな詳細を知る立場にいなかったはずだからである。）歴史書のいくつかは、こういう生き生きとした小説的な文体で書かれている。そのため読者は、そこで言われていることを信じるか否かとは無関係に、ほとんど不可避的に、言われていることを想像するように促される。（この点は、プレスコットの『ペルー征服』について確かに本当だろう。）そういう作品は、想像するという反応をそれが命令していると見なすなら、ごっこ遊びの小道具として役立っている。その作品の機能は部分的には小道具として役立つことだと認めてもよいかもしれない。ただし、この機能は、読者に事実を知らせようとするという機能に従属するものである。とらえ方の相違に沿った程度の相違がここにはあるのだ。

　こうして私たちは、フィクションとノンフィクションとを識別する方法を得たことになる。フィクション作品とは、単純に、私たちの言う特別の意味における表象体のことである。つまり、ごっこ遊びの小道具として役立てられることがその機能であるような作品のことである。表象体は作品、つまり人間の制作物である必要はない、という事実を別にすれば――後に見るように、これは重要な事実であるが――「表象体」と「フィクション〔虚構〕作品」は、相互に交換可能に使ってよいだろう。

　このフィクション概念は、書店員や図書館員が、おとぎ話、短篇集、小説、スーパーマンのコミック本などを、新聞記事、取扱説明書、地理の教科書、伝記、歴史書などから区別するときに使っている考え方の、自然な帰結である。とはいえ、境界線を書店員や図書館員と同じように引くべきだと言っているのではない。日常の大まかな分類を、私たちの理論的な目的に役立つように洗練する必要がある。例えば、バークリーの『ハイラスとフィロナスの三つの対話』は、たしかに二人の虚構の登場人物を含んでいるのだから、フィクションのカテゴリーに入ることになるだろう。

　バークリーの『対話』は、現実世界について読者を啓蒙しようという真面目な試みを成している。この目的を追求するバークリーのやり方は、虚構の登場人物を利用してはいても、多くの点で、例えばヒュームが『人間本性論』で同じ目的を追求するやり方と似ている。だから私たちは、なぜこの『対話』が普通は「ノンフィクション」に分類されるのか理解できる。だがこの分類の仕方は、私たちの意味での「フィクション」理解に照らしてみると、「フィクション」と「ノンフィクション」の複合体という困惑するようなお化けを呼び出すことになる。私たちは、『対話』や、歴史書や歴史小説のあるものを、自分がこの両方に数え入れていることに気づくことになりかねない。こういった作品の複雑さを特定するもっと明快なやり方を見つける方がよいだろう。私は、明快さのため、「ノンフィクション」によって、「フィクションでないもの」を単純に意味することにしたい。ごっこ遊びの小道具として役立てられる機能を備えたすべての作品は、その機能がどんなに従属的、周縁的、補助的であっても、「フィクション」と呼ばれる資格があるものとする。この機能をまったく持たないものだけが、ノンフィクションと呼ばれることになる。

私は、フィクションというカテゴリーのまわりに明確な境界線を引いたわけではない。そして、そうすることは望ましいことでもない。そうしてしまうと、境界領域にある多くの複雑で繊細な作品の最も興味深い側面を分かりにくくしてしまうだろう。むしろ、私の理論の一つの目的は、分類に抵抗する作品を理解する道具を開発することである。そういう作品は、いろいろな仕方で混合されていて、境界的で、不確定で、多義的である。これを扱うことは、本章7節の任務である。

「フィクション」のこの理解の仕方を、他の理解の仕方と対比して考察することが重要である。以下の数節では、もっと標準的な説明をいくつか選んで吟味していく。標準的な説明の不十分な点は、それだけ強く、私独自のかなり非正統的な説明を支持することになり、ごっこ遊びによるアプローチ全体の強みを増すことになるだろう。特に、私たちは、言語に基礎を置く理論に対して、ごっこ遊びの理論が重要な優越性をもっている点に注意を向けることになる。

2 虚構と現実

私たちの現在の関心は、「現実」に対立する「虚構」ではない。また、「虚構」と「事実」や「真理」との対比でもない。こういった対立関係は、私が提示した見解の基礎にある直観と、ほとんど関係がない。あるいは、書店員や図書館員が本を棚に配列するときに従っている直観とも、ほとんど関係がないだろう。私たちが関心をもっているのはフィクション作品とノンフィクション作品の間にある相違である。この間の混乱の可能性は相当大きく、現実にもずいぶん生じている[1]。

しばらく「フィクション作品」をごっこ遊びからとらえる私の提案を脇に置き、分析以前の大まかで基本的な区別の考え方に戻って、出発点からやり直してみよう。この基本的な考え方によれば、一方には小説、物語、寓話、おとぎ話があり、他方に伝記、歴史書、教科書、取扱説明書、新聞記事がある。この考え方も決して一義的なわけではなく、いろいろな曖昧なところがある。しかし、この区別の考え方が、虚構と現実ないし虚構と真理との間の区別立ての類から本質的に独立である、と主張することはそれなりに正しいだろう。

私たちが追求している区別は、確かに、現実の事物と単に「虚構的な」事物との間の区別ではない。小説やコミック本は、新聞記事や教科書に少しも劣らず現実のものである。これはまったく明らかなことだ。ところが、「虚構的」の二つの意味がどこか決定的なところで結びついているという思い込みや、フィクション作品という概念は架空の存在物との関係によって理解すべきだという思い込みは、ずっと生き延びている。小説や物語はそれ自身現実のものではあるが、おおむね虚構の事物についての著作であるのに対し、伝記や教科書は現実の事物にかかわっている、と示唆されるのはまれではない。(議論のために、たんに虚構的でしかない事物が存在すると容認しておこう。)「ある文学作品をフィクション作品と呼ぶとき、私たちが意味しているのは、その登場人物たちが肉体を備えて生きているどんな人物とも同一であると見なすことができず、事件は現実に起こったどんな特定の出来事とも同一であると見なすことができない、ということにすぎない[2]。」

これは正しくないだろう。ウィリアム・ハズリットの『シェイクスピア劇の登場人物たち』(一八一七年)は、おおむね単なる虚構的存在にかかわっているが、ノンフィクション作品であることはまったく明らかである。トンマーゾ・ランドルフィの信じられないような幻想小説『ゴーゴリの妻』は、実在するもの——ニコライ・ヴァシリーエヴィチ・ゴーゴリに関する作品である。ジョイス・キャロル・オーツの短篇「私はデトロイト矯正院からどのように世の中を考えたか」はデトロイト矯正院や、デトロイトそのもの、その街区、店、郊外にかかわる作品であり、これらはすべて現実に存在する。にもかかわらずこの二つは両方ともフィクション作品である。確かに、これらの物語の登場人物のすべてまたは一部は架空の存在である。だが、フィクション作品が、もっぱら現実に存在する人々や事物(個別的な事物)にのみかかわることはありえないとする理由は存在しない。現実が空想小説の主題であることもありうるのだ。

しかしフィクション作品が現実の事物にかかわるとき、現実の事物について語られることはしばしば本当ではない。では、ノンフィクション作品は真実を表現するが、フィクション作品は虚偽ないし真実ならざることを表現する、という事実にこの二つの違いがあるのだろうか。そうではない。空想小説は、現実の出来事にたまたま合致してしまっても、依然としてフィクションである。未来や異星人の惑星を舞台にした小説でも、偶然の一致のせいか何かで、細かな部分まで予言的に「精確」であることが判明してしまうかもしれない。だがそのフィクションとしての地位は危うくなりはしない。ジョージ・オーウェルの『一九八四年』がフィクションなのかノンフィクションなのか決めるために一九八四年の出来事と比較対照する必要はない。また、『二〇〇一年』を分類するために二〇〇一年を待つ必要はない。これとは反対に、不正確な歴史書は依然として歴史書である。それは間違った歴史書なのだ。全部が捏造の伝記や教科書でさえ、そういう理由によって小説やフィクション作品の資格を得られるわけではない。事実がフィクション作品になりうるしフィクション作品は事実でありうるのだ[3]。

(その主張が正しいかどうかにかかわらず、著者が自分の書いたことは真であると主張するかどうかということに、フィクションとノンフィクションの違いは基づいているのだろうか。そうではない。

この点は、本章4節でいずれ見ることになる。)

本節の教訓は、少しも深遠ではないが、非常に本質的である。図書館や書店の方針のような、私たちの考えに近いフィクション作品の概念は、多くの議論で虚構－現実の対比と勝手気ままに絡まりあって、でたらめな結果をもたらしている。ごっこ遊びによるフィクション理解は、区別のそれぞれをふさわしい仕方で別個なものとして保持する。

だが、フィクションを理解する私たちのやり方とは別に、もう一つの可能性として、以上に言及したものよりは思慮深いやり方があり、それについて考察する必要がある。その中には虚構と現実の対比に直接的に基づくことの少ないものもあり、まったく基づいていないものもある。

3 言語的戦略

フィクション作品とノンフィクション作品とを分けるほとんどの試みは、言語の虚構的な使用に注意を集中している。この区別が元々発生した場所は文学である。部分的にはおそらくこの理由で、言語の理論がこの区別を説明する試みの中で突出した役割を果たすことになった。だが危険はここに潜んでいる。すべての虚構が言語的であるわけではない。虚構の十全な理論は、文学的な虚構だけでなく、例えば絵画的な虚構も説明しなければならない。それを説明しない理論は、文学的な虚構を説明する上でも十分ではないはずである。私たちの目的が、小説や物語、伝承譚、法螺話といったものを理解することであるなら、こういったものをフィクション作品としているのが何なのかを理解する必要がある。そのためには虚構性一般とは何であるのか――文学的なフィクション作品が他の種類の虚構作品と共通に備えているものは何なのか――を理解する必要がある。文学的なフィクション作品に注意を集中し、さらに言語の理論にあまりにも排他的に頼ることによって、さまざまな歪みが生じる。それをこれから見ていこう。

言語の理論は、標準的で、言葉どおりで、非虚構的な談話に、変わることなく注意を集中している[4]。虚構についての説明を作り上げるときの通常の手順は、最初に、ある言語理論を考案するか採用するかして、その後で、虚構的な言説が「正常な」非虚構的言語使用からどのように逸脱しているのかを説明するために、その理論の中心的な概念を利用するというものである。おそらくその最後に、追加の考察として、文学的な虚構の説明を、他の伝達方法による虚構が扱えるところまで拡張しようとする。この手順がもとづく中心的な想定――虚構は虚構ではないものから派生するものとして、虚構ではないものによって理解されるべきであるという想定――が根本的に間違っているのだ。このことは、文学以外の虚構を、通常の考察よりも早い段階でもっと真剣に取り上げると、劇的に明瞭になる。

虚構についての議論において、ある種の言語理論は他の理論よりも目立っている。表示（*denotation*）や真理といった意味論的概念を重視すると、そこからすぐに、事実や現実と対立するものとして「虚構」についての問い——これは今私たちがかかわっている問いではない——へと向かうことになる。すぐに、「ガリヴァー」といった名前は何かを表示するとして、いったい何を表示しているのか、また「ガリヴァーはリリパット国を訪れた」といった文は真であるのかどうか、といったことを考えるように強いられるのである。グッドマンは、創作的な表象について語っている。これはユニコーンの絵のように、表象的ではあるけれども何も表象していない作品のことを言う[5]。ところが、グッドマンの理解するような創作的な表象と私たちが今関心を持っている虚構の概念との間には、ほとんど繋がりはないのである。グッドマンの理論は、公平に言って、私たちの立てた区別に漠然とでも対応するような何らかの区別にはまったく対応しないと思われる。この無視は、グッドマンの側で十分に考えた上でのものかもしれない。とはいえ、それは軽率ではある。

虚構と虚構でないものとの違いは、意味論的というよりは語用論的な水準にある。それゆえ、虚構と虚構でないものの区別を理解する試みの中で、グッドマンのような理論よりも言語行為論の方が頻繁に利用されてきたのは驚くにあたらない。ジョン・オースティンの「発語内行為」——断定する、質問する、要求する、といった行為——の概念はこの分野で広く用いられてきた。以下の三つの節では、言語行為論の枠組みによって、この区別を説明する評判のよいやり方をいくつか吟味していく。私の結論は、概ね否定的なものとなる。言語行為論は虚構を説明する上で著しく役立たずであることが判明するだろう。私たちは、この領域で、「理論がうまくいきますように」症候群の不幸な一例を見ることになる。新しい難問に直面すると、理論家たちは、別の問題のために考案されたよく知られている古い理論を自分の好みに従って取り出し、局面の打開に使ってみて、それがうまくいくよう祈るのである。この場合、それはうまくいかない。その結果は、問題の解明ではなく混乱である。

無意味な反感を買わないように、私の現在の関心を強調しておきたい。言語の理論としての言語行為論の有効性は、今の私の関心事ではない。また、文学や他の領域の虚構の重要な特徴を解明するために、言語行為論が実り豊かに使われうるということを否定するつもりもない。私の関心は、虚構とは何であり、フィクション作品はどのようにして他のものと区別されうるのか、という基本的な問いにのみ向かっている。言語行為論が他にどんな長所を備えているにせよ、この問いに言語行為論を適用してもこれまでうまくいかなかったことははっきりしている。

言語行為論は、いろいろなやり方で虚構の本質への問いに適用されてきた。だが、その適用のほとんどは、虚構を作るという行為を重視する点で共通している。虚構は、フィクション作品を生み出す行為によって理解されるべきだ、と考えられている。これは驚くべきことでもない。言語行為論は、言語使用者によって遂行される行為によって言語を理解しようとするものだからである。だが、これではまさに方向が反対である。基礎になるのは虚構作品の概念、ないし、人間の制作物であろうとなかろうと虚構作品として機能する事物の概念であって、虚構を作る行為の概念ではない。

4　虚構と断定

ある文学作品がフィクションであるかノンフィクションであるかは、必ずしもその言葉遣いには現われてこない。まったく同じ言葉の連なり、同一の文が、伝記を構成することも小説を構成することもありうる。[6] また、その本質的な相違が言葉と世界の関係にあるというわけでもない。その相違が実在的な存在にかかわるか架空の存在にかかわるかという問題ではないことはすでに見た。またそれが、作品の文の真理値に、つまりそういう文が事実に対応するか否かに存するわけではないこともすでに見た。

　決定的なことは、ひょっとすると、作者の書いたことが真であるかどうかではなく、作者がそれは真だと主張するかどうか、作者が自分の書き記したさまざまな文（とにかく陳述文だが）を断定しているかどうかなのだろうか。[7] 文学的なフィクション作品は、断定されていないテクスト、あるいは他の（通常の）発語内行為を伝えるわけではないテクストとして理解されるべきではないのか。この提案は、フィクション作品の概念と、実在や事実や真理と対比される意味での「虚構」の概念との間に、ある隔たりを与えるという強みがある。この言い方ではずいぶん荒削りなのは明らかである。しかし、この提案に含まれる困難は、最初に思われるよりも深いところにまで及んでいる。

　フィクションを書いているとき、作者は、ノンフィクションの設定で同じ言葉を使うときに遂行することになるような発語内行為を、たしかに典型的には遂行してはいない。カフカが「私は巣穴の建設を終わった。それはうまくいったようだ」[8] と（ドイツ語の元々の形で）書いたとき、彼は巣穴の作成を自分が実際に終えたとは断定も主張もしていなかった。この単純な見解は、しかし、フィクションの概念の核心部分からはるかに遠いところに私たちを放置したままである。

　一連の陳述文を書きながらそれを断定していない（または、他の何らかの標準的な発語内行為を遂行していない）ということは、必ずしもフィクション作品を生み出すことではない。[9] これはすぐさま明らかになる。文法の授業のために例文のリストを作っているのかもしれないし、マイクのテストをしているのかもしれない。フィクションとは、言語から通常の機能を何かはぎ取っただけのものではないのだ。フィクションとは、何か積極的なもの、何か特別のものなのである。

　正常な発語内の力[1]を欠くということは、ある作品がフィクションであることの少なくとも必要条件ではないのか。フィクションを書くことは、断定として書くことと何らかの点で両立しないとは、しばしば言われることである。しかし、これが間違いであるのは確かである。断定は多くの方法で行なわれうる。講演で陳述文を述べることによって、旗を揚げることによって、警笛を鳴らすことによって、薔薇を身に付けることによって、自動車の窓から腕を突き出すことによって、断定が行なわれうる。適切な条件の下でなら、フィクションを書くことによって断定を行なうことはできないとする理由はない。教訓的なフィクションと呼ばれるものがある。教育のためのフィクション、広告のためのフィクション、宣伝のためのフィクション、といったものがあるのだ。小話や寓話を語って要点をはっきりさせることは、日常の会話でさえ、珍しいやり方などではない。(おそらくフィクションを書くことは、断定を行なう手段であるよりも、他の発語内行為を遂行する手段である場合が多いだろう。それは、ほのめかしたり、尋ねたり、問題を持ち出したり、思い出させたり、何かをするよう勇気づけたりしているのだ。)

こんなことはわざわざ言うまでもないことのように見えるかもしれない。だが、むしろこれはあまりにも頻繁に否定されてきたことなのだ。フィリップ・シドニー卿の「さて、詩人について言うなら、詩人は何も断言しない、それゆえ決して嘘をつかないのだ」[10]という見解は、(とにかく文脈を離れて見るなら)そういう否定の一つと解釈できる。この見解は、フィクションをめぐる現代の議論において、まったく判で押したように繰り返され、是認されている。[11]

しかし、フィクションの作者が断定するときに断定している当のことは、作者の文章が明示的に表現していることではない。つまり、その文章をノンフィクションとして使用した場合に断定することになること、ではないのである。狼が来ると何度も叫びすぎた少年の物語を語るのは、そういう出来事が現実に発生したということをはっきり言うための一方法としてではない。そうではなくて、類似の出来事が起こる可能性を指摘するため、例えば、景気後退や共産主義の脅威を警告しすぎた政府関係者が信用を失う、といったことを指摘するためなのである。それならば、ある作品がフィクションに数え入れられるために必要なことは、作者がそれを書いているとき、いろいろな主張を間接的にはしているとしても、自分の文章の明示的に述べていることを断定してはいないということである、と言っておけばよいのだろうか。

私はそうは思わない。そうなると歴史小説は例外になる。少なくとも、例外でありうる。もちろん歴史小説の作者は、多くの細部を作ってしまうと思われている。とりわけ、どんな歴史家でもその発見を望むことさえできないような、盗聴されなかった私的な会話の正確な言葉遣いなどがそうである。しかし、作家は出来事の一般的な輪郭を描く上で、正確さに責任があるともされている。作家の目的の一部は、読者に歴史的事件について教え、作家の書いたいくつかの文によって明示的に表現される事実を、読者に伝えることであろう。作家がこの目的を持っているならば、あるいは、持っていない場合でさえおそらくは、それにかかわる文を作家は断定として書き込んでいる。断定することを筋の通る範囲でどういう意味に取るにせよ、そうしている。（歴史小説の中で、断定されている文と断定されていない文とを分ける明確な区分は存在しない。歴史を再構成する小説家の自由の限界は、十分に定義されてはいない。）

歴史小説の中で断定されている文を、一般にフィクションの中断であり、その虚構的な構成にノンフィクションが織り込まれて挿入されたのだと見なすことは、役に立たないだろう。トルストイがナポレオンはロシアに侵攻したと書いた時、仮にナポレオンが現実にロシアに侵攻したとトルストイが主張していたとしても、だからといってそこでフィクションを書く仕事を中断しているわけではない。トルストイは一つの「虚構世界」を構築した。その中では、ナポレオンはさまざまな会話を行なっていて、その細部はトルストイの作ったものなのだが、それだけではなく、その世界の中でナポレオンはロシアに侵攻してもいるのである。ナポレオンのロシア侵攻という出来事が実際に起こったとトルストイが断定するということは、ナポレオンがロシアに侵攻したということが虚構として成り立つ（私の言う意味において）ようにするという手段によって実現されているのである。

一人の作者が自分の書くすべての文について真理性を主張し、なおかつフィクションを書いている、ということがありうるだろうか。私には、ないとする理由が分からない。歴史小説の一ジャンルとして、作者が事実についての自由な裁量を一切認められず、かつ作者が自分の書くすべてを事実として断定していると理解される、という様式がありえない理由はない[12]。そのジャンルの小説の言葉は、虚構における語り手や劇中の話し手の言葉であるとされながら、だが同時にその語り手が「作者の代わりに語っている」と見なされる、ということがあるのだ。これはちょうど、バークリーの『対話』の中でフィロナスがバークリーの代わりに語っていたり、サルトルの戯曲の登場人物がサルトルの代わりに語っていたりするのと似たことである。（読者の方は、現実世界について作者が主張を行なっているという事実を、無視したければ無視することができる。そして、語り手と「その虚構世界の中で」起こることの方にのみ関心を寄せてかまわないのである。）

ニュージャーナリズムと呼ばれているものは、そういうジャンルにかなり近いと言うことができる[13]。それは、事実を正しく捉える良心的な努力と小説的な技法の注意深い利用とを両立させている。正確さが期待されるかぎり、ニュージャーナリストは、古いタイプのジャーナリストと同様に自分の書くことを断定しているとおそらく解釈されるだろう。しかし、ニュージャーナリストの仕事の例をいくつか見てみると、それが小説に劣らず想像活動を命令する機能を備えていることに疑いの余地はない。だからニュージャーナリズムは私たちの言う意味でフィクションなのである。ノーマン・メイラーの『死刑執行人の歌』の一節を引用してみよう。これはゲイリー・ギルモアの死刑執行へといたる出来事の詳細な説明である。

一一月の二日に、ついに電話がかかってきた。ベッシーは、再び反響が聞こえるようになった。過去はベッシーの耳で鳴り響き、頭の中でも鳴り響いた。鋼材が石にぶち当たった。

「あの馬鹿」とマイクルがベッシーに叫んだ。「自分がユタにいるって知らないのか。あいつが無理にやったら、連中はあいつを殺す。」ベッシーは一番若い息子を静まらせようとした。その間ずっと、ゲイリーが三歳のときから死刑になると分かってた、と考えていた。ゲイリーは愛しい小さな男の子だった。だがベッシーはゲイリーが三歳だった頃からその恐怖を受け入れてきたのだ。それはベッシーが近づくことのできない面をゲイリーが示し始めたときだった。……

何もかもが茶色の色調だった。貧困が次から次に襲った。冷蔵庫でさえ茶色かった。茶色は薄暗い憂鬱の色調で、決して晴れなかった。粘土の色。何も育たない。

外の、パークと呼ばれる街道沿いの駐車場には五〇台のトレーラーがあった。老人たちが駐めていた。金はほとんどかからなかった。ベッシーのトレーラーも三五〇〇ドルしただろうか。もう覚えていなかった。寝室は一つか二つかと尋ねられると、「信じられないだろうけど、寝室は一つ半だよ」と答えたものだ。半分のポーチと半分の日除けもあった。[14]

(ニュージャーナリズムは、明らかに、文学的な文体による昔の学者の歴史記述と多くのものを共有している。また、はっきり歴史小説と銘打ってあるものだけでなく、小説とも多くのものを共有している。こういう小説の作者は、事柄を正しく捉えるために大いに努力していて、物語の地理的、歴史的、文化的な状況をよく調べ、そこにいったいどんな人物や事件が登場するのかを調べ上げる。ニュージャーナリズムは、新しいものというよりは、再登場したものなのである。)

フィクションを書くことは断定を行なったり、他の発語内行為を遂行したりすることと両立しないわけではない。だが、単純だが重要な真理があって、その真理は、この二つが両立しないと言っているように思われる人々の言葉の根底にも、おそらくは潜んでいる。すなわち、フィクション作品は、断定その他いかなる発語内行為の媒体である必要もないということである。フィクション作品を制作することは、それ自体において発語内行為を遂行することではないのだ。ただしこの点について、多くの人々と私ははっきり意見を異にする。そういう人々は、上記とは違うやり方で言語行為論からフィクションの説明を引き出すと主張しているのである。

5 発語内行為のふりをすることと発語内行為を表象すること

物語を語ることを、断定その他の発語内行為を遂行するふりをする (*pretending*) 行為として解釈する理論家たちがいる。

フィクション作品はこの種のふりをする行為の媒体であり産物であると解釈される。ジョン・サールはこの方向をとった理論家の一人である。[15] サールによると、アイリス・マードックが『赤と緑』の中で使用した文は、通常の使い方をしていればアンドリュー・チェイス・ホワイト少尉なる人物の、思考と行動についての断定を行なう文である。だが、マードックがそれらの文を使って行なったのは断定ではなかった。マードックは、そういう断定をするふりをしたのである。サールは次のように一般的に主張する。「フィクションの作者は、自分が事実として遂行していない発語内行為を遂行するふりをしている」(p. 325)。

サールはすぐに、マードックの行なうふりをする行為 (pretense) が欺瞞の一形式ではないということを指摘している。マードックは誰かをかつぐつもりは少しもない。ふりをしているという意味は、この場合、次のとおりである。「何かを行なうふりをするということは……あたかもそのことを行なっているかのようでありながら、そこに欺く意図はない、という行為遂行にたずさわることである」(p. 324)。

これは、ふりをすることの説明として機能しない。サールは後から「あることを行なうふりをすることを意図しないかぎり、本当にそのことを行なうふりをしたと言われることはありえない」という制約条件を加えるが、それでも機能しないのである。例えば、ハープシコードの奏者が、あたかもピアノを弾くかのように、ピアノ的なテクニックでハープシコードを演奏しても、必ずしもピアノを弾くふりをしているわけではない。たとえピアノ的な演奏方法が意図的であったとしても、ピアノを弾くふりをしているわけではない。この説明を私たちが改良することはできる。あることを行なっているふりをするためには、人はそのことを自分が今行なっていると想像せねばならない、ということを付け加えればよいのである。(私は、ふりをすることを、ごっこ遊び的な信念によって説明する。だが、これはもう少し後で行なうことにする。)

私は、フィクションの作者が実際には問題の発語内行為を遂行していない、というサールの論点は無視することにする。すでに見たように、作者がそうしていないことはありうる。だが、「ふりをする」ということの意味を適当に作り直して、あることを行なうふりをしているが、実際にそのことを行なってもいる、ということがありうるようにすることもできるだろう。いずれにせよ、サールによるフィクションの理解の仕方に対しては、もっと深刻な反論が存在している。

文学的なフィクションの作者は、自分が言ったり書いたりしていることを断定するふりをしていることが時折あると、私も思う。物語を語る老人が、若いときの大手柄の長話をしていて、自分はユーコンのゴールドラッシュで一財産作ったがポーカーで全部すった、と主張してみせること (pretend to claim) はありうるだろう。マードックが『赤と緑』を書いたとき、アンドリュー・チェイス・ホワイトなる人物について断定するふりをしていたということはありうる。しかし、マードックはそうするふりはしていなかったかもしれない。彼女がそうしていたのかいなかったのかは特に重要ではない。その点は彼女の作品をフィクション作品にしているものとは何の関係もない。

ふりをする行為によるフィクションの説明のどこが間違いなのかを見る最も手短なやり方は、文学的フィクションが虚構の唯一のものではない、ということを思い出すことである。また、虚構的な文学作品を虚構的にしているものについての説明が妥当であるかどうかの決定的なテストは、その説明が、他の表現媒体の作品に妥当性を保って拡張できるかどうかである、ということも併せて思い出さねばならない。ふりをする行為の理論はこのテストに完全に失敗する。

ピエール・オーギュスト・ルノワールの絵画『水浴する女たち』やジャック・リプシッツの彫刻『ギター弾き』は、確実に虚構というカテゴリーに入る。しかし、これらの作品を作るときにルノワールやリプシッツが断定を行なうふりをしていたかどうか（あるいは他の発語内行為を遂行するふりをしていたかどうか）、私は非常に疑わしく思う。絵を描いたり彫刻を制作したりすることは、陳述文を発話することに比べると、何かを断定するやり方として標準的ではないし、明瞭なものでもない。だから、『水浴する女たち』を描くことや『ギター弾き』を作ることを、断定を行なうかのように振る舞うことに数え入れるべきなのかどうか、明らかではない。どちらの芸術家の場合も、自分が何かを断定していると想像していたということは、ありそうではない。

絵を描いたり彫刻を制作したりするときに、断定するふりができることは否定できない。伝統的に、絵や彫刻を制作することが実際に断定を行なうことになる場合がある。新聞に載る法廷のスケッチは、法廷での出来事について事実の主張を行なっている。おそらく、伝統的な肖像作品は、カンヴァスに描くにせよ石に彫るにせよ、モデルの外見に関する断定を伝達する手段である。芸術家がこういう伝統を真似て断定を行なうふりをする、ということはあるかもしれない。しかし『水浴する女たち』や『ギター弾き』の制作者が、断定を行なう真似を自分たちがしていると考えていた、ということはありそうにないし、作品の鑑賞者によって自分たちがそう見なされると思っていた、ということもありそうにない。いずれにせよ、作り手側が断定するふりをしていなければならないわけではないし、読解する側も、作品を虚構作品として理解したり鑑賞したりするために、作り手が断定のふりをしていると解釈しなければならないわけでもない。絵画や彫刻の虚構作品を作ることは、真理の主張を行なうふりをすることではない。それは何かのふりをすることでは全然ないのである。人形の製造と対応させてみよう。人形製造は何かのふりをする行為ではない。絵を描くことや彫刻を作ることがこれと違うと見なされる理由は、私には分からない。絵を描いたり彫刻を作ったり人形を製造したりすることは、むしろ他人が想像活動の中で使用する小道具を制作することなのである。

疑いが残るというのなら、絵や彫刻を断定の伝達手段（あるいは他の何らかの発語内行為の伝達手段）として使う伝統がまったくない社会の可能性を考えてみるとよい。この社会の芸術家は、動物や人々、水浴する女たちやギター弾きといったものの絵とか彫刻を創造する。だがそれは、誰か他人に、現実の動物や人間が存在するとか、ある性質をもっていると教えるための手段ではまったくないし、何か他の情報を伝える手段でもない。この社会の芸術家たちは、例えば、野牛を描く行為を、新しい虚構的な野牛を「作る」ことだと常に見なしている。そして、現実の動物について他人に何かを説明することだとは決して見なさない。こういう描画は、疑いなく、虚構作品の資格を与えられてよい。しかし、芸術家は、同じく疑いなく、その描画を創造するときに何かを断定するふりをしていたのではない。その画家は、真理主張を絵の具で行なう伝統の真似をしていたのではない。なぜなら、真似すべき伝統が存在していないからである。

　このような社会が存在しうることは、断定のふりによる虚構の説明の命運を確定する。断定するふりを伝達する手段であることによって虚構作品となるようなものなど、何もありはしない。断定のふりという追加の役割をたまたま備えている作品でさえ、それによって虚構作品となるのではない。このことは、絵画や彫刻だけでなく、文学作品についても成り立つ。フィクションの書き手は、発語内行為を遂行するふりをしたりする必要はない。他のどんな虚構の作り手も、そんなふりをする必要がないのと同じことである。

　ふり説には、一見もう少し出来がよさそうに見える兄弟分がいる。それは、フィクション作品は言語行為の表象であるという見方である。「文学」や「詩的言語」や「創作的言説」について、こういう説明を与える理論家が何人かいる。

　虚構的なテクストを構成することは、一つの発語内行為または一連の発語内行為を表象すること（すなわち、描出すること depiction）である。このことは、画家が牝牛を描いたり、舞台上の役者が殴る行為を表象したりするのと基本的に同じ意味においてなされている。(16)

　文学作品は、事実としては存在していない一連の言語行為を、意図的に模倣（ないし報告）する。(17)

文学的フィクションだけではなく虚構一般の理論として受け取れば、この主張は即座に崩壊する。虚構的な絵画は、明らかに、言語行為を表象せねばならないわけではない。ユニコーンの絵は、ユニコーンが存在するという誰かの断定を表象しているのではないし、他のいかなる発語内行為の遂行を表象しているのでもない。その絵はユニコーンを表象しているだけである。この事実は、たとえこの理論が文学作品としてのフィクションにはうまく当てはまるとしても、文学的フィクションの虚構性を理解する上では私たちの役に立たない、ということを意味している。

文学的フィクション作品は言語行為を表象しているのだろうか。語り手をともなう作品はそうしている。コンラッドの『ロード・ジム』は、マーロウがある言葉を——この作品テクストの言葉を——語ることによってさまざまな断定や質問等々が行なわれるということを、虚構として成り立つようにしている。語り手が背景に溶け込んでいる作品が少なからずあるとしても、私は、ほとんどすべての文学作品に語り手がいると認めることに賛成である。(第9章5節を見られたい。) しかし、語り手を欠く作品がいくつかあると見なすことも確かに可能である。語り手が誰だか分からないような文学的伝統に属す作品の場合、ほとんど強制的にそう見なすしかないだろう。それゆえ、私たちは、言語行為を表象していない文学的フィクション作品が存在することを認めざるをえないのである。

この可能性を認めない場合でさえ、この理論は、文学的なフィクション作品を虚構的にしているものについては私たちに教えてくれない。というのも、この理論は虚構(一般)の理論としては失敗だからである。知らねばならないことは、ここでの議論にふさわしい意味において、そもそも何かを表象するとはどういうことなのかということである。文学的フィクションの表象するものが言説や発語内行為であるという事情は、(うまくいっても) その作品を文学にしているものにすぎない。

発語内行為のふり説や発語内行為の表象説といった虚構理論の困難は、論題の部分的な取り扱いに応じて生じた表面的な困難ではない。この点を理解することがきわめて重要である。ふりの概念や語り手の概念を一部手直ししてみても助けにはならないだろう。こういう理論は核心部が間違っているのである。この二つの理論の核心は、フィクションが「真面目な」言説に寄生しているという考え方である。すなわち、言語や絵、その他いかなるものであれ、それを虚構的に使用するとは、非虚構的な言語の特徴となっている断定、質問、命令等々の活動における言語の使用から理解されるべきだという考え方である。こういった「真面目な」使用が最初に来るものであり、虚構的な使用は「真面目な」使用に基礎を置いていて、そこから導き出される、というように考えられている。この理論の核心部の発想に従うと、決定的なのは、元々は「真面目な」言説のために考案された道具の使用が虚構には必然的に伴うということであり、また、虚構においてそれを使用することを可能にしているのは、元々の「真面目な」機能である、ということになる。

すでに見たとおり、虚構の作品——少なくとも絵画や彫刻作品——は、何か「真面目な」使い方があるような種類のものではない。絵画や彫刻が虚構的なものとなるために、言語や絵などを含んだ「真面目な」言説といったものが存在せねばならないとか、そういう言説の何らかの概念を誰もがもたねばならない、などと想定する理由が私には分からない。虚構という概念は、「真面目な」言説の概念に寄生してはいない。

なぜこの逆を考える人が現れたのだろうか。主としてそれは、文学ばかりに注意を向ける狭い関心が、文学でうまくいくことは他の芸術でもうまくいくだろうという鈍感な思い込みと結びついたせいであると思われる。虚構的な文学は、「真面目な」言説に寄生しているかもしれない。文学は、フィクションであってもなくても、必然的に言語の使用を含んでいる。そして、おそらくどんなものでも、時には「真面目な」言説として使用されるのでないかぎり、それは言語と認められることはないであろう。それならば、虚構的な文学は、部分的には「真面目な」言説によって説明されることになる。しかし、説明できるのはそれが文学だからであって、虚構だからではないのだ。

だが、このことでさえ挑戦にさらされている。「真面目な」言説が存在しない社会を考えてみよう。その社会では、人々は英語の文によく似たものによって虚構の作品を組み立てている。この人々の作品は、発語内行為のふりをすることの伝達手段ではない。その作品はまた、発語内行為を表象しているのでもない。絵や彫刻のように、その作品は語り手をもっていない。こういう作品について私たちは、それが言語で作り上げられていると言うだろうか。また、文学作品であると言うだろうか。もしそう言うとしたら、私たちは、文学的なフィクションの概念さえ「真面目な」言説の概念から独立であることを認めなければならないだろう。

6 発語内行為としての虚構制作？

言語行為論が虚構の本質を解明すると考える最後の様式を取り上げることにしよう。虚構制作は、時々それ自体で一つの種を成す特別な言語行為であると言われることがある。虚構制作は、「真面目な」言説を構成する標準的な発語内行為の媒体の一つではない。また、そういう発語内行為を遂行するふりをする行為でもないし、発語内行為を表象する行為でもない。そうではなくて、フィクション作品は、本質的に虚構制作という発語内行為の表現媒体であると考えるのである[18]。虚構制作がどのような種類の発語内行為なのかを見出す仕事は、もちろんこの見方を提起する人々に課されている。しかし、彼らはそれより深刻な難問に直面する。その難問は、虚構制作とは発語内行為であるという考え方そのものに見出される。あるいは、フィクション作品は本質的にそのような行為の表現媒体である、という考え方そのものに根ざしているのである。

言語行為論は、語や文の特性ではなく基本的に話し手が遂行する行為を通じて言語を理解する企てである。言語的な表現は本質的に話し手の行為の表現媒体であると見なされる。ある一定の意味をもつといった言語的表現の顕著な特性も、話し手の行為の中で表現が果たす役割によって説明される。虚構を制作する行為は、断定したり質問したり約束したりする発語内行為と類比的に、一つの発語内行為と見なされるべきであるとするならば、また、そう見なすことが実り多いものであるとするならば、虚構制作は他の発語内行為と同様に、基礎的なものでなくてはならない。すなわち、フィクション作品は、何よりもまず虚構制作という行為の表現媒体として理解されなくてはならない。これは文というものが、断定したり質問したり約束したりする行為の表現媒体であるのと同じことなのである。

ある文を「断定」であると記述することはある。だが、本来、断定するという概念は人間の行為に適用される。これは、基礎にあるのが文ではなく行為だからである。断定文は、それを使って人間が断定を行なう手段として重要なのだ。文が断定であるのは派生的ないし寄生的な意味においてにすぎない。人々がある文を、普通は、または典型的には、または正常な場合には、断定のために使用するのならば、その文は一つの断定となる。同じように、虚構的に表象することはその基礎において人間の行為であり、人々が行なっている何かなのだ、と論じられる[19]。人々は文章や絵、また他の人工物を制作することによって、断定という行為を行なう。それゆえ、文章や絵についても、派生的な意味においては、それは虚構的な表象であると語ることができる。しかし、最初にあるのは行為である。それは、断定したり、約束したり、要求したりするのと並んで、それ自身が一つの発語内行為として分類される行為なのである。

この類比関係は劇的に失敗する。虚構を制作する行為は、発語内行為が日常の会話の中で占めているのと似た場所を、虚構という制度の中で占めてはいないのである。

断定文が自然に生じたと考えてみよう。例えば、岩の亀裂がまったくの偶然で「ムラピ山が噴火する」と読めるとする。この亀裂が自然にできたものであって、誰かが断定するために彫った（あるいは使用した）のではないということを、私たちはとにかく確実に知っていると想定しよう。この亀裂は何かのために使われているわけではなく、人間の断定行為の表現媒体が使用される諸目的に役に立ってはいない。すなわち、この亀裂はムラピ山が噴火すると私たちに信じさせはしない。また、そうなると信ずべき理由があるとも思わせない。あるいは、噴火があると誰かが思っているとか、誰かが噴火を私たちに信じさせたがっているなどとも思いはしない。通常の場合、人間による断定行為の表現媒体に私たちが関心を抱くのは、まさにそれが断定だからである。つまり、断定の記載や発話は、それを生み出すことを通じて誰かが何かを断定した、という事実によって重要性を獲得するのである。究極の関心は、言われていることの真理性に置かれるだろう。語られた言葉が真であると私たちが信じる場合、典型的には、そう信じるのは話し手がそれらの言葉を断定として発話したと私たちが受け取っているという理由にもとづいている。同様のことは他の発語内行為についても成り立つ。約束するという行為、謝罪するという行為、脅かすという行為が決定的なのである。文が重要になるのは、行為の表現媒体としてである。約束したり、要求したり、謝罪したり、脅かしたりするために使用される種類の文が、自然によって生じた場合、それは珍奇な見物であるにすぎない。

自然に生じた物語と対比してみよう。岩の亀裂が「昔々あるところに三匹のクマがおりました……」と読めるとする。この刻み込みが誰かの作ったものでも、誰かが使用したものでもないと分かったとしても、これによって必ずしも私たちがその物語を読んで楽しむことが妨げられはしない。読んだり楽しんだりする仕方も、誰かの作ったものだった場合と同じである。その物語は、魂を奪うようで、サスペンスに満ち、読者を惹きつけて離さず、人を元気づけるものでありうる。私たちは笑ったり泣いたりするかもしれない。作者を有する物語を体験するときのある側面は、そこには欠けているだろう。だが、その違いは、それがちゃんと物語として機能して理解される、ということの否定を正当化するような違いではない。作者が存在しない場合、作者の内面や作者の周囲の社会を洞察することはできない。また、物語の語り手としての巧みさを称賛したり、人間の条件に対する作者の洞察力の鋭さに驚嘆したりすることもない。私たちが作者の言いたいことや抗議したいことに気づくということはなく、作者の約束や謝罪を受け入れるということもない。だが、こういったことを体験する機会は、作者が物語を語ったということの帰結として、つまり、ある種のごっこ遊びの中で小道具として使用されることを機能として持つある対象を作者が作り出した帰結として、私たちが得るのである。私たちが作者の内面を洞察したり、理解力に驚嘆したり、その他いろいろなことをするのは、作者が小道具となる対象をそれに先立って作ったからなのだ。ごっこ遊び的に信じさせる機能は、その機能を持つ物体がしばしばかき立てる虚構の作者への関心とは別のものと認識されるべきである。「虚構」の主要な意味を、虚構を制作する行為に限定すると、物語というもののこの特別なところ、それを誰かが作ったとか、人間の物語る行為の表現媒体であるとかいったことに依存しないところが分かりにくくなる。物語の基本的な概念と虚構の基本的な概念は、きわめて明瞭に、行為ではなく対象に帰属する。

物語はしばしば自然に生じるわけではない。だが、虚構的な絵はしばしば自然に生じる。例えば、岩の連なりや雲は、顔や人影や動物に見えたりする。こういう岩や雲のありさまは、絵を描くという誰かの行為の表現媒体でも、虚構制作という行為の表現媒体でもない。だが、そのせいでこういう岩や雲を自動的に絵としては認めないことにしたり、二次的な意味でしか認めないことにしたりすれば、小道具としてのそれらの役割を軽視することになるだろう。岩や雲を、普通に絵を描く行為において制作されるのと同種の物体だと（また、普通に絵画として提示され展示されるのと同種の物体だと）考えなくてもよいが、小道具となることは、こうした自然物が描かれた絵と共有する役割である。自然に生じた図形は、視覚的な種類のごっこ遊びで小道具として用いられることがその機能であると理解されるときには、十全な絵であると見なすのが最もよいのである。

発語内行為と虚構制作の行為との根本的な相違は、行為者の意図の果たす役割に現れる。発語内行為を受け取る側にいる人物にとって決定的な問いは、ほとんど常に、あの人はこのことを意味していたのかという問いである。あの人はこう断定するつもりだったのか、あんな約束をするつもりだったのか、こんな命令を、あるいは謝罪を行なうつもりだったのか、といったことが決定的なのだ。だが、作家や美術家がどんな虚構的真理を生み出すつもりだったのかを考えずに、物語を読んだり、絵を（虚構的なそれを）じっと見つめたりしてもかまわない。とりわけ写真家は、自分の作品が生み出す虚構的真理に気づかないでいることが容易にできる。作家その他の芸術家は、自分たちが意図的に生み出した虚構的真理から出発し、さらに想像を重ねて自分が行き着いた先に驚愕することもある。こういったことは鑑賞者にとっては大きな違いをもたらさない。芸術家がその虚構作品を制作する際に何を断定するつもりだったのかに関心があるのでないかぎり、また、作品制作の過程で、ないし作品制作に加えて、芸術家がどんな発語内行為を遂行するつもりだったのかに関心があるのでないかぎり、大きな違いにはならない。そしてまた、虚構制作の行為が欠陥のあるものだったとか、そんな行為はそもそも行なわれなかったとかいうような判断が、そのせいで正当化されるわけでもないのである。偶然による虚構制作という概念は、偶然による断定という概念が問題となるような意味で、問題をはらんでいない。

虚構制作を発語内行為に分類するのは理に適ったことではない。そして虚構作品は、本質的に、虚構制作という行為の表現媒体であるわけではない。たしかに言語は話し手の行為を中心としているのかもしれない。しかし虚構という制度は、虚構の制作者の活動を中心としてはいない。そうではなくて虚構作品あるいは自然物という対象と、当該の対象が鑑賞者の活動の中で果たす役割とを中心としている。これらの対象は、ごっこ遊びの小道具として用いられることがその機能であるような対象なのである。虚構制作とは、そんな小道具を作り上げる活動であるにすぎないのだ。

機能が虚構制作者の意図にもとづくと理解されるかぎりでは、制作者が影響をもってくる。しかし、もとづくと理解せねばならないわけではない。私たちの虚構の理論は、機能を確定する特定のやり方から独立に、すべてに一様に当てはめられる。私たちの社会では、テクストや絵の機能、つまりそれがどう使用されるべきかは、一部分は作り手の意図によって決定されるだろう。だが、別の社会ではそれを考慮することの重要性はより少ないかもしれないし、まったくないかもしれない。そして自然物の機能を決めるときは、私たちも意図の重視とは異なるやり方をとっているのだ。

しかし、機能はいずれにせよ文化的に構成されたものである。いかなるものも社会的な（少なくとも人間的な）文脈または設定と独立に、虚構であることはないのだ。三匹のクマに関する自然に生じた物語が虚構であるのは、一定の種類のテクストをどう取り扱うべきかについて人々が理解している事柄のおかげである。そういう理解は、ある目的で誰かがそれを書いたり、提示したり、展示したりしたといったようなことを、何らかの伴う必要はない。何かをそれで意味したり、何かを行なったりするといったことも伴う必要はない。「昔々あるところで」という始まりの記されたすべてのテクストは、その存在を誰一人知らないようなものでも小道具として機能するというように理解されてよいのである。

　虚構制作の行為や、虚構を提示し展示する行為に加えて、意思疎通（communication）ということもまた、それが意思疎通しようとする人を含む意味であるかぎり、虚構の本質から排除すべきである。言語は本質的に人々がお互いに意思疎通するための手段であるかもしれない。それゆえ、言語の理論を、言語使用者として意思を疎通する人々の行為に基礎を置くように作ることには、それなりのもっともらしさがある。だが、虚構が本質的に意思疎通の手段であると想定するのは少しも本当らしくないし、虚構が意思疎通に役に立たないと想定するのと同じくらい本当らしさに欠けている。

　たしかに人々は虚構を手段として意思を疎通させる。そして私たちはしばしば、虚構の制作者や使用者が虚構によって何を行ない、何を意味しているのかに関心を寄せる。また、私が言ってきたことは、虚構が行為の表現媒体として果たす役割を少しも減じはしない。私が強く主張したいことは、ごっこ遊びにおいて小道具になるという第一の機能は、分離して認知すべきだということである。誰かがこの機能を持つものを作り出したり展示したりしたことに対して、関心が寄せられることがあろうとあるまいと、あるいはこの機能が制作者または展示者によって与えられたのであろうとあるまいと、とにかく第一の機能を分離して認知すべきである。

　虚構の基本的な概念は、言語とは独立である。とりわけ言語の「真面目な」使い方とは独立である。だがこれだけでなく、虚構の基本的な概念は、驚くほど言語と似ていないということが判明したのである。

7　混合体、中間形態、多義性、不確定性

図書館にひしめいている現実の文学作品は、フィクションとノンフィクションという二つの山にきれいに分けられはしない。他の媒体の作品も同じである。境界線をどこに引くべきかということは、実際にはまったく明らかでない。ほとんどの領域が灰色で、まだらで、カメレオン的でさえある。少なくとも、フィクションとノンフィクションというカテゴリーの各々に、いくつかの明瞭な実例がおそらく存在するが、これさえ当然のことと見なすべきではないのである。

　本章2節で一つの根強い混乱は追い払ったから、その混乱に由来する不確実性は脇に置いてよい。ところが、私の推奨する虚構の概念を一貫して守り、虚構を実在、真理、真理主張と対置する考え方から明瞭に切り離すことにしても、まだ大量の謎をもてあますことになる。

　この曖昧さは、常識的な虚構の概念を洗練して明瞭にする試みに、ずっとつきまとう。このことは、そもそもフィクション

とノンフィクションを区別することが現実的に可能で意味をなすのかどうか、という懐疑論を助長してきた[20]。だが曖昧さは、そういう懐疑論の肯定を促すものではない。私たちの目的は、曖昧なところを明るく照らし出すことである。虚構を説明する目的は、分類をやりやすくすることではない。そうではなくて、時にとても複雑で繊細な個々の作品の特徴を、洞察できるようにすることである。そういう洞察は、作品を収納する分類箱を明快に指定することに存してはいない。むしろ私たちは、分類に抵抗する作品たちがなぜそのように抵抗しているのかを理解する必要があるのだ。なぜ、また、どのようにして、そういう作品たちは境界線上にあり、中間形態をとっていて、混合されていて、多義的で、不確定的で、つまり何であれそのようなものであるのか。虚構の説明は、正確な境界線を引くことができなくても、この目的のために役立ちうる。説明によって曖昧さのない事例を見つけることが少しもできないにしても、それは役に立つのである。私たちが取り組んでいるものは、この区別が成り立つかどうかという危惧ではない。または、区別についての私たちの説明が成り立つかどうかという危惧でもない。そうではなくて、区別のどちらか一方に作品たちが具合よく収まらないありようを理解すること、このことへの挑戦なのである。分類に失敗して諦めることは、明瞭な理解の追求を放棄することだろう。

いろいろな作品の中には、フィクションとノンフィクションの混合体であるようなものがある。理論的観点からは、こういう作品はほとんど問題を引き起こさない。哲学論文の中で仮説的な例を提示している一節（例えば、悪霊の比喩、太古の「言語ゲーム」、あまりにウェイターらしく振る舞うウェイター、水槽の中の脳、予期せぬ死刑執行[2]）は、フィクションと認められてよいかもしれない。だが論文の残りの部分はそうではない。暗喩や反語がノンフィクションの文脈に出現すると、それはその時かぎりのごっこ遊びにおいて小道具の役割を果たしていると理解できる場合がありうる。（第6章3節を見られたい。）小説その他、基本的にフィクションの作品でも、おそらくノンフィクションとしての文章を含むことはある。しかし、そこに少しの曖昧さもともなわない例は、そう簡単には得られない。小説の中のある一節が、現実の世界についての多かれ少なかれ直接の観察や意見表明として理解されるべきだということは、大抵それと分かる程度には明白である。そういう一節は、著者から読者に直接語りかけたものなのだ。『アンナ・カレーニナ』の冒頭の一文（「幸せな家族はどれもみな同じようにみえるが、不幸な家族にはそれぞれの不幸の形がある[3]」）は頻繁に引用される。ヘンリー・フィールディングの小説[21]には、愛その他の現実世界の関心事についての議論が存在している。『蜘蛛女のキス』の脚注でマヌエル・プイグは、見たところまったく論文のような形式で、フロイト、ノーマン・O・ブラウン、ハーバート・マルクーゼ、ウィルヘルム・ライヒといった人々の、セクシュアリティに関する見解を詳細に語っている。ところが、これらの文章が想像活動を誘い出す機能を同時に持ってはいない、ということが完全に明瞭であることはめったにないのだ。例えば、著者が語り手とした登場人物が（あるいは著者自身でさえありうるが）そういう意見表明を行なっている、ということを虚構として成り立つようにする機能がそれらの文章にないとは言い切れないのである。『アンナ・カレーニナ』の冒頭を書き記したとき、すべての幸せな家族は似ているが多くの種類の不幸せな家族が存在するということを、トルストイが（少々の誇張は許すことにして）主張しているのだとしても、彼の書いた言葉は、何者か――語り手――がそれらの言葉を断定として発話した、ということを虚構として成り立つようにもしているだろう。これがその言葉の機能なら、この一節は私たちの意味における虚構なのである。(22)

第1章7節で導入した機能という概念に関して、私はよく考えた上で曖昧なままにとどめておいた。虚構は、機能から理解するとき、この曖昧さを引き継ぐのである。ある作品がごっこ遊びの小道具として用いられることを一つの機能として持つとは、どういうことなのだろうか。何が虚構と見なされるのかは、ある作品の機能がもとづくものを私たちがどう理解するかに左右される。機能は、作品がどのように使用されることを作り手が意図ないし予測したかにもとづく、と理解するか。それとも、機能は、典型的ないし伝統的に、その作品がどのように使用されるのかにもとづく、と理解するのか。あるいは、人々がどのような使い方を（そう使うかどうかにかかわらず）適切ないし妥当と見なすかにもとづく、と理解するのか。またあるいは、受け入れられた原則に従って、事実として、どのようにその作品が（人々がそのことを理解しているかどうかにかかわらず）使われているかにもとづく、と理解するのか。さらに、これらのいろいろな組み合わせに基づくと理解されるかもしれない。この点で正確であろうとすることは大事ではない。しかし、私たちは、ある特定の作品が、どのような意味においてごっこ遊びの小道具として役立つ機能を持っているのか、または持っていないのかを、言うことができなければならない。

機能は社会に相対的であるから、虚構も同じく社会に相対的である。古代ギリシアの神話は、ギリシア人にはノンフィクションであったかもしれないが、私たちにはフィクションである。（とはいえ本章8節を見られたい。）ひょっとすると、大人にとってノンフィクションであるものが、ときには子どもにとってフィクションであるかもしれない。区別の曖昧さは、かかわりのある社会集団をどう考えるかについての不確実さに由来している。

しかし、ある社会にとってはフィクションだが、別の社会にとってはそうではないということは、人が思うほど頻繁に起こることではない。ある作品（またはテクスト）が異なった社会的文脈で異なった仕方で使用されるということは特に珍しくないが、しかし、ある社会におけるその作品の機能は、その作品がその社会で（通常、もしくは普遍的に）使われる仕方と一致すると仮定する必要はない。私たちは、別の文化、別の時代の作品については、その起源を尊重するという伝統を持っている。

ある作品が生み出された社会では、どのようにそれが使われ、理解されていたのか、また、その作品の作者は、どのように使われることを意図したり予期したりしていたのか。こうしたことを見出すために最大限努力して、元と似たやり方で作品を使用することは、適切でもあり、義務的なことでもあると私たちはしばしば考える。機能を決定するための私たちの規則は、作品の起源となった社会への尊敬を時に要求するというように理解できる。その規則によって、ある作品の私たちに対する機能とは、どのような機能であれその作品が起源となった社会の人々にとって持っていた機能である、と宣言されることもある。これは、私たちが彼らに対するその作品の機能について重大な思い違いをしている場合にも、また私たちが実際にはその作品をまったく違う仕方で使用している場合にも、言われることがある。[23] ギリシア神話がギリシア人にとってノンフィクションであったのなら、私たちがそれをフィクションとして使用し理解しているという事実にもかかわらず、ギリシア神話は私たちにとってもノンフィクションなのである。

これとは別の考え方をとって、機能とは、その作品が何であるかにとって本質的なものであると考えることもできる。おそらく、ある一定の絵や物語は、ごっこ遊びの小道具として役立てられる機能を必然的に持っている。その機能がなかったならば、その作品は現にそれがそれであるものではなかったのだ。このことが意味しているのは、作品とは絶対的にフィクションであるかノンフィクションであるかであって、あれこれの社会に相対的ではない、ということである。私たちの語る神話は、かつてギリシアに存在したものとは異なっていると考えられる（たとえその二つが同じテクストを共有していても）。私たちにとっての神話は絶対的にフィクションなのであり、ギリシアにおける神話は絶対的にノンフィクションなのである。

機能とは、社会に相対化される場合でさえ、程度の問題である。虚構性も同じである。ある作品がごっこ遊びの小道具として役立てられる程度は、それぞれの社会ごとに、その作品の機能としてより強く現れたり、あるいはより弱く現れたりする。しかし、関連する他の規準に沿って、いろいろな程度の違いが存在する。ある作品がより大きな、または小さな程度で備えることになる特定の機能は、想像活動をたんに促すことと対照される意味において、想像活動を命令する機能が強いか弱いかであるかもしれないし、ごっこ遊びの小道具として用いられる機能が強いか弱いかであるかもしれない。ある作品が何を命令する機能を持つのかは、より大きなまたは小さな程度において、たんに命題を考えることであるよりは想像することであるかもしれない。境界線上の事例は多様な仕方で現れるのである。

すでに見たように、ごっこ遊びの小道具として用いられることとは、他の働きで用いられることとうまく共存できる。小道具は、断定の表現媒体になっているかもしれないし、知識を伝える試みの手段になっているかもしれない。何かを理解させたり、知恵を育てたり、行為に駆りたてたりする手段になっているかもしれない。一つの作品が、こういった役割のすべて、またはいくつかを遂行する機能を持っていることがありうる。こういったいろいろな組み合わせは、間違いなく、フィクションとノンフィクションの境界線をどこに引くべきかについてのためらいを助長してきた。とりわけ、作品のごっこ遊びにおける役割がはっきりと小さい場合にはそうだったのである。だが私たちの虚構の概念は、この点でいかなる不確定性を受け入れることもない。ある作品（ないし作品の一節）が想像活動を命令する働きを持てば、その作品は私たちの言う意味で確定的に虚構なのである。それが他にどんな目的を持っているか、また想像を命令する働きがどれほど些細なものか、といったことにはかかわらず、虚構である。とはいえ、ある作品に付与されうる働きの多様性や、それぞれの働きの相対的な重要性、その相互作用といったものには敏感であるべきである。

バークリーの『ハイラスとフィロナスの対話』は、おそらくハイラスとフィロナスという人物の間の会話について想像活動を命令する働きを持っている。[24]だがこのことは、明らかに『対話』の主目的ではない。主目的は、実在の本性に関するバークリーの見解とそのための論証を提示することであり、これを達成する上で、想像活動を命令する働きはむしろ付随的なものである。バークリーは、フィロナスを代弁者にするのをやめても大きな損失はなかったであろう。ハイラスの方も、反対論が言いそうなことへのもっと生真面目な言及で置き換えることができただろう。その結果、作品の彩りには乏しくなっただろうが、説得力にも問題の解明にも劣るところはなかったであろう。『対話』のフィクション的な要素は、ほとんど修辞上の飾り以上のものではないのである。

さらに興味深い例では、作品の複数の目的のうちどれが主たるものなのか明らかでなく、いろいろな機能が相互作用してそれぞれの働きを複雑繊細な仕方で強めあっている場合がある。本章4節では、ニュージャーナリズムの「ノンフィクション小説」とか「事実的フィクション」といったものに言及した。メイラーの『死刑執行人の歌』の中心的な目的が、ごっこ遊びにおいて小道具として用いられることであるのは、疑う余地がない。しかし、この作品をめぐるごっこ遊びの役割は、ある程度までは、現実の歴史的出来事について情報と洞察を伝えるための手段となることである。[25]この作品が読者の中に呼び起こす想像活動は、その歴史的出来事の細かな部分を憶えておくことに役立つのだが、ごっこ遊びにおけるこの作品の役割は、明らかに事実情報を得ることを越えた意味で了解（共感的理解 *Verstehen*）を達成し、伝達することにおいて、特に決定的なものである。[26]

しかし逆に、『死刑執行人の歌』や似たような作品の認知的な次元の方が、ごっこ遊びにおける役割に貢献してもいる。読者の想像活動は、自分が想像していることが本当だという事実によって、つまり物語と登場人物と出来事の設定が実際にあったことなのだと理解することによって、より生き生きとした状態になるだろう。『死刑執行人の歌』は、主として悲劇的なお話とか冒険譚として読まれていて、現実の歴史的出来事に関する自分の知識や理解を（なんらかの直接的なやり方で）深めようという眼差しで読まれていない場合はあるだろう。この点ではトルストイの『戦争と平和』にしても同じかもしれない。だが、それが大体において正確であると読む側が考える場合の方が、事実とは違うだろうと考える場合よりも、よりわくわくさせるものとなり、読み手の心を摑む力は強くなりそうである[27]（この点は、明らかに、想像のオブジェクトが現実にそこにあることが、想像活動を生き生きとさせるのに貢献する、ということと関連している。第1章3節を見られたい。）「芸術的」な目的が認知的な目的とは区別される限りで、芸術的な目的は事実を正しくとらえることからよい影響を受け取る。小説家は、物語の設定やそこに登場させる歴史的人物について調べるために、ときには厖大な努力を行なうが、この努力は、事実や人物について読者に伝えたいという関心だけで説明することはできない。それではまったく説明できないこともあるだろう。その目的は――並はずれて茫漠とした言葉を使ってよいなら――「写実性（realism）」を増すことなのだと言ってよいだろう。

作品をフィクションとノンフィクションに分けるとき、何らかの機能が有るか無いかにそれを結びつけるのではなく、確定可能なかぎりで優越する機能や主たる機能を拠りどころにすべきなのだろうか。だが、このやり方は、私には使いにくい代案に見える。特に、私たちの目的が図書館員のやり方を受け入れられる程度に洗練するということであるなら、使いにくい代案である。ノンフィクションをフィクションから区別するために、ノンフィクションは主たる目的として（広い意味での）認知的な目標を持っていて、ごっこ遊びのように信じるという要素はこの目標に従属している、という考え方に頼るのは、誰にとっても魅力に欠けるだろう。認知的な目標は、決してノンフィクションだけに特有の性質ではない。何かの理解を深めることは、多くの典型的なフィクション作品の主たる目的であると言ってよい。そういう作品の中には、個々の事柄を正しくとらえるために並はずれた努力をしているわけではない作品も含まれる。また、フィクションは主として了解（共感的理解 *Verstehen*）を達成し伝達することを主たる目的としており、この目的は情報を単に伝達することとは対立する（この区別がとにかく理解できると仮定してだが）、と考えるのも役に立たない。偉大なフィクションは共感的理解を達成するかもしれない。だが、そこまで偉大ではないがフィクションの典型ではあるような作品は、情報を伝えるところまでしかいかないかもしれないのである。そのうえ、共感的理解はおそらく多くのノンフィクションの究極の目標である。例えば、多くの心理学的な著作や人類学的な著作の究極の目標であり、もちろん歴史や伝記（はっきりとは想像を命令していない作品も含む）の究極の目標である。選び抜かれた事実の詳細を引証するだけで、歴史的な人物や出来事のより深い理解をもたらすことができる。そして、この深い理解は引証の目的となりうるのである。

8　伝説と神話

以上の観察によると、歓迎すべき一つの仮説が勢いを得ることになる。すなわち、古代世界や異文化の中で生み出された伝説や神話——例えば、ギリシア神話やヒンドゥーの『ラーマーヤナ』、『マハーバーラタ』といった叙事詩——の理解に関して、私たちの理解の仕方と元々の環境での理解の仕方との間には、通常思われている以上に共通する部分が多いという仮説である。

伝説の多くが、私たちの間ではフィクションとして語られ理解されていることは明らかである。おなじみの語り方に従うなら、元々は、それらは現実の歴史的出来事の正確な報告と称するものだった。だが、そういう物語を同じ気持ちで真剣に受け取ることは、この啓蒙された時代にあっては不可能である。それゆえ私たちは、フィクションと解釈する。[28] エウリュディケを地下世界から救い出すオルフェウスの悲劇的な物語は、古代ギリシアにおいては——と、このメタ神話は言うのだが——ちょうど私たちがサンドバーグのリンカーンの伝記や『第三帝国の興亡』を理解するように受け取られていた。だがオルフェウスの物語は、私たちにとっては『ホビットの冒険』や『オズの魔法使い』にずっと似ている。この根本的な変貌は、もちろん徐々に生じたのであろう。変貌の中間段階では、神話の地位も中間的だったであろう。

この雑なシナリオは二重に疑わしい。まず、多くの神話が端的に真理の主張であったことは決してないだろう。[29] また、仮に真理の主張であったとしても、神話はその間もずっとフィクションだったであろう。

古代ギリシアやヒンドゥーの神話は、それが生まれた環境においては、ニュージャーナリズムのように、事実について情報を伝えることとごっこ遊びの小道具となることの両方の機能を果たしていただろう。これらの神話は、仮に過去の出来事の忠実な年代記として提示され受け入れられていたとしても、私たちにとってフィクションであるのと同じように、元々はフィクションであったかもしれない。

しかし、そもそも神話が過去の事実の忠実な年代記と見なされていたという推定は、根拠もなく受け入れるべきではないのである。すべての文化が、私たちの文化のように、真理と虚偽について常に変わらぬ強い関心を寄せているわけではない。[30] ヒンドゥーの『ラーマーヤナ』の物語の語り手と聴き手は、ラーマ、シーター、ラーヴァナが現実に存在したのかどうか、ラーヴァナの使者はシーターを欺くために本当に鹿の姿を取ったのかどうか、といったことにさほど関心を持っていないだろう。たぶん、単純にこんな疑問は浮かばないのである。『ラーマーヤナ』の語りは、そういう出来事が起こったという主張として理解されねばならないわけではない。そして、そう理解されていない場合、語りに他の役割があるとしても、語りの主要な役割は、ごっこ遊びに存するはずである。『ラーマーヤナ』の物語は、それが発祥した文化においてフィクションとして用いられていたかもしれない。古代ギリシアの神話も同様である。それはまさに私たちの文化におけるそれらの神話の役割なのである。(31)

しかし、上の世代から語り聞かされて、今度は自分の子どもたちに語り伝えていく物語が、本当のことであるのかどうか気にかけないでいる、などということがどうしてできるのだろうか。この態度に驚かされるというのなら、私たちが現にしているようにこの点を気にかけるということも、少し考えてみれば、ときには同じくらい驚くべきことだということが見えてくるだろう。

なぜ私たちは、歴史と呼ばれる過去の出来事についての真理に関心を持つのだろうか。特に、遠い過去の出来事はめったに生活に直接的な影響を及ぼしたりしない。敵の領地を襲撃するために軍勢が集結するという四世紀前の出来事は、現在の私たちにとって東西の軍拡競争や現代アフリカの部族間の戦争計画やマフィアの抗争準備よりもはるかに直接的な重要性は低い。もちろん古代の都市攻略などの遠い昔の出来事でも、私たちに非常に大きな影響を及ぼすことはある。ノルマン人のイングランド征服はそうである。だが、そういう出来事について知る必要は、現時点で起こっている出来事について知る必要と同じだけ切実であるということは、普通はないのである。

もとよりこのことは、歴史が私たちにとって教訓となることを否定するものではない。非常に遠い過去の出来事の知識でも、私たちの生活に影響を現に及ぼしているし、それは当然そうあるべきなのである。ときには過去の知識を一般化して未来に当てはめることができる。先の戦争の原因についてのデータは、次の戦争を防止するのに役立つかもしれない。とはいえ、一つ二つくらいの少数の事件など予測の基礎としては逸話めいた根拠にしかならない。上の世代から私の代まで語り伝えられてきた物語が本当か嘘かということが、自分の人生を私が生きるための帰納的推論の基盤に重大な影響を与える、などということはありそうにないのだ。

歴史が与える最も重要な教訓の多くは、その種のものではない。過去の出来事は私たちに何かを教える力を無数の仕方で豊かに備えているのだが、それは新しい事実認識を選び取る基盤を成すことにはよらない。むしろ、過去の出来事は、これから起こりうることをそっと暗示する。あるいは、うまくいきそうな考えや試みの道筋を浮かび上がらせたり、未来をどう見たらよいのか直観的に分からせてくれたりする。私たちの考えを明瞭で確固としたものにしたり、漠然たる直観を分節化するのを容易にしてくれたりする。過去の出来事は、知りたくない事実を受け入れることを強制することもありうる。歴史的事実は、当然、真空の中で作用しているのではなく、歴史的ではない情報などその他の情報資源とともに作用する。達成される洞察が証拠に基づくとされるかぎりで、私たちが立脚する証拠はすべて現代のものかもしれない。だが歴史的な探究から得られる知識は、触媒としてそこに作用する。過去の状況と現在との類似性や対照性に気づくと、すでに得られた情報の再組織化が促され、物事を新しい光の中で見ることが推奨され、出来事の類型性や結びつきが明らかになるのである[32]。

ときには想像力が決定的な役を果たす。歴史上の人物の立場に自分が身を置いていると想像することによって、自分や他人の心理状態や、民族や文化の精神状況を洞察できるようになることがある。過去の人物の置かれた状況や振る舞いや心理状態を歴史的に説明することによって、その説明が現在の関心事に意義ある証拠を提供するか否かにかかわらず、適切な想像活動が引き起こされることがありうる。

歴史的な知識の利益が単に「認知的」なものに限られるとか、主として「認知的」なものであるなどと決めてかかるのをやめよう。実際、認知的な影響や価値という区別されたカテゴリーがあると想定するのはやめる方がよいのだ。過去についての知識は、感情や態度や振る舞いに影響を及ぼす。それは運命を受け入れたり抵抗したりするのを促し、満足感を増進させたり、革命を教唆したり、気持ちを静めたり刺激したりする。過去の出来事は、ここでも多くの場合、違う仕方で感じたり考えたり行動したりするための触媒となるのであって、そのための合理的根拠となるわけではない。

こういった観察には新しいことは何もない。ただし、歴史的な知識が直観的な洞察を誘い出し、いろいろな仕方で私たちに影響を及ぼすありようの詳細は、これまで以上によく研究する価値はある。だがさしあたり私たちにとって重要なのは、こういう目的のためには伝説や神話でも歴史と同じだけ役に立つということである。真実でないことが歴然としているお話でも、現実の出来事の信頼できる記述と同じように、示唆的で刺激的でありうるし、同じように直観的な洞察をもたらすことがありうる。空想、寓話、仮説的な例示といったものは、出来事が現実に起きたという証拠や合理的根拠として用いられるのでないかぎり、しばしば事実報告と同じ役割を担いうる。ソポクレスによるオイディプス物語の描写は、現代の関心に対する私の理解を深める上で、それが本当に起こったことだと考えても、真偽の疑わしいことだと考えても、同じように作用しうるのである。

だとすると、いったいなぜ、古代に起きた事件について聞かされてきた物語が本当なのか虚偽なのか、私たちが気にしなければならないのだろうか。物語の真理性の評価に頭を悩ませたりせず、物語の与える洞察と刺激をただ受け取るだけにしておかないのはなぜなのか。想像活動が重要なときには、私たちは、物語をフィクションとして、つまり想像活動を命令するものとして見てもよいのである。このときは、その物語が本当のことなのかどうか決める必要はないし、それを問う必要さえない。私が示唆していることは、これこそいくつかの文化が自分たちの神話に対して本質的にとっている態度だろうということである。

今は経験的な事実について考察するという作業をしているのだが、ここで子どもたちのおとぎ話に対する態度を考えてみてもよいだろう。私は、非常に幼い子どもたちはおとぎ話を一般に受け入れられている事実の報告と考えながらその全体を受け入れており、後になってからフィクションと見なすようになる、という考え方は疑わしく感じる。おとぎ話が本当か虚偽かという問いは、最初は単に生じていないのだろう。知恵のついた少し大きな子どもと同じく、考えの足りない幼い子どももお話をごっこ遊びの小道具として使っており、お話に反応して適切に想像活動をしているのである。[33]

以上のような考察は、何かを主張しようというものではない。ギリシア人やヒンドゥー教徒たちが神話をどう見ているかとか、子どもたちのおとぎ話に対する態度はどのようなものかといった歴史的な問いや心理的な問いに決着をつけることは、私の目的ではない。だが、私が素描した説明の構図は心に留めておく必要がある。その説明に従えば、人や文化が「啓蒙される」と伝説やおとぎ話に対する関心の性質に根本的な変化が生じる、ということを仮定しなくて済むのである。このことは私の説明に好都合な点であると思う。もしも変化が生じるというのが本当だったら、変化の前でも後でもなぜ物語がしばしば強い訴求力を持つのか、ということを説明するのは難しかっただろう。ごっこ遊びの見地から理解されるものとしての虚構と、真でなく、信じられておらず、断定されない事柄とを明晰に区別するのに失敗していたら、知恵がつく前と後を通じて連続がありうることも、気づかれないままであったと思われる。言い換えれば、物語に対する認知的態度の変化が印象的であるために——たとえそれが不可知論から積極的な不信へという程度の変化にすぎなくても——ごっこ遊びにおける物語の役割の連続性は見落とされていただろう。

9　真理と実在についての覚書

人々が蛙と人間を本当に区別できなかったとしたら、蛙の王様のおとぎ話は生まれなかったことだろう。

——J・R・R・トールキン『妖精物語について』

この章でも前章でも、私は真理、実在、事実について自由に語っている。そして、これらの概念につきまとう悪名高い哲学的難問は取り上げずにきた。有るものと有らぬものとの間には相違があり、或ることをそれがそう有るように語ることと、そうではないように語ることとの間には相違がある。こう言っておくのが道理にかなっていると、私は鉄面皮に決めてかかっている。

この立場は、大胆不敵だと見る人もいるかもしれないが[34]、見かけほど大胆不敵ではない。というのも、実在や真理や事実の性質について、私は特定の考え方を支持しているわけではないからである。とりわけ、実在とは感覚する観察者から独立の、物自体の王国であると思っているわけではない。また、真であるということは、事物が「実在的に」在るとおりのやり方に対応するように客観的実在を画像化したり、鏡のように映したりすることであるとも思っていない。ある重要な意味において、事実は発見されるのではなく作られるものであり、実在性とは思考や言語の（単純にかつ直接に）目標物であるというよりは、作り出すものである。真なることと偽なることは、文化や言語、概念図式や理論的枠組みや人間精神の構造に基づいており、それに相関的であり、それによって条件づけられているのだろう。事物がどのようにあるのかを問うことは、特定の「言語ゲーム」ないし「根本メタファー」、「パラダイム」、「理論的枠組み」の内側で問われる場合にのみ、意味をなすのかもしれないし、ある一定の「直観の諸形式および悟性の諸カテゴリー」との関連において問われる場合にのみ意味をなすのかもしれない。だが、真理と実在がどのように理解されるべきかについて、私たちは中立を維持したままでいることができる。私たちの目的が、実在や真理と対立するものとしての「虚構」を探究することであったなら、何らかの立場を決めなくてはならなかっただろう。しかし目的は異なるのであり、私たちは立場を決めないのである。[35] これは幸運なことだ。なぜなら、真理の対応説とその競争相手たち（整合説、実用説、根拠付けられた主張可能性としての真理概念、発話条件による真理概念、現象への実在の還元）との対立は、一日や一章や一冊の本で解決されるものではなく、私たちは虚構の秘密に迫らなくてはならないからである。

　しかし、私たちのやろうとしていることにとって真理と実在の客観性に関する厄介な問題が危険なものに見えるようにするやり方が、ひとつある。少なくとも、いい加減な見方をするとそう見える。そのやり方は、実在や真理と対立するものとしての「虚構」を必然的に含む類いの混乱に、全面的には依存していないのである。実在性が「客観的なもの」には達しないのなら、言い換えれば、私たちの発明するものであって私たちが見出すべく「そこにある」ものではないのなら、いったい実在性は虚構の領域とどのように異なるというのだろうか。虚構もまた私たちが発明するものなのだ。「現実世界」は単にもう一つの虚構世界の魅力的な名前にすぎないのではないか。そうだとしたら、現実世界についての語りとオズの魔法使いの世界や『アンナ・カレーニナ』の世界についての語りとの間の相違はどうなるのか。スタンレー・フィッシュは以下のように、妖怪を呼び出している。

「何かのふりをすることの共有（shared pretense）」が、何らかのものについて私たちが語るのを可能にしてくれるものだ。人が意思疎通するとき、それが成り立つのは、私たちが談話に関する合意事項の集合を分けもっているからなのである。この合意事項は、実際は、事実として約定されうる事柄に関する決定なのである。何かを指し示すことができるようにしてくれるのは、これらの決定および決定に従うという合意なのであって、実体が用いられうることではない。この事情は、小説家であろうと『ニューヨーク・タイムズ』の記者であろうと変わらない。これではすべての談話が虚構的になるという帰結がもたらされる、と反論する人がいるかもしれない。しかし、これによってすべての談話が真面目なものになると言ってもちょうど同じだけ正確なのであり、もっとよいのは、すべての談話が対等の位置に置かれると言うことだろう。

真面目な談話と虚構的な談話の区別は、……言語行為論の意味するところが明晰にかつ安定的に理解されるならば、維持しがたいのである。[36]

フィッシュおよびその他何人かの人々は、「実在性」を作り出すのは言説それ自体であると示唆している。[37] 小説その他の虚構作品は虚構世界を打ち立てる。それならば、そこにどんな違いがあるというのか。

この厄介な問題に対する回答として、私たちの目的にとって十分な答えは、実在や事実がどのように理解されるにせよ、単純に実在は実在であり、事実は事実なのだ、という答えである。事実として成り立っていることは、事実として成り立っていないこととと明白に違っているのである。その相違がある程度慣習的で、文化に特有で、何かに依存していたり何かに相対的であったり、その他どうであるにせよ、違っているのである。事実とは「むき出しの」ものではないという洞察は、たとえそれが正しい場合でも、区別が崩壊することとはまったく違う。現実世界の「客観性」を疑問視し、実在は私たちに依存していると論じた哲学者たちの多くは、極端なところまで議論を進める人たちでさえ、実在という概念を保存して虚偽や非実在と対比する点を作り出している。

もちろん、私たちは虚偽と虚構を真理と事実から区別しなければならない。しかし、虚構は作られるが事実は発見されるという根拠によって、その区別を行なうことはできないということを、私は確信している。……

複数の別の世界の形態を認めることは、自由放任という方針を暗示するものではない。適正な形態と間違った形態を区別する規準は、いずれにせよ、重要でなくなるのではなく、より重要になるのである。[38]

フィッシュ自身も同意見である。「私は事実が存在しないと主張しているのではない。単に事実の地位についての問いを提起しているだけである。[39]」

それなら、この大騒ぎは何なのか。真理とか実在といったものは存在することはするが、到底、素朴に思いこまれているほど重要なものではない、ということなのだろうか。フィッシュの見解のうちにはそう示唆するものもある（グッドマンはまさに不同意を表明しているのだが）。私たちがお互いに語り合っているさまざまな「物語」のうちで、「真なる」物語はただ単に他のものより「人気があって」、「地位が高い」ものにすぎないとフィッシュは言う。実在として認められる事物は、たまたま「標準的」となった物語によって提供されているものであり、非標準的な事物は単に「正統的でない」ものにすぎないと言うのだ[40]。

ところが、真理と実在は、それが何であるにせよ、明らかにいい現に問題になるのだ。古代人たちがエウリュディケの物語の真理値にどんなに無関心だったとしても、敵の攻撃が差し迫っているという報告や指導者が死んだという報告が真実なのか単なる作り話なのかを気に懸けていたことは確実である。世界が核戦争で破壊されることは、『博士の奇妙な愛情』において虚構として成り立つ。私たちはこれが真理にならないことを心から願っている。この違いは巨大であり、これ以上に問題になることなど何ひとつありはしない。

真理と実在という概念は、日常生活だけでなく理論的にも重要なのだろうか。バークリーやカントやグッドマンは確実にそう考えたし、私たちもこれに同意すべきである。真理と実在は私たちの思考にとってあまりにも中心的であるから（実際、この二つを欠きながらものを考えるというのがどういうことなのか、想像することも困難だが）、人間にかかわる諸制度のどんな探究においても、その主題から間違いなく不可分である。探究する者は、自分が探究している当のものなしに済ますことはできない。本書の研究主題は、表象という制度である。この主題の不可欠の部分は、真理性と虚構性の違い、そして、命題が真だが虚構的でないことの可能性、また虚構的だが真でないこと（また、真かつ虚構的であること、真でも虚構的でもないこと）の可能性、さらに、真理性と虚構性のこれらの組み合わせが私たちの個人的な経験と社会的な経験の中で果たしている役割、といったことなのである。

現実世界と虚構世界は、両方とも人間が何らかのやり方で作るものであるとしても、私たちがそれらを作るやり方に違いがある。一個の虚構作品は、その文脈で虚構世界を打ち立て、その世界に属する虚構的真理を生み出す。だが一個の伝記や歴史書は、それが述べていることの真理性をそれ自身で打ち立てることはなく、それがかかわる事実を作り出すこともない。たとえ事実が私たちの作り出すものであるとしても、事実を生み出すものは個々の著作物ではない。そうではなくて、むしろある文化の言説全体というように近い何ものかである。あるいは、その言語で語られる事柄と対比されるものとしての、ある言語それ自体、ないし、言語にも語られた事柄にも組み込まれている概念図式、といったものなのである。真理を目指す言説や思考のひとつひとつは、すべてそれ自身とは独立の、対応する実在を有する。この実在を組み立てるときに、感覚を持つものたちがどのような役割を果たすにせよ、そういう実在はある。ある虚構作品に対応する虚構世界は、作品からこのように独立してはいない。

フィッシュ本人も、結局次のように述べるに到っている。すなわち、「制度外的な実在に対して真となる言語とそうではない言語」との間の「絶対的な対立」を否定する際、彼は決して「真理の規準が存在しており、これによって異なった種類の言説の区別をすることができること」を否定しているのではない。「その規準は人間の手の加わらないものではなくて、制度的なものであり、自然のものではなく、作られたものである。注目すべきことは、これによってほとんど何も変わらないということなのだ[41]」。

たしかに、虚構についての私たちの概念に本質的にかかわることは、何一つ変わりはしないと思われる。私たちの問題を取り扱うために、実在にかかわる問題のすべてを解決する必要はないのである。

10　二種類のシンボル？

私たちは、虚構性が、実在的であるかないか、真であるかないか、事実であるかないかといったことと、本質的には関係がないことを見た。また、虚構性は、最も普通の事実をそのまま報告することも含むような断定や意思疎通の活動と完全に両立し、かつ断定や意思疎通とはまったく独立のものであること、虚構性は、本質的に人間の活動の所産であるというわけではなく、また典型的に言語に拠るというわけでもないこと、虚構は「真面目な」言説、つまり記号の非虚構的な使用に寄生しているのではないこと、これらのことを見てきた。こうした結果は、一部予期せぬものも含まれるが、虚構的であるとは根本においてはごっこ遊びの小道具として役立つという機能を備えているということである、という単純な直観から容易に導かれたものである。

虚構的なものの境界線は、ある程度新しく引き直されたが、探究を始めたときよりずっと鮮明になったというわけではない。とはいえ、ある作品がフィクションなのかノンフィクションなのか問われたとき、この問いが今の私たちに理解できるかぎりで、その作品が何であり、どのような働きを持ち、さまざまな他の事物とどのような仕方で似ていたり似ていなかったりするのか、といった点について、たとえ端的な回答は得られないにしても、より深い理解に達しうると期待できる。

虚構作品とは、第1章で定義された意味において、まさに表象体なのである。ただし、虚構作品は人間の作ったものであるが、表象体はそうである必要はない。表象体の集合は、一方では、「非表象的」「非具象的」な芸術作品群から区別されねばならず、また、ありふれた木々や椅子といったものからも区別されねばならない。ここで「非表象的」な作品というのは、ロスコやモンドリアンの絵画やバッハのインヴェンションが例となりうるような（ただし、私はそうではないと示唆したが）作品のことである。他方で、表象体は、委員会報告や経済学の教科書といった虚構ではない作品からも区別されねばならない。虚構作品ならびに他の表象体をごっこ遊びを通じて理解することで、私たちは、この両方の区別を一挙に行なうことができる。木々や椅子も、私たちが排除したくなるかもしれないようないかなる「非具象的」な芸術作品も、また経済学の教科書や委員会報告も、いずれもごっこ遊びにおいて小道具として役立つという機能を持ってはいないのである。

このやり方は、それ自体正統的なものではない。この二つの区別が一つの系列を成して生じると考えるのは、むしろ自然である。最初に、「象徴（symbols）」や「記号（signs）」（または、「象徴体系」ないし「象徴的行動」）という大きな集合——私の言う意味よりも広い意味において「表象」と呼ばれるもの——が認知される。このとき、ありふれた木々や椅子や「非表象的」な芸術作品は排除されるが、フィクションもノンフィクションもここには包含されている。そしてこの後で、この類の中で二つの種を分離する作業に向かうことになる。[4]

こういう見取り図は、フィクションと「真面目な」言説や「ノンフィクション的な」象徴の使用との間にある隔たりの広さを、曖昧にしている（またこの見取り図は、フィクションを「真面目な」言説からの逸脱として考えるやり方を十分阻止していない）。「真面目な」言説ならびにノンフィクション的に使用された「象徴」と、私が表象体と呼ぶものやフィクション作品とを、両方とも包含する唯一の類というものは、何らかの理解をもたらすには大きすぎるのではないか、と危ぶまれるのである。

この類は、命題を「選び出し」たり「特定し」たりするような事物の集合として理解すればよいのだろうか。その場合たぶん、この類の下位の種は、命題を使って何が行なわれるのか——命題は、断定されるのか、問われるのか、虚構的に成り立つのか、等々——によって区別されるだろう。（この考え方では、この類は意味論的なカテゴリーであり、いくつかの種へのその下位分割は語用論の問題ということになる。）だが、命題を選び出すことが常に（論理的に）命題を何らかの目的のために用いることに先立つ、と決めてかかるべきではない。おそらく、これは言語的象徴の場合には成り立つ。おそらく、（その文脈における）あるテクストは、それが命題群を断定しているのか、それとも命題群を虚構として成り立つようにしているのか、といったこととは独立に、その言語の意味論の働きによって命題たちを特定するのである。(42) しかし、しばしば逆に、何かが命題を選び出すことがそもそも可能になるのは、命題が虚構として成り立つようにされたり、断定するために使用されたりすることによってではないかと疑われるのである。(43)

このことは、問題の類を無価値にはしない。命題を「選び出す」事物の集合は、選び出す仕掛けがそれぞれの場合で異なっているとしても、認知可能な一つの種類を形成しうる。しかし、この集合は制御可能な範囲を越えて広がっていきかねない。例えば、命題を真とする事物はどう扱われるのだろうか。バスケットボールの試合においてボールを投げてリングに通す行為は、得点が記録されるという命題を「選び出し」ている。この行為がこの命題を使って行なうことは、その命題を真とするということである。（たぶん、その命題を真とすることを達成することによって、その命題を使って何かを行なうということが実行されている。[5]）アムンゼンが南極点に到達したことは、歴史的状況を前提すると、スコットは二番目だったという命題を真とした。また、完全に球形の石は、完全に球形の石が存在するということを真としている。ではその石はこの命題を「選び出し」ているのだろうか。私たちの立てた類は、ありとあらゆるものを絶対的に包含せねばならないのだろうか。そして、ある命題を虚構として成り立つようにするということは、例えば、その命題が断定の伝達手段に用いられるということに似ているが、命題を真とすることにはあまり似ていない、と言えるのかどうか明白ではないのである[6]。

ある使い方はある人物によってある目的のために用いられるということから成っており、別の使い方はそうではない。教科書の断定のための使用は、誰かがそれを断定するために用いることに存している。だが、球形の石が存在することを真とすることは、球形の石そのものが行なうことである。すると、この点では、虚構は教科書よりも石の方に属している。(本章6節を見られたい。)

命題を特定する「慣習的」な手段は、「自然的」な手段から区別されるべきだ、という考え方に救いを見出そうとする人もいるかもしれない。絵画や文章は、虚構的であれ非虚構的であれ、おそらくバスケットボールを投げてリングを通すことともに、「象徴」に分類することができる。その根拠は、これらのものが命題を選び出すやり方は慣習規則の働きに拠っているということである。そして、丸い石はそうではないのだから、石を「象徴」から除外することが正当化される。これでよいのだろうか。——よいかもしれない。とはいえ、クワインやウィトゲンシュタインを読んだ後では、この区別を固定したものにしておく見通しについて、私たちはあまり楽天的であるべきではないだろう。

絵画や物語や教科書が命題を選び出して虚構的にしたり断定したりするのは、ある文化的な文脈のうちにおいてのみなのだろうか。多分そうだろう。だが、丸い石が存在するという命題を選び出し、この命題を真にする、という丸い石の作用もまた、文化に相対的かもしれない。おそらく、文化的な文脈は違う仕方で関与してくるが、これは今後示されるべきことである。

虚構的なものと非虚構的なものとを両方含む「象徴」という自然種を、使い勝手の良いように制限して切り出すということは、とどのつまり、恐るべき難事なのである。それが可能なのかどうか、私には分からない。だが、私たちは表象体というカテゴリーを立てることができる。ここには虚構の作品も、作品ではない虚構も含まれ、ごっこ遊びにおいて小道具として役立てられる機能を持つ物として理解される。私たちはこれを使って先に進むことができるのだ。

第3章　表象の対象

1　対象とは何か

『戦争と平和』はナポレオンについての小説である。『二都物語』はロンドンとパリとフランス革命についての小説である。セザンヌの『サン・ヴィクトワール山』はサン・ヴィクトワール山の絵である。ナポレオンは『戦争と平和』の一つの対象だ、と言うことにしよう。また、ロンドンとパリとフランス革命は『二都物語』の対象たちのうちに含まれ、『サン・ヴィクトワール山』は、もっとも目立つ対象としてサン・ヴィクトワール山を持つ、と言うことにしよう。ある物は、ある表象体がその物についてのさまざまな命題を虚構として成り立たせる場合、その表象体の一つの対象となる。[1] 私たちの想像の多くが現実の物についてのものであることをすでに見てきた。こういった想像は、ときには小道具によって命令される。ある物についての想像を命令することがある作品の機能であるとき、その作品はその物についての（物の水準の *de re*）[2] 虚構的真理を生み出す。このとき、その物はその表象体の対象となっている。パリが実在することや、パリがあのマダム・ドファルジュの編み物工場の所在地であること等々を、『二都物語』がパリに関して虚構として成り立つようにするゆえに、パリは『二都物語』の一つの対象となるのである。

　ある作品が何か「の（of）」作品、何か「についての（about）」作品であるとか、ある作品が何かを「表象（represent）」している、「描いて（portray）」いる、「描出（depict）」しているなどと言うことは、しばしばその作品の対象を特定することである。しかし、これらの表現は他の働きをもっていることもある。こういった表現は無原則に使われるので、表象の対象に至るための信頼できる手引きにはならない。しかし、私はこれらの表現を、通常この役割に限定して用いることにしたい。ある作品が何かある物の作品であるとか、それについての作品である、あるいはそれを表象し、描き、描出していると言うとき、違う意味であるのが明らかでないかぎり、私は、その物が上記に示された意味でその作品の対象であること、つまりその作品がその物についての虚構的真理を生み出すということを意味するつもりである。

として表象すること (*representation-as*) は、ある作品がその対象に関してどのような命題を虚構として成り立つようにするのか、ということである。ある人物を背が高いとか賢いとして表象することは、その人物は背が高いとか賢いということを、虚構として成り立つようにすることである。通常の場合、作品はその対象を存在するものとして表象する。だが、常にそうであるわけではない。ある朝、目覚めてみると、ジョージ・ブッシュが一九八八年の大統領選挙で当選したことが夢にすぎず、毛沢東も正体不詳の中国官僚機構の広報担当官がでっち上げた神話だった、という物語を書くこともできる[1]。この物語は、ブッシュの当選について、それは起こらなかったということを虚構として成り立つようにしており、毛沢東について、そういう人物は存在しなかったということを虚構として成り立つようにしている。しかしながら、虚構として存在しないことになっているのは、ブッシュの現実の当選であり、実在する毛沢東なのである。実在する毛沢東は、この物語の中では実在しないのだが、この物語の対象である。毛沢東は非存在のものとして表象されて——間違って表象されて (misrepresent) ——いるのである。それゆえ、表象体の対象を、単純に、その表象体の虚構世界の中に存在している物として考えてはならない。

あらゆる表象作用は何ものかとして表象することであると多くの人が言ってきた。このことは私の定義から容易に帰結する。あるものを表象するとは、そのものを何らかの仕方で取り上げるということだけではなく、そのものについての何らかの命題を虚構として成り立つようにすることでもある。そして、このようにするとは、その命題を真とするような何らかの存在として、そのものを表象することである。ある作品が対象を表象するのは、その対象をしかじかのものとして表象することによってなのである。

すべての表象体が対象を持つのかどうかは明らかではない。ただし、すべての表象体は、何ものか「の」表現や、何ものか「についての」ものとして、または何ものかを「表象する」ものとして、適切に記述することができる。(こういうところが、「の」や「についての」、また「表象する」といった言葉の無原則なところなのである。)いずれにせよ、すべての表象体が現実の物を対象として持つわけではない[2]。ユニコーンのタペストリーは「ユニコーンの絵」であるが、タペストリーが描いている現実のユニコーンは存在しない。エドガー・アラン・ポーの『告げ口心臓』は、「殺人を犯した男についての」物語だが、現実世界の男や殺人はその対象の中に含まれていない。ユニコーンのタペストリーはユニコーン - 表象体である(特に、ユニコーン - 画像である)と言うことができるし、『告げ口心臓』は、男 - 表象体であり、殺人 - 表象体である(男 - 物語、殺人 - 物語である)と言うことができる[3]。だが、私たちはこれが何を意味しているのか説明できる位置にはまだいない。これらの作品は、少なくとも、記述の水準での（*de dicto*）虚構的真理、いかなる個別的な事物にもかかわらない虚構的真理、を生み出してはいる。ユニコーンが存在するということは、ユニコーンのタペストリー－虚構的であり、殺人を犯した男が（少なくとも一人）存在するということは、『告げ口心臓』－虚構的である。こういった表象体が、ある非現実のユニコーンについての、あるいは、ある非現実の男とある非現実の殺人についての（物の水準での）虚構的真理を生み出している、と考えることは心を動かされる提案である。これらの非現実のものたちは、現実世界ではなく、「絵画の中で」また「物語の中で」発見されるというわけだ。少しあとで（本章8節）この誘惑に私たちは直面することになる。だがそれまでは、現実に存在する表象体の対象にのみ関心を向けることにしたい。

2　表象体と一致関係

表象することを、表象体と世界の事物との間に成り立つ一致する（*matching*）というもう一つの関係から区別することはこの上なく重要なことである。

太った男－表象体（a fat-man-representation）は、ある面ではすべての太った男に照応（correspond）していると言ってよい。形式にこだわらずに言えば、「絵の中の男」と任意の太った男とは、どちらも太っているという点で、互いに似ている。現実に太っているある男の肖像画としての太った男を表象する絵（a fat-man-representing picture）は、太った男を太ったものとして表象しており、こうして対象に照応している。この絵とこの絵の対象は、もちろん別の点では照応するのに失敗しているかもしれない。その男は背が低かったり貧しかったりするかもしれないが、絵の方は背の高い男－表象体であったり、金持ちの男－表象体であったりすることがありうる。「一致する」と私が呼ぶのは、表象体と世界の中のあるものとの完全な照応のことである。再び形式にこだわらずに言うと、ある男があらゆる細部において「絵の中の男」に正確に似ているならば、その男－画像はその男と一致するのである。ある物語がある人物に一致するというのは、その人物が、ある登場人物の属性と行為のすべてを自分の属性と行為としているという場合である。(4)

この「一致する」についての説明は、絵の中の（純粋に虚構的な）人々や物語の中の登場人物といったものが存在することを前提している。そんなものは存在しないと私は思っているが、今のところ「一致する」を定義するのにこの前提を置かないで済ませる方策はない。（これを定義する一つのやり方は、私がいま言ったことを述べ、これを文字通りには解さずに、初めの段階では架空の存在者への指示を行うように見える言明と解して、さらにその言明は実行されるべき非公式のごっこ遊びを必然的に伴う、とすることだろう。これについては、第10章4節を見られたい。）

作品はそれと一致しない何ものかを表象することがある。また、作品が表象していない何ものかと一致することもある。一致しないで表象することは単に間違って表象することである。ロングフェローの詩「ポール・リヴィアの真夜中の騎行」は、ポール・リヴィアが[3]一七七五年四月一八日に馬でコンコードまで行き、英国軍の接近をアメリカ人に知らせたというように描いている。実際にはリヴィアはこの行為を行なわなかった。コンコードに着く前に英国軍に捕まったのである。この詩はリヴィアを間違って表象しており、リヴィアに一致することに失敗している。「詩の中の」ポール・リヴィアはコンコードまで行ったが、現実のポール・リヴィアは行かなかった。だが、間違って表象することもやはり表象することではある。詩はリヴィアをまさしく表象しているのである。この詩が虚構として成り立つようにしている命題のいくつかは、それが偽である場合でさえ、リヴィアについてのものなのである。

では、表象することなく一致する場合はどうなるのだろうか。ジョンの肖像画が完全に精確で、絵がジョンに一致しているとしたら、この絵はジョンの一卵性双生児の弟にもまさに一致するだろう。あるいは、その絵がジョンにはそれほど一致しなくても、たまたま弟の方には一致するということもあるかもしれない。だが、どちらの条件においても、その絵は弟の絵であることにはならない。その絵が生み出す虚構的真理はジョンについてのものであって、ジョンの双子の弟についてのものではないのである。現実世界に『トム・ソーヤーの冒険』のトム・ソーヤーに生き写しの人物がいると考えてみよう。この名前の少年が現実にたまたま存在し、虚構のトム・ソーヤーがマーク・トウェインの小説の中で、ある状態になったり、何か行なったりした事柄は、この少年もすべてそうなったり行なったりしたとする。言い換えれば、小説と一致する少年がいたということである。また、マーク・トウェインは現実の「トム・ソーヤー」については何も知らなかった。この少年と登場人物が照応することは純粋に偶然的だったのである。(さらに、この少年はひっそり生きたと想定することにして、小説の読者たちはまずまったくこの照応関係には気づかなかったし、気づくと期待することもなかった、と想定しておこう。)『トム・ソーヤーの冒険』はこの現実の少年についてのものではない。この少年は、小説の対象の一つではないのだ。

私たちはこのように言わねばならないのだろうか。トウェインは、偶然、実在の人物についての小説を書いたのだ、と見なすことはできないのだろうか。ここにおける問題が単に言葉の問題にすぎない、と考えてしまう傾向には抵抗せねばならない。マーク・トウェインの小説は、登場人物の現実世界における照応物について、いかなる想像活動も命令していない。読者は、現実の「トム・ソーヤー」について、彼が友達に塀を水漆喰で白く塗らせたとか、自分の葬式に出席した、などと想像することを少しも義務づけられてはいないし、そう想像するよう期待されてもいない。この少年がたまたまこれらのすべてを現実に実行したという事実は、小説が私たちに想像するよう求めていることに何のかかわりも持たない。このことが、根本において、なぜ現実の少年が小説の対象でないのかという理由である。あるものを対象として持つとは、そのものについての虚構的真理を生み出すということであり、そのものについての想像活動を命令するということである。だから、表象体を使って行なわれるはずのごっこ遊びの中で、対象は特別の役割を果たすのである。表象体が一致するものは、それがたまたま対象でもあるのでないかぎり、こういう役割をまったく持たない。これらの両方を表象作用の対象と呼んでしまうことは、この重要な相違点を踏みにじることになるだろう。

私たちは、すぐにこの区別をもっと十分に理解することになる。だが、この区別が直観的に自然な区別であるということについて、何らかの疑いが残るというのなら、虚構のトム・ソーヤーが現実世界に複数の照応物を持つ可能性を考えてみるとよい。『トム・ソーヤーの冒険』はそれら複数の人々すべてについての小説である、と言おうとするのでないかぎり、一致するだけでは表象することに十分ではない、ということに私たちは同意しなければならないだろう。

3 決定する要因

ある作品が何を表象するのかとか、その作品はそもそも何かを表象しているのかどうか、といったことは何が決定するのだろうか。これは、どのような生成の原理がそこで働いているのか、という問題である。ある作品が、ある（現実の）事物について想像活動を命令するのは、それらの原理によってなのだが、当の原理は厳密でなく、変化しやすく、また複雑である。私は、こういった原理について第4章でもっと一般的な検討をするつもりである。だが、よく知られた様式やジャンルにおいて、表象体の対象を決定する役割を果たすように見えるいくつかの条件を心に留めておくことは、役に立つと思われる。指示に関する近年の哲学的な議論に通じている読者は、以下に述べられることの大部分がよく知られたものであることに気づくだろう。私は、（私たちの言う意味で）表象することは、名前と名前が名付けているものとの関係と同様に、指示することの一種であると見なしている。

表象体は、対象とうまく結びつくために通常の言語的な指示を利用することがある。よく知られた有名人の名前（「ナポレオン」や「ジュリアス・シーザー」）を文学作品の登場人物に使えば、普通はその人物と作品の登場人物との「同一性」を確立することに役立ち、作品はその人物についての小説や戯曲や詩になる。読者となる人々に、その人物がよく知られていなくてはならない、ということは根拠のあることである。作者がまったく無名の知人の名前を使ったとしても、その知人を自分の作品の対象とするのに十分ではない。だから、作品がある人物に関する想像活動を命令していることが読者に分かると十分な理由にもとづいて期待できるのでないかぎり、作品が誰かについて想像活動を命令していることにはならない。また、よく知られた名前でも、たまたま使うだけではうまくいかないということにもなる。作者はよく考えて意図的に問題の人物の名前を使うのでなければならない。さもないと、ただの同名異人になってしまう。つまり、文章の中にその名前が使われていても問題の人物を表示せず、作品はその人物を表象しないのである。

絵画はしばしば、表題によって対象を特定している。ジョン・スローンの『マクソーリーのバー』は、主としてこの表題のおかげでニューヨークにあったマクソーリーのバーの絵になっている。この場合も、絵の表題が実在する物の名前とたまたま一致しただけではおそらく十分ではないだろう。しかし、私の印象では、対象が鑑賞者によく知られていることは、通常、絵画の場合には文学の場合よりも重要性が少ないと思われる。例えば、誰もマクソーリーのバーについて聞いたことがなくても、特に問題にはならない。時には言語的でない記号が役目を果たすこともある。例えばルネサンス絵画の場合、光の輪は、対象の範囲を聖者に限定することを通じて、絵の対象を特定する助けになっている。

芸術家の意図だけが効力をもつ、と主張する人もいるかもしれない。作品は作り手が作品で表象しようと思ったものを何であれ表象するのであって、名前、表題、非言語的手がかりといったものは、その芸術家の意図を示すために役立つにすぎない、というわけである。たしかにこういう趣旨の生成の原理はありうるだろう。その原理は、芸術家が鑑賞者たちに想像させようと意図したことが何であろうと、鑑賞者はそれを想像することに携わらねばならない、というように理解されることになる。だが、芸術家の意図は、ほとんどの場合、作品が何を表象するのかを決定するいろいろな状況の、大雑把な集まりの中の一条件にすぎない、と見る方が理に適っていると私は思う。

画家が写生をするとき、その画家が描いている生の一断面——画架の上で精密に吟味されている山や街や人物——は、おそらく、その絵がそれの絵であるところのものである。ここにはさまざまな意図がかかわる。それは、特定の情景や事物がその絵の対象になるようにする、という意図だけではない。対象は、画家が描くときに画家の手を導く。そして、画家は対象がそのように働くことを意図しているのである。写真の場合、写真家の意図とは無関係に、写真機のレンズを通してフィルム上に像を作るように光を反射するものは何でも、写真の対象になると理解できることもよくある。

ここまでに挙げた例から、何かが表象体の対象になるためには作品を作り出すときにそれが何らかの因果的役割をもたねばならない、ということが示唆される。それは、表象体が生まれる過程に何らかの仕方で参与していなければならない。参与の仕方は、その作品が作り出されるときの意図の一部になるのでもよいし、もっと「機械的」な仕方でもよい。この示唆は私には正しいように思われる。そして、このことによって、表象することが一致することからはっきりと分離される。なぜなら、こういう因果的なつながりは、一致するためには要求されないからである。しかし、表象体はたしかにその対象と因果的に関係付けられねばならないとしても、この要求が成立するのは偶然的な事実にすぎない。慣習的規則として、作品は何であれ高い度合いで照応するもの（correspondence）を表象するという趣旨の規則もありうるし、一致する（match）もののみを表象するという趣旨の規則さえありうるだろう。（一致するもののみという規則は、一致を達成することも確かめることも非常に難しい以上、実用的ではないだろうが。）

現実の事例でも、表象体がどのくらい精密に事物と一致するのかということが、表象体がその事物を表象しているのかどうかにある程度関係する場合がある、ということを許容する方がおそらくよい。ルネ・マグリットの『受胎告知』は、重量挙げの選手が一方の手に骨を持ち、もう一方の手にバーベルを持っていて、バーベルの片方の重りが自分の頭になっている、というさまを描いている。[4] マグリットが受胎告知を描出することを意図していたとしても（これはありそうにないが）、この絵は、表題にもかかわらず、受胎告知を描出してはいない。何らかの意味で受胎告知を「象徴的」に表すのかもしれないが、その出来事の絵なのではない。これが示唆するのは、表象体とその対象との間には何らかの照応関係が存在せねばならないということである。何かが受胎告知を表象するためには、それが少なくとも告知することの表象になっていなければならないのだろう。そうだとすると、表象体に対して適切な因果的関係を持つということは、表象体の対象となるための必要条件であるとしても、十分条件ではないのである。

写実的な絵や写真とそれが写し取った人生のひとこまの間に成り立つ因果関係を、過度に強調してはならない。フィリッポ・リッピは、身近にいた尼僧のルクレツィア・ブーティを『マドンナ・デッラ・チントラ（腰紐を持つ聖母）』のモデルとして使った。ルクレツィアは、肖像画のために多数の貴人たちと同じように、その絵のためにポーズを取ったた。だが『マドンナ・デッラ・チントラ』は同じ意味でルクレツィアの肖像画なのではない。[5] 彼女はその絵の対象ではない。そうではなくて、聖書にもとづく聖母マリアが絵の対象である。命令されている想像活動は聖母マリアに関するものであって、ルクレツィアに関するものではない。作家たちは自分のよく知っている人々を原型にして登場人物を作ったり、現実の出来事を原型にして虚構の出来事を作ったりする。しかし、だからといって原型になったものが作家の作品の対象になるわけではない。原型についての虚構的真理が生み出されねばならないわけではない。原型は、どんな種類の登場人物や虚構の出来事を作品に取り入れるか、作品がどんな虚構的真理を生成しなくてはならないか、といったことを作者が決めるのを助けるだけである。この手助けがどれほど価値があるにせよ、助けるだけなのだ。『デイヴィド・コパーフィールド』はある意味で「自伝的」だと言われる。だが、この作品がチャールズ・ディケンズについての虚構的真理を生成していると見なす必要はない。

ここまでに試みたのは、表象体の対象が確定される上で、どういう考え方が関係しているのかに関して非常に大まかに素描することだけである。典型的には、表題やそれに類する記号的表示、芸術家の意図、また意図以外のさまざまな因果関係といったものが、ある程度の照応関係と一緒になって、表象するという関係を成立させるのに貢献している。さしあたり以上のことを心に留めておけば十分だろう。この見解の目的は、ある程度まで、表象することと一致することの間の区別をさらに明確にすることである。この見解はまた、表象することが指示すること（referring）とどう関係しているのかを理解する上で私たちを助けてくれる。

4　表象と指示

リッピの『マドンナ・デッラ・チントラ』はルクレッツィア・ブーティを表象していない。なぜなら、この絵は彼女を指示していないからである。『デイヴィド・コパーフィールド』がチャールズ・ディケンズを指示していないとしたら、この作品は彼を表象してもいない。表象することは指示することの一種である。[5]

しかし、すべての指示する働きが表象する働きであるわけではない。表象体による指示作用でさえ、すべてが表象する働きになるわけではない。指示作用は、時には純粋に虚構的な登場人物という手段によって実現される場合がある。この登場人物がある現実の人物を表示し（signify）、表し（stand for）、心に呼び出す（call for mind）のである。ヴォルテールの『カンディード』に出てくるパングロス博士はライプニッツを表しており、この作品はライプニッツを指示している。スペンサーの『妖精の女王』は、虚構世界のグロリアーナという代用物によってエリザベス一世を指示している。しかし、これらの作品が、ライプニッツやエリザベス一世を、私たちの言う意味で表象していると見なすのは、やめた方がよいと思う。ライプニッツの名前が「パングロス」であり、彼が「鼻のてっぺんは欠け落ち、口はねじ曲がり、歯は黒ずみ、どろんとした目つきをしてかすれ声でしゃべる吹き出物だらけの乞食となっており、激しい咳に苦しんで、咳をするたびに折れた歯を吐き出す」人物になっているということは、ライプニッツについて虚構として成り立つわけではない。こういう哀れな状態でかつての教え子のカンディードに出会い、依然としてすべては最善の状態にあると証明する、ということもライプニッツについて虚構として成り立つわけではない。[6] 私たちがパングロスについて読んだとき、ライプニッツについて考え、この二人の間の「類似」に気づいて思いを巡らすことは期待されているが、この点をライプニッツについて想像することは、私たちに要請されていない。パングロスとはライプニッツを指示するためのヴォルテールの仕掛けである。だが、ヴォルテールはライプニッツについて意見を言うためにライプニッツを指示しているのであって、ライプニッツについて虚構的真理を立てるために指示しているのではない。いくつかの虚構的真理を生み出すことにもとづいて成立す

図 3-1　「カトリック同盟の効果」の挿絵，1594 年，フランス国立図書館蔵

る指示は、普通の種類の寓意（アレゴリー）である。これらの虚構的真理は、指示された事物について成り立つのではない。

　寓意的な指示について語るとき、表象作用について用いるのと同じ言語で私たちが語るという事実から、混同が生じうる。『カンディード』はライプニッツについてのものであり、彼を表象している、と言われる。『マドンナ・デッラ・チントラ』は、ルクレツィア・ブーティを表象していないし、指示してもいないのだが、ルクレツィア・ブーティの絵として記述される。こういった表現が無原則に使われるということを、あらためて警戒しなくてはならない。

　匿名で刊行された三つのフランスの印刷物「カトリック同盟の効果」では、スペインのフェリペ二世と〔フランスの〕ギーズ派が、燃え上がる街を背景に、人々を踏みつぶす三つの頭の怪物として「画像に描かれて」いる（図 3-1）。怪物は、このあと勇気ある獅子、アンリ四世によって退治される。私たちは、フェリペとギーズ派が虚構として三つの頭の怪物であり、アンリが虚構として獅子である、と考えねばならないわけではない。私が好むのはむしろ、この虚構世界で、（純粋に虚構的な）三つの頭の怪物が（純粋に虚構的な）獅子によって倒された、と語ることであり、さらにこれが成立するように仕組むことによって、匿名の職人が、寓意的にフェリペとギーズ派とアンリを指示し、彼らについて意見を述べた、と語るやり方である。（もしも描かれた動物が実在の人間たちに似た顔をしていたなら、虚構としてその人々は動物である、と考えることがより自然になるだろう。）

　『カンディード』やこのフランスの印刷物では、寓意的な指示は圧倒的に明瞭である。これほど確定的でない寓意的な指示ならば、見出そうと思うほとんどすべてのところに見出すことが可能である。カフカの『変身』やベケットの『ゴドーを待ちながら』を考えてみればよい。しかし、寓意的な指示を証明するのは難しい。これが寓意というものの大きな強みの一つである。それは検閲官を出し抜く仕掛けになる。この検閲官には、時には鑑賞者の心の中の検閲官も含まれるのである。ジャワ島の人形使いが、『マハーバーラタ』から古代の邪悪な王が退位させられる挿話を選ぶなら、権威筋とややこしいことにならずに、現実の出来事に関する自分のメッセージを送り届けることができるだろう(7)。

5　対象の使い道

作品に現実の事物を表象させることの眼目は何なのだろうか。少なくとも「美学的」な観点からは、現実世界との結びつきは余計なものだと見なす奇妙に根強い傾向がある。問題になるのは、どのような種類の人々、場所、出来事が虚構世界に見出されるかであって、それが現実のものかどうかではない、と考えられている。こういう態度を取るとしても、表象作用の対象には一定の実際的な価値を認めねばならない。物語の語り手がお話の場面設定を、ある国家の工業化された近代的な大都市にしたいと思い、その国家は帝国主義者と民主主義者の両方の伝統を備え、ある種の経済的かつ階級的な構造を持つというようにしたいのなら、話の筋書きをロンドンに置き、その筋書きで起こることが（現実の）ロンドンについて虚構的に成り立つようにしておけば、そういう背景を一挙に与えることができる。（通常これは、その筋書きの起こる都市をロンドンと呼ぶだけで達成される。）こうすれば、物語の語り手も読者も、場面設定の細かい点を一々特定するという時間も紙幅も浪費する退屈な作業をしないで済む。また、これは本筋の代わりに場面設定の方に不必要な強調が置かれるのを避けることにもなる。読者は、そうではないという個別の指定がないかぎり、単純に虚構のロンドンは現実のロンドンだと思ってよい。その筋書きが起こる都市は、物語が違う指定をしないかぎり、大きくて近代的で工業化されていて、その他ロンドンが現実にそうあるすべてなのである。（しかし、第4章を参照されたい。）設定がこうしてうまくいけば、作家は自由に読者の注意を登場人物とその振舞いに向けさせることができる。

しかし、さまざまな対象を表象することは、便利な仕掛け以上のものである。表象体の中には、現実の事物についての言明や断定を含んでいるものもある。これは現実の事物への指示的な繋がりを要請する。指示することは、すでに見たとおり表象することでなくてもよい。だが、そうであることも可能であり、表象することが方法として選ばれることもある。寓意の間接性は、覆い隠された指示を実現するためには有用である。明白な寓意的指示でさえ、容易に透けて見えるとはいえ一定の偽装の雰囲気を備えている。歴史小説や肖像画や宗教画像のように単純で直接的な指示が望ましい場合は、表象することが好まれる。さらに、ある事物の表象を含む言明は、ことに力強くて説得力を有するものでありうる。というのも、何かを表象することは、そのものについての想像活動を命令することだからである。何ものかについて——ジョージ・ブッシュについて、フランス革命について、自己について——の想像活動に従事することは、そのものについて自分の理解を深めるよいやり方である。実のところ、言明は必要でないかもしれない。対象を備えた表象体は、言明や断定の表現媒体として受け取られない場合でさえ、対象についての想像活動を命令するからである。

ついでに言っておくと、上のことは、表象体を擬似言語的な観点からとらえるという、流行のやり方の一つの欠陥を明るみに出している。言語的な発話は、典型的にはそれが断定の表現媒体となるという理由で、私たちに知識を供与するものとなる。話し手が言葉を発して、建物が燃えているとか、列車が発車するところだとか断定したり言明したりするからこそ、聴き手はそれらの言葉からそのものがそうなっているのだと知るのである。ところが、表象体は、いかなる伝達上の役割ともまったく無関係に、適切な想像活動を促すことによって理解をもたらしてくれるのだ。（第2章8節を参照。）

私たちはアリストテレスから（またはアリストテレスの注釈者から）、詩作品のなすべきことは、個別的な事物の真理を顕わにすることではなく、一般的な真理を顕わにすることである、という考え方を受け継いでいる。たとえこれがそのとおりであっても、個物を表象することは助けにはなる。戦争一般のもたらす悪をはっきり提示する一つのやり方は、スペイン内乱といった特定の戦争を引証すること、例えば、それを表象することである。作品は、鑑賞者が個別の事例についてその作品とは独立に知っている事柄や、そのことについて鑑賞者が行なった想像活動からの洞察を取り込んで利用することができ、鑑賞者を一般的な結論に向けて導いていけるようになる。そして、作品がその個別事例についての注釈とか一般的な真理の言明として理解されるのでなくても、こういう効果は達成されるのである。

表象体のいくつかの対象のすべてが個別的に私たちの関心を引くわけではなく、一般的な真理の例示としてでさえ関心を引かないことがある。作品は常に私たちの関心を対象たちに導いていくわけではない。表象体の対象たちは、作品の眼目からどちらかというと離れたところにあることもある。これは場面設定、背景、活動場所などに当てはまる。『キングコング』の舞台がニューヨークに置かれ、こうしてニューヨークが作品の一つの対象とされたことの目的は、ニューヨークに関して私たちの理解を深めるためではないし、なかんずくこの都市に注意を向けさせるためなどではない。

ではこのことの目的は何なのか。第1章3節で注意したように、想像活動は、それ自体としては興味の焦点になっていない事物について行なわれることがある。木の切り株とか、積もった雪とか、合成樹脂の人形といったものがこの類である。私は、こういう対象たちが想像上の経験に大いに貢献していると確信している。そうでないとしたら、想像活動がどうしてそういうその場限りの事物をオブジェクトとするのかを理解することは困難である。（そういう事物は想像活動に「実体」を与え、これによって想像活動の「生気」を高めるというように、私はやや漠然と示唆しておいた。）作品の対象が私たちの関心の中心でない（少なくとも、鑑賞している最中には中心でない）ような作品の場合、そういう対象についての想像を命令することを通じて、想像のオブジェクトがもたらす想像活動への貢献を利用するのである。

キングコングが逃げ出していろいろな冒険を行なう場所が、よく知られた現実の都会、ニューヨークであるという事実、また、キングコングがマンハッタンの歴史的建造物である周知の摩天楼から下を見おろすという事実、こういう事実は、この映画に『ガリヴァー旅行記』や『ホビットの冒険』とまったく異なった独特の雰囲気を与えている。『ガリヴァー旅行記』や『ホビットの冒険』は、純粋に虚構的な場所や純粋に想像上の惑星で展開されるからである。『キングコング』はまた、フォークナーのヨクナパトゥファ郡という典型的だが架空の土地に位置づけられた物語群とも異なるのである。ことによると、よく知られた現実世界の場面設定によって、信じられないような事柄に「信じることができる」感じが与えられるのだと言いたい人もいるかもしれない。私は、むしろそれは、信じられない出来事に私たちの個人的な関心を引きつける、という問題だと考える。つまり、「キングコングがあの女の子を（虚構の中で）摑まえたまさにあの角のところに僕は立ったことがある」といったことが言えるようになる、という問題なのである。ロンドン塔とか、パンテオンとか、ゲティスバーグ、ローマ、エルサレムといった歴史的事件が起こった場所を訪れたことがあると、そういう事件について読むときに違う感じがするという体験が思い起こされる。

6　反射的表象体

表象体のうちには、自分自身の対象になっているものもある。第1章で、子どもたちの遊びの小道具は、その小道具が命令する想像活動のオブジェクトとなりうるということを見た。お人形は、それで遊ぶ子どもたちに赤ちゃんを想像するよう命令するだけではなく、そのお人形自身が赤ちゃんであると想像するように命令している。それゆえ、このお人形は、それ自身についての虚構的真理を生み出しており、それ自身を表象しているのである。こういうものを、反射的表象体（*a reflexive representation*）と呼ぶことにしよう。[6]

『ガリヴァー旅行記』の読者は、ある船の「ガリヴァー」という名の船医が風変わりな国々を旅行し、自分の冒険を事細かに書き留めた日記をつけたと想像するはずである。だが読者はさらに、自分の読んでいるその本そのものについて、それがそういう日記であるとも想像することになる。（スウィフトの小説の表題全体は、『世界の遠く離れた国々への旅行、レミュエル・ガリヴァー著』である。）この小説は、リリパットやブロブディンナグやフウイヌムといった国での旅行者の冒険を語ったものだということを、それ自身について虚構として成り立つようにする。この小説もまた反射的なのである。書簡や日記や日録の形

図 3-2　ソール・スタインバーグ『ドローイング・テーブル』1966 年，ニューヨーク，ペース・ギャラリー蔵

をとった文学的虚構作品は、一般に反射的になる。『トリストラム・シャンディ』は、それが自伝であるということを、それ自身について虚構として成り立つようにする。スタニスワフ・レムの『完全な真空』は、虚構として、書評を集めたものである（『完全な真空』の書評も含まれている）。ベケットの『マロウンは死ぬ』は、虚構として、ある男の死の床の傍らのノートブックに記された最期の日々のとりとめない記述である。

反射性はソール・スタインバーグの線描画に繰り返し現れる主題である。図3-2を組み立てている描線は、虚構として、テーブルに座って一心不乱に描いている芸術家によってまさに引かれたところだ、というようになっている。そして、その描線のなかには、芸術家とテーブルとペンとを描いた線も含まれている。ロイ・リキテンスタインの『小さな大きい絵』（図3-3）は、実物大よりも大きい刷毛の跡の絵であるが、この絵はそれ自身の部分を刷毛の跡として表象している。その絵は、その画布上の絵の具に関して、あまり注意深くない横殴りの四回の刷毛の動きによって絵の具がそこに置かれた、ということを虚構として成り立つようにしている。

スタインバーグとリキテンスタインの作品は特別である。非具象的な絵が反射的であるようなあり方を除くなら（第1章8節参照）、ほとんどの絵画や線描画は反射的ではない。ティツィアーノの『ヴィーナス』においては、女性が寝椅子に横たわっているということが虚構として成り立っている。だが、その絵全体、または絵のどの部分についても、そのものが女性や寝椅子である、ということは虚構として成り立っていない。『ヴィーナス』は、そういう仕方でそれ自身を表象してはいないのである。

はっきりしない事例もある。コンスタンティヌス大帝の四世紀の大理石の頭像は、虚構として、それそのもの——彫刻された大理石の塊——がコンスタンティヌスの頭であるというように解釈したくなる人もいるかもしれない。だが、この解釈は、お人形について、それそのものが赤ちゃんだということが虚構として成り立つと解釈する場合よりも、強制の度合いが大幅に少ないように思われる。おそらくこの違いは、お人形の現実の特性のうちの多くのものが、虚構として赤ちゃんの持っている特性になる、という事実のゆえである。そのお人形がジョージア州ディケーターにあるとしたら、虚構として、その赤ちゃんはそこにいる。クリスがそのお人形と添い寝していたら、虚構として、クリスは赤ちゃんと添い寝している。しかし、その大理石の彫像のあるどんな場所にでも、コンスタンティヌス（または彼の頭）が虚構として存在しているのかどうかは、まったく明らかではない。彫像がトラックに乗せられているとき、コンスタンティヌスは虚構としてトラックに乗っているのだろうか。あるいは彫像は八フィートの高さなのだが、コンスタンティヌスの頭がその大きさであることが虚構として成り立たないことは確かである。また美術館学芸員がどうにかしてその大理石の塊と添い寝することができたとして、学芸員がコンスタンティヌスと添い寝することが虚構的となるようなごっこ遊びに組み込まれることは、少なくとも、その彫像の機能ではない。そういうわけで、お人形は、彫像では照応関係が成り立たない多くの側面で自分自身と照応関係をもっている。お人形は自分自身と一致するという状態に随分近づいている。つまり（形式にこだわらずに言えば）、虚構的な赤ちゃんは、虚構的なコンスタンティヌスが彫像に似ているよりも、ずっと人形に似ているのである。このゆえに、そのお人形がより自然にそれ自身を表象していると見なされるようになることに、驚くべきではない。というのも（本章3節で見たように）ある作品がある対象を表象する一つの必要条件は、その作品が、ある程度までその対象と照応する、ということだったからである。しかし、私たちは、このような不確定な事柄を特に気に懸けなくてもよいだろう。

図 3-3　ロイ・リキテンスタイン『小さな大きい絵』1965 年，ニューヨーク，ホイットニー美術館蔵

　表象体がそれ自身を対象として選び出す方法はいろいろある。さしあたり自分以外の物を指示するための通常のやり方が利用できる。『完全な真空』や『ブレージングサドル』[7]は、名前によってそれ自身を指示している。壁に絵の掛かった部屋をある絵が描いている場合、描かれた絵が描いている方の絵自身であるかどうかは、別のある絵が対象になっているかどうかを決める時と同じ方法によって決定されるだろう。すなわち、画

家はその絵がそれ自身を表象することを意図したか。その絵はそれ自身と十分な程度に一致しているか。その絵がそれ自身についての想像活動を命令していると、鑑賞者が理解することが期待されているか。その絵（が描きかけの場合）に注意を向けることが、その絵を描いている（描き終えていく）画家の手を導いているか。このような場合、表象された作品が表象する側の作品と同一であることをある人が理解しそこねるということは、完全にありうることである。映画の観客が自分の見ている映画の題名を忘れてしまったら、今見ている映画が、虚構として、それの登場人物たちが看板に『ブレージングサドル』と出ている下をくぐって観に行く映画であるという事実をとらえそこねることになる。

私たちがもっと関心を持つのは、ある物がその表象体の一部または全体と同一であるという事実が、そのものが表象されているということを成り立たせる上で決定的である、という場合である。もしも（たぶん事実上不可能なのだが）図3-2が現実にそれを構成している線と異なる線によって構成されていたとしたら、あの線描画は現に表象しているのとは異なる線を表象していたことだろう（あの線描画が現にそう見えるのと少しも違わないように見えるとしても）[8]。あの作品の部分となることは、作品の線を作品の対象にすることの一部なのである。あの線描画の表象している線があの線描画それ自身の線であると理解することなく、あの線描画が線を表象しているということに気づくことはまずありえない。図3-2はそれ自身をそれ自身であるままに表象している、と言うことにしよう。『ガリヴァー旅行記』も同じである。『ガリヴァー旅行記』の言葉を『ガリヴァー旅行記』が表象している対象のうちに入れるのは、ある程度までそれらの言葉があの作品に登場するということなのであり、読者はそのテクストそれ自身の言葉が表象されていると理解することなく、言葉が表象されていると気づくことはないであろう。『ブレージングサドル』やその絵自身が壁に掛かっているという絵は、対照的に、それ自身をそれ自身であるままに表象しているわけではない。

反射的表象体（上の二種類の両方の）はそれ自身を表象体として表象することも可能だが、そうしなくてもよい。『小さな大きい絵』はそうしていない。この絵はそれ自身を単に緩慢な刷毛の動きとして表象している。しかし、スタインバーグの線描画はそれ自身を表象体として表象している。虚構として、この線描画の線は、テーブルに向かって座った芸術家の描出を構成している。このことによって、私たちに別の虚構世界の中に埋め込まれた一つの虚構世界が与えられる。すなわち、一人の芸術家がテーブルに向かって座っていることをそれらの線が虚構として成り立つようにしている、ということが虚構として成り立つのである。本当は、無限に多くの埋め込まれた虚構世界があって、その一つひとつがこの線描画の現実の線を含んでいるのである。虚構として、ある男がたった今それらの線を引き終えたところであって、まさにそれらの線によって今それらの線を引き終えたところであることが虚構として成り立つようになっており、さらにまさに今引き終えたそれらの線によって今それらの線を引き終えたところであることが虚構として成り立ち……というように無限に到る。『ブレージングサドル』では、登場人物たちが『ブレージングサドル』という映画を観に行くことが虚構として成り立ち、このことが〔とにかく含意によって〕その映画の登場人物たちが『ブレージングサドル』という映画を観に行くことを虚構として成り立つようにしており、このことが……。ジョン・バース『お話の枠』は、片方のページの「ONCE UPON A TIME THERE〔昔々あるところに〕」という印刷文字と、もう片方のページの「WAS A STORY THAT BEGAN〔で始まる物語がありました〕」という印刷文字からできていて、これをメビウスの輪になるようにひねって貼り合わせよという指示が与えられている(8)。そこでこのお話は次のようになる。「ONCE UPON A TIME THERE WAS A STORY THAT BEGAN ONCE UPON A TIME THERE WAS A STORY THAT BEGAN ONCE UPON A TIME ……以下同様」。これらの言葉は〔とにかく語タイプとして〕、それ自身を表象するものとして表象しており、それはそれ自身を表象するものとして表象しており、それはそれ自身を表象するものとして……。

もちろん、虚構世界の中に虚構世界を立てるためには表象体が反射的でなければならない、というわけではない。表象体の表象体（representation-representations）はすべて、虚構世界の中に虚構世界を立てている。それ自身を表象体として〔または何か他のものとして〕表象するかどうかは関わりがない。絵画の絵画があり〔マティス『赤いスタジオ』〕、物語の物語があり〔キース・フォート「石炭を掬う人（The Coal Shoveller）」〕、演劇の演劇があり〔『ハムレット』〕、彫刻の彫刻があり〔紀元前三〇年頃の自分の祖先の胸像を携えたローマ貴族の紀元前三〇年頃の彫像が実在する〕、映画の映画があり〔トリュフォー『アメリカの夜』〕、小説についての小説があり〔イタロ・カルヴィーノ『冬の夜ひとりの旅人が』〕、絵画についての小説があり〔オスカー・ワイルド『ドリアン・グレイの肖像』〕、絵画についての詩があり〔キーツ「ギリシアの壺のオード」〕、映画についての小説がある〔マヌエル・プイグ『蜘蛛女のキス』〕。表象体の表象体はみな、他のさまざまな命題を虚構として成り立つようにする作品が存在する、ということを虚構として成り立つようにしている。これらの中には、それ自身またはそれ自身の部分について、その作品がそういう〔表象体の表象体である〕作品であるということを虚構として成り立つようにしている、と解釈可能なものもある。だが、そう解釈しなくてもよかったり、そうは解釈できなかったりする作品もある。『ドリアン・グレイの肖像』の何らかの部分がドリアン・グレイの絵であるということは、『ドリアン・グレイの肖像』‐虚構的ではない。

多くの反射的表象体が、フィクション作品ではなくノンフィクション作品として、それ自身を表象する。自伝や歴史書や日誌や随想として〔『トリストラム・シャンディ』、『完全な真空』、『ガリヴァー旅行記』〕みずからを表象するものがある。自伝や歴史書などは、虚構世界を持たないので、これらの作品は多重化された虚構世界群を与えはしない。フリオ・コルターサルの物語『欲望』は、それ自身をフィクションとして表象しているのか、ノンフィクションとして表象しているのか、故意にどちらとも取れるようになっている。ベケットの『マロウンは死ぬ』は、虚構として大部分がノンフィクションなのだが、物語の断片らしきフィクション作品が埋め込まれている。虚構の中でマロウンは自分の死の床での経験を（ノンフィクションとして）書き記すのだが、見たところいくつかの場面で物語を記す試みをしている。ところが、その物語の断片は自伝的なものであり、ノンフィクションかもしれないというほのめかしもあるので、『マロウンは死ぬ』がそれ自身を丸ごとノンフィクション作品として表象していると論ずることも可能なのである。

表象体の表象体や反射的表象体といった工夫によって多くの楽しみが得られる。だがとりわけ反射性は、かなり大きな理論的重要性を備えており、今後、私の理論が展開される上で重要な役割を果たすことになる。

7　対象は重要ではない

表象的であることは、必ずしも何かあるものを表象しているということではない。すべての表象体が対象を持っているわけではないのである。[9] とはいえ、対象を持っているという考え方、何かあるものを表象する可能性は、表象的であることという概念にとって依然として本質的に重要かもしれない。ある特定の表象体（例えば、ユニコーン-画像、幽霊-物語）が何も対象を持たないことがあるとはいえ、表象的であるということは、対象との関連によって解釈されるべきなのかもしれない。

だが、私はそう思わない。何かが表象的であるということに対して私が第1章で与えた説明は、対象にはまったく言及していなかった。私はこれからこの排除を擁護する。そして、対象を表象することを早い段階で持ち込んで、対象にもっと中心的な理論的役割を与えようとする人々に反論する。

私は、表象体と言語との間によく設けられる一つの類比関係に反対である。表象するという関係、つまり表象体とその対象（それが対象を持つとき）の間の関係は、言語的な指示、つまり名前など指示表現とそれらの指示対象との間に成り立つ関係とよく似ているということはすでに見た。言語上の指示表現は、表象することが表象体にとって中心的なことであるのなら、表象体を理解するためのモデルとしてかなり見込みのある候補であろう。だから次のように思われるかもしれない。私たちが用いる基礎的な構成要素は、指示（*reference*）ないし表示（*denotation*）と呼ばれるどこにでもある意味論的な関係であって、それは、言語的な指示表現による指示作用という範例をよく見ることによって、最もよく理解される、と。こうして、表象することは、この意味論的関係の一例として解釈され、表象的なるものは、この関係によって説明されることになるのである。

この計画は、ネルソン・グッドマンの「表示作用は表象作用の核心である」[10]という標語の精神に沿っている。残念ながら、グッドマンが「表示」によって意味していることが根本的に不明瞭なので、彼の立場がどういうものなのかはっきり捉えることは不可能である。表象体が事物を「表示する」とグッドマンが言うとき、私が「表象する」と呼ぶことに似たことを彼は念頭に置いているのかもしれない。つまり、表象体がその対象に対して持つ関係のことである。だが、グッドマンは一致する(*matching*)ということと似た何かを意味しているのかもしれない[11]。この問題は決定的である。というのも、表象することと一致することの間には根本的な相違があるからである。第一の解釈をまず取ってみよう。「表示」を表象体がその対象との間に持つ関係であると考え、さらに、それは指示表現がその指示対象との間に持つ関係であると考えよう。『戦争と平和』やナポレオンの肖像画は、ナポレオンを表示していると言われることになり、同様に、名前「ナポレオン・ボナパルト」や語句「一八〇四年に戴冠したフランス皇帝」も同じように言われることになる。このように理解されたとき、表示作用は表象作用の核心なのだろうか。

グッドマンは、すべての表象体が表示するわけではないということには同意する。表象作用とは、単純に現実に何ものかを表示するという問題ではないのである。グッドマンは非現実の存在に賛成する気はまったくない。しかし、表示作用が、表象的なるものの根底に、直接的でない仕方でどのように存在しているのか、ということについて手がかりになることを述べている。

> 表象作用はこのように記号と表示されるものとの関係よりも記号間の関係に依存しているのであるが、にもかかわらず、表象作用は表示するものとしての記号の使われ方に依存しているのである。要素(elements)の稠密な集合は、少なくとも見かけの上では(*ostensibly*)表示対象が与えられるのでなければ、表象するための枠組みを構成しない。記号を表示対象に関係付ける規則は、現実の何らかの表示対象を何らかの記号に割り当てる結果にならないこともあるから、指示対象の領域は空となる。しかし、要素は、現実の、または原則としての、そのような関係付けとともにある場合にのみ、表象するものとなるのである[12]。

この引用は非常に明快というわけにはいかない。また、私は——問題となっている表示作用を表象作用と考えるなら——これが真理に近づいているとさえ思わない。表象的なるもの(私の意味またはグッドマンの意味のいずれにせよ)は、どのみち表示作用によって理解されるはずはない。表象体は、たとえ部分的にであろうと、表示する役割をもつことによって表象体になっているのではない。それが現実の表示作用であろうと、暗黙の表示作用であろうと、表示するつもりの作用、表示するふりをする作用、見せかけの表示作用、原理上の表示作用、等々のいずれであろうと、このような作用によるのではない。表象的であることは、そのゆえに、表示するという枠組みに属してはいないのである。

言語的な指示表現との対比には、教えられるところがある。指示表現は、表示する役割によって理解されるべきである。このことは、現実に表示している指示表現だけでなく、現実には何も表示しない指示表現についても成り立つ。指示表現のすべては、言ってみれば、表示的(*denotative*)なのである。いくつかの種類の表示しない指示表現がある。「エヴェレストに登った唯一の人物」[13]、「グレンデル」[9]、「ポール・ヘンリー・オマロリー」の三つを例証に使うことができるだろう。

「エヴェレストに最初に登った人物」は誰かを表示している。だが、「エヴェレストに登った唯一の人物」はそうではない。この違いは、単に、たまたま世界は最初にエヴェレストに登った人物を含んでいるが、エヴェレストに登った唯一の人物は含んでいない、ということによっている。私の考えでは、「記号を表示対象に関係付ける規則」は、後者の表現にいかなる表示対象も割り当てない。「グレンデル」や「ポール・ヘンリー・オマロリー」に適用される規則が現にあるのかどうかは明らかではない。(ここで「ポール・ヘンリー・オマロリー」は、フィクションにおいてさえ、名前として一度も使われたことがないと想定している。)この二つが表示するのに失敗する理由は、これらのために選び出したはずの表示対象が、たまたま実在しないからではない。「グレンデル」は、少なくともある意味では一つの表示対象を「見かけの上では与えられて」いる。私たちは、『ベーオウルフ』の中に出てくる「グレンデル」が現実の人物を名付けているというふりをし、そう想像し、そう信じることにする。だが、誰もこれまで「ポール・ヘンリー・オマロリー」が表示しているというふりをした人はいない。とはいうものの、この名前も、表示する役割を慣習的に割り当てられているものたち――つまり、名前――の集合の要素であるという意味において、表示的ではある。「ポール・ヘンリー・オマロリー」は、可能的な表示装置の集まりに属しているのである。

表示しない表象体が、これらと似たやり方で表示的になっている孤立した例はある。例えば、アリゾナで恐竜の足跡らしきものが発見され、一人の画家が足跡の原因となった恐竜を描くように依頼されたと想定しよう。その素描は、説明の標示を付けて、足跡と並べて博物館に展示されている。ところが、足跡は恐竜によって作られたものではまったくなく、野心的だが欲求不満の古生物学者によって岩に彫り込まれたものだった。こう想定すると、この素描は「エヴェレストに登った唯一の人物」に似てくる。『ガリヴァー旅行記』とガリヴァーの挿絵は表示していないが、「グレンデル」という名前と同じ仕方で表示的ではある。おそらくパウル・クレーの『学者』は「ポール・ヘンリー・オマロリー」に相当するだろう。『学者』は、表示するのにしばしば用いられる人物画という集合に属している。

表象体が、これらのやり方のいずれかにおいて表示的であらねばならぬわけではない、ということは明白なはずである。ある社会（第2章5節のものに似た）では、芸術家は動物や人間の絵を——動物‐画像、人間‐画像というわけだが——生産するが、それは現実の動物や人間を描いたものではない、ということは十分ありうる。これらの絵のどの一つも（現実の）対象を持ってはいない。また、何かを表象体の対象とするための規定もない。表象体に表題を付けたりして、それが何か（現実の）対象を表象するようにする慣習はない。芸術家は表象体を生産するときにモデルとして何かを使ったりしない。こう言っておこう。こういう芸術家たちは、対象を表象するとはどういうことなのか分からないし、作品が何かを表象することを意図することもできない。野牛を描くことは常に、野牛（想像上の）を創造し、生産することとして考えられていて、すでに実在している動物を象徴したり、指示したりすることとしては考えられていない。（子どもたちがキリンの絵を描くとき、キリンを作ると言うのは偶然ではないのだ。）

この文脈では野牛の描出は、いかなる意味でも表示的ではない。これは、博物館の恐竜の絵が表示しようとしているやり方で、何かを表示するつもりであるわけではない。また、何らかの仕方で表示するふりをしているわけでもない。また、表示するために通常、または典型的に、使用されるものの一種であるわけでもない。にもかかわらず、確かにこの野牛の描出は表象的なのである。

だから、表象的なるものという概念は、表示することという概念とは独立なのである。表示作用は「表象作用の核心」ではない。この重要な点を認識しそこなうのは、私の考えでは、主として表象することを一致することと混同するせいである。この二つのもつれた関係を正しく解きほぐせば、表象する可能性や表示する可能性を表象的なるものが前提していたり、それらに依存していたりすると考える理屈はなくなる。

私は、文学的な表象体が、何かを表象することに関する規定なしで可能だと主張しているのではない。おそらく、文学作品は必ず言語表現からできており、そういう表現のうちには表示的なものが少なからずある。そしておそらく、このことは、作品そのものが表示的になることを意味する。しかし、文学的表象体が根本的に表示的であるとしても、それはそれらが文学だからであって、それらが表象体だからではない。表象作用が表示作用によって説明されることにはならない。表象作用の対象という概念は、表象的なるものの概念にとっては非本質的なのである。

しばらく前のページで、私は、現実の事物だけが表象体の対象となりうると前提することにした。作品は現実世界に存在するものたちだけを表象（表示）するということである。この前提は、次の節と第IV部で真剣に検討することにしたい。とはいえ、ここで、この前提を捨てると現在の問題にとってどういう効果があるのか、考えることにしよう。

表示作用が表象作用の核心であるという考え方は、非現実の対象を喜んで認めることにした場合、これまでよりずっとうまくいくように見えるだろう。表象的なるものを、表示することで説明すれば、今まで考えてきたよりもずっと単純な説明が得られるとさえ思われるかもしれない。表象体が架空の対象を持ってよいのなら――例えば、第2章5節の野牛‐画像は虚構的な野牛を表象するというのなら――すべての表象体が、現実に何ものかを表示しているかのように見えるだろう。[14] 現実には何も表示されていない場合でさえ、可能的な表示作用とか、表示するつもりの作用とか、原理上の表示とか、表示のための規則の存在といったことに悩む必要はなくなるだろう。グッドマンはこの立場に魅力を感じていない。虚構的な存在に対するグッドマンの敵意は悪名高いものである。しかし、この立場は、ここまでのところ何とか存在論的な不安を紛らわしてきた人たちを惹きつけるかもしれない。

しかし、架空の存在を認める場合でさえ、対象を持つ――現実の対象でなければ虚構の対象を持つ――という考え方が表象作用を説明する基盤とされるべきだ、ということにはならない。私の考えでは、最も良いやり方は、その場合でも依然として、表象作用をごっこ遊びと虚構的真理の生成によって私が行なったように説明し、そうしてから、ごっこ遊びと虚構的真理についてこれまで述べたことにもとづいて、表象作用の対象という考え方を導入することである。とりわけ、表示作用という一般的な意味論的関係から出発し、表象体と対象（虚構的でもありうる対象）との関係を言語的指示と似たものと考えて、言語的指示を表象的なるものの定義に使用する、というのは理に適ってはいない。表象作用に言語的モデルを適用しようとする人たちが、架空の対象を認めることでうまくいくというような見通しを得ることはないだろう。

議論の糸口として、『白鯨』と『学者』が虚構的な対象を持っていると考えてみよう。『白鯨』はエイハブ（およびダグー、鯨、等々）を表象している。『学者』はある虚構の学者、「絵の中のその男」を表象している。さてここで、私たちは表象することと言語的な指示との間に想定されている類比関係を考え直さねばならない。『白鯨』と『学者』が虚構的な対象に対して持っている関係は、指示表現と指示対象との間にある関係と、かなり違っているのだ。現実の対象を表象することと言語的な指示とを、表示作用の事例に分類することについては、十分な正当化が成り立つ。だが、『白鯨』や『学者』のように虚構の対象を表象することをそこに入れることについては、ためらいがあるべきなのだ。[15]

最も際立った違いは次の点にある。エイハブや学者は、彼らを表象している作品から独立していないのである。エイハブはみずからの（ああいうものとしての）存在とその性質とを『白鯨』に負っている。小説がある側面で違う仕方で書かれていたり、あるいはまったく書かれていなかったりしたら、エイハブが存在しないとか、ああいう登場人物はいないとか、今知られているような人物ではない、といったことになっていただろう。[16] これと対照的に、表象作用の現実の対象は、それを表象する作品とはまったく独立に実在していて、それがあるとおりのものである。同様に、指示表現の指示対象は、指示表現から独立している（ただし、表象体や指示表現がそれ自身を表示する場合を除く）。このことは、表象体と現実の対象や架空の対象との関係を言語的指示というモデルにもとづいて理解するよう私たちに求めている人々に、ためらいを覚えさせてしかるべきである。

『白鯨』はエイハブを創造し、かつ、これに加えて彼を表示すると主張することにして、この表示作用を言語的な指示作用をモデルとして解釈すればよいのだろうか。だが、このやり方は、最善の場合でも、言語的モデルの有用性を減じさせるだろう。なぜなら、表象体の創造する働きの方は、別個に解釈せねばならなくなるからである。それだけでなく、『白鯨』はエイハブを創造すると言ってしまったら、さらに『白鯨』はエイハブを表示すると主張して何か得るところがあるだろうか。この追加は余分なものに見える。だがこの追加がないと、言語的なモデルによって説明すべきものは何もなくなるのである。創造することと、表示すること、という独立な分析を求めている二つの別個な機能があるようには思われない。ある作品がある登場人物を表示することなくその登場人物を創造するとは、一体どういうことなのだろうか。説明されねばならないのが一つの関係であるなら、この関係は、言語的モデルの使用を保証するために十分なほどには、言語的指示と類比的であるように見えないのである。

心に留めておく価値があるのは、ごっこ遊び説ならば、架空の存在を認めるか否かにかかわりなく、表象体の「創造的」な働きをうまく取り入れられる見込みがあるということである。表象体は、存在命題を真とするのではなく、それを虚構として成り立つようにすることによって「創造する」というのが、その筋書きの一部分である。残る部分はこれから語らねばならない。

表象作用は、指示表現でなく、言語的述語を範例として理解されるべきなのだろうか。この示唆は、ここでの表示作用が、表象することではなく一致することであるならば、「表示作用が表象作用の核心である」という考え方に適合する。すでに見たように、グッドマンの考えは、「表示作用」をどちらの意味に解釈しても大体において正当に読解できる。事実、グッドマンは「一つの絵とそれが表象するものとの間の関係は、述語とそれが当てはめられるものとの関係と」ほぼ同じであるとしているのである。[17]

だが、この提案によっても、表象作用の対象は私たちの理論の中で中心的な場所を得ることはない。なぜなら、作品が表象するもの、つまり対象として持つものは、その作品が一致するものとは独立だからである。しかし、とにかくこの提案を考えるために少し立ち止まることにしよう。

述語と表象体の間には少なくとも以下のような類比が成り立つ。両者とも、さまざまな特性を表し、選び出し、特定している。[18]「男（である）」という述語は、一人の男であるという特性を表している。『学者』は、ある特定の風貌をした一人の男であるという特性を表しており、『告げ口心臓』は、人を殺して床下に埋めた男であるという特性を表している。つまり、述語は、それが指摘する特性を所有しているものが何かあれば、そのものに適用され、表象体は、そのものに一致するのである。

この類比関係は、さらに推し進めてみたくなる。述語は特性を選び出すためだけでなく、特性を特定の事物に帰属させるための装置でもある。このゆえに、表象作用の対象が中心的な役割に置き戻されるおそれが生じる。ところが、まさにここで類比関係が崩壊する。第2章5節の野牛の絵は、野牛であるという特性を何らかのものに帰属させることを機能としてはいないのである。

人々は事物に特性を帰属させるために述語を使用する。つまり、事物について、それがある特性を持っていると言うために使用する。第2章3節で、そのような意思疎通のための使用法は、表象的なるものにとって本質的でないということを明確にした。表象体をそういう仕方で使用するための規則は一切存在する必要がないのだ[19]。しかし、表象体は意思疎通に使用されていなくても、何かにある特性を帰属させると言われる場合がありうる。『ジョーンズの庭』と題された絵は、ジョーンズの庭について誰かに教えるために使用されておらず、その他いかなる発語内行為を遂行するために使用されているのでもないとしても、ジョーンズの庭がある特性を持っているという単称命
[10]題を提出し、特定することはありうる。だが絵画が単称命題を特定する機能を必然的に持つわけではないことは明らかである。野牛‐画像を、解説や表題があろうとなかろうと、ある一頭の野牛についての命題を提出するのに使用するための規則はないのである。そういった命題を特定することは絵画的な表象作用の本質的な機能ではないし、したがって表象一般の機能でもない。

このことは、命題を特定することが表象作用にとって重要だということを否定するものではない。表象体は、さまざまな命題を虚構として成り立つようにし、こうして虚構として成り立たせる命題を特定する。しかし、これらの命題が、個物に関する単称命題である必要はない。野牛‐画像は、野牛がいるという（存在）命題を特定し、虚構として成り立たせる（ただし、後に見るように、この絵が「野牛の絵」であることは、単にこの絵が存在命題を特定し虚構的にすることにのみ存しているわけではない）。この絵は、どんな意味においても、それが選び出す特性を特定の個物に帰属させてはいない。

少なくとも、何か現実のものに帰属させてはいない。では、その絵がその特性を架空の動物、つまり、そういうものが存在すると仮定して「絵の中の野牛」に帰属させる、と言うのはどうだろうか。だが、述語が特性を事物に帰属させるというのと非常に近い意味においては、そういうことはないのである。あるものがどういう特性を持っているかということは、どういう述語がそのものに帰属されるかということから独立である。ところが、この絵は、絵の野牛を野牛にしているのだ。

事物に特性を帰属させるのには表象体が使えないとしても、

私たちは依然として、表象体が述語のようにさまざまな特性を選び出す、という事実は保有している。だがこう言うことは、ほとんど何も言わないのと同じである。多くの事物は、さまざまな特性を選び出すものと見なすことができる。ノンフィクション作品がそうである。またモーツァルトのロンドは、若さの横溢を提示していると言うことができるかもしれないし、パンテオンは安定と秩序を提示するのかもしれない。表現的な作品は、一般に、それが表現している特性を選び出すと考えられる[20]。あるいは、バスケットボールの試合で、ボールを投げて輪の中を通すことは、得点を挙げるという特性の事例化を実現するというやり方で、この特性を特定していると言うことが可能だろう。

　表象体が、特性を特定する働きをもつ膨大で多岐にわたるものたちの分類に属していると分かっても、取り立てて教えられるところがあるわけではない。また、言語的な述語がこの集合の中心的ないし範例と見なされるに値する、ということが明白なわけでもない。述語は、この集合に属す他のものたち――例えば表象体――を理解するための範例として受け取られるべき事例ではないのだ。興味深く重要なことは、特定された諸特性によって行なわれることの方なのである。表象体の中心的な機能は、その表象体が特定した特性群が含まれているいろいろな命題を虚構として成り立つようにすることである。表象体とボールを投げて輪の中を通すこととの間にある類縁性を見出すことも可能である。ボールを投げる行為は得点が記録されることが真となる（「現実世界において真」となる）ようにする。『学者』はある種の男がいるということを虚構として成り立つ（「虚構世界において真」となる）ようにする。だが、表象体と言語における述語との間には、これより密接な類縁性は存在しないように見える。述語の中心的な機能は、おそらく、述語の表す特性を含むいろいろな命題が真であることを人々に告げるために使用される、といった機能であろう。これは命題を虚構として成り立つようにすることとはまったく違ったことである。

8　非現実の対象は？

　シェイクスピアの『ジュリアス・シーザー』は「ジュリアス・シーザー」と名付けられたローマ皇帝にかかわっている。セルバンテスの『ドン・キホーテ』は「ドン・キホーテ」という名前で通っている遍歴の騎士にかかわっている。一方の作品はシーザーについての虚構的真理を生成し、他方の作品はドン・キホーテについての虚構的真理を生成している。この小説の読者はドン・キホーテに関する想像活動に携わることになり、あの演劇の観客はシーザーに関する想像活動に携わることになる。ドン・キホーテは『ドン・キホーテ』の一つの対象であり、同じくジュリアス・シーザーは『ジュリアス・シーザー』の一つの対象であるように見える。

　ピカソの『椅子に座る女』（一九二三年）は、ある（氏名不詳の）女性の絵であり、同じく、ピカソのあの素晴らしい『ストラヴィンスキーの肖像』（一九二〇年）は、ストラヴィンスキーの絵である。虚構として、その女性は両手をゆるやかに組んで椅子に腰掛けている。また、虚構として、ストラヴィンスキーも同じようにしている。ストラヴィンスキーが一方の絵の対象であるように、この女性は他方の絵の対象である。

たしかにそのように見える。だが、表象作用の対象となるためには、また、それについて虚構的真理が成り立つためには、何かが存在せねばならないのではないのか。ジュリアス・シーザーとイーゴリ・ストラヴィンスキーは現実の人間である。だが、ドン・キホーテやピカソの椅子に座った女性はそうではない。この違いを最小限にしようとして、ドン・キホーテや椅子に座った女性は実在して（*exist*）はいないとしても、存在して（*there are*）はいるのだ、と主張する人がいるかもしれない。あるいは、彼らは特別の種類の実在性を備えているとか、「現実世界」とは区別される特別の領域に実在しているのだ、とか主張する人がいるかもしれない。こうしてドン・キホーテと椅子に座った女性は、忘却の淵から救出され、それぞれセルバンテスとピカソの表象体の対象として役立てられることになる。

この種の形而上学的なこじつけを嘲笑うのは容易である。しかし、こじつけでも共感と理解には値するのだ。私たちは、否定できないことを否定したいというこの強い直観的な衝動をよく理解して、自分の理論の中に場所を与えなければならない。つまり、ドン・キホーテやその同類のために、それらがこの宇宙のどこかに存在する余地を作りたいという衝動を理解し、理論の中に場所を与える必要があるのだ。こういう存在を認知することは、表示作用という擬似言語的な関係によって表象性が理解されるべきだという考え方に対してほとんど貢献しない。この点は前に論じたとおりである。だが、この擬似言語的な考え方は、この存在認知の要求の主たる場面ではないのである。

架空の対象たちへの共感を呼び起こす最もよい方法は、そういうものなしでやってみようとすることである。ドン・キホーテなる対象がまったく存在しないなら、ドン・キホーテに関する虚構的真理もまったく存在しない。それゆえ、セルバンテスの小説は、ただ単に、名前が「ドン・キホーテ」であって、「サンチョ・パンサ」という名の従者を従えていて、風車を巨人と見まちがえ、羊の群れを軍勢と見まちがえるような人物が存在する、ということのみを、虚構として成り立つようにしているのである。(21) こういったすべては任意の誰かについて虚構として成り立つ。だが、この小説は、虚構として誰についてそれが真理となるのかを特定してはいない。その理由は、単純に、特定されるべきいかなる人物も存在しないからである。『椅子に座る女』が両手をゆるやかに組んでいるということを虚構として成り立つようにする（現実または非現実の）いかなる女性も存在しないのなら、あの絵は、ただ単に、任意の誰かがそうしているということを虚構として成り立たせているだけであるように思われる。

これが正しいのなら、下の(1)と(2)のようなありふれた主張は、似たように聞こえる(3)と(4)とは非常に違った仕方で理解されなければならないだろう。

(1)ドン・キホーテは風車を巨人と見まちがえた。

(2)その女性の両手はゆるやかに組まれている。

(3)ジュリアスは予言者から三月の一五日について警告を受けていた。

(4)ストラヴィンスキーの両手はゆるやかに組まれている。

(3)と(4)は、「シェイクスピアの戯曲において」とか「ピカソの肖像画において」といった趣旨の暗黙の補足を伴うかぎりで、見たところ額面通りに受け取ってよいように見える。ところが(1)と(2)は、根本からの作り直しを要求している。最初に思いつくやり方は、(1)を次のように言いつくろうことである。

(5)「ドン・キホーテ」と名付けられた誰かが存在し、その者が風車を巨人と見まちがえたということは、『ドン・キホーテ』-虚構的（*Don Quixote-fictional*）である。

この言い換えは、特定のものについての言明に見えるものを、単に、どのような種類のものが存在することが虚構として成り立っているのかを述べる言明に変換している。

この分析は十分というにはほど遠いものである。仮に、セルバンテスの小説の主人公は風車を巨人と見まちがえず、登場人物の誰かが口にした曖昧な一節の中で、ドン・キホーテの遠い祖先で同じ名前の人物が風車を巨人と見まちがえたことがあった、と想定してみよう。この場合、虚構として、「ドン・キホーテ」という名前であって風車を巨人と見まちがえた人物は存在している。ところが、あのドン・キホーテ「について」の(1)は偽である。私たちは、この名前をもった相異なる登場人物が識別できなければならず、このことは、それぞれの登場人物を認知することなしには不可能であるように思われる。架空の対象などなしでやっていけるという見通しへの疑いは、まさに健全なものとして登場する。さらに、この分析の二つ目の誤りは、(5)は、ある程度、「ドン・キホーテ」という名前にかかわっているが、(1)はその名前を使用しているのであって、言及しているのではない、ということである。

この疑いがさらに深まるのは、ある作品が現実の対象を持っているのかどうか分からないような場合を考えたときである。先住民の洞窟壁画や現代の素描は、実在する人物を描いているのかどうか、私たちに分からないことがある。しかし、このような不確実性が問題になることは滅多にない。私たちの経験は、それが事実だと思われるかどうかということに、何か根本的な仕方で基づいていなければならないわけではない。この不確実性が、当該作品の生み出す虚構的真理が根本的に異なった形式のどちらになるのかをめぐる不確実性であるかのように言うのは、この不確実性を過度に重く見ることである。作品経験の現象的なあり方により忠実なのは、その作品が対象を持っていると私たちが思っていること、作品が何ものかについての虚構的真理を生み出していることも思っていること、その何かについての適切な想像活動に私たちが携わっていることも思っていること、これらのことを認めることである。私たちに分かっていないのは、その対象が現実のものなのか単に虚構にすぎないのかということだけである。私たちが何かを「人物の絵」であると述べるとき、私たちはこの主張が根本的に曖昧であると感じる必要はない。この作品がその人の絵であるようなある人物が存在するということを意味するのか、それともまったく異なる何かを意味するのか曖昧である、と感じなければならないわけではないのだ。

表象体のなかには、個別的な（現実または虚構の）事物についてではなく、明らかにどのような種類の事物が存在するのかについて虚構的真理を生み出すものが現に存在している。こういう作品は、『ジュリアス・シーザー』やストラヴィンスキーの肖像のみならず、『ドン・キホーテ』や『椅子に座る女』とも鋭い対照を成している。だがこの対照は、『ドン・キホーテ』や『椅子に座る女』が虚構の対象を持つと認めるのを拒めば、失われる危険がある。[22]

この違いは、これと対応した二種類の想像活動に関する対照関係に照らすと、最もよく理解される。私は、ある木にいる一匹のリスを想像することができる。また私は、単にその木に一匹のリスがいるということだけ、つまり、その木が一匹のリスを――ある何らかのリスを――もっているということだけを想像することもできる。第一の場合、私は、何らかの個別的な現実のリスを心に抱き、それが木にいると想像している必要はない。そうは言っても、私が行なっていることは、個別的なリスを想像していると記述するのが適切であるように思われる。私の想像活動は、一匹のリスの視覚像を伴っているかもしれない。ただし、これまたそれが必要だというわけではない。これに対し、第二の場合、つまり単にその木がリスによって居住されていると想像するだけのとき、私は、同じ意味で個別的なリスを想像してはいない。私の想像活動は一本の木の画像を伴うかもしれず、またその木にはリスが住まっているという理解を伴うのだが、この想像活動が一匹のリスの画像を伴うことはありえないように思われる。木の画像に一匹のリスの画像を追加することは、個別的なリスを想像することであろう。

この違いの本質はとらえにくい。すべてのリスは個別的なリスである。これはもちろん、現実世界だけでなく私の想像上の世界でも成り立つ。それゆえ、ある何らかのリスがその木に住み着いているということを想像することは、確かに、そこに個別的なリス、ある何らかの個別的なリス、が存在していると想像することである。しかし、このことを想像することは、ある個別的なリス――私が取り上げて、同定し、指示することのできるリス――について、それが木にいると想像することではない。こちらの方は、第一の場合に私がすることである、と言いたくなるのである。そして、再び私たちは困った状態に立ち至っている。一匹のリスを想像するとき、私の想像しているそのリスを私が同定できるのなら、同定されるべきそういう一匹のリスが本当にいるのでなければならない。たとえ、それが現実のリスではないにしても。

　表象体はどちらの種類の想像活動を命令することもありうる。次のごく短いお話を見てみよう。

(A)ジョージは、年老いてひどく疲れ果てた幽霊で、スプルース街の荒れ果てた屋敷に住んでいました。おしまい。

このお話は、「一人の（個別的な）幽霊について」想像することを命令している。だが、次のお話はそうではない。

(B)幽霊たちがいました。スプルース街の荒れ果てた屋敷に住み着いているものもいました。おしまい。

このお話は幽霊屋敷を想像することを私たちに求めている。その大邸宅には幽霊が住み着いているけれど、求められているのは、ただ単に幾人かの幽霊がいてその家をうろついている、ということだけである。お話(A)は「一人の幽霊について」の話である。だが、私は、(B)についてそう記述することにはためらいを覚える。なぜなら、このお話が語っている個別的な（虚構の）幽霊はいない（ように見える）からである。

　(A)の幽霊は名前を持っている。だが、(B)の幽霊は誰も名前を持っていない（少なくとも、読者には名前は告げられていない）。しかし、このことは決定的な相違ではない。(B)を次のように拡張してもよいだろう。

(B′)幽霊たちがいました。スプルース街の荒れ果てた屋敷に住み着いているものもいました。「ジョージ」と名付けられた幽霊もいました。もちろん、その時代にはすべての幽霊がジョージと呼ばれたからです。おしまい。

　ここでもまた、求められているのは、ある一定の記述を満たす幽霊がいるという想像だけである。年老いて、ひどく疲れ果て、スプルース街の屋敷に住んでいて、「ジョージ」という名前を持っている幽霊が存在する、ということだけである。さらに、(A)の方を次のように変形してみる。

(A′)彼は、年老いてひどく疲れ果てた幽霊で、スプルース街の荒れ果てた屋敷に住んでいました。おしまい。

こう変形して（固有名を抹消して）もなお、このお話は「一人の個別的な幽霊について」の想像活動を命令しているのである。

　(A)においては、その屋敷に「ジョージ」と名付けられた唯一の幽霊が住んでいるということは、虚構として成り立っていない。なぜなら、私たちの知るかぎりで、たくさんの幽霊がいるかもしれないからである。そうではないと示すものは、お話の中に何もない。ジョージが唯一の幽霊ではないことをはっきりさせるように(A)を拡張することもできる。

(A″)ジョージは、年老いてひどく疲れ果てた幽霊で、スプルース街の荒れ果てた屋敷に住んでいました。彼は他の二人の幽霊と、その住み処を共有していました。他の二人も「ジョージ」という名で、やはり年老いてひどく疲れ果てていました。おしまい。

だが、依然として、このお話の語っている一人の個別的な（非現実の）幽霊——お話の中での名前「ジョージ」の最初の出現と代名詞「彼」によって指示されている幽霊——が存在するように見える。

では、(B)を変形して、ある一定の記述を満たす唯一の幽霊が存在するということが虚構として成り立つようにしたらどうなるだろうか。

(B″)幽霊たちがいました。スプルース街の荒れ果てた屋敷に住み着いているものもいました。屋根裏部屋に灯がともります。一人の幽霊が屋根裏に上っていったに違いありません。——そう、たった一人。幽霊たちは屋根裏部屋では一人で居たがるものなのですから。おしまい。

(B″)は「一人の個別的な幽霊」（その屋根裏部屋にいる幽霊）にかかわっており、「一人の個別的な（非現実の）幽霊について」の想像活動を命令している、と言うべきなのだろうか。私はそう言わない方がよいように感じる。このお話は依然として、ある何らかの幽霊が一定の特性の集まりを保有している、ということだけを虚構として成り立つようにする。そういう特性の中に、屋根裏部屋にたった一人で居るという特性が含まれているのだ。直観的に言って、私たちは、どの幽霊が屋根裏部屋に居る幽霊なのかは知らないように思われる。そして、それを知ったとしても、私たちがそういう風にして知っている一人の（非現実の）幽霊が存在する、ということが含意されるだけなのである。私も、何らかの文脈では、(B″)に対する逆の解釈［一人の個別的な幽霊についての想像活動が命令されているとする解釈］が理に適っていることがあるとは思う。だが、いずれにせよ、唯一のFなるものが存在するということを虚構として成り立つようにすることは、「一つの個別的なFなるものを表象する」ための必要条件ではない。仮に十分条件ではあるとしても。

(A)と(B)の相違には、絵画による類比が成り立つ。次のような二つの絵、(X)と(Y)を比べてみよう。絵(X)は、一匹ないし数匹の魚が湖の中を泳いでいるところを提示している。絵(Y)は、明らかに魚がいる（と思ってよい）湖の絵なのだが、現実には魚はまったく提示されていない。二つの絵は、両方とも湖に魚がいるということを虚構として成り立つようにしている。しかし(X)の方は、一匹ないし数匹の個別的な魚を表象しているのに対し、(Y)の方はそうではない、と思われる。（より容易でないのは、漁師が魚を釣り上げるところを提示しているが、その魚は提示されていない絵について、その絵が個別的な魚を表象しているかどうか確言することである。この絵がその魚を描出していないことは明らかなのだ。）

『ドン・キホーテ』と『椅子に座る女』は、お話(A)や絵(X)に似ている。『ジュリアス・シーザー』と『ストラヴィンスキーの肖像』もそうである。これらの作品は、ある種類の何らかのものが存在しているということだけを虚構として成り立つようにしているのではないし、そういうことを私たちに想像するよう求めているのでもない。ドン・キホーテが風車を巨人と見間違えたとか、ピカソの椅子に座る女は両手をゆるく組んでいるなどと言うとき、私たちは、心の中に個別的な（虚構の）人物を抱くように思われる。セルバンテスの小説のそのドン・キホーテであり、ピカソの絵のその座っている女である。私たちは、今のところまだ、架空の存在者たち、表象体の非現実の対象たちが存在しているという考え方に取って替わりうる有望な選択肢を手にしてはない。取って替わる選択肢は、一方に『ドン・キホーテ』と『椅子に座る女』と絵(X)を置き、もう一方にお話(B)と絵(Y)を置いたとき、両者の間の区別を崩壊させないような考え方になるはずである。

私は、第IV部でそういう選択肢を得ることに取り組むつもりでいる。だが今の段階でも、上の二種の表象体の間にある区別を理解するやり方を素描することはできる。そのやり方によれば、架空の対象たちを認める必要に迫られることは少なくなるように、私には思われる。問題の区別は、私の考えでは、表象体がどのような虚構的真理を生成するかということには存しない。そうではなくて、その表象体を用いて行なわれるごっこ遊びに存しているのである。

ある人が絵(X)を見るとき、その人のごっこ遊びにおいて、自分が一匹の（個別的な）魚を見て同定するということが虚構として成り立つ。しかし、絵(Y)を見て行なわれるごっこ遊びにおいては、魚がいそうな湖を見て、多分そこに魚がいるに違いないと推論するということだけが、虚構として成り立つ。お話(A)の読者は、虚構として幽霊を見るわけではないが、この読者が一人の幽霊について知るということ、ある幽霊について物の水準の知識を持つということが、虚構として成り立つ。これはお話(B)の読者については虚構として成り立たない。こちらの読者はただ、虚構として、その屋敷には幽霊がいるということを知っているだけなのである。お話(A)に語り手がいるならば、読者がある幽霊についてその語り手から話を聞いているということが虚構として成り立つだろう。つまり、読者はある幽霊について、語り手が語っているその幽霊として知るのである。語り手がいない場合、その幽霊についてどのようにして読者が知ったのかは、虚構として不確定にはなるのだが、依然として読者がある幽霊について知っているということは虚構として成り立つのである。

これは作品の世界に関する相違ではない。お話(A)とお話(B)の両方においては、また、絵(X)と絵(Y)の両方においては、ある一定の種類の何かあるもの、ないしものたち——幽霊たちや魚たち——が存在するということだけが虚構として成り立っている。相違は、鑑賞者において虚構として成り立つ事柄の中にある。それらの虚構的真理は、作品世界に属するのではなく、鑑賞者のごっこ遊びの世界に属している。

　この相違は、しかし、本質的な相違ではないのだ。絵(X)を見るとき、人は自分が魚を見ると想像するだけでなく、魚を見ることを内側から想像することになる。これが意味するのは、部分的には、自分が魚を見ているところだと想像し、それについて知りつつあるところだと想像するということなのである（第1章4節参照）。お話(A)を読む人は、ある幽霊について知りつつあるところだと想像する。自分がそれについて知るということだけを想像するのではない。だが、絵(Y)を見る人や、お話(B)を読む人は、そういう想像活動に携わりはしない。鑑賞者が行なうごっこ遊び、その作品を使って行なわれるごっこ遊びは、どの命題がその遊びの世界で虚構として成り立つかに関するどんな相違をもすべて越えたところで、違っているのである。お話(A)や絵(X)を鑑賞する人は、ある命題を想像するだけではない。その人はそれらの命題を特定の仕方で想像することになるのである。

　一人の幽霊、一匹の魚、一匹のリスを想像することは、私の考えでは、一つの（個別的な）幽霊や魚やリスについて知りつつあると想像することである。（おそらく、もっと詳しく言えば、そのことを内側から想像することである。）それゆえに、「一人の個別的な幽霊について」の表象体は、一人の幽霊を想像することになるようなごっこ遊びにおいて小道具として用いられる表象体である、と私たちは（最初に私が言ったように）言うことができるのである。(23)

　こうして私たちは、現実の事物にかかわっている表象体と、単なる虚構的な事物にかかわるように見える表象体との間の類似性を、よく理解することができるようになる。『ドン・キホーテ』の読者は、『ジュリアス・シーザー』の読者がジュリアス・シーザーなる人物について知りつつあると想像するように、ドン・キホーテという名前の遍歴の騎士について知りつつあると想像する。『椅子に座る女』とストラヴィンスキーの肖像のどちらを見るときでも、人はある個別的な人物を見て同定していると想像する。これらの事例のうちの二つにおいては、鑑賞者は個別的な人物について現実に知るのであるが、残る二つにおいてはそうではなく、その人について知るに至る個別的な人物は存在していない。とはいうものの、これらの事例すべてにおいて、鑑賞者は自分が個別的な人物について知りつつあると想像するのである。四つの表象体のすべては、このようにして単にある種類の誰かある人が存在するということを虚構として成り立つようにする、ということを越えている。

　洞窟壁画が一人の（現実の）人物を対象として持つか否か、つまり私たちがそう考えているのかどうか、ということが取り立てて問題とならない理由もまた理解できるようになる。違いは、ある現実の人物について、その人物を見ていると私たちが想像するかどうか、ということに現れる。しかし、どちらにしても、私たちは誰かある人を見ているところであると想像することにはなるのである。

私たちは、こうして、表象作用の架空の対象を承認せよという要求を、少なくとも一時的にはうまく先送りできる。決定的な問いは、これまでのところ、一人の幽霊を想像することは想像されるべき一人の（虚構的な、つまり想像上の）幽霊が存在することを要請しているのか、ということだった。人が幽霊を見るということを想像することが、この要請を伴わないのは確実である。そしてまた、自分が幽霊を見ているところだと想像することがこの要請を伴うということも、ありそうにないように思われる。しかし、この事案はまだ結審ではない。

しかしながら今のところは、架空の存在物がまさに実在すると考えておくのが最もよいかもしれない。正確な（と私に思われる）存在論的な立場をあまりに早い段階で取るのは、不正確な立場を受け入れておくよりも、いっそう深刻な歪みをもたらすことになるだろう。不本意ながらも虚構のものたちを実体化してしまう心理的傾向の強力な源泉は、私たちの与えるもう一つの〔存在論的に正確な〕考え方によってはっきり見えるようになる。この点については自信を持ってよい。また私たちの考え方によって、架空の存在物を認める理論の中でそれらが果たすよう期待されている理論的役割を、別途遂行する有望なやり方が与えられる。この点についても自信を持ってよい。読者はいずれ気づくに違いないが、「グレゴリーが藪の中に隠れているクマを見つけたということは、虚構として成り立つ」とか「トムが自分のお葬式に参列したということは、『トム・ソーヤーの冒険』‐虚構的である」などという言明を受け入れるとき、私たちは架空の存在物が存在するという立場を自分の立場として取っているように見える。その物は、虚構として、グレゴリーが発見したというクマであったり、虚構として、自分のお葬式に参列したトムとして指示されている人物であったりするだろう。この立場への関与は第10章で取り除かれる。こういう言明が、不適切な仕方で定式化されたものとして排除されるからである。その際私たちが説明しなければならないのは、「『トム・ソーヤーの冒険』では、トムは自分の葬式に参列した」といった日常使われる表現によって意味されていることは何なのか、ということである。また、なぜそういう表現が虚構的なトムに関与する立場を表象しないのか、なぜそういう仕方で語るのをやめるのが非常に困難なのか、なぜそういう仕方で語っても存在論の問いにかかわる限りでさほど問題にならないのか、といったことも説明しなければならない。それまでは、トム・ソーヤーとか架空のクマといった事物が存在するふりをして、そういう仕方で語り続けることにしよう。

第4章　生成の機構

フランスのバザンや、アメリカのアギーのような批評家の偉大さは、定式に頼らず、自分の知性と直観力のすべてを使う、ということと関係がある。批評は一つの芸術であって、科学ではない。規則に従う批評家は自分の最も重要な働きの一つでしくじることになる。その働きとは、新しい作品の独創的で重要なところに気づき、他の人たちがそれを見るのを助けるという働きである。

――ポーリン・ケイル『私はそれを映画で失った』

1　生成の原理

ある表象体の中で何が虚構として成り立つのかということを、私たちはどうやって決定しているのだろうか。周知のように、解釈というものはこの基礎的な水準でもしばしば不確実であり、議論の的になる。ハムレットがエディプス的な罪悪感を感じているということは、虚構として成り立つのだろうか。マクベスが本当に短剣を見ているということは、虚構として成り立つのだろうか、それとも彼はその幻覚を見ているだけなのだろうか。モナリザがあの表情で表現しているのはいったい何なのだろうか。

表象体は、それが備えている特徴――絵画ならばその表面上の形象、小説ならばその言葉、劇ならば上演されている間の舞台上の出来事――にもとづき、そこに適用される生成の原理に沿って虚構的真理を生み出している。何が虚構として成り立つのかに関する意見の不一致は、人々が決定的な特徴に気づきそこなうことから生じる場合があり、そういう特徴が指摘されると不一致が解消されることもある。しかし多くの不一致は根強く残る。ハムレットのエディプス性が議論の的になるのは、誰かがシェイクスピアの戯曲のいくつかの言葉を見落としたからではない。多くの場合、ある作品にどのような生成の原理が適用できるのかに関して、不確実性と不一致が存在するのである。

本章では、さまざまな種類の表象体に作用する生成の原理について、私たちのできることは何なのかを見ていくことになる。私の目的は特定の解釈上の問題を解決することではない。そういう問題の多くは、いずれにしても決定的な解決を受け入れない。しかし、解釈上対立する主張が立脚しているいろいろな原理を明らかにすることによって、論争がよりよく理解できるようになることは期待できるだろう。またそれ以上に、表象体という制度の全般的な本質について進行中の現在の考察と、生成の機構が備えている個々の形式がどのように調和するのかを理解することも望まれる。このためには、どのような生成の原理が作動しているのかを観察することだけでなく、なぜ私たちがそういう生成の原理を持っているのかを考察することが必要となる。

批評家や鑑賞者は、たとえある作品がどんな虚構的真理を生み出しているかについて確信があるときでも、確定した原理を心の中に明示的に抱いていることはめったにない。芸術家の方も、自分の望む虚構的真理を作品が生み出すように形作るために、決まった定式を参照したりはしない。ほとんどの場合、小説の言葉や画布上の絵の具の配置が与えられると、しかじかのことが虚構として成り立つということが私たちの心に端的に浮かぶのである。何らかの理由があるとされる場合でも、私たちがそれによって導かれていると意識できるのは、特定の事例でそれぞれ何かしらの理由づけとなりそうに見える個別的な考察の多様な集まりにすぎない。

だが何らかの規則が表面下で作用していることがありうる。表層の多様性が、その下にある秩序を分かりにくくすることもある。では、虚構的真理がどのようにして生み出されるのかを理解するための、比較的単純で体系的なやり方というものがあるのだろうか。限られた数の非常に一般的な原理があって、それが表に現れずに芸術家や批評家の活動を支配しているのだろうか。経験豊富な批評家が、こういうことが現実に成り立つ可能性があると考えるかどうかは疑わしい。私は、現実に成り立つ可能性はないと考えている。とはいえ理論家の中には、そういう一般的な原理を探し求め、それがどういう原理なのか少なくとも示唆する試みを行なっている者も存在する。[1]（この背景には、芸術作品の特徴と虚構的真理との間に、推論可能な単純な関係性が何らかの水準で成り立つのでないかぎり、現に存在しているような見解の一致がどうして存在しうるのか、という懸念がある。また、私たちは新しい作品から自信をもって虚構的真理を導き出しているが、そうするための方法をどうやって学ぶことができるのか、という懸念もある。）こういう試みをよく調べると、むしろその探求は無駄なのだという疑いが強くなって、虚構的真理が生み出される仕方の複雑さと精妙さに対する健全な尊敬の念は大きくなるであろう。

本章で行なわれる観察は、ある命題が虚構として成り立つとはどういうことかという問題、つまり虚構性の本質を理解する上での貢献と解されるものではない。その問いはすでに扱った。命題の虚構性は、それを想像せよという命令にある。現時点での関心は、そういう命令が確立される方法、よく知られたさまざまなジャンルの表象体が虚構的真理を生み出す機構に向かっている。左折の表示が何を意味するかを説明することと、個々の文化的な文脈の中で、左折を示すときに何をするのかを観察することとは、まったく違うことである。現時点の課題は後者に似ている。私たちの社会では、左折を示すとき、適切に取りつけられた明滅灯を作動させるか、左手を横に伸ばすか、どちらかのやり方によっている。だが、左折を示す――この語のまったく同じ意味において――ときに、赤い風船を路上に投げるとか、犬のように吠えるとか、そういうやり方で行なうという慣習規則も存在しうるだろう。虚構的真理がいろいろな社会的文脈で生み出される偶然的な方法は、ある命題が虚構として成り立つとはどういうことなのか、ということに何の関わりもない。この二つを明確に分離することに失敗したために、生成の機構を解釈する単純で体系的なやり方がとにかく何か存在するはずだ、という実りのない希望が助長されてきたのではないかと疑われるのである。

現在の焦点は虚構的真理の生成に置かれているが、表象的芸術作品の興味深さや意義が虚構的真理にのみあるわけではないことを心しておかねばならない。批評家や鑑賞者は、作品の表現上の特徴――絵画の見た目、詩の音声――に対して、虚構的真理の生成への貢献度という関心とは別に、鋭い感受性を持っている必要がある。また、全体としての主題や、道徳的含意、教訓、洞察、理想といったものも存在しており、これらについてもある作品の虚構的真理は部分的に（部分的にのみ）関わりを持っている。後に見るように、どの虚構的真理がどのくらい強調されるべきなのかということも重要である。そして、虚構的真理が生み出される仕方も、個別の事例でどんな生成の原理が作用しているのかということも含めて、重要になってくる。生成の機構は虚構的真理を機械的に生み出す手段ではない。機構とその作用のあり方は鑑賞者が詳しく調べることができ、その機構から帰結する虚構的真理よりも興味深いものであることもまれではない。画家や小説家の作品の芸術性の多くは、芸術家が見出した虚構的真理の生成方法に存しているのである。

2 直接的生成と間接的生成

虚構的真理は直接的または間接的に生み出される。直接的に生み出されるものを第一次の（primary）ものと呼び、間接的に生み出されるものを含意される（implied）ものと呼ぶことにしよう。

ゴヤの『戦争の惨禍』連作の中の『見るにたえない』は、銃殺隊による死刑執行の場の、縛られた犠牲者と彼らを狙う銃の筒先を提示している。銃を構えた兵士たちは提示されていない。彼らは額縁の外にいる。だが銃を構えた兵士が（とにかく人間が）存在していることに疑いはない。銃の筒先の位置のせいでそれが分かるのだ。銃が空中に宙吊りになっていると主張するのは、意図的な誤解であり、ひねくれた態度である。

虚構において銃口が捕虜に向けられているという事実は、兵士たちが銃を構えていることが虚構として成り立つことを信じるための理由以上のものである。その事実は、これが成り立つことを作り出している。銃の位置は、その絵の世界に兵士たちが現に存在することの原因である。そのように狙いをつけた銃が存在するということが虚構として成り立つがゆえに兵士たちが存在する、ということが虚構として成り立っているのである。後者の〔兵士たちが存在するという〕虚構的真理は、前者の〔そのように狙いをつけた銃が存在するという〕虚構的真理に依存しており、それによって含意されている。つまり、後者の虚構的真理は間接的に生み出されているのである。

　ジョゼフ・コンラッドの小説『密偵』の終わりで、ヴァーロック夫人は海峡横断フェリーから飛び降りて自殺する。小説のどこにも夫人がそうしたということがそういう言葉で書かれてはいない。だが夫人の自殺は、以下の一節と、この一節以前に述べられた夫人が欧州大陸に向かう旅の途次にあるという事実とによって、明瞭に示されている。

> 　オシポンは、なにか神秘の力にとつぜん衝き動かされたかのように、ポケットから、小さく折り畳んだ新聞をとりだした。プロフェサーはそのがさがさという音を聞いて面を上げた。
> 「その新聞、なんだ？　なにかでてるのか？」と彼は尋ねた。
> 　オシポンはおびえた夢遊病者のように、ぎくっとしたようだった。
> 「なにも。べつになんでもない。十日前のだ。ポケットにいれたまま忘れていたらしい。」
> 　しかしその古い新聞を彼は捨てようとはしなかった。またポケットに戻すまえに、彼はある一節の最後の箇所をちらりと盗み見た。そこにはこう書いてあった。〈狂気か絶望か、この行為は、うかがい知ることのできない神秘が永遠に覆い隠す運命のようである〉
> 　そういう結びの文句で締めくくられたニュース項目の見出しはこうなっていた。
> 「海峡連絡船女性客の自殺」
> 　同志オシポンはそのジャーナリスティックな文体の美には精通していた。[2]

虚構においてヴァーロック夫人が欧州大陸に向かって船出したすぐ後に、この見出しが新聞に載ったという事実は（他のいくつかの条件と合わせて）、ヴァーロック夫人が自殺したということを虚構として成り立たせる。見出しがそのようになっていることが虚構として成り立つがゆえに、夫人が船から飛び下りたということが虚構として成り立つのである。[3] 見出しにかかわる虚構的真理が、夫人にかかわる虚構的真理を含意している。

　他の虚構的真理の基礎となっている虚構的真理も、それ自身さらに基礎的な虚構的真理に寄りかかっていることがありうる。虚構として新聞が真相を告げる見出しを含んでいたということは、おそらく、虚構として、見出しがそうだったということを語り手が報告したという事実によって含意されているのである。虚構として、捕虜たちを狙っている銃が存在することは、虚構として、銃がそう狙っているように見えるという事実によって含意されているのかもしれない。第一次の虚構的真理の例、すなわち、他の真理の生成を介さずに画布上の形象や紙の上の言葉によって直接的に生み出される虚構的真理の例を、議論の余地なく見出すことはたやすいことではない。しかし、さしあたり（本章4節を見よ）、そのような虚構的真理が存在し、すべての表象体が他の虚構的真理に依存しない中心的な第一次の虚構的真理を生み出しており、これが間接的にその表象体の生み出す他のすべての虚構的真理の原因になっている、と想定しておくのが便利だろう。[4]

虚構的真理はウサギのように子を産む。ほんの少しの第一次の虚構的真理に発した子孫でも、小さな世界ならかなり立派に作り上げることができる。通常の場合、登場人物が人間であるという理由だけで、彼らの血液に関して、言及も、記述も、提示も、描出もされていなくても、登場人物の血管に血が流れていると想定する権利が私たちにはある。『グランド・ジャット島』において、公園を散策している二人連れは、食べるし、寝るし、働くし、遊ぶ、ということが虚構として成り立つ。二人には友人もライバルもいる。野心があり、満足したり落胆したりする。二人は地軸の周りで自転し太陽の周りを公転する惑星に居住しており、その惑星には気象と季節、山岳と海洋、戦争と平和、工業と農業、貧困と豊穣がある。その他の諸々があり、そのすべてが虚構として成り立つのである。こういったすべては、そうではないと示されていないかぎり、あの二人連れが虚構として人間であるという事実によって含意される。

こういった含意される虚構的真理の多くは、多かれ少なかれ、その反対を示す証拠がないという理由によって生成されるのであり、大概は特別な関心に値しない（ただし、人々に血が流れていないとか、誕生したのでないとか、野心がないということならば、この虚構的真理は注目に値する）。間接的に生み出される虚構的真理のなかには、それらが焦点に来ない場合でも、背景として必要とされるものもある。すでに見たように、小説を書くとき、いろいろな事件の起こる場所がある島国の大きな工業都市で、その国家は民主的な伝統と帝国主義的な伝統とを兼ね備えている、ということが虚構として成り立つようにしたいのなら、小説家は、事件がロンドンで起こるということが虚構として成り立つように小説を仕立てればよい。それによって、労力を節約し、不適切な強調を避けることができる。事件がロンドンで起こるという虚構的真理は、その他すべてを含意するのである。

しかし、含意された虚構的真理は、決していつでも背景に追いやられるわけではないし、典型的にそこに追いやられるわけでもない。ときには最もよく目立つ重要な虚構的真理が間接的に生み出されることがある。登場人物の一人の無造作な言葉や印象的なしぐさが、洗練された正確なやり方でその人物の人となりや動機の決定的特徴をはっきりさせることがある。肖像画の場合、中心的な関心を寄せられる虚構的真理——気分、緊張感、静謐、諦念といった虚構的真理——は、描かれる人物の顔貌の局所的配置にかかわる虚構的真理によって含意されている。実のところ、含意される虚構的真理の方が、それのもとづく虚構的真理の影を大いに薄くしていることもある。基礎にある虚構的真理は、それが含意するものから離れた場合、ほとんど、ないしまったく、重要性を持たないことがある。それが生み出したものたちに驚嘆していながら、私たちは基礎の方には注意しておらず、気づいてさえいない場合があるのだ。小説の読者は、ある登場人物の断固たる決意や自信のなさや楽観性を強烈に印象づけられていながら、その人物の言動やその人物に関する他者のコメントのどのような虚構的真理がその印象の原因となっているのかは言えなかったり、気にかけていなかったりする。ある絵を詳しく調べて見ても、その人物の顔貌の配置のどのような虚構的真理が、その人物の感情表現や気分についての、それ自体はまったく明白な虚構的真理を含意しているのか、明らかにできないこともある。それどころか、その感情表現や気分の虚構的真理が、そもそも顔貌の配置の虚構的真理によって含意されているのか、それともそれ以外の何かによっているのか、明らかにできないことさえある。一般的に言って、含意された虚構的真理をそれがもとづくものから鑑賞者が推論すると言うのは、明らかに誤解を招くものである。それが生み出されるときの間接性そのものが、ある虚構的真理を目立たせるときがある。特に、それをもっと直接的に生み出すことが容易なときに、そうなる。他の領域でもそうなのだが、表象体を構成するとき少し控えめにしておくと、かえって欲望が刺激され、注意を引きつけるからである。

含意は、ある種の媒体におけるある種の虚構的真理の生成にとって、ほとんど不可欠である。無声映画でどうやって音声を描いたらよいのか、また絵画や写真でどうやって運動を描いたらよいのか。スタンバーグの『紐育の波止場』では、銃が発射されたということが、一群の鳥たちが突然飛び立つことを通じて、サウンドトラックの助けを借りずに確立されている。(5) 絵においては、走ったり跳んだりしていないと生じそうにない形状で人物の両足が同時に地面を離れているということが虚構として成り立つがゆえに、ある人が走っているかまたは跳んでいるということが虚構として成り立つのである。

直接的に生み出された虚構的真理の方が、間接的に生み出された虚構的真理よりも、一般的に重要であるとか明白であるとか受け取らないよう注意する必要がある。また、直接的な虚構的真理を見出すことの方が、推論の手間が少なくなると思わないよう注意する必要もある。これらに加えて、第一次的な虚構的真理とは作品の中で「明示的」になっている虚構的真理である、と同定しないように注意せねばならないし、含意される虚構的真理が「非明示的」に提示されていると想定しないように注意せねばならない。小説が明示的に「言って」いたり、絵が明示的に「見せて」いたりすることの虚構性が、そもそもそれが虚構として成り立つのならば、その作品が単に「非明示的に」のみ表現している命題の虚構性に依存していてもかまわない。このことは後に見ることになる（本章4節を見られたい）。「間接的に生み出された」虚構的真理という言葉によって、私はただ単に他の虚構的真理に依存している虚構的真理のことを意味するだけである。「第一次の」虚構的真理、あるいは「直接的に生み出された」虚構的真理は、そういう依存がないというだけのことである。第一次のものであるとか含意されているといったことから、そこに何か他の事柄が随伴するという結論に飛び移らないようにしなければならない。

　虚構的真理が生み出される機構を探究するためには、二つの違う種類の原理を考慮に入れておかなくてはならない。一つは、直接的な生成の原理である。これは単純に、ある作品がある言葉や印しなどの何らかのものを含んでいたら、しかじかの命題が虚構として成り立つ、というものである。もう一つは、含意の法則である。これは、核心となる第一次の虚構的真理が与えられたら、それによってどのような虚構的真理が含意されるかを特定するものである。まず、含意の原理を見ていこう。

3　含意の原理

　どの虚構的真理が他のどの虚構的真理を含意するのかということを、いったい何が決めているのだろうか。私たちは、表象体の核心をなす第一次の虚構的真理が与えられたとき、それが他に何を生み出すのかを、どうやって決定しているのだろうか。拠りどころになる単純で包括的な含意の原理があるのだろうか。二つのそういう原理が（いろいろな定式化によって）提案されていて、特に文学的な表象体との関連ではかなり広汎に議論されている。それは、現実性原理（*Reality Principle*）と共有信念原理（*Mutual Belief Principle*）の二つである。[6] これらは二つとも、現実に生じている含意の繊細さと複雑さとに照らして判定したとき、深刻に不十分なものであることが判明する。そうはいうものの、多くの含意が二つのどちらかに確かに従っており、それ以外の事例では、これらの変形と解されうるものが作用しているのである。

現実性原理

> おとぎ話は……妖精についてのお話である。つまり妖精たちが存在している王国や国家についてのお話なのである。妖精の国は多くのものを含んでいる。エルフやフェイだけでなく、また小人たちや魔女たち、トロルや巨人や龍だけでなく、[1] 海、太陽、月、空を含んでいる。地球と、そこにあるすべてを含んでいる。木、鳥、水、石、葡萄酒、パン。そして、私たち魔法をかけられた死すべき者、人間たち。
>
> ——J・R・R・トールキン『妖精物語について』

　現実性原理が法則化を試みる基本的な戦略は、核心部の第一次の虚構的真理が許容するかぎり、できるだけ虚構世界を現実世界に似たものにする、という戦略である。虚構の登場人物にも血が流れ、出産があり、お尻があるのは、現実世界の人々の血管に血が流れ、出産があり、お尻があるからなのだ。ピアノの鍵盤を押すことは、虚構世界においても現実世界におけるのと同じ効果があると理解される。ただし、そうではないという指定が直接的に生み出された虚構的真理の側にないかぎりにおいてである。だからエイゼンシュタインの無声映画『戦艦ポチョムキン』の中で、ある人がピアノの鍵盤を踏むことが虚構として成り立っているなら、ピアノの音がすることが虚構として含意される。現実性原理からのありうる派生原理として、含意関係は現実世界において行なわれる規則に沿った推論の筋道を追う、ということがある。pからqを規則に沿って推論できるならば、pが虚構として成り立つことからqが虚構として成り立つことを規則に沿って推論できる。というのも、pなる虚構的真理はqなる虚構的真理を含意するからである。

　以下は、現実性原理（RP）の作業仮説としての定式化である。

p_1、……、p_nをある表象体によって虚構性が直接的に生み出される命題であるとするときに、別の命題qがその表象体において虚構として成り立つのは、p_1、……、p_nが事実であるならばqが事実であるとき、またそのときに限る。

　解釈者は、直接的に虚構性が生み出された命題が真であるとき、現実世界はどのようになるであろうか、と問うことになる。これらが真なら他にはどれが真となるのか、と問うわけである。この問いへの回答は、それは第一次の虚構的真理がその虚構性を含意する命題たちである、というものになる。私は、「p_1、……、p_nがもしも真であったなら、qが成り立つだろう」という反事実的条件法を、ストールナカーとルイスの考え方に沿って解釈する。[7] すなわち、この反事実的条件法は、大まかに言うと、p_1、……、p_nが真でありqも真であるような可能世界は、p_1、……、p_nは真だがqは偽であるようないかなる可能世界よりも現実世界に類似している、ということを意味する。それゆえ、批評家のなすべきことは、虚構世界と現実世界の間の違いを最小にすることである。反事実的条件法を別のやり方で解釈したい読者は、現実性原理（RPと呼ぼう）が異なった含意関係を妥当とするように定式化されていると受け取って、定式化にもそれに応じた訂正を施したいと思うだろう。[8] だが、私たちの目的のためには、現実性原理が正確にはどのように解釈されるべきなのかに関して、細かなところに非常に深く入り込む必要はないであろう。

　RPによれば、含意されるものは、第一次の虚構的真理の全体に基づいているのであって、そのうちの選別された一つまたは少数の成員に基づいているのではない。[9] この点に注意することが重要である。そして、これはそうあって然るべきなのである。一つの個別的な虚構的真理がそれ単独で他の何らかの命題の虚構性を確立するのに十分であることは、仮にそういうことがあるとしても、まれである。成り立ちそうな含意関係でも、他の虚構的真理によって取り消されたり、無効にされたりすることがありうる。普通は、登場人物の両親が虚構として人間であるということによって、周知の自然法則に従って登場人物が人間であり、蛙でも虫でもサイでもカボチャでもない、ということが含意される。しかし、この含意は、イヨネスコの『犀』やカフカの『変身』や無数のおとぎ話では阻止されるのである。『変身』のテクストは、両親が人間であるにもかかわらず、グレゴールが（変身の後では）虫であるということを、特に指定して示している。どんな虚構的真理が間接的に生み出されるのかを決定するために、いくつかの虚構的真理を孤立させた状態で見て、これらが真であったらどうなるのだろうかと問うと、間違うことになる。

　では、これが意味するのは、鑑賞者や批評家はある作品の第一次の虚構的真理の完全な一覧表を取りまとめることから始めて、その後でその含意関係をたどっていくようにすべきだ、ということなのだろうか。明らかに私たちはこんなことをしてはいないし、すると期待されているわけでもない。第一次の虚構的真理の個数が有限である保証はないし、有限の手続きで特定可能だという保証もない。また、作品を普通に調べればそのすべてに到達可能であるという保証もないのだ[10]。その上、個別の一つの虚構的真理が第一次の虚構的真理の一覧表に属しているかどうかということは、非常に扱いにくい問いであり、確定した答えがないこともある。

　通常は、ある一定の含意関係について、第一次の中心にある小さな部分集合が、単独では十分ではないにしても特に深く関与する。また、ある一つの虚構的真理が他の間接的に生み出された複数の虚構的真理に依存するとき、通常それは、それら複数の虚構的真理のうちの一つまたは少数に特に基づいている。（もちろん、元の複数の虚構的真理の方は、さらに第一次の虚構的真理群に依存しているのである。）虚構として誰かがピアノの鍵盤を踏むという事実は、これが第一次的であろうとなかろうと、さしあたり見たところは、虚構としてピアノの音が発せられるということを含意すると言われうるだろう。だが、例えば、ピアノの内部の弦がすべてなくなっていることを示す映像があれば、その含意は無効となる。そういう妨害がなければ、含意は受け入れられる。確かに、虚構として誰かがピアノの鍵盤を踏むという事実は、虚構としてピアノの音が発せられるということを保証してはいない。だが立証の義務は、この点を否定する者の側に移るのである。

　鑑賞者と批評家がすることは、大まかに言うと、ある表象体が疑問の余地なく生み出している虚構的真理の、選別された一部分を焦点に置くことである。このとき彼らは、表象体がそれを直接的に生み出すのか間接的に生み出すのかについて頭を悩ませないし、自分が第一次の核心部をすべてとらえていると想定したりもしない。そして、焦点に置いた虚構的真理の、明らかな含意関係に注目するのである。だが、第一次の虚構的真理の核心部の中にこれらの含意を無効にするものが何もないことについて、しばしば十分理に適った確信を抱くことができる。

それには作品の全体についての感受性が要求されるのだが、第一次の虚構的真理の完全な目録のようなものはまったく必要とされない。『戦艦ポチョムキン』の登場人物の着衣には多数の複雑な細部があるが、観客が虚構としてピアノの音が発せられたと判断するとき、彼らはそういう細部に気づくことはないだろう。ところが、着衣の詳細についての虚構的真理やそれらの基礎にある第一次の虚構的真理のうちのどの一つも——またピアノの色についての虚構的真理や、鍵盤を押す力の（ある最低限を越える）正確な力についての虚構的真理も——音が発せられたという含意を妨げることはないという点について、観客たちは十分理に適った確信を抱くことができるのである。

それゆえ、批評的な活動をまず導いていくのは、RPによって認められる以下のような概括的な規則であるように思われるだろう。

> r_1、……、r_nの虚構性が（直接的に生み出されたか間接的に生み出されたかにかかわらず）見たところqの虚構性を含意するのは、r_1、……、r_nが事実ならばqが事実であるとき、またそのときに限る。

現実性原理に沿う提案は、裏付けを欠いた虚構的真理の増殖を正しいものにするという理由で批判されてきた。[1] 現実性原理は、批評家が現に認めているか、あるいは認めねばならないはずの虚構的真理よりも、ずっと多くのものを私たちに押しつけるように思われるのである。

通常、矛盾はすべてのことを帰結する（entail）と考えられており、またしばしば、一つの命題は、反事実的には、それが帰結するいかなることでも含意する（imply）と考えられている。するとRPに従って、ある作品が直接的にその虚構性を生み出す命題たちの中に矛盾が一つ存在するならば、その作品の中ではすべてのことが虚構として成り立つことになる。矛盾命題が虚構として成り立つような任意の作品においては、その矛盾命題が第一次の命題であろうとなかろうと、すべてのことが虚構として成り立つという結論は避け難い。この結論は困ったものである。『間違った遠近法』（図1-2）においては、ある婦人がパイプに火を点けてやろうとしている一人の男の手の届く範囲に、その婦人がいると同時にいないということが、ほぼ間違いなく虚構として成り立つ。だが、だからといって、その婦人は同時に虚構として紙吹雪を窓から投げているとか、あるいは、絵の中の橋の下を流れているのは水ではなく血であるとか、あるいは木星に小鬼が住んでいる、などと想定するのは、[2] まったく理に適っていないように思われる。さらに、矛盾が虚構として成り立つのならすべてが虚構として成り立つ、というのなら、『間違った遠近法』とH・G・ウェルズの小説『タイムマシン』は、正確に同一の虚構的真理群を含んでいることになるだろう。[3]

これにはいくつかの応答の仕方がありうる。矛盾した前件をもつ反事実的条件法が、すべては真にならないようなやり方で、反事実的条件法を解釈する道を見つけるのもよいだろう。（「一人の女性が一人の男性の手の届く範囲にいると同時にいないのなら、木星には小鬼がいるだろう」という条件文は真であると見なされるべきだ、というのは、直観的には明白ではないのだから。）あるいは、望ましくない含意関係を阻止するように、現実性原理を定式化し直してもよいだろう。(12) あるいは、今のままの現実性原理の帰結する事柄と一緒に生きていくやり方を学ぶのもよいだろう。(13)（結局、私たちは、矛盾した虚構世界というものは風変わりな魅力があると予想すべきではないのだろうか。）

過剰な豊かさの危険は、しかし、矛盾した虚構世界だけに限られるものではない。現実世界は非常に広い場所である。虚構世界が第一次の虚構的真理の許す限りで現実世界に似るのだとすると、ほとんどの虚構世界が現実世界の大部分を含むことになる。最も簡略な物語や素描でさえ――というか、簡略なものは特に――今までに誰が思い描いたよりも途方もなく豊かで、詳細であることが判明するだろう。『ゴルディロックスと三匹のクマ』の中では、テンジンとヒラリーがエヴェレスト初登頂を達成し、ニール・アームストロングが月に最初に着陸したということが、虚構として成り立つことになる。マルコ・ポーロの冒険のあらゆる細部が、またサンフランシスコの大地震と大火、ウォーターゲイト事件、このほか無数の刺激的な、痛烈な、悲劇的な、そして、ありふれた現実世界のドラマのあらゆる細部が、『三匹の盲目のねずみ』の世界に属すことになるだろう。(14)

私としては、こういうことのすべてを虚構世界から追放するよりは、むしろ無視することを提案したい。ある世界のさまざまな虚構的真理の重要性には、いずれにせよ非常に大きな違いがあることを認識する必要がある。虚構的真理の中には強調されて光が当たっているものもあり、陰に沈んでいるものもある。重要な登場人物もいれば、重要でない者もいる。中心的な事件と周辺的な事件がある。言うまでもないが、ある小説の中で（あるいは、絵であれ何であれ）重要だったり中心的だったりする事柄は、当該の小説の出来事が現実に起きたものであるとして、歴史の推移の中で非常に意義深いものであるとはかぎらない。私は、虚構として多少とも意義深い事柄を念頭に置いているわけではない。大きな王国に住んでいる農民の家族の物語の中では、その王は良かれ悪しかれ歴史の中の中心的な人物であり、国々の運命が彼によって左右されるということが、虚構として成り立っているだろう。そして、歴史的な見方からすれば、その農民一家は取るに足らないということが虚構として成り立つだろう。しかし、その農民たちが物語にとっては中心的で、王は周辺的であるかもしれない。その物語は主として農民一家にかかわるものであり、王は一家の人々が自分の人生を生きていくときの設定の一部分としてのみ用いられるということがありうる。チャールズ・キンボートは、ナボコフの『青白い炎』の中心的な登場人物である。キンボートが語り手で、主役なのである。とはいえ、彼はつまらない愚か者だということが虚構として成り立っている。表象体は虚構的真理の集まりをただ単に私たちに提供するのではない。私たちのために虚構的真理に秩序を与え、配列して、他のものを押しやってあるものを焦点に置くのである。焦点にあるものをないがしろにして他のものに相応でない注意を払うのは、虚構的真理について間違うのと同じくらいその作品を歪めることでありうる。(トム・ストッパードの『ローゼンクランツとギルデンスターンは死んだ』の核心の一部分は、それが『ハムレット』の強調点を逆さまにして、些細な登場人物を重要な者として扱い、重要な登場人物を些細な者として扱うところにある。)

そういうわけで、マルコ・ポーロや、サンフランシスコの大地震、ウォーターゲイト事件、その他諸々のすべてを『三匹の盲目のねずみ』の世界に受け入れても、こういった事柄の位置が物語の背景のずっと奥の方であることをわきまえているかぎり、安全である。放っておけば、そういった事柄は私たちを悩ませたりしないだろう。『間違った遠近法』と『タイムマシン』は、たとえ正確に同じ虚構的真理を生み出すとしても、やはり途方もなく違っている。この二つは、それぞれが光を当てている虚構的真理がどれなのかという点において違っているのである。

重要でない虚構的真理はまったく強調されないのだと宣言するよりも、そういうものを完全に排除するやり方を考案する方が好ましいと思う人もいるだろう[15]。私はそれに精力的に反対するわけではない。だが、強調されないという方を好む。私の示唆するやり方なら、現実世界の特徴のうちで、物語の本筋にかなり密接につながっているので虚構世界に含めた方がよいものと、そうではないものとの間に、画然とした区分がある、と想像することとさえ必要がない。そして、強調されたりされなかったりする度合いに関して、非常に細かい違いを認識することも容易に可能なのである。これに対し、メタレベルに退いて、現実世界の一定の真理が虚構世界に含まれるのか含まれないのかに関し、それが大いにありそうなのかそうでもないのかを語るのは、ずっとやりにくいだろう。

この解決策は、現実性原理からうまくいかない部分をある程度取り除いてくれる。だが、ある作品がどんな虚構的真理を生み出すのかという問いを越えて、もう一つの問いを投げかけるのである。それは、ある作品の虚構的真理のうちのどれが重要でどれが重要でないのかを、一体何が決めるのか、という問いである。もちろん、この点については多くのことが言われうる。しかし私は、生成の機構がどのように作動するのかという問いについてと同様、この問いについても体系的な解答を期待したり要求したりはしないつもりである。

現実性原理を許しておくのは、一時的なことにすぎない。現実性原理が共有信念原理に道を譲らなくてはならないことがあるのをすぐに見ることになる。ところが、この両方の原理に対するもっと深刻な反対論が、脇で出番を待っているのである。無分別に現実性原理を当てはめることについてのジェイムズ・サーバーの風刺的な警告を心に留めておくことにしよう。

「マクベスがやったとはとても考えられないわ、あたし。」……「あの人が王様を殺したなんて全然考えられないわ。」と彼女は言った。……「犯人はだれです?」と私は切り込んだ。……「マクダフです」と彼女はズバリ答えた。

「たしかにマクダフよ……ダンカンの死体を発見したのはだれだとお思いになって?……マクダフが見つけるんです……そうして階段を駆けおりてきて叫ぶんです。『破壊の手が神の宮居を切り破った』とか『極悪非道の大逆が業を成しとげたぞ』とかペラペラまくしたてるんです。……全部あらかじめ用意していた言葉よ。……ブッツケにあんな調子でペラペラ言えますか、あなた——死体を発見したっていう場合にさ……とっても無理よ! 前もって練習しておかなければ。『大変だ、人が死んでる!』って言うのが普通でしょう、もしその人がシロだったら。(16)」

共有信念原理

ある文化において、地球は平らで、遠くまで海に乗り出しすぎると縁から墜落してしまうという堅固な同意が普遍的に得られているとする。この文化の中で、物語の語り手が、遠く海の果てまで航海する勇敢な航海者たちについての冒険譚を作る。地球の形状とそこにある危険性についての言及は、その物語の中でなされていない。そんなことは必要ないだろう、と語り手は考える。というのも、自分も自分の物語の聴き手も、物語の中で、地球は自分たちが現実にそうだと信じている形状に形づくられていると当然思うからである。誰もが、虚構において大洋のどこかに無へ落ちていく断崖があると考えるのである。

私たちは、現実性原理の権威にもとづいて、彼らの地理学に沿った彼らの理解を訂正すべきなのだろうか。虚構性が直接的に生み出される命題は(私の想定では)それが真であることが地球の形状に影響を及ぼさないような命題である。地球は(依然として)、現にそうであるとおりほぼ球状であり、平らではないだろう。それゆえ、RPに従うと、地球が球体であり、縁から落ちてしまう危険はないということが虚構として成り立つ。しかし、この点に固執し、物語を元々の文脈からねじ曲げて、作り手や作り手の念頭にある最も知性的な聴き手が予想だにしていなかった解釈を物語に押しつけるのは、不自然であり、必要以上に冷淡であるように見える。それによって一つの良質な冒険譚がぶち壊しになるのである。この話は劇的な効果を得るために落下の危険に依存している(と考えておこう)。この物語を理解して鑑賞するためには、地球の形状に関する間違った考え方を受け入れて、虚構において地球に危険な辺縁部があるということを許容する方が賢明だろう。

現実性原理は、含意される虚構的真理が自然の事実に依存するように仕向ける点で、芸術家の虚構的真理に対する統制力を弱める。芸術家が大事な事実についてたまたま間違えていると、虚構世界は芸術家が意図したようにはできあがらない。これは多くの事例では残念なことである。というのも、そもそもその作品を私たちが体験する価値のあるような芸術家の場合、どんな種類の虚構世界が興味深いのかとか、価値があるのかといった点について、優れた判断力を持っていると思われるからである。知られていなかった自然の事実という形で偶然の要因が虚構世界の形成に介入するのを許すのではなく、芸術家に虚構世界を作り上げる自由を与える方がよいのではないか。

現実性原理の指図通りに平らな地球の物語を解釈すると、物語の魅力がなくなる。このことから、虚構的な事柄に関して芸術家にもっと確かな統制力を与える原理が本当は機能している、ということが示唆される。ルイスとウォルターストーフは、これと似たことを念頭に置いて、現実性原理（の各自の形に対する他の原理を提示している。ルイスの第二の原理は、実際の現実世界のあり方ではなく、最初に作品が生み出されたときの共同体で「公然と」信じられていたことに、含意関係の基礎を置く。[17] ウォルターストーフの原理は、「作り手の意図していた聞き手の大多数が」現実世界について信じていると作り手が想定した事柄に、含意関係の基礎を置く。[18] 以下は、ルイスの提案に沿って形を与えた共有信念原理（MBP）である。

p_1、……、p_nをある表象体によって虚構性が直接的に生み出される命題であるとするときに、別の命題qがその表象体において虚構として成り立つのは、p_1、……、p_nが事実であるならばqが事実であるということが、その芸術家の社会において共有的に信じられているとき、またそのときに限る。

この原理は、以下の大まかな規則を承認する。

r_1、……、r_nの虚構性が（直接的に生み出されたか間接的に生み出されたかにかかわらず）見たところqの虚構性を含意するのは、r_1、……、r_nが事実ならばqが事実であるということが、その芸術家の社会において共有的に信じられているとき、またそのときに限る。

（あることが一つの社会で「共有的に信じられている」のは、大まかに言うと、その社会の構成員の大多数がそのことを信じており、大多数がそのことを信じていることを大多数が信じており、大多数がそのことを信じていることを大多数が信じていることを大多数が信じており、以下同様に続く、という場合である。[19]）

なぜこの信念は共有的でなければならないのだろうか。他人も同じことを信じていると人々が気づいていようがいまいが、ただ単に、問題の反事実的条件文が芸術家の社会で広く信じられていることだけを要求すればよいのではないか。あるいは、芸術家本人が信じているだけでよいのではないか。だが、この二つの選択肢のいずれを取っても、虚構世界は鑑賞者にとって不十分にしか接近できないものになるだろう。そして、たまたま他人の心を読めるような批評家に不当に優越的な立場を与えることになるだろう。さらに第一の選択肢は、他人の信じていることを芸術家が当て推量しなければならなくなる限りにおいて、虚構世界を芸術家の統制力の届かないところに持っていくだろう。それゆえ、もっと社会的な種類の信念が必要なのである。

ＭＢＰによって、私たちは、現実世界が実際にあるのに合わせてではなく、芸術家の生きている社会で現実世界がそうなっていると信じられているのに合わせて、虚構世界と現実世界の間の類似が最大になる方向で推測するよう命じられる[20]。平らな地球の物語が語られ聴かれている社会で、地球が平らだと共有的に信じられているのならば、その物語は、地球は現実には球状であるということにかかわらず、虚構において冒険者たちは地球の辺縁から落下する危険があるということを含意する。より進歩した地理学的な知識が私たちの興奮をぶち壊しにする必要はないのである。

ＭＢＰは洗練する必要がある。絵画の場合、人物の身体的な特徴に関する虚構的真理は、人柄や気分、その他さまざまな心理状態についての虚構的真理を含意する。だが、ある人物の顔が一定の表情を浮かべているとき、その人物がどんな人柄なのかとか、どういう気分なのかということについて、私たちの誰一人として、詳しい信念を持ってはいない。この点は芸術家の生きた社会の人にしてもほとんど同じである。にもかかわらず、私たちは、ある人物の表情を知覚したとき（表情の重要な細部に注意が向かわないとしても）人柄や気分を認知することができる。だからＭＢＰは改訂されてもよいだろう。例えば、含意関係の基礎を、芸術家の生きた社会の人々の信念に置くのではなく、身体的な表出のあり方から気分を認知する彼らの傾向性に置くように改訂されてもよい。とはいえ、私はよりよい定式化を考案しようとは思っていない。ＭＢＰは、成り立ちうるいろいろな原理の集合を表すものと受け取ってよい。それらの原理によって、虚構性に関する含意関係は、芸術家の生きた社会の成員たちが持っている認知的な構造の何らかの特徴に基づくことになる。ＭＢＰは荒削りの第一歩なのだが、この種のさまざまな原理と現実性原理などとの対比を示すのには十分役に立つ。

共有信念原理は現実性原理より良いものなのだろうか。確かに少なからぬ事例で、共有信念原理がもたらす結果はより好ましいものとなる。また解釈者が実際に行なうことは、重要な側面でこの原理を前提しているように見える。現実性原理によれば、多くの虚構的真理は自然の事実に基づいている。だが批評家が、時にはずいぶん難解になる自然のさまざまな事実について、徹底的な探究に着手することはまれである。そうではなく、批評家は作品が作られた社会的な文脈を調べるのである。そこには芸術家とその周囲の人々のさまざまな信念が含まれる。

含意関係が、現実性原理ではなく、共有信念原理の方によく似た何かによって支配されていると予想すべき理由は十分にある。共有信念原理は、虚構として成り立つ事柄をよりよく統制する力を芸術家に与えるだけではない。多くの場合、鑑賞者にもより容易な接近方法を与えるのである。鑑賞者は、何が真理なのかを確認するよりも、芸術家の社会では何が共有的に信じられているのかを確認することの方がやりやすいような位置をしばしば占めている。特に、鑑賞者が芸術家と同じ社会に属している場合はそうである。その結果、共有信念原理の方が、現実性原理よりも、表象体についての一つの考え方によく適合することになる。つまり、表象体とは芸術家が鑑賞者の想像活動を導くための媒体である、という考え方によく適合するのである。この考え方によれば、芸術家は、鑑賞者がある命題を想像するのを促すために、ある命題を虚構として成り立たせるように自分の作品を仕立てるのであり、鑑賞者はまた、芸術家が鑑賞者に想像させようとしたことに沿って想像するために、虚構として成り立つ事柄を想像するよう努力するのである(21)。もちろん、芸術家と鑑賞者が実在に対する同じ誤解を共有しているときは(22)、たとえRPが作用していたとしても、芸術家は鑑賞者の想像活動を導くことに完璧に成功する。このとき、鑑賞者が虚構として成り立つと受け取る事柄は、芸術家が虚構として成り立つようにしたとみずから考えている事柄であるだろう。そして、そのことを想像しているとき、鑑賞者は芸術家が想像させるつもりだったことを想像しているだろう。しかし、このとき、本当に（*actually*）虚構として成り立つ事柄という概念は、使い道がなくなるように見える。理論家は、芸術家が鑑賞者に想像させることに成功した事柄、つまり芸術家も鑑賞者も虚構として成り立つと受け取る事柄が、本当には（*really*）虚構として成り立っていないのであり、本当にはその作品が鑑賞者に想像することを命令している事柄ではない、と強く主張することがある。もしも、この制作と鑑賞の働き全体の目的が、芸術家が成功裏に鑑賞者の想像活動を導くことであるとしたら、この理論家の主張の眼目は何になるのだろうか。

そうはいうものの、MBP（またはその変型）が常にRPに優先されるということは決して明白ではないし、通常は優先されるということさえ、まったく明白ではない。MBPは、雲や切り株や星々の配置のような、自然の表象体には当てはめることさえできない。自然の表象体の含意関係をたどっていくとき、おそらく私たちは、芸術家の生きた共同体ではなく見る側の共同体の共有信念でもって進むか、あるいは現実性原理に逆戻りするか、いずれかにならざるをえない。自然の表象体は、芸術家が鑑賞者の想像活動を導くことを追求するための表現媒体ではない(23)。しかし、そんな表象体でさえ、MBPよりはRPによって支配されているときがかなりある、と論ずることはできる。さらに、RPが解釈上よりよい結果をもたらすことが多いかどうかとはまったく別に、表象体について私たちが考えるとき、私にはRPがより根本的な役割を果たしているように見えるのである。

道徳にかかわる虚構的真理が問題になっているとき、私は、MBPよりもRPを選ぶ方が特に理に適っていると思う。この示唆はヒュームの議論と無関係ではない。ヒュームによれば、前の時代の作品を扱うとき「生活態度の罪のない細部」や「思弁的な意見」については、もはや私たちがそれに同意しないとしても、寛容な態度で許容せねばならず、そういう部分のせいで作品の評価を下げるべきではない。しかし、「道徳性や品性」の観念については、私たちが不品行で邪悪であると認めるものを許容すべきではない。ヒュームの言うところでは、「私はそのような気持ちに共感することは不可能であり、かつそうすることは適切ではない。……どれほどその詩人のために弁明しようと……私がその作品を楽しむことは決してできない[24]」のである。おそらく、含意関係をたどっていくとき、「事実」問題に関しては、芸術家の社会の共有信念のようなものに沿って進むべきなのであるが、道徳の問題に行き当たったときには、確かめられるかぎり、真理に沿って進むべきなのである。だから、放血で病気が治るとか、太陽が地球の周りを回っているとか、人間は心臓で思考しているといった事柄でも、芸術家の生きた社会で共有的にそう信じられていて、直接的に生み出された虚構的真理がそれと違うことを示しているのでないのなら、そういった事柄が虚構として成り立つと考える用意をしておかねばならない。しかし、良いインディアンは死んだインディアンだけであるとか、奴隷制は正義であるとか、専制政治における拷問は人道的であるといったことについては、そうではない。もちろん、ことはこれほど単純ではないのだが、私は、多くの人がこの方向に共感するものと考えている。

人種の混合は邪悪であり、その抑圧が道徳的に必要であると共有的に堅く信じられているファシスト社会があるとしよう。その社会で作られた物語の中で、異なる人種の人々が友情を抱くようになり、そのために支配者によって罰せられるということが虚構として成り立っているとする。このとき私たちは、物語を解釈し鑑賞するという限定された目的のためであるにせよ、自分自身のこれと正反対の道徳的信念を棚上げしておくべきなのだろうか。その物語が、虚構においてそういう友情は不道徳であり、それを抑圧することが正当化されるということを含意するのを、私たちは許容すべきなのだろうか。そうすべきだということはまったく明らかではない[25]。それを拒否すれば、もちろん、その物語は私たちにとっては台無しになってしまうかもしれない[26]。だが私たちは、喜んでそれに台無しになってもらってよいと思うだろう。そういう言語道断な信条を受け入れるのを楽しむなどということは、いずれにしても不可能だと判明するだろうから。その物語そのものが、それ自身を「審美的に」破壊するような仕方において道徳的に歪んでいる、と十分言いうるのである。

これは単に、虚構的であると分かっていても、道徳的に歪んでいると思われる命題を想像することはできないとか、気が進まないというだけのことなのだろうか。(愛する人の写真や絵にピンを打っても、紙のほかには何も傷つけはしないと完全に分かっていても、そうすることは難しいという事例と並べて考えてみてほしい[27]。) 共有信念原理を救うために、次のように論ずる人もいるかもしれない。すなわち、その物語では、そんな友愛は邪悪でそれを罰するのが正しいということは、共有信念原理が宣言するとおり、確かに虚構として成り立っている。だが私たちは、それを想像せよという指令に応じることに我慢ならないのである、と。（この事例では、私たちは「純粋に審美的な」立場をとることができず、まったく気が進まないのだ、と言ってもよいかもしれない。）しかし、私は次のように結論することも同じくらい理に適っていると思う。すなわち、ある「慣習（convention）」が存在しており、それは道徳的に歪んだ教説であると自分が思うものを真であると想像することの困難さに根ざしていて、この慣習によって私たちはそういう想像をせずに済むのであるが、この慣習は、道徳性を含むようなケースでは現実性原理に似たものが効果的になるようにしているのである、と。解釈上の問題は道徳性とは独立であって、この二つを混同しないよう注意することが必要なのだろうか。それとも道徳的な考慮がときには解釈上の帰結をもたらすのだろうか。私には、どちらかなのか決めるだけの十分な根拠があるとは思われない。

RPとMBPのどちらの原則を選ぶかの基準例として、無意識のことなど何も知らないフロイト以前の芸術家の作品に精神分析的解釈を当てはめる事例を引き合いに出す者もいる[28]。だが、人がそういう解釈において原理を選択する態度は、決して明快ではない。さしあたり、精神分析理論が基本的に正しいと想定し、虚構としてハムレットが提示するような振る舞いは、現実世界においては重篤なエディプス的葛藤の診断を正当化する、と考えておこう。つまり、誰かがあんな風に振る舞ったなら（また、『ハムレット』によって虚構性が直接的に生み出される命題たちのすべてが真であるなら）、その人物はエディプス的なのである。このとき、シェイクスピアと周りのエリザベス朝時代人がフロイト理論のことなど少しも知らないとしても、ハムレットがエディプス的であるということは、虚構として成り立つのだろうか。RPは肯定的な回答を与え、MBPは否定的な回答を与えるように見える。

しかし、確信的なフロイト派なら、きっとこう答えるだろう。シェイクスピアも同時代人もフロイトについては何も知らなかったが、フロイト理論の多くの部分の正しさを無意識的に知ることができたはずだし、知っていたに違いない、と。シェイクスピアが知っていたということの証拠として『ハムレット』自体が引証されるかもしれない。エディプス・コンプレックスの働きに直観的に気づいていないとしたら、いったいどうやってあんな劇を書くことができるというのだろうか。観客がその劇に反応する事実も、フロイト理論の基本的な主張が直観的に理解されていることを示すものと受け取られうるだろう。ここまでいけば、シェイクスピアとその同時代人は、もちろん暗黙裡にではあるが、エディプス・コンプレックスの了解を他の人々と共有していることが分かっていたと想像することも、あながち無理ではないと思われてくる。シェイクスピアは観客が反応すると期待していたに違いないし、観客も、シェイクスピアが、無意識的にではあれ、入念にハムレットのエディプス・コンプレックスを設定したことが分かったに違いないのである。必要とされる共有信念はすぐに得られる。こうして、MBPを信奉する人々でも、結局は『ハムレット』のフロイト的解釈を受け入れるかもしれない。

解釈上の係争点は、MBPをどのように理解するかという問いに帰着するだろう。意識的かつ明示的に保有されている共有信念は、無意識的に保有されている共有信念よりも優先されるのだろうか。とはいえ、フロイト的な解釈に対する抵抗感の大部分は、私はフロイト理論そのものへの不満に基礎を置いているのではないかと疑っている。ハムレットの振る舞いが現実世界においてはエディプス・コンプレックスを示すという前提命題に対して、現実性原理を受容した上で疑いが残るか、あるいは、この条件法命題がエリザベス朝時代人に（無意識に）共有的に信じられていたという点に疑いがあるか、いずれかが抵抗感の基礎であろう。

解釈に対立が生じるときには、現実性原理によって推奨される含意関係を、共有信念原理によって推奨される含意関係よりも優先するようにしておくことがある。とはいえ、これとは逆さまの態度の方が正しいことが多いのではないかと私は思っている。だが、そうであるにもかかわらず、RPは解釈を行なう上でより重要なものとして出現する。どうしてそうなるのだろうか。

しばしば、対立は存在しない。関係する共有信念が真であるときは、二つの原理は同じ帰結をもたらす。また、信念が真でも偽でも、その共有信念を分け持っている批評家は、どちらの原理を使おうと同じ帰結に達するだろう。芸術家の社会が私たち自身の社会である場合には、私たちは共有信念を分け持つことになる。だから、私たち自身の文化に属する作品の解釈は、いろいろな推定を自然の事実（であると私たちが思うこと）に基礎づけても、共有信念に基礎づけても同じになりやすいのである。

こういう場合、通常私たちは自然の事実に沿って進む。対立が生じたらMBPに似たものを選ぶ用意があるとしても、実際にRPでやっていけるときには、RPを自分の指針とする傾向がある。ムイシュキン公爵やモル・フランダースの血管に血が流れているとどうして私たちは決めてかかるのだろうか。それが人間のあり方だからである。現実の人間の、それゆえに（普通の）虚構的な人間のあり方だからなのである。これが私たちの即座に思いつく回答である。この含意関係の根拠として、生物学的な事実ではなく共有信念の方を主張せざるをえなくなる場合（例えば、仮に現実の人間に血が流れているという考えが間違いだったと判っても、依然として登場人物に血が流れているということが虚構として成り立つのだろうか、と尋ねられたりした場合）があるとしても、即座に思いつくのはこちらである。レオナルド・ダ・ヴィンチは、身体的な特徴によってどうやって心理的な特徴を描き出すかを画家に助言したとき、自分が身体と心理の結びつきの事実と見なす事柄を列挙したのであり、結びつきに関する信念（ないし認知的諸能力）を列挙したのではなかった。

顔貌が人間の本性を示し、その悪徳、その気質を示すというのは真実である。頬と唇を分ける皺、鼻翼と鼻を分ける皺、眼窩と眼を分ける皺は、人が朗らかな気持ちでいるかどうか、またしばしば笑っているのかどうかをはっきりと示す。そういう〔気持ちを示す〕皺をほとんど提示していない人間は、考えに耽っている人間である。顔に皺が深く刻まれた人間は、敵意を持ち、怒りっぽくて、理性的でない。眉間に強く皺が寄っている人間も怒りっぽい。額に水平に強く皺が刻まれた人間は、悲嘆にくれている。秘めた悲嘆の場合も、みずから認めた悲嘆の場合もある。(29)

RPをMBPに置き換えねばならないと感じるのは、二つの原理を適用したときの結果が違ってきそうな場合だけである。典型的には、自分自身の文化とは異なる文化からやって来た作品を扱うときなどである。そういう場合にのみ、私たちは、含意関係をたどるとき、実在そのものではなく実在についての人々の信念に注意を向けるのだ。

だがそれ以上に、現実性原理は、共有信念原理が私たちの推定の導きとなるとき、異文化間の文脈においても解釈の構図に残り続ける。MBPに訴えるときに明言されるその目的は、芸術家がいた社会のメンバーがRPを使って達成した作品理解の方法を再現することである、ということになるだろう。私たちは、シェイクスピアをエリザベス朝の見方で理解したいのであり、ジャワのワヤン・クリ〔影絵芝居〕の上演を伝統的なジャワの見方で理解したいのである。これは、特定の人々が現実にこういう作品を理解したときのやり方を正確に複製することが目的だ、と言っているのではない。私たちは、例えば、ある面では元々の観客たちよりも鋭い洞察力を持ちたいと思うだろう。私たちが追い求めているのは、元々の観客の理解を理想化したようなもの、言わば、その人たちが心から得たいと思っていたであろうような理解なのである。しかし私たちは、エリザベス朝時代人やジャワ人の立場になって、彼らの視点を何らかの仕方で採用しようとする。そして、その立場から、私たちが何とか実現できる限りで最善の作品解釈を達成することを追求する。エリザベス朝時代人やジャワ人は、自分たちの文化の作品を扱うとき、作品に関する推定の多くを、実在の上に基礎づけていたはずである。知識の限界はあったが、彼らは彼らなりの最善を尽くしたのである。こういう解釈を再現するためには、また彼らが理想的には到達しえたであろう解釈を再現するためには、私たちが実在だと思っていることに訴えるのではなく、彼らの実在の考え方に訴えなければならない。私たち自身はMBPに似たものを利用せねばならない。共有信念原理を採用する背後にある主たる理由は、芸術家の社会における共有的な信念を所与とするとき、現実性原理が生み出していたかもしれない結果を再現すること、なのである。

だが、私たちが追い求めているのは、結果だけではない。結果を得るために現実性原理を利用する過程も、また重要なのである。その過程は、単にどんな命題が虚構として成り立つのかを了解し、それを想像するために、何が共有的に信じられているのかを冷静に確認する、ということではない。私たちは、そういう信念を自分も共有しているところを想像し、芸術家の社会で共有的に信じられているように自分もまた信じているところを想像し、その立場から自分がＲＰを適用していると想像するのである。こうして私たちは、ＲＰの想像上の適用の結果を受け入れるのだが、この結果はＭＢＰからの結果と近似的に一致する。私たちは、これが実在の世界だと自分が受け取るであろうと想像する実在の世界を基礎として、作品についての推定をしているのである。

私たちがこうして現実性原理にこだわり続けるのはなぜなのだろうか。作品にかかわる推定をＭＢＰではなくＲＰに意識的に基礎づけることは、いくつかの有利な点を備えている。私たちは有利さの全体を理解しうる位置にはまだ到っていないが、中心的な着想は、鑑賞者が表象体を小道具として利用してごっこ遊びに参加する、という点にある。広く見受けられる特に重要な参加の形式は、ごっこ遊びにおいて、自分が一定の仕方で実在を探究しているということが虚構として成り立つ、というあり方である。これが虚構として成り立つのは、鑑賞者がその作品の世界を実際に探究するやり方のおかげである。作品の中で何が虚構として成り立つのかを発見する過程によって、鑑賞者にとって、ごっこ遊びの中で自分が真実を発見するということが虚構として成り立つのである。ＲＰはこのような参加の仕方を特によく促進する。なぜなら、虚構世界をＲＰに沿って探究することは、現実世界を探究することを忠実に再現するからである。

簡単な例示が役に立つだろう。短編小説を読みながら、ロレッタは、登場人物のアンディが一定の仕方で反社会的な振る舞いをする、ということが虚構として成り立っているのに気づく。ロレッタは、作品に関する推定を現実性原理に基づかせ、虚構としてアンディが遺伝性の神経疾患に罹っていると推論する。というのも、現実の人間がその種の振る舞いをするのは、その種の疾病の兆候であると考えられるからである。しかし、他の人々から、似たような状況でのそういった行動は、むしろ幼児期のトラウマ的な体験によって説明できるとか、あるいは、有害なキノコ類の摂取による脳内の化学的不均衡によって説明できる、といった示唆が与えられる。そこで、ロレッタは問題を調べるために医学図書館を訪れる。彼女は自分の意見に確信を抱いてそこを後にする。その種の反社会的な振る舞いには生得的な神経学的基盤があり、ロレッタの元々の解釈があらためて確認されたのである。

その短編を読んで考えているとき、ロレッタはごっこ遊びをしている。そのごっこ遊びの中では、ロレッタがアンディの反社会的振る舞いに気づき、アンディは遺伝性の神経疾患に罹っていると推論するということが、虚構として成り立っている。なぜなら、図書館での調査もまた簡単にこの遊びの中に組み込める。なぜなら、図書館でロレッタがやることは、そのまま現実の人間に関する診断を確かめるためにも行なうことだからである。虚構において、ロレッタは著名な専門家が反社会的な疾患について刊行した最新の発見を調べ、アンディの病状がどのように説明されるのか知ろうとするのである。

共有信念原理が働いているとき、物事はこんなに円滑には進まない。メイベルは同じ短編を読み、アンディが反社会的に振る舞うのに気づく。メイベルはMBPを利用して、アンディが悪魔に取り憑かれているということが虚構として成り立っていると推論する。というのも、著者の社会ではそういう振る舞いが悪魔による憑依の兆候であると共有的に信じられている、とメイベルは考えたからである。この推論を確認するために、メイベルは適当な歴史資料館を訪れる。彼女は、自分の考えた通りのことが著者の社会では共有的に信じられていたことを確信して、そこを後にする。メイベルは自分の解釈をあらためて確認したのである。

メイベルは、ロレッタ同様、ごっこ遊びをしている。虚構としてアンディは悪魔に取り憑かれているとメイベルが決定したとき、その遊びの中で、メイベルがそう決定し、アンディは取り憑かれていると虚構的に考えたのは、アンディの反社会的な振る舞いに基づいてである、ということが虚構として成り立っている。だが、メイベルの歴史的な調査は簡単にはこの遊びに組み込めない。メイベルは、著者の社会で反社会的振る舞いの原因として信じられていたことを確かめようと試みた。そのとき、その社会の人々の信念は間違っているとか、偏見であるとか、自己欺瞞に陥っているというように自分が（また、近代科学の信奉者や迷信の破壊者が）考えていることは無視している。すると、この試みは、現実の人間を診断することにはまったく似ていないのだから、メイベルの探究が、虚構においてアンディの振る舞いの原因の探究であると解釈することは、うまくいかないだろう。

しかし、メイベルも自分のごっこ遊びに参加しているということには意義がある。歴史資料館で調査した結果として、人々に取り憑いて反社会的に行動させる悪魔が存在する、ということが虚構として成り立つとメイベルは考える。そして、自分のごっこ遊びの中では、自分がそのことを信じているということが虚構として成り立つことを、メイベルは理解している。メイベルは自分がそう信じていると想像しているのである。こういうやり方で、彼女は、自分が芸術家の社会のメンバーの立場に立っていると想像する。虚構として何がアンディの振る舞いの原因なのかを、引き続きMBPに合わせてメイベルが決定していく作業は、その多くが彼女のごっこ遊びの中に組み込まれないが、それは悪魔憑きがありうるという人間本性についての見方を前提にして遂行される。メイベルがこの見方を取っているということが虚構として成り立っているからである。虚構として、メイベルはその見方で証拠を考察し、アンディは憑依されているという結論に達する。しかし、メイベルの現実の宗教的確信と科学的信念はごっこ遊びの外に置かれたままである。彼女がそれらを保有する理由も、保有するに到った過程も一緒に外に置かれたままである。歴史的な調査が必要だったのは、いったいどんな世界観を彼女が受け入れることが虚構的に成り立つのかを決定するためである。メイベルは自分が立つに到る立場がどのようなものなのか想像する必要があるのだ。ところが、この過程——芸術家の社会のひどく風変わりな信念を調べる過程——自体は、虚構としてそういう世界観を採用するに到る過程であると見なすことは容易ではない。これに対し、ロレッタは、自分自身について真であること（および、自分自身について真であると知っていること）を、メイベルよりも多く自分のごっこ遊びの世界に移し入れることができる。

この、同時に両立はしない二つの原理の関係性は、次のようなものになる。共有信念原理は、どのような虚構的真理が含意されるのかを決定する仕掛けとして理解されるとき、芸術家に何が虚構的かに関するより有効な支配力を与え、芸術家の身近にいる鑑賞者に、虚構的なものへのより容易な接近経路を与える。そして、共有信念原理は、芸術家が鑑賞者の想像活動を導くために表象体を利用するのをより容易にする。現実性原理は、どのような虚構的真理が含意されるのかを確認するために鑑賞者によって利用されるとき、鑑賞者のごっこ遊びへの参加をより豊かで自然なものとすることに貢献する。この両方の原理が、尊敬すべき批評家たちの実践において、重要な場所を占めることは驚くに当たらないのである。

ＲＰを使ってもＭＢＰと一致する結果が得られると予想されるときは、どちらのやり方を取ってもよい。これは、典型的には、認知的に均質な文化のメンバーが、自分たちの仲間の芸術家によって創造された表象体を鑑賞するときに生じる。

読者の中には、すでに現実性原理と共有信念原理に対する反例に気づいていて、私が忍耐強くこの二つを扱っていることに我慢できなくなってしまった人もいるかもしれない。そういう反例は、おそらく膨大な数に上るだろう。だが、含意の仕組みへの私たちの関心は、この二つの原理の妥当性を評価することをかなり越えて先まで及ぶのを覚えておかねばならない。とはいえ、反例に目を向けるときではある。最初に、一定の虚構的真理が他の虚構的真理によって含意されることが明らかであるように見えるのに、その含意関係がＲＰによってもＭＢＰによっても是認されない事例をもっぱら扱うことにする。本章５節で、その反対の例に注意を向ける。すなわち、含意は成り立たないと思われるのに、ＲＰとＭＢＰの一方または両方に従うと成り立ってしまう含意関係を扱う。

他のさまざまな含意関係

銃の使い方を心得ている男は、映画の約束事によると、
ロバに乗った男ではない。
——ポーリン・ケイル『私はそれを映画で失った』

以下に挙げるのは、現実性原理と共有信念原理のいずれに

よっても是認されない含意関係のいくつかの例である。

(a)どんな子どもでも魔女を描くことができる。黒いマントと尖った帽子を身につけて、長い鼻をした女性を描けば、それで大抵うまくいく。ほうきの柄と黒猫と満月があればもっと決定的である。虚構として魔女がいるという事実が、虚構として黒いマントと尖った帽子と長い鼻の女性がいることによって、含意されるのである。しかし、(現実世界において)黒いマントと尖った帽子を身にまとった長い鼻の女性が存在し、さらにほうきの柄と黒猫もそなえて満月の下にいれば、魔女がいることになる、というのは事実ではない。また、こういうことが子どもの社会で共有的に信じられているわけでもない。そんな人物は、ハロウィン・パーティのために扮装した婦人である可能性が非常に高い。私たちは皆このことがよく分かっている。仮にその絵によって直接的に虚構性が生み出される命題群の全体を私たちが受け入れるとしても、それらの命題のすべてが真であるならば、魔女がいることになるだろうということは、おそらく真でもなければ、共有的に信じられているわけでもない。だから、虚構として魔女がいるという含意は、現実性原理によっても共有信念原理によっても認可されない。ところが、この含意が認められることに疑問の余地はない。その絵が魔女を描いていることは間違いない。

(b)ジェイムズ・サーバーの短編「庭先のユニコーン」に添えられた線描画は、額の中央に一本の角がある馬に似た動物を描いている。それがユニコーンであり、色は白であるということは(お話そのものや表題の助けがなくても)一目瞭然である。[30] だがユニコーンは、私たち皆が知るとおり、神話上の動物である。仮に一本の角がある馬に似た動物が現実世界に存在するとしても、それは白くはないということが最もありそうなことである。白以外の可能性を考えない人はいないだろう。(最もよく似た動物はもっと暗い色をしているのだ。)だが問題の動物が白い色をしていることは、疑問の余地なく虚構として成り立っている。ところが、私たちの原理はいずれもこの含意関係を了承しない。

(c)コンラッド『密偵』における、ヨーロッパ大陸への航海中のヴァーロック夫人の自殺のことを思い起こそう。「海峡連絡船女性客の自殺」という新聞の見出しが読者にヴァーロック夫人の自殺を知らせる。だが私たちは、どうして、ヴァーロック夫人が犠牲者だという結論にそんなに無責任に飛びついてしまえるのだろうか。確かに私たちは追加の状況証拠を持ってはいる。夫を殺害したあとでヴァーロック夫人が取り乱していたことや、絞首台を怖れていたことを知っている。彼女は以前にテムズ川で溺死することを考えていた。オシポンは彼女を列車に置き去りにし、彼女の金を盗んだ。しかし、こういった追加の証拠は、虚構として連絡船から飛び込んだのがヴァーロック夫人であるという事実を確立するために、ほとんど必要になりはしないのだ。こういった証拠でさえも、現実の事件の場合は裏付けを必要とする。同じ夜の海峡横断船に自殺した別の乗客がいたということも容易にありえたかもしれないからである。新聞がそういう状況でそういう見出しを載せていたならば、飛び込んだのはヴァーロック夫人だろうということは、最も好意的に見ても疑いうることである（つまり、彼女ではなかったというよりはありそうなのかもしれない、という程度である）。この反事実的条件文が共有的に信じられるなどということも、これに劣らず疑いうることである。にもかかわらず、虚構としてそれが彼女の自殺だったということには、いかなる疑いもないのである。

(d)スリザーガディ

スリザーガディはのたくりながら海から現れた。
やつは他の者たちを皆つかまえる。だが、俺をつかまえはしない。
おお、おまえは俺をつかまえはしない、なあスリザーガディ！
おまえは他の者たちを皆つかまえる。だが、俺をつか——[31]

スリザーガディはまさに高慢ちきな語り手をつかまえた。私たちは語り手の破滅を面白がる。高慢ちきな語りが言葉の中途で急に止まったことからスリザーガディが語り手をつかまえたことが分かる。しかし、これは正気の沙汰でないくらいせっかちな推論だ。語り手は大事な約束を急に思い出したのかもしれないし、コーヒーをこぼしてしまったのかもしれない。蚊を叩いたのかもしれないし、しゃっくりかもしれない。サーカスから逃げた虎の攻撃でさえ、海の怪獣スリザーガディに突然呑み込まれてしまうことよりは、起こりうることである。現実世界の実例としては、この中断について最も成り立ちそうな説明は、語り手が言葉の中途で終わっている詩を暗唱している、というものだろう。

(e)幻想文学の読者は、語り手や他の登場人物がそう言っただけで、けた外れに馬鹿げたことを受け入れてしまう。『ホビットの冒険』では、さまざまな登場人物が、身につけると姿が見えなくなる指輪について語る。すると私たちは、ためらうことなく——そしてまたそれでよいのだが——登場人物たちが真実を語っており、そういう指輪が存在するということが虚構として成り立つと見なすのである。

(f)中世とルネサンスの絵画では、聖セバスチャンは、多数の矢が胴体を貫いていることによって同定できる。しかし、無数の語られざる人々が同じ仕方で死んでいったのである。どうして、描かれている犠牲者がセバスチャンであると決めてかかってよいのだろうか。光輪があれば、他の幾人かの候補者——例えばカスター将軍とか——は排除できる。また、場面や服装の詳細によっても排除できる。しかし、そういう手がかりはほとんど必要とされない。中世およびルネサンスのキリスト教美術では、問題の人物が虚構として聖セバスチャンであるということをまったく疑惑なく確立するために、虚構において人物が多数の矢によって貫かれているという事実以上のことが要求されることは滅多にないのである。

(g)パノフスキーは、よく知られたルネサンスの図像体系の研究のほかに、二〇世紀初頭の無声映画の「一定不変の図像」についても語っている。それは「基礎的な事実と登場人物について観客に教えるものとなっていた」のである。

標準化された外観や振る舞い方、小道具《アトリビュート》によって、次のような人物像が生まれた。妖婦と堅苦しい娘、……家庭的な男と悪漢。悪漢は黒い口髭と散歩用の杖で示された。夜の場面は青か緑のフィルムに焼かれた。チェック柄のテーブルクロスは、きまって「貧しいけれど正直」な境遇を意味した。幸せな結婚は、過去からの影によって危機に陥るのだが、それは若い妻が夫に朝のコーヒーを注いでいる場面で象徴された。初めてのキスは、いつでも相手のネクタイをご婦人が優しくもてあそぶことで告げられ、それはいつでもそのご婦人が左足でちょっと蹴る仕草を伴った。(32)

明白なことだが、以上のような例を挙げた目的は、単にRPとMBPが不十分であることを提示するためではない。しかし、人々が受け入れている批評的な活動の非常に大きな部分を、この二つの原理が説明せずに放置していることは明らかである。これらの原理は、それぞれ別々でも二つ一緒にしても、含意関係の仕組みの体系的で包括的な説明を与えることに近づいてさえいない。二つの原理がこの目的を達成するのにどれほど不足しているか、またそれをどのように達成できないでいるのか、さらに、二つが対処し損ねている含意関係がどれほど多く、どれほど多様であるか、こういったことをよく理解することが重要である。そういう含意関係が持っている個々の形の多くは、RPとMBPの命運に対する関心とはまったく無関係に、私たちにとって興味深いものなのである。

上の例の中には、どちらかの原理の変形を示唆するものもある。いくつかは神話や伝説を利用している。サーバーの社会において、誰かが一つの角を持つ馬のような動物に出くわしたらそれは白いユニコーンであるということは、真でもないし共有的に信じられてもない。だが、その社会にはある伝説が存在していて、その伝説の中ではこのことが虚構として成り立つと主張できるということは、共有的に認知されている。共有的に認知されている伝説が現実性や共有信念の代わりになるという原理は、サーバーの素描の含意関係を基礎づけるものとなりうる。

しかし、RPやMBPを直接の手本として作られた原理が、いろいろな含意関係で神話や伝説が果たしている役割をうまく捉えうるかどうかは疑わしい。ある共有的に認知されている伝説の中では、魔女が存在し、かつ魔女は長い鼻をしてとんがり帽子をかぶっている、ということが虚構として成り立っている。ところが、その伝説の中で、この描出に合致した女性がいたらそれは魔女である、ということが虚構として成り立つかどうかは、それほど明らかではない。ハロウィン・パーティは存在しないということもその伝説の一部なのだろうか。魔女でない女性はそんな服装をしないとか、本物の魔女は偽物の魔女よりずっと数が多い、といったことが伝説の一部なのだろうか。

(c)(f)および(d)は、神話や伝説よりも、普通に成り立っている現実や、芸術家の社会で信じられていた現実の方に関わりが深い。ところが、これらの例はRPにもMBPにもうまく合致しない。海峡連絡船での自殺という新聞の見出しは、そのときヴァーロック夫人なる人物が自殺しかねない心境で海峡を渡航していたという事実と合わせると、この人物の方を漠然と指してはいるだろう。だが、それは決定的というにはほど遠い。ある人物が無数の矢に射られて死んだという情報は、少なくとも、その人物が聖セバスチャンであるという推測への非常にかすかな根拠でしかない。また、単語の途中で止まったからといって、話し手が海の怪物の犠牲になったということが、それ以外の可能性よりほんの少しでもありそうになるわけではない。こういった証拠の繋がり具合、つまりそういうことだったのだと共有的に信じられている事実は、明らかに含意関係の成功に関係している。ところが、証拠の強さはほとんど問題にならないのである。含意関係を成立させているのは、むしろ証拠の目立ち方、つまり、どれほど実質を欠こうとそれがとにかく証拠になっているという事実の明白さなのである。自分はスリザーガディに決して襲われはしないという自慢げな言葉が急に途絶えたら、その人物はその怪物に捕まってしまったのだという考えが自然に心に浮かぶ。そんなことが現実に起こったのだと認めるには、言葉の中断は、ほとんど消えてしまいそうなほど些細な根拠にすぎないとしても。

かなりな程度に目立つという条件が満たされるかぎり、非常に薄弱な証拠でさえ含意関係を基礎づけることができる。それならば、証拠連関を（現実においても信念においても）まったく含んでいないが、証拠連関とは違う種類の単に十分目立つだけの結びつきや連想を含むような含意関係もあるはずだ、と期待されるだろう。もちろん、そういう含意関係は存在する。連想の流れが、ある一定の表象体の伝統の中でのみ成り立つという場合があるし、さらにそれが表象体そのものによって確立される場合もある。パノフスキーが述べている無声映画の図像体系は、（少なくとも部分的には）そのジャンルに特有の慣習規約から構成されている。それは、（大まかには）ある一定の命題群が虚構として成り立つときには、別の命題群も成り立つという趣旨の規約である。京劇には、装束と化粧によって登場人物の類型を示す洗練された記号体系がある。例えば、白塗りの顔は不実ないし狡猾を表すのである。こういった慣習規約は通常は明示的に特定されたり確立されたりはしない。パノフスキーのような評論家による事後的な指摘は例外である。慣習規約は伝統とともに発達し、伝統に親しむことを通じて鑑賞者が学習していく。より「自然な」結びつきをもつものもある。身体に突き刺さった矢はその身体を聖セバスチャンと同定するというのは、ルネサンスの慣習規約である。この含意関係が成立するのは、セバスチャンが多数の矢に射られて死んだからというよりは、また、そう信じられていたからというよりは、それが、伝統的にセバスチャンが肖像画に描かれるときのやり方だからなのである。しかしこの慣習規約は、おそらく、主としてセバスチャンの死の状況についての事実（または共有信念）の結果として生じたのであろう。また、山高帽をかぶって雨傘を持った人物を描くと英国人だということになるというある種のフランス漫画の解釈の源は、おそらく、英国人を山高帽と雨傘に結びつける神話ないし冗談であるか、あるいはこれらはよく一緒にあるという共有信念であるだろう。

含意関係の中には、「慣習規約的」と考えるのはあまり座りがよくないが、前例に明白に依存しているわけでもなく、かといって証拠の（現実的、または信念上、伝説上の）連関にもほとんどまったく関わりがない、というものもある。さまざまな比喩がそうであるように、肝心の部分はどういうわけか把握できるけれど、なぜ把握できるのかは分からないのである。肖像画を観る人々は、他の人物より大きく描かれている人物がより重要なのだということを、この工夫が慣習になる以前でさえ、容易に了解すると思う。[33] 映画好きの人は、夢の場面や回想の場面、未来予測の場面などを示す仕掛けをうまく解読している。そういう仕掛けには、煙幕、焦点の暈けた映像、カラーから白黒への変化、先行ないし後続の出来事への登場人物による言及（映画『アンナ・カレーニナ』では、駅の場面に切り替わる寸前にヴロンスキーが「アンナには駅できっと会うはずだ」と言う）などがあるが、その解読は他の作品中の特定の明白な先例に依存するものではない。私たちは表象体を創造する人々が何を実現しようとしているのか分かっている。彼らの仕事の大きな部分は、多くの命題を虚構として成り立たせることなのである。ある作品がいくつかの虚構的真理を生み出すようになっていて、さらに芸術家によってそれらの真理以外の命題にも注意が向かうようにうまく調整されている場合、しばしば容易に分かることだが、芸術家がそうした理由は後者の命題も虚構として成り立つようにすることなのである。これが芸術家の目的だったと思われるときには、大抵、注意を向けられる命題が虚構として成立し、その虚構性はこの命題に注意を引きつけた虚構的真理によって含意される、という理解が存在することになりやすいのである。

すでに見たように、共有信念原理は、芸術家が鑑賞者の想像活動を導く表現媒体となるという表象体の役割には、現実性原理よりも適している。共有信念原理が働いているとき、鑑賞者は、虚構として成り立つこと、つまり想像するよう表象体によって命令されていることを想像するのに、より容易に成功する。またそうする際、芸術家が想像させようと思ったことを鑑賞者が想像するということがより生じやすい。

とはいえ、決してＭＢＰだけがこの目的に適しているわけではない。他のやり方でももっと直截に、またＭＢＰに劣らず効果的に目的を達成することができる。作品のどの特徴がどういう虚構的真理を生み出すのかについての認識が、（関係する重要な特徴を芸術家が統御でき、鑑賞者が確認できるという条件の下で）

芸術家と鑑賞者によって共有されていれば十分なのである。現実世界に関する誰かの信念がここで特に影響を持つべき理由はない。含意関係に関する限り、これこれのことが虚構として成り立つときはいつも、しかじかのことも虚構として成り立つ、という単純な慣習規約で十分役に立つ——例えば、一九二〇年代の映画の決まりでは、チェック柄のテーブルクロスで一家が食事をしているということが虚構として成り立っているのなら、彼らは「貧しいけれど正直」な境遇にあるのだった。明示的な決まりなしにこういう了解が達成されるなら、ますますよい。含意する虚構的真理と含意される虚構的真理の間の顕著な結びつきは、ほとんどいかなる結びつきでも、そういう了解の基礎となりうる。これこれが成り立てばしかじかも成り立つ、というはっきりした共有信念は、そういう多くの結びつきのうちの一つにしかすぎないのである。

含意の原理が貢献しうる重要な目的がもう一つあることはすでに触れた。それは、鑑賞者をごっこ遊びに参加する気にさせて、参加の内容を豊かにするという目的である。RPがこの目的に特に適していることは言及したが、MBPもこの点ではRPの強みの多くをなんとか保っている。しかし、RPやMBPとは似ていない原理に含意関係が基礎を置いているかぎりで、この目的はほぼ放棄される。

ロレッタは、アンディの反社会的な行動という虚構的真理に基づいて、アンディが生得的な神経疾患に罹患しているということが虚構として成り立つと判断している。ロレッタがこう判断するとき、自分のごっこ遊びの中において、その反社会的行動から見てアンディは当該の疾病に罹っているとロレッタが判断する、ということが虚構として成り立っている。虚構において、アンディの行動（とそれを取り巻く状況）は、ロレッタがアンディの神経系の機能が正常でないと信じる理由を構成しているのである。ロレッタがRPを物語の解釈のために使ったのが正しく、かつ物語の中に見出される含意関係の把握も正しいと前提すれば、ロレッタの理由づけが正しいものであり、かつアンディの反社会的な行動は確かに神経疾患の十分な兆候である、ということが虚構として成り立つ。

このことは、メイベルについても成立する。MBPを使って、メイベルは、アンディの行動とその状況に関する虚構的真理が、虚構として彼が悪魔に取り憑かれていることを含意すると見なす。このとき、メイベルのごっこ遊びの中で、メイベルがアンディの反社会的行動を見て、彼は悪魔に取り憑かれていると判断するということが（メイベルは現実の生活ではそんな推論を決してしないのだが）、虚構として成り立つ。虚構においては、反社会的行動が悪魔に憑依されていると信じる理由になっているのである。MBPを使ったことと物語の中で見出される含意関係の把握との両方においてメイベルが正しいとすれば、メイベルの理由づけが正しいことが虚構として成り立つ。アンディの反社会的な行動は確かに悪魔に憑依されていることの十分な兆候なのである。

しかし、ロバートが、デューラーの制作とされる木版画をじっくり見て、男の身体を貫いて矢が描かれているのに着目し、（ＲＰとＭＢＰに逆らって）その身体は虚構として聖セバスチャンであると推論したとする。このとき、ロバートのごっこ遊びの中では、それらの矢がその人物をセバスチャンであると同定した理由の重要な部分を占めるということが虚構として成り立ってはいない。また、それらの矢がその同定の十分な根拠を成すということも虚構として成り立ってはいない。虚構の中では、それらの矢は、その身体がセバスチャンの身体であるということのまったく取るに足りない印しを提供するにすぎないのである。セバスチャンが無数の矢に射られて死んだ歴史上唯一の人物（あるいは歴史上唯一の聖人）であるということは、虚構として成り立っていない。だが私としては、ロバートのごっこ遊びの中で、ロバートがその身体はセバスチャンの身体であると知っているということは、虚構として成り立っている、と主張したいのである。とはいうものの、おそらくその虚構において、ロバートはどうやってそれを同定したのか、彼が根拠としているのは何か、という問いへの回答はない。ロバートのごっこ遊びの世界はこの点で不完全なのだ。虚構として成り立つことについてロバートが行なった現実の推論や、それが虚構的であると考えた理由は、ロバートのごっこ遊びの外にある。結論だけが、そのごっこ遊びにおいて虚構として成り立つことに影響を及ぼしているのである。

同じように『スリザーガディ』の中では、語りが突然中断されたことが、それ自体でスリザーガディが語り手を捕まえたということを受け入れる十分な根拠になる、ということは虚構として成り立っていない。また、読者のごっこ遊びにおいても、語りの中断がこのことを受け入れる理由になる、ということが虚構として成り立つわけでもない。それは、怪物が語り手を捕まえたことと、読者が（とにかく何らかの仕方で）それを知ったということが、疑問の余地なく虚構として成り立つとしても変わらない。

チェック柄のテーブルクロスの例はこれほど明快ではない。一つの慣習規約として、ある人たちがチェック柄のテーブルクロスで食事しているということが虚構として成り立っているときはいつも、その人々は貧しいが正直な境遇に生きているということも虚構として成り立つ、ということが存立する。この慣習規約は、虚構において、チェック柄のテーブルクロスを使用しているすべての人はそういう境遇にいる、という了解を伴うということがあってよい。だが、必ずしもそうでなくてもよいのである。チェック柄のテーブルクロスと正直者の貧困との間に法則的で証拠に基づく繋がりがあるということは、虚構として成り立たなくてかまわない。さらに、そんな繋がりはないのだということが虚構として成り立ってもかまわない。それゆえ、ある観客が、規則に正しく従って一方の虚構的真理から他方へと推論したときに、その観客がテーブルクロスの柄から境遇を推論したということが虚構として成り立たなくてもよいのである。

誰も驚かないと思うが、間接的な生成の機構はとても不規則

図 4-1　パブロ・ピカソ『海辺をかける二人の女』1922年，ピカソ美術館蔵。1924年のバレエ『青列車』の緞帳として使用された。

なものであることが判明する。含意関係は何らかの単純な、つまり体系的な原理、ないし原理の集合に支配されているようには見えない。そうではなく、入り組んでいて、動きやすくて、しばしば競合している一連の了解、先例、局所的な慣習、顕著さ、といったものに支配されているように見える。異なる必要に応じるはっきり異なった原理たちが、違う事例でそれぞれ作用していて、どの原理がいつ適用できるのかを決める一般的で体系的な高次の原理が存在するということはありそうにない。芸術と社会と世界についての経験と知識が批評家の技量を研ぎ澄ます。だが、最終的には、批評家はみずから手探りで進むしかない。

ピカソの『海辺をかける二人の女』（図4-1）に関する以下の解説は、虚構的真理を含意する仕掛けの多様性を申し分なく例証してくれる。この例では、一つの作品に一つないし一群の虚構的真理が含意されている。ただし、ピカソの目的は、これらの人物たちが動いている（素速く動いている）という命題が虚構として成り立つことを確立するというだけではなく、「運動している感覚」を伝えることでもある。ピカソは、動いているという虚構的真理を違う仕方で何回も確立するということによって、これを達成している。

二人の人物が前へと進んでいく強い力は、相伴って作用するように計算された歪みの組み合わせによって、抗しがたいものとなっていることがわかる。先頭を切る動きは、前方に伸びて二人の走る方向を指し示す普通よりずっと太い腕によって示されている。この動きは、流れる髪とひるがえる衣、長くのびた雲、少女たちが駆け抜ける海と空を分かつ何もない水平線といったあらゆる細部によって強められる。しかし、最も効果的な特徴は、先頭を切る少女の前を指す腕と、あまりの勢いに後ろに取り残されそうな小さすぎる足との間の、触覚的な緊張である。実際、私たちに与えられているのは、強力な、起こるはずのない事象なのだ。それは造形的な工夫と心理的な工夫とによって強められている。例えば、連れの少女はこんな速さで行くのは気が進まないように見えるが、それは心理的な対照を強めている。[34]

4　直接的生成の機構

直接的生成の機構は、含意の機構よりも多少とも秩序だっているのだろうか。そう思ってしまうのはよくない。表象体は、第一次の虚構的真理を比較的単純で予測可能な仕方で打ち立てるのであって、物事がめちゃくちゃになるのは第一次の虚構的真理から推定するようになってからだ、と思ってしまう人が出ないように、直接的な生成の例をいくつか簡単に見ておこう。この目的のためには短い概観で十分だろう。ただし、事例のうちのいくつかは後になって詳しく見る機会がある。そして、いろいろな種類の事例で虚構的真理が生み出される一つひとつの手立ては、それ自身として興味深いものがある。

言語的な表象体と絵画的な表象体とでは、直接的生成の原理が大きく違うことは明白である。二つの様式のそれぞれの中に一貫性を探そうとする人もいるだろう。文学作品は何が虚構として成り立つのかを言い、絵画作品は見せるのだろうか。この示唆は、言うことと見せることの概念的な曖昧性をことさら利用しなくても、容易に掘り崩される。この示唆を斥けるなかで、本章2節において私がなぜ、直接的に生み出される虚構的真理とは作品が明示的にしている虚構的真理である、と同定するのに抵抗したのか、分かるはずである。

文学作品が虚構性を直接的に生み出す命題は、作品の書かれた言語を所与とすれば、作品の言葉によって表現されている命題である、と思ってしまいがちである。だが、こんな気持ちはすぐに消え失せる。[35] そういう命題の多くは虚構としてまったく成り立たない。最も明らかなのは、「信頼できない」語り手をもつ作品（フォードの『良き兵士』のような）の場合である。命題が虚構として成り立つとき、その虚構性はしばしば含意されるものであって、第一次のものではない。ある人物（語り手）がそのテクストにある言葉を発するということは、多くの場合、虚構として成り立つ。語り手が「信頼できる」場合は、これがその言葉の表現していることの虚構性を含意する。問題の言葉を誰かが発するということは、少なくとも、常に虚構として成り立つ。このことは第一次の虚構的真理の核心を構成するのだろうか。違う。ある場合は、ただ単に、それらの言葉を誰かが発することなく考えるということのみが、虚構として成り立つ。あるいは、言葉が表現しているのが、その人物の空想だったり、夢だったり、欲望だったりする。ある場合には、たぶん、語り手がいない。そして、語り手がいないことが、そのテクスト（何らかの仕方で文字通りにではなく解されたテクスト）によって直接的に虚構性が生み出されることとして表現されていることなのである。読者にとって、これらのいくつかの可能性のうちのどれが成立しているのかが非常に不確かであることはまれではない。

絵画などの画像表現においては、通常、語り手に似たものは存在しない。それゆえ、通常、信頼できない語り手のことを気にかける必要もない。では、絵画の中で提示されている（*shown*）ものはすべて、その絵画が直接的に虚構性を生み出しているのだろうか。一人の男が提示されていたら、一人の男が存在することは第一次の虚構的真理なのだろうか。その男の血管に血が流れていることや、ウィーンに兄弟がいることなどは、おそらく含意されるだけであるとしても。ところが、そうではないのだ。ルソーの描いた『夢』は、象と二頭の虎と蛇使いを提示していおり、そのまったただ中で、夢を見ている人が眠っている。だが、象やその他のものが存在するということは虚構として成り立たない。そうではなくて、単に夢を見ている人がそういうものの出てくる夢を見ている、ということが虚構として成り立っているのである。その人が密林の中で眠っていることも、自分がそうしているという夢を見ていることも、いずれも虚構として成り立たない。とはいえ、このような事態が「提示されて」いるように見えるのである。イングマール・ベルイマンの『狼の時刻』の晩餐の場面では（図8-12）、私たちは、神経を病んでいる画家ボイルの目を通して晩餐会を見る。晩餐の客たちの顔は怪物のように歪んで提示されている。だが、客たちが怪物のように歪んでいるということではなく、それがボイルに客たちが見えている見え方であるということのみが、虚構として成り立つのである。『羅生門』で提示されているのは、森の中で起きた事件の互いに対立する複数の描出なのだが、それらは目撃者たちの証言に沿うかぎりにおいて起こったことなのである。それらの証言はすべてが真ではありえない。（第8章7節を見よ。）

絵が「提示して」いることという概念は、適当に操作することができる。デュシャンの『階段を降りる裸婦』は、一人の女性の連続的な歩みを提示しているというよりも、むしろ前後に列を成して階段を降りていく複数の女性たちを提示しているのではないか。ベノッツォ・ゴッツォリの『サロメの踊りと洗礼者ヨハネの斬首』では、サロメの踊りとヨハネの斬首、およびサロメが首をヘロデに見せているところが同一の画面に描かれているのだが、これらの出来事が同時に起こったと提示されているのではないか。提示されていることが虚構として成り立つことであるという（そして、これらが第一次の虚構的真理であるという）仮説にうまく合わせるために、同時に起こったと提示されているのではないと強く主張することは可能である。だが、こう主張することは、画像表現の第一次の虚構的真理を確定するときの困った問題を、画像表現が何を「提示しているか」という問いの方に移動させることでしかない。『階段を降りる裸婦』が表象しているのは列を成す裸婦たちではなくて、階段にたった一人の女性がいることが虚構として成り立っているのだとすると、いったいこの絵が列を成す裸婦たちを「提示して」いることを否定する根拠は何なのだろうか。そして、この絵が提示していることに訴えることは、この絵画が虚構として成り立たせていることを決定するという課題に対し、どういう助けになるというのか。

以上のような否定的な観察結果への反応として、直接的生成がどのように作動しているのかを見ることに期待をかけると、私たちはまさに寄席の出し物さながらの多様性に迎えられることになる。芸術家は既知のあらゆる手法を使うし、それ以上のこともするのだ。多かれ少なかれ伝統的な技法もあるし、驚くほどその場しのぎのやり方もある。（子どもたちのごっこ遊びでは、型にはまらない小道具が即興的に利用されるのが思い起こされる。）何が虚構として成り立つのかについて、疑いを残さないものもあるし、ずっと考え続けることになるものもある。疑いを残さないもののなかには、その場しのぎのやり方もある。解釈されるジャンルに親しんでいることを要求するものもあるし、外部世界の何らかの側面をよく知っていることを要求するものもある。芸術家たちは何を虚構的真理として生み出すべきかを選ぶときと同様、虚構的真理を生み出すやり方を考案するときにも創意工夫に富んでいるのである。

中部ジャワの演劇では、二人の付き人が竹の棒を魔女ランダの前で交差させるとき、（虚構として）ランダは飛んでいるとする慣習規約が存在する。多くの漫画で、登場人物の口に出されない考えは点線で囲われた吹き出しに入れられる。マヌエル・プイグは『ハートブレイク・タンゴ』で口に出されない考えを示すのにイタリック体を使った。これは十分わかりやすいものだが、私の知るかぎり、先例はない。大きな文字は、漫画や無声映画の説明字幕では、登場人物が大声で語っているのを意味するときがある。音楽は楽譜の表記法を使ってうまい具合に描かれる。例えば、トランペットの先から音符が出てくるというように。映画音楽や歌劇や舞踏の楽曲は、しばしば微妙な仕方で効果的に虚構的真理の生成に役立てられている。例えば、虚構として登場人物がくよくよしているとか、驕り高ぶっているとか、忘我の状態にあるといったことを確立するのを助けるのである。[36]だが、ときには音楽によって、音楽が聞こえているとか楽団が演奏しているということが虚構として成り立つ場合もある。一体どちらなのか私たちはどうやって決めているのだろう。映画の場合、視覚的に描かれた場面に、演奏しているように見える楽団が含まれていたら、サウンドトラックでは、音楽が聞こえているということが虚構として成り立つことになるだろう。[37]だが保安官と自警団が砂漠で盗賊を追っている場面であれば、そうではないだろう。常識が私たちの導きをするのである。

映画俳優の人柄や、個人生活や、公的なイメージが、その俳優の演ずる登場人物に関して虚構として成り立つ事柄に影響を及ぼすと論ずることにも、ある程度の信憑性がある。私たちには、俳優から受ける印象をその俳優の演じている役柄に読み込む傾向がある。このことは、RPまたはMBPが作用している例として解釈することができる。ところが、RPやMBPが、例えばシェイクスピアの演劇において似た仕方で作用するのを許すことは、明らかに正しくない。ローレンス・オリヴィエの私生活について私たちが知っていると思っている事柄を、ハムレットに当てはめたりすべきではないのである。

アベル・ガンスは映画『鉄路の白薔薇（*La Roue*）』で、機関車がスピードを上げていくのを示すために、加速されたモンタージュ、つまりショットの切り替えの頻度を上げていくというやり方をしている[38]。しかし、これは直接的な生成の明瞭な例ではない。モンタージュの加速は、続けざまに作り出される虚構的真理の不連続の頻度が増していくことに存している。したがって、虚構として機関車が加速するという事実は、他の虚構的真理に依存しているわけである。だが、その事実はどのような虚構的真理が生み出されるのかに単純に依存しているのではない。他の虚構的真理が生み出される秩序に依存しているのである。フィルム上の画像の秩序は、このようにこの虚構的真理の生成に直接的に貢献している。つまり、その秩序が他の虚構的真理の生成に貢献することを通じて貢献するのではない。いずれにせよ、ここには虚構的真理を生み出す仕掛けがある。それは、観客には確かに十分明らかなのだが、ごく一般的な生成の枠組みや原理にはきれいに収まらない。

多くのもっと単純な事例でも、虚構的真理が第一次的なのか含意されているのかを言うのは難しい。聖人の肖像画の光輪は、その人物の頭上に光の輪が浮かんでいること、そして、そのことが虚構的に聖人であることを含意するということ、この二つのことを虚構として成り立たせると思う人がいるかもしれない。だが、違う感じ方をする鑑賞者は、額面価値以下で光輪を受け取ることを好むかもしれないのである。こちらの人は、虚構において光の輪が現実に存在するということを否定し、描かれた人物が聖人であることは画布上の白い楕円形によって直接的に確立される、と理解する。とはいうものの、次の点には注意すべきである。こういう理解は、もっぱら、額面どおりに受け取る鑑賞者にその楕円は聖人性を示す光の輪を描出していると解されるだろう、という理由によってのみ成立するのである[39]。

漫画における動きの線は、動いている物体の周りや後ろの空気の流れを描き、これによって虚構としてその物体が動いていることを含意するのだろうか。あるいは、たんにその物体が動いているということを虚構として成り立たせるのだろうか。ベルの周りの同心円状の円弧は、ベルが鳴っていることを虚構として成り立たせるのに役立つだろう。それはベルから音波が発していることを虚構として成り立たせることによって成り立つのだろうか、それとももっと直接的な仕方においてなのだろうか。画家の中には、表現上の目的のために人体を歪めて描く者がいる。（このことは虚構的真理をさらに生み出しうるが、生み出さなくてもよい。）私たちは、あるいは、虚構としてその人物の身体がそういう仕方で歪んでいて、この虚構的真理が一定の表現上の帰結を備えている、と言うかもしれない。だがあるいは、その身体が歪んでいることがあたかも虚構として成り立つかのように形が描かれているという事実によって、その表現上の目的が達成されている、と言うかもしれないのである[40]。

一般に、一定の虚構的真理が成り立つように見えて、たぶんそれは第一次的な真理でもあるようなのだが、それが成立する主たる根拠は、他の虚構的真理をそれが含意するということに存する（例えば、ある表現上の役割を果たすといったことに存する）という場合がある。それと同時に、含意する側の虚構的真理が、とにかく常軌を逸していたり、実在するはずがなかったり、場違いだったりする、という場合がある。こういう場合、その虚構的真理は、なすべき仕事をした後では消去されるものとして考えることが理に適っている。このとき、消される真理に依存するように見える虚構的真理の方は、それを普通の仕方で生み出しうるものから直接生じたものとして扱うことになる。[41] しかしながら、これが唯一のやり方というわけでもない。常軌を逸した含意する側の虚構的真理を受け入れることにして、しかしそれが決して強調されるものではないことをはっきりさせ、それに拘泥しないことにする、というやり方をしてもよい。場合によっては、含意する側の虚構的真理と含意される側の虚構的真理を、異なる虚構世界に属するものとして考える方がよいこともある。おそらく、これらの可能性の間での選択の余地はしばしば存在しない。

本節の観察から浮かび上がるのは、虚構世界に基礎を流し込む仕事が、虚構世界の上部構造を建てる仕事と同様に、少しも整然としたものにはならないということである。生成の機構は、核心部分まで液状化しているのである。

実に今や、上部構造を支える核心が必然的に存在するはずだというのは作り話であることを明るみに出すときである。作品によって生み出されるいろいろな虚構的真理は、相互に依存しあっていて、そのどの一つとして他のものの助けなしに生み出されはしない。第一次的な虚構的真理というものは存在しないのだろう。[42] では、どうやってその全体が始まるのだろうか。作品の言葉や色の配置は何らかの虚構的真理たちを示唆する。そして、この不確かな位置づけのまま、あるものが別のものの支えとなり、不確かさを取り除くのに十分な水準になるのだ。だから、作品の解釈者は、暫定的に受け入れ可能な虚構的真理の間で、納得のいく組み合わせに出逢うまで、往ったり来たりするほかないのである。

5 愚かな問い

誰であろうと次のような詩句を組み立てる能力を持つ者は、第一級の詩人と認められるに違いない。

それが天意なら、
わたしがどんな苦痛に見舞われても、
どんな苦痛と恥辱が降りそそごうと、
貧窮の淵に沈もうと、
囚われの身となって大いなる夢を奪われようと、
魂のどこかに
堪え忍ぶ力を見いだしたに違いない。だが、ああ……[43]

一体どうしてこんな素晴らしい韻文を、ムーア人の武将で知識人でもないオセロがとっさに思いついたのだろう。それもものの凄く動揺しているさなかに。見たところ、オセロはほとんど信じがたい生来の文学的才能を与えられているようだ。このことは、少なくとも、現実性原理か共有信念原理のいずれかの帰結ではあるように思われる。だが、あんなに苦しい状況で、オセロがこんな大仰な言葉を述べるのは、奇妙なくらい不適切ではないだろうか。なぜ、オセロは自分の文学的技量をこんなに得々とひけらかしているのだろう。なぜ、他の登場人物はオセロの奇妙な語り方や、息を呑むような文学的才能に注意を向けないのだろう。

　なぜ、レオナルドの『最後の晩餐』では一三人の参会者すべてが食卓の同じ側に一列に並んでいるのだろう。もちろん絵を鑑賞する私たちは、そのために彼らすべての顔を見ることができる。おそらくこれが、そういう風に描いて彼らの現状の配置が虚構的に成り立つように仕立てたレオナルドの理由である。だが、虚構において、そんな風に並ぶことの彼らの側の理由は何なのだろう。私たちに配慮してそうしているとか、レオナルドに配慮したのだとか、彼らは肖像を描いてもらうためにポーズしている、といったことは虚構として成り立たない。彼らは互いに面と向かうことを怖れていると憶測せねばならないのだろうか。食卓の下で脚でも蹴り合うのか。それとも口臭がひどいのか。あるいは、食卓の片側に集まっていても、そこには普通でないところなどまったくなく、驚くはずのものではなく注目に値しない、ということが虚構的に成り立っているのだろうか。つまり、虚構として、共同での食事ではそんな風に着席するのが習慣なのだろうか。しかし、どうしてそんな奇妙な習慣が生じたのだろう。あるいは、そんなことは彼らの習慣でなく、食事を取る人々は食卓の両側に座るということが通常虚構として成り立つのだが、たまたまこのとき通常の決まりから外れたことは、特に注目に値せず説明の必要はない、ということが虚構的に成り立っているというのだろうか。これら可能な回答のどの一つも、非常に魅力的というわけにはいかない。

　ウィリアム・ルースの『アマーストの美女』においては、エミリー・ディキンソンが異常に内気な人物で、他人と一切交際しない、ということが虚構として成り立っている。[44]だが、彼女はその劇ではずっと舞台上にいて、常にしゃべっている。その脚本には役柄はただ一つしか出てこない。その役柄を演ずる女優は、観客の注意と興味を惹きつけて、上演の間ずっと並外れて内気で引きこもりがちな登場人物を演じるのである。ディキンソンは自分の言うことのすべてを現に口に出すということ、つまりジュリー・ハリスがディキンソンを演じている間に実際に言うことのすべてをディキンソンが言うということ、が虚構的に成り立っていて、にもかかわらずディキンソンが社交的でないということも虚構的に成り立つ、ということがどうして可能なのだろうか。それらすべてはそこまで多くはない、ということが虚構として成り立つのだろうか。あるいは、ディキンソンは社交的であると同時に社交的でない、ということが虚構として成り立つのだろうか。彼女は内気であって内気でないのだろうか。

こういった例は、すべて愚かな問いかけである。的はずれで、不適切で、場違いである。こういう問いかけを追求したり、これにこだわったりすることは、鑑賞や批評に無関係なだけでなく、攪乱して台無しにすることでもある。指摘されているパラドックス、異常さ、見かけの矛盾は、人工的にわざわざでっち上げたものであり、真剣に受け取るべきではないし、私たちは真剣に受け取ったりしない。普通はそれに気づきさえしないのだ。

私たちが真剣に受け取るようなパラドックスを含んだ虚構世界と比較してみよう。ホガースの『間違った遠近法』(図1-2)、エッシャーの版画、フラン・オブライエンの『スウィム・トゥー・バーズにて』(第5章3節、注18を見よ)は、すべて変則的なところを強調しており、鑑賞者はそれを楽しむ。二階の窓から身を乗り出している人物が、どうやって遠く離れた丘の上にいる友人のパイプに火を点けてやることができるのだろうか、と問うことは愚かしくはない。あるいは、M・C・エッシャーの『滝』では見たところ確かに水が上と下に同時に流れているが、どうしてこんなことが可能なのだろうか、と問うことも愚かしくない。あるいは、どうして登場人物が自分の作者の息子を産むなどということができるのだろうか、と問うことも愚かしくない。こういった問いかけに対する正しい回答はないが、それこそが大事な点なのである。こういう問いかけを無視することは要点を捉え損なうことである。こういった作品以外にも、不快で、まさしく人を苛立たせるようなパラドックス、それゆえ美学的な欠陥を構成するパラドックスを含む作品もある。遠近法の誤りは苦痛をもたらしうるし[45]、小説の登場人物が、(「全知の」語り手によって確立された)自分の性格と対立する行動を説明もなく行なうのもそうかもしれない。こういう事例で提起される問いかけは、まったく適切なものであって、少しも愚かしくない。問いの方が作品を愚かしく見えるようにするかもしれないのだ。

『オセロ』や『最後の晩餐』や『アマーストの美女』はSFでも形而上学的ファンタジーでもない。その気になれば作品から掘り起こしうる変則性のせいで、欠陥が生じているわけでもない。オセロはどうしてシェイクスピアにふさわしい韻文を口に上せることができたのかということは、関心の焦点にくる問いではないし、興味をそそられて夢中になってしまうような謎でもない。あるいは、その戯曲に欠陥があることを示していて、鑑賞者の経験に苛立たしく介入してくるようなものでもない。鑑賞と批評の観点からすれば、その問いはただ愚かしいだけである。

ここで、見ている間は完全に正常で普通に思われる夢なのだが、後で再構成しようとすると明白なパラドックスを含んでいる夢のことを考えてみよう。ジョーンは、ある時は自分の父親に見え、またある時には自分の上司に見える男に(でも父親は上司でないことは明らかなのだ)何度も会いに行く夢を見る。

ジョーンの夢の中のこの男は誰であるのか。父親と上司が交互に夢に現れているのか。でも、会いに行った相手がすべて同一の人物であるということは、この夢の一部かもしれない。その人物は、それぞれの（たぶん両立しない）特徴を備えているけれど、どちらとも同一ではないということなのだろうか。ところがジョーンは、まさに父親に会いに行く夢を見るのであって、父親に似た誰かにではないし、また上司に会いに行く夢も見るのである。ジョーンが会った相手は、同一性が周期的に切り替わる（これが何を意味するにせよ）のだろうか。朝食の席での会話は困ったものになる。しかし、夢の経験それ自体は少しも困惑させるようなものではない。日の光の下ではパラドックスがどんなに避けがたく見えようと、それは夢を見ている間は侵入してこなかったのである。朝食の時にだけ、ジョーンは何かおかしいと思うのだ。さらに言えば、朝食の時でも、ジョーンはその変則性が夢の本当のあり方、つまり夢にとって重要な事柄に、ほとんど関係がないと感じるかもしれない。だから、そういう変則性にこだわることは、夢を理解することを邪魔するだけなのである。[46] パラドックスをつき回すという目的に合うように夢を適宜作り替えることは可能だが、そうすることは夢をそれ自身の言葉で理解するのを拒絶することなのだ。

この種の夢が異常だなどということはまったくない。同様に、愚かな問いかけによって的外れなパラドックスが表に出てくる表象体はごく普通にある。英語で書かれた無数の小説では、誰もがどこでも英語を喋っている。フランスのタクシー運転手も、ビルマの農民も、ローマの兵士も英語を喋るのだ。ルネサンスの絵画は、古代の人物たちをルネサンスの衣装と調度品で描いている。現代の演劇制作では、時代がかった衣装をやめてブルージーンズを採用することもある。バリ島のアルジャ劇では一三世紀の設定の物語なのに人々がバスに乗っていたりする。オペラの登場人物は、すべてを歌い上げながら生涯の最期の瞬間を終えていくことがある。激しい苦痛に見舞われていて、生命も力も消えていく中で、素晴らしい技巧で歌い上げるのだ。一番はずれの桟敷の一番のみ込みの悪い観客でも見抜けるような最小限の偽装でさえ、他の登場人物を欺くことができる。[47]（こういう登場人物は目が見えていないとか愚か者であるといったことが虚構として成り立つのだろうか。）文学作品の語り手は――「全知の」語り手だけでなく――知りえたはずのない出来事について語る。（「その後はみな幸せに暮らしました」なんてことがどうして分かるのか。また「全知の」語り手だったら、どうしてこれを過去時制で報告するのか。）ルーベンスの『ヴィーナスの化粧』（図4-2）の鏡は、ヴィーナスが光学法則に従って鏡の中に見ているはずのものを私たちに見せている。（第8章7節を見よ。）パラドックスをつき出すという決意に対して安全を確保できる作品はほとんどない。いたずら心のある批評家ならば、好意的な姿勢をやめて無遠慮になるだけで、最も落ち着いた、常識的な、まったく「現実そのもの」の表象体に対してさえ、当惑させる問いかけに見えてしまうものを発見できる。

そこには色々なものがある。愚かしい問いの中には、他のものよりもいっそう愚かしいものもある。人工的に作られた変則性は、人工的な側面でもパラドックスとしての側面でもそれぞれに違いがある。ある場合には、虚構世界がびっくりするほど現実世界と違う、ということを観察するだけで済まされるのではないかと期待されるかもしれない。その虚構世界には、何もパラドクシカルなところはないし、とても真理とは思われなくて不可能でさえあるような命題が虚構として成り立つことにも、パラドクシカルなところはないというわけである。ビルマの農民が英語を喋る、オイディプスがブルージーンズを穿いている、一三世紀にバスがある、これらが虚構として成り立つ。

図 4-2 ピーテル・パウル・ルーベンス『ヴィーナスの化粧』1613-15 年，リヒテンシュタイン侯爵家蔵

だから何なんだ？ ところが、現実は（あるいは、現実であると共有的に信じられている事柄は）、私たちが気を許せば、すでに認められている虚構的真理たちと調和しないやり方で、虚構世界に影響を及ぼしてくる。その世界の唯一の言語が英語であるということが、虚構として成り立っているのだろうか。でも、外国人と現地人が相互理解に失敗したり、貿易商や外交官が通訳を連れて旅をしたりするということは、全体が英語で書かれた小説でも十分ありそうなのだが、そういうことが虚構として成り立っているとしたら、英語が唯一の言語なのだと気持ちよく断言できることはまずないだろう。では、ビルマ語がビルマにおける言語ならば、どうやって（虚構の中で）教育を受けていないビルマの農民に英語の学習ができたのか。あるいは、古代ギリシア人はどうやってブルージーンズを作る工業技術を獲得したのだろう。あんなにむらなく織って同型に仕立てた衣服は手作りで生産できるはずがない（異常なまでの技術と集中力があれば別だが、それならそれで別途説明が必要になる）。古代ギリシア人がこの工業技術を所有していたのなら、連中が依然として馬の牽く戦車に乗って槍なんか投げているのはなぜなのか。間違った問いかけに執着すると、虚構世界と現実世界の食い違いから緊張関係がいくつも生まれてくる。

変則性は虚構的真理同士の間での不協和に存しているのだが、別々に考えれば、それぞれの虚構的真理は、他の文脈なら異論が出るはずのない原理によって、普通に正常なやり方で生み出されているように見える。一つひとつは無害な虚構的真理

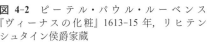

が、一緒になると不快なパラドックスになる。この不協和の源は芸術家に課されるそれぞれ異なった要求に根ざしていると理解される。芸術家の追求しているさまざまな目標と、彼が服しているさまざまな制約とが相互に妨害し合うのだ。

ときには、鑑賞者として想定される人々に虚構世界を近づきやすくする必要性が、虚構世界を無理なく「現実のように」したい、現実世界に適度に似ているようにしたい、という欲求と衝突することがある。『二都物語』では、英国の読者が理解できるように、フランス人の登場人物が英語を口にすることになっている。仮にこの目的がなかったら、フランス人が普通しているとおり、ディケンズはフランス人の登場人物がフランス語を話すようにしていたと思われる。あるいは、表現媒体に固有に属している制約が、それがなければ望まれるはずの虚構的真理の組み合わせを生み出すのを難しくすることがある。レオナルドは、最後の晩餐の一三人の参会者全員の顔貌について、それぞれ虚構的真理を打ち立てたかった。おそらく彼は、一三人が普通の仕方で食卓を囲むことが虚構的に成り立つ方を好んだはずだとも思われるのだが、顔貌のためにそれを犠牲にしたのだ。この例は、その前の例と同じく、鑑賞者と虚構世界の関係を考慮したものだが、ここでの問題は虚構的真理への近づきやすさではない。レオナルドの選択は、たぶん、見る人のごっこ遊びの中で、晩餐への参会者の後頭部でなく顔面を見ているということが虚構として成り立つようにしたい、という欲求によって支配されていたのだろう。『アマーストの美女』でも、ルーベンスの光学的に風変わりな鏡でも、似たような考慮が働いている。エミリー・ディキンソンがあれだけ話すのは、鑑賞者のためなのである。そうすることで彼女に関する虚構的真理が生み出され、観客が虚構において彼女について学べるようにしてあるのだ。ディキンソンをあれほど雄弁にしなくても、他のやり方でも本質的には同一の虚構的真理の全体が生み出されうるだろう。ディキンソンの代わりに別の誰かが舞台を占め、彼女の思考と行動をこと細かに観客に伝えて、その間ディキンソン自身は（虚構において）表に出てはこない、というのもありうる。おそらく作者のルースには、ディキンソンに自分自身の物語を語らせたい理由がいろいろあったのだろう。こちらを選択をしたら、彼女の内気さとの衝突は避けることが難しい。オセロの奇妙なくらい洗練された言葉遣いは、戯曲の書かれた文体によって、また観客を楽しませるために素晴らしい韻文を提供したいというシェイクスピアの欲求によって、要請されているのである。この場合は、文体上の要請が「写実性（realism）」への配慮を上回ったのだ。(48)

ある問いかけが愚かしいと宣言することは、それに答えることではない。どんなに正当であろうと、回答しないことの言い訳なのである。おそらく、愚かしい問いは、作品と通常の相互交渉をする過程では生じないが、理論家にとってそういう問いは真っ当なゲームである。理論家は、鑑賞と批評からある程度距離を取り、鑑賞と批評を外から観察するものなのだから。いずれにせよ、オセロの文学的才能や、使徒たちのおかしな座り方や、エミリー・ディキンソンの饒舌について、誰かが強情に問い続けると想定しよう。愚かしいかどうかはともかく、これらの問いに対する回答はどうなるのだろうか。

多くの問いには決定的な回答はない。さまざまな種類の回答が、それぞれの事例で各々の観察者にとって理に適ったものに見えるだろう。こういう問いが表象体という制度の内側で大きな問題にはならないとしたら、外側から見れば発見できるような回答をその制度が与えられないとしても、驚くには当たらない。だがそれにしても、こういう問いに応答することにこだわるとしたら、どのようにして応答できるのだろうか。

パラドックスの原因となる虚構的真理をしりぞけてパラドックスを除去するのが最もよいかもしれない。それ以外の点では完全に正常に見えるような虚構的真理でも、他の虚構的真理と衝突する事実があるというだけで、その生成が差し止められることがあってよい。オイディプスを含む古代の人物たちが現代風の服装で演じられている場合、俳優が身に付けているものが虚構において登場人物たちの身に付けているものであることを否定し、これによって、古代人がどうやってブルージーンズを製造できたのか、という問いの力を削ぐことができる。俳優の衣装を小道具として数え入れることを単純に拒絶すればよいのである。ただし、シカゴのストリートギャングの劇ならば、同じ俳優の同じ衣装が間違いなく小道具になる。では、ブルージーンズでないとしたら、オイディプスは何を身に付けているのか。たぶん、オイディプスの服装についての特定の虚構的真理は生み出されていないのだ。もとより、オイディプスの地位と文化とにふさわしい服装をしているということが虚構として成り立っている、と想定することは理に適っている。だが、上演されたその劇の世界は、おそらくこの点で不完全であって、これは白黒の絵が色という点で不完全なのと同じことなのである。

他の点では受け入れ可能な虚構的真理の生成が、愚かしい問いのせいで差し止められるべきだと思われる場合でも、含意関係のどのあたりに差し止めが入るべきなのかは明らかではない。虚構において、エミリー・ディキンソンが現に語っているすべての事柄を確かに語るのだとすると、いくつものことが含意されるように思われる。虚構として、彼女はときによっては随分たくさんのことを話すということ。虚構として、彼女は常日頃からしばしばたくさん話す人であるということ。虚構として、彼女はむしろ話し好きの人で、引っ込み思案ではまったくないということ。しかし、彼女が引っ込み思案であることは、他のいろいろな理由から虚構として成り立つという事実があるため、この最後の結論を導くことは差し止められるはずである。また同じ事実によって、一連の外挿はもっと早い段階で切り捨てられることが示唆される。だが、切り捨ての境目がどこにくるのかは確定されないのである。(49)

オセロの場合はどうなるだろう。おそらくほとんどの人が、オセロが偉大な文学的才能を虚構として持っていることを容認しないという方を好むだろう。あるいは、オセロにそんな才能などないと積極的に肯定する方を好むかもしれない。しかし、これはパラドックスを移動させるだけである。オセロが特別の文学的才能を欠いていながら、なおかつ激しい動揺のただ中で素晴らしい韻文を即興的に創作できる、ということが虚構として成り立つだろうか。オセロの「それが天意なら、わたしがどんな苦痛に見舞われても……」という言葉が素晴らしい韻文であることは明白な真理だとしても、虚構においては素晴らしい韻文であることを否定すべきなのだろうか。あるいは、これらがオセロの言葉であることを否定するところまでいけばよいのだろうか。オセロはたぶん、はっきり特定はできないが、シェイクスピア俳優が発する言葉の口語的な言い換えを何か口に出した、ということが虚構として成り立つというわけである。オペラについても同様に、出演者は歌うことで台詞を伝えてはいるのだが、人々が歌っているということが虚構として通常成り立つわけではないと言うべきなのだろうか。英語で書かれた小説の中では、ビルマの農民は英語による彼らの発話のビルマ語の翻訳に当たるものを口に出している、ということが虚構として成り立つのだろうか。こういった提案には受け入れるべきところがかなりある。特にオペラと英語の小説についてはそうである。しかし、『オセロ』の観客が俳優の発する言葉を聞きながら、その特徴的な抑揚や強勢も含めてオセロがそういう仕方で語っていると想像するのを許さないという場合、そこにはかなり無理があるだろう。

他のやり方としては、破壊的な虚構的真理を拒否するのではなく、強調しないことにすると明言するやり方がある。(すでに触れたが、虚構的真理の中に強調の度合いの相違を設けることは、いずれにせよ認められねばならない。)『最後の晩餐』で、虚構として参会者が食卓の片側に並んでいることを否定するのは容易ではない。だが、この虚構的真理は重要ではない。それはあれこれ考えるほどのものではないし、特に注目すべきものでもない。この真理が人目につかないでいることは、ありえたかもしれない含意関係をそれが持たないということを意味するものと解されうる。おそらく、参会者が変わった仕方で着席しているということが虚構として成り立つと推論しない方がよく、また、そう着席するのが彼らの文化では習慣だったのだと推論するのもやめた方がよい。そして、このどちらかの説明が当てはまるという推論も、すべきではないのである。あるいは、含意されるこういった虚構的真理のどれかが認められる場合、それは強調されるものではないと明言されることになる。いずれにせよ、使徒たちが食卓の同じ側に着席した動機を問うことは、不適切なのである。

互いに衝突する虚構的真理を受け入れて、さらにそれぞれを強調しつつ、なおかつ、それらの連言が虚構として成り立つことは拒否する、というやり方で衝突を緩和するのが最適である場合もある。ジョーンの夢では、月曜日に彼女が自分の父である人物(ただし、上司ではない)のもとを訪れ、火曜日にも同じ人物のもとを訪れるが、火曜日に訪れた人物は彼女の上司である、ということが重要かもしれない。この三つの命題はそれぞれ虚構として成り立ち、夢の中でそれぞれ相当の重要性を持つかもしれないのだ。だが、だからといって、この三つからなる矛盾した連言が虚構として成り立つことが強制されるわけではない。ジョーンが、虚構において月曜日に訪問した人物と同一であると同時に同一でない人物を火曜日に訪問した、ということを私たちが受け入れねばならないわけではないのである。（また、真なる命題の連言は真である、という命題が虚構として成り立つことを私たちが否定せねばならないわけでもない。）

こういった例に関するさまざまな扱いをその時々でどのように選ぶか、という細かい点は、大きな問題ではない。私がいろいろな可能性に言及してきたのは、主に、うまくいきそうな選択肢がいくつもあることを示すためである。仮に誰かが愚かな問いを前面に押し出しておかしなところを掻き集め、そこに拘泥するとしても、ここまで論じてきたように、そういう変則性を避けたり弱めたりする合理的なやり方は存在する。なぜそういう変則性がパラドックスの印象を引き起こしたりせず、また引き起こすはずもないのかということを、私たちは説明できる。正常に見える虚構世界が、隠れたパラドックスを内に含みながら、どのようにして正常に見えることが可能なのかを理解することもできる。パラドックスを内に含む作品が、ホガースの『間違った遠近法』のように意図的かどうかはともかくとして、パラドックスが表に出ている表象体と驚くほど違うのはなぜか、ということも理解できるのである。

前に見ておいた生成の機構に関する観察に、ここで新しい仕組みが追加されたことになる。一つは、寛容の原理が存在し、作動しているということである。虚構的真理の生成は（単に強調しないというだけでは済まない場合）、それが厄介事を引き起こすという理由で差し止められるときがある。そういう真理が虚構世界を不都合なまでにパラドックスを有するものにしかねないからである。しかし、通常は、そこには寛容という以上のものが含まれる。問いの愚かしさが分かり、さらに愚かしさを生んでしまうような虚構的真理をしりぞけたり強調を避けたりすべき理由が分かるかどうかは、芸術家が応じなければならなかったいろいろな要求に気づくかどうかに基づいている。変則的な虚構的真理を生んでしまいそうな特徴が作品の中に存在する理由が明らかな場合、虚構的真理の方をしりぞけるという決定は、とりわけ賛同されるべきものとなる。例えば、その特徴が虚構世界を受け手側に接近しやすくするために必要である場合や、鑑賞者のごっこ遊びをより良いものにするために必要である場合などがこれに当たる。ジュリー・ハリスが『アマーストの美女』の上演でずっとしゃべり続けているのは、観客の関心をつなぎ止めながらエミリー・ディキンソンに関する虚構的真理を生み出すためである。だから、私たちは、ジュリー・ハリスがそうするのはディキンソンがおしゃべりだということを虚構として成り立たせるためではないか、と推測する必要はないのだ。このことは、芸術家が虚構として実際に成り立つことに影響したと思われることが、虚構として成り立たせようと意図する、ということの一例として理解されうるだろう。（本章

3節を参照されたい。）ある虚構的真理を生み出しそうな特徴を芸術家が作品に取り入れていることについて、出来合いの別の説明がある場合は、その真理が生み出されるようにする意向が芸術家に特にあったようには見えないだろう。そして、そう見えないということが、その真理が生み出されているという認識に反対する論拠になってよいのである。

6　いろいろな帰結

生成の機構は輪ゴムとゼムクリップで作ったような簡略な仕掛けであり、繋がれたユニコーンからふくらし粉とお酢を混ぜてつくる炭酸ガスまでのすべてのもので駆動されている。この機構はびっくりするほど「うまく」動くときもあり――まったく予想されていなかったやり方で動くこともまれではない――、それは容易に認知できて文句のつけようのない虚構的真理を生み出すのである。これが故障すると、芸術家は即席で修理する。荒っぽいやり方もあれば、洗練されたやり方もあり、驚くべきものや工夫に富んだものもある。修理がうまくいかないときは、生じてしまった曖昧さを喜んで受け入れ、どうにかしてそれを利用する。虚構的真理を探り当てるという目的のためには、勘の良さに代わりうる能力はない。それは想像力と常識の組み合わせなのだが、寛容の原理の許す限りでこれを膨らませ、作品が属す表現媒体やジャンル、表象様式の伝統に精通し、同時に外的世界の知識も十分備えて、さらにもちろん、このすべての組み合わせが作品それ自体の最も微妙な特徴への感受性を伴わねばならない。

以上のことが、本章で扱った比較的単純な例から浮かび上がってくる見取り図である。批評家たちは孤立した個別的な解釈問題に答えようとするだけでなく、一つの作品全体の首尾一貫した説得力のある解釈をまとめようとする。複雑な表象体と格闘するそういう批評家たちを徹底的に検討しても、生成作用の気まぐれをより深く思い知ることになるだけだろう。私はそういう検討に取り組もうとは思わない。だが、今まで述べてきたこととは似ていない種類の考察が一つあって、それには注意を払うべきである。それは虚構的真理の生成にかなり重大な関わりをもつ。

作品の虚構的真理を突き止めることは、批評家の仕事の一部にしかすぎない。だが、それは基本的な部分である。全体としての主題、いろいろな「意味」、道徳問題、総じて一作品が人生について私たちに語ることは、作品が生み出す虚構的真理に相当大きく依存している（ただし、さまざまな虚構的真理に与えられる強調の違いが大事であることや、虚構的真理が生み出される手段、また、強調の違いや手段に還元できない様式上のいろいろな側面を忘却してはならない）。だが、その逆も同様に真実であることがある。何が虚構として成り立つのかに関する決定が、その作品の全体としての評価からのフィードバックによって影響を受けるのだ。登場人物の行為や動機に関する判断を支持する方法の一つとして、ある判断の方がそれ以外の判断よりも当該作品全体の、例えば、マルクス主義的「読解」とか精神分析的「読解」にうまく合致することを示し、さらにこういう「読解」が独立の根拠によって本当らしく思われることを示す、という方法がある。（科学者がデータとして受け入れることは、その科学者が合理的だと考える理論に左右される。これと対応させて考えるとよい。）だから、このこともまた、何が虚構として成り立つかを決定する要因の中に入るのだ。

　今や、生成の機構の不規則な振る舞いがもたらす帰結に直面すべきときを迎えた。怖れるべきものは何もない。少なくとも、表象的芸術のほかに、私たちがとにかく受け入れなければならないものは何もない。だが、読者の中には懸念を抱いてしまう人たちがいるかもしれないし、さらに、その懸念によって、これまでに見つかったもの以上に規則性のある生成の過程がとにかく存在するにちがいない、という確信が深められてしまうかもしれない。虚構的真理の生成を支配している規則のように、複雑でありながら体系的ではない「規則」を、いったいどうやって学んだり適用したりすることが可能になるのか、また、何が虚構として成り立ち何が成り立たないのかに関して、何らかの確証に基づいて主張することがそもそもいったいどうやって可能になるのか、と疑問に思う人もいるだろう。あるいは、虚構的真理の帰属が正しいとか間違っているとか言う場合に関しても、真理の生成が比較的単純な原理の集合に基づいていることが示されない限り、帰属の正当化が存在しなくなるのではないか、と気に病む人もいるかもしれない。（作品解釈が真または偽でありうるということに懐疑的な人たちは、私たちが観察してきたような混沌状態を、自分の疑いの確証であると考えるかもしれない。）そして最後に、虚構性は「自然種」ではなく、それゆえ、何かの理論を立てるための適切な支柱ではないと思われるかもしれない。それぞれ違った虚構的真理がそれぞれ違ったやり方で生み出されるのなら、ある命題を虚構的であると言うときに意味されていることは、それぞれの場合で違っている、と思われるかもしれないからである。

　だが、とりわけこの最後の懸念は私たちを手間取らせるものではない。虚構性は生成の原理によって定義されるのではない。虚構性は、むしろ想像せよという命令に存しているのである。いろいろな違いは、そういう命令が確立される手段に関して存在する。虚構的真理は非常に異なったやり方で生み出されるが、結果はすべての場合で同じである。すなわち、想像されるべき命題なのである。

　この複雑な規則群を一体どうやって私たちはとにかく習得できるのだろうか。回答の方針はウィトゲンシュタインを読んだ人にはおなじみのものである。なじみがないという人のために方針を簡単に述べておこう。多くの概念が規則とか定式の助けを借りずに適用されているということは、避けようのない事実である。そうでなければ、言語は成立不可能になってしまうだろう。何かが甘い香りがするとか赤いといったことを、私たちはどうやって決めているだろうか。クンクン嗅いだり、じっと見たりするのだ。すると、まさにそうだ、あるいは、そうでない、と思われるのである。何かが正方形であるとか哺乳類であると決定する場合のように、規則に似たものを使うときでも、そういった規則はその概念を他の概念と関連させているだけなのである。結局は、規則なしで適用している概念に行き着いてしまう（「私が与える根拠はすぐに尽きてしまう。そこからは根拠など無くやっていくのだ[50]」）。だから、虚構性を認識する能力にかかわる原理を私たちが知っているはずであるとか、何らかの仕方で習得したはずであると想定し、その想定によってその能力を説明せねばならない、などという重圧はないのである[51]。ある作品をその作品の（広い意味での）文脈において経験すると、一定の虚構的真理を生み出すようにその作品が私たちを動かすだけである[52]。原理は、何が虚構として成り立つかの判断を生み出すための導きというよりも、そういう判断から再構成されたものなのだ。

　たしかに私たちは、しばしば特定の意識的な考察に自分の判断の根拠を置くことがあるし、作品にかかわる事実や、先行する作品、特定の事例にかかわりそうな外的世界などに、判断の根拠を置くこともよくある。ある虚構的真理がどのようにして生み出されたのか、自分がなぜそう判断するのかといった点について、かなりのことを語りうる場合も多い。（この点で、虚構性の認知は色や匂いの認知とは違うように思われる。）しかし、このことは、何がどう虚構性に関連しているかを決めるための包括的な規則群を、私たちが習得してきたはずだとか、何らかの仕方で身に付けたのだ、と考える理由にはならない。包括的な規則群が、特定の事例で私たちを導いているわけではない（導くというのが、私たちの行為がそれらの規則にたんに合致しているというだけのことなら話は別である[53]）。また、虚構的真理が生み出される特定の仕掛けを見て取る能力が、以前に「同じ」仕掛けや「似たような」仕掛けに出くわしたことがあるということに由来すると考える必要もない。自分が知っていることとこれまでの経験とを前提して、私たちは、虚構的真理を同定することを新しい事例で単純に「続けていく」だけなのである。（「私の与えられる正当化が尽きてしまったら、私は岩盤に達したのだ。私のシャベルははね返る。そして、私はこう言いたくなる。「私はこうするんだ[54]。」」）

　ある意味において、何が虚構として成り立つかについての私たちの意見が、最終的に正当化されるということはありえない。では、このことは、そういう意見が正しかったり間違っていたりすること、真であったり偽であったりすることを否定する根拠になるのだろうか。そうなるのは、私たちの判断のどの一つも真または偽ではありえないし、正しいとか間違いであるということもありえない、と認める用意がある場合にのみである。だが私はこれを認めるつもりはない。（ただし私は、真と偽が一つの言語であれ「概念枠組み」であれ、とにかく何らかのものに「相対的」であることは認める。第2章7節を見られたい。）

　ここには、これまでに随分と議論されてきたし、これからもさらに議論されてしかるべき大きな問題群が存在している[55]。だが虚構性の判断に関する現時点での懸念は、以下のより具体的な例と比べることでかなり軽減される——とにかく、ことの真相を示してはくれるだろう。比喩というのものを作ったり解釈したりするための単純で体系的な「規則群」が存在すると、本気で思う人がいるかどうかは甚だ疑わしい。比喩は、その時たまたま手近にあってうまく働く手立てをその場その場で適宜に利用する。例えば、非常にさまざまな種類の文脈的な特徴、連想、共有している神話や体験、自然な傾向、説明抜きで目立っている特性、その言語の意味論と関係のない属性群、単語の音、といったものが利用される。(「It's none of your beeswax」の中の「beeswax」は、語形的な類似がなかったら「business」を意味するようになったかどうか疑わしい。[4])場合によっては、特定の比喩がどのように作用し、なぜ自分も他人もその言い方をそんな風に理解しているのかについて、何か言えることもある。しかし、比喩の作用がほとんど完全に謎である場合もある。いずれにしても、比喩を理解するための包括的な定式群を正確に括り出せないのははっきりしている。比喩が基礎を置いている原理は非常に複雑で、文脈に応じて異なり、常に変動していることは確実である。比喩の機構は生成の機構と同じく、整然としてはいないのだ。

とはいえ、比喩は確かに機能している。もちろん、比喩は高度に多義的であり、うんざりしたり嬉しくなったりするほど曖昧で、反対方向をほのめかすこともある。比喩の「意味」は、ほぼまったくどうとも取れることがあるが、これは熟慮した結果で、望ましいことなのかもしれない。しかし、多くの場合、私たちは比喩を(つまり比喩によって言われていることを)十分によく理解する。比喩は、まったく新しい比喩も含めて、意思疎通のためのまさに当を得た効果的な道具でありうる。

生成の機構の勝手気ままな振る舞いは批評家の人生をつらいものにする。だが、理論家にとっては脅威ではないし、芸術家には素晴らしい機会を供与する。そして鑑賞者にとっては豊かな魅惑の源泉となるのである。

表象的な芸術作品を鑑賞することには、しかしながら、生成の機構の作用を観察したり、それがもたらすものについて考えたりすることよりもずっと多くのことが含まれている。

第II部　表象体の鑑賞体験

絵や架空のお話が私たちに喜びを与え、心をとりこにするのを、当然だと受け取らないように。それは驚くべきことなのだ。

——ウィトゲンシュタイン『哲学探究』[1]

鉄道技師たちは、もう少し多くの空想物語を読んで育っていたら、いつものやり方よりもう少しましな方法で仕事ができたのではなかろうか、という疑問が心の底に渦巻くのを私は払いのけることができない。

——J・R・R・トールキン『妖精物語について』[2]

表象体が何であるのかは分かった。次は表象体が何のためにあるのかを問うべきである。虚構という制度の眼目は何なのだろうか。なぜ人々はわざわざ物語を作ったり、それをお互いに語ったりするのだろうか。なぜ私たちは『アンナ・カレーニナ』や『グランド・ジャット島の日曜日の午後』や『ハムレット』を「単なる虚構にすぎない」といってあっさりはねつけ、現実世界での生活に本質的に関わりのないものと見なしてしまわないのか。私たちが表象的芸術作品を鑑賞するということは、一つの事実であり、驚くべき事実なのである。私たちはそういう作品に動かされ、魅了され、夢中になる。ときには、ほとんど催眠術にかかったようになる。それが虚構にすぎないことに完全に気づいているときでさえそうなのだ。なぜだろう。私たちの鑑賞体験の本質は何なのだろうか。

こういう問いに一つの包括的な回答や単純な答えがあると期待するのは愚かであろう。それぞれ違う作品がそれぞれ違う多くの仕方で鑑賞され、それぞれ違う多くの理由で評価される。そうは言うものの、鑑賞と呼ばれてよいようなさまざまな体験の多くに共通する中心的な鑑賞上の姿勢、ないし、鑑賞者によって演じられる役割は存在している。他の鑑賞のあり方は大部分、これの変化した姿として考えるのが最もよく、また、これを通じて理解される。この役割を説明するのが第II部の主たる課題である。その説明をすることで、私はやっと、比較的単純な表象的芸術作品が持つ魅力を説明する仕事に取りかかることになる。だから私は、この問題の心理学的な広がりの側面は突き詰めないつもりでいるし、哲学的な問題も宙吊りのままにしておく。さらに探究を進めるための基礎を置くつもりなのである。

これからの探究の中で、子どもたちのごっこ遊びとの比較が重要なものとして浮かび上がってくると知っても、読者は驚かないだろう。一言でいえば、基礎になる鑑賞上の役割とは、鑑賞される作品が小道具となるごっこ遊びに参加する、ということに存している。

第5章　謎と問題点

現実世界と虚構世界の間にはどんな関係が成り立つのだろうか。虚構の登場人物と鑑賞者はどういう仕方で相互作用するのだろうか。だが、この問いの立て方は間違いを生みそうだ。私の言うとおり、虚構の登場人物など存在しないのなら、そういうものと何らかの関係を持ったり相互作用したりすることはありえない。しかし、問いをこの形で立てると、いくつかの謎を表に出すことにつながる。その謎を追っていくと、最後には鑑賞上の基本的な姿勢の説明に辿り着いて、虚構の持つ重要性の説明が示唆されることになる。そういうわけで、ことさらあからさまに、まるで虚構の登場人物が実在して普通の特性をいろいろ持っているかのように、つまり、彼らが人間で、背が高かったり低かったり、金持ちだったり貧乏だったり、年取っていたり若かったり、男だったり女だったりするかのように語ることにしよう。

現実世界と虚構世界にどんなつながりが成立するかについて、私たちが深く考えずに心で思っていることは、奇妙な具合に分裂している。一方で、虚構世界とその内容は、特殊なやり方で現実世界から隔離され孤立している。それは現実世界から論理的、形而上学的な隔壁で切り離されている。まさにこのせいで、私たちはそれを違う世界と呼ぶ。現実世界での私たちの位置からは、ロビンソン・クルーソーを島から救い出すことはできないし、トム・ソーヤーの葬儀に際して悲しんでいる親族に花を贈ることもできない。アーサー・ミラー『セールスマンの死』のウィリー・ローマンは、厄介事を私たちに打ちあけることはできないし、私たちが忠告してやることもできない。フランケンシュタインの怪物は、運悪くその世界を共有しているどんな登場者にとっても破壊的脅威となりうるが、現実世界の私たちはその脅威を完全に免れている。

他方で私たちは、登場人物と心理的な接触を保っているように思われる。それはとても親密な場合さえある。私たちは虚構世界に認識論的に接近でき、虚構世界で起きていることについて非常に多くを知っている。登場人物の最も私的な考えや感情をひそかに知っていることもよくある。そして、知っていることにいろいろなやり方で反応していて、見たところ、それは現実世界で知っていることに反応するやり方と同じである。トム・ソーヤーとベッキーが洞窟で迷子になったと知ると、二人のことが心配になる。フランケンシュタインの怪物にはぞっとする。ウィリー・ローマンの苦しみには同情する。虚構の登場人物のせいで、現実の人間が涙を流し、眠れなくなり、大笑いし、悲鳴を上げるのである。

二つの世界の間の隔壁は、選択的なものなのだろうか。物理的には不透過だが、心理的には透過であるというように。この隔壁は、何らかの理由で鑑賞者と登場人物の心理的なつながりは許容するが、物理的な接触は妨害するのだろうか。これは問題状況の心地よい理解ではない。物理的な関係と心理的な関係は非常に密接にからまり合うから、こんな具合に選択的であると期待するのは無理だろう。物理的な相互作用が何らかの仕方で阻止されるという考え方も、心理的な相互作用が阻止されないという考え方も、どちらももっと注意深く見ていく必要がある。子どもたちのごっこ遊びでは、このような非対称はありそうにない。モニカがお人形遊びをするとき、赤ちゃんにミルクをあげたり、眠らせるために抱っこして揺すってあげたりできる。同じように、モニカはその赤ちゃんが大好きだったり、赤ちゃんの健康を気にかけたりできるのである。

1　ヒロインを救い出す

ヘンリーは辺鄙な山奥の住人で、いま演劇の公演を観ているのだが、悪漢に捕らえられたヒロインを怖ろしい死から救うために舞台に駆け上がる。自分がその女優を救うことができると思っているのなら、ヘンリーはもちろん間違っている。女優は危険な目にあっていない。だが、彼女が演じている人物は危機にあり、救出を必要としている。ヘンリーはその世界で生きてはいないのだが、その人物を救うことができるのだろうか。

公演が予定通り進むと、悪漢がヒロインを鉄道線路に縛り付け、走ってくる列車がヒロインを殺すことになるとしよう。これは以下のようにして表現される。舞台には二インチ×四インチの角材が平行に置かれて線路を表す。悪漢を演じる俳優がヒロインを演じる女優を角材の上に置き、彼女の身体にロープを巻きつける。そして幕が引かれ、列車が通り過ぎるのが効果音で示される。さて、ヘンリーが舞台に駆け上がって、音響技師が列車を通過させる前に女優を角材から移動させたら、ヒロインを救ったことにならないだろうか。あるいは、大騒動を引き起こし公演が完全に中止になるようにするというのもありうる。それで役者たちがヒロインの死を表現することは妨げられる。そして、その虚構世界で起こることは、まさに起こることとして表現されることなのだから、ヘンリーはヒロインの死を防いだように見える。

ヘンリーは、必ずしも演劇を知らない愚か者である必要はない。ヘンリーは危険な目にあっているのが現実世界の女優であると考えていなくてかまわないし、彼女を救おうとするのでなくてよい。自分が見ているのは演劇であり、単に虚構上の女性が危険な目にあっているだけだ、と完全に正しく分かっているとしよう。そして、ヘンリーは、仮に虚構においてであっても、何の罪もない美しい乙女は救われねばならないと非常に強く感じるがゆえに、その乙女のために介入すると想定しよう。自分が何をやろうとしているのか分かっているなら、ヘンリーは音響装置のプラグを引き抜くだけでよい。(1) そうすれば列車は方向転換し、ヒロインは救われるのである。

この例の原則は一般化できる。現実世界の小説、戯曲、絵画等々は虚構世界で何が起こるのかを決定するものなのだから、小説や戯曲や絵画が私たちの力の及ぶ範囲にあるかぎりで、好きなだけ虚構世界に影響を及ぼすことができる。絵の中の邪悪な男は、短剣ではなく、たぶん絵筆で殺すことができる。短剣がその男を貫き、男が瀕死の表情を浮かべるさまを描くことによって、それができるのである。画家や作家などの芸術家は、虚構世界に対してはまぎれもない神である。(2) 虚構世界の現実世界からの物理的な分離は消滅したように見える。

だがこれらすべてにはインチキめいた雰囲気が漂う。登場人物を苦痛から救うことがそんなに簡単なら、なぜ私たちはもっと頻繁にそうしないのだろう。一つのありうる答えは、舞台に駆け上がることや他のやり方で公演を妨害することは不適切であり、演劇における慣習を破ることだ、というものである。しかし、いかなる慣習も、作家や脚本家や画家が自分の登場人物を救うことを禁じてはいない。登場人物の運命を定めることは、作り手の特権なのである。そしていずれにせよ、私たちは、単なる慣習が生命の救出を妨げるのを許すだろうか。

おそらく虚構の生命は現実の生命と同じように重要であるわけではない。私たちは、単なる虚構上の苦しみを気の毒には思わないし、それを防止する義務を感じたりはしない。ところがこの言い分は、私たちが虚構の登場人物に対して持っているように見える心理的なつながりに、あからさまに反しているのである。事実、私たちは、虚構の登場人物のことを、明らかにとても気に掛けていることがある。洞窟のトムとベッキーの苦境を心配し、ウィリー・ローマンに同情し、ヒーローが不運なヒロインを救うのに間に合うことを熱烈に望む。さらに私たちは、救える立場にいるのにそうしない登場人物に対し、道徳的な判定を下したりすることもある。自分たちの方はその間ずっと押し黙って椅子に座り込んでいるだけなのに！

ヒロインに対する私たちの心配は見かけだけのまがい物なのだろうか。ヒロインを虐待する悪漢を私たちが本当に非難しているのなら、その人物にそんなことをさせる作家の方をもっと非難すべきではないのか。ところが、作家が登場人物に降りかかるままにした不幸を嘆くと言いつつ、私たちは作家には賞賛以外の気持ちは持たないだろう。ヒロインの不幸をひそかに望む理由を見出すことは難しくない。虚構の苦しみを見ることは、ドキドキするような体験で、ためになるところがあって、カタルシスを与えるものなのである。ヒロインが苦しまないとしたら、そんな作品は退屈で、生ぬるくて、「みんな幸せに暮らしましたとさ」的なものだ、と思うかもしれない。私たちは悲劇を大いに楽しみ、高く評価し、作品が悲劇的になるのがたとえヒロインには災難だとしても、それを望むのである。(闘牛を見ている男と比較対照するとよい。楽しみたいというその男の利己的な欲望は、雄牛への自然な同情を凌駕している。)

しかし、いったい私たちは、価値ある美学的経験を望むあまり登場人物の苦痛への気遣いをいい加減に扱った、などといってほんの少しでも良心の呵責を感じたことがあるだろうか。私たちは、ヒロインのために自分が介入することを考えつつ、利己的な衝動が優先されて行動しなかったというようには見えない。人々は、介入することを本物の選択肢として考えることはない。これは普通によくある動機の混在とか関心や欲求の対立の例ではない。

こういう問題に対して、第I部で展開した理論が救いの手を差し伸べてくれるのを待ち望む人もいるだろう。第I部の理論は、虚構世界の現実世界からの物理的分離の想定にヘンリーが挑戦するとき、その挑戦を扱う簡単なやり方を示唆する。そしてそれを私は支持する。だが、それがうまくいくせいで、虚構世界への私たちの密接な心理的結び付きに関する不都合な疑問が表面化することになる。

虚構にも真理にも同じ言葉が用いられるとはいえ、私たちは虚構性と真理とを注意深く区別しなければならない。ヒロインの運命がはっきり決まる寸前にヘンリーが舞台に駆け上がって劇を台無しにしたとき、彼はヒロインを救ったのかどうか、という問いは、二つに分けられる。すなわち、ヘンリーがヒロインを救ったのは真なのか、ヘンリーがヒロインを救ったのは虚構として成り立つのか、という二つである。答えは両者について、否である。ヒロインが危険にさらされているというのは真ではない。あるいはむしろ、ヒロインが実在するということさえ真ではない。それゆえ、ヘンリーがヒロインを救ったということは真ではありえない。また、ヘンリーが実在するということは虚構として成り立っていない。だから、ヘンリーがヒロインを救うということが虚構として成り立たないことは言うまでもない。ヘンリーが、例えば音響装置の電源を落とすということが、彼がヒロインを救うことを虚構として成り立つようにする、という解釈が成り立つような理解の仕方は存在しない(3)。真であるのは、ヒロインが生き延びることをヘンリーが虚構として成り立つようにする、ということである。ヘンリーは、この虚構的真理が生み出されるように物事を適切に配置するのである。しかしこうすることは、ヒロインを現実において救うことでも、虚構において救うことでもない。誰かを救うとは、その人物が生き延びることを、単に虚構として成り立つようにすることではなく、真とすることなのである。ヘンリーはこのことを真としていない。また、ヘンリーがこのことを真にしたということが、虚構として成り立っているわけでもないのだ。

他の例も同じやり方で扱うことができる。画家や作家は、悪漢が死ぬとか、皆が以後ずっと幸せに暮らすといったことが虚構として成り立つように、物事を配置することが可能である。だが、そうするとき、作り手はその悪漢を殺してはいないし、皆に永遠の祝福を与えてもいない。そして、作り手が殺したり祝福したりすることが虚構として成り立っているわけでもないのだ。

このことは、虚構世界が何らかの仕方で現実世界から隔離されているという最初の印象を裏書きしている。虚構世界で起こること——虚構的に事実であること——は、確かに現実世界で起こることによって影響を蒙る。だが、ある人物がもう一人の人物を救うことができるのは、どちらも同じ世界に生きている場合だけである。世界を跨いで救うことは排除される。同様の理由で、世界を跨ぐ殺人も、祝福も、握手も、その他のいろいろな活動も排除される。

この分離をどう記述すべきかについては注意する必要がある。ヘンリーのような現実の人物がヒロインを救ったり、悪漢を倒したり、ヒーローを祝福したりすることも、虚構として成り立つことが可能である。すでに見たように、現実の人間が虚構世界に存在することは可能だからである。ヘンリーが劇の観客であるだけではなくて、劇の登場人物だったと考えてみよう。俳優たちの一人がヘンリーを演ずるのである。このとき、明らかに、ヘンリーがヒロインを救うということが虚構として成り立つ場合がありうる。これはもちろん、ヘンリーを演ずる俳優が舞台上で何をするのかによる。さらには、ヘンリーがその演技を自分自身で行なうことさえあってよい。ヘンリーがヘンリー自身を演ずるのである。この場合、ヘンリーがヒロインを救うということが虚構として成り立つかどうかは、ヘンリーが俳優としての自分の役柄において何をするかに依存している。どちらの場合にせよ、ヘンリーがヒーローとして救出に駆けつけることが虚構として成り立つことは可能である。

このことは、世界の間の隔壁にとって重大な損壊となるように見えるかもしれない。だがこの見かけは間違いである。問題の要点を、現実の人間でも虚構のヒロインを救うことが結局は可能である、と表現するのが間違いの元になる。この表現は、容易に、現実の人間とは虚構においてヒロインを救うことができるような存在である、という意味に受け取られうる。通常これは真ではない。すべての現実の人間は、ヒロインを救うことが虚構として成り立ちうるような存在ではある。だが、このことは、現実の人間が元来何かをなしうるということが虚構として成り立っている、ということを意味しているのではない。さらに、たとえヒロインを救うことがヘンリーに可能で、それがまさに虚構として成り立ったとしても、ヘンリーとヒロインの関わりはまったく虚構世界の内側で生じている。ヘンリーは、虚構世界に「存在し」ていて、その世界でヒロインを救うだけでなく、たまたま現実世界にも存在している。しかしながら、ヘンリーは、現実世界から虚構世界へと、ヒロインを救いに行くのではない。彼はそうする必要がない。なぜなら、彼は虚構世界にも属しているからである。世界を跨いだ救出、世界の間での相互作用、これは排除されたままなのである。

2 虚構を恐れる

〔悲劇の〕筋立ては、事件を聞いている者が恐怖に身震いし、起きていることに憐れみを感じるように……構造化されなければならない。
――アリストテレス『詩学』

虚構世界と現実世界を物理的に隔てている深淵が、見たとおり橋渡しできないとすると、世界を越えて行なわれる心理的な相互作用の余地を作ることが難しくなるかもしれない。現実の人間たちはフランケンシュタインの怪物を怖がり、ウィリー・ローマンに同情し、スーパーマンを賞賛するが、そうする余地を作るのは難しくなるのかもしれない。私たちは、虚構に対して心理的な結びつきを感じ、親しみを覚えるのだが、普通これは、現実のものだと思っているもの、つまり物理的に自分から隔てられていなかったり、あるいは隔てられていると思われていなかったりするものにしか感じないような種類のものである。単なる虚構が私たちの心理的な態度の対象物となることを許容しつつ、物理的な相互作用を許容しない、ということは、物理的なものと心理的なものとの間の正常な結びつきを切断してしまう。決して行動に結びつかない同情や怒りとは何ものなのか。相手に向けて告げることもできず、論理的、形而上学的に完遂されえない愛とはいったい何なのか。どんなに深くロビンソン・クルーソーのことを気に懸けていても、私たちは彼を島から救い出そうと試みることさえしない。フランケンシュタインの怪物への恐怖は、怪物が世界をたとえ破滅させるとしても、どうせ自分は生き延びると決まっているのなら、奇妙に根拠の欠けたものになる。

考え直してみよう。私たちは、単なる虚構やその登場人物に対してそもそも心理的な態度を取っているのだろうか。確かに私たちは物語の「とりこに」なる。小説を読んだり演劇や映画を観たりすると、しばしば「感情的に巻き込まれ」る。しかし、この巻き込まれの体験が虚構的な存在物に心理的な態度を取ることから生じると考えると、不可思議を黙認して混乱を招き寄せることになる。

最も興味深い種類の例は以下のようなものである。チャールズは怖ろしい緑色の粘液怪獣スライムのホラー映画を観ている。チャールズは、スライムが地面をゆっくりと情け容赦なく這いずり回って、行く手にあるすべてを破壊する間、座席に縮こまっている。波打つ粘液からぎとぎとした頭のようなものが現れて、そのビーズのような二つの眼がカメラを見つめる。スライムは速さを増して、真っ直ぐ観客の方に突き進んでくる。チャールズは悲鳴を上げ、必死で椅子にしがみつく。上映後に、まだ震えながら、スライムが「怖かった」とチャールズは告白する。

彼はスライムが怖かったのだろうか。私は違うと思う。確かに、チャールズの状態は、明らかに、ある側面で現実世界の差し迫った惨事を怖がる人の状態に似ている。筋肉は緊張し、椅子にしがみつき、脈拍は速くなり、アドレナリンが放出される。この生理的・心理的状態を、準恐怖（*quasi-fear*）と呼ぶことにしよう。だが、これだけでは、本物の恐怖は構成されない。

　スライムが「怖かった」とチャールズが記述するという事実や、他人もそう言うという事実は、そういう記述が正直なもので確かに真理を表現しているとしても、何の証拠にもならない。この記述が文字通りに受け取られるべきかどうかを知らなくてはならないのである。「すごく怖いスライムがその辺にいて、こっちへ来るのを見たんだ」とチャールズが言うとき、私たちはそれを文字通りには受け取らない。では「ああ、すごく怖かった」と彼が付け加えるとき、なぜ文字通りに受け取らなければならないのだろうか。自分の恐怖が本物であることを私たちに信じさせようとして、チャールズは（真面目にかどうかはともかく）身を震わせて「本当に怖かった」と強く主張するかもしれない。経験の強さはこれで強調されるが、強さは今の問題ではない。問題は、チャールズの経験が、どれほどの強さにせよ、スライムに対する恐怖という経験なのかどうかということである。チャールズの経験は、本物の情動的な経験であったかもしれない。すぐに見るように、彼は本当にぎょっとさせられたということさえあってよい。しかし、チャールズはスライムを恐れているのではないのだ。

　経験不足の観客が、この映画を生中継のドキュメンタリーであると受け取ってしまうことも（ほとんどありそうにないが）考えられる。現実のスライムが現実に自分にも他人にも脅威となるのをとらえたニュース速報と受け取ってしまうわけである。こういう観客は当然恐れるだろう。しかし、チャールズは経験不足なわけではない。彼はスライムが現実のものではなく、自分が危険にさらされていないことを完全によく知っている。それならば、どうやってチャールズはスライムを恐れることができるのだろうか。単純に以下のように論じても、大きく間違っているというわけではない。すなわち、何ものかを恐れるということは、ある程度、そのものによって自分自身が危険な目に遭うと思うことである。チャールズは自分がスライムによって危険な目に遭うとは考えていない。それゆえ彼はスライムを恐れてはいない[4]。

　対象が脅威を及ぼしているという信念ないし判断を恐怖が必然的に含むということは、多くの標準的な感情の理論が認める自然な想定である[5]。しかし、反対意見もあって、こちらも真剣に受け取る必要がある。どちらが正しいにしても、私は、恐れるということは、ある側面においてそういう信念を持つということと似ていると論ずるつもりである。そして、チャールズの状態は、スライムが自分を危機に陥れていると信じるという経験と、肝心のところで似ていないと論じることになる。それゆえ、チャールズはスライムを恐れてはいないのである。

だが、さしあたり、何ものかを恐れるということは、ある程度、そのものによって自分が危険な目に遭うと思うことであると考えておこう。こう考えたとしても、異論はありうる。チャールズは自分がスライムによって危険にさらされているとまさに考えていて、スライムが現実の存在であると信じ、それゆえ現実の脅威であると信じている、ということがありうるだろうか。スライムは純粋に架空のものだとチャールズが十分に気づいている場合でも、違う仕方で違う「水準」において、彼がその反対を信じていることもあるかもしれない。こういう場合、人は「不信を宙吊りにする」のであるとか、人物の「一部分」が残りの部分の信じていないことを信じているとか、それは偽だと分かっているのに受け入れている自分に気づく、などと言われてきた。

一つの可能性は、チャールズが現実の危険があるということを半ば信じていて、少なくとも半ばは恐れているということである。[6] 何かを半ば信じるとは、それが真であるとまったく確信することはないが、真でないとまったく確信することもない、ということである。ある子どもがお家に幽霊がいると言われて、それが本気で言われたのか冗談なのかはっきりしないとき、その子は自分の家に幽霊がいると半ば信じるかもしれない。するとその子は、自分の家に住み着いているかもしれないし、いないかもしれないその幽霊を、半ばは恐れることになるだろう。

ところが、チャールズは、自分が現実のスライムを目の当たりにしているかどうかについて、疑いをまったく持っていない。チャールズが半ば信じていて半ば恐れているのなら、彼は恐れている場合の正常なやり方で行動する何らかの傾向を示すと期待される。正常な人間なら、スライムが現実世界にいるというのが、ためらいがちの信念や単なる疑念にすぎないとしても、それによって、万が一の場合に備えて、警察に知らせたり家族に警告したりすることを真剣に考えるよう促されるだろう。チャールズはそんな行動をする考えなど一切示さない。彼はスライムが現実のものなのかどうか不確かな気持ちでいるのではない。現実ではないと完全に確信している。さらにチャールズがあらわにしている恐怖の徴候は、スライムが現実かもしれないという単なる疑念や半ば恐れているときの不安な感じの徴候ではない。それは、差し迫った重大な危機と純粋な恐怖が確実に存在するときの徴候なのである。チャールズの心臓は激しく鼓動する。喘いで、拳が白くなるまで椅子を握りしめる。これは、安全だと分かっているが疑いがふとよぎるという人物の振る舞いではない。およそ恐怖を示すというのなら、それは鋭くて圧倒的な恐怖を示しているのである。妥協的に、チャールズは自分が危険な状態にあると半ば信じ、半ば恐れていると言うのは、チャールズの反応の激しさを正当に扱うものではない。

チャールズは危険な状態にあると自分で信じていると主張する人の中には、これはためらいがちな、弱々しい、半ばの信念などではなく、特殊な種類の信念なのだと論じる人がいるかもしれない。「知的な」感じと対立する「腹の底」の感じだ、というのである。では、飛行機を嫌う人と比べてみよう。アロンは、ある意味では、飛行機が（比較的に）安全なのを理解している。飛行機は安全だとうそ偽りなく言い、それを証明する統計を引用することができる。だが、アロンは飛行機で移動することをできるだけ避ける。その言い訳をこしらえるのが実に巧みである。どうしても飛行機に乗らねばならなくなると、神経過敏になって動顚する。おそらくアロンは、「知的な」見解と正反対に、「腹の底」では飛行機が危ないと信じている。そして、彼は飛行機に乗るのを本当に恐れているのだろう。

だが、チャールズはこれと違う。アロンは、飛行機は危険だと思っている人に期待されるような行動を、熟慮の上で遂行している。少なくとも、そういう行動を遂行する強い傾向を備えている。実際には飛行機で移動しないと決定することができない場合でも、そう決定したい気持ちは強く抱いている。だから、飛行機に搭乗したとしても、降りたい気持ちと戦わなければならないのである。だがチャールズは、映画館を出てしまうとか警察に知らせるという傾向すらまったく持っていない。自分が危険な目に遭うと本当に信じているかのように見える印しは、唯一、チャールズのほとんど熟慮を経ていない自動的な反応だけである。すなわち、脈打つ鼓動、汗ばんだ手のひら、胃腸の緊張、思わず出る悲鳴、といったものだけである。[7] このことは、二つの事例を違うものとして扱うことを正当化している。

その違いを特徴づける一つのやり方がある。熟慮の上での行為は理由にもとづいて行なわれる。そういう行為は、行為者が望んでいることのゆえに、また、それの実現につながると考えられることのゆえに、実行されるのである。そういう行為は、行為者の信念と欲求という観点からは（たとえその信念と欲求自体がどれほど不合理であっても）、理由のあるものであるとする考え方が存在する。それゆえ、そういう熟慮の上での行為が意味を成すように、私たちは信念または欲求を仮定してよい。さて、人間は、自分がしたいと感じることを行なう理由をもっていても、何か別の理由でその実行を思いとどまる場合がある。アロンが飛行機は危険だと考えているのならば、彼が生存を望むと想定されるかぎりで、飛行機に対するアロンの行動や行動傾向は理由のあるものである。危険だと考えていないならば、理由のあるものではない。そういうわけで私たちは、原則に沿って適切に、アロンが少なくとも「腹の底」の水準では、飛行機は危険だと信じていると推論するのである。しかし、チャールズの自動的な応答については、同じく意味を成すようにせねばならないわけではない。汗をかいたり、脈拍数が上がったり、胃腸が不随意的に緊張したりするというような、人が行なうのではない事柄については、私たちは理由など持ちはしない。それゆえ、チャールズの反応を理由のあるものと見なすべく、チャールズに信念（ないし欲求）を帰属させる必要はないことになる。こうして、アロンの熟慮の上での行動や行動傾向から、飛行機は危険だという（「腹の底」の）信念を推論することが正当化できるのに対し、チャールズの自動的な反応から、彼が自分は危険にさらされていると考えていると推論することは拒否できるのである。

映画の中の特に決定的な場面、例えば、スライムがチャールズに狙いを定めた瞬間に、チャールズは「現実感覚を失な」い、その瞬間にはスライムが現実のものだと思って本当に恐れる、ということになっているのだろうか。そういう瞬間は短すぎてチャールズが何かしようと思うのは無理である。だから（と主張する人がありうるのだが）チャールズの信念と恐怖が行動への正常な傾向を伴わないことも、驚くには当たらない。しかしながら、このやり方は説得力がない。第一に、チャールズの準恐怖の反応は、単なる瞬間的なものではない。映画のほぼ全篇を通じて、心臓が喉まで迫り上がる感じが続き、なおかつ、ほんの少しでも逃げようとか警察に知らせようといった気持ちにはならない、ということがありうる。チャールズのこういう長時間にわたる反応と、それを後になって「恐怖」という言葉で記述する傾向は、本物の恐怖を抱く瞬間がその流れの中にいくつか挟まっていたとしても、それ自体何ものかとして解釈されるべきだろう。そのうえ第二に、瞬間的恐怖という着想がどんなに魅力的だとしても、他の心理状態と比較対照してみると、ずっと訴える力が減る。私たちは、誰かがウィリー・ローマンに「同情」しているとか、スーパーマンを「賛嘆」していると言うことがある。そんなとき私たちは、作品に接している間に、単なる虚構を自分が扱っているのをその人が一時的に忘れ、現実の同情や賛嘆の気持ちが起こるのを自分の中に感じる特別な瞬間がある、と考えているわけではなさそうである。鑑賞者の「現実感覚」は、その経験の間ずっと頑強で健全なままであり、ホラー映画を観ている間にチャールズが経験するような、特別の決定的瞬間によって中断されることはないだろう。実のところ、演劇を観たりコミックを読んだりしていない時に、ある人がウィリーに「同情」しているとか、スーパーマンを「賛嘆」していると述べるのが適切なことだってあるのだ。瞬間的恐怖の理論がもっともらしいとしても、虚構に対して恐怖以外の心理的態度を取っていると思われる事例では、私たちを助けてはくれないだろう。

危険があるという判断が恐怖には必然的に含まれる、という想定に対しては、異議の申し立てがある。それを見てみよう。これは、感情一般が認知的な次元を備えているという考え方への異議申し立てになる。チャールズは自分がスライムによって危険な目に遭うとは考えていないのに、彼がスライムを恐れるということが可能なのだろうか。

チャールズの例や他の似たような例は、恐怖を含むさまざまな感情が信念から独立であることを示す、と考える人々がいる。だが、こういった事例の扱いは、しばしば悲惨なくらいの論点先取になっている。[8] チャールズは恐れているとあらかじめ想定する。しかるに、チャールズは自分が危険な状態にあると考えていない。ゆえに、恐怖はそういう信念を要請しない。そしてその後、当初の想定を擁護するために、より弱い要請がでっち上げられる。恐怖は単に危険を想像することだけを要請するとか、生き生きと表された危険の観念を要請する、などと言われるのである。(想像することと信じることの境界が曖昧であることが、混乱を大きくしている。)

この論点先取が暗黙のうちにもとづいているのは、チャールズの言うとおりスライムを恐れていると受け取るのが自然で、普通で、常識的で、理論以前の観点からいっそう本当らしい立場である、という思い込みである。さらに、この立場が欠席裁判で勝ってしまうという事情、つまり、その反対を支持する実質的な理由が欠けていると、少なくともこの立場はより好まれてしまうという事情にもとづいているだろう。だが、この思い込みには裏付けがない。チャールズ自身による心理状態の自己評価にとやかく文句を付けるのはためらわれる、というのは理解できる。だが、チャールズによる評価の性質は決して自明ではなく、それ自身、問われている問題の部分を成している。スライムが怖かったとチャールズが証言するとき、それを文字通りに真っ直ぐ受け取る姿勢は、危なっかしい推論にもとづいている。チャールズがそう言うとしても、自分は恐れていると彼が考えていることが、それで確立されるわけではないからである。これはちょうど、ごっこ遊びをしている子どもたちが「地下室に怪物がいる!」と言うからといって、怪物が地下室にいると彼らが信じていることが示されはしない、というのと同じなのである。試しに、過去十年間で本当に恐ろしかった経験があるかどうかチャールズに尋ねてみたら、スライムに出くわしたことが言及されなくてもおかしくはない。スライムを例に挙げるとしたら、本当はそこに入らないというように、カッコに入れる気持ちで例示するだろう。(「まあ、映画を観てただけなんだけど。」)直観的解釈が、最初にすべて一方の側に集まるわけではない。どちらかの側が不釣り合いに立証責任を負っているわけではないのである。

パトリシア・グリーンスパンは、感情と信念とのつながりに関する標準的な見方を、もっと実質的に見直すことに取り組んでいる。[9] 次のような例を考えてみよう。フランシスはかつて狂犬病の犬に襲われたことがあった。このトラウマ体験の結果、フランシスは「どんな犬でも、そこにいると恐怖を表す」ようになった。人なつこい年老いたポチでさえだめで、「フランシスはポチが狂犬病の予防注射を受けていて、実際、もう歯も抜けてしまっていると完全に分かっていても」だめなのである。グリーンスパンの示すところでは、フランシスは本当にポチを恐れており、ちょうどアロンが飛行機を恐れるように、フランシスは可能な限りポチを避けるのである。ところが、ポチが危険であるという信念をフランシスに帰属させるのは、なかなかうまくいかない。一つの理由は、フランシスは友達や子どもたちがポチと遊んでも完全に幸せそうにしているということがある。(ポチは自分にとって危険だが、他の人には危険でない、とフランシスは判断しているのだろうか。[10])

この問題の一部は、信念(ないし判断)という概念が、到底明瞭に理解できるようなものではないというところにある。信念は自然種を構成しないということさえありうる。つまり、信念の通常の概念をどんなに精密にしても、洗練された心の理論の中で正当に位置を認められることはないかもしれないのである。だとすると、感情が信念を要請するかどうかという問いは、不適格な形で立てられていることになる。[11] とはいえ、チャールズの場合を究明するために、こういったより大きな問題を解決せねばならないわけではない。危険だという信念がないのにフランシスが怖いと思っているとしても、これによってチャールズも同じだと示唆されはしない。フランシスは、熟慮の上で、恐怖を特徴づける振る舞いを提示する。ところが、すでに見たように、チャールズはそうしないだけでなく、そうする僅かの傾向性すら示さない。フランシスは「ポチと不必要に出くわすのを避けたいという差し迫った衝動に屈している」。彼女は「[ポチが] 近づいてくると、恐怖のあまり」逃げ出す。[12] 恐怖は、その動機付けの力が認知的要素に帰属しているかどうかにかかわりなく、はっきりした仕方で動機付けを行なう。恐怖は、その人の振る舞いに(たとえその人が抵抗するにしても)圧力を掛ける。(スカイダイビングをする人や登山家が恐怖を楽しむ――危険を楽しむだけでなく――としても、そういう人々もやはり、危険を避けたいという傾向性は持っている。)この点を否定して、チャールズの動機付けの力のない状態がスライムに対する恐怖の状態であると主張することは、恐怖の概念を根本的に考え直すことになるだろう。動機付けをする特有の力を取り除いて去勢された恐怖など、まったく恐怖ではないのである。

問題点は、理論的考察に先立って深く根付いた恐怖の捉え方に忠実かどうか、というだけのことではない。人間本性についての私たちの理解が明瞭なのかどうかが係争点なのである。チャールズの経験した「恐怖」と、フランシスやアロンが経験した恐怖とは、違う種類の生き物である。チャールズは波のように押し寄せる準恐怖でポップコーンを食べるのを中断する。フランシスはポチから逃げ、アロンは歯ぎしりしながら必死で飛行機に乗るのを耐え通そうとする。これらを似たものとするなら、根本的な違いを犠牲にして表面的な類似を強調することになるだろう。債権者が偽金で支払いを受け取るようなものである。[13] それよりは真正の恐怖や真正の感情を、一般的に信念-欲求複合体と似たものとする方がよいだろう。(これによって、感情が「感じ」ではないということが含意されるわけではない。)たとえ、自分が危険にさらされているという信念が部分的に恐怖を構成しているわけではないとしても、動機付けの力という点において、恐怖はそういった信念(が被害を受けたくないという欲求に結びついたとき)に確かに似ている。そして、おそらく他の点でも似ているだろう。

私の主張は、チャールズがいかなる真正の恐怖も経験していないとするものではない。チャールズはそのスライムを恐れてはいないが、映画は別の何かに対する恐怖を彼に引き起こすかもしれない。チャールズが幼児なら、映画のスライムは実在でないと完全に理解していても、それに似た実在のスライムや他の恐ろしい怪物が存在しないかどうか、気がかりになるかもしれない。チャールズは、この種のありうる現実的な危険を真正に恐れるかもしれないし、何日か後に悪夢を見るかもしれない。そして彼がそれを避ける手立てを講じることもありうる。『ジョーズ』は多くの人々に鮫への恐怖を引き起こした。あんな鮫が現実に存在するかもしれないと思って、人々は海で泳ぐのを止めるようになった。しかしこのことは、人々が映画の中の虚構の鮫を恐れたということを意味していない。チャールズが心臓病を患っている高齢の映画好きならば、彼は映画それ自体を、つまり、映画を観ることを恐れるかもしれない。興奮が心臓発作の引き金になることをたぶん知っていて、映画が興奮を引き起こすことを恐れるのである。スライムが特に攻撃的で恐ろしげに描かれていればそうなるかもしれない。これは現実の恐怖である。だが、これはスライムの描かれ方に対する恐怖であり、描かれたスライムに対する恐怖ではないのだ。

　チャールズがスライムを恐れていないことに進んで同意する注釈者の中には、チャールズの経験を、スライム以外の対象に対する現実の恐怖の経験として解釈しようとする者もいる。ピーター・ラマルクは、チャールズがスライムの思想（つまりスライムの記述の「意義」[14]）を恐れていると解釈している。チャールズがこういう思想を、つまりスライムについて考える経験を恐れる場合がありうることは明らかである。心臓病を患うチャールズはそれを恐れている。しかし、ラマルクはこういう特殊な条件を念頭に置いているのではない。私たちが、スライムが架空のものだと完全に気づいている普通の観客について「スライムへの恐怖」と呼ぶものを、ラマルクは思想への恐怖と考えるのである。だが、私の見るところで、この示唆には優れたところは何もない。チャールズがスライムを恐れているということを否定するための理由は、思想に関しても同じように当てはまる。心臓疾患といった特殊な条件を別にすると、チャールズは思想が危険であると考えてはいないし、危険なものとして扱ってもいない。彼はその思想から逃れようとする気持ちにさえなっていないのである。さらに、チャールズの経験は、何らかの思想への恐怖と似た感じを与えはしない。それを思想への恐怖として特徴づけることは、その経験の現象面でのあり方に真っ向から反している。そして、チャールズが当然のように、臆することなく怖かったと述べるのは、そのスライムなのであって、思想ではない。最初にある直観は、それが役に立つかどうかはともかくとして、スライムがチャールズの恐怖の対象であるという直観なのだ。ラマルクの提案は、この直観を捨て去って、そのうえ、この直観を否定する理由を認識することに失敗している。第7章1節で私たちは、チャールズの経験を、その現象面でのあり方を正当に扱いつつ、経験を記述する通常のやり方にたやすく適合する方法で解釈するつもりである。それはまた、チャールズが（文字通りには）スライムを恐れておらず、したがって必然的に、何かを恐れてなどいない、ということになるような解釈方法である。

　チャールズについて私が正しいとしたら、架空の対象に向かう恐怖以外の心理的態度への懐疑主義も、同じく適切なものとなるだろう。人物もその苦難も偉業も純粋に架空のものだと完全に知りながら、人々が文字通りにウィリー・ローマンを気の毒に思うとか、アンナ・カレーニナのために嘆き悲しむとか、スーパーマンを誉め称えるとする考え方は警戒すべきである。憐憫の情には、自分が気の毒に思う相手が実際に不幸を経験しているという信念（ないし判断や態度）が含まれ、賞賛の念には、賞賛される対象が賞賛に値するという信念が含まれるということは、本当らしくないわけではない。ところが、正常な鑑賞者は、ウィリーが苦境にあり、スーパーマンが賞賛に値するということが、現実に事実なのだとは考えていない。おそらく、より適切なのは、憐憫や賞賛などの感情がこうした信念（と適切な欲求との結びつき）とただ単に同族であるだけだと考えておくことである。特に動機付けの力に関して、そう考えておくことである。だが、なかんずくウィリーに「同情する」観客は、問題の動機付けの力を感じていないように見える。ウィリーのことで哀悼の意を表したいという気持ちを感じてはいないようであるし、ウィリーを助けようとする気持ちもないようである。誰かのことを悲しむためには何を信じていなければならないのか、あるいは、悲嘆の気持ちにどんな動機付けの力が本質的に備わっているのか、ということは、これほどはっきりしてはいない。とはいえ、悲嘆の気持ちは、憐憫や賞賛と同様に、最低限、それが向かう対象の実在を意識していることを要求するように思われる。この理由だけからでも、実際に観客がウィリーに同情し、アンナのために悲しみ、スーパーマンを賞賛すると言えるはずがない、と主張できるのである。[15]

スライムの映画と同様に、『セールスマンの死』や『アンナ・カレーニナ』やスーパーマンのコミックは、鑑賞者に問題となっているまさにその種の真正の感情をもたらすことはできる。『アンナ・カレーニナ』は、アンナと似た不運な境遇にある現実の人々へ向かう真正の同情を育てる。このことは、トルストイの小説にまつわる重要な事柄の一部である。しかし、ごく普通に「アンナへの同情」と特徴づけられる経験が、アンナ「のような」現実の人々への憐憫（つまり、似た境遇にある人々に条件付きで憐憫を感じるという決意ないし傾向）にすぎないとみなすのは、その経験に対する正当な扱いではない。[16]私たちがアンナに同情するとか、アンナのために悲しむと言うのは、たまたまそう言っているだけのことではないのだ。

懐疑主義を招き寄せるのを差し止めてはならない。私たちは、鑑賞者の経験についての肯定的な説明を必要としている。「ウィリーを気の毒に思っている」とか「アンナのことを悲しんでいる」とか「スライムを恐れている」とかいったありふれた主張を、文字通りに受け取るのでなくて、別の十分明瞭な考え方が必要なのである。私は、第7章1節でそれを提示するつもりである。その考え方が成功すれば、懐疑主義の基礎が固められるだろう。だが、文字通りの解釈の正統性が少しも当然と見なされるべきではないのは、もはやきわめて明瞭である。

3　虚構性とその他の志向的特性

私は現実生活より連載漫画の形式で存在する方がいい。その方が幸福になる見込みが大きいから。
――ウッディ・アレン

虚構世界と現実世界が繋がっていたり繋がっていなかったりするあり方を区別しようとして、私たちはいろいろな難問に遭遇した。このことは、私の利用してきた理論的な道具立てが十分でなかったことを証明している。私は虚構性の概念を活用して、ヘンリーがヒロインを救うとかチャールズがスライムを恐れるといったことが虚構として成り立つのかどうかという問題を、それが真であるのかどうかという問題から区別してきた。しかし、考察したのは、作品世界における虚構性だけであり、ごっこ遊びにおける虚構性は扱っていない。そして、第1章で展開された虚構性の説明を利用してはこなかった。これまでのところ、本章では、虚構性は、信じる、欲する、願う、否認するといった態度になぞらえて、単に命題の特性として考察されてきた。

虚構性を他の志向的特性になぞらえると、虚構世界から私たちが物理的に切り離されているという感じにうまく合う。存在すると信じられていたり、望まれたり、語られたり、否定されたりはするものの、現実には存在していない何ものかに接吻したり、それを蹴とばしたり、救ったりすることはできない。同様に、虚構としてのみ存在する何かとそんな仕方で相互作用することもできない。この照応は私の論点を支持する。私たちは、虚構にすぎないと分かっている人物たちを、恐れたり、妬んだり、心配したりはしない。殺し屋が私の後ろをつけていると誰かが信じていても、その種のことは真でないと確実に私に分かっているならば、存在すると信じられているだけの殺し屋を、それでもやはり私が恐れるかもしれないと思う人はいない。金持ちになりたいと願っている叔父を、単にそう願っているだけだと分かっていて私が妬むこともまずありえない。エヴェレストの頂上に急性虫垂炎に罹患した人がいると断定されたり否定されたりしても、そういう人は存在しないと分かっているなら、私はこの非現実の人物のことを心配したり不憫に思ったりしないし、そうできもしない。

虚構的に成り立っていることを、信じたり欲したり主張されたりしていることになぞらえるやり方は、世界を跨ぐときの物理的関係と心理的関係の奇妙な違いを明らかにすることにはまったく成功しない。錯覚かもしれないのだが、私たちは、単に虚構として成り立つだけだと分かっている事物でも、心理的な態度の対象になるという印象を抱くのである。では、存在すると主張されているけれど、その存在を自分では信じていない虫垂炎の登山家のことを、私たちがかわいそうだと思うと考えてみる気にさえならないのはなぜなのだろうか。そういう主張について考えるときに、私たちが憐憫に非常によく似た心理状態にいると思ったり、自分が「同情」を感じていると述べたりしないのはなぜなのだろう。(たぶん、そうしている場合もある。——その主張が真であると生き生きと想像するときがそうである。だが、これによって私たちは虚構性の考察に立ち返ることになる。)

他の志向的特性と対比したとき、虚構性に何か特別な点があるのは明らかである。第1章5節と第3章8節で観察したように、私たちは、よく分かっているつもりでも、虚構性を真理の一種として考えてしまう強い傾向を持っている。この所見は虚構性の特別な点を要約している。私たちは、どういうわけか、虚構的にのみ存在するものを現実にあると見なし、虚構的にのみ起こることを現実に生じたことと見なす。これに対し、存在しているとか起こっていると信じられているだけのことや、そう望まれているだけ、言われているだけのことは、単にそれだけのこととして満足して受け入れるのである。

虚構に対して私たちが感じる心理的な結びつきは、こういう傾向の劇的な徴候である。だが、他にもその徴候はある。その一つは、「虚構世界」について語るという分かりやすい性癖である。なるほど確かに、虚構的な事柄が私たちの世界とは異なる世界に属しているという考え方は、それが私たちから「隔たって」いると思われていることを表している。しかし、そもそもどうして、私たちは虚構的な事柄が「世界」に属していると考えるのだろうか。虚構的な事柄は、それがたとえ現実世界からどれだけ隔たっていようとも、現実のどこかに場所を占めているかのようなのだ。虚構性以外の志向作用については、虚構世界の概念によく似たものは存在してはいない。このことは重要である。誰かが自分の葬式に列席するということがある小説で虚構として成り立つ場合、私たちはこれを、「その小説の世界では」ある人が自分の葬式にまさに列席する、と言うことによって表現するだろう。しかし、ジョーンズが自分は天才であると主張する場合、私たちはこれを、「彼の主張の世界では」ジョーンズはまさに天才なのだ、と言ったりはしないだろう。誰かの願望や信念や否認の「世界では」あることが事実であるなどと言うことは、仮にあるとしても著しく稀である。虚構として事実であることは、ある特別の領域、つまり「世界」において事実であるというように自然に考えられている。事実であると主張されたり、信じられたり、望まれたりしていることはこういう仕方で考えられることはない[17]。「虚構世界」の通常の考え方——現実世界とは違うが、それでもやはり世界ではある——は、(単なる)虚構が実在なのかどうかについての私たちの混乱を、うまく取り繕う工夫なのである。

虚構世界という考え方や、虚構世界を現実の一部として考えてしまう傾向のせいで、悩みの種が生み出される。いったいどうして、マクベス夫人に子どもがいながら、それが確定した人数ではないなどということがありえるのか、あるいは、マクベス夫人に何人の子どもがいたかを発見することが私たちに絶対できないのはどうしてか、といった謎である。語られたり信じられたり望まれたりするのみの事柄に関して、似たような謎が真面目に受け取られる場面を想像するのは難しい。それが何人なのかを特に考えずに、ある人物に子どもがいると考えることは可能である。人数を特に決めないで、子どもが欲しいと望むこともできる。ここには謎は存在しない。信念や欲求などの「世界」（こう言うつもりなら）の不完全性は、目に留めるまでもない。では、虚構としてマクベス夫人には子どもがいるのに、それが二人なのか、三人なのか、もっと多いのか、それとも少ないのか、ということが虚構として成立しない場合、なぜそれが謎になってしまうのだろうか。その理由は、私たちが虚構性を真理の一種と考えているからなのである。すなわち、誰かに子どもがいるのが真であるのなら、ある確定した数について、それがその人の子どもの数であるということが真でなければならない、と考えられるからなのである。

多くの場合、私たちは、何かが事実となる「世界」が虚構世界である場合、それにわざわざ明示的に言及したりはしない。虚構として成り立つことは、「現実世界において」真であるかのように、つまり、実際に事実として成り立つかのように語られる。「デフォーの小説においては、ロビンソン・クルーソーは難破を生き延びた」とか、「その小説では、クルーソーは難破を生き延びた」などと言う代わりに、ただ「ロビンソン・クルーソーは難破を生き延びた」と言うのが普通である。虚構性を示す「その小説では」といった会話上の作用子は、誤解の恐れがない場合、通常は省かれるし、それでうまくいくのである。

こういうやり方は会話を素早く進ませるための簡略化にすぎない、と言って忘れてしまうこともできるかもしれない。だがそれは、他の志向性作用子についても同じような簡略化が滅多に行われないという事実がなければ、なのである。ところが「以下のとおり信じられている」とか、「以下のとおり望まれている」とか「ジョーンズは……と願っている」といった語句は、明示されないでいることが頻繁にあったりはしない。ジョーンズの願望について語っていることが明らかに理解できる場合でさえ、「地平線に黄金の山が見えてくる」とだけ言って、地平線に黄金の山が見えてくることをジョーンズが願っている、ということを意味するのは、最も好意的に言っても奇妙なことだろう。ときには「以下のとおり信じられている」とか、「彼は……と言っている」といった表現が省かれる場合もあるが、それはかなり特殊な状況――虚構性を含むことがある程度確かな状況――においてのみである。（第6章3節を参照されたい。）「スミスが銀行強盗をした」とだけ言って、それが「スミスが銀行強盗をしたことは否定されている」とか「スミスが銀行強盗をしたことをジョーンズは否定している」の縮約表現であるような状況は、私にはまったく思いつくことができない。

虚構性作用子と他の作用子の扱われ方が違うということに、重大な意味があるかどうか疑わしいと思われるかもしれない。だが、この違いに関連するもっと驚くべき特異性がドイツ語にあることを見れば、疑いは消える。ドイツ語では、ある文Pないし節Pは、Pが真であるとする立場を語り手みずからがとるときは、通常、直説法となり、そうでないときは接続法になる。だから、Pが単純に断定されるときは直説法となり、また「私はPと分かっている（I know that P）」、「私はPと主張する（I claim that P）」、「彼はPと分かっている（He knows that P）」といった文脈でPが使用されるときも直説法となる。だが、「私はPを望む（I wish that P）」、「私はPかどうか疑わしく思う（I doubt that P）」、「Pと信じられている（It is believed that P）」、「彼はPと言っている（He says that P）」といった文脈では、Pは接続法になる。ところが、虚構の言明は驚くべき例外なのである。「その物語において、P」といった文脈では、たとえPが真であるという立場を語り手みずからがとっていなくても、直説法が使用される（「その物語において、ロビンソン・クルーソーは難破を生き延びた（In der Geschichte hat Robinson Crusoe einen Schiffbruch überlebt）」）。「その物語において」が省かれて、それが理解できる場合もまた、直説法が使用される（Robinson Crusoe hat einen Schiffbruch überlebt）。直説法の虚構的言明は接続法で書かれるべき言明の省略形である、と解釈できないことは明白である——直説法の言明の方が短いわけではない、という理由からではない。接続法による言明は正しくないからである。

「トム・ソーヤーは洞窟で迷子になった」と言うとき（つまり、あえて「その物語において、トム・ソーヤーは洞窟で迷子になった」とは言わないとき）、あるいはこれをドイツ語で直説法を使いながら言うとき、私たちは、まさに「トム・ソーヤー」という名前の実在の人物を指して、洞窟で（現実に）迷子になったと言うときのように語っているのである。

もちろん、理論家としては、虚構の存在者たちを、それが会話の中で語られるように扱わねばならないわけではない。しかし、虚構が自分たちと現実を共有しているかのように考える私たちの奇妙な傾向を説明する必要はある。この傾向は会話の語り口に映し出されている。そして、虚構の存在者たちへの親密な感情も、何らかの仕方で、現実世界からの虚構世界の明々白々な物理的分離と折り合う形にされなければならない。虚構として成り立つことが、事実であると信じられたり、望まれたり、主張されたりすることにどこか似ているという見解は、この二つの問題点のどちらに関しても不十分である。この見解は謎を深めているだけなのだ。

虚構と現実の概念は、さまざまな警句が生まれる源泉になっている。そういう警句の多くは、ここまで検討してきたような虚構性に対する見たところ分裂した態度から引き出される。虚構の中の存在でいたいというウッディ・アレンの言葉は、その一例である。[18] この冗談は、虚構性と真理の概念をよく考えて合成して利用している。以下のように書き換えてみよう。「現実生活よりも、誰かの欲求（信念や否認）の（世界の）中に存在する方がいい。その方が幸福になる見込みが大きいから」。これでは全然うまくいかない。真であることと、望まれたり信じられたり否認されたりすることとを、よく考えて合成することは、単に愚かしいだけである。

第I部で得た結果をもっと大々的に利用し、さらにそれを展開すべき段階に来ている。ある命題がある作品世界で虚構として成り立つのは、それを想像せよという鑑賞者への命令が存在しているときだった。このことを思い出そう。これによって私たちは、作品の鑑賞者として、(他の人々の)信念や願望や主張の事例では成り立たないような仕方で、状況の説明の中に入り込むことになる。私たちは、ウィリー・ローマンが失職すると自分で想像することになるのであり、スーパーマンが高層ビルから人々を救い出すと自分で想像せねばならないのである。こういう想像活動は、私たちのごっこ遊びの部分を成している。このごっこ遊びは、作品世界とは別にそれ自体の虚構世界を持っている。そして、こうした想像活動は私たち自身についての想像活動とともに行なわれる。ウィリーが職を失ったと想像するとき、私たちはそのことを自分が知ったということもまた想像している。鑑賞者を作品世界の単なる傍観者、つまり、作品世界で虚構として成り立つことを外側から観察する存在として考えるのは誤りである。この考え方は、表象体が小道具となっているごっこ遊びへの私たちの参加、ということを見落としている。この参加の本質をつぶさに見ることを通じて、現在の難問から私たちを解放するための長い道のりが始まるだろう。

第6章　参加すること

［俳優は、］集まった人々の前で別の人間であるふりをし、人々の方は俳優をその別の人間であると受け取るふりをするのだ。

——ホルヘ・ルイス・ボルヘス『全と無』

1　子どもたちの遊びへの参加

ごっこ遊びの参加者は、見物人と区別する必要がある。ごっこ遊びへの参加の最小条件は、そこで虚構として成り立つ命題群を、自分が想像するように強制されていると考えることである。参加者は、生成の規則ないし生成の原理が自分に適用されると考える。見物人は、その遊びを外から観察するが、自分のことをその遊びの規則に服従する存在とは考えない。ある命題が虚構として成り立つことは、見物人によって、その命題を想像すべき理由となると受け取られることはないのである。（とはいえ、見物人がその遊びに非常に興味を持つことはありうる。見物人はその遊びと小道具を徹底的に研究し、何が虚構として成り立つのか、どの虚構的真理が他のどの虚構的真理を含意するのか、どういう生成の原理が作用しているのか、といったことを学ぶかもしれない。そして、いろいろなやり方でその遊びを分析し、説明し、その意義を評価するだろう。）

子どもたちが自分のごっこ遊びで演じる役割は、この参加の最小条件をはるかに超えている。子どもたちは、一般にみずから小道具となるのである。彼らは反射的小道具である。反射的小道具はそれ自身についての虚構的真理を生成する。このことは、子どもたちの遊びに関して計り知れない重要性を持つ特徴である。今後、表象的芸術作品を取り上げて、人々がそれを使って行なうごっこ遊びについて考察するとき、このことを心にしっかり留めておくことが役に立つだろう。

子どもたちはほとんどいつも、自分の行なうごっこ遊びの登場人物となる。子どもたちが携わる想像活動は、部分的には自分自身についての想像なのである。お人形遊びやままごと遊びをしている子どもたちにとって、自分が赤ちゃんをお風呂に入れているとか、自分がベッドを整えているとか、自分がスパゲッティを作っているといったことが、虚構として成り立っている。カウボーイとインディアンごっこでは、参加している子どもたちの幾人かについては自分がカウボーイであること、他の幾人かについては自分がインディアンであること、そして、全員について自分が馬に乗っており、さまざまな英雄的な行いをするということ、こういったことが虚構として成り立っている。一人の子が、床の上で、乗るには小さすぎるオモチャのトラックを押しているときでも、おそらく、そのトラックをその子が運転しているということが虚構として成り立っている。

参加者についてのこういう虚構的真理は、典型的には、参加者自身によって生み出される。虚構においてクリスが赤ちゃんをお風呂に入れているということは、現実にクリスがお人形をプラスチック製のパン容器の中に置くということによって成立する。虚構において子どもたちが開拓時代の西部で馬に乗っているということは、子どもたちが家の周りを「早足で駆けて」いることのゆえに成立する。こうして参加者は小道具であり、オブジェクトでもある。

子どもたちは、こういう側面で切り株に似ており、切り株はみずからがクマであることを自分自身について虚構として成り立たせている。事実、ただ単に参加者たちが切り株や人形というような反射的小道具の近辺にいるだけで、その人たち自身が似たような働きをすることになりやすいのである。小道具は自分と同類の存在を再生産する強い傾向を備えているが、反射的小道具はその傾向が特に強い。グレゴリーとエリックが切り株は「クマ」であると宣言したら、切り株の周りにある物体も小道具として理解されるのが自然であり、実際にそれはほとんど避け難いことである。切り株の存在が、それがクマであることを虚構として成り立たせるのであれば、その切り株がいろいろな特性を持っていることは、自動的に、それがある種のクマであることを虚構として成り立たせると受け取られることになる。例えば、大きなクマ、獰猛なクマ、立ち上がったクマ、座り込んだクマ、というように。このことは、関係的な特性についても関係的でない特性についても成り立つ。切り株が丘の上にあるということは、クマが丘の上にいるということを虚構として成り立たせる。切り株がツタウルシの群生の中にあるのなら、おそらく、クマがツタウルシの群生の中にいることが虚構として成り立つ。これらの関係的な事実は、その切り株についての事実であるのと同様に、その丘やそのツタウルシについての事実でもある。その丘とそのツタウルシは、虚構的真理を生み出している。丘とツタウルシも小道具なのである。その丘は、切り株がそこにあるがゆえに、クマが丘の上にいるということを虚構として成り立たせる。こういう仕方で、小道具は小道具を生み出す。

こうして生み出される小道具は、ほとんど常に、反射的な小道具である。現実の丘に関して、その丘の上にクマがいるということが虚構として成り立っている。虚構としてクマが遊んでいるのは、現実のツタウルシの群生の中においてである。切り株の周囲にあるこれら以外の多くのものも、似たやり方でごっこ遊びの中に取り込まれる。上空を飛んで行く鷹や飛行機や空に浮かぶ雲、さらには、一瞬切り株に飛び乗ってすぐに(「慌てふためいて」）走り去るリスまでも取り込まれうる。だが、もちろん限界はある。切り株の中にいるシロアリとか、近くの摩天楼やハイウェイは無視されるだろう。虚構としてクマがシロアリに寄生されているとか、都会に住んでいるというのは、破壊的すぎて認めようがないのだ。

人間も、ただの見物人でさえ、やはり反射的小道具としてごっこ遊びに取り込まれ、協力することになる。切り株がグレゴリーの前方一〇ヤードのところにあるとしたら、グレゴリーに関するこの事実によって、クマが彼の前方一〇ヤードのところにいることが虚構として成り立つ。このことは、グレゴリーでなく、彼の母親が危険なくらいクマのそばまで迷い出てきたのだとしても、同様に虚構として成り立つのである。

参加者を切り株や、切り株から派生した丘やツタウルシなどの反射的小道具になぞらえることは、さしあたりは非常にうまくいく。だが、このなぞらえ方では、ごっこ遊びにおける参加者の役割に関して、多くの重要な事柄が無視されている。明らかに重要なことは、エリックとグレゴリーが切り株に向かって行なう行動によって、二人がクマに向かってある行動をすることが虚構として成り立つ（しばしば同じ行動なのだが、必ずしも同じでなくてもよい）、ということである。エリックが急に切り株に出くわすとしたら、虚構としては、エリックは急にクマに出くわすのである。他の行動からは、エリックが立ち木越しにクマを視界に入れるということが虚構として成り立つかもしれないし、クマに餌をやったり、背中に跳び乗ったりすることが成り立つかもしれない。「気をつけろ！」と叫び、これによって、虚構としてグレゴリーに危険を知らせることもあるだろう。

参加者は、関心の向かう主たる中心であるという点で、切り株やその派生物の多くと異なっている。エリックとグレゴリーのごっこ遊びにおいて、個々の切り株やツタウルシの群生がまさに特定のそれであるということは、取り立てて重要ではない。違うものでも（似たような特性なら）同じように役に立つだろう。しかし、反射的小道具であるのがグレゴリーとエリックだ、ということは重要であり、とりわけ、グレゴリーとエリックにとって重要なのだ。反射的小道具はごっこ遊びの単なる道具である場合もあるし、それ自身として関心の対象となる場合もある。参加者は後者、つまり関心の対象となる場合である。先に示唆したとおり、自分についての認識を新たにすることは、ごっこ遊びやさまざまな想像活動の基本的な機能である。反射的小道具としての参加者の役割は、この機能に関して、ごっこ遊びの有効性に非常に大きくかかわっている。自分自身について想像をめぐらすことが、自己理解に役立つことはおそらく確かであろう。それゆえに、参加者についての虚構的真理に価値が生じるし、自分自身について想像せよという命令が参加者に与えられることにも価値が生じるのである。しかし、これから見ていくのだが、そういう虚構的真理が参加者自身によって生み出されること、換言すれば、参加者が小道具であることもまた重要なのである。

参加者は演劇で自分自身のことを演技している俳優になぞらえる方が、切り株や丘やツタウルシになぞらえるよりも、いろいろな点でよいだろう。ごっこ遊びは、ロナルド・レーガンがレーガン自身の役を引き受けている演劇や映画によく似ている。レーガンは反射的表象体であり、自分が存在すること、およびある行動をすることによって、自分自身についての虚構的真理を生み出している。また明らかに、レーガンは関心の焦点になっている。

とはいえ、この類似も厳しい制約の下にある。舞台上の俳優は観客のために演じる。だが、ごっこ遊びをしている子どもたちは通常そうではない。見物人がいたとしても、無視されるだろう。子どもたちは見世物を上演しているのではない。遊びのために遊んでいるのであり、自分のために遊んでいるのである。レーガンに関する通常の演劇の重点は、誰が演技するのであれ、観客を楽しませたり、啓発したり、啓蒙したりすることである。エリックとグレゴリーのごっこ遊びの重点は、自分たちを楽しませたり、啓発したりすることであり、自分たちに洞察力を与えることである。その洞察は、部分的には自分自身に関わっている。エリックとグレゴリーは関心の対象となっているだけでなく、関心を持つ側でもある。

レーガンが指し示されて表象体の対象となるやり方は、エリックとグレゴリーの場合と非常に異なっている。レーガンの演じる役柄は、レーガンという名前が付いている。舞台上の出来事は大体においてレーガンに符合している(その人物は第四〇代合衆国大統領となるハリウッドの映画俳優であるということが、虚構として成り立つだろう)。作家は脚本に説明のための脚注を挿入するかもしれない。こういったやり方は、他の場合なら、俳優が自分自身以外の現実の人物を演ずるということを確立するような諸条件である。私たちの例では、こういうやり方で指し示される人物が、たまたまその俳優自身なのである。だが、レーガンがそれを演ずる俳優であるという事実は、レーガンを表象体の対象とすることにほとんど関係がない。レーガンの役を引き継いだ代役の俳優でも、レーガン自身が演ずるのと同じくらい的確にレーガンを演ずるであろう。しかし、グレゴリーがごっこ遊びにおける対象となるのは、遊びを実行する人物がグレゴリーであるということを理由としている。もしもその遊びでサムがグレゴリーの位置にいるとしたら、グレゴリーではなくサムが森の中でクマに出くわすということが虚構として成り立つであろう。グレゴリーが自分の遊びの中で役割を表象していることは、グレゴリーが表象作用の対象となるようにしている当のものであるから、対象と小道具が同じものであることを誰かが理解しそこなうことはほぼありえない。だが、レーガンについての演劇の場合には、それがありうる。

ごっこ遊びの参加者は、こうして小道具、対象、想像する者という三つすべてを兼ねていて、それが一つのまとまった枠組みに密接に結合されている。参加者は想像活動を——すなわち、彼ら自身が命令を発するという事実によって彼ら自身にかかわるものとなっている想像活動を——命令する。そして、その命令を与える相手も自分自身なのである。

参加者は自分自身について想像するだけではない。第1章4節で説明した意味において、一人称的なやり方で想像することになる。エリックは、それは自分なのだとわかっているある人物について、その人物がクマに出くわして、一歩も逃げないとか、逃げ出すとか、とにかく何かをする、と想像するだけではない。エリックは、そのクマに自分が出くわして、一歩も逃げないとか逃げるとか想像するのである。そして、これを内側から想像するのだ。(彼は「想像上でクマに出くわしている」と言ってもよいかもしれない。)一般的に言って、参加することは、内側から想像すること、ものごとを自分で実行したり経験したりすることを必然的に含んでいる。自分が赤ちゃんをお風呂に入れるのであり、自分が馬に乗るのであり、自分がトラックを運転するのである、というように。

とはいうものの、これでもなお、参加者の経験を完全に捉えたことにはならない。これではまだ、想像活動の内容において参加者が現実に行なうさまざまな活動の占める位置が抜け落ちる。切り株に出くわすこと、お人形を何かに浸す動作をすること、棒に跨がって「早足で駆ける」こと、これら自体がそのごっこ遊びの反射的小道具であり、参加者の想像活動のオブジェクトなのである。参加者は、自分が切り株を見るということについて、この見ることが自分がクマを見ることの一例であると想像する。また、自分がお人形を何かに浸す動作をすることについて、こうするときに自分が赤ちゃんをお風呂に入れているると想像する。他の活動についても同様に想像するのだ。

レーガン大統領が演説するところをある俳優がレーガン自身の代わりに演じているのを、レーガン本人が観客席から観ている、と想定してみよう。レーガンは、レーガンが演説していると想像し、かつまた自分が想像している人物がほかならぬ自分であるということをたぶん理解する。レーガンは、さらに、その俳優の演技について、それが自分の——レーガンの——演説の一例であるということをも想像する。しかし、この自分についての想像(self-imagining)は、一人称的には行なわれていない。レーガンは、おそらく自分が演説しているところを想像していているのではないし、また、そうしていると内側から想像しているのでないことは確実である。レーガンは、もちろん、俳優の演技に促されて白昼夢に耽り、自分が演説しているところを想像することはありうる。しかし、この想像は、内側からのものではあるが、俳優のさまざまな行為について、それらの行為が、自分が演説をしているところの一例である、と想像することではないだろう。これに対して、ごっこ遊びの参加者は、反射的小道具でありかつ想像する者でもあることによって、現実の自分のさまざまな表象的な行為に関して、それら一連の行為が、自分が何かを行なっているところの一例であると想像し、かつ、これを内側から想像するのである

2　参加する者としての鑑賞者

絵画や映画を観る人たちも、演劇の観客たちも、小説や物語の読者たちも、ごっこ遊びに参加しているのだと考えてみよう。作品はこの遊びの小道具になっている。ちょうど、子どもたちが、泥棒と警官ごっこや、カウボーイとインディアンごっこ、お人形遊びや泥まんじゅう作りに参加するのと同じことである。鑑賞者たちはまさに同じことをしている。もちろん、相違点もあって、それは重要な違いではある。しかし、そういう違いのせいで、根底にある類似点が曖昧にされてはならない。表象的芸術作品の鑑賞は、まず何よりも、参加の問題なのである。

とはいうものの、私たちが表象体に関心をいだくのは参加者としてだけではない。批評家や美術史家は、鑑賞者も兼ねるのでないかぎり、参加者というよりは観察者である。また、後に見ることになるが、鑑賞することが常に参加することを含むわけではない。私が示したいことは、鑑賞の主要な、そして中心的な事例は参加を含んでおり、参加を含んでいない鑑賞であっても、やはり主として参加という角度から理解するのがよい、ということである。

表象体はごっこ遊びの小道具となる機能を備えているということ、これはすでに述べた結論だが、このことを前提すれば、ごっこ遊びの「規則」に自分が従うと見なすという最小限の意味で、鑑賞者たちが通常は遊びに参加している。この点について、議論の余地はほとんどない。言い換えれば、鑑賞者は、作品の命令に沿って想像するよう強いられていると思っている。これほど明瞭ではないが、きわめて重要なことは、観客や読者がごっこ遊びの反射的小道具であるということ、つまり、彼らは自分たち自身についての虚構的真理を生み出しているということである。また鑑賞者の行為の多くも、ごっこ遊びに参加する子どもたちの行為と同様に、反射的小道具である。そして、鑑賞者が自分自身について想像するのは、子どもたちが遊びの参加者としてするように、一人称のやり方においてである。鑑賞者は、内側から、自分がものごとを行なっており、経験していると想像する。

鑑賞することをこのように考えることへの裏付けは、徐々に得られるだろう。本節では、さしあたり、そのための予備的な考察を示しておきたい。だが、この考え方を支える最も強力な確証は、そのための直接的な論証に存するのではない。そうではなくて、むしろ表象するということに関する体系的で説得力のある全体的な理解にこの考え方が貢献するということ、そして、さまざまな謎を解き、パラドックスを解決し、不可思議さの核心を見とおす力をこの考え方が備えているということに存している。

第1章4節で述べたが、何かを（私たちの関心のある意味において）想像することは、たぶん必然的に、そのことを（自分自身が）信じているとか知っていると想像することを含むように思われる。それゆえ、虚構として成り立つことを想像するという最小限の意味でごっこ遊びに参加している鑑賞者は、自分についての想像にもまた携わることになる。Pなる命題が虚構として成り立つと鑑賞者が理解しており、Pそのものを想像するだけでなく、Pを信じているとかPを知っていると想像している場合、Pをその鑑賞者が信じている、ないし知っているということも虚構として成り立つ。これは驚くべきことではない。この虚構的真理は、命題Pが虚構として成り立つとその鑑賞者が理解していることによって（あるいは、自分は理解しているとその鑑賞者が想像していることによって）生み出されると解釈できる。だから、この鑑賞者は自分のごっこ遊びの反射的小道具なのである。

図 6-1　ウィレム・ファン・デ・フェルデ（息子）『スヘフェニンゲンの浜辺』1660 年頃，ロンドン，ナショナル・ギャラリー蔵

しかし、鑑賞者が反射的小道具として果たす役割は、作品の種類に応じて方法は異なるが、これよりずっと遠くにまで及ぶ。『ガリヴァー旅行記』は、それ自身について、それがレミュエル・ガリヴァーというある船医の日誌であるということを、虚構として成り立つようにしている。この作品を読んでいると、自分がそんな日誌を読んでいるということが虚構として成り立つ、と解釈するかたちになるのはほとんど避け難い。この小説は、それ自体が反射的表象体であって、こうして人々をごっこ遊びに引き入れる。そのやり方は、エリックとグレゴリーの切り株の場合とほぼ同じである。

美術館でウィレム・ファン・デ・フェルデの風景画『スヘフェニンゲンの浜辺』（図 6-1）を通常の見方で見ている鑑賞者は、馬が牽く荷車の待つ浜辺に何艘かの帆かけ船が近づいてくるのを自分が見ている、ということが自分自身に関して虚構として成り立つように仕向けている。この絵は『ガリヴァー旅行記』とは違って反射的な小道具ではない。だが、やはり鑑賞者をごっこ遊びに引き入れるのである。この主張を支持する考察を簡単に述べておこう。この絵を見ている人物を仮にスティーヴンとしよう。彼が絵をじっと見て「ぼくには帆かけ船がいくつか見える」と言うのは当然だろう。そして、ほとんど同じ趣旨で、「沖合にいくつか帆かけ船が存在する」と言うかもしれない。このとき、後者の言明は、「……ということが虚構として成り立つ」といった表現を暗黙の内に追加して解釈すべきもののように見える。それならば、似たようにたぶん前者も、虚構としてスティーヴンには帆かけ船がいくつか見えている、という言明として解釈すべきなのだろう。この二つの発言のどちらを言うときにも、スティーヴンは真理を表現しているように見える。それゆえ、沖合にいくつか帆かけ船が存在するということだけでなく、スティーヴンがその帆かけ船を見ているということも、虚構として成り立つように思われる。スティーヴンがその絵を見ることによって、スティーヴン自身に関して、彼が沖合の帆かけ船を見ているということが虚構として成り立つのである(1)。

もちろん、帆かけ船とは違って、スティーヴンはその絵の世界に属してはいない。また、ナポレオンが『戦争と平和』の登場人物であるのとは違って、『ガリヴァー旅行記』の読者は小説の世界に属してはいない。作品世界と遊びの世界の区別、つまり小説や絵画や演劇の世界と、これらの作品が小道具となるごっこ遊びの世界との区別を、ここで思い出す必要がある。鑑賞者はごっこ遊びの世界だけに属している。『ガリヴァー旅行記』の読者がある船医の日誌を読んでいるというのは、『ガリヴァー旅行記』自体の世界においてではなく、読者が『ガリヴァー旅行記』を使って行なっているごっこ遊びの世界において、虚構として成り立つ。そして、『スヘフェニンゲンの浜辺』を鑑賞する人が沖合の船を見ているというのは、その人がその絵を使って行なっているごっこ遊びの世界において、虚構として成り立つ。鑑賞者の遊びの世界は、その世界の小道具すべてによって生み出された虚構的真理を含んでいる。つまり、作品だけでなく鑑賞者によって生み出された虚構的真理や、さらに鑑賞者と作品の間の関係によって生み出された虚構的真理を含む。だが、作品世界は作品のみによって生み出された虚構的真理しか含んでいない。沖合に船が存在すること、浜辺に荷馬車が存在すること、波打ち際で犬が泳いでいること、これらは『スヘフェニンゲンの浜辺』-虚構的である。スティーヴンがこの絵を見つめているときには、これらすべてに加えて、彼が船を見ているとか、彼が波打ち際の犬を見ているということが、スティーヴンのごっこ遊びにおいて虚構として成り立つことになる。スティーヴンの遊びの世界は、作品世界を拡張したものなのである。

一つの虚構世界がもう一つの虚構世界を含むかたちで複数の別個の虚構世界を持つということに、何ら異常なところはない。小説の挿絵や演劇の上演は、鑑賞者の活動と同じように、より大きな虚構世界を形成するかたちで一つの世界を付け加える。ドストエフスキーの『罪と罰』に付けられたラスコリニコフの挿絵は、文章と合わさって一つの世界を打ち立てる。その世界では、ラスコリニコフは老婦人を殺害し、また小説が彼の行なったこととしているその他のことを行なうが、それらが虚構として成り立つだけでなく、ラスコリニコフの顔だちがその挿絵によって描かれている顔だちであるということも虚構として成り立つ。

鑑賞者が自分のごっこ遊びの世界で反射的小道具となるということを確立するために、何が示されなければならないのだろうか。示されるべきなのは、ごっこ遊びとして信じることに関して何らかの原理が実効性を持っている、ということである。そういう原理の効果として、例えば、ある人物が『ガリヴァー旅行記』を読んでいるとき、その人物がある船医の日誌を読んでいるということが虚構として成り立ち、スティーヴンが『スヘフェニンゲンの浜辺』を見ているとき、彼が船を見ているということが虚構として成り立つのである。どのような原理が実効性を持っているのかという問題は、どのような原理に実効性があると参加者たちが認識し、受け入れ、認めているか、という問題である。すでに見たように、こういう認識や受容は暗黙のものであってよい。原理は必ずしも明言されたり定式化されたりしなくてもよいのである。取り決めから始まった遊び(「切り株はクマだということにしよう!」)にも、特に検討されず自動的に実効性があると前提される原理が含まれている(例えば、大きな切り株は大きなクマ「と見なす」など)。しかし、最初の取り決めさえも存在しなくてよい。子どもたちはお人形で遊ぶたびに、「これは赤ちゃんだということにしよう」と言って始めるわけではない。『ガリヴァー旅行記』を読む人や『スヘフェニンゲンの浜辺』を見る人も、取り決めからごっこ遊びを始めるわけではない。ごっこ遊びとして信じることに関する原理の解釈は、鑑賞者においてほぼ全面的に暗黙のものなのである。

ごっこ遊びは必ずしも社会的な出来事でなくてよいということも思い出しておこう。鑑賞者のごっこ遊びは、普通、むしろ個人的なものである。小道具として用いられる作品は公共的に認知され多くの人々によって鑑賞されるのだが、通常それぞれの鑑賞者は作品を使って自分自身の遊びをしている。例外はあるが、さしあたり重要なことはごっこ遊びが個人的でありうるということである。たった一人の人物によってごっこ遊びが行なわれ、認知されるということもありうる。だから、私の主張は、ごっこ遊びとして信じるということに関連する原理を、鑑賞者自身以外の誰かが認識していることを要請していない。

だから、示されねばならないことは、例えば『ガリヴァー旅行記』の読者の場合なら、その小説を読むことによって自分がある船医の日誌を読んでいることが虚構として成立することになる、という効果をもたらす原理を、当該の読者が、少なくとも暗黙の内に認知したり受け入れたりしている、ということである。何らかの原理のゆえに、ある人が現実にその小説を読んでいるかぎり、その人は自分自身がその日誌を読んでいると想像することになるのである。スティーヴンについては、『スヘフェニンゲンの浜辺』を現に観察しているかぎりで、自分が船や浜辺の荷馬車などを見ていると本人が想像することになるような原理を、スティーヴンが受け入れているということ、このことが確立されなければならない。

スティーヴンは、ファン・デ・フェルデの浜辺の風景画を見ながら、たしかに沖合に船が見えると言いそうである。だが、それだけでなく、「荷馬車に乗っている男はうれしそうな表情を浮かべているように見えると思うけど、遠すぎてはっきり分からない」とか、「七つ目と八つ目の船は水平線上にやっと見えるだけだ」とか、「お、見ろ、波打ち際に泳いでいる犬がいる」などとも言うかもしれない。彼が、浜辺や沖の船やその他諸々のものを自分が見ていると考え、そう想像していることは否定しがたいように思われる。その絵を自分が見ていることによってこういう想像活動が要請され命令される、とスティーヴンが理解していると想定することには十分に理由がある。彼の想像力の活動は熟慮や思慮にもとづいてはいない。そうではなくて、その絵を知覚することによってほぼ自動的に始まったものである。スティーヴンはその絵を見ているときに、ただ単に自分が船を見ていると思うようになっただけであって、そうしようと決めたわけではない。こういう傾向性は、ごっこ遊びとして信じるということに関連する何らかの原理が、暗黙の内に認識されていることを示唆している。例えば、ある子どもが最初は小さい切り株に出会い、後で大きい切り株に出会うとする。どちらもその子のごっこ遊びでは「クマ」なのだが、その子は、最初は小さいクマに出くわし、後で大きいクマに出くわしたと自動的に考える傾向を示すだろう。この場合、「虚構的なクマ」の大きさを切り株の大きさに関係づける原理が、暗黙の内にその子によって認識されている、と見なすことはおそらく理に適っているはずである。絵を見ているとき、自分が船を見ていると想像するスティーヴンの傾向性は、彼がある原理を受け入れているはずだと見なす根拠になる。その原理の効果として、スティーヴンが船を見ているということが、彼が絵を見ているというまさにそのことによって、虚構として成り立つことになるのである。

人々が描出体[1]（depictions）を見ているときに行なう他の発言からも、違う種類の証拠が得られる。それは指示詞を含む発言である。スティーヴンが、画布上の船の画像表現を指差して、「あれは船だ」と言うとする。絵画や映画、演劇の上演などを見ている人物は、「あの子は悩んでるみたいに見える」とか、「これが王の甲冑だ」とか「あそこの影に誰か隠れてる」などという発言を、適切な身振りとともに行なうことがある。こうした発言は、観客はごっこ遊びの反射的小道具であり、その遊びに言語的に参加している、という仮説による以外、どうやって解釈可能なのか理解するのは容易ではない。(この証拠は、先のものと違って、文学的表象体に適用できるよく似た明瞭な形式がない。)

スティーヴンの「あれは船だ」について考えてみよう。明らかにこの発言は、正しい方向を指さしている限りで、『スヘフェニンゲンの浜辺』を見ている人物にとって完全に適切なものである。画布上の同じ場所を指しながら、「あれは船じゃない」と言ったとしたら、スティーヴンは訂正されることになる。この発言が適切であることの最も分かりやすい説明は、スティーヴンが何か真なることを述べているということだろう。

しばらくの間、そのように想定しておこう。では、スティーヴンが断定しているのはどのような真理なのだろうか。これへの答えを探す前に、船に関連する小説の読者が似たような発言をした場合、それは適切な発言にならない、ということに注意せねばならない。『白鯨』の読者が、小説の中の以下のような一節、すなわち、「それはどちらかというならばちっぽけな旧型の船で、時代おくれの猫足付きバスタブのような妙な様子をしている。古ぼけた船体の色は、四つの大洋の台風と凪に長くさらされて風雨で変色し、エジプトにもシベリアにも転戦したフランス擲弾兵のような暗色になっていた。古さびた船首は髭も生えているかのように見えた。帆柱は……」(2)を指差しながら、スティーヴンと似た趣旨で、「あれは船だ」と言うことはないだろう。

スティーヴンは何を意味しているのだろうか。もちろん、彼は現実の船を指差してはいない。彼の言葉はもっと直截的でない解釈を要求している。では、彼の言葉には暗黙の内に「……ということが虚構として成り立つ」とか、あるいはもっと口語的に「その絵の中では……ことが真だ」といった語句が付随していると見なすべきなのだろうか。つまり、スティーヴンは、自分の言葉の表現する命題は虚構的なものだ、と主張しているのだろうか。

だが、それはいったいどんな命題なのだろう。スティーヴンの言葉は特定のある個体についての命題を表現しているように思われる。その個体は、彼が指差しつつ「あれ」と言って示すことのできる何ものかである。示唆されているのは、スティーヴンがこの個体について、それが虚構において船である、と断定しているのだということである。だが、それはどんなものなのか。その絵、または、彼の指が差しているその絵のその部分なのだろうか。その*もの*が船であるということが虚構として成り立つ、と彼は主張しているのだろうか。それならば、彼の主張は偽である。画布のいかなる部分も、虚構として船であるようなものではない。すでに見たように、絵画は通常はそれ自身を表象しない。したがって、この示唆は、スティーヴンが真理を表現しているという想定と合致しない。

指示詞「あれ」は架空の存在者(そういうものが存在するとしてを、つまり「絵の中の船たち」の一つを指示しているのだろうか。関わりのある画布上の印しを指差すことは、どの架空のものを念頭に置いているのか示すための便利なやり方かもしれない。スティーヴンは、このものが虚構的に船であるということ、あるいは、それが現実的に船であるということ、のいずれかを述べているのだろうか。しかし、それならば、なぜ『白鯨』の文章を指差して「あれは船だ」と宣言することが適切ではないのだろう。虚構的に(または現実的に)船であるような「絵の中の対象」が存在するのなら、そういう「小説の中の対象」も存在する。なぜ小説の読者は、文章の適切な部分を指差して、それが虚構的に(または現実的に)船であると断言することによって、この虚構的対象を特定してはならないのだろう。

「あれ」の指示対象としてほかに理に適った候補は存在しないように思われる。だから、スティーヴンがある命題に虚構性を帰属させているのなら、それはこの指示詞によって取り出される何ものかについての命題ではありえない。彼は、単に不特定の船が存在するということが虚構として成り立つ、と主張しているだけなのだろうか。しかし、それならば、なぜ彼は指示詞を使ったりしたのだろう。（この提案は、第3章8節から明らかな理由によって、いずれにせよ不十分なものである。）

スティーヴンは、ひょっとすると、何かに虚構性を帰属させているのではないのかもしれない。「あれ」はその絵または絵の部分を指示していて、スティーヴンはそれが船‐表象[2]であると主張しているのだろうか。つまり、「あれは船だ」は「あれは船‐表象だ」の短縮形なのだろうか。この解釈は、なぜ読者が『白鯨』を指差して「あれは船だ」と言ったりしないのかという点について、再び私たちを途方に暮れさせる。『白鯨』も船‐表象であり、これは指差して示すことができる。たしかに、絵と小説は違う種類の表象ではある。「あれは船だ」は「あれは船の絵（船‐画像）だ」を意味すると考えることもできる。だが、この場合は、「船」がある時には「船の絵」の縮約でありうるのに、決して「船の小説」の縮約ではありえないのはなぜか、ということの説明が必要になる。

もっと根本から違った提案をするべきである。たぶん、スティーヴンは何かを指示しているわけでも、何かに虚構性を帰属させているわけでもないのだ。何か真なることを、あるいはとにかく何らかのことを、スティーヴンが断定していると想定した点で、私たちはそもそも急ぎすぎたのだろう。スティーヴンはたんに何かを指示するふりをしており（指示する演技をしており）、その何かが船であると主張するふりをしているのだ、と想定すれば、物事は収まるところにきれいに収まる。こう考えることによって、スティーヴンの指示詞が現実に何かを取り上げているとか、彼が指示するふりをしている何かが存在するといった想定から、私たちは解放される。スティーヴンは、たんに自分が指示して船と呼ぶ何かが存在するふりをしているだけなのである。しかも、彼が「あれ」を使ったことも容易に説明できる。何かをするふりをするとき、人は自分が携わるふりをしている振る舞いをまねる。指示するふりをするとき、人は指示することに通常使用される言葉や身振り——例えば、指示詞や指差す身振り——を自然に使用するのである。

私たちはまた、スティーヴンが断定している一つの真理、ないしは一つの虚偽を見つけ出すという義務からも解放される。真であれ偽であれ、彼が断定するふりをしている命題を探し出す義務から解放されるのだ。「あれは船だ」は命題を表現してなどいない。スティーヴンは、それが命題を表現するふりをしているだけである。

もとより、スティーヴンは、ふりをしているときに、誰かをだまそうとしているわけではない。ここでの「ふりをする」ことの意味は、ごっこ遊びによって説明されるべきものなのだ。「あれは船だ」と言うとき、スティーヴンは、自分が何かを指示してそれを船だと主張する、ということが虚構として成り立つようにしている。自分が何かを指示してそれを船だと主張するということは、スティーヴンについての虚構的真理であり、その絵を使ってスティーヴンが行なっているごっこ遊びに属する虚構的真理である。スティーヴンはその遊びにおける反射的小道具なのである。ふりをするということは、この意味において、ごっこ遊びに言語的に参加するということである。

私たちは、スティーヴンの発言は適切なのだということが理解できるのでなければならない。また、画布上の同じ場所を指して「あれは船じゃない」と言うことが不適切なのだということも、理解できなければならない。スティーヴンが何か真なることを言っているという考え方を私たちが暫定的に受け入れることにしたのは、この点を説明するためだった。しかし、これは、スティーヴンが真理を表現しているということが虚構として成り立つ、という事実によって説明できる。また他方で、「あれは船じゃない」と言うことは、虚構において、虚偽を表現することになる。虚構的に真理を語るよう行為することは、通常適切なことである。だから、スティーヴンの発言に対して、「それは本当だ」と人は応ずるだろうし、「あれは船じゃない」と彼が言ったら、「そりゃ違う」と応ずるだろう。しかし、こういった応答は、これ自体がふりをする行為でありうる。つまり、スティーヴンは真理を語ったとか虚偽を語ったとある人が述べるということが、虚構として成り立ちうるのだ。

スティーヴンは断定するふりをしているだけでなく、本当に何かを断定していて、その本当に断定していることが真かもしれない、ということもありうる。第10章3節で彼が本当に断定しているのかもしれないことが何なのか、ということを考察する。この問いに答えることは、以前に思われたよりもずっと容易になっているはずである。今では、私たちは、スティーヴンが、「あれ」によって指示されている何ものかについて断定している、と考えるべき理由はないことが分かっている。ふりをするという彼の行為によって、この指示詞の使用はすでに十分に説明されているからである。

なぜ、『白鯨』の読者が文章のある部分を差して「あれは船だ」と言うのは不適切なのだろうか。それは、小説を使って私たちが行なうごっこ遊びが、絵画を使って行なうごっこ遊びとは違う種類のものだからである。『白鯨』の読者に関しては、その人が船を見ているとか、その人の前に船が存在するということは、虚構として成り立たない。(その代わりに、おそらく、その人がある船についての話を聞いている、ということが虚構として成り立っている)。それゆえ、文章を指差すことは、その人が船を指差しているということを虚構として成り立つようにしないのだ。

3　言語的な参加

言語的な参加が子どもたちのごっこ遊びで広く見られること

は、まったく否定されていない。例えば、子どもが銀行を襲っているふりをして「手を挙げろ！」と言う。すると、もう一人は「泥棒、動くなっ！」と叫んで逃げ道を塞ぎ、虚構として監獄に送る。また「後ろの薮にクマがいる、気をつけろ！」とエリックは叫んで、虚構としてクマの危険をスーザンに注意する。

表象的芸術作品を使って行なうごっこ遊びでも、鑑賞者がやはり言語的に参加していると考えられるのは当然である。「あれは船だ」と言いつつスティーヴンが船を指差すふりをするのは、これより自然なことは何もないようなことである。「沖合に船が何艘かいる」とか、「ガリヴァーはリリパット人に捕らえられた」とか、「イワンはスメルジャーコフに激怒した」などと言うとき、その人が出来事を詳述したり状況を報告したりしているということが虚構として成り立つ場合がある。そうだとしても、まったく驚くにはあたらない。私たちは第10章で、このやり方での参加が予想されるよりもありふれており、言語的に参加しているという可能性は、実際には参加していない場合でさえ、表象体に関する私たちの語り方のかなり多くのものの根底のところに存在しているのを見ることになる。今のところ注意しておきたいのは、そういう語り方が言語的な参加を構成するかぎりで、また言われていることが（どんなに「真剣に」言われているにしても）ふりをする様式で言われているかぎりで、第5章3節で提起された一つの謎が雲散霧消する、ということである。

私たちは、しばしば端的に「沖合に船が何艘かいる」とか「六インチの背丈の人々の社会が見知らぬ土地で営まれている」などと言っている。だがこの時、私たちが意味していると思われることは、『スヘフェニンゲンの浜辺』や『ガリヴァー旅行記』の世界においてそうなっている、ということにすぎない。なのになぜ、私たちはしばしば端的な言い方をするのだろうか。おそらく、私たちは、自分が口にしていることを真剣に断定するふりをしようとしているのである。沖合に船がいくつかいると主張するふりをしている人物が、「この絵の世界では、沖合に船が何艘かいる」と言ったりするなどということは、まず考えられない。そして、何かのふりをする人は、自分が携わる当の振る舞いを真似つつ、自分がまさに何かのふりをしているという事実があからさまになることは避けようとするのである。だから、「沖合に船が何艘かいる」という発言は、まさに、沖合の船の存在を虚構的に指摘するごっこ遊びをしている人物が言うと期待されることなのだ。そして、ドイツ語の話し手が、「ロビンソン・クルーソーは難破を生き延びた」と発話するとき、ロビンソン・クルーソーなる人物が難破を生き延びたと断定するふりをしたいのなら、事実を断定する話法の直説法を使うのが自然なのである。つまり、この話し手は、自分がこの事実を現実に断定するときのように語るのだ。

とはいうものの、表象的芸術作品に関する語りのすべてが、ふりをする様式に（部分においてさえ）なるわけではない。当然ながら、学術的な注釈や手の込んだ分析を無味乾燥な講義調で披露する批評家たちは、通常、ごっこ遊びに携わったりはしていない。だが、虚構性を示す作用子は、そんなときでさえ省かれるのが普通である。「あれは船である」という発言は、話し手が現実の船を指し示すふりをしていると簡単には解釈しようがない場面において、最大限に冷静な批評においてさえ、言われることがあってよい。このことは、表象体についての批評的な言説の背景に、語り手が実際にそれに参加していないときでさえ、ごっこ遊びが何らかの仕方で存在している、ということをほのめかすものと受け取られうる。批評家が分析したり注釈したりしている当のものは、結局のところ、ごっこ遊びの中で小道具として用いられることを機能としている何ものかなのである。私たちは、これがどうやってそれをほのめかすのか、第10章2節で理解することになる。

　虚構性作用子は、暗黙のままに留めおかれる唯一の作用子ではないが、通常、他のほとんどのものよりも省かれやすい。

> 壱岐では……今も毎年漁師たちがイルカを殺している。……この地域の漁獲高は減少しており、漁師たちは不運を呪いながらイルカのせいにしているのだ。その海域で乱獲が行なわれていること、工場から廃棄された汚染物質が繁殖の基盤を破壊してきたこと、人間の強欲の結果として世界的に漁獲高が落ちていること、これらは問題にならない。壱岐では、他の世界中の何処とも同様に、イルカたちが非難されるべきなのだ。そして、死に至らしめられるべきなのだ。(3)

明白なことだが、書き手自身が、イルカが責められるべきだとか、乱獲や汚染は問題にならないなどと主張していると理解すべきではない。書き手は、漁師たちがこう主張し、こう信じている（あるいは、あたかもそう信じているかのように行動している）と言っているのであり、そう示そうとしているのである。しかし、「……と彼らは信じて（主張して）いる」を省いたことは、単なる縮約ではない。そんな文句を挿入したら、この一節の備えている強烈な反語性は失われる。（「その海域で乱獲が行なわれていること、工場から廃棄された汚染物質が繁殖の基盤を破壊してきたこと、人間の強欲の結果として世界的に漁獲高が落ちていること、これらは問題にならないと漁師たちは考えて［言って］いる。……イルカたちが非難されるべきなのだと彼らは考えて［言って］いる。そして、死に至らしめられるべきなのだ。）元の文の書き手は、漁師たちの信念や断言を記述するために簡潔な形の言葉を使っているというだけではない。彼らが抱いていると書き手が見なしている考え方を（明らかに誇張しながら）支持するふりをすることを通じて、漁師たちの信念や断言を記述しているのである。

　このことは、反語性（ないし反語性の一つのあり方）が、ふりをすることとの観点から一般的に説明されうることを示唆している。反語的に語るとは、自分が共感できない人々を模倣したり、そのもの真似をしてみせたりすること、すなわち、そういう人々が現に言っていたり、いかにも言いそうなことを、虚構として言ってみせることである。反語とは当てこすりなのだ。

ある種の主張がどんなに馬鹿げていて愚かしいのか、ということがあからさまになることを期待しつつ、そういう主張をするのがどういうことなのかを示すのである(4)。

これを政府と呼ぶんだ！　なぜかって、見りゃわかるさ、どう見えるか見てみな。ほら、息子を父親から奪ってしまう法律がちゃんとあって、準備が整ってる。その男自身の息子なんだぞ。……ああ、……まったくこれは素晴らしい政府だ。素晴らしいよ(5)。

パップは、本気でそれを政府と呼び、素晴らしい政府だと言う人々を、誰とは特定せずに模倣し、もの真似し、当てこすっている。

ガルシア・マルケスの短編「無垢なエレンディラと無情な祖母の信じがたい悲惨の物語」では、エレンディラは暴君のような祖母に閉じ込められていたテントから、真夜中に逃げ出す。しかし、

店の外に出て五歩ほど歩いたとき、自転車の荷台に道具をくくりつけている写真屋に出くわしたが、その共犯者めいた笑い顔を見てほっとした。

「おれはなにも知らないよ」と写真屋は言った。「なにも見なかったし、バンドの金を払う気もないよ(6)」

この写真家は、自分が逃亡を見ていないとか知らないと真面目に述べるのではなく、彼女の祖母に自分がどう話すのかを予告し、実地に示している。写真家は自分が言うつもりの主張を模倣していると受け取られてよい。つまり、自分が逃亡を目撃していないと断言する演技[3]をしていて（あるいは、その演技の演技をしているのだろうか）、それは写真家がこの言葉を祖母に向かって言うとエレンディラに保証してやる手段となっている。それゆえ、「……とおれはあんたの祖母さんに言うつもりだ」は省かれたのである。

惑星ヴァルカンの実在[4]を仮定していた人々がその質量はMだと信じていたことを、単に「ヴァルカンは質量Mだった」と言うことによって、示すことができるだろう。ここには模倣を考える手がかり、または手がかり以上の何かが存在している。「……ということをジョーンズは望んでいる」とか「……ということが疑われている」といった語句の場合、省かれてはいるが、まずは理解可能であると言えるような事例を見つけることは容易ではない。黄金が雨のように空から降ってくることをジョーンズが望んでいると断定する一つのやり方として、「黄金が雨のように空から降ってくるだろう」と言うことはない。その理由は、この文の場合、話し手が模倣することになる発話が、現実の発話や想定可能な発話として存在しないからかもしれない。話し手の言いたいことは、黄金が空から降ってくると述べる演技[5]をし、それによってジョーンズが現実に断言すること、または断言しそうなことを示す、というやり方で自然に言

い表されることではない。

ある種の作用子が省かれる傾向は、話し手が、自分の述べていることを本気で断定するふりをしている、ということによって説明される場合がしばしばある。ただし、作用子が存在していても、そういうふりは生じうる。直接的な引用（「彼は「……」と言った」）の場合、引用する側の人物は、引用された側の人物がどんな言葉を使ったのかを、それらの言葉を自分で発することによって示す。しかし、引用する側は、引用される側の人物がその言葉と表出した態度とによって（本気で）主張したことが何なのかを、その主張をするふりや、その態度を表出するふりをすることによって、実地に示すこともできるだろう。引用する側が引用される側の声の調子、抑揚、強調をものまね真似したりすると、これは明白となる。間接的に他人を引用する（「彼は……と言った」）ときには、その人物が使ったまさにその言葉が使われるわけではない。しかし、引用された人がある考え方を支持していることを、引用された人自身の言葉を使って示すことによって、引用する側がその考え方を支持するということが虚構として成り立つ場合があるのである。このような参加は、文全体よりも狭い範囲、単語一つ、語句一つでしか起きていないこともある。例えば、「トムは、「今世紀で最も偉大な」X大統領はラシュモア山に肖像を彫刻されるべきだ、と提案した」と述べるとき、引用する側の人物はXを今世紀で最も偉大な大統領として褒めちぎるふりをしており、そうすることで、引用された側の人物がそうしていたことを描き出している。注意を惹くための引用符や、明らかに誇張された皮肉な声の調子は、語り手がこの種のふりに携わっていることを明瞭にする。そしてまた、それをあからさまにすることで、その人がただ単にそういうふりをしているだけであることも示すのである。（第11章1節を参照のこと。）

何かを暴こうとする演技性が存在している場合は、「……と彼は言った」や「彼は言った」という言い方でも、隠されたものを表に出す仕掛けとなる。しかし、そういう演技性が、こういうやり方で表に出るのではないこともある。単に「ヴァルカンは質量Mである」とか「Xは今世紀で最も偉大な大統領である」と言うだけで、それを真面目に断言する演技をして、誰か他の人間がそう断言したとかそう信じているということを示す、ということもありうる。

最後のいくつかの事例では、人が言葉で参加するごっこ遊びは表象的芸術作品や虚構作品とは何の結びつきも持っていない。こういう事例は、ごっこ遊びに携わる私たちの傾向が広く行き渡っていることを描き出しており、第11章で私が提案する存在主張の説明を裏付けている。もっとも、それらの主張の多くは芸術作品とは関係のないものだが。しかし、絵や小説や演劇や映画によって行なうごっこ遊びに鑑賞者が参加する仕方について、あるいは参加しない仕方について、まだまだ言わねばならないことがある。

4　参加に関する制約

ここまで、表象的芸術作品の読者や観客を、子どもたちのごっこ遊びによく似た活動に参加させてきた。この類比に違和感を感じる人々も依然として存在するかもしれない。小説を手に肘掛け椅子に丸まっている大人や、絵の前で釘付けになっている大人は、お人形で遊んだり、家の周りを棒に跨がって早足で駆けたりするときに子どもたちがやっているようなやり方で、ごっこ遊びに参加しているようにはとても見えない。鑑賞者は受け身で、思索的で、「距離を取って」いるように見えるだろう。他方、子どもたちは能動的で、身体的で、巻き込まれている。

すでに見たように、鑑賞者はごっこ遊びに参加することに加えて、自分が属していない世界、自分が鑑賞している作品の世界を観察している。子どもたちは、通常、自分たちの遊びの世界にしか関わっていない。人形や棒のような小道具が作品の世界に類似した世界を持っているとしても、そういう世界が非常に興味深いということは多くない。

しかし、このこと以上に、子どもたちの参加と鑑賞者の参加の本性と範囲には、重要な違いがいくつもある。鑑賞者の参加には、子どもたちの参加には生じないような制約がある。これらの制約を注意深く見なければならない。なぜなら、こういった制約はそれ自体重要だからであり、また、こういう制約には、鑑賞することと子どもたちが遊ぶこととの間の基本的な類比の正しさを曖昧にする傾向があるので、それを打ち消すためでもある。違いを程度の違いとして見ることが本質的に重要なのである。

ローレンがお人形で遊んでいるとき、彼女が赤ちゃんをお風呂に入れたり、ご飯を上げたり、服を着せたりしているということは、ローレンに関して虚構として成り立つだろう。だが、ルーベンスの『エレーヌ・フールマンと子どもたち』を見ているとき、虚構において、誰も子どもをお風呂に入れたり、食べさせたり、着せたりしてはいない。お人形遊びにおいては、赤ちゃんが抱きしめられたり、どこかに連れて行かれたり、誉められたり、叱られたり、あるいはローレンが買い物に行く間はお家に置いていかれたり、ソファの下で見つかったり、その他いろいろなことが虚構として成り立つだろう。これらは、ローレンや他の子どもたちが実際にその人形を使って行なうことに基づいている。絵を見ている人物が絵に対してすることは、普通、その人物が子どもをこういったやり方で扱うということが虚構として成り立つようにはしない。人形を友達の家に持っていくことによって、ローレンは虚構として赤ちゃんをそこに連れて行くのである。だが、アントワーヌ・グロの『アイラウのナポレオン』をルーヴルからメトロポリタン美術館に運ぶことが、虚構として、ナポレオンとその軍勢を（背景の建造物と平原は言わずもがな）大西洋を越えて移動させることであると認められることはないだろう。この絵を使って行なわれる通常のごっこ遊びにおいては、この絵がどこにあろうと、ナポレオンはアイラウにいるということが虚構として成り立つ。絵画を見ている人物によって行なわれるごっこ遊びは、子どもたちの遊びと比べると、二つの仕方で制約を受けている。見ている人が行ない、それが虚構として成り立つような行為は、より少ない種類しか存在しない。また、見ている人が現実に行なったときに、ごっこ遊びに貢献して虚構的真理を生み出すものとして容易に解釈できるような行為も、より少ないのである。演劇や詩や小説その他の作品の鑑賞者が行なう遊びも似た仕方で制約を受けている。ただし、詳細は事例ごとに異なっている。

小道具の性質に由来する制約がある。人形の腕をとって持ち上げることは、虚構的には赤ちゃんの腕をとって抱き上げることであると自然に理解される。しかし、ルーベンスの絵は、似たやり方で摑むことのできる「腕」を備えてはいない。もっと慣習的な制約もある。観客が舞台上に駆け上がらないこと、また仮に誰かがそうしたとしても、その人物が虚構として誰かを救うとか、虚構としてとにかく何かを行なうとは解釈されないこと、このことは伝統的な演劇の慣習であると思われる。また、絵の前で特定の声色で語ることが虚構としては赤ちゃんに語りかけることである、というような生成の原理を私たちが持っている状態は、容易に理解可能ではある。あるいは、画布上のある場所に接吻することによって、赤ちゃんに接吻することが虚構として成り立つ、といった原理も理解可能ではある。だが、この種のごっこ遊びで小道具として用いられることは、ルーベンスの絵のような作品の機能ではないのである。(ただし、こういう参加は、宗教的な画像を使ったごっこ遊びではありうると考えられる。)

子どもたちのごっこ遊びにも制限はある。ただし、その制限は普通はあまり広い範囲には及ばない。切り株クマごっこ遊びでは、エリックにとって、家までクマに追いかけられるとか、お鍋をガンガン叩いてクマを追い払う、などということを虚構として成り立たせることは簡単ではない。切り株はまるで協力してくれないのだ。(もちろん、エリックは小道具を見捨てて、ただ単にそういうことが起こると想像することはできるだろう。)ローレンは、虚構として、小さな子が歩くのを練習しているときにその子を支えている、ということはできる。だが、特別の機械式人形でなければ、子どもが自分で歩くのを学んでいくことを虚構として成り立たせるのは、非常にうまくはできないだろう。

鑑賞者のごっこ遊びへの制限は、その遊びがきわめて大きな豊かさと変化をもつことを妨げはしない。フェルメールの『窓辺で手紙を読む女』を見ている人が行なう参加は、ある少女が手紙を読むのをその人が虚構として見ているということを越えて、遥か先まで進む。窓に映ったその少女の影像にその人が気づくということが虚構として成り立つかもしれないし、それに気づかないということが成り立つかもしれない。手前にある果物に視線を走らせるのかもしれないし、果物を注意深く調べるのかもしれない。どういう果物か同定して個数を数えるかもしれない。少女の顔に浮かんでいる表情を調べて手紙の内容を知る手がかりにするかもしれない。見ている人は、虚構として、窓の上に掛かっているカーテンを指差したり、片隅にある椅子の装飾を指差したりするかもしれない。自分が分かったことについて意見を述べたり、手紙に書かれていそうなことは何かとか、果物がどこで穢れたのかといったことについて誰かと議論したりする、ということが虚構として成り立つかもしれない。[6]『ガリヴァー旅行記』を読んでいる人については、不思議な土地でのいろいろな冒険に関するある船医の日誌を読んでいるということが虚構として成り立つ。だがそれだけではなく、その人が急いで読むとかゆっくり読むといったこと、あるいは注意を集中して読むか、無頓着に読むか、細かいところはざっと読むだけか、記憶に留めるのかといったこともまた、虚構として成り立つのである。どちらの例でも心理的な参加はある。鑑賞者が見たり読んだりしたことについて、何かを考え、何かを感じ、意見を抱き、何らかの態度を取るということが、虚構として成り立つからである。

ここまで、『窓辺で手紙を読む女』や『ガリヴァー旅行記』を通常のやり方で鑑賞する活動と、子どもたちのお人形遊びやその他のごっこ遊びにおける活動との間の、はっきりした対照に注意してきた。しかし、この二つの中間にも数多くの事例が存在している。鑑賞活動に課される制約のすべてではないが、いくつかを伴うようなごっこ遊びがそういう事例に該当する。その中には、標準的で、すでにできあがっている伝統的な種類の遊びもある。あるいは、即興的でその場限りの遊びもある。こういった中間的な事例を考察し、鑑賞者のごっこ遊びにおける参加制約の緩和が容易であることを考えると、鑑賞者の遊びと子どもたちの遊びの違いは程度の違いであると見なすことが強く推奨されるだろう。

彫刻作品は、しばしば、絵画を用いて行なわれる遊びより、いろいろな点で制約の少ない遊びを許容する。肖像画の後ろに回り込むことは、おそらく、ある人の後ろに回り込むことを虚構として成り立たせることはない。しかし、ミケランジェロの『ダヴィデ像』の後ろに回り込む場合には、たぶんそのことが虚構として成り立つ。ある人物の彫像を――あるいは絵でも――撫でることは、虚構においてある人物を撫でることとして容易に理解できる。こういう解釈が慣習的に是認されていなくても、そして美術館の横柄な警備員がそんな振る舞いを止めさせようとしても、それを理解することはできる。肖像画に泥を投げつけたりピンを刺したりするのを、虚構において描かれた人物を攻撃することであると見なさないでいることは、ほとんど不可能である。(愛する人の肖像にピンを突き刺すよう自分を仕向けるのは容易ではない。)一九六八年にシカゴのフェイゲン・ギャラリーで開催されたリチャード・J・デイリー展覧会[7]には、ジェイムズ・ローゼンクィストによる『引き裂かれた画像』が出展された。それはプラスチックで作られたピンク色と白によるデイリーの画像で、垂直に切り裂かれていくつもの細いリボン状になっていた。観客はこの絵を貫いて握り拳を突き出したのだが、もちろん、それは虚構としてデイリーを殴ることなのであった。子どもたちは絵を人形やテディベアのように扱うことがある。例えば、絵の虎に餌を与えたり、絵の虎をベッドに持っていったり、消防車に乗るために消防車の絵の上に座ったりする。これらは絵画を用いて行なう慣習的でない遊びだが、容易に理解できるものである。

これらの事例のいくつかは、表象体を用いて日常的に行なわれている遊びを少し改変したものである。そういう事例は、ある種の明白な身体的参加が付け加わる点を除くと、通常行なわれている鑑賞の遊びに類似している。通常の鑑賞の遊びが、お人形遊び等の子どもたちの遊びで生ずる種類の参加を伴っていないとしたら、改変された遊びの自然さを説明することは困難だろう。『引き裂かれた画像』を貫いて握り拳を突き出すことは、虚構としてデイリーを殴ることでありうる。だが、ある人物がデイリーの前に立っているということが、絵の前にその人物が立っているという事実によってすでに虚構として成り立っているのでなかったら、つまり、その人物がごっこ遊びにすでに参加しているのでなかったら、デイリーを殴ることが虚構的に成り立つのがどうしてそんなに明白でありうるだろうか。表象体を通常の仕方で鑑賞する活動は、子どもたちのごっこ遊びの一部を省略したものと見るのが最もよいのである。

いったいなぜ、私たちは制約を我慢するのだろうか。とにかく、絵を見たり小説を読んだりする代わりに、床に座り込んでお人形遊びをすることだってできるのだ。だが、ごっこ遊びへの参加の制約が不利益をもたらすものだと決めてかかってはならない。より広範囲の参加を許容する遊びを行なう方が常によい、あるいは普通はその方がよい、というように考えてはならない。制限には利点が存在するのである。

鑑賞者のごっこ遊びは、典型的には子どもたちの遊びよりも身体的でなく、より内省的で思索的になる。身体的参加への制約によって、心理的な参加に強調点が移動する。危地に陥った淑女を守るために舞台に跳び上がるのを妨げる慣習は、ハリー(ヘンリーの多少教養ある兄弟)がもう少し深く淑女の危機について考える結果をもたらすだろう。ハリーは、舞台に介入するために途中で考えるのを中断したりしないし、(虚構として)介入するべきかどうか悩んで、その考えが邪魔されることもない。ハリーの遊びは、舞台に介入することが虚構として成り立ちえないような遊びであるから、自分の思考や感情についての虚構的真理のより豊かな集まりを含むものとなりやすいのである。またハリーは、虚構として自分が考えたり感じたりしていることについて、現実においてよく考える、という機会を十分に持つことになる。

鑑賞者の参加に制約が課されることの二つ目の利点は、鑑賞者のごっこ遊びに対する芸術家の貢献の範囲が広がるという利点である。鑑賞者の遊びの中で虚構として成り立つことの多くは、鑑賞中の作品とそれを作った芸術家によって決定される。だが、芸術家の役割は、参加することと対立するときがありうる。芸術家が書いたり描いたりしたことのはたらきによって、鑑賞者の遊びの中で、殺人の被疑者が公判のあいだずっと判事の前でふてぶてしく真っ直ぐに突っ立っているということが虚構として成り立つようになっているとしたら、その遊びの中で鑑賞者が被疑者をしつこく問い詰めて自白させるとか、あるいは逃亡を助けてやるとか、あるいは法廷を混乱に陥らせる、などといったことが虚構として成り立つことはまずない。芸術家は私たちの遊びに価値のある貢献をする。私たちは、芸術家の経験、知恵、洞察力から利益を得る。しかし、参加については、利益に応じた制約を受け入れなければならないのである。

利点はすべて一方の側にだけあるのではない。芸術家や小道具の作り手ではなく参加者自身が主たる虚構的真理を作る立場にあるようなごっこ遊びをすることは、自分自身で探検したり、実験したりすることに似てくる。ある状況のあるやり方においては、これは賢明な導き手に依存するよりもよいのである。

参加への制約がときには望ましい場合があるのを許容することは、現に生じている参加活動の役割を減ずることではない。重要なことは、例えば、単に殺人の被疑者が虚構として公判においてある仕方で振る舞った——これは芸術家に責任のある虚構的真理である——という事実ではない。むしろ、被疑者がそう振る舞うのを鑑賞者が虚構として見ること、あるいはそう振る舞うのを知ること、そして、被疑者がそう振る舞ったことについていろいろな種類の思考や感情を鑑賞者が抱くということ、こういう事実が重要なのである。これらの虚構的真理は、芸術家の作品が小道具となるごっこ遊びに鑑賞者が参加することを通じて、鑑賞者と芸術家が協力して生み出している。

鑑賞者の参加に対するありふれた制限の一つについては、まだ言及していない。その制限が破られたり、中断されたり、不在だったりすると、「聴衆への脇台詞」と私が呼ぶものが得られる。

5　聴衆への脇台詞

『グランド・ジャット島』を鑑賞する人が公園を散策する人たちを見ている、ということは虚構として成り立つ。しかし、散策している人たちが絵を鑑賞する人を見ている、ということは成り立たない。イプセンの『ヘッダ・ガーブラー』の観客は、ヘッダが語るのを聞いているが、ヘッダが観客に話しかけたり、演説したりしているということは、虚構として成り立たない。表象的作品を用いるごっこ遊びで、登場人物が私たちに気づいたり、答えたり、あるいは私たちが登場人物と視線を交わしたり、会話したりするといったことは、普通は虚構として成り立たない。

しかし、例外はある。「あなたがゴードン博士の胆汁マグネシウムを服用したことがあるかどうか私は知らないが、肝臓がやられているときに服用すると、魔法のようにすぐに効くし、身体の内側からぽかぽかするのだ。[7]」こういう風に、P・G・

ウッドハウスの『ジーヴスの帰還』の語り手は、まさに読者に語りかけている。またバルサザー役を演じている俳優が観客の方を見ながら次のような台詞を述べたなら、バルサザーが観客に話しかけているということが虚構として成り立つ。

ロミオ　それでこそ忠僕というものだ。これをやる、
　たっしゃで暮らせ。じゃ、さようなら。
バルサザー（傍白）　ああは仰ったが、どこかこの辺りに隠
　れていよう。
　どうもただのお顔色ではない。なにをなさるかが気懸かりだ。[8]

図 6-2　エドウィン・S・ポーター『大列車強盗』（1903 年）より，ニューヨーク近代美術館蔵

カラヴァッジョのバッカスは鑑賞者に酒盃を差し出している。世界初の西部劇映画『大列車強盗』（図 6-2）は、強盗の一人がカメラに拳銃を向けて発射する場面で終わっている。映画でも演劇でも、登場人物の一人が観客に向き直って忠告を求めたり、同情を引いたりする場面がある。[9] 第一次大戦時の徴兵ポスターには、「アンクル・サムは君を求めている」という言葉のついたものがある。これらと似た事例における「聴衆への脇台詞」（あるいは、単に「脇台詞」[10]）について考察しよう（「脇台詞」という語句の通常の使い方を少し変えることにはなる[8]）。

　脇台詞はいつも容易にそれと分かるというわけではない。二人称の代名詞が使われているとか文学作品の「親愛なる読者よ」といった呼びかけは、確実な印しではない。（こういうものが必要なわけでもない。『ロミオとジュリエット』の例がその証拠である。）アープレーイユスが『黄金の驢馬』で行なっているように、著者が現実において読者に語りかけることもできる。「さて、これから私があなたに、御存知ミーレートス風の物語へ種々さまざまなお噺を織りあわせ、御贔屓にして下さる皆さんのお耳をたのしいさざめきでうっとりさせよう、というわけなのですが、まずそれにはこのナイル河の葦筆でことこまかに記しあげたエジプトの書巻をまあせっかくご覧になって下さい。[11]」またサッカレーも同じことを『虚栄の市』で行なっているように見える。[12] グルーチョ・マルクスは『けだもの組合』の真ん中辺りで立ち止まって次のように（およそのところ）言っている。「さてね、ジョークっていうのは、全部面白いっても

んじゃない。時にそうなって欲しいとあんたたちは思うんだが。」読者が現に語りかけられているとしても、「あなた」が文中に用いられていることによって、読者が語りかけられていることが虚構として成り立つと示されるとは限らない。

しかし、以上のような例の場合でも、こういう言葉を虚構上の物語の語り手の語ったものとすることはできる。『虚栄の市』の読者がある物語の語り手から語りかけられているということが、その読者の行なうごっこ遊びの中で虚構として成り立つ、と解釈することもできる。その作者は、痛ましい悪行と込み入った罪についての話を語り始めるわけである。いずれにせよ、この場合も私たちには脇台詞が与えられることになる。(13)

書簡体小説では、二人称の代名詞が「指示する」のはその小説の現実の読者ではなく、その書簡の宛先の登場人物であると思われる。読者が語りかけられているというのは、虚構として成り立たないだろう。だが、『ロード・ジム』の読者は、たぶん自分自身はマーロウが自分の経験を語っている友人たちのなかの一人であると想像することになるはずである。

ジョン・バースは以下の一節で特に興味深い例を提出している。

そこで読んでるやつ！　お前だよ、強情で、どれだけ侮辱しても足りない、活字ばかり見てるろくでなし。おれが話してるのは、お前なんだよ。ほかに誰がいるんだ。この化け物みたいなフィクションの内側から話してるんだ。てことは、お前はおれのことをここまで読んだわけだ。なんと、ここまでとはな。いったいどういうみっともない動機なんだ。どうして映画に行かないんだ。テレビを観ろよ。壁を見つめてたっていいぞ。ていうか、友達とテニスでもしろ。誰かを口説いてみろ。今おれが口説くって言ったとき頭に浮かんだ人間をな。お前を飽き飽きさせて、ウンザリさせて、そっぽ向かせるものは何もないのか。お前には恥ってものはないのか。(14)

現実におけるバースの短篇の読者は、自分がこの手厳しい攻撃の標的であると感じるだろう。読者が語りかけられているのが「フィクションの内側から」であるのなら、こうして標的となることによって、虚構において読者が語りかけられているということが成り立つことが、おそらくは意味される。かくして、私たちは脇台詞に出会っているのである。(ただし、私たちは、虚構において話し手が自分の居るフィクションを認識していて、そのフィクションの中から語っていると自分で分かっている、というパラドックスを呑み込まねばならなくなる。)

ところが、この一節は、引用の内側に出現していると解釈されるべきなのである。なぜなら、バースは次のように続けるのだから。「この一連の、修辞的で少なくとも回答の得られない質問を続けざまに発したのち、にもかかわらず自分がまた別の一文の中途にいることに気づいて、彼は結論した……。」(15) したがって、「そこで読んでるやつ！　お前だよ、強情で、どれだけ侮辱しても足りない、活字ばかり見てるろくでなし」という言葉が私に向けられているということは、『ライフ・ストーリー』を用いた私のごっこ遊びにおいては、虚構として成り立たない。そうではなくて、見たところ、この言葉はむしろ物語の一部なのである。脇台詞が存在するということが虚構として成り立っているにすぎない。『ライフ・ストーリー』の読者によって行なわれるごっこ遊びにおいて読者が話しかけられるということが虚構として成り立つ、という物語が存在する、ということが『ライフ・ストーリー』-虚構的なのである。[9]

　しかしながら、別の可能性も存在している。物語の内部で物語の内側から話しかけられているのは、バースの短篇の現実における読者、つまりあなたや私である、ということに（直観的に言って）なるのかもしれない。これが意味するところを取り出すとしたら、次のような可能性がある。(a)私が物語から引用された一節を読み、そうすることを通じて自分が虚構において話しかけられているというごっこ遊びを行なう、ということが、『ライフ・ストーリー』を用いた私のごっこ遊びにおいて虚構として成り立つ。つまり、脇台詞が存在するということは虚構であるにすぎないのだが、私に向けられた脇台詞が存在するということが虚構として成り立つのである。(b)「そこで読んでるやつ！　お前だよ、強情で、どれだけ侮辱しても足りない……」を読んでいるとき、私は、現実においてごっこ遊びをしている。このごっこ遊びは、その短篇全体を使って行なっているごっこ遊びとは区別され、このごっこ遊びにおいては、私が語りかけられているということが虚構として成り立つのである。だから、この一節だけ取り出せば、私に向けられた脇台詞が確かに現実において含まれている。しかし、この一節が脇台詞とともに物語の中に出現し、そういう物語を読む任意の人物に向けられている、ということが『ライフ・ストーリー』-虚構的なのである。[10]

　視覚芸術における観客への脇台詞を同定する際には、同じ困難に出会うことはない。絵の中のバッカスや強盗がこちらに気づいて酒盃を差し出したり銃を向けたりすることが虚構として成り立っているのを、絵を見ている人が、画家が現実にそうしていると思い違いする、などということを想像するのは難しい。だが、これとは違う困難が存在する。私たちはすぐにその一つに出会うことになる。しかし、最初は比較的問題を含まない事例に論点を絞ろう。

　脇台詞は単数的にも複数的にも成り立つ。『大列車強盗』の観客の一人が行なうごっこ遊びでは、強盗はこの人だけに拳銃を向けるということが虚構として成り立つ。しかし、バルサザーは観客全員に向けて語っているだろう。だから、『ロミオとジュリエット』の観客全体が一つの共同的なごっこ遊びに参加していると見なすことができるかもしれない。このごっこ遊びでは、バルサザーが全員に向けて一括して語りかけているということが、虚構として成り立つのである。しかし、通常は、ある映画の個々の観客ひとりひとりは自分自身の私的な遊びに携わっていると解釈するのが最も適切である。（映画館の暗闇もまたこの遊び方を助長している。）『大列車強盗』の観客それぞれのごっこ遊びにおいて、拳銃が直接自分に向けられているということが虚構として成り立つ。しかし、拳銃が直接すべての観客にまとめて向けられているということは、どの遊びにおいても虚構として成り立ちはしない。このことは、映画と演劇の重要な違いの一つを浮かび上がらせている。舞台上の俳優は観客ひとりひとりに同時に拳銃を向けたりアイコンタクトしたりすることはできない。だが映画の俳優はそれができるのである。

　脇台詞はごっこ遊びが個々に行なわれる場合でさえ、複数的であることが可能である。ドストエフスキーの地下生活者が「だから、紳士淑女の皆さん、結局、何もしないのが最も良いのだ！」[16]と言うとき、彼が一括して『地下生活者の手記』の現実の読者たちすべてに向けて語っているということは、正常に行なわれているどのごっこ遊びにおいても虚構として成り立ちはしない。虚構として成り立っているのは、それぞれの読者のごっこ遊びにおいて、地下生活者がその読者を含む人々の集団に語りかけているということなのである。

　脇台詞はまれなものではない。だが、多くの文脈において、脇台詞は特別なものである。バッカスに酒盃を差し出されれば、人はいささか虚を突かれる。映画を見に行ってスクリーンの中から自分が認知されることは、たとえ面白いことだとしても狼狽させられることである。多くの脇台詞には、ビックリさせられ、驚かされるようなところがある。脇台詞は、私たちと虚構との関係が大事なところで変化することを示している。

　だが、こんな風に言う人もいるかもしれない。脇台詞は「鑑賞者を虚構の中に連れ込む」のであって、私たちは、突然、自分が通常は属していない虚構世界に取り込まれるのを感じるのだ、と。脇台詞は確かに鑑賞者をその人のごっこ遊びの世界に巻き込む。つまり、読者や観客が気づかれたり、話しかけられたり、酒盃を差し出されたり、脅かされたりする、ということが虚構として成り立つのである。しかし、脇台詞のような仕掛けなどなくても、いずれにせよ鑑賞者は自分のごっこ遊びの世界に属している。脇台詞の自然さは、この主張を支持する。虚構において誰かが私たちに気づいたり話しかけたりしているということは、そんなことが虚構として成り立つことに驚くとしても、すぐにそれとわかる。だが、誰かがある方向を見ているとか二人称の代名詞を使っているということが虚構として成り立つときに、なぜ私たちは、その人物が気づいたり話しかけたりしているのが私たちである、ということが虚構として成り立つとすぐさまわかるのだろうか。気づかれたり話しかけられたりするものとして私たちがそこにいる、ということがすでに虚構として成り立っているのでなかったら、わかるはずはない。

　しかし、いずれにせよごっこ遊びの世界に私たちが属しているのなら、なぜ脇台詞には何か特別なところや注目すべきところがあるのだろうか。この問いへの回答の一部は、単純に、現実の生活でも目に留められたり話しかけられたりすることは自分の社会的な位置の相当な変化を示す、ということである。（学生が教室で突然名前を呼ばれた場合や、講演者が会場の二階席にいる誰かを選び出して特別にその人物にだけ話す場合などを考えて

み て欲しい。) 私たちはそれまでとは違う仕方で自分が取り込まれたと感じる。脇台詞は、鑑賞者が似たような仕方で取り込まれることを虚構として成り立つようにするのである。この変化は重要でありうるが、その重要性は、それまで鑑賞者が属していなかった虚構世界に突然引き込まれるということに存するのではない。

ただし、脇台詞の多くに見られる特別な鋭さは、脇台詞が限定されていることによって説明できるだろう。多くの文脈で脇台詞は慎重に回避されている。時には、多少とも明示的に禁じられていることもある。だから、例えば、新人の映画俳優に与えられるありふれた教訓は、カメラを見るな、というものである。マイケル・フリードは、演劇や絵画での(観客に向けた)脇台詞をディドロが低級な趣味として非難したことを記録している。ディドロは、ジャン・バティスト・シメオン・シャルダンやジャン・バティスト・グルーズ[11]のような画家を好んだのだが、それは描かれた人々が自分のしていることに没頭して他のすべてを気に留めておらず、とりわけ自分を見ている人物に気づくそぶりも見せないからなのであった。[17] もとより、脇台詞は予期されていないときや禁じられているときに、特に衝撃的になる。この驚きは、ほかの慣習を破るときの驚きに似ていなくもない。例えば、白黒の素描の上の赤く塗られた小さな領域、といったものに似ているのだ。

(ディドロは、絵の中の人物が認知していなくても、見ている人は絵の中の人物とともに虚構世界に属していると考えているように見える。スザンナと長老たちの絵において、スザンナは「絵を見る人の目には全身を」曝しているが、長老たちの視線からは「ヴェイルで自分を覆っている」[12]。この絵を見て誰もスザンナに不快な猥雑さを感じないことを説明する際、ディドロは「それは見られている女性とわざと見せている女性の違いである」と述べている。[18] またフリードが着目しているように、グルーズの『死んだ小鳥のために泣く若い娘』[13]の女性は、「厳粛な事態に完全に心を奪われて、他のすべては眼中にない」のにもかかわらず、ディドロは「人は自分がこの少女と会話し、慰めているのに気づく」と述べ、さまざまな折りに自分がこの少女に言ったことの記憶として、「ほらほら、いい子だから、心を開いておくれ」という言葉を報告している。[19])

すべての脇台詞が等しく特別であるとか、等しく狼狽させるようなものであるというわけではない。肖像画の人物は、眉を上げもせずに「鑑賞者を見る」ことができる。ハンス・ホルバインの『大使たち』の中の紳士が私たちを絵の中から見ているように思われる事実には、何ら注意すべき特別な点はない。最も分かりやすい説明は、肖像画の場合、ないしある種の肖像画の場合、脇台詞についての制約がないというものである。それどころか、脇台詞は多かれ少なかれ義務的なものでさえあるかもしれない。[20] しかし、『大使たち』は脇台詞をまったく含まない形で解釈することもできる。ある種の肖像画においては、描かれる人物が「真っ直ぐ前を」見るよう仕向けられることが予定されているかもしれない。言わば、鑑賞者が立つ場所に焦点を置くように仕向けられるのである。そして、これが予定されているから、描かれる人物が鑑賞者を認知しているということが虚構として成り立つと解釈しなくてもよくなるのである。その人物がその方向を見ているのは、（言ってみれば）鑑賞者を視野に捉えたからではなくて、単にそれがその種の肖像画の描かれるやり方だからなのである。（『大使たち』のような作品の解釈として、以上の二つの解釈のうちどちらが正しいのか、決定的な解答があるとは思われない。）

脇台詞は、鑑賞者と作品の登場人物との間に相互作用が成り立つ瞬間を、鑑賞者のごっこ遊び世界の内側で作り出す。だが、それは瞬間にすぎない。相互作用は厳しく制限されたままである。鑑賞者が登場人物と長い会話をしたり、目配せを交わしたり、一瞥する以上にじっと見たりすることが、虚構として成り立つことはまれである。[21] こういう制限には明白な実際上の理由がある。芸術家は、作品を作り上げるとき、登場人物が虚構において何を言い、何を行なうか、一時に全体として決定する。ところが、さまざまな鑑賞者はその作品の前でさまざまに振る舞う。鑑賞者が虚構として何を言い、何を行なうか、何に対しどの程度まで注意することを選ぶのか、何を小声で呟くのか、それぞれ非常に違うし、なかには芸術家が予見しなかったような仕方で振る舞う者も出てくる。だから、芸術家は、自分の登場人物を、鑑賞者が虚構として言ったり行なったりすることにうまく合わせておくことはできない。任意の個別的鑑賞者がその作品を使って行なうごっこ遊びのために、作品を特別仕立てにしておくことはできないのである。[22] ベルイマンによるモーツァルトのオペラの解釈で、虚構の中でパパゲーノが同情を求めて観客に訴える場合、観客が喜んでそれに応じることが虚構として成り立つかもしれないし、そんな要求は尊大に払いのけるかもしれないし、無視するかもしれないのである。そういうときに、芸術家（モーツァルトまたはベルイマン）はパパゲーノに何をさせることができるだろう。パパゲーノが感謝の涙に泣き崩れるということを虚構として成り立つようにすればよいのだろうか、それとも観客に唾を吐きかける方にすべきなのだろうか。不適切な反応をする（ただし、登場人物が不適切に応答することを芸術家が虚構として好むならば、適切な反応なのだが）危険を冒すより、相互作用は打ち切られる方がよいのだ。

脇台詞の後にお互いの働きかけを打ち切るのは、すっきりしないものになることがある。打ち切りを紛らわしくなく行なうよう注意しないと、いつ脇台詞が終わったのかはっきりしなくなることがある。例えば、私たちがパパゲーノの要求にどう応じたにせよ、それをパパゲーノが故意に無視しているということが虚構として成り立っている状態なのか、それとも、ただ単にパパゲーノが返答に気づくことが虚構として成り立ちそこねただけなのか、定かでないということになりうる。相互作用がまったく行なわれないこと、言い換えれば、最初から鑑賞者が注意を向けられたり話しかけられたりすることが虚構として成り立つのを許さないことの方が、よりよく、より単純でもあるのだ。だから、脇台詞は制限されるのである。

こういう制限や参加の制約は、一般に、自分のごっこ遊びに対するある種の「距離を取った」客観的な見方を鑑賞者に与える効果がある。虚構の登場人物たちが鑑賞者のことをどう考えているのかとか、彼らが鑑賞者にどう反応するのかとか、鑑賞者に何が要請されているのか、といった問いは背景に退く。ちょうどそれは、虚構の中で鑑賞者はどうやって出来事に影響を及ぼせばよいのか、という問いが背景に退くのと同じである。ごっこ遊びの世界の中で、鑑賞者の占める位置がある側面においてはっきり決まっていないということは、典型的には、この脇台詞の制限に伴って生じる。なぜ『グランド・ジャット島』の散策する人々は私に気づかないのか、ということについて、ほとんど何も言われるべきことはない。(彼らが私に気づかないということが虚構として成り立つと仮定してだが。つまり、そんなことは虚構としてそもそも成り立っていないというのではないとして、なのだが。)散策する人々が私を故意に無視しているということが虚構として成り立つわけではないし、心ここにあらずの体で私を見落としているということが虚構として成り立っているわけでもない。彼らは虚構の中で他のことに気を取られすぎていて私に気づくことができないのだ、と言い張るのも、また以上の説明のどれも説明になっていない、と言い張るのも、居心地がよくないだろう。これらの答えのうちには、ほかの答えよりは不自然でないものがあるかもしれない[23]。だとしても、その問い自体が場違いで愚かしいのである。鑑賞者は、なぜ誰も自分に注意を払わないのかと問うたりしない。なぜそうなるのか鑑賞者が悩んでいるとか、その説明を見つけようとする、といったことも虚構として成り立ちはしないのである。

ハリーが不運なヒロインを助けるために登場することは慣習によって禁じられている(それが虚構として成り立つことは妨げられる)ので、ハリーがそうしない理由が虚構において何であるか言うということも起こらない。また、私の考えでは、そうやって介入するという着想はハリーに生じなかった、ということが虚構として成り立つわけでもない。(結局、ハリーはヒロインの苦境を絶望的に心配していて、深く思いやっている、ということが虚構として成り立っているだけである。)ハリーはそこに入り込むべきなのかどうかとか、どうやったら入り込めるのか、などと問う余地はほとんどない。彼がそうしたら、あるいはそうしなかったら、人々が彼のことをどう思うか、などと問う余地もない。助けなかったせいでハリーがあとから自分に腹を立てる、ということが虚構として成り立つこともないし、何もしなかった言い訳をするとか、罪を感じるとか、正当なはずだと思う、などといったことが虚構として成り立つわけでもない。(ハリーは、現実生活のなかで、似たような苦境にある女性を自分は助けに行くだろうか、行くべきだろうか、と考えるかもしれない。だがこれはまた違うことである。)

こうして鑑賞者は、登場人物が携わっていること、はまり込んでいる苦境、考えたり感じたりしていること、といった事柄にかかわる虚構的真理に集中するよう促される。鑑賞者が、虚構において、登場人物について考えたり感じたりすることも重要である。ただし、それはある程度、登場人物の方が鑑賞者に影響を及ぼすのを捨象して行なわれる。(チャールズがスライムに向き合う例は、もちろん脇台詞を含んでいるが、この点で普通と異なっている。)以上のことによって、鑑賞者が登場人物に一種の感情移入をすることが可能になる。言い換えれば、登場人物の視点から、鑑賞者の個人的な関心で比較的汚染されていない見方を通じてものごとを見ることができるようになるのである。

この見方の「客観性」は、明らかに、鑑賞者が通常は虚構世界に属していないという印象を人々が抱くのを助長している。脇台詞がとりあえず見られないときは、鑑賞者は外側から観察しているだけだ、という印象になるのである。この印象は誤りである。だが、鑑賞者は自分のごっこ遊びの中では役割が限定されていて、そういう限定のせいでしばしばあり方が不確定になることを考慮すると、ごっこ遊びの中で、鑑賞者は通常「おおまかな」「ぼんやりした」あり方しか持たない、と考えることが可能である。脇台詞はこの「客観性」を一時的に攪乱し、不確定性を減少させる。脇台詞は、鑑賞者がそれ以前には帰属していなかった虚構世界や、脇台詞がなければ帰属しないはずの虚構世界に、鑑賞者を招き入れるわけではない。だが脇台詞は、ごっこ遊びの世界において、鑑賞者に少しだけ踏み込んだ存在感を与えるのである。

6 見られないものを見ること

反論がもう一つ、舞台の袖でじりじりしながら待っている。そろそろ舞台の上に呼び出すときである。[24]

ミケランジェロによるシスティーナ礼拝堂の天地創造の天井画においては、神が地球と天体を創造したこと、そのときこの重大な事象を目撃した者は誰も(とにかく人間は誰も)いなかったこと、これらのことが虚構として成り立っている。それゆえ、天井画を見る人のごっこ遊びにおいても、これらは虚構として成り立つ。ではいったい、天井画を見る人のごっこ遊びの中で、その人がこれらの事象を目撃しているということは、どのようにして虚構として成り立ちうるのだろうか。天地創造は誰にも観察されなかったということが虚構として成り立ち、あわせて、その人によって観察されたということとも成り立つのだろうか。これらの天井画の表現は、矛盾した虚構的真理を提供している作品にはまったく似ていない。つまり、エッシャーの『滝』、ホガースの『間違った遠近法』、時間旅行の物語や、円積問題の物語などとは似ていない。(これらの事例では、矛盾は鑑賞者のごっこ遊びの世界だけでなく作品世界においても虚構として成り立つ。)天地創造の天井画はパラドックスの感覚をほとんど引き起こしはしない。

絵画や映画で、人が衣服を着るとか脱ぐとか、風呂に入るとか性行為をするなどという場合、私たちがこういう行為をじっと見ているということは虚構として成り立っているのだろうか。しばしば、問題の人物はまったくまともで、控えめで、ときには引っ込み思案でさえあるとほのめかされていたりする。問題の状況で自分が見られてしまうのを許したりしそうにない人物なのである。そんな人物が私たちには見るのを許すということが虚構として成り立ちうるだろうか。なぜ私たちがそこにいるのに反応しないのだろう。なぜきまりが悪いと思わないのだろう。のぞき見の視線にまったく気づかないということがありうるだろうか。目が見えないのだろうか。もちろん、私たちが鍵穴とかちょうどいい壁の節穴から覗いているとか、片側からしか見とおせない鏡から見ている、といったことが虚構として成り立っているわけではないのだ。私たちは、咳をしたらそこにいるのが分かってしまうのを気にすべきなのだろうか。また私たちは、のぞき見をしていることを恥じるべきではないだろうか。

屋内の場面が舞台で演じられるときや映画になるとき、多くの場合、観客の視点は遠すぎてその部屋の中には収まらない。観客が壁を透かして見ているということが虚構として成り立っているのだろうか。壁は透明なのだろうか。壁が（「第四の壁」だが）なくなっているのだろうか。

ある種の文学作品では、その事件のことを語りうる生存者が誰もいない怖ろしい出来事が明るみに出る、ということが虚構として成り立っている。だが、その出来事を虚構において読者に語る語り手は、存在しているはずである。どうしてこんなことがありうるのか。

書簡体小説を読むときは、一人の登場人物から別の登場人物に宛てて書かれた手紙を読む、ということが虚構として成り立つ。そういう手紙は、ときには非常に個人的で私的なものである。届いた後で手紙がすぐに燃やされてしまい、送り手と受け手しか見た人がいないということが虚構として成り立つこともある。では、私たちがそれを読むということが、どのようにして虚構として成り立ちうるのだろうか。

具合の悪い事柄は、このまま続ければ積み上がっていく。だが、続ける必要はない。私たちの既視感は、適切な応答のありかを指し示している。私たちが困ってしまうはずだと思われている問いかけは、それぞれ違った程度においてではあるが、すでに第4章5節で見たもの同様いずれも愚かしいものである。[25] これらの問いは、鑑賞にも批評にもまったく無関係ではないとしても、大部分は無関係なのである。これらに気をもむのは不適切であり、冗談としてでないのなら持ち出すことさえ不適切である。こういう問いは、他の多くの愚かな問いと同じように、鑑賞者が虚構世界に入っていくことに伴ういろいろな必要から生じる。絵画という様式は天地創造の描出のために選択されるのだが、それは鑑賞者に虚構において天地創造を観察するという経験を与えるためなのである（「ああ、天地創造がどういうものだったのか分かった」）。その損失は——それが損失であるとして——虚構において天地創造は観察されない、という事実との言葉の上だけでの衝突である。これは無視されるべき衝突である。

これらの衝突の事例がどのように取り扱われようと、そういう〔愚かな〕問いが提起されうるという単なる事実は、鑑賞者がごっこ遊びに参加するという私の主張への異議申し立てには、到底ならない。ミケランジェロの天井画のような事例から生じる見かけ上のパラドックスは、第4章5節から分かるように、たとえごっこ遊びへの参加を承認しなくても、いずれにせよ私たちについて回る種類のものなのである。参加を承認しても、状況が悪くなるわけではないのだ。

愚かな問いが単に存在するだけではなく、そういう問いの適切な扱い方があるということは、一つの難問を浮かび上がらせているのだろうか。誰かが問いへの答えをあくまで求めるのなら、成り立ちそうな答え方のいくつかは第4章5節から明らかである。具合の悪い虚構的真理のいくつかを軽く扱うと宣言したり、そういう真理はまったく生み出されていないと見なしたりすることで、見かけ上の逆説を弱めてしまうことができる。別のやり方は、当然ながら、自分が天地創造を目撃しているとか、ご婦人が入浴しているのを見ているとか、私信を読んでいるといったことが、ごっこ遊びの中で虚構として成り立つのを否定することであろう。しかし、ほかにも完全に筋の通ったやり方がいろいろあって、この反論の力を失わせるには十分である。[26] 天地創造を私たちが見ているということは虚構として成り立つし、また誰も天地創造を見てはいないということも虚構として成り立つが、この二つの命題の連言は虚構として成り立たない、とするやり方もある。つまり、天地創造の目撃者がいると同時にいないということは虚構として成り立っていない、とするのである。これは私の好む考え方である。他の人は、厄介事を引き起こす虚構的真理のどれかを軽く扱うのを好むかもしれない。絵というものは本来的に視覚的なごっこ遊びの小道具である。システィーナ礼拝堂の天井画を見る人が虚構的に天地創造を見ているということは、天地創造が絵画的に表象されているという事実から、ほとんど自動的に帰結する。[27] 天地創造を見ているという虚構的真理が、利用されたり強調されたりはしないまでも当然のこととして認められる理由は、このことなのかもしれない。だからまた、この自動的な帰結ということは、その虚構的真理を軽く扱われるべきものと見なす理由ともなるのである。[28]

以上の反論に対する私の返答はこれだけである。本節で私は、もちろん、絵画が虚構的に事物を知覚するごっこ遊びの小道具であるとか、鑑賞者は一般にごっこ遊びに参加するといったことを確立したわけではない。こういった主張を擁護することは、本書全体を通じて行なわれる。ここでは私は、こういった主張を何らかの根拠で受け入れる人は、以上のような反論が提起されてもほとんど気にする必要はない、ということを示したにすぎない。

第7章　心理的な参加

　ここまでのところ、私たちは、鑑賞者が表象的な作品を用いたごっこ遊びに参加するいろいろなやり方について、その表面を少し引っ掻いた程度にすぎない。この参加は、第6章4節で触れた制約はあるものの、すでに見たようにほとんど常に、部分的には身体的な参加である。虚構として私たちは船を見、日記を読み、目撃証言を聴き、時には見たり読んだり聞いたりしたことについて議論する。しかしまた、こういう参加には重要な心理的次元もある。見たり読んだり語ったりする行為は、それ自身部分的には心理的なものなのである。『スヘフェニンゲンの浜辺』を見たり、『ガリヴァー旅行記』を読んだりしているとき、私たちの目が船や人々や日記のページの方に向けられているということだけでなく、事物に注意を向けて、何かを発見したり信じたりするということもまた、虚構として成り立つ。しばしば、何らかの種類の事物を見つけようとするとか、見たり読んだりしたことに驚いたり、ほっとしたり、興奮したり、退屈を感じたりする、ということも虚構として成り立つ。私たちは、自分の言うことを他の人々が信じると予期して、あるいは少なくとも理解はしてくれると思いながら、虚構に関する何らかの事柄を人々に告げる。私たちのこういうさまざまな言語的な活動や視覚的な活動が、類似する現実の活動に伴うような意図や予期、欲求、希望、信念を伴うということは、通常、虚構として成り立つのである。

　子どもたちのごっこ遊びは、典型的には鑑賞者のごっこ遊びよりも身体的なものであるが、重要な心理的次元を備えていることは明らかである。クリスは、虚構として、自分の赤ちゃんを寝かしつけたとき、その子が寝付くことを望んでいる。ダンは、初めてのバッファロー狩りに出立したインディアンなのだが、興奮と恐怖の混ざった気分を感じている。

　しかし、鑑賞者のごっこ遊びでは、心理的な参加が身体的な参加を凌駕していて、身体的な参加の影を薄くする傾向がある。これによって、虚構の登場人物に対する私たちの関係が明らかに非対称になっていることが説明される。私たちは心理的には登場人物と親しいように思われるが、身体的には切り離されている。だが本当のところ、そんな親しさは存在しない。私たちがウィリー・ローマンに同情し、イアーゴーを嫌悪するということは、真理ではなく、単に虚構的なだけである。そして、私たちがウィリーを助けに行ったり、イアーゴーを叱り飛ばしたりするということは、虚構として成り立たない。それどころか、そんなことをしようと企てることさえないのである。(クリスがお人形で遊んでいるときには、赤ちゃんへの身体的な接近と心理的な接近との間に、こういう明らかな非対称は存在しない。)鑑賞者のごっこ遊びにおいて、通常の仕方で感情にもとづいて行動する可能性がないのに、憐憫や怒りが存在する、というのは奇妙ではないだろうか。だが、憐憫や怒りは現実には存在していないのだ。鑑賞者がウィリーを助けたりイアーゴーをやっつけたりできないというのは、鑑賞者に関して、虚構として成り立たない。たぶん、鑑賞者はそれができるということの方が虚構として成り立つのだ。重要な点は、鑑賞者がそうするということが虚構として成り立つはずがないということなのである。

鑑賞者がごっこ遊びで演ずる心理的な役割を認識することは、虚構の本性と私たちの生における虚構の重要性を理解する上で、大きく貢献するはずである。この認識は「物語のとりこになる」経験の核心部分に見出される。この認識によって、不信の宙吊りという誤解を招く言い方で呼ばれてきた事柄を、虚構作品に没頭して鑑賞者が現実との接触を失っているなどと想定したりせずに説明できるようになるだろう。この認識は、虚構にかかわる主要な美学的問いを解決することに貢献する。いったいどうして、私たちは、小説や物語といった作品を、たんなる虚構にすぎず、真剣な関心には値しないものとしてしりぞけてしまわないのだろうか。

1 虚構として恐れること

> 私は、その動物園で、たとえ攻撃されても絶対後ろに跳びのいたりすまいと固く決意して、パフアダー[1]のいる仕切りの分厚いガラスに顔を近づけた。だが、攻撃が行なわれると同時に、私の決意は無に帰した。おどろくほど素早く、私は一、二ヤードほど跳んで逃げたのだ。私の意志や理性は、それまでに経験したはずのない、たんなる想像上の危険に対して無力だったのだ。
>
> ——ダーウィン『人および動物の表情について』

そろそろもう一度チャールズの様子を見てもよい頃だ。チャールズは、緑色のスライムがスクリーンからのしかかるように近づいてくる中で、映画館に置き去りにされたまま準恐怖に震えている。私たちには、チャールズが本当に危険な状態にあるわけではないことが分かっている。チャールズもそれは分かっていて、だから彼は本当に恐れているわけではない（とにかく、スライムを本当に恐れてはいない）。にもかかわらず、彼のあり方は注目に値するのである。チャールズの経験の本性はいったい何であるのか。この点は、その経験をスライムへの恐怖として記述することが、チャールズにとっても他の人にとってもあんなにも自然で、ほとんど義務的であると見えるのはなぜなのか、ということを解明するように説明されなければならない。私たちが与える説明は、チャールズの経験と現実の恐怖の経験との間に当然成り立つ結びつきを、正当に扱うものでなければならない。

解答の主たる構成要素はすでに分かっている。チャールズは自分のごっこ遊びに心理的に参加しているのである。彼がスライムを恐れるということは、真なのではなく、虚構として成り立っているのだ。だから、もちろんチャールズは自分がスライムを恐いと思ったと語るのである。彼がこう語るということそれ自体が、ごっこ遊びへの参加を、すなわち言語的参加を構成する。チャールズが恐れているということは虚構として成り立つ。自分は恐いと彼が語ることも虚構として成り立つのである。

いろいろな点で、チャールズは、お父さんとごっこ遊びをしているティミーに似ている。お父さんは、恐ろしい怪物のふりをしてティミーにこっそり近づき、決定的瞬間に「凶悪に」ティミーに飛びかかる。ティミーは叫び声を上げて隣室に逃げる。叫び声は思わず出てしまうもので、逃げるのも思わずしてしまうことである。[1] だが、走って逃げるときもティミーはにこにこ笑って喜んでいるし、もっとやって欲しくてすぐに戻ってくるのだ。ティミーはお父さんが遊んでいるだけで、全体がごっこ遊びであり、悪い怪物が追いかけてくるというのは虚構としてだけであることを承知している。ティミーは本当は恐いと思っていない。だが、ティミーが恐いと思っているということは、虚構として成り立つのである。虚構において怪物が攻撃してくる。虚構としてティミーは命の危険があり、その危険をティミーは知っている。叫び声を上げて逃げるとき、ティミーが恐いと思っていることは虚構として成り立っている。同様に、スライムが頭をもたげてカメラを見つけ、真っ直ぐ這いずり寄ってくるとき、チャールズに危険が迫るということは、チャールズのごっこ遊びで虚構として成り立つ。そして、チャールズが息をのみ、椅子にしがみつくとき、虚構としてチャールズは恐いと思っているのである。

チャールズが恐いと思っていることは、何によって虚構として成り立つのだろうか。チャールズ自身に関するさまざまな事実によってである。彼は、自分のごっこ遊びの中で、オブジェクトであると同時に、一種の演技者なのである。チャールズは、反射的小道具であり、自分自身についての虚構的真理を生み出している。この点でチャールズとティミーは、ちょうどロナルド・レーガンがロナルド・レーガンを舞台で演ずる場合のように、通常の演劇の中で自分自身を演じている俳優たちに似ている。

しかし、決定的な違いがいくつか存在している。チャールズは自分自身であることにおいて自分自身を表象している。レーガンはそうではない。この点は、自分の表象している人物が自分自身であることをチャールズが理解しそこなうことはほとんどありえない、という事実とともに生じている。ところが、レーガンの方は、自分と同じ名前を持った別の誰かを自分が演じていると考えることが、想像上はありえないわけではない。映画館の中で震えているのがまさにチャールズであるという事実が、スライムを怖いと思っているのが彼だということを虚構として成り立つようにしている。しかし、レーガンの演じているのがレーガンであるようにしているのは、レーガンの同一性ではないのである。(第3章6節を見られたい。)

もう一つの違いは、チャールズとレーガンのそれぞれについて、虚構的真理を生み出しているのが何なのかということに関わっている。チャールズについての虚構的真理は、ある程度、チャールズが考えたり感じたりすることによって生み出されている。チャールズが恐いと思っているということを虚構として成り立たせているのは、ある程度、チャールズが準恐怖を経験していること、自分の心臓が動悸を打っていることを彼が感じていること、筋肉の緊張を感じていること、等々のことである。チャールズがこういった状態になかったとしたら、チャールズは恐いと思っていると記述することは適切ではなかったであろう。このことは、レーガンを演ずるレーガンについては、真ではない。舞台上の通常の演技者は、自分を演じているのであろうとなかろうと、自分が演技をしているということ、つまりその振る舞いによって虚構的真理を生み出している。演じられる人物が恐いと思っていることが虚構として成り立つかどうかは、俳優が何を言い、何をするか、どういう風に顔を歪めるかということに基づくのであり、俳優が実際に何を考えたり感じたりしているかには関わりがない。俳優の実際の感情が、恐怖の状態に似ているかどうかで違いが生じることはない。自分がある気持ちになると、要求されているように演技することが容易になる、ということに俳優が気づくことはあるかもしれない。とはいうものの、虚構的真理を生み出す原因となっているのは、俳優がどのように行為するかであって、どのような心的状態にあるかではないのである。レーガンが恐いと思っているということが虚構として成り立つ場合、そうなるのは舞台上での振る舞いのゆえであって、彼の現実の感情は無関係である。

これが(伝統的な)演劇に関する慣習規約が作用する仕方であって、このように作用するのはまったくもって理に適ったことなのである。演劇は観客に向けて上演される。演技中に俳優が抱く個人的な思考や感情について、観客が明瞭な洞察をもつことは期待できない。そんな洞察のためには、舞台を降りたときの俳優の気質を親しく知っているとか、その俳優の気分に影響を及ぼす最近の出来事(舞台監督との議論とか、奥さんとの口論とか、家族の誰かの死など)を考慮に入れるといったことが必要となるだろう。虚構的真理が俳優たちの私的な思考や感情に左右されるとしたら、観客が虚構世界で起こっていることを突き止めるのは滅多にうまくいかず、不合理なまでに難しい作業になってしまうだろう。舞台上にいる俳優に責任がある虚構的真理が、見物人に見えていることだけによって生み出されると理解されていることは、驚くべきことではないのである。演技することは隠すことを必然的に伴う。俳優たちは自分の現実の心理状態を観客から隠すことに苦労するのだ。

チャールズは観客に向けて演じているのではない。自分自身について何が虚構として真であるのかを他人に理解してもらうことは、チャールズの仕事ではない。たぶんチャールズ以外の誰も、チャールズが恐いと思っているということが虚構として成り立つのかどうか、気にかけたりはしていない。だから、チャールズの現実の心的状態が、彼自身についての虚構的真理を生み出す上で役割を果たすべきでないとする理由は何もないのである。

ティミーが怪物遊びの中で恐いと思っているということを虚構として成り立たせるのは何なのか。これはチャールズの場合ほど明瞭でない。ティミーは観客のために演技しているかもしれない。ティミーは、見物人とか父親といった誰か他人に、虚構として自分が恐いと思っているということを見せているのかもしれない。だとすると、ティミーは舞台上の俳優にいくらか似てくる。おそらく、ティミーの観察可能な振る舞いが、虚構としてティミーが恐いと思っているという事実の元にある。しかし疑いの余地はある。ティミーは俳優がするように、自分が恐いと思っているかのように振る舞っている。だが彼はまた、チャールズが経験するように、準恐怖の感じを経験してもいるのである。そしてまた、ティミーの観客は、劇場の観客が俳優の心的状態に接近するときよりは確かな洞察を、ティミーの心的状態に対して持っているだろう。観客はティミーのことをよく知っているし、ティミーの方も、俳優とは違って、自分の心的状態を、技術を尽くして一所懸命に隠したりはしないだろう。虚構において怪物が後を追ってくるのが分かった結果として、ティミーが準恐怖を経験しているということは、ティミーの観客に完全に明らかだろう。それゆえ、ティミーの心的状態が虚構的真理を生み出すことを助けていると見なすことは、不合理なわけではないのである。

ティミーが、自分の楽しみだけのためにごっこ遊びに参加していて、観客のことは考えていないとしたら、状況のもっと確定的な説明が可能になる。この場合、少なくともティミー自身には、自分の虚構的な恐怖が自分の振る舞い（だけ）でなく、むしろ自分の心的状態に基づいていることがほぼ確実に理解されている。（同時に、ティミーを見ている人たちは、ティミーの振る舞いだけが虚構的恐怖を生み出すと理解することがありうる。ティミーと観察者は異なった生成の原理を認識していてよいのである。）ティミーがあまり気持ちを表に出さないタイプで、叫んだり走って逃げたりせず、さまざまな目につくやり方で自分の「恐怖」を顕わにしたりしないと想像してみよう。ごっこ遊びへのティミーの参加は受動的なのである。それでもやはり、虚構として怪物が攻撃してくるとき、ティミーは準恐怖を確かに経験し、自分は恐かったと述べるだろう（もとより、危険は存在しておらず、「恐怖」は現実のものでないと完全に分かっているのだが）。この場合、自分は恐かったとティミーが言うときに、ティミーの表現する虚構的真理を生み出しているのは、確実に、ティミーの準恐怖である。

私の提案は、こうした気持ちを表に出さない子どもというモデルでチャールズを解釈してみよう、というものである。チャールズは、もちろん、自分の「恐怖」を観察可能ないろいろなやり方で表している。だが、その観察可能な振る舞いは、誰か他人に虚構としてチャールズが恐いと思っていることを見せるためにあるわけではない。他人はそれに気がつかないで済んでしまうこともありそうだし、チャールズ本人が気づかないことさえありうるだろう。誰一人、チャールズの観察可能な振る舞いが虚構において彼が恐いと思っているという事実を生み出すと見なしたりはしない。とりわけチャールズはそうしないのである。

チャールズの準恐怖は、虚構においてチャールズが恐いと思っているのがそのスライムであるという事実を生み出すものではない（とにかく、準恐怖だけがそうするのではない）。また準恐怖は、虚構として、チャールズは怒っているのでも興奮しているのでも単に動顛しているのでもなくて、恐いと思っているのだという事実を生み出すものでもない。では何が生み出すのか。細かな点は、おそらく、現実の恐怖が何に存するとあなたが考えるのかに左右される。だが、虚構としてスライムがのしかかるように近づいてきている、とチャールズが理解しているということは、おそらく中心にくるはずである。

よく知られていて説得力がないわけでもない恐怖の説明を思い出そう。それは概ね以下のようになっている。すなわち、例えば竜巻を（本当に）恐れるということは、その竜巻によって自分が危険な状態にあると知ったり信じたりした結果として、ある特定の心理的現象（準恐怖）を体験するということである。その状態を怒りでも興奮でもなく恐怖にしているものは、自分が危険な状態にあるという信念であり、その竜巻を信念の対象にしているものは、その人物が危険であると考えているのがその竜巻である、という事実である。

これが恐怖とは何であるかということならば、チャールズについて言うべきことは十分明らかである。チャールズは、虚構においてスライムが自分を脅かしているということを理解した結果として、準恐怖を経験している。このことにより、スライムが危険をもたらしているという信念がチャールズの準恐怖を引き起こしている、ということが虚構として成り立つようになる。それゆえに、ひいてはチャールズがスライムを恐いと思っているということが虚構として成り立つのである[2]。

恐怖は、自分が危険な状態にあるという信念を要求するというわけではないだろう。第5章2節では、フランシスがポチは危険だと判断することなく、老犬ポチを恐いと思っているという考え方について、これを支持する方向で扱った。フランシスが確かに恐いと思っているとすれば、いま素描した恐怖の説明は定義としてはうまくいっていない。とはいえ多くの事例で、恐怖は、危険があるという信念に、部分的には存している。竜巻の危険が迫っているという信念によって引き起こされた準恐怖が、まさにその竜巻に対する恐怖を形成することがありうる。こういう形成は、そんな信念を介在させないで一つの竜巻を恐いと思うことが可能であるとしても、起こりうる。私たちの理解では、スライムが危険をもたらすとチャールズが信じているということは、虚構として成り立っている。したがって、チャールズが虚構においてそのスライムに対して抱いている恐怖は、フランシスが老犬ポチに対して抱いている恐怖とは似ていない。だから、やはり私たちは以下のように言うことができるのである。すなわち、虚構としてスライムが迫ってきていると理解した結果として、チャールズが準恐怖を抱いているという事実こそ、虚構としてチャールズがスライムを恐いと思っている、という真理を生み出すものであると言うことができ、さらに、この虚構的真理が別の仕方で生み出されることが可能であると認めたとしても、そう言うことができるのである。

（私はここまで、恐怖一般と信念 - 欲求複合体とはよく似た状態であり、少なくとも動機付けの力においてよく似た状態である、と考えることを示唆してきた。この、動機付けにおいて似ているというのは、自分が危険な状態にあると信じている人物の場合も、信じていない人物の場合も、ともに含んでいる。チャールズが、虚構としてスライムによって危険な状態に置かれていると信じていて、危険な目に遭いたくないという通常の欲求を持っているという事実は、虚構においてチャールズの振る舞いが、関連する動機付けの圧力に服従する、ということを含意する。つまり、たとえチャールズが現実に逃げようとする傾向を持つわけではないにしても、虚構においては、チャールズはスライムから逃げようとする傾向を持つ、ということを含意する。）

恐怖の本性に関する私たちの理解には、洗練の余地が大いにある。また、チャールズの事例その他において、その人物が恐いと思っているということを虚構として成り立つようにしているものが何なのかについての説明にも、洗練の余地は大いにある。だが、議論の余地を残さないように見えるのは、チャールズが虚構においてスライムを恐いと思っていることである。何よりもまず、チャールズがごっこ遊びに参加していて、そのごっこ遊びの中では、スライムが自分に襲いかかってくるのを彼が見ていることが虚構として成り立っていることを前提すれば、チャールズが後ずさりしたとき、彼は恐くてそうしたのだということが虚構として成り立つのを否定することは、ほとんど考えられない。チャールズの後ずさりは、意図的なものではない。だが、チャールズは意図的に悲鳴を上げたり、「ひゃあ、あれがこっちへ来る！」と叫んだりして、あからさまに虚構に沿って演技することもありうる。こういう意図的な参加にたやすく移っていくことができるという事実によって、その悲鳴や叫び声によって新しいごっこ遊びが突然開始されたのではなく、すでに行なわれている遊びの自然な延長と見なすべきであることが示唆される。(3)

チャールズがスライムを恐いと思っているということが、彼のごっこ遊びにおいて虚構として成り立つ、という認識で私たちは立ち止まってはならない。この虚構的真理は、他の多くの虚構的真理に取り囲まれており、それらすべてが生み出されるやり方と、虚構的なことをチャールズが想像するやり方とが相まって、それら多数の虚構的真理は、チャールズが恐いと思っているという虚構的真理に、けた外れに現実的な雰囲気を与えている。

チャールズが恐いと思っているということだけが虚構として成り立つわけではない。彼の恐ろしい体験がある特徴を備えており、ある一定の仕方で展開していくということもまた、虚構として成り立つ。より限定されたこういう虚構的真理は、大体においてチャールズの準恐怖の感覚の特徴と展開の仕方とに依存する。チャールズの恐怖が圧倒的なものであるとか、あるいは一時的なものにすぎないといったことが虚構として成り立つとしたら、それは、彼の準恐怖の感覚が圧倒的だったり、一時的なものにすぎなかったりするからなのである。虚構において、彼の恐怖がかなり強くなるとか、ほとんど耐え難くなるとか、最後には鎮静化する、という風になるのは、チャールズの準恐怖がこういう仕方で変化するのにつれて起こるのである。

スライムへの恐怖に関する虚構的真理を生み出しているのは、チャールズの現実の心的状態、つまり、何が虚構として(おそらく)成り立つかについての信念と準恐怖の感じ、である。だから、チャールズがそういう虚構的真理に気づくのは、自分の現実の心的状態に注意を向けることによってなのである。虚構として自分が恐いと思っているとチャールズが理解することは、現実に自分が恐いと思っているのを理解するのと同じように、ほぼ内観に基礎を置いている。自分自身の内側を見て、チャールズは自分の「虚構的恐怖」の満ち引きに追随していく。これは現実の恐怖の進行に追随していくのと同じである。間違うことは、(ごっこ遊び的信念の重要な種々の原理をチャールズが身に付けているとすれば)ありえないように見える。チャールズは自分の恐怖に関する虚構的真理への、一定の「特権的接近」を享受しているのである。これは、現実の恐怖に関する事実に対して、誰もが享受しているのと同様である。

スライムへの恐怖に関する虚構的真理にチャールズが接するとき、それがあたかも実在であるかのように接するということによって、さらにほかの関連する虚構的真理の集合が導入されることになる。自分の現実の心的状態に注意するという行為、ないしその経験によって、チャールズは自分の恐怖に関する虚構的真理を確認する。すると、こういう行為や経験は、スライムへの恐怖に関する諸事実をチャールズがそういう注意によって確認するということを虚構として成り立たせるものとして、どうしても理解されざるをえない。さらに、チャールズが準恐怖の経験に神経症的に注意するとしたら、彼が恐怖の経験に神経症的に注意するということも虚構として成り立つことになるだろう。準恐怖にほとんど注意しないとしたら、恐怖にほとんど注意しないということが虚構として成り立つだろう。これらと同様のことはほかにもいろいろあるだろう。

さらに、チャールズが現実に感じている準恐怖に関して、その感じそのものは（現実の）恐怖の感じであるということが虚構として成り立つ。準恐怖に注意を向けることは、それ自体、虚構としては恐ろしい経験に注意を向けることなのである。小道具として役立てられる現実の経験のさまざまな構成要素は、チャールズの想像のオブジェクトでもある。それらは、想像のオブジェクトが一般にそうであるように、チャールズの想像活動をいっそう生き生きとしたあり方にする。（第3章5節を見られたい。）こうして、チャールズが「虚構的な恐怖」を実際に経験すると述べるときの、その要点が理解できるようになる。こう述べることは、チャールズが経験する特殊な種類の恐怖、つまり虚構的恐怖というものが存在する、ということを意味するものとして理解されてはならない。そうではなくて、チャールズは、何ものかを、すなわち虚構において恐怖の経験であるものを、まさに現実に経験するのである。

そして最後に、この点は別の論点に密接につながっているのだが、チャールズは単に自分が恐いと思っているということを想像しているのではない。彼は恐さの中に自分がいるところを想像しているのであり、これを内側から想像しているのだ。チャールズのごっこ遊びと実際の経験の本性を前提すれば、このやり方で想像することは命令されていることなのである。

ごっこ遊びへのチャールズの心理的参加は、際立って現実そっくりな特徴を備えている。この特徴をよく理解する最善の方法は、これと異なった種類の事例と対比することである。ジュリー・ハリスがエミリー・ディキンソンを演じるウィリアム・ルースの『アマーストの美女』を思い起こそう。そして、ディキンソン本人が——何か、タイムマシンとか、生まれ変わりといったことのおかげで——観客の中にいると考えてみよう。舞台で起こるいろいろなことが彼女の心的状態に関する虚構的真理を生み出している。(4) 例えば、エミリー・ディキンソンが人付き合いや、人々に知られることを好まず、社交的な状況で激しい不安を経験する、といったことが虚構として成り立つ。しかし、観客としてのエミリー・ディキンソンは、これらの虚構的真理に特別に密接な関係を持っているわけではない。他の観客すべてと同様に、彼女は、虚構において彼女自身がどのように感じているのかを決定するために、ジュリー・ハリスが舞台上で語ったり行なったりすることを観察しなければならない。他の観客同様、彼女は間違うかもしれない。演じられている登場人物は彼女自身なのだが、ディキンソンは別の人物を見ているかのようなのである。

ディキンソンが自分の不安の感覚に内観によって気づくということは、虚構として成り立っているのだろうか。おそらくは成り立っている。だが、この虚構的真理は非常に遠回りな、言ってみれば、実際にはありえないようなやり方で生み出されている。それは、ディキンソン自身の側での現実の内観によって生み出されているのではない。だがまた、観客席からの非内観的な理解を通じて、不安の感覚を虚構として彼女が経験しているということが生み出されるわけでもない。ディキンソンがそう感じていて、その苦しみを一定の仕方で表現するということは、舞台上で起こっていることのゆえに虚構として成り立っている。そして、この事実によって、彼女が不安の感覚を経験していることが含意されているのである。（現実性原理が作用している。すなわち、そう感じてそう表現するすべての人は、自分の不安に内観的に気づくはずなのだ。）ディキンソンは、ハリスの演技とそれが生み出すさまざまな虚構的真理から、虚構として、彼女つまりディキンソンが、内観的に対人恐怖の感覚に気づいている、ということを推論せねばならないのである。これは、ある人が自分自身で内観的な知識を持っていると知るやり方ではない。誰か別人がそれを持っていると決めるやり方にずっと似ている。

そのうえ、虚構において、現実のディキンソンの不安であるようなものは何も存在していない。間違いなく、彼女が現実に感じていることの何ひとつとして、そのようなものではない。ディキンソンが現実に行なったり経験したりしていることのどの一つも、虚構における内観的意識の働きや経験であるようなものではない。彼女は現実に自分の「虚構的な不安」を経験してはいないのである。そしてまた、不安を感じているということを彼女が想像するのは、内側からではない。（少なくとも、その上演を用いた彼女のごっこ遊びの一部として、内側から想像するわけではない。彼女の心がとりとめなく動くことはありうる。その劇の上演は、分離された別の空想を誘い出すかもしれず、その空想の中で、彼女は不安を感じることを内側から想像するかもしれない。しかし、彼女の不安を表現する舞台上の——ハリスの——振る舞いについてのディキンソンの想像活動は、内側からの想像活動ではないのである。）

ディキンソン自身が主役のジュリー・ハリスに取って代わったとしても、状況はほとんど同じである。ディキンソンは、依然として、自分が社交的な状況で激しい不安を経験するということが（その上演とそれの公認された鑑賞ごっこ遊びにおいて）虚構として成り立つのかどうか、自分の外的な振る舞いから、言い換えれば観客が観察しうる事柄から、判定しなければならない。そして、自分が観客にどう見えているのか間違えるということが容易に起こりうるのだ。依然として、彼女は自分のことを「外側から」、つまり自分以外の人物の視点からとらえているかのようなのである。

チャールズの状況は劇的にこれと異なる。チャールズは、自分を虚構化したもう一人の人物に対面しているかのようにはならない。むしろ自分がスライムを現実に恐いと思っているかのようなのである。チャールズの恐怖に関する虚構的真理は、とりわけ、それが虚構においてチャールズの恐怖であるという事実は、チャールズに対して並外れて生き生きとした仕方で描き出されている。チャールズは自分がスライムと密接に関わっていると感じ、自分がごっこ遊びの虚構世界の部分をなしていると感じるのである。

チャールズの経験は、鑑賞者が自分のごっこ遊びに心理的に参加している場合の典型的な経験である。私たちは、虚構世界は現実でないと完全にわかっているのに、どうして虚構世界が現実世界と同じくらい私たちに「現実的に」見えるのか、わかり始めている。小説や劇や映画に感情的に「巻き込まれ」るとき何が起こるのか、「物語のとりこになる」とはどういうことなのか、私たちは理解し始めたのである。

チャールズの経験の特徴について相当に明快かつ肯定的な説明を得られたので、私たちは、新たな確信をもって、チャールズはスライムを恐いと思っていない、ということを再確認できる。チャールズがスライムを恐いと思っているということが虚構において成り立つという事実は、現実においてチャールズが恐いと思っていることを、自動的に排除するものではない。なぜなら、虚構性と真理性は両立不能ではないからである。しかし、私の示唆するような仕方で生み出される虚構的真理は、心理現象のデータと言語的なデータを、うまく先取りしている。これらのデータは、チャールズの恐怖が現実のものであるということによって説明されないわけではない。だが、私の示唆する虚構的真理は、チャールズの恐怖を現実のものと解釈する動機をほとんど残さない。たとえ、スライムが危険だという信念も、逃げようという傾向もチャールズにはないということを無視しても、チャールズの恐怖を現実のものとする動機はない。この点は、私たちの場合、スライムを恐いと思うことが虚構として成り立つと考える理由が、チャールズが現実に恐いと思っていることを否定することに依存していない、という事実によって強められる。私たちは、現実の恐怖を否定することによって生じる空所を埋められるというだけではない。空所を埋めているのは、私たちがいずれにせよ手許に持っているものなのである。

私たちは、アリストテレスは悲劇が恐怖と憐れみを引き起こすと宣言した点で間違っていた、と述べるべきなのだろうか。アリストテレスの言葉を文字どおりに読むことを単純に主張するのでないかぎり、そうする必要はない。アリストテレスの言葉は、チャールズの「ああ、恐かったぁ！」という嘆声を理解する私たちのやり方と、全体としてそう違わない意味合いで理解するならば、よりよく理解できるのである。

2 心理的に参加する

チャールズとスライムの事例は、鑑賞者たちが自分のごっこ遊びで演ずる心理的な役割の重要性を、例証するものにすぎない。すでに示唆したとおり、私たちは現実においてウィリー・ローマンに憐憫を感じたり、アンナ・カレーニナのことを嘆き悲しんだり、スーパーマンを誉め称えたりするわけではない。イアーゴーに軽蔑を覚えたり、洞窟で迷子になったトム・ソーヤーとベッキーのことを心配したりするわけでもない。そうではなくて、私たちがそうするということは、虚構として成り立つのである。小説や劇や映画や絵画を鑑賞するとき、私たちが深い同情を覚えたり、激怒したり、不公正に義憤を感じたりすることは、虚構として成り立つのである。それはちょうど、チャールズがスライムを恐いと思うことが虚構として成り立つのと同じである。そして、こういった虚構的真理は似かよったやり方で、つまり部分的には現実の心的状態によって、生み出されている。

スライムの映画は、先に観客への脇台詞と呼んだものを含んでいる点で、むしろ特別である。虚構においてスライムがチャールズを見つけて追いかけてくる。だから、チャールズが恐いと思うことが虚構として成り立つのは自然である。鑑賞者がこういう仕方で虚構の中に「連れて行かれる」のは、ある種の作品では通常は生じない。先に見たとおり、それが生じるためには、誰かが鑑賞中の人物に気づいたり、話しかけたり、脅したりするということが虚構として成り立たねばならないからである。脇台詞がない作品への鑑賞者の反応を、脇台詞がある作品への反応と根本的に違う仕方で扱う必要はない。とはいえ、鑑賞している人物が虚構において抱く個々の心理的な態度は、違ってくることになりやすい。鑑賞している人物は、虚構において、本人ではなく誰か他人のために恐いと思うことになるだろう。ヒッチコックの『サイコ』のシャワーシーンを観ている人は、たぶん、虚構において自分自身が危険な状態にあるとか、自分のこととして恐いと思うのではない。[5] 観客は、虚構において、他人（ジャネット・リーが演じている人物）に対する危険を察知するのであり、観客の悲鳴は、虚構として、その人物に迫る危険を恐れての悲鳴なのである。[6]

ある女性から注意を向けられていないとしても、その人を賞賛したり、憎んだり、哀れんだり、気遣ったりすることは可能である。そして、脇台詞のようなものが何もなくても、鑑賞者が賞賛したり憎んだりすることは、容易に虚構として成り立ちうる。これは、脇台詞が含まれることがあるということを否定しているのではない。誰かが訴えかけるように私を見ていたり、軽蔑を浮かべて見ていたりする、ということが虚構として成り立っていたら、虚構において私が憐れみを感じたり、憎しみを感じたりすることは、いっそう成り立ちやすくなるだろう。だが、こちらを見ているということが虚構として成り立っていなくても、憐れみや憎しみは成り立ちうるのだ。

鑑賞者が誰かに対して憐れみや憎しみや賞賛や懸念を覚えるということは、いったい何によって虚構として成り立つのだろうか。そういう虚構的真理は、どのようにして生み出されるのだろうか。詳細は、現実におけるこの種の感情が何によって構成されていると考えるかに左右される。だが、チャールズに関する議論が、ある可能性を示唆してはいる。ある感情に典型的な心的状態の一定の特徴群が――例えば、準憐憫とか準憎悪と呼ばれうるものが――役割を果たしている、ということがありそうなのである。いろいろな場合に、虚構において人が誰かに憐れみや憎悪や賞賛を覚えるという事実が、その人物に関するそれなりの虚構的真理に気づいた結果としてそういう準感情を経験する、という事実によって生み出される、ということが多分にありそうなのである。おそらく、（現実の）憐れみの事例のあるものは、憐れまれているその人が不幸を経験した、という信念によって引き起こされた準憐憫に本質がある。そこで、アンナ・カレーニナが不幸を経験したことが虚構として成り立つと私たちが理解すると、私たちがアンナの苦しみに気づき、その結果として準憐憫を経験する、ということが虚構として成り立つのである。おそらく、大体これが、私たちがアンナをかわいそうだと思うことを虚構として成り立つようにしているものだろう。（ある人が苦しんでいると判断することなくその人をかわいそうだと思う、ということが可能ならば、虚構においてもそうすることは可能だろう。）虚構としてイアーゴーを憎み、スーパーマンを賞賛し、トムとベッキーを心配するということは、ある場合には、虚構としてイアーゴーがデズデモーナのことでオセロを騙しており、スーパーマンがほとんど何でもでき、トムとベッキーが洞窟で迷子になっている、と分かったことから帰結する準憎悪、準賞賛、準心配によって生み出されるのだろう。

準憐憫とは何なのか。準心配、準賞賛とは、いったい何だろうか。チャールズの「恐怖」と類比して考えるなら、こういう準感情は、現実の感情を特徴づけているある感じや心的現象の経験の一定の配置のはずである。それは、例えば、「アンナをかわいそうだと思って」いたり、「スーパーマンを賞賛して」いたりする鑑賞者が、現実に憐憫を抱いたり現実の人間を賞賛していたりする人々と共有している感じ方や心的現象の経験である。そして、少なくとも強い恐怖の場合には、恐怖を特徴づけるある感じを特定することは困難ではない。ところが、その他の準感情はもっととらえどころがない。例えば、準賞賛は、とくにとらえるのが難しいかもしれない。誰かある人を賞賛するということは、いったいどういう感じがするものなのだろうか。

だが、準賞賛を他から区別するのに特に役立つ何かを探し回る必要はない。虚構において誰かを賞賛することは、準感情としての特徴以外のものによって、他の感情を持つことから区別できるだろう。（例えば、準感情の原因によってである。あるいはまた、虚構として成り立つと人が信じているものによって。したがってまた、人がそれを信じるということが虚構として成り立つものによって。）

しかし、賞賛は、特定の注目すべき心的現象の経験を決して常には含んでいないと思われる。たしかに、何か高揚するような感じがあるかもしれないし、息を呑むような感じがあるかもしれない。だが、そういうものはなくてもかまわない。憐憫は、涙や泣きたい感じを含むことがあるが、常にではない。それどころか、こういった感情は、いつも現実に生起しているというわけでもないのである。ある人のことを考えてさえいなくても、その人に憐れみや賞賛を感じているということは真でありうる。おそらく、こういう感情は無意識でもありうるだろう。この点に関しては、恐怖もまた確定した心的現象という構成要素を、常に持っていることが明白なわけではない。準恐怖を構成しているのが何であるのかを言うことが、常に容易であるというわけではないのである。

ここには問題がある。だが、この問題は、私の与えた虚構作品の鑑賞の説明にかかわる問題というよりは、感情の理論にかかわる問題である。賞賛や憐憫とは何なのだろうか。ある人が素晴らしいと信じるとか、ある人が不幸を経験していると信じることは、その人を賞賛したりかわいそうだと思ったりするために、十分ではない(それが必要であるにせよないにせよ、十分ではない)。人は、そういう感情を経験せずに、そういう信念を心に抱くことがありうる[7]。おそらく、そういう感情は、ある仕方で感じる傾向だけを含んでいるのだろう。あるいは、ある刺激に対してある仕方で反応する傾向とか、自分が気づいていることもないこともある何らかの傾向とか、内観的にとらえられない感じとか、一定の生理的状態というものを含むのだろう。適切な信念と結びつくことでその感情を(適切な信念が伴っている事例において)構成するものが何であろうと、私が示唆したいのは、何らかのそういう状態ないし条件や、また鑑賞者がそういう状態や条件にいるということを虚構として成り立つように仕向けると自然に受け取られるような状況は、人が誰かを賞賛したりかわいそうだと思ったりしているということを虚構として成り立つようにするのを助ける、ということである。私たちはそれを準賞賛や準憐憫と呼ぶことができる。だが、それが心的現象の経験でなければならないとは主張しない。準感情の理解の仕方は、理に適った感情の理論のいずれをも受け入れられるように、十分柔軟にしておくことにしよう。

ここまでは、現実の心的生活とごっこ遊びの世界で送る心的生活との間の区別を強調してきた。だが、この二つは別個であるとはいえ、相互の実質的な重なり合いは存在する。私たちは、現実にアンナ・カレーニナのことを悲しんだり、現実にイアーゴーに嫌悪を覚えたり、現実にスライムを恐れたりするわけではない。これは、それぞれが虚構として成り立つ場合もその通りである。しかし、他の場合には、虚構として私たちが考えたり感じたりするやり方は、現実に考えたり感じたりするやり方なのである。純粋に虚構的な対象に向けられているのではない思考や感情について、このような重なり合いを禁ずるものは何もない。

エミリー・ディキンソンは、現実の人物であるから、現実の憐憫の対象となりうる。イワン雷帝に現実に嫌悪を感じることはありうるし、ジュリアス・シーザーに感情移入することもありうる。そして、これら現実の人物が虚構の中の登場人物となっているときに、同じように感じるということが虚構として成り立つこともある。現実にナポレオンを賛美している人は、『戦争と平和』を読むとき、虚構としてもナポレオンを賛美するだろう。似たような対応関係は、気分についても起こるし、むしろ普通のことである。気分は対象に向かっているようにはまったく思われないからである。人が厳粛な気分でいるということが本当であるときには、その人が厳粛な気分でいることが虚構としても成り立つことがありうる。興奮していたり、愉快だったり、憂鬱だったり、思索的な気分だったりするときに、虚構としてもそうであることがありうる。

私たちの現実の感情と虚構的に感じることとは、たんに一致するだけではなく、しばしば重要な仕方で互いに密接に結びつく傾向がある。『戦争と平和』の読者が虚構としてナポレオンを賛美するときのさまざまな理由は、現実世界から取り込まれたものだろう。読者は、ナポレオンの現実の偉業について知っていたり信じていたりすることを、現実性原理や共有信念原理によって、虚構として成り立つと解釈することができる。これは、小説がまったくそういった偉業に言及していなくても可能である。その偉業ゆえに現実においてナポレオンを賛美するという事実によって、ほとんど不可避的に、虚構としても読者がそのように賛美することが成り立ちやすい。逆に、エイゼンシュテインの『イワン雷帝』は、観客が虚構としてイワンに嫌悪を感じるということを助長するだけでなく、観客の中に現実の嫌悪を引き起こすことがありうる。これは、観客が映画を歴史的に正確だと受け取る場合には、イワンの現実の残酷さを映画が教えるからである。あるいはまた、周知の歴史的事実をありありと提示するから現実の嫌悪を引き起こす、という場合もある。同一の準嫌悪（緊張、吐き気）は二重の役割を果たす。虚構においてその人が嫌悪を感じるという事実を生み出すことに貢献し、さらに、その人の現実の嫌悪のある部分をも構成するのである。『イワン雷帝』の観客の頬をつたう涙は、虚構としてはイワンの犠牲者のための悲しみから流れるのだが、本物の悲しみの涙でもありうるのだ。（その涙は因果的には過剰決定の状態にある。観客が犠牲者たちについて知っていることによって独立に引き起こされると同時に、そういった犠牲者たちについて、虚構において真となっていることを観客が理解することによってもまた引き起こされるのである。）

現実の気分についても、それが虚構世界に持ち込まれると思ってしまう人もいるかもしれない。つまり、虚構として人が不機嫌だったり瞑想的な気分だったりすることが成り立つということは、単純に、その人が不機嫌であり瞑想的な気分であることなのだ、と思ってしまうかもしれない。私としては、作品における鑑賞者の経験の方が、その人の気分の重要な原因になるはずだと言いたい。家庭内の（現実の）争いに起因する不機嫌さが、作品を使って行なわれるごっこ遊びにも属することになると考えるべきではないのである。明らかに、ある作品が、それを観ている人を現実に楽しい気分や憂鬱な気分にすることがありうるし、その事実によって、その人がそんな気分を感じるということが虚構においても成り立つようになることはありうる。また、私は、ある人が現実に緊張していて不機嫌であるのに、鑑賞者としては緊張が緩んでいて楽しい気分であるということが、虚構として成り立つのかどうか疑わしいと思う。(8)（この人の不機嫌さが虚構世界から排除される場合、虚構的にこの人がどういう気分でいるのかは、確定できなくなるかもしれない。）

鑑賞者が虚構的に経験しうる感情や態度・情緒・情熱の、複雑さや多様性、微妙さは、まだほとんど例示されていない。小説の読者が自分の軽蔑する誰かに不思議な魅力を感じながら、その気持ちに必死で抗っている、ということが虚構として成り立つかもしれない。鑑賞者が、なぜだか分からないけれどある状況を漠然と不安に感じる、ということが虚構として成り立つこともありうる。ある人物への怒りが尊敬の気持ちを帯びているとか、同情に憤りが混じっている、といったこともありうる。深くて根強い反感を何かに対して抱いていることに驚かされる、といったこともありうる。悲劇的な出来事に不思議と心を動かされず、その気遣いの欠如に自責の念を感じる、といったこともありうる。その他さまざまなことがありうるだろう。しかしながら、それにも限度はあるように思われる。通常の場合、私たちは、鑑賞者が虚構において気まずさや恥や、嫉妬や誇りを感じるとは思わない。また、同情心のない意見で傷つけられたり、好意に感謝したり、侮辱にやり返したりするということが虚構的に成り立つとも思わない。これは、鑑賞者のごっこ遊びにおける役割への制約のせいである。（第6章3節[2]を見られたい。）この制約のせいで、鑑賞者が気まずい状況にいるとか、何か恥ずかしいことをしでかすとか、誰かに好意を示されたり侮辱されたりする、といったことは、虚構として成り立つことがありそうにないことになるのである。(9) このような制限は、観客参加型の演劇や洗練された脇台詞をともなう作品においては減少する。子どもたちのごっこ遊びではさらに少ない。だが、参加に対する通常の制約が存続しているときでさえ、ごっこ遊びの世界で私たちが送る心理的生活は、多くの側面で、現実世界におけると同様に、豊かで種々さまざまで、微妙なものでありうるのだ。

私たちが表象体を小道具とするごっこ遊びに参加するのは、現実にその表象体に接している間だけではない。鑑賞者のごっこ遊びは、とりわけ心理的な側面において、しばしば本を閉じたあと、劇場や美術館を離れたあとに、長く続いていく。チャールズのホラー映画の経験は、この点で、例として誤解を招くものだったかもしれない。チャールズが虚構的にスライムを恐いと感じるのは、現実にその映画を観ている間だけである。これは、スライムがチャールズを脅かすのはその時だけだからである。だが、多くの場合、作品を読んだり観たりすることは、心理的に豊かな長く続くごっこ遊びのたんなる始まりにすぎない。これは心理的な参加が脇台詞のようなものに依存していない場合は特にそうである。アンナ・カレーニナの人生に起こったことについて、小説を読み終えたあと何日も、時には何年も考えている、ということがあるかもしれない。ルオーの描いた顔をずっと考えていることもあるだろう。〔ヒエロニムス・〕ボスの描く怪物は、一度見たら、長い間、折に触れて浮かんでくるだろう。短い詩を完全に理解するのに何か月もかかることだってある。こうした瞑想は、かなりな程度まで心理的な参加の続きなのである。『アンナ・カレーニナ』の読者は、虚構的に、アンナの状況を考え続け、彼女のことを思いやっている。内省を深めるにつれて、虚構において私たちの感情や態度が変化していくこともしばしばある。登場人物に対する鑑賞者の理解が深まったり、悲しみが怒りに変わり、最後に受け入れる気持ちになったりする。激怒が徐々に同情に似たものに変わっていったり、漠然とした意識下の不安として始まったものがはっきりした強い懸念になったりすることもある。私たちが偉大だと見なすような作品たちは、この種の長く続く複雑なごっこ遊びを開始させる力を備えている。

芸術作品への感情的反応の重要な側面のうちで、私がまだ言及していないのは、登場人物との「同一視」の経験である。『リア王』の観客が、ゴネリルとリーガンの裏切りに落胆し、幻滅を味わうリア王と自分とを同一視するとは、どういうことなのだろうか。この同一視は、裏切られたと感じるということがその鑑賞者に関して虚構として成り立つ、ということに存しているのではない。ゴネリルとリーガンが彼を裏切るということは虚構として成り立ちはしない（とにかく公認の解釈ごっこ遊びでは成り立たない）。同一視が、二人に裏切られたと鑑賞者が現実に感じることに存する、ということはもっとありえない。私が示唆したいのは、観客の行なう公認の解釈ごっこ遊びの部分ではないが、それと平行して生じる想像活動に観客が携わっている、ということである。観客は、自分がリアの立場にいて、娘たちに裏切られ、裏切りに強い苦痛を感じている、と想像するのである。（観客は、自分がリアであり、ゴネリルとリーガンに欺かれたと想像する場合もあるし、リアと似た状況に置かれているとだけ想像する場合もあるだろう。このどちらなのかは決定する必要のない問題である。第1章4節を見られたい。）この付帯的な想像活動は、おおよそ意識下で行なわれるだろう。たぶん、こういう想像活動は現に生起しているものではない。しかし、作品に対する経験と後からの考察との重要な部分になっている。もちろん、私たちは虚構の登場人物だけでなく現実の人々との同一視も行なう。さほど驚くべきでもない示唆だが、こちらの方も、同一視の対象となっている人物の立場にいると想像することを必然的にともなうのである。

チャールズがスライムを恐れているというのを認めないことは、ほんの少しも、表象的芸術作品の鑑賞が感情的体験ではないと考える立場につながりはしない。これは強調しておかなければならない。虚構的にスライムを恐いと思ったり、アンナ・カレーニナのために嘆き悲しんだりする経験は、それ自体感情的な経験であると考えてよい。ただ、この感情は、スライムへの恐怖やアンナへの悲嘆ではないのである。直近の議論から明らかなように、多くの作品が、いろいろ複雑な仕方で現実の感情をかき立て、そこに働きかける。この点については、本章5節でさらに語ることがある。だが、まずは、心理的なごっこ遊びと現実の心的生活とを明快に区別することを要請する他の問題を見てみることにしよう。

3　悲劇のパラドックス

巧みに作られた悲劇を観ている人たちが、悲しみや恐怖や不安その他の、それ自体においては不快で嫌な気持ちになる情念から受け取るものは、説明のつかない快楽のように見える。
――ヒューム「悲劇について」

デイヴィド・ヒュームは、悲劇の古典的なパラドックスと呼べそうなことをこのように端的に表現している。いったいどうして、鑑賞者は、悲劇作品から得られると分かっている苦痛に満ちた経験を熱心に追い求め、あまつさえそれを楽しむのだろうか。私たちはすでに、悲劇が現実の悲しみや恐怖を鑑賞者にもたらさないことは知っている。とにかく、悲しみや恐怖がもたらされると人々が思ってしまう事例のほとんどで、そういうことは起こっていないのである。(不安は違う問題である。)だが、このことでパラドックスが解消されるわけではない。パラドックスは、後に見るように、たしかにかなり過大評価されている。だが、それはこの理由によってではない。

悲劇から得られる快楽(という言い方が正しいなら)が、悲しみや恐怖を感じるのがたんに虚構においてのみであることに基づくのはまれではない。多くの場合、私たちは、虚構として自分が感じるような事柄を、現実に感じるのを楽しんだりはしないだろう。もとより、虚構として悲しみや恐怖を感じる経験さえ、鑑賞者は不愉快に感じることもある。『サイコ』を観るのを嫌がるとか、重苦しいお涙頂戴よりも軽いパロディを選び、本物の感動的な傑作悲劇でさえ観たがらないというように、そういう経験を避ける人たちはいる。ここには取り立てて謎めいたところはない。だから単純に結論してもよいだろう。虚構として悲しみや恐怖を感じる経験は、ヒュームが現実の悲しみや恐怖をそう解したように「不快で嫌な気持ちになる」ものでもないし、かといって必然的に楽しみとなるものでもない。その経験は、時には好まれるが、時には好まれないのだ。

だが、パラドックスは残る。表象体の中には、現実の悲しみや恐怖を引き起こすものもある。それは、そういう作品によって思い出す現実の人々についての悲しみであり、現実において直面することになるかもしれない恐ろしい出来事への恐怖である。あるいは、対象のない不安な気分を与えるものもある。そして、こういう経験を私たちは追い求め、楽しむことがあるように思われる。さらに、ヒュームが述べているように、現実にあった災害や惨事のノンフィクションの報告、つまり人々が真実として受け取る報告も、明らかに人々に喜んで受け入れられている。ヒュームはキケロの「ウェッレスによって行なわれたシチリアの船長たちの惨殺に関する痛ましい記述」を挙げている。「ここにおける悲しみは虚構によって弱められて［いない］」とヒュームは指摘している。「聴き手はすべての状況が現実であると確信したのだから。」[10]ごっこ遊び的に信じることにするという捉え方は、否定的な感情を本当に経験することが与える楽しみを説明する助けにはならないのである。

こういう事例は、人間心理のもっと複雑な見方を前提すれば、私たちには、ヒュームに感じられたよりもパラドックスの度合いが低く感じられることは疑いがない。混ざり合って対立している（たぶん異なった意識水準においてなのだが、必ずしもそうと限らない）感情や態度を人に帰することは、容易に受け入れられる。罪を償うために痛みを喜んで受け入れるとか、自己欺瞞とかマゾヒズムなどのように、嫌悪を覚えるものに人が魅惑されるという考え方を、私たちはほとんど訝しいとは思わない。一つの単純な（ただし単純すぎるのだが）解決は、苦痛を与える経験の生み出す利益の方を鑑賞者が認めている、と述べることだろう。その利益は、鑑賞者自身とその状況のより深い自覚とか、あるいはそのほか何でもよい。ちょうどヒマシ油を飲むように、鑑賞者はもたらされる利益のゆえにその経験を堪え忍ぶ、と述べるわけである。ヒュームが快楽と呼んだものは、利益が得られることを理解しての満足感かもしれない。もちろん、この解決策はこんなに安易なものではない。だが、解決策を与えるために、漠然とした空想的な心理学的分析が多すぎるくらい行なわれているように見える。

向かうべき対象を持った感情に関するかぎり、単純だが中心的な混乱を認識すれば、謎はおおむね消滅する。悲しみを「それ自体不快な」情念とするヒュームの特徴づけは、大いに疑問とするに足りるのである。明らかに不快で、なければよかったと私たちが思うのは、自分が悲しいと思うその物事の方──昇進しそこねたこととか、友人が死んだこと──であって、悲しみの感じそのものではない。悲しみがふさわしいような状況が存在することは望ましくない。しかし、そういう状況になってしまったことを前提すれば、悲しみはまさにふさわしいのであって、私たちはそれを喜んで受け入れるだろう。悲しみを経験するのを望むこともありうるし、悲しみを経験しているという事実に、人は一定の喜びや満足感を見出すかもしれないのである。悲しむことは、一般に、悲しんでいるということについて悲しんでいるのではない。それは、悲しんでいるということについて喜んでいるということと、完全に両立するのである。

キケロの記述した惨殺を読み、涙を流す体験を望んでも、またその被害者のために悲嘆にくれることに喜びや慰めを感じても、そこに何のパラドックスもありはしない。たとえ鑑賞者がみずからの意志で楽しみながら、アンナ・カレーニナやウィリー・ローマンに本当に悲しみを感じているとしても、また、鑑賞者はそうは感じていないと私が主張した点で間違っているとしても、私たちの手元にはパラドックスがあるわけではない。アンナを見舞う運命を深く悼む気持ちと、小説を読んで楽しもうという熱意との間には、何の緊張関係もないだろう。それを読まないことにしても、また楽しむのを拒否しても、アンナを助けることにはならない。アンナはそうあるとおりに苦しむということを前提すれば、その苦境に注目し、彼女のために嘆くということは、その場にふさわしくて適切な、なしうる最小限のことであるように思われる。そうして涙を流すさなかにも、人は満足を感じることがあってよいのだ。

確かに、現実の悲嘆は、虚構において悲しみを感じる経験のように、苦痛であったり不愉快だったりすることがありうる。私たちがそれを避けることはままある。お葬式に欠席することがあるし、悪い報せかもしれないと恐れるものを避けることもある。しかし、悲しみや悲嘆の概念には、この反対が時には本当であること、つまり、私たちが現実の悲しみの経験を求めたり、楽しんだりすることがあるのを、驚きとするような要素は何もないのである。ヒュームのパラドックスは、鑑賞者が悲しみを感じるのはたんに虚構においてのみであるという事実の助けを借りなくても、その大部分が、こうして雲散霧消する。（否定的な気分の楽しさを説明するためには、依然として空想的な心理学的分析をいくらか必要とするかもしれない。）

では、悲しみそのものの経験に伴いうる心地よさの方ではなく、悲しみの対象に向けられた鑑賞者の態度の方を考えてみよう。私たちはこのとき、第5章1節で少し見ておいたように、ずっと注目すべき謎に出くわすことになる。その謎は確かに容易に解消されるのだが、それは、鑑賞者がごっこ遊びに心理的に参加しているという想定の下においてのみ解消されるのである。

アーサーは悲劇を高く評価していて、ハッピーエンドは愚かしくて退屈だと感じる。演劇を観ると、それが悲劇的に終わるのを望むのである。彼は「ヒロインが残酷な運命に見舞われるのを欲して」いる。というのも、彼の考えでは、そうなるときだけ、それが観るに値するものだったことが判明するからである(11)。だが同時に、アーサーは物語のとりこになっていて、「ヒロインを憐れに思って」おり、「彼女の苦境に同情して」いる。彼は「ヒロインが逃げ出すのを望んで」いる。それが悲劇であると分かっているにしても、実のところ「憐れみ」の感じと「ヒロインが生き延びることを欲する気持ち」とは、悲劇へのアーサーの高い評価の重要な部分を構成している。アーサーは対立する利害に引き裂かれていると言うべきだろうか。彼はヒロインが生き延びることを望み、かつ生き延びないことを望んでいるのだろうか。これは本当のようには聞こえない。

本物の対立する欲求の例と比べてみよう。闘牛や隣家の夫婦喧嘩を見ている場合、ひそかに（とは限らないが）流血沙汰を願っていることがあるかもしれない。悲惨な結末を見るのは面白いと思ってしまうからである。だが、この欲求は、犠牲者たちへの本物の同情を必ずしも排除しないし、彼らが苦痛を経験しないで済むのを願うことを排除しない。しかし、この二つの間には緊張関係がある。一方が片方を鎮静させ、減衰させるのである。さらに、同情の気持ちは、最悪を望む気持ちを罪の感覚で染めることになりやすい。ところが、アーサーはこういう風ではない。彼の「対立する欲求」は、両方とも心からのものでありうる。アーサーは、まったく留保なく、その作品がヒロインの災厄で終わることを望んでいてよい。そして、同じくまったく一途に「ヒロインが不当な運命を免れることを望んで」いてよいのである。両方の「欲求」に完全に気づいていて、しかしどんな特定の対立も二つの間に感じていないということがありうる。アーサーは、心の底からの「ヒロインへの同情」にもかかわらず、「彼女の不幸を欲した」せいでほんの微かな罪の自覚さえ経験する必要がないのだ。
　これを解決するのは、もちろん、アーサーが現実にヒロインに同情しているわけでも、彼女が救われて欲しいと思っているわけでもない、ということである。彼がそういう気持ちでいるというのは、たんに虚構として成り立つだけなのだ。アーサーが現実において欲していることは、ヒロインが残酷な結末を迎えることが虚構として成り立つことなのである。彼は対立する欲求を抱いてはいない。さらに言えば、彼が対立する欲求を抱いているということは、虚構としても成り立っていない。

4　サスペンスとサプライズ

私は［『ウエストサイド物語』を］たぶん五千回くらい観ている。そして、いつも観おわるときは、涙を流すのだ。

——レナード・バーンスタイン

私は、「誰がそれをしたのか《フーダニット》」という技法を使ったことはない。この技法は全体として、物事を分かりにくくするからだ。不安な緊張感を拡散させ、焦点をぼやけさせる。殺人犯が誰なのかを観客が最初からずっと知っている演劇や映画では、耐え難いほどの緊張を作り出すことができる。……私は、観客にはすべての事実をできるだけ早いうちに伝えるのがよいと信じている。

——アルフレッド・ヒッチコック

虚構として成り立つと知ることと、真なることを虚構において知ること

作品を鑑賞する人たちがいろいろなことを知ったり、知りそこなったりするということが虚構において成り立つ。鑑賞者たちは信念や期待、疑いや虫の知らせを抱く。彼らは憶測する。彼らはまた、無知だったり確実には分かっていなかったりする。彼らが信じていたり、当然だと思っていたり、推測したりすることは、後になって本当だと判明したり、本当ではなかったと判明したりする。彼らは物事がどうなっていくかに驚いたり、驚かなかったりする。しばしば、ある人が虚構において知っていたり、信じていたりする事柄は、その人が虚構的に成り立つと現実において知っていたり、信じていたりする事柄と一致する。緑の怪物がその辺にいるとチャールズに分かるということが虚構的に成り立つようになるのは、緑の怪物が虚構的にはその辺にいるとチャールズが〔現実において〕理解するときである。そして、スライムが虚構の中で何をするのかチャールズに確実には分かっていなかったり、スライムが虚構の中でまさにやってのけたことにチャールズが驚いたりすることによって、スライムの振る舞いを彼が確実に知ってはいないとか、それに驚かされるということが、虚構として成り立つようになる。しかし、私たちが虚構として成り立つと知っている事柄と、虚構において私たちが知っている事柄とが分離されてしまうときがある。この事実は重要な帰結を伴う。
　この分離が解決の手がかりを与える問題の一つは、なぜ作品

たちは長持ちするのか、どうして作品たちは、何回読んでも何回観ても、有効性を失うことなく生き延びるのか、という問題である。[12] 何らかの不安な緊張感〔サスペンス〕は、多くの作品を経験するときの決定的な要素になっている。『ジャックと豆の木』のジャックは、巨人に捕まらずにうまく盗み取れるのか。トムとベッキーは洞窟から脱出できるのか。ハムレットは父親殺害に対する復讐になんとか辿り着くのだろうか。オセロはデズデモーナのハンカチを発見したときどう反応するのだろうか。三月一五日、ジュリアス・シーザーには何が待ち構えているのだろうか。ゴドーは来るのか。

物事がどうなっていくのかもう分かっているのに、どうしてサスペンスがありうるのだろう。トムとベッキーの苦境は、なぜ、前にその小説を読んでいて、二人が洞窟から脱出する道を見つけることが分かっている読者にも、心配をさせたり、少しでも関心を抱かせたりするのだろう。筋書きの大事なところを完全に熟知してしまうほど十分に作品に親しめば、作品はサスペンスを生み出す力を失ってしまう、そう考える人がいないとは限らない。後日それを読んだり観たりするときには、最初に接したときの興奮はなくなると考える人がいるかもしれないのである。だが、多くの場合、それは起こらない。一度知ってしまったらすぐに色褪せる作品もあることはある。ある種の推理小説の場合、感興の大部分は読者に提示される謎に存している。私たちは一連の手がかりから「誰がそれをしたのか」を推論しようとする。答えが分かってしまえば解くべき謎はなくなり、その物語を読む意義もほとんどなくなる。確かにどんな作品でも、作品を熟知することによって、ある程度までその作品に対する私たちの経験は変容する。だが、多くの作品において、その力は驚くほど恒久的であり、作品が与える効果の本質は驚くほど不変である。とりわけサスペンスは、作品への私たちの反応の決定的な要素であり続けることがあって、それはどんなにその作品を熟知してもほとんど変わらない。『トム・ソーヤーの冒険』を読み直すとき、結果が分かっているにもかかわらず、初めて読む人と同じくらいトムとベッキーのことを強く「心配する」ということがありうる。ローレンは、『ジャックと豆の木』を何回も数え切れないほど聴いて一語一句まで憶えてしまった後でさえ、巨人がジャックを見つけて追いかけるところでは初めて聴いたときと同じ興奮を感じ、同じサスペンスに攫まえられるのだ。子どもたちはよく知っている話に退屈するどころか、同じ話を何度も何度も繰り返し聴きたがる。これはよく言われることだが、注目すべきことなのだ。古代ギリシアの演劇やジャワ島のワヤン・クリ〔人形影絵芝居〕のような大人のための伝統芸能では、よく知られた標準的な筋立てをもつ比較的固定された演目が上演されるのだが、にもかかわらず、そういう演目は観客の興奮を呼び起こす生きた演目であり続けている。

すでに知っている物語が語られるときの、その語られ方が大いに関心を引くということはありうる。私たちは、新しい解釈や新しい演じ方、あるいは、古い筋立ての新しい提示の仕方を評価することがある。だが、上に述べた謎はこれによってほとんど減殺されない。鑑賞者は、通常、物語そのものに興味を抱くのであり、それがどう語られるかに興味を抱くのではない。物語の斬新な提示の仕方は、巧みだが意外さはない提示よりも常に強力であるわけではないし、普通は、より強力だというわけでさえないのである。鑑賞者は、たんに節回しや言葉遣いや演出方法の新奇で微妙な差異を(仮に求めているとしても)それらのみ探し求めているのではないし、筋書きに関する新しい趣向でさえ特に求めてはいない。鑑賞者は、筋書きの中心となる特徴が何であるのかすでに知っていても、典型的にはそういう特徴に興味を抱き、魅了されるのである。ローレンは、苦境にあるジャックの緊張を感じ取る。結果がどうなるのか知っているのにもかかわらず、ジャックの緊張感がローレンの興味の焦点になっている。ローレンの経験は不安な緊張感〔サスペンス〕の経験である。そしてこれは、読み聞かせる大人が言葉をどのように発するかとか、どんな言葉遣いをするのかといったことについての不安な緊張感ではない。

これまで述べてきた理論に照らせば、この点には何の意外性もない。ローレンは虚構の中でジャックが巨人から逃げおおせることを知っているのだが、『ジャックと豆の木』をもう一度読んでもらうときには、ジャックが逃げおおせるくだりを読むまでローレンはそれを知らない、ということが虚構として成り立っているのである。虚構としてローレンは本当にジャックの運命を心配し、ことの成り行きに注意し続ける。物語を読んだり聴かせてもらったりしている間のローレンのごっこ遊びにおいては、ジャックと巨人のことを初めて聞くのだということが虚構として成り立っている。(おそらく、ローレンの信頼している人物が、ローレンに対し、ある少年とある巨人の対決について真面目に真実の報告をしている、ということが虚構として成り立っている。)ローレンの経験に興奮とサスペンスを与えるのは、現実においてではなく、虚構において、自分が結末をはっきり知らないという事実なのである。ローレンが虚構として成り立つと現実において知っている事柄は、この場合、それこそ真実だとローレンに分かるということが虚構として成り立つような事柄に、影響を及ぼさない。その物語を聞くことの大切な部分は、ジャックと巨人との対決に関する虚構的な真理を発見することではなく、一定の種類のごっこ遊びに参加することなのである。ジャックと巨人が虚構において何をするのか、物語を聞くたびに学ぶということは、それを毎回忘れているのでないかぎり、できることではない。だが、ごっこ遊びに参加することは毎回できるのであり、これが鑑賞者のすることなのである。『ジャックと豆の木』に耳を傾けることの価値は、虚構において、ジャックが直面する危険を戦慄しつつありありと理解する経験をすることに存している。そして、巨人が目覚めるかどうか息を呑んで待ち、目覚めたときにはにわかに恐怖を感じ、最終的にはジャックがどうやって豆の木を切って巨人を破滅に追いやるのか学んでほっとしながら賛嘆する、こういう経験をすることにその物語を聴く価値が存している。

なぜ同じごっこ遊びを何度も行なうのだろうか。まず第一に、読み方がいつも同じだとしても、遊びは毎回毎回正確に同じではないかもしれない。ある時には、ローレンは、ジャックのことを思って恐怖にすくみ、状況の危険性に打ちのめされ、ジャックが遂に巨人を倒したときには精根尽き果てている、ということが虚構として成り立つかもしれない。またある時には、ローレンはジャックが安全かどうかにはあまり本気で関心を寄せず、支配的な感情は、ジャックの偉業への賛嘆や、冒険でわくわくする経験や、結末の浮き浮きする気分である、ということが虚構として成り立つかもしれない。しかし、物語を読んでもらうたびに、ごっこ遊びがほとんど同じだったとしても、ものごとの成り行きを虚構においては知らないということに由来する緊張感や興奮は、いつでも現前しうるのである。

作品を繰り返し鑑賞できるという謎、つまり、同じ作品に繰り返し接してもなぜ作品の力が弱められないのかという問いは、明瞭に表象的な芸術だけではなく、音楽に対しても当てはまる。実のところ、この問いは音楽で特に重大になる。繰り返しを許したりむしろ心から喜んだりする度合いは、音楽の方が、演劇や映画や（詩以外の）文学よりも大きい。子どもも大人も同じ楽曲を時には同じ録音で繰り返し聴くが、しばしばその楽しみは大きくなるのである。前に観たことがあるという理由で、ある映画を観ないと決めるのは理解できる。だが、ヘンデルのオラトリオやブラームスの交響曲の演奏会に行かない理由として、「聴いたことがある」という理由はずいぶん風変わりなものである。

レナード・メイヤーの『音楽における感情と意味』の中心的な主張は、「音楽的な刺激状況によって活性化された期待が、つまり刺激への応答の傾向性が、一時的に抑制されたり恒久的に阻止されたりすると、情動ないし強い感情がかき立てられる」というものである。メイヤーの主張によると、音楽の真価を味わう体験は、主としてその音楽がどのように進行するかに関する期待が満たされないことから得られる。たとえば、偽終止[3]の場合、聴き手は主音が属音に続くことを期待するが、それがそうならないと「情動」を経験するのである。たしかにこれは、その楽曲を初めて聴く人の経験については正確な記述かもしれない。だが、何度も聴いたことがあって、その楽曲をよく知っている聴き手についてはどうなのだろう。たとえば、その曲を暗譜で弾ける人や楽譜に書けるくらいによく知っている人の場合どうなのか。こういう聴き手は主音が属音に続くことを期待しているとはまず言えない。終止が「偽の」ものであることを先立って完全に理解しているからである。ところが、この人も、終止が「偽である」ことを初心者と同じかそれ以上に深く味わうことがありうる。その終わり方はこの人を「驚かせる」のである。[14]

私の説明は、もうお分かりだろう。この聴き手においては、現実に何を予期しているかに関わりなく、主音を期待するということが虚構として成り立っている。ひいては、主音の代わりに下中音[4]やそのほか任意の音が鳴るのを聴いてその人が驚く、ということが虚構として成り立つのである。（このことによって、その音楽はごっこ遊びの小道具となり、したがって私たちの言う意味において表象的となる。これは、非具象的な絵画がしばしば表象的となるのとほとんど同じあり方である。第1章8節を参照のこと。）

私は、表象体を再度経験するという問題に焦点を当ててきた。つまり、作品は繰り返しそれに接してもなぜ新鮮さを失わないのか、という問いを扱ってきた。しかし、論点はこの問いよりも大きい。鑑賞者が物語を初めて聞いたり読んだりする前に、それがどのように終わるのか知っていて、なおかつこの知識がサスペンスを台無しにすることはない、ということがある。他人から話を聞いたのかもしれないし、書評を読んだのかもしれない。作品が悲劇であるとかおとぎ話であるとか広告されていて、どういう種類の終わり方をするのか分かっているのかもしれない。あるいは書き手の方が、いつもヒーローが嘆き悲しむことになるような物語を書くのかもしれない。あるいは読み手の方が、始まりから順に読む前に最終章をこっそりのぞき見したのかもしれない。こういうやり方で前もって筋立てを知っていても、通常その知識は、私たちがそれらを知っているということが虚構として成り立つような種々の事柄に影響を及ぼしたりはしない。だから結末についての知識は、私たちがサスペンスを感じたり驚きを感じたりするということが虚構として成り立つことを、妨げもしないのである。

ここまでのところは、これでよいとしよう。しかし、鑑賞者の経験の認識論的なさまざまな側面は、ここまでに考察してきた事例から判明するよりも、はるかに複雑で興味深いものなのである。鑑賞者は、虚構において、サスペンスや驚きを経験するだけでなく、何かを知っていたり、信じていたり、疑っていたり、推測していたりする。そして、そういう事柄は、現実における鑑賞者の知識や信念、疑念や推測、サスペンスや驚きと、何らかの仕方で関わっているのである。

ローレンにしても他の誰にしても、虚構においては自分がそれを知らないということが虚構として成り立つような何ごとかを実は知っている。だが、時にはその逆が真であることもある。

コナン・ドイルの『空き家の冒険』の冒頭の段落には、「警察の捜査から明らかになったこの犯罪の詳細について、人々はすでによく知っている[15]」とある。したがって、読者はワトソンが語ろうとする事柄の多くをもう知っているということが、おそらく虚構として成り立つ。虚構において、読者はロナルド・アデアを殺害したのがモーラン大佐であるのを当初から知っているのだが、物語の最後のページになるまで自分がそれを知っているということが虚構として成り立つことを自覚しないかもしれない（とはいえ読者は、殺人犯が誰なのか自分が知っているということが虚構として成り立つことを、当初から知っているのである）。そして、読者は最終ページに到るまで、一体虚構において誰が殺人犯なのかについて（現実に）未決定の緊張状態に置かれるかもしれないのだ[5]。ある物語が「我らが祖先の偉業について聴くがよい」といって開始されると、それによって、以下に続くのが出来事の再話であることが虚構として成り立ち、読者のごっこ遊びにおいても、その出来事について以前に聞いたことがあるということが虚構として成り立つようになる。以前に聞いたということは、その作品を初めて読む場合にも虚構として成り立つのであり、二回目でも七〇回目でも成り立つことは言うまでもない。初めて読む者が虚構において自分が知っていることになっている偉業が何であるのか分かっていないとしても、祖先の偉業について先立って知っているということは虚構として成り立つのである。再読するときに、現実にサスペンスや驚きを経験することはないし、現実にサスペンスや驚きを経験するということが虚構として成り立つということもない。（しかしながら、鑑賞者が驚いたりサスペンスを経験したりするということが虚構として成り立つということは虚構として成り立つかもしれない。言い換えれば、鑑賞者のごっこ遊びにおいて、自分がすでに知っている冒険についてもう一度聴くのに応じて、鑑賞者は自分がその冒険について虚構として初めて知るというごっこ遊びを行なう、ということが虚構として成り立つかもしれない。）

上述のような物語は普通のものではない。ほとんどの場合、虚構において話者（語り手）は、自分の言うことに関して先立って知識を持っていない聴き手に向かって語ると解され、語り手は聴き手に新しい情報を与えるものと理解できるのである。（現実生活では、何かを言う行為自体が、しばしばそのことが聴き手にとって新しいことであることを含意する。それゆえ、虚構においてしかじかのことが言われるという事実によって、多くの場合、聴いている人物がそれをまだ知らないことが虚構として成り立つようになるのは意外ではない。時には、聴き手がまだ知らないという虚構的真理が、もっと明示的に示されることもある。たとえば、虚構において、語り手の話す出来事を聴けば聴き手は驚くと語り手側が予期しているような仕方で、何かを語ったり示したりするときなどがそうである。）

映画や演劇の観客の場合、その作品を何度観ていようと、その筋立ての事件を初めて観るということが虚構として成り立つのが普通である。『オセロ』の観客が、前に観たときと同じ特定の出来事——デズデモーナがハンカチを落とすことやオセロが大声で喚くこと——をもう一度観ている、などということが虚構として成り立つことはまずありえない。もしも始めの方の場面で、オセロがデズデモーナを殺すことを観客が知っているということが虚構として成り立つとしたら、オセロがそうするのを前にも観たというのとは違うやり方で観客がそのことを知っている、ということが虚構として成り立つのである。

これとは逆の傾向が、風景画その他の多くの静止画像に見られる。それらは進行中の出来事の動いている瞬間ではなく、変化しない状態を描いている。セザンヌの『サン・ヴィクトワール山』を二回目とか七〇回目に観ている人物は、虚構として前に観たことがある山を再度見ていると容易にみなすことができる。また同様に、この人物が初めてその絵を観るときは、虚構としてその山を初めて眺めていると考えるのが理に適っている。今まで述べてきた事例の中でこの例だけが、虚構において何かをある人物が経験することがn回目かどうかが、その人物がその作品をn回経験したかどうかにもとづく、ということが本当らしく見える事例である。

ここまでのところでは、虚構として成り立つと私たちが知っている事柄と、私たちがそれを知っていることが虚構として成り立つ事柄との間の、独立性を強調してきた。しかし、この二つはもちろん一致しうる。[6] ある時には、物語がどうなるのか知っていることによって、登場人物たちの運命をあらかじめ知っているということが虚構として成り立つし、ある時にはそれは成り立たないのだ。これが成り立つか成り立たないかは、多くの場合、物語についての情報を手に入れたやり方に左右される。つまり、私たちがそれを手に入れたやり方が、出来事が起こる前に虚構においてそれらを察知することであると見なされるかどうか、に依存するのである。

ある作品の書評を読んだり、それが悲劇と評されている事実などから、物語の結果が分かってしまうとき、どう見ても人はごっこ遊びに携わってはいないだろう。以前にその作品を読んだ経験があったり、最終章をこっそり先回りして見たりしたときも、読者はたぶんその時点では、後にそれを再度読んだり全体を読んだりするときに行なうごっこ遊びを実行しているわけではないであろう。それゆえ、私たちは、その読者が結末の知識を持っているゆえに、登場人物たちの運命を察知することが後日のごっこ遊びにおいて虚構として成り立つことになる、という主張をうまく否定できる。さらに私たちは、その読者が結末の知識を持っているゆえに、登場人物の運命がどうなるのか分かっているということが虚構として成り立つことになる、という主張も、ほとんど同じくらいうまく否定できるのである。

しかしながら、もっと興味深いのは、予見的な知識が主として作品に内在する証拠に基づいており、通常のやり方で作品を経験するときに予見が得られるような事例である。物語の語り手は、ヒッチコックの奨めに従って、先行きを告げる手がかりを始めの方の章や場面に埋め込み、大団円を故意に明かしておく。すると、鑑賞者は、後ろの方の章や場面で虚構として成り立つ事柄、つまり結末を、先立って知っていると想定されるだろう。そして、この知識は公認のごっこ遊びに携わる中で獲得できるのである。ところが、そうなっていても、後で描かれる意外な出来事について鑑賞者が虚構において前もって知識を得ていると考えるのはいくらか具合が悪い、という場合もある。

『サンセット大通り』(ビリー・ワイルダー監督、一九五〇年)は、スイミング・プールに主人公の死体が浮かんでいる未来の場面の挿入映像から始まって、おもむろにその物語の開始時点から物語っていく。観客の経験は、小説の最終章を見てしまった読者の経験に似ているが、挿入のシークェンスには少しも不正なところはないという点だけが違っている。そして、事前の情報は、観客が公認のごっこ遊びに携わっているときに得られるのである。[16] あるいはグレゴリーは、『オズへつづく道』で、ドロシーとシャギー・マンと彼らの友だちがスクードラーによってスープにされるのを免れることを一度も疑わない。なぜなら、スクードラーに捕まってしまう章の名前が「スープ鍋からの脱出」となっているからである。[17] またエリックにとって、『赤ずきんちゃん』の始まりのところの文体上の証拠から、それがいつも幸福に終わる種類のおとぎ話であることは明らかである。だから、エリックは自信をもって、赤ずきんちゃんがオオカミの悪だくみを生き延びると予言できるのだ。

　こういった事例においては、大団円の予見的な知識を鑑賞者が虚構として持っていると見なすのは適切ではない。重要な理由は（それ自体で決定的な理由ではないが）、物事がどうなっていくのかを鑑賞者がいかなる方法で虚構において知るに到ったのか、という問いに対して、適切な回答がなさそうだということである。スーザンは『サンセット大通り』を観ている。このとき、主人公の人生のいろいろなことを目撃するのと同時に、スーザンはすでに主人公がうつ伏せにスイミング・プールに浮かんでいるのを見たという理由で、彼がどういう最期を迎えるのか知っている、ということが虚構として成り立つだろうか。スーザンは（あるいは、登場人物が）タイムマシンでひとっ走りしたということが虚構として成り立つのだろうか。（スーザンが主人公の死体を見るということは、映画の始まりの時点で虚構として成り立つ。そしてその後で、主人公が生きているのを見るということが虚構として成り立つ。しかし、このことによって、スーザンは主人公が死んでいるのを見た後で生きているのを見る、ということが虚構として成り立つようになるわけではない。また、スーザンは主人公の死が生じる前にその死を悟る、ということが虚構として成り立つようになるわけでもない。）エリックは、どのようにして、赤ずきんちゃんがうまく逃げることを、虚構において首尾よく予測することができたのだろうか。赤ずきんちゃんがおとぎ話のヒロインであるという事実からエリックがそれを推論した、ということが虚構として成り立たないのは確実である。虚構において、赤ずきんちゃんはおとぎ話のヒロインではないのだ。[7] たしかに、鑑賞者があることを虚構においてどうやって見出したのか不確定でも、それを鑑賞者が知っているということが虚構として成り立つことはありうる。しかし、経緯が不確定な場合、鑑賞者が知っているということが虚構として成り立つのを受け入れることは、経緯が確定している場合よりも自然さを欠くことになる。

　では、エリックが違うやり方で物語の結末を予測すると考えてみよう。物語の始めの方でオオカミの振る舞いが記述されると、エリックはその邪悪さに衝撃を受ける。だがまた、赤ずきんちゃんの勇気と狩人の配慮や能力にも感銘を受ける。そこでエリックは、これらの観察から、虚構においてオオカミは悪だくみを企てるが失敗すると判断する。この場合、オオカミは赤ずきんちゃんの命を狙うが赤ずきんちゃんは逃げおおせる、とエリックが予見するのが虚構として成り立つと認めても、少しも懸念を感ずる必要はない。虚構において、私たちは、エリックがどうやってみずからの知るところを知りえたのか、容易に述べることができる。オオカミの邪悪な振る舞いと、少女の勇気と、狩人の配慮ならびに能力とに基づいて、彼はその結末を予測した、ということが虚構として成り立つのである。（このような場合には、物語の結末をエリックが知っていることは、何が起こるか彼に分かっているという虚構的真理をまさしく支えているのだが、彼の経験のサスペンスに満ちた興奮を減少させる傾向があるだろう。実際にひとたび予測を行うと、エリックが結末をはっきり知らないということは、虚構としても成り立たなくなる。その後では、結末がエリックを驚かせるということも虚構として成り立たなくなる。）『白鯨』の読者は、まったく冒頭から、虚構においてイシュマエルが自分の目撃した災厄について生きて語っているということがはっきり分かる。イシュマエルが生き残るのを知っているということは、この読者に関して虚構として成り立つ。虚構において、どのようにして読者はこのことを知るのだろうか。それは、その災厄についてイシュマエル本人から聴いているということによってなのである。

エリックが虚構において赤ずきんちゃんに何が起こるか予測する根拠が、いろいろなものの混合された状態だったら、私たちはどう言えばよいのだろうか。エリックが、部分的には、登場人物の意図や性格や能力に関する虚構的真理に基づいて判断を下し、また、部分的には、その物語が常に幸福な終わり方をする種類のお話であるという事実から判断しているとしよう。この場合、私たちはどう言えばよいのだろう。赤ずきんちゃんの運命がどうなるのかエリックが知っているということは、虚構として成り立つのだろうか。私たちもエリック自身も、そうなのかどうか言うことはできないだろう。ここでは、問題における核心の事実というものが存在しないのかもしれない。まさに神々のみぞ知る事実でさえも、存在しないかもしれないのだ。

静止芸術におけるサスペンスとサプライズ

「サスペンス〔不安な緊張感〕」と「サプライズ〔驚き〕」は、文学、演劇、映画、音楽といった「時間」芸術に最も明瞭に当てはまる。しかし、「静止」芸術においても、これに並ぶ例は存在する。絵画や写真を鑑賞することが、虚構において、または現実において、驚かされたり不安な緊張感を覚えたりするような興奮の体験を含む場合がある。

静止画でもジレンマや苦境や困難を描くことは可能であり、見る人が解決の仕方に思い悩んだり気を揉んだりすることはある。ジョン・コプリー（John Copley）の『ワトソンと鮫（*Watson and the Shark*）』（一七七八年）では、海に落ちてもがいている若者が鮫に襲われており、ボート上の人々がそれを助けようとしている、ということが虚構として成り立っている。人々は助けるのに成功するだろうか。若者は逃げ切れるだろうか。虚構において、私たちは心配し、戦慄しながらその若者の苦境を見ており、おそらく若者が逃げ切ると信じることができないでいる。もちろん、私たちの「不安な緊張感」は、何が虚構として成り立つのかに関する真の不確定性を含んではいない。それは、この場合、私たちがすでに知っているからではなくて、知るべきことが何もないことを私たちが知っているからである。絵の全体は私たちの前にありのままに存在している。次の場面が待たれるわけではない。（そして、その絵のまだ気づかれていない細部が、成り行きを明かしたりしていないということも、それなりに確信できる。）その若者が救出されることも、救出されないことも、どちらも虚構として成り立たない。私たちにはその点はよく分かっている。虚構において鑑賞者が不安な緊張感の中にいるが、現実にはそうではないという状態は、すでになじみ深いものである。この例の新しいところは、ものごとがどうなっていくのか私たちが知る（ほっとしつつ、驚きながら、気も動顚して、その他どんな気持ちであれ）ということが、決して虚構として成り立つことがないという点なのである。この絵は、この点で、決着を明かさずに読者を宙ぶらりんにして終わってしまう小説に似ている。だが、そんな小説を読み始めた読者は、自分が結末を知るということが虚構において成り立ちはしないことを、終わりまで悟らないだろう。しかしこの絵を見る人は、見はじめたときからずっとそれが分かっている。

映画や小説の鑑賞者と同様に、静止画を見ている人にも、混じり気のない驚きが用意されている場合がある。どんな虚構的真理が生成されるのかを見て驚愕することがあるのだ。例えば、部屋をすっかり占拠している巨大なリンゴが虚構として存在するとか（ルネ・マグリット『盗聴の部屋』）、信じられないほど多様な怪物が虚構において存在しているといった場合（ボス）である。また、貴人の理想化された肖像を期待させるジャンルの絵画が、農民たちや日常生活のありふれた細部に関する虚構的真理を生成している場合、私たちは驚かされる。あるいは、一九五〇年代の映画を現在観る人たちは、人々が着ているものや運転している車について虚構的に成り立つ事柄を見れば、目を瞠るかもしれない。

以上のような驚きは、作品に初めて接するときに生じる。これ以外に、後になってから生じる驚きもある。絵画も、小説や映画や演劇と同じく時間をかけて経験されるものであるから、鑑賞者は予期していなかったような発見を後になってする場合があるのだ。ある絵の隠れた驚くべき特徴は、始めは気づかれないこともある。二人連れが公園をそぞろ歩きしている静かな場面に見える絵を注意深く調べると、植え込みの中に銃口が隠れていて見る者を驚愕させるかもしれない。不安な緊張感（虚構として成り立つことについての現実における不安な緊張感）は、驚くべき事柄が、それに気づく以前から、そこらあたりに潜んでいるかもしれないと思ってしまうことから生じてくる。[18] この種の驚きがありうるとはいえ、これは無限に繰り返されはしない。マグリットの巨大リンゴが占拠する部屋もボスの怪物も、慣れてしまえば私たちを驚かすことはもはやない。平凡な風景の中の植え込みに、一つの銃口が潜むと知っていれば、それを見つけて驚きはしないのである。

現実に驚いてはいなくても、虚構としては何度でも驚く、ということは成り立つだろうか。ある事例では確かにそうなる。だが、おそらく別の事例ではそうはならない。問題になりそうな事例はすでに与えられている。『盗聴の部屋』を見た経験の豊富な鑑賞者について、何度も見たことのある部屋一杯の巨大なリンゴを、虚構としてその人が観察している、と私たちが考えても不合理ではない。そう考えてよいのならば、その人が自分の見ているものを不思議に思うことは虚構として成り立つかもしれないが、それを見ても驚いてはいないということが虚構として成り立つと考えるのが最も適切だろう。その人が（現実において）びっくりしていないなら、つまり準驚愕をまったく感じていないのなら、その人のごっこ遊びをこのように解釈することはほとんど避け難くなる。

見ている人が虚構として成り立っている事柄に現実に驚いていても、その人が驚いているということが虚構としては成り立たない場合もありうる。（これは、「時間」芸術と「静止」芸術の両方でありうる。）農民たちや鶏や犬、汚れた顔の子どもたちなどは、私たちの世界の、驚くほどのこともないありふれた風景である。こういうものは虚構世界でも驚きを与えないありふれた住人になるだろう。だから、こういうものがまったくありふれているということは、虚構として成り立ちやすくなる。それらを肖像として描くのは（卑俗なものを避けるのが通例の種類の作品でそうであるように）驚くべきことであるとしても、そういうものが虚構においてありふれている、ということは成り立ちうる。とはいえ、人々が驚くほどでもないものに驚かされる、ということはある。そして、ある絵を初めて見る人が、鶏や汚れた顔の子どもたちが描かれているのを見て驚く場合、完全に普通の、まったく驚くところのない鶏や子どもたちがその人を驚かせる、ということが虚構として成り立ちうるのかもしれない。しかし、この想定は、見ている人がすぐに、鶏や子どもたちは驚くほどのものではない、ということが虚構として成り立っているのを認識すれば、不自然なものとなる。この認識は、鶏も子どもたちも驚くほどのものでないと、その人が虚構においてもすぐに認識する、ということを強く示唆するからである。そしてこの示唆は、虚構として成り立つ事柄にその人が（現実の）驚きを持ち続けているとしても起こりうる。このようにして、虚構的な事柄への現実の驚きが、その人のごっこ遊びから切り離される場合があるのだ。だが、このことは、現実の驚きが美学的に重要でないとか美学に関わりがないということを意味しない。芸術家は衝撃を与えることを意図していたかもしれないのであり、それに成功することは、その作品の興味深さの決定的な部分であるかもしれないのである。しかし、衝撃を与えるのは、まさに現実的にも虚構的にも驚くべきものではないものを描いている、ということなのである。つまり、そんなものが描かれないような種類の作品において、そういうものが描かれていること、なのである。衝撃的なのは、ひどく濫用される言葉だが、その作品のそういう意味での「リアリズム（realism）」なのだ。

明らかなことだが、虚構世界は、驚くべきことや期待されうることに関して、現実世界と常に一致するわけではない。妖精や小鬼、動物への変身などは、すべて現実世界では驚愕すべきことだが、虚構として、おとぎ話ではまったく普通である。このことに貢献しているのは、これらがおとぎ話で頻繁に描かれるということである。頻繁に描かれれば、私たちは、妖精や小鬼や変身譚は普通のものだということが虚構として成り立つと考えるように促される。また、それに驚いたりしないということも虚構として成り立つと考えるようになるだろう（これについては、部分的には、私たちが準驚愕を経験する傾向が減っていくこともかかわる）[19]。多くの裸体画において、裸体でいるのは普通のことであって特に注目すべきことではない、ということが虚構として成り立つ（あるいは、少なくとも注目すべきだということは虚構として成り立たない）。そして、鑑賞者のごっこ遊びにおいても、裸体でいることに驚くということは通常は虚構として成り立たない。（マネの『草上の昼食』は、脱衣の一女性が完全に衣服を着た男性たちと一緒にいるところを描いたため、周知の例外となっている。）そして、現実の人間が裸でいるのを頻繁に見るとは思われないが、絵画や彫刻の描出では裸体はありふれている。絵画の裸体に驚かないということは、部分的にはこの事実のせいでもあるだろう。

しかし、他の考え方もまた有効である。現実世界で起きたなら信じられないような空想的な事柄でも、それをただの事実として描くことによって、それが完全にありふれたものであるということを虚構として成り立たせる作品もある。そう言ってよいだろう。作品中の登場人物の反応の仕方は、しばしば手がかりとなる。マグリットの『旅の記憶（*Memory of a Voyage*）』では、床にライオンが横たわっていても少しも異常なところはないということが虚構として成り立つだろう。鑑賞者のごっこ遊びにおいても同じことが虚構としておそらく成り立つ。というのも、ライオンの隣に立っている男がまったく注意を払っていないということが虚構として成り立っているからである。ダヴィンチの『東方三博士の礼拝（*Adoration of the Magi*）』の場合は、集まった人たちの明らかな賛嘆の表情が、虚構においてその幼児の誕生が尋常でない出来事であることを確立する助けになっている。

表象的芸術作品に対する鑑賞者の反応は、知識やサスペンスや驚きに関連する認識論的な側面のみを考えただけでも、すでにほとんど圧倒的なまでに複雑であるように思われるだろう。批評家たちは、「私たち読者が知っていること」と「登場人物が知っていること」との関係にしばしば興味を抱く。私たちは登場人物が知らないことを知っていることがある。だが、登場人物が私たちの知らないことを知っていることもある。そして、私たちが登場人物の知識も無知も共有している場合もある[20]。しかし、状況をこういうやり方で記述するのは、ひどく単純化しすぎなのである。「読者が知っていること」というのは曖昧である。今はこの点を理解できる。この言い方は、読者が自分のごっこ遊びの参加者として「知っている」ことと、虚構世界の観察者として知っていることのどちらなのか、曖昧なのである。（虚構世界は、作品世界のこともあるし、読者のごっこ遊び世界のこともある。）言い換えれば、この言い方は、それを読者が知っているということが虚構として成り立つ事柄と、それが虚構として成り立つと読者が知っている事柄との間で、曖昧なのである。批評家は、登場人物が（虚構において）知っていることを、この二つの両方と比較したいだろう。もとより、批評家はこの二つをそれぞれ比較しようともしている。さらには、鑑賞者の現実世界の知識や無知、不安な緊張感や驚きが、どの程度まで鑑賞ごっこ遊びに組み込まれ、どの程度までそこに組み込まれずに独立しているのかを考察しようとする。あるいは、それらの知識などが虚構的真理を生み出すときにどのような役割を果たすのか、また果たさないのか、そして、それらの知識等々について、どんなことが虚構として成り立ち、どんなことが成り立たないのか、こういったことも批評家は考察しようとする。ある人の現実の認識論的なあり方が、虚構においてその人が経験するあり方に影響を及ぼさないとしても、この二つのあり方の対応関係、つまり二つが一致したりしなかったりするさまざまな側面と、その対応関係が時間を通じて変化していく有り様は、重要なものとなる可能性があるのだ(21)。

　ところが、これさえもほんの入り口にすぎない。すでに見たように、鑑賞者は、虚構において自分が何を知っているのか分かっている時もあれば、分かっていない時もある。また、虚構的ないし現実的に、当たり前だったり驚くべきだったりする事柄と、虚構的ないし現実的に鑑賞者を驚かせる事柄との間には、違いがある。もちろん、こういった事柄について人が知っていることと、こういった事柄の相互間に成り立つ関係との間にも違いがある。さらに、埋め込まれた虚構的真理の可能性がある。すなわち、鑑賞者がある認識論的なあり方をしているということが虚構として成り立つ、ということが虚構として成り立つ可能性がある。さらに、これらすべてに加えて、何が真であり何が虚構的であるのかに関して、さまざまな種類の曖昧性、多義性、不明瞭性、不確定性、決定不可能性が生じうるのである。そして、こういった多様な捉え難さの次元が、経験していくにつれて変化していくことは言うまでもない。起こりうることの多様性と、その微妙さ、複雑さは、肝を潰すほどのものだ。だがこれは、分析以前から明らかだったのだが、表象的芸術作品に対する鑑賞者の反応が、多様で微妙で複雑であることに見合っているのである。

5　参加することの眼目

私たちは、なぜアンナ・カレーニナやエンマ・ボヴァリーのことを気に懸けるのだろうか。私たちは、ただの作り物にすぎないと分かっている人物や出来事に、なぜ関心を持つのだろうか。私たちは実は関心を持ってなどいない。アンナの運命が私たちにとって重要だというのは、たんに虚構として成り立つにすぎない。ロビンソン・クルーソーの冒険に魅了されたり、ポール・バニヤン[8]の偉業を賛嘆したりすることも、たんに虚構として成り立つにすぎない。しかし、私たちは、別のやり方で確かに気に懸けている。虚構として気に懸けるという経験を気に懸けていて、エンマやロビンソン・クルーソーの運命を追ってみたり、ポール・バニヤンの偉業を賛嘆したりすることが虚構として成り立つようなごっこ遊びには、関心を持っているのである。でも、それはなぜか。虚構として気に懸けるということから、何が得られるのか。その中に私たちにとって何があるのか。この問いかけは、表象的な芸術作品に私たちが価値を置くのはなぜなのかを理解しようとするとき、中心にくる。

悲劇作品は、「否定的」で望ましくない感情を引き起こすように思われる。そんな作品が私たちに対してもっている魅力は特別の難問になるのだが、これにはすでに取り組んで、ある程度は解決した。だが、悲劇であろうとなかろうと、私たちが表象体一般に関心を持つ積極的理由は何なのか。表象体の任務は、私たちが参加するごっこ遊びの中で小道具として役立てられることである。しかし、そんな遊びがそもそもなぜあるのか。なぜ私たちは参加するのか。確かに経験したいと思ってしまう「肯定的」な感情が含まれているときでも、虚構としてそういう感情を経験することに、どんな利点があるというのだろう。虚構として喜んだり有頂天になったり、ましてや悲しんだり動揺したりして、どんな利点があるというのだろう。参加することの眼目は何なのか。

読者がここで完全な回答に近いものを見出すことはないと思われる。見込みのありそうな多くの提案が、検討されることを騒がしく求めている。一般に、想像活動に携わる眼目は何なのだろうか。夢や白昼夢や子どもたちのごっこ遊びの利益については、民間伝承から真剣な研究まで多くのものがまとまって存在している[22]。そこにはいろいろな示唆があるのだが、一つにはこういった活動は、よく知らない役割を経験してみる機会を与え、そういう役割を現実生活で果たしている人々を理解したり、その人々の感情を共有したりする助けとなってくれる。また、そういう役割を自分で引き受けるときに必要になる技術を伸ばす助けともなる。あるいは、危険な情動や社会的に受け入れられない情動を表現する安全な捌け口を与えてくれる。望ましくない情動を除去したり、うまく捉えられない抑圧された感情を認知して受け入れる助けとなったりもする。葛藤を解決したり、自分自身や自分の状況の不安で不快な側面に直面したりするのを助けてくれる。いつか現実に直面することになりかねないような状況を扱う上で、練習の機会を与えてくれる。まだまだ他にもあるだろうが、想像活動の利益が正確にはどのようなものであるにしても、こういった利益を享受するために、小説や絵が鑑賞者によってごっこ遊びの小道具として使用されることは当然期待されるだろう。

(私たちが受け取る利益は、表象作品を評価したり作品に関心をもったりする理由になることも、ならないこともある。意識の経験に現れる水準では、作品の経験はわくわくすることだったり、楽しく、感動的で、刺激的で、喜ばしいことだったりするという思いだけが、はっきりしていることもあるだろう。洞察や知恵を得ていることに、人がいつもはっきり気づくわけではない。実際には洞察を生み出すような経験を、人間がわくわくするとか楽しいと思うのはなぜなのか、進化論的な説明がありうるのかもしれない。）

上に述べたいろいろな示唆を分類したり発展させたり評価したりするつもりはない。いろんな種類の小道具を使う（また使わない）いろいろなタイプのごっこ遊びに、いろんなやり方で参加すれば、それぞれ違った多くの価値あるものが実現されることは間違いない。だが、注目に値することは、想像する人が自分の虚構世界で占める位置こそ、非常に多くのさまざまに異なる事例において、中心となるように見える、ということである。反射的小道具としての想像者自身の役割、ないし自分自身についての想像活動こそ、中心にあるように見えるのだ。子どもたちのごっこ遊びで、子どもたち自身が事実上常に登場人物となっているのは偶然のはずはない。また、ある部分で自分自身に関する夢になっていないような夢を見るということは、（私の推定では）たとえあるにしても非常に稀であろう。これも偶然のはずはない。虚構としてある状況に直面し、ある活動に従事し、ある感情を夢や空想やごっこ遊びで表現する、といった経験は、自分の置かれた状況への洞察を得たり、他者に感情移入したり、ある経験をするのがどういう感じのことなのかを理解したりするための手段になっている。

このことは、表象的芸術作品の鑑賞者についても真理なのであって、それは他の種類の想像活動に従事する人たちに少しも劣るものではない。私たち自身が自分のごっこ遊び世界に巻き込まれていることは、表象体が私たちに対して持つ重要性の多くを理解する決定的な手がかりとなる。小説を読んだり絵をじっと見つめたりすることが、たんに虚構世界の外側に立ち、窓ガラスに鼻を押しつけてのぞき込み、何が虚構として成り立つのかを知るというだけのことにすぎなくて、虚構において何かを知ることは一切ないのなら、小説や絵に私たちが関心を抱くのは真に謎だっただろう。その場合、私たちは遠くから観察する虚構世界について、きわめて客観的な関心を持ちはするのだろうが、それが表象体の重要性をどのようにして説明するのか理解することは困難である。表象体は深い感動を引き起こし、時には私たちの人生を変化させてしまうのだから。

私たちは、虚構世界を外側から観察するだけではない。私たちは虚構世界に住んでいる（ただし、自分のごっこ遊びの世界にであり、作品世界にではない）。そこで私たちはアンナ・カレーニナやエンマ・ボヴァリーやロビンソン・クルーソーたちと、喜びや悲しみを共有し、一緒に歓喜して一緒に悲嘆にくれ、彼らを賛美したり嫌悪したりしている。確かにこういう世界は虚構的にすぎず、そのことは私たちもよく分かっている。だが、内側からは現実に思われるのだ。虚構として成り立つ事柄は、虚構において実在として成り立つのである。私たちがその世界に進出する仕方は、本章の1節と2節で述べたように大きな現実感を伴う仕方で達成されるのだが、それによって登場人物や他の虚構世界の事物の親密な感じがもたらされる。表象体のもっている魅力とそれが私たちに及ぼす力の多くの根底にあるのは、この経験なのである。

　この先にまだなすべきことが残っているのを過小評価してはならない。参加の経験が私たちの生に貢献する多くの道筋をそれぞれ見定める必要があるのだ。とはいえ、ごっこ遊び理論はすでにかなり重要な貢献をしている。私たちは想像活動一般の利益について種々の考察と直観を（またこれらの裏付けとなる限られた研究成果を）もっていた。それらを表象芸術の価値とは何かという問いに結びつけ、私たちが表象作品を扱うやり方が他の想像活動と似ていたり違っていたりする側面を明らかにして、そういった考察や直観が表象芸術への問いに容易に適用できるようにしたのである。私たちが虚構に関心を抱くという事実そのものは、もはや私たちを驚かせはしないだろう。いったいどうして人は『アンナ・カレーニナ』をわざわざ読んだり、セザンヌの『カード遊びをする人々』をじっと見たりするんだろう、描かれているのは人間も出来事も虚構にすぎないのに、と、びっくりして首を振りながら、訝る必要はないのである。表象体の小道具としての役割と鑑賞者のごっこ遊びへの参加とをよく理解すれば、謎は消えて、表象体の価値を完全に説明するためにどこを探すべきなのかが見えてくる。

　しかし、私たちの観察は、別の面では不完全である。参加は中心にくるが、すべてではない。鑑賞者のパースペクティヴは二重になっている。鑑賞者は虚構世界に生きると同時に虚構世界を観察している。登場人物と状況について虚構の中で情報を得て応答するだけでなく、何が虚構として成り立つのかを明らかにしてもいる。後者もまた鑑賞において重要な場所を占めており、こちらが主となる時もある。参加することと参加についての理解や思考は根本的なものであり続ける。しかし、ここまでに指摘したよりもことは複雑なのである。

6　参加なき鑑賞

あなたは今イタロ・カルヴィーノの新しい小説、『冬の夜ひとりの旅人が』を読み始めようとしている。さあ、くつろいで。精神を集中して。余計な考えはすっかり遠ざけて。そして、あなたのまわりの世界がおぼろにぼやけるにまかせなさい。

——イタロ・カルヴィーノ『冬の夜ひとりの旅人が』

ごっこ遊びへの鑑賞者の参加について相当な範囲を探検してきた。そして、私たちは以下のことに気づいた。鑑賞者は何かを想像せよという命令を理解して従うだけではない。鑑賞者は自分自身で反射的小道具としての役割を果たし、自分の行為や思考や感情によって自分についての虚構的真理をいろいろと生み出し、それに従って想像する。こうして鑑賞者は虚構世界に没頭する。ごっこ遊びによって連れ去られ、お話のとりこになるのである。

　この種の没頭が、等しくすべての鑑賞体験の部分を成しているわけではない。鑑賞者がほとんど参加を行なわないときもある。表象体の側が心理的参加に明白に水を差す場合もある。とりわけ、お話のとりこになる体験を構成する心理的参加に水を差すのである。とりこになる体験は、おそらく広い意味で「ロマン主義的」な芸術の目指すものなのだが、その体験を他の種類の作品は過剰な感傷性として避けようとし、念を入れて鑑賞者に虚構世界から「距離をとらせる」のである。表象体は、時には虚構として成り立つ事柄を想像することさえ妨げる。そういう表象体は、想像を妨げることによって、鑑賞者の反射的小道具としての役割を縮小する効果を得ている。なぜなら、ある人がある命題を想像しない場合、それをその人が知っていたり信じていたりするということが虚構として成り立ちにくいからである。また、その人がその命題を生き生きと想像するのを最小限にする場合、その命題が真であるという事実に虚構において関心を持ったり、動顛したり、安心したり、ぎょっとしたり、大喜びしたりするということはありそうにない。

しかし、参加をしない鑑賞も鑑賞である。虚構世界に私たちが巻き込まれるのを抑制する作品には、広く認められた傑作も含まれている。その種の作品は、独自の仕方で刺激的であり、魅惑的で、満足すべきものなのだ。そういう作品の鑑賞は、スポーツを観るようなものである。私たちの立場はごっこ遊びの参加者というより見物人の立場に似てくる。ただし、「観察して」いるのは、誰かが実際に行なっているゲームではなく、誰かが行なうかもしれない種類のゲームである。私たちは少し後ろに下がって小道具を点検し、その小道具が呼び起こしうるごっこ遊びや、そういう遊びの中でその小道具が果たす役割について考えるのである。そして、作品がある種のごっこ遊びの中で用いられるのに好適なことに驚嘆するかもしれないし、それが生み出す虚構的真理たちの取り合わせに魅了されるかもしれない（この体験は作品世界への関心ということになる）。あるいは、その芸術家が虚構的真理を生み出していく技法や才能の巧みさを誉め称えるかもしれない。あるいは、参加を妨げる仕組みを面白がるかもしれない。とはいうものの、こういう「距離をとった」鑑賞の場合でさえ、作品がごっこ遊びの中で小道具として用いられるという考え方は、私たちの経験の中心になっている。鑑賞するということは、一般的に、ただ単に参加することと同一視されるべきではないし、まして「お話のとりこになる」のを生み出す種類の参加と同一視されるべきではない。だが、鑑賞される作品の表象的な側面が問題になるかぎり、参加という考え方が基礎となる。参加することを含んでいないような鑑賞も、やはり参加との関わりによって理解されるようになるのである。

作品が折に触れて参加に水を差す分かりやすいやり方は、その虚構性をことさら目立つように宣言したり表明したりして、作品そのものが作りごとであるのを暴いてしまうというやり方である。カルヴィーノの『冬の夜ひとりの旅人が』は、これを特にあからさまにやっている[23]。サッカレーの『虚栄の市』もそうである。「親愛なる読者の皆様」には、筆者はこれから、いささか込み入った、悲しむべき悪行の物語をお話しするはずであるが、それがなかなかどうして、すこぶる面白いお話にもなろうかと堅く信じている。筆者の描く悪党どもは、一筋縄でいくような甘っちょろい悪党ではない。それはあらかじめ保証しておいて大丈夫である。……やがてこの物語の登場人物が出揃っていくにつれ、……読者の皆さまのお許しをいただいて、彼らの紹介に努めるだけでなく、ときには演壇から降りて、彼らのことをあれこれお話ししようとも思っている。[24]」あるいは「昔々あるところに」という文句は、事実上それに続くのが空想のお話であることを告知するものである。

第1章1節で、ある命題の虚偽性をはっきり思い出させる事象の流れがあると、そのことを想像するときの生き生きとした感じが減ることに注目した。物語を読むとき、それは物語にすぎないとか、現実の出来事の報告でなくごっこ遊びの小道具になるように仕立てられているとか、述べられていることは真実ではない、といった事実に注意が向くように強調されていると、自分が現実の出来事について真実を告げられていると非常に生き生きと想像することにはなりにくい。『冬の夜ひとりの旅人が』や『虚栄の市』が虚構にすぎないという事実は、確かに読者にとって新しい情報というわけではない。だが、その事実を強調してそれを忘れないように仕向けることは、読者がそれとは違う想像をするのを抑制するだろう。ソール・スタインバーグの作品は、ある対象を描出するだけでなくその対象を描くことを描出しているが（図3-2）、それらの対象が単に絵に描かれているだけである事実に気づくよう仕向けており、そのかぎりで絵を観ている人が現実の事物を自分が見ていると想像するのを妨害している。

これと似た効果は、単に作品そのものに注意を集中することによってもまた達成できる。作品の物体としての特性に注意を向け、それが虚構的真理を生み出すときに果たす役割からその特性を切り離すことによって、あるいはその作品が作られた過程に注意を集中することによって、達成できる。絵画の入念な絵筆の跡や画布上のあえて塗り残された領域は、自分の見ているものが絵の具の塗られた画布にすぎないことを生き生きと思い出させてくれる。それによって、私たちは、絵をごっこ遊びの小道具として用いるのではなく、物体としての絵そのものを吟味するように促される。こうして「幻想が破壊される」[25]のである。ブラックやピカソのキュービストとしての技法は、参加を抑制する効果を持つときがあるし、アンディ・ウォーホルの『モナリザ』（一九六三年）におけるモナリザの複数性も同じ効果を持っている。文学作品はそれ自体に言及したり（時にはそれがたんなる虚構であることを私たちに思い出させることさえなく）、語られる物語から注意を逸らせるような仕方で物語の語り口について論じたりすることがある。「あわてずゆっくり話そう。書いて行くうちに事件の性格もはっきりしてくるだろう。……この《もし》のあとをどう締めくくればよいのだろう。いや、自問してはけない。ともかく話すことだ。[26]」語り口が議論の主題ではない場合でも、不必要な美文調や頭韻を踏んだ文体や、その他さまざまな自意識過剰の言語は、それ自身の勢いを持っており、記述される事柄をないがしろにして言語自身への注意を呼び起こす。とりわけ、いくらかナンセンスな書きぶりのせいで、どのようなごっこ遊びが適切で、どのような虚構的真理が生み出されるのかが不明瞭になるとき、いっそうそうなる傾向がある。「パリはあまり風が吹かない土地だが、その日は街角で小さな竜巻となって、古い木のよろい戸を叩いていた。その向こうでは、びっくりした奥さん連中が、近頃は天気が荒れますわね、といったことを話している。風はあったが、空には太陽が出ていて猫を喜ばせている。これなら私が散歩に出るのに支障はない[27]。」

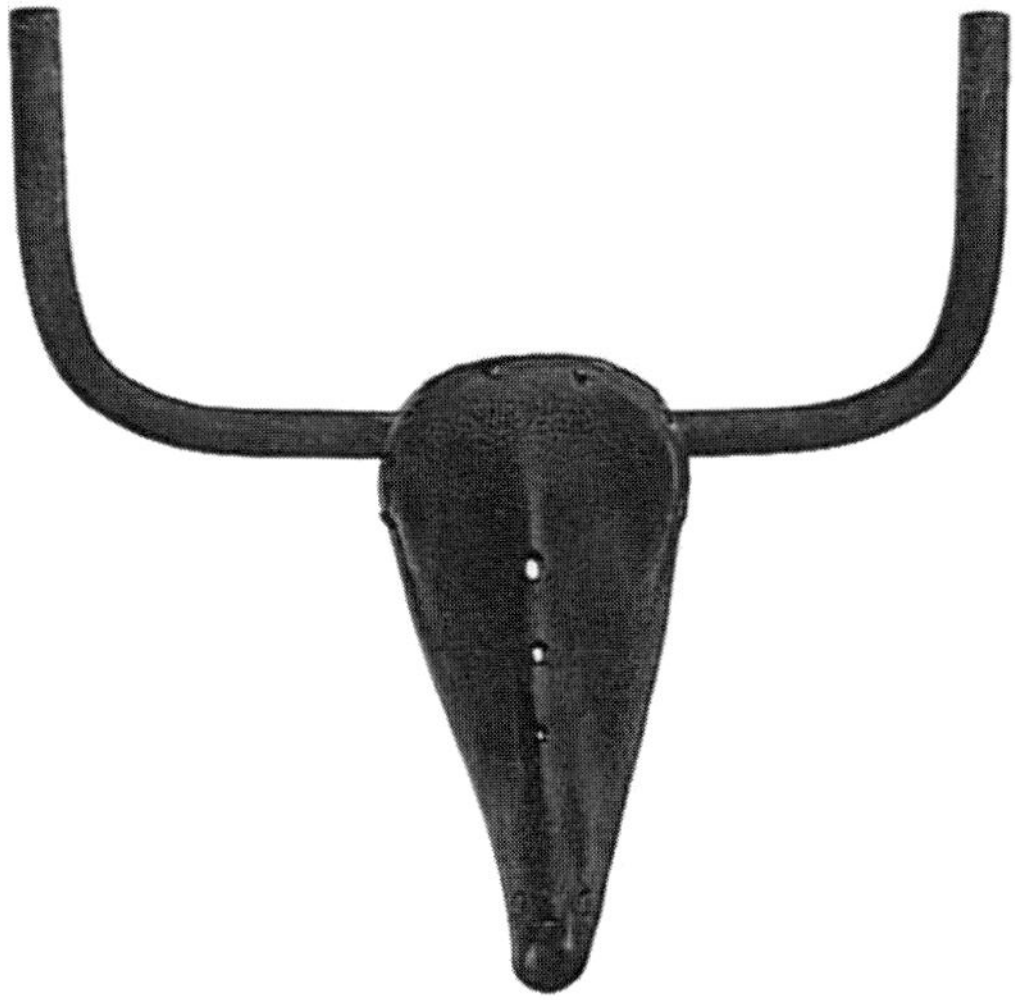

図 7-1　パブロ・ピカソ『雄牛の頭部』1943 年，ピカソ美術館蔵

参加は、それが妨げられたり制限されたりしている場合でさえ、重要となりうる。ピカソの『雄牛の頭部』（図 7-1）の自転車のサドルとハンドルは、私たちの注意をそれ自身に不可避的に引き寄せ、それらが（青銅製の）自転車部品であるという事実に気づかせて、見る者の注意が表象としての機能から逸らされるように仕向ける。こうして、おそらく、虚構として雄牛を見ているという参加の経験は中断されるのである。サドルとハンドルは、ある程度、雄牛であることと対立する。しかし、この作品で特筆すべきことは、こういうありふれた形がどんなにうまく小道具として役立てられているかということの方である。見る側がこの作品について高く評価するのは、サドルとハンドルをそのまま利用していることによっている。疑いなく、その虚構世界で、我を忘れるような体験が大いに生じるとは期待されていない。凶暴な攻撃を虚構として恐れたり、雄牛の勇気を虚構として讃えたり、闘牛場で雄牛が迎える運命を虚構として可哀想に感じたりする経験に、通常よりも深くかかわることは期待されていないのだ。見る側の関心の中心は、この作品を用いて行なうごっこ遊びの経験そのものよりも、それを用いてごっこ遊びが可能だという事実の方にある。しかし、ごっこ遊びを少しでも経験しないならば、あるいは、最小限、虚構としての雄牛の認識に参加しないならば、自転車部品がどれほど驚くべき巧みさで、小道具としての使用にうまく適合しているのか、気づくこともないだろう。

ファン・ゴッホの『星月夜』の非常に目立つ筆づかいは、それ自体として注意を引き付けるし、また絵の具が画布上に塗られた過程の記録としても注意を引く。それはおそらく見る人のごっこ遊びへの参加を妨げる。とはいえ、この作品は『雄牛の頭』より魅惑的な小道具なので、たぶん鑑賞者はこれを小道具として大いに利用するはずである。見る人は、虚構世界で我を忘れるのに十分なくらい、筆づかいのことは無視できるのだ。だが、その人の関心の一部分は、やはりこの場合も、その筆づかいが生き生きとした小道具を作り上げるのに貢献する仕方を高く評価するところに向かう。このことから、その塗り方とごっこ遊びへの参加の両方に、注意を向けることが要求されるのである。ずっと続けてひたすら参加したり、自分が虚構的に位置する視覚的環境に集中したりすることは、例えば、フェルメールの『窓辺で手紙を読む女』を見る人たちの方が容易だろう。フェルメールは「写実主義（realism）」のためにみずからの画家としての活動は表面に出さず、絵の具の塗り方の物理的特徴が目につかないようにしたからである。フランク・ステラは一六世紀のイタリアについて次のように述べている。「射影的な実在感が絵画の目標だった。……芸術家の仕事は、自分自身と自分の技巧とを両方ともうまく消してしまうことだった。これこそ絵画的な幻覚性（illusionism）の本質であることは、明白であるように思われる。言い換えれば、それは、絵が環境を与えて作り出された動きが現実そのものと見えるようにすることと、そして、その動きの作り手は影響を及ぼさない遠方にあるようにすることなのである。[28]」

参加することは、しかしながら、フェルメールや一六世紀イタリア絵画においてさえすべてではない。見る人は、自分のごっこ遊びからしばらく身を引くときが不可避的に生じる。そして、作品に用いられた特定の手法に気づくかどうかはさておき、その作品が小道具としての役割にいかによく適合しているかに驚嘆することになるのである。

装飾的な紋様として花、木の実、木の葉、蔓などの具象的な形が用いられているとき、図7-2にあるように、それらは意匠として強く印象づけられ、ごっこ遊びへの本格的な参加は抑圧される。[29] 名ばかりの参加は容易だが、その遊びに夢中になることはまずない。（人体の造型が装飾的に用いられると、参加の抑圧はより強くなる。とりわけ、描き方が三次元的である場合いっそう強くなる。図7-3を参照のこと。）だがこの場合も、私たちの関心は、作品の物理的特徴と、ごっこ遊びで作品が果たしうる役割との間の関係に、ある程度まで向かうのである。しかし私たちは、目に付く図形をひとつひとつ見分け、それらが小道具としての使用に、うまく適合していることから強い印象を受け取るわけではない。むしろ、小道具として使われうる図形たちが集まって、見た目に面白くて視線をくぎ付けにするような様式を作り出すやり方の方から強い印象を受け取るのである。私たちは、図形の描出を素材として捉え、別の意味を備えた形式がそういう素材から組み立てられていると考えるのであって、形式の中に図形を見出すのではない。とはいうものの、名ばかり

図 7-3　グロテスク（16 世紀初頭），ベルリン美術館蔵

図 7-2　イタリアの織物デザイン（15 世紀末〜16 世紀初頭）

の参加は、この二つの機能が同時に生じるのを鑑賞するために必要であるように見える。

交通標識として使用されるアイコンの場合、名ばかりの参加さえ重要ではない。誰ひとり、立ち止まって図7-4の世界に巻き込まれることはない。（絵の）歩行者の衣服や物腰や足取りを虚構として調べるとか、歩行者の眼差しを捉えるとか、人生における彼らの状況を考察するとか、何であれそういうことはしない。虚構世界に我を忘れるということは問題外である。運転者はたんにメッセージを受け取り、その勧告を受け入れる。だが、それにもかかわらず、そのアイコンがメッセージを伝えていると容易に理解できるのは、それが、ある種のごっこ遊びの中で、小道具として使用できることが明らかだからなのである。つまり、虚構においてある人々が道を横断しているのを見る、というごっこ遊びである。そのアイコンを小道具として使う気にはならないとしても、それが使用可能な小道具であることは認識されている。（多くの哲学的例証は、しばしば読む側がほとんど参加しなくても達成されるような何らかの目的をもったフィクションである。）

交通標識や哲学的例証のような事例は、そもそも想像活動を命令しているだろうか。ある作品が想像活動に水を差したり（心から参加することを妨げるのは言うまでもないとして）、明瞭な目的を想像活動とは別に達成できたりする度合いに応じて、その作品は想像活動を命令する機能を持たないように思われる。ごっこ遊びにおいて小道具として用いられる機能を持たず、そ

図 7-4　通学路を示す道路標識

れゆえ私たちの言う意味で表象体としての資格を欠くように見えるのだ。私たちは、想像活動を命令する機能を持つこととそれを欠くこととの間に、明快な分割があるとは期待していない。機能という概念や、何かを少しは生き生きと想像すること、たんに何かが誰かの心に浮かぶこととの間の境界線は、どちらも曖昧なものである。とはいえ、想像を命令する機能と、ある程度それに水を差す働きの組み込みとは、明らかに両立する。誰かが、「Pを（これはもちろん真ではないが）想像せよ」と言う場合、丸カッコの中の注意書きは想像活動の活力を減らすかもしれないが、想像せよという要請を取り消しはしない。「ロシア人がやって来るというふりをしよう。でも、それがたんなるふりであることを心に置いておこう」というのは、まったく純粋に、ふりをしようという提案である。だがまた、見たところ表象体でありながら、その表象体の中で虚構として成り立つように見える命題を想像せよという命令を、真剣に発してはいないものもありうるだろう。

　椅子とは、その上に座るという機能を備えたものである。また、チェスセットとは、当然チェスをするのに用いられるはずのものである。しかし、通常の機能を備えていない飾り物的ないし装飾的な「椅子」や「チェスセット」というものが存在する。普通の椅子やチェスセットとある程度形は共通なのだが、普通の使い方をするように意図されても期待されてもいない。たぶん、人間を支えるには弱すぎたり、座り心地が悪かったり、小さすぎたりするとか、あるいは、毀したり無くしたりする危険を冒すにはあまりにも貴重なのである。それは、見るためだけのものである。私たちは、そういうものを指して「椅子」とか「チェスセット」と引用符付きで言う。だがそれらは、現実においてそういったものであるわけではないのである。とはいうものの、それらについて考えるとき、私たちは、本物の椅子やチェスセットが持っている機能を通じて考えている。ガラスケースの中の装飾的な「椅子」を見るとき、それが座るために使用されるべきものではないと理解していても、私たちの経験は、使用するという考え方によって形を与えられる。座り心地が悪そうに見えれば、落ち着かなくなるし、気持ちよさそうに見えれば、くつろぐのである。

　「表象体」にも、これと似たような仕方で機能を欠くものが存在する。たんに飾り物的だったり装飾的だったりするものである。作りがとても華奢な場合、「椅子」が座るのに適さなくなるのと同様に、物語の中で物語の虚構性が指摘される場合、その物語は小道具として使用することに適さなくなる。しかし、そういう指摘は、小道具としてその物語を使用するという考え方を許容するばかりか、要求してさえいる。図7-2の花瓶と植物の図像は、ごっこ遊びではおそらく途切れ途切れに、ほんの少しだけしか、小道具として用いられないとしても、もっと全面的な洗練されたごっこ遊びを呼び起こすことはありうる。ごっこ遊び的に信じるという概念は、「装飾的」な表象体を理解するために依然として基本的なものである。装飾的な椅子を理解するために、それに座るという概念が基本的であるのと同様に、装飾的な表象体は現実に表象体ではないとしても、ごっこ遊び的に信じるという概念は基本的なのである。(交通標識のアイコンはいくらか特別な事例になる。小道具として用いられるということは、アイコンの勧告を理解するために必要である限りにおいて、そのアイコンの機能となる。私たちは、アイコンをごっこ遊びで使用すると考えて情報を受け取るのだが、そのアイコンについて深い思索に耽ったりはしない。)

装飾的な椅子に関する私たちの経験は、その椅子が座るために使用されると考えることから、どのような仕方で情報を受け取るのだろうか。受け取ることは、その椅子を使用すると想像すること、あるいは、少なくともその機能が座るために使用されることであると想像すること、であるように思われる。そして、装飾的な椅子は、現実においてそういう想像活動を命令する機能を持っていると考えられる。つまり、それの機能はそれに座ることであるはずだと想像するごっこ遊びにおいて、小道具として用いられるという機能を持っているのである。装飾的な椅子は、それが本物の椅子だということを虚構として成り立たせるといってよい。つまり、それは、それ自身を椅子として表象する反射的表象体である。

同様に、部分または全体が装飾的な表象体は、それ自身を表象体として表象していると解釈できるだろう。装飾的な表象体の機能は、それが表象しているように見える人々や妖精や花といったものについて、想像活動を命令することではない。そうではなくて、その機能は、そういう想像活動を命令することが機能であると想像することを命令すること、であろう。鑑賞者は、その作品が人々-表象体や花々-表象体であると、虚構として解釈することが可能であり、表象として用いるということがどういうことなのかについて虚構として深く考えることがありうる。鑑賞者は自分が解釈したり考えたりしていると想像する、といってよいだろう。本当に花を見ているとか人々について学んでいるのではないということを思い出させるものは、こういう想像活動を妨げはしないし、媒体や素材に注意することを妨げもしない。鑑賞者は、その対象について、それが現実に構成されている素材から――画布上の絵の具、紙の上の言葉から――構成されていると想像し、その対象の任務は、妖精や花々や人々についての虚構的真理を生み出すことであると想像するのである。

この反射性はここまでのいくつかの例にはっきり現れている。『虚栄の市』は、部分的にはそれ自身にかかわるものである。この作品はみずからを一つの物語として表象しており、その著者はその物語が「いささか込み入った、悲しむべき悪行」についてのものであると公表している。図3-2は、絵を構成している線を、画架の前に座っている男がさっき描いたものとして、ただし、そこに描かれている男がその線を引いた男であるというひねりを加えて、描き出している。他の場合は反射性がこれほどはっきりとは現れていない。妖精や蛙やお姫様に関する子ども向けの物語のパロディは、それ自身を妖精や蛙やお姫様に関する子ども向けの物語として表象していると解釈できる。私たち（大人）は、別に妖精の国に魅了されたりはしないだろう。だが、魅了されるふりはするかもしれないし、魅了されていると想像するとか、あるいは少なくとも、魅了されると想定されていると想像することはありうる。『冬の夜ひとりの旅人が』において、「さあ、くつろいで。精神を集中して。余計な考えはすっかり遠ざけて。そしてあなたのまわりの世界がおぼろにぼやけるにまかせなさい」という箇所を読むとき、私たちは、『冬の夜ひとりの旅人が』の虚構世界の中で我を忘れることになると想像するはずである。だが、カルヴィーノは、その作品がカルヴィーノの新しい小説であり、私たちの周りには現実世界が存在しているということを思い出させることにおいて、作品の中で私たちが我を忘れることを禁じている。装飾的な花や蔓の意匠を見る場合、私たちは、虚構的に花や蔓を見ているという以上の参加を想像することはないだろう。しかし、少なくともそんな最小限のごっこ遊びにおいて用いられるということが、その意匠の機能である、と想像することはありうる。その意匠は、この想像活動を命令するかぎりにおいて、それ自身を表象体として表象しているのである。

反射的表象体はもちろん表象体である。だから、装飾的な椅子は本物の椅子ではないのだが、装飾的な表象体は本物の表象体である。その装飾性は、それが何の表象体であるかを変化させるだけである。

装飾的な表象体は、表象体の表象体が一般にそうであるように、別の虚構世界が埋め込まれている虚構世界を私たちに与える。（第3章6節を参照のこと。）『虚栄の市』は一つの小説（『虚栄の市』）が存在している世界を確立する。そして、この小説はアミーリア・セドリーとベッキー・シャープがさまざまな悪漢と対決したり絡んだりする世界を打ち立てている。アミーリアやベッキーがそういったことをするということが虚構として成り立つということが、虚構として成り立っているのである。

一つの虚構世界を他の世界に埋め込むと、埋め込まれた虚構世界は、私たちにとってある種の「距離」のある場所に置かれることになる。ベラスケスの『侍女たち』の中で、画家のアトリエの壁に掛かっている肖像画の中から「私たちを見て」いる二人の人物は、同じ画中のドアのところにいる男よりも、私たちをじっと見る度合いが低く、また私たちの注意を引く度合いも少ない。描かれた額縁によって二人は私たちから引き離されている。主人公が悪夢から醒めるところで終わる物語を考えてみよう。怪物が主人公を追いかけていたのは現実ではなく、虚構として（夢の中で）成り立つということが虚構として（その物語の中で）成り立つだけだと分かったとき、読者は（虚構において）ほっとしてため息をもらすのである。(30)

この事実は奇妙に見えるかもしれない。Pが虚構として成り立つということが虚構として成り立つだけだという事実のせいで、Pが真である度合いが、Pが現実において虚構として成り立つ場合よりも少なくなる、というわけではない。物語の中の夢の世界が、物語の世界よりも実在感に溢れていないというわけではないのである。(31)では、どうして私たちは、物語の中の夢の世界で起こることを、物語の中で起こることと同程度に気に懸けることがないのだろうか。

答えは、もちろん、Pが虚構として成り立つ場合、私たちはPが真であると想像するのに対し、Pが虚構として成り立つということが虚構として成り立つだけである場合、私たちは、Pが真であると想像すべきであるとだけ想像するにすぎない、ということにある。私たちが参加するのは第一階〔9〕のごっこ遊びである。第一階のごっこ遊びに参加するとき、私たちは、自分が参加しうる別のごっこ遊びがあると想像するかもしれない。また、そのもう一つのごっこ遊びに自分が参加していると想像することもある。しかし、想像された参加は、現実の参加ではない。そして、想像された参加は、虚構世界に巻き込まれることを作り上げはしない。もとより参加しうるごっこ遊びがあるとのみ想像する場合、巻き込まれたりしないのは言うまでもない。私たちは、内側の〔埋め込まれた〕虚構世界からは離れて立っていて、額縁を通してその虚構世界を観察しているのである。

だが、事態はいつもこのように単純ではない。私は、作品がある想像活動を行なうことを虚構として命令するものでありながら、同時にその想像活動を禁止したり妨げたりする場合、作品を装飾的な表象体と解釈するのがよいと示唆した。しかし、そういう禁止は通常部分的であり、妨害も一時的である。ファン・ゴッホの『星月夜』〔10〕を見るとき、私たちは水面に反射する光を自分が見ているところであるとまさに想像する。『虚栄の市』を読むと、アミーリア・セドリーとベッキー・シャープの人生について知りつつあるところであるとまさに想像する。私たちが巻き込まれないように作品が制限を設けていて、現実に時折引き戻されたりするとしても、私たちは、かなりの程度これらの虚構世界で我を忘れるのである。

私たちは額縁を与える第一の虚構世界のことを、単に忘れたり無視したりするのだろうか。そして、内側の虚構世界が第一の虚構世界であって、それが作品の世界であるかのように受け取っているのだろうか。その作品が利用されるのは虚構としてだけなのに、不正に、作品を小道具として使っているのだろうか。もちろん、そうではない。もちろん、私たちは、そういうごっこ遊びに参加するものと想定されているのである。『虚栄の市』の読者ならば、ベッキー・シャープがロードン・クロウリーと結婚すると想像するものと想定されているのであって、そう想像することが命令されていると想像することだけが想定されているのではない。ファン・ゴッホの『星月夜』は、水面に光の反射があると想像することになっているという想像を命令しているだけではなくて、反射があると想像することを命令している。後者の想像に携わることは、作品を誤解したり誤認したりすることではない。『星月夜』は、単に虚構としてだけでなく、本当に、水面に反射する光を描いたものなのである。

作品を両方の仕方で捉えることにしよう。虚構として成り立つ事柄は、同時に真でもありうる。『虚栄の市』がベッキー・シャープについての小説であるということは、虚構として成り立つばかりでなく、真なのである。この小説は、ベッキーがロードン・クロウリーと結婚するということを虚構として成り立つようにすることと、彼女がそうすることをこの小説が虚構として成り立つようにするということを虚構として成り立つようにすることと、この二つのことを両方行なうのだ。しかし、私たちは、この二つの虚構的真理が同一の虚構世界に属するのを許容したいとは思わない。それゆえ、二つの別個な虚構世界を認めることにしよう。一つの虚構世界には、ベッキーが住んでおり、もう一つの虚構世界では、ベッキーの住んでいる虚構世界を『虚栄の市』が打ち立てているのである。この小説を用いて行なわれる二つの別個なごっこ遊びが存在する。読者は、この二つの間を往ったり来たりするのである。(ひょっとすると、ある程度まで、読者は二つのごっこ遊びを同時に行なうかもしれない。)ベッキーについて、読者が結婚やステイン卿との情事のことを知り、憐憫や嫌悪、賛嘆その他の反応をするということは、一方のごっこ遊びの世界において虚構として成り立つ。もう一方のごっこ遊びの世界においては、今述べた種類のごっこ遊びで使用されるべき小道具を、読者が吟味したり考察したりするということが虚構として成り立つ。読者は、ベッキーのいる世界に住むことと、その世界を外から観察することとを交互に行なうのである。『虚栄の市』は、装飾的でも機能的でもある椅子に似てくる。そういう椅子は、座るために使用するという考えを心の中に抱きつつ見られるべきであり、同時に、座るために現実に使用されうるのである。

『虚栄の市』の場合、強調されるのは、ベッキーが現実に存在している作品世界とこれに対応したごっこ遊びである。しかし、二つの世界と二つのごっこ遊びの両方が重要なのであって、読者はこの二つの関係を考えることになる。図3-2におけるスタインバーグの冗談は、二つの働きを念入りにまぜこぜにすることに存している。それは二つの虚構世界の混合体なのである。一方の世界にはある男が存在している。そして、もう一方の世界にはある男のたんなる画像が存在しているのだ。だが、それを見る者は、画像を見ているさなかに自分がその男を見ていると想像することになるのである。

これらの作品が交互に入れ替わる二つの作品世界を持っているという私の考え方は、このことがいっそう明らかな例を考えることによって、さらに明瞭になるだろう。図7-5は、リチャード・ニクソンを描いており、かつ、磁気記録テープとリールの一定の配列を描いている。だが、この両者を同時に描いてはいない。一つの作品世界では、ニクソンがずいぶん険しい表情で前方を見つめているということが虚構として成り立っている。それと違う作品世界では、テープとリールがニクソンの絵になるような仕方で配置されているということが虚構として成り立っている。これを見る者は二つの別個なごっこ遊びに交互に携わることになる。そして、この二つのごっこ遊びは、互いを妨害し合って中断させる傾向にある。この二つの並立が、もちろん、この作品の眼目なのである。

装飾性はどこまで広がるのだろうか。装飾性は部分的なものでありうるし、真正の表象性と同一の側面で共存できるから（装飾的なＰ－表象体は真正のＰ－表象体でありうる）、装飾性の表れは相当広く行き渡っていると期待されるだろう。私はそう信じている。ただし、その表れを見つけるには非常に明敏な洞察力や感受性を必要とするかもしれないし、境界線上の事例はいつも通り膨大な数に及ぶことだろう。表象体が目立って「様式化」されている場合は、どこでも装飾性を疑った方がよさそうである。多くの作品において、作品がどうやって作り出されたように見えているのかが重要であることについては、別の場所で取り上げて考察したことがある。[32]（ファン・ゴッホの『星月夜』は分かりやすい例である。）このような事例では、表面に現れている事柄は虚構として成り立つと見なすことが理に適っている。[33]ある作品が一定の仕方で、あるいは一定の意図を伴って、また一定の種類の人物によって、制作されたとか創造されたということは、その作品について虚構として成り立つことになるのである。このことが虚構として成り立つ世界は、もう一つの世界と並んで存在して差し支えない。その作品が一定の仕方で創造された表象体であるように見えている場合、つまり虚構としてそれがそういうものである場合、その作品は装飾的な表象体であり、表象体の表象体であることになる。その作品の明白に提示された世界の内容は、その作品のもう一つの作品世界の内側にある世界の内容であるだろう。

装飾性の主眼点は何だろう。先に述べた表象作用への関心についての示唆は（簡潔に述べられているとはいえ）、装飾性を、ごっこ遊びへの鑑賞者の参加に大きく依存するものとしてい

図 7-5　『ニューズウィーク』1973 年 11 月 12 日号の表紙

た。私たちは、今、参加を禁止し、鑑賞することをスポーツを観るような体験にする傾向をもつ作品のことを考えている。確かに、参加が禁止されるごっこ遊びは、私の装飾性の理解によれば、鑑賞者が参加しうるもう一つのごっこ遊びに埋め込まれている。しかし、枠組みを与える方のごっこ遊びの世界は、多くの場合、非常に貧弱なものである。その世界は、ほとんど作品それ自体と、作品がほのめかす〔作品の内側の〕作者とその創作活動だけから構成されていて、最小限度の参加のみを促している。表象体が装飾的であると、それだけ私たちの注意の集中する「主要な」登場人物や出来事は、内側のごっこ遊びの世界に生きることになるはずである。鑑賞者はこの内側の世界を外側から観察するが、その中に入ることはない。登場人物たちが生き、死に、愛し、憎み、成功したり失敗したりするということが虚構として成り立つ、ということだけを鑑賞者が観察する、ということが鑑賞者について虚構として成り立つのである。私たちと登場人物の間に枠組みとしての虚構が挿入する「感情的な距離」は、私たちが登場人物たちに抱く関心を説明する仕事を複雑なものにする。

登場人物たちは、すでに見たように、世界の中に埋め込まれた世界だけでなく第一階の作品世界に居着くこともある。世界の間を往ったり来たりして行なうごっこ遊びでは、枠組みとしての虚構が無視されて、鑑賞者が登場人物たちと虚構の中で交流して応答する機会が与えられる。しかし、なぜ枠組みがあるのだろうか。なぜ鑑賞者の参加が希釈されるのだろうか。なぜ芸術家は参加を禁止したり妨害したりするように計らうのだろうか。

評論家や鑑賞者の中には装飾性に共感を示さない人たちもいる。特に、露骨な装飾性の提示に対して共感を示さない。そういうやり方は安っぽいごまかしで、おふざけにはふさわしいかもしれないが、美的な深さや偉大さに貢献するものではない、と見なされているからである。伝統主義者は、近年の芸術が内向的になって自分自身に関心を向け、表象すること自体を主題とするようになる傾向があることを嘆く。伝統主義者から見て些細で人工的なことのために、人間の実存と人間の条件という大問題を無視しているというわけである。しかし、他の人々は、強すぎる参加の要請を、安っぽい感傷と見て異議を申し立て、装飾性によって提供される視線の転換を喜んで受け入れる。最も積極的に参加を促し、効果的に鑑賞者を虚構世界に巻き込む作品の多くは、人を引きつけはするが、深みや偉大さとは無縁である（ソープオペラとか？　スーパーリアリズムの写真的絵画とか？）。私たちは、装飾性の要素が、しばしば広く認められた傑作に現に存在するように見えることに注意した。それは、一定の装飾性によって提供される「距離感」が、作品と私たちの人生とのつながりの直接性を減じつつ、そのつながりの意義深さを増大させるということなのかもしれない。

この論争のどちらかの側に味方せねばならないわけではない（疑いなく、両方にいくらかの真理がある）。また、論争の最前線を正確に調査するつもりも私にはない。とはいえ、確かに装飾性には一定の価値があるように思われる。つまり、参加を禁ずること、参加を代価にして観察することに、一定の価値があるように思われる。このことは説明する必要がある。その必要性は、装飾性の価値が、押しのけられた参加の価値よりも重要であると思うか思わないかにかかわらない。もちろん、人々は、その小道具を組み立てて、ごっこ遊びを考案した芸術家の創意工夫を誉め称えるかもしれないが、装飾性の価値はこのことよりも深部に及ぶのである。この点に関する見解を二つ述べておこう。

　実際に参加することが私たちにとって重要な利益になるのなら、参加を促す手段や、どういう種類の参加をすることになるのかに、人々が関心を抱くことは予想できる。参加することによって、自分の考えを明瞭にしたり、人生における自分の位置をはっきり感じたりできるという利益が得られるからである。この、参加を促す手段や参加の種類への関心は、たんに理論的な関心かもしれない。つまり、手段や種類が重要であるとして、そういうものがどんな仕方で作用するのか理解したいだけなのかもしれない。しかし、この関心には実践的な側面もある。自分自身に関する似たような洞察（ないし他の何らかの利益）を得るための方法を、芸術家からの刺激という補助なしで、見つけ出したり展開したりできるようになるかもしれないのである。ごっこ遊びへの参加の観察や、参加を促す方法の観察は、自分が物語のとりこになって実際に参加している時には難しいだろう。装飾性は、より「客観的」なパースペクティヴを得るために身を引き離すよう仕向けるのである。

　感情的に巻き込まれる際の参加者の経験が強いものであると、経験そのものと経験のもたらす刺激を「客観的に」観察することは妨げられるだろう。虚構の中で卑劣な悪漢を嫌悪したり、愛すべきヒーローのために嘆き悲しんだりする経験は、それが圧倒的になると、人は虚構において自分が感じていることが何なのか、またなぜそう感じるのか、といったことに注意を向けることができなくなって、その人は多くのことに気づくのに失敗するだろう。確かに、単にそういう経験をするだけでも利益はある。だが、そういう経験について考察し、参加した場合に虚構として自分が何を考えたり感じたりすることになるのかを考えることも、明らかに価値あることなのだ。そう考えることによって、虚構における可能な経験と現実の経験が、現実生活における可能な経験と現実の経験に、どのように結びつくのかを理解するのが容易になるだろう。それゆえ、表象作品の「魔法を解く」ことは、たとえ一時的なものだとしても、望ましいことでありうる。（多くの作品が、参加と観察を交互に行なうよう仕向けるのは、意外なことではない。）また、そのように考えることは、見かけほど知性的な活動とは限らない。その活動は、可能な参加について考えることよりも、むしろ可能な参加を想像することに存している。それは、虚構において嘆き悲しむとか、その他の何らかの経験をすることを想像することであり、自分が嘆き悲しんでいると想像することを想像することなのである。

上記の、参加を禁ずるという装飾性の主眼点に関する二つの見解は、どちらも参加という概念を中心に持っている。参加することを鑑賞者が考えたり想像したりすることは、参加することそのものではないとしても、鑑賞者の経験において根本的なものであり続けており、鑑賞対象の作品の価値にとって決定的なものであり続けているのだ。

第III部　様相と様式

各種の表象体の間には非常に大きな相違がある。ここまでの章でもいくつかの違いに注意する機会があったが、私たちの関心の焦点は、これまでのところ、類似性の方に置かれていた。絵画、小説、物語、演劇、映画、彫刻といった表象体が共通に備えているものが関心の的だったのである。共通性を強調することは、表象性にとって本質的な事柄を、多種の表象体のそれぞれに特有のものから分離するために必要だった。しかし私たちは、今、表象体一般の理論の文脈に沿って、相違点の方を体系的に取り扱うことができる位置にいる。これから、表象体の主要な種のいくつかを互いに区別するものに注目することにしよう。

一つの相違が他の相違のすべてにまさって目立っている。それは、大まかに特徴づければ、「絵画的」な表象体と「言語的」な表象体の間にある違いである。あるいは「描き出すこと」と「述べること」の違い、または「見せること」と「語ること」の違いとも言えよう。こういった言い方は、見かけほど明快ではない。また、通常の理解では、こういった言い方は、私たちが理論的に確認したいような何らかの区別に、近似的にしか当てはまらない。第8章では、描出体（*depiction*）という概念を詳細に展開していくが、この概念は絵画より多くのものを含み、視覚的表象体を越えて、言語的表象体さえも一部含むものである。第9章では、言語的表象体のいくつかの種類を扱う。こういった表象体の中では、語りによる表象体（*narrated representations*）と私が呼ぶものが、おそらく最も目立つものだろう。語りによる表象体の内には、ノンフィクション作品（これは私たちの意味では表象体ではない）が入らないだけでなく、表象体であるような文学作品のいくつかも入らない。そして、語りによる表象体は、描出体をいくつか包含する。こうして、よく確かめて調べねばならない重要な変異体が、描出体の中にも語りによるもの（narrations）の中にもいろいろ存在している。もちろん、描出と語りという区分の両方にまたがる相違もいろいろ存在している。さらに、私たちは、ある表象体が別の表象体よりも写実的（*realistic*）だと言われる場合のいろいろな意味合いに特別の注意を払うことになる。また、視点（*points of view*）と言いうるような相違点についても特別の注意を払うことになる。

表象体一般についての私たちの説明は、個々のいろいろな種類の表象体に関する特別な事柄を見つけるために、どこを探せばよいかを示している。表象体が、ごっこ遊びにおいて小道具として役立てられる機能を備えていることは分かっている。だから、いろいろな種類の作品が使用されるごっこ遊びの本質と、作品がごっこ遊びの中で果たす役割とを吟味すればよい。私たちが探究する相違点のほとんどは、こうした言葉によって説明できるのである。

第8章　絵画的描出による表象

いくつかの側面で、私は、人の顔に対して振る舞うのと同じように、絵の顔に対して振る舞う。私は絵の顔の表情を研究できるし、人の顔の表情に反応するのと同じように、絵の顔の表情に反応することもできる。子どもは絵の人や絵の動物に語りかけることができる。絵の人や絵の動物を、お人形を扱うように扱うこともできる。

——ルードヴィヒ・ウィトゲンシュタイン『哲学探究』[1]

1　描出体の定義

絵画が、いくつかの重要な側面で視覚的であるようなごっこ遊びの小道具である、ということはすでに見ておいた。マインデルト・ホッベマの『大きな赤い屋根の水車小屋（*Water Mill with the Great Red Roof*）』（図8-1）を見る人は、赤い屋根の水車小屋を自分が見ている、ということが虚構として成り立つようなごっこ遊びを実行する。ごっこ遊びへの参加者として、その人は確かにそうなっていると想像する。そして、この自分についての想像は、一人称の様式で行なわれる。その人は、水車小屋を自分が見ているところを想像するのであって、ただ単にその人が水車小屋を見るという事実を想像するだけではなく[2]、内側からこのことを想像するのである。さらに、その絵を見るというその人の現実の行為は、その人が水車小屋を見るということを虚構として成り立つようにするものなのである。この行為は、それ自体が虚構の中で水車小屋をその人が見る行為になっている。この事情を要約すれば、その人はその画布を見るとき想像において水車小屋を見ているのだ、と言ってよいだろう。そこで、暫定的に次のように言うことにしよう。「描出体」であるとは、この種の視覚的なごっこ遊びにおいて、小道具として役立てられるという機能を持つことである、と。

この絵を見る人は、なぜ絵を見る自分の行為が水車小屋を見るということの一例であると想像しなければならないのだろう。絵を見て、単に自分が水車小屋を見ているところを想像するだけでは、なぜ十分でないのだろう。なぜなら、これでは次のような記述から描出体を区別できないからである。

ベア・スウォンプ・ヒルに立つ火の見櫓から……の眺望は、通常一二マイルに及ぶ。北の方は、森が地平線まで届いている。樹木は主としてカシとマツだが、マツの方が優勢である。ところどころ、高く、黒く、ヌマヒノキの群生が鋸の刃のように突き出ている。ヌマヒノキたちは、ひどく背が高く、密集して立っているので、丘の稜線から空に向かって広がっているように見える。……東の眺望も、似たようなものだ。……南は二箇所で少しだけ視線が断ち切られる。湖とツルコケモモの沼沢地である。だが、それ以外は、やはり地平線まで森が続く。西もマツとカシとヌマヒノキがずっと広がっている。西の地平線にはもう一つの丘、アップルパイ・ヒルの頂が見えている。そして、もう一つの火の見櫓の形が判別できる。一回ぐるりと見渡すだけで、数百平方マイルの樹海が目に入ってくるのだ。[1]

図 8-1　マインデルト・ホッベマ『大きな赤い屋根の水車小屋』1670 年頃，シカゴ美術館蔵

この一節を読むと、読者は、自分が火の見櫓から見渡しているところを想像し、カシやマツや、ヌマヒノキの鋸の刃のような群生や、あるいは広大な樹海が見えているのを想像し、これを内側から想像するだろう。だが、読者は決して、自分がこの文章の語句を見ていることがパイン・バレンズ[3]を見ていることである、とは想像しない。読者の現実の視覚的な活動は、想像活動のきっかけにすぎない。その視覚的活動は、想像活動を促し、命令しているが、想像のオブジェクトではないのである。それゆえ、この文章は、絵としての適格性を持ちえない。絵を見ることは（その絵が用いられることがその絵の機能であるような種類のごっこ遊びにおいて）その絵が引き起こす想像活動の内容の一部を成している。ホッベマの油彩画を観察するとき、人は自分が水車小屋を観察していると想像するのだ。

しかし、想像活動と知覚経験は、絵を見るときこれよりさらに密接に結びついている。人は、最初にホッベマの絵を知覚して、そのあとに、それと別の活動として、その知覚が水車小屋の知覚であると想像するのではない。その知覚の現象的特徴は、その知覚をオブジェクトとする想像活動から区別できない。現在ではむしろありふれた見解だが、多種の認知的状態——信念、思考、期待、態度、欲求——が知覚経験に介入するのであり、「無垢の眼差し」といったものは存在しない(2)。人が考えたり、解釈したり、利用したりするデータを、思考から区別できるかたちで生み出すような純粋な受容能力は、存在しないのである。思考が人の経験に因果的影響を及ぼすと言っているのではない。そうではなくて、経験が思考を含んでいると言っているのである。想像活動もまた、他の種類の思考と同様に、視覚経験に介入する。絵を見るときに呼び覚まされる想像活動が、絵を見るという経験全体に浸透している。見ることと想像することは、相互に結びついていて区別できず、全体で一つの複合的な現象に統合されている。まだ提示するに到らないいくつかの理由に基づくのだが、見ることと想像することは、その絵が一個の絵としての資格を有するならば、そのように統合されていなければならないのである(3)。絵を知覚するという経験を他から区別して適切に特徴づけるものは、この複合的な経験なのである。この経験は、時に「その絵を水車として見る(seeing as)」とか「水車をその絵の中に見る(seeing in)」というように言われる場合もある。

なぜ私たちは小説に視覚的芸術という肩書きを認めないのだろうか。小説の読者も、絵や彫刻を見る人と同様、結局のところ、目を使う。もちろん、小説を音読したり朗読したりすることもあり、そのときは耳を使う。小説は、場合によっては聴覚的芸術とか視覚的芸術であってよいのではないか。だが、解答は私たちの前にある。小説は、適切な種類の知覚的なごっこ遊びの小道具ではないのである。『ボヴァリー夫人』を読むとき、たとえエンマの容貌を記述する一節を眺めているときであっても、読者の見ているのがエンマであるということは虚構として成り立ちはしない。読者は自分がエンマを見ているところであると想像するかもしれないが、自分の現実の知覚活動がエンマを知覚することである、と想像することはない。また、読者の現実の視覚経験が、自分の見ているものがエンマであるという思考に浸透されているということもない。かくして、描出作用は言語的表象作用とは異なるのであり、一般に記述とは異なるのである(4)。

描出体であるということは、上で述べた様式において、視覚的なごっこ遊びの小道具として用いられる機能をもつということである。ただし、そのごっこ遊びは視覚的に十分豊かで生き生きとしていなければならないと付け加えるべきだろう。それが豊かであるとは、多くの種類の視覚的活動を虚構として行なう余地があって、それらの活動がその作品を現に見るときの現実の視覚的活動に基づいている、ということである。ホッベマの絵を見る人の場合、絵を見る見方に応じて、入り口のところにいる女性に気づいたり、あるいはそれに気づかなかったりする、ということが虚構として成り立つ。また、木立の中にリスがいないかと探してみたり、木に虫食いの痕がないかと調べてみたり、遠くの野原の方をなにげなく見やったり、あるいはそちらをじっと見つめたりする、といったことが虚構として成り立つのである。ごっこ遊びの（視覚的な）生き生きとした感じは、虚構として行なわれる視覚的活動を自分が実際に遂行していると参加者が想像するときの、その生々しさの度合いに存している。棒線で描いた人の形や、交通標識の図像といったものは、豊かさや生き生きとした感じのきわめて乏しい視覚的遊びしか提供しない。これによって、そういう図形が絵なのかどうかについて、ウォルハイムが表明しているためらいが説明できる。そういう図形の表すものを私たちがそれらの図形「の中に見て（see in）」いるのかどうか、ウォルハイムはためらいを表明している。[5] 私たちは、そういう図形が境界線上の事例なのだと言って済ませる必要はない。そういう図形で行なわれる視覚的なごっこ遊びは、ミケランジェロやフェルメールの作品を使って（あるいはブラックの作品でもよいが）私たちが行なうごっこ遊びと対比したとき、どの個別的な側面において弱められていて生々しさに欠けるのか、私たちは特定できるのである。（本章3節を見よ。）

彫刻と演劇もまた視覚的なごっこ遊びの小道具となる。だが、これらの場合、虚構として行なわれる視覚的活動の範囲は、いくらか違ってくる。他の種類の表象体は、視覚以外の感覚をともなってごっこ遊びに登場してくる。ハイドンの弦楽四重奏曲第三二番（「鳥」）を聴いているときには、鳥たちの囀りを聴いているということが虚構として成り立つ。テディベアに触れることは、虚構においてはクマに触れることであると見なされる。演劇と映画の観客は、虚構において観るだけでなく聴いてもいる。「描出体」というものの解釈を拡張して、表象体が、絵画が視覚的であるのと同じ仕方で、聴覚や触覚など他の知覚的経験をともなっている場合まで含むようにしよう。すると、描出体とは、知覚的なごっこ遊びにおいて、それなりに豊かで生き生きとした仕方で小道具として用いられることを機能とするような表象体であることになる。

装飾的な描出体というものも存在しうる。これは、知覚的なごっこ遊びにおいて小道具として使用されるべきである、ということが虚構として成り立つような作品のことである。（第7章6節を見よ。）だが、私には、普通に絵と呼ばれるものが純粋に装飾的である——つまり、視覚的なごっこ遊びにおいて役立てられる機能を、同時に現実において持ってはいない——とは信じられない。ただし、部分的に装飾的であるだけでも、ごっこ遊びの豊かさと生気を減少させはする。いずれにせよ、純粋に装飾的な描出体は、私の言う意味での描出体としての資格を、真に備えてはいない。だが、そうだとしても、純粋に装飾的な描出体は、真正の描出性の本質を成す概念によって解釈されるだろうし、疑いなく、描出体の機能の徴候となる多くの特徴を、虚構的にしか持たないとはいえ共有していることだろう。[6]

ある作品の描出する内容とは、その絵を見るときに、その人がどんなものを見ることが、ないし、どのような種類のものを見ることが、（適正な視覚的ごっこ遊びにおいて）虚構として成り立つのか、という問題である。ブリューゲルの『農民の婚礼』を見ることによって、人は農民が宴会をしているのを見る（その絵を観察することは、虚構的には宴会を観察することである）。それゆえ、この絵は、農民宴会‐画像であるという意味で（第3章1節を見よ）、虚構的に農民の宴会の絵である。ある作品がある特定の現実の対象を描出するのは、その作品の公認のごっこ遊びにおいて、その現実の対象が絵を見る人の見ているものだということが虚構として成り立つ場合である。

現実の対象を描出することは、表象することの一種である。しかし、描出体による表象作用のすべてが、描出することであるわけではない。絵画は、それが表象するすべてのものの絵なのではない。何かを表象するとは、そのものについての虚構的真理を生み出すことである。（第3章1節を見よ。）アンソニー・ヴァン・ダイクの『グリマルディ侯爵夫人（*Marchesa Grimaldi*）』は、侯爵夫人の絵である。だが、この絵は侯爵夫人の足の絵ではない。とはいえ、この絵は彼女の足を表象してはいる。この絵によって、彼女がその足で立っていること、また、足が長い裳裾によってまったく見えなくなっていることなどが、虚構として成り立つからである。[4] 足りないのは、虚構として私たちが彼女の足を見ることである。（私たちのごっこ遊びにおいては、足が隠れているので見ることはできないということが虚構として成り立っている。）表象体の対象は、表象体がどのような虚構的真理をそれ自身で生み出しているか、ということによって決定される。その表象作用が描出することであるかどうかは、その表象体がどのような種類のごっこ遊びを公認するかに左右される。表象体が表象するものは、その作品世界から読み取ることができる。表象体がその表象するものを描出しているかどうかを知るには、公認されるさまざまなごっこ遊びの世界に注意を向けなければならない。すなわち、ごっこ遊びの諸世界が作品世界から受け継いだものの範囲を越えて、ごっこ遊び世界のさまざまな特徴に注意を向けなければならないのである。(7)

描出を記述から区別する私のやり方は、通常のやり方から実質的に逸脱したものである。しばしば、記述が「慣習的」ないし「恣意的」であるのに対し、描出は「自然的」であると言われる。この見解には真なるところがあるが、その真理を探し出す試みのほとんどは、ひどく歪んでいる。描出の自然さについての伝統的な説明は、絵と絵が描いているものとの間の類似について語っており、見間違えるほどの類似を仮定するものさえある。犬の絵は犬のように見えると言われる。ところが、「dog」という語が犬を意味するのは、たんに英語という言語にそういう趣旨の規則、ないし合意、ないし慣習がたまたま存在するからにすぎないのである。チャールズ・パースは、シンボルとは、表示するものとして使用され理解されるがゆえに表示するものであるとし、アイコン的記号とは、対象と特性を共有するがゆえに指示対象を選び出すものであるとした。(8) だが、この区別は、広汎に、またあまりにも無批判に受け入れられすぎている。

類似説は、今ではよく知られた明白な困難に直面する。[9] ホッベマの『水車』は、それがそれであるもの——絵の具が塗られた画布の広がり——に似ているように見える。赤い屋根の水車に似ているようにはまったく見えない。ジョンの肖像画は、ジョンに似ているのと同じぐらい双子の弟に似ているかもしれないし、むしろ弟の方によく似ているかもしれない。だが、その絵はジョンを描いているのであって、その弟を描いているのではない。ジョン自身、弟に非常によく似ているように見える。また、ジョンはその肖像画によく似ており、それはちょうど肖像画がジョンに似ているのと同じである。ところが、ジョンは、弟も肖像画も描出しているわけではない。ある小説についての小説はその対象によく似ており、それはたいていの絵がその対象に似ている以上である。だが、これによってその小説がある小説についての絵になるわけではない。

多くの論者が、記述だけでなく描出においても「規約性」と呼ばれうる要素があることに気づいている。確立された絵画の表現様式は多様であり、犬でも人物でも建物でも、それを説得力のある仕方で絵に描く多数の異なった方法が存在することには、感心せざるをえない。ある人々は、それらは「規約」の違いにすぎず、多くの異なった絵画的「言語」があるのであって、その中での選択は相当な程度まで恣意的なものだ、と強く主張してきた。だとすると、どうして、描出は規約的というより「自然的」であることによって記述と区別されることになるのだろうか。また絵画は類似に基づくが、言葉は類似に基づいていない、という考え方はどうなるのだろうか。ネルソン・グッドマンは、絵画が埋め込まれているシンボル体系の一定の統語論的な特性——グッドマンが「稠密性」と「相対的充実度」と呼ぶもの——によって絵画は絵画となっているのであり、類似性や自然さはそこに何の関わりもない、と主張する。[10]

描出体一般を記述から区別することに加えて、描出体の間の重要な相違、特に写実性（*realism*）に関する相違を説明する必要もある。「写実性」は多くのことを意味しうる。だが、類似説をとる人々は、少なくともその一つのあり方を説明するための荒削りだが手っ取り早いやり方を持っている。まず彼らは、類似性は程度を備えていると指摘する。ある絵画は、それが描いているものに、他の絵画よりもよく似ているように見える。写実的な絵画は、それが描いているものに、非常によく似ているように見える絵画であり、言い換えれば、実物と見まがうような錯覚を、特に説得的に提示する絵画なのである。類似性が密接になればなるほど、写実性も大きくなる。

規約説をとる人々は、写実性に関して同程度に直截的な対処の方法をもってはいない。絵画のさまざまな表現様式を「さまざまな言語」と見なし、ある表現様式が他の表現様式よりも「正しい」とか「自然的」であるという考え方には抵抗するのなら、つまりルネサンスの遠近法絵画と、印象派と、キュービズムとの間の相違は、英語とトルコ語とスワヒリ語の相違と似たようなものであるとするのなら、写実性を認める余地がどこに見出されるのか明らかではなくなる。犬を「dog」と呼ぶことは、「hund〔独〕」ないし「perro〔西〕」と呼ぶことに優って、ないし劣って、写実的な指示の仕方であるわけではない。キュービズムが単純に規約の体系に帰着するのなら——つまりフェルメールが使った言語とは違う言語であるだけなら——いったいどうして、フェルメールが事物を描くやり方が、キュービストのやり方よりも少しでも写実的であることになるだろうか。

　グッドマンは怯まない。絵画それ自体には写実性などというものはない、と彼は主張する。いかなる絵画的表現様式も、それ自身において他の表現様式よりも写実的であるということはない。私たちが写実性と呼ぶものは、習慣づけの問題にすぎない。所与のシンボル体系に、たまたまどのくらい慣れ親しんでいるかという問題にすぎないのである。写実的だと見なされる絵画は、たんに流暢に「読み取る」のを学んだ体系に属している絵画にすぎないのだ。[11]

　グッドマンのやり方は受け入れがたい。常識や理論以前の直観が類似に肩入れするという事実は、それ自体としては重要ではない。直観は変化するし、常識は常識でなくなることがある。とはいえ、私たちは、排斥された見方の魅力を、新しい見通しの下でよく理解する必要がある。グッドマンは、類似説の根底にある動機について、何の洞察も提供していない。彼の言うようにさまざまな類似説がおよそ真理性を備えていないのなら、なぜ、ほとんど弁明の必要さえないほど、しばしば類似説が自明なものに見えたのだろうか。いろいろな困難が明らかにあるのに、どうして類似説は生き延びるのだろう。いったい、常識がそこまでひどく間違っていることがありうるだろうか。魔法を理解せずに、魔法から解放されることはない。類似説の基礎にある直観が謎にとどまる限り、類似説は力を持ち続けるだろう。力で類似説を抑え込むように計画された正面攻撃は、完全には説得的でないものとなり、その領域を完全には明らかにできないまま後に残さざるをえない。攻撃が成功しても、それは標的が曖昧だからではないかと常に疑われるのであり、正しい種類の特別な類似性が正確に指摘されたら、いろいろな反論は成り立たなくなるのではないかと思われてしまうのだ。

　絵をそれが描出するものとして見ることについて語ることは、正しい意味での「類似性」を示唆するものとなりうる。いずれにせよ、「として見る」による描出の説明は、類似説の直観的な本当らしさの多くを共有し、かつ、問題点の多くは回避しているように見える。肖像画が、モデルとなった人間と、ある明らかな意味合いで似ていないという事実は、それをある人物として見ることを妨げない。私たちは、モデルの人間をその肖像画として見たりはしないし、肖像画をモデルの双子の弟として見たりもしない。少なくとも、そんなことをすると想定されてはいない。同様に、私たちは、『戦争と平和』を一つの小説として見るとか、ホッベマの『水車』を一枚の絵として見るということもしないのである。[5]

　とにかく、絵画をそれが描出しているものとして見るという意味においては、そういうことはしない。「として見る」は、

「類似性」のような仕方で私たちを迷わせることはないかもしれない。しかし、非常に遠くまで連れて行ってくれるわけではない。「として見る」も解明を必要としている。描出の本質という問題は、根本においては、これに関わりある「として見る」ことの多様なあり方の本質という問題であると言っても、大きく間違っているというわけではないかもしれない。[12]

ウォルハイムが、言葉遣いを変えて、「として見る」の代わりに「の中に見る（seeing-in）」を使うようにしたのは、喜んで受け入れることができる。[13]（私たちは、ある意味では、さまざまな絵を絵「として」見ることがあるが、絵「の中に」絵を見ることはまずないのだから。）[6] しかし、ウォルハイムは、「の中に見る」が結局どういうことなのか、十分に説明してはいない。（ただし、彼は十分に説明したと主張してもいない。）「として見る」が、「感覚に現前している対象への視覚的関心または好奇心の一形式」であるのに対し、「の中に見る」は、「特別な種類の視覚経験を育てていくことであって、その経験は環境の中の一定の対象たちにしっかり結びつき、そこからさらに進む」のである。[14]この特別な視覚経験とは何なのか。人が犬をある図案の中に見るとき、その人はいったい何をしているのか。その人は、視覚的なごっこ遊びに参加しているのである。この人の経験に関して特別なことは、自分自身の見る活動が犬にかかわっているという思考、つまりそういう想像活動が、その人の経験に浸透しているという事実である（見る活動が絵にかかわっているということの理解も経験に浸透している）。その図案と他の環境中の対象たちがこの種の経験をさらに先へと進ませるのは、当該の想像活動の命令する視覚的なごっこ遊びの中で、小道具（および想像を促す事物）として用いられることによってなのである。

ウォルハイムは、「の中に見る」という経験の「二重性」と呼ぶものを強調している。これは、絵が表象する内容ばかりでなく、画布にも人は注意を向けているという事実のことである。ウォルハイムはまた、これが二つに分離可能な経験ではなく、一つの経験の区別可能な側面である、ということを強く主張する。[15]「の中に見る」経験を私の示唆に沿って解釈すれば、この二つの論点は容易に説明できる。二重性は、単純に、人が絵を視覚的なごっこ遊びの小道具として使用する、という事実に存している。人は自分が水車小屋を見ているところだと想像し、かつ、画布上の関連する特徴に注目するゆえにそう想像するのである。これらが単一の経験の不可分の側面であるということの意味は、見ることと想像することの相互浸透によって与えられる。この相互浸透は先に強調しておいた。その画布を現実に見ることの結果として、たんに水車小屋を見ていると想像する（ちょうど『ボヴァリー夫人』の中のエンマの容貌の記述を読んで彼女を見ていると想像するように）のではなく、人は、自分がその画布を見ていることが水車小屋を見ていることであると想像する。そして、この想像活動は、その人の画布の視覚経験を構成する部分を成すのである。[16]

描出作用の「規約性」にかかわる問いは、しばしば興奮した議論を引き起こすが、大体において人目を欺く擬似問題である。第1章4節で、ごっこ遊び的に信じるときのさまざまな原理一般について、それらが恣意的であるとか規約的であると言うことが、稀な事例を別にすれば私たちをどれほど誤りに導きやすいかに注意しておいた。ごく稀に、ごっこ遊び的な信念の原理が約定によって確立され、参加者が明示的に心の中にそれを抱く例があるが、それは別としておこう。すると、規約性は描出的であることと両立しない。知覚者が目の前の色と形から、ある絵が何の絵であるのか明示的に判断しなければならない、という意味で規約性が解釈されるなら、これは描出的であることと両立しないのである。こういう明示的判断は、しかるべき視覚的ごっこ遊びへの参加を妨げるだろう。(第8章2節を見られたい。) とはいえ、描出作用が本質的に「規約的」であるかどうかに関する論争の中で、通常議論されている問題の多くは、重要ではない。私たちは、絵画とその表現内容を結びつける原理が、文化や伝統や表現様式が変わるのに応じてどのくらい大きく、または小さく異なっているのかについて、思い悩む必要はない。そういう原理がどのような意味で異なることがありうるとかありえないとか、そういう原理を変化させることがどの程度容易であるとか困難であるとか、原理は学ばれるのか生得的なのかとか、学ばれるとして、無意識に吸収するのか明示的に教え込まれるのか、またこれら以外なのかとか、いずれも思い悩む必要はない。そういう原理は、ウォルハイムが絵画的な知覚能力として考えたように、生物学的に基礎づけられているのだろうか、それともグッドマンが主張するように、文化的な人工物なのだろうか。私は確実にその両方だと思う。その比率は問題にならない。チンパンジーが絵画を理解するとか、理解するように訓練できるとか、孤立した部族に生まれ育った人々は特別に手助けされない限り絵画を理解しないとか、こういった証拠類は、大事な点を外している。描出作用にとって重要なのは、そういう原理がどのように使用されるのかということである。言い換えれば、それが適切な視覚的ごっこ遊びにおいて使用されているのかどうかということである。そういう原理、もしくは原理を使用する能力が、どのように獲得されるのか、何ものかがその能力を持っているのか、あるいは持っていないのか、といったことは重要ではないのだ。

規約性が描出作用の知覚的な特徴を損なうと考える人々もいる。[17] だが、そういうことはない。ある描出体が何についてのものなのか、明示的に判断する上で、さまざまな規約が用いられねばならないと想定する場合を除けば、規約性が知覚的な特徴を損なうことなどない。しかるべき仕方で内面化されれば、ごっこ遊びとして信じることの諸原理は、知覚経験に浸透する想像活動を導く。人は、描出体を、ごっこ遊びとして信じる上での諸原理に一致するように知覚するのである。これらの「規約」は、かくして、知覚的なごっこ遊びに携わることを、禁止するのではなく推進するのである。描出体の知覚的な特徴は、そういうごっこ遊びに宿っている。グッドマンの規約主義的な理論が描出作用を十分に知覚的なものとすることに失敗するのは、その理論が規約を前提するからではない。失敗は、グッドマンの理論が、一定の統語論的な基準を満たす規約の存在が絵画であることの十分条件だと主張するところに存している。規約が適切な視覚的ごっこ遊びに一体化されるかぎりで、規約は絵画性と両立しないわけではない。実のところ、いずれ見るように、規約は絵画性に貢献するのである。

「として見る」と「の中に見る」に関する議論は、一つの側面で正しい方向を指し示している。それは、見る人の視覚的な活動を強調するという側面である。伝統的な論争は、描出作用における類似性の役割に関して、絵と絵が描く物との間の類似性に関心を向けている。だが、それを別のところに探す方がうまくいくだろう。類似性は、絵を見ることと物を見ることの間に、知覚される物ではなく知覚する行為の中に、探す方がよい。絵を詳しく調べて「ある絵の世界」を探究する過程は、見ることによって現実世界を探究する過程と重要な点で似ている。絵の人物や絵の山岳を視覚的に調べることは、大まかに言うなら、現実の人物や現実の山岳を視覚的に調べることに似ているのだ。ここに見出される類似性は、描出作用の核心にあるわけではない。だが、この類似性は、絵画と事物の間の類似性よりは、描出作用の核心に近いところにある。

絵画の視覚的探究と、絵画が描いた事物の視覚的探究との間には、一定の類似性があり、この類似性は知覚的ごっこ遊びと密接に連係している。このごっこ遊びでは、絵の視覚的探究が、虚構として、事物の視覚的探究になるのである。こういう連係をよく調べれば、描出作用について私が提出した説明を明瞭にするのに大いに役立つだろう。それはまた、類似説がもとづいている直観をよく理解して、類似説がどこで間違うのか見て取ることにも役立つだろう。

しかし、私たちは、グッドマンの稠密性と充実度の要求に、理論以前の直観が許容する以上のものがあることを発見することになる。理論家たちが描出作用の本質に関して提起してきた驚くほど多様な提案の多くは、事実、私たちの理論に収斂するということが見えてくる。描出作用の本質の一部もしくは全体を構成する、と受け取られたさまざまな特徴は、問題となるただ一つの特徴のさまざまな現れであることが判明するだろう。それは、豊かで生き生きとした知覚的なごっこ遊びの小道具として役立てられる機能を備えている、という特徴の現れなのである。

ある反論を考察することを通じて、以上のような問題に接近したい。反論する人たちは次のように述べる。人々は一定の小道具でもって、自分好みのどんなごっこ遊びでも行なうことができる。私たちは、言語テクストを使って適当な視覚的ごっこ遊びを行なうのを単純に選ぶ、ということができるのではないだろうか。例えば、『ボヴァリー夫人』の中でエンマの記述を読むことは、虚構として彼女をじろじろ見ることであると見なす、と規約することができるのではないだろうか。とはいえ、もちろん、その小説はこの規約によって一枚の絵になったりはしない。たとえ、そういうごっこ遊びにおいて用いられる機能を持つと解釈されたとしても、絵にはならない。[18] また、仮にごっこ遊びの関連する諸原理が内面化されて、私たちがわざわざ解釈する手間をかけずに、自動的に視覚的なごっこ遊びに携わるようになったとしても、その小説が絵になることはないと思われる。

これに対する回答は、次の通りである。すなわち、私たちは一定の小道具で自分好みのどんなごっこ遊びでも自由にできるわけではない。文章を小道具として、上に示唆されたようなやり方で視覚的なごっこ遊びを行なうのは、どんなに控え目に言っても、ぎこちないものになるだろう。そして、ある程度豊かで生き生きとした視覚的ごっこ遊びのために文章を用いることは、ほとんど不可能である。一定の種類のごっこ遊びにおいて小道具として用いる上で、ある物は他の物よりも適している。一本の木は海賊船の素晴らしい帆柱になる。トンネルやスイカでは、手ひどくダメなものになるだろう。トンネルの中を這って進んだり、スイカを食べたりすることが、虚構として帆柱に昇ることであるような海賊ごっこ遊びというのは、まったく豊かでも生き生きとしてもいないものになりそうである。(一体何をすれば、虚構として、風で帆柱と一緒に揺れるとか、落下しないように帆桁を摑むとか、商船を探して水平線を見渡す、といったことをしていることになるのだろうか。)フローベールの文章は、それをいろいろな方法で視覚的に調べることが、虚構として視覚的にボヴァリー夫人を調べることになるようなごっこ遊びには、著しく適さない。(その文章で何とかして適切な視覚的ごっこ遊びをやってのけたとしたら、その文章に関する私たちの経験は、現実のその文章とあまりにも根本的に違ってくる。それゆえ、私たちは、その文章を描出体と見なすことを、そのときなんとも思わなくてよいことになるだろう。)

一般に、私たちが絵と呼ぶものは、視覚的なごっこ遊びにおいて言語的記述よりもずっとよい小道具になる。[19] なぜなら、絵を見ることは物を見ることにいろいろな仕方でよく似ているのに、言語的記述を見ることはその点で物を見ることと似ていないからである。このいろいろな類似によって、絵に関する種々の視覚的な検討がそこに描かれている種類の事物の検討であると想像することが容易になるのであり、生き生きと想像しやすくなるのである。このゆえに、自然に、これらの想像活動が命令されることになり、絵画がそのような命令を発する機能を持つことになる。

ここで取り上げた類似性は、すべての種類の絵画に等しく成り立つわけではない。そこに違いがあるために、絵の具の塗られた多様な画布が小道具となる視覚的な遊びは、豊かさと生気において、またそれ以外の重要な側面においていろいろと違うものになる。このことによって、「写実的(realistic)」という極端に誤解の起こりやすい言葉のいくつかの意味合いで、写実性の大小に沿って絵画を区別することができるようになる。それはまた、写実性の違いとは見なしにくいような絵画の表現様式の間で、そのさまざまな違いを明瞭にする上でも役に立つであろう。

2　絵を見ることと物を見ること

絵を見ることは物を見ることに、どのようなあり方において、似ているのだろうか。ここでは、絵を見る人と物を観察する人が、それぞれ経験している視覚的感覚作用、ないし現象学的な経験を比較するつもりはない。（この比較は、いったいどうやって絵画の視覚的特徴と事物の視覚的特徴の比較から区別できるのか、明らかではない。この二つの比較は、どちらも結局、絵がどう見えるかを物がどう見えるかと比較することになる。）私が関心を持っている類似性は、何が虚構として成り立つのかを絵を見て詳細に調べる過程と、何が真として成り立つのかを現実を見て詳細に調べる過程との間に成り立つ類似性である。つまり、それは絵の世界の視覚的探索と現実世界の視覚的探索の間に成り立つものである。

ピーターはホッベマの『水車』を見ている。ミルドレッドは、ホッベマの絵が描いているような現実の風景――赤い屋根の風車が大きな木立の傍にあり、池にはアヒルがいて、遠くに農夫たちがいる――を観察している。ミルドレッドの観察の場所は、ホッベマの絵の視点に対応しており、水車小屋から二〇〇ヤードぐらい下流の左岸である。ピーターが、虚構として、赤い屋根の水車小屋が大きな木立の傍にある等々のことを確認する過程は、重要な点で、ミルドレッドが現実において赤い屋根の水車小屋が大きな木立の傍にある等々のことを確認する過程と対応している。

類比関係は、いくつかの点で明白である。探索はどちらも視覚的なものである。つまり、ピーターもミルドレッドも目を使う。二人の探索は互いに対応する情報を生み出している。一方では、絵の世界の視覚的特徴に関する情報が生み出され、他方では、現実世界の視覚的特徴に関する情報が生み出されている。ピーターは、水車小屋の屋根が赤いこと、木々のおよその本数と高さ、農夫やアヒルがいること等々を絵の世界で発見する。ミルドレッドは、現実世界においてこれらに似た特徴を識別する。（もう少し正確に言うと、ピーターは命題たちの虚構性を確認するのだが、ミルドレッドは真理性を確認するのである。）二人とも、農夫たち（虚構または現実の農夫たち）が結婚しているのかどうか、どんなワインが好きか、兄弟の名前は何か、といったことを知るには到らない。

二人の観察者が情報を得る順序にも対応がある。絵を素早く一回眺めると、虚構として、水車小屋が赤い屋根であること、また一人の農夫が細長い道具を持ち、明るい野原を背景にして影絵のように立っていることなどがおそらく分かるだろう。もう少し長く見つめると、その道具が鍬であることや、ドアの暗がりに女性が一人隠されていることが分かるだろう。たぶん、入念に長く絵を精査したあとでのみ、ピーターは水車小屋の木材の節や女性の微妙な表情やその手の疣を見つけることになる。この流れは「写実的（realistic）」である。ミルドレッドも、農夫の道具が鍬であると気づく前に、赤い屋根に気づくだろうし、その後で材木の節や女性の手の疣に気づくことになるだろう。

この絵を見る人は、虚構として、赤い屋根の水車小屋が存在し、ドアの陰に一人の女性がいて、材木には節があるということに気づく。そのとき、その人は自分が現実の水車小屋を見ており、それが赤い屋根であり、ドアのところに一人の人がいるのを観察しているところであると想像する。この絵を見る人がこう想像することが、どうしてそれほど自然であるのか、私たちは、すでに理解し始めている。

ここまでに挙げた類比関係は、どのくらい絵に独特のものなのだろうか。ロバートが赤い屋根の水車小屋に関する物語を読んでいるとしよう。当然、彼は目を使って虚構的な水車小屋について学ぶ。だが、ロバートが得る情報の多くは、視覚的ではないものとなるだろう。物語はロバートに、農婦がハールレム生まれで、三人子どもがおり、子どもの一人は建物の中で眠っていて、農婦は穀物の値段について考えている、と告げるかもしれない。そして、水車小屋の屋根の色を詳述しないかもしれないし、周りを囲む木立については言及しないかもしれない。情景の視覚的特徴に注意を集中する場合でも、その情報は予想外の順序で提示されるかもしれない。ロバートは農婦の手の疣について最初に知って、ずっと後になってから水車小屋の赤い屋根のことを知るのかもしれない。ロバートにとって、物語を読むことが、そこに記述されている情景を視覚的に調べていくことなのだと想像するのは、トンネルの中を這っていくことが海賊船の帆柱に上っていくことである、と想像するのと同じくらい、ぎこちないものになるだろう。

だが、ある情景の視覚的情報だけを提供しており、観察者が現実にその情景を知っていくときのような、一連の情報のかたちでそれが与えられるような物語を考えてみよう。著者は、「言葉で写生して」いるといってよいだろう。例えば、水車小屋の前に座り、自分が観察するところを、観察するとおりにタイプライターに記録していくのである。アラン・ロブ゠グリエのことが心に浮かぶところである。

屋根の南西部の角を支えている柱の影が、いま、テラスの同位角を二つの等しい部分にわけている。この露台は屋根のある広い廻廊で、家を三方からとり囲んでいる。中央の部分も両翼も広さは変わらないので、柱によってつくられる影の線は、正確に、家の角に達している。だが影は、それ以上に伸びない。太陽はまだ空高く、テラスの敷石だけを照らしているからだ。家の木の壁、つまり正面及び西翼の切妻は、まだ屋根によって光線がさえぎられている。(この屋根は、いわゆる母屋とテラスとに共通のものなのだ。)それでいま、屋根の末端の縁の影は、母屋の角の鉛直の二面とテラスがつくりだしている直角の線に、正確に一致している。

いま、Aは、中央の廊下に面した内扉から寝室に入った。(20)

この一節を読んで小説世界を探索することは、ベランダで囲まれた現実の家を視覚的に調べることに、言及されたかぎりの側面でよく似ているだろう。

　しかし、絵を見ることと世界を見ることとの間の、これら以外の対応関係については、それを言語的な媒体によって写し取ることはもっと難しい。このことは、ある程度まで、私たちが何かを発見するときに、なぜその順序で発見するのかということに関わりがある。絵の中の赤い屋根に最初に気づくのは、それが材木の節よりもずっとはっきりしていて、視覚的に印象が強いからである。現実の情景でもこのことは真でありうる。ところが、物語を読むときに、虚構において水車小屋が赤い屋根であることを、材木に節があるという虚構的真理より前に知るとしても、それは、物語の中で文が生じる順番のせいであって、赤い屋根がページから飛び出してきて、強制的に私たちの注意を引きつけるからではない。材木の節を探すのに、赤い屋根を探すよりも入念に文章を調べなければならないということはない。読者は文が現れるままに読めばよいだけである。また、絵を見る人は、現実を見る人同様、自分がいつ何を見るかについてある程度は選択できる。だが、ロバートが物語を冒頭から終わりに向かって普通の順序で読むのなら、選択に関する似たような決断は行なわれない。著者の方が、ロバートの発見の順序をロバートのために決定するのである。

　ホッベマの絵を見る人は、画布上の目に付く赤い部分からの刺激を受け取り、その刺激から、虚構として水車小屋が赤い屋根であることを知る。私たちは、どうしてこの人が、この経験を、（現実の）水車小屋の赤い屋根から刺激を受け取る経験であると想像しうるのか、容易に理解できる。これに対して、順序正しく物語を読んでいくときに、その読書経験が水車小屋の赤い屋根から刺激を受け取る経験であると想像することは、ずっと難しいであろう。画布上の印しを入念に調べて、木々の中にリスが描かれていないかどうか探索することは、容易に、（現実の）リスを入念に探すことであると想像できる。この想像は、ある文章の中のいくつもの文から虚構として木々の中にリスがいることを読者が知る場合に、それらの文を著者が決めた順に精読することが現実のリスを探すことだ、という想像をするよりも、ずっと容易なはずである。私たちのごっこ遊びが、文章に関する想像活動を必要とするようなものではないということは、少しも不思議ではない。

　私たちの（現実の）環境を探索する作業には、ある種の終わりのなさという特徴がある。もっと綿密にもっと注意深く物事を調べれば、常にもっと多くを学べるように思われる。同様に、ホッベマの絵の中でも、多かれ少なかれ限りなく虚構的真理を発見し続けることができる。例えば、材木の木目の細かな部分とか、農夫たちの顔に浮かんだ表情とか、建物とその手前の池の正確な大きさ、といったことを見ていくことができる。だが、ある記述を精読してどのような虚構的真理を学びうるかについては、確定した限界がある（ただし、自分が学んだことについて考え続けたり考え直したりすることはいつでもできる）。人は、小説を読み終えることができる。だが、絵を調べる作業や現実世界の視覚的な探索を完遂するなどということはないのである。絵を熟視するために立ち止まるのとは違って、人はある文章を熟思するために立ち止まったりはしない。単純にひとつひとつの文を読み、次に進み、さらに次に進み、終わりに到達するのである。

この点は、しかし、最初に思われるほど明快ではない。どのくらい綿密に絵を見ることができるかということと、私たちの識別能力とについては、限界が存在している。この限界は、拡大鏡や顕微鏡を使うことで、理論上はおそらく無限に拡張できる。だが、絵の中の「情報」は、光学機器が役目を果たす以前にしばしば尽きてしまう。画像は絵の具の染みや黒い点にまで分解し、さらに近づいて見ても虚構世界について何も明らかにならないことがはっきりする。[21]（これはある種の絵画、例えばタペストリーやモザイクなどの場合、他のものよりも早く起こる。）情報が尽きているのが分かるのとほぼ同じ時に、私たちは、もはや絵をそれが描き出しているものとして見なくなる。このことは重要である。私たちは、もはや水車小屋とか果物籠とか人物などを、絵の中に見なくなるのである。ある絵を、いま論じている描出体なるものとしての正常なやり方で調べている限りにおいて、人は、絵が生み出す虚構的真理を、すべて認識し尽くしてしまうことはない。ホッベマの絵を正常なやり方で調べることによって、その絵から取り出すことのできる虚構的真理のすべてを明るみに出してしまうことは決してない。常にさらに見出しうることがある。この側面で、正常なやり方でその絵を見ることは、現実の事物を見ることに似ているのである。

絵を「読む」という作業の終わりのなさは、「として見る」や「の中に見る」という経験が瞬間的に起こることではなく、連続的な状態であるという事実と関係している。絵の中の水車小屋は、短い間でも長い間でも見続けることができる。しかし、記述に関しては、これと比較できるような連続的状態というものはないように思われる。例えば、「象」という語が、象を意味するものとして書かれているのを、三〇秒とか五分とか見ることがあるだろうか。この語トークンが書かれているのをその意味に理解するということが、三〇秒なり五分なりの間ずっと成り立っているということは本当かもしれない。だが、そう理解しているということは知覚的な状態ではないし、書かれている語をその間ずっと見ていることがそこに含まれている必然性もない。確かに人は、その語を知覚的に認知して、その意味を把握する。だが、これは瞬間的に起こる一つ（あるいは二つ）のことであり、認知や把握が難しいと感じられる場合でさえ、連続的な状態ではない。私の言いたいことは、ある絵を人物として見ている状態が、新たな虚構的真理を絶えず発見していく状態であるということではない。そうではなくて、ある絵を人物として見ている状態を支えているのは、新しい発見の不断の可能性なのだ、ということである。

グッドマンは絵を見て調べることの終わりのなさを強調している。そして、この終わりのなさを、絵画は必然的に「稠密な(dense)」象徴体系に属すという自分の主張と結びつけている。

（「ある概念図式（scheme）が、無限に多くの特徴（characters）を与え、任意の二つの特徴の中間には第三の特徴が存在するように特徴たちを配列するとき、その概念形式は統語論的に稠密である。[22]」それゆえ、ある印しについて、それがどういう特徴に分類されるのかに関する私たちの判断を、さらに洗練するような正確な評価が常に存在することになる。）だが、絵画の体系は稠密でなくてもよい。

例えば、モザイクという制作の体系は、絵画であるが、稠密ではないこともありうる。しかし、絵画の体系は、ある点までは稠密になる傾向を備えている。少なくとも、通常期待されるような調べ方で絵を見るとき、識別の限界をしばしば越えるようなある点までは、稠密なのである。そして、この事実は、絵画的探索の終わりのなさに寄与している。大事なのは、なぜ絵画という体系がある範囲で稠密なのか、今や理解できるということである。稠密性は、絵の世界の視覚的な探索と現実世界の視覚的な探索との間の重要な類似性に貢献している。そして、そのゆえに、絵の世界の探索が現実世界の探索であると想像することの容易さにも貢献しているのである。

絵の世界を調べることと現実世界を視覚的に調べることの間には、もう一つ重要な類似性がある。それは、確実に知るのが容易だったり困難だったりすること、また知覚する人がどういう間違いをしやすいかということに関わっている。この側面でも、絵の世界や現実世界を調べることは、言語的な表象体の世界を読者が探索することと鋭い対照をなしている。

木を見て高さを判断するとき、私たちは、大きな間違いよりも小さな間違いの方をしてしまいやすい。八五フィートの高さの木を八五・〇〇〇一フィートと取り違えることは、三五フィートと取り違えることよりも起こりやすい。これは、現実の木だけでなく絵の木にも当てはまる。ホッベマの絵の木立の高さを見積もるとき、大きな間違いよりも小さな間違いをずっとしてしまいやすいはずである。

ちょうどこの逆のことが、物語の中の木についてはしばしば成り立つ。数字の3と8は、見間違えやすい。不注意な読者は、85フィートの（虚構の）木が35フィートしかないと、容易に思い違いをするかもしれない。こういう大きな間違いは、小さな間違いよりもずっと起こりやすい。物語の中の木が八五フィートではなくて八五・〇〇〇一フィートであると思ってしまうことはありそうにない。「八五」と「八五・〇〇〇一」は簡単に識別できるからである。

物語の中で *a house*（家）を *a horse*（馬）や *a hearse*（霊柩車）と混同したり、*a cat*（猫）を *a cot*（簡易寝台）と混同したり、*a madam*（ご婦人）を *a madman*（狂人）と混同したり、*intellectuality*（知力）を *ineffectuality*（無効性）と混同したり、*taxis*（系統）を *taxes*（税）と混同したりすることは、比較的起こりやすい。だが、見て調べる場合には、現実世界であれ絵の世界であれ、家を納屋とか薪小屋に間違える方が、家を霊柩車や馬に間違えるよりずっと簡単に生じる。猫と簡易寝台より猫と子犬の方が識別するのは難しい。他の例も同様である。[23]

知覚者が行ないやすい間違いは、事物そのものにおける類似性に対応している。知覚的に識別するのが難しい事物は、ある側面で似ているのである。八五フィートの高さの木は、三五フィートの木よりも八五・〇〇〇一フィートの高さの木にずっとよく似ている。家は馬や霊柩車より納屋や薪小屋にずっとよく似ている。事実、類似性の程度は混同の起こりやすさを説明している。八五フィートの木と八五・〇〇〇一フィートの木が区別し難いのは、二つが似ているからである。現実世界を見ているとき、識別の難しさと事物相互の類似性との間には、実質的な相関性が存在している。この意味においては、私たちは事物が現実にあるとおりに知覚していると言ってよいのである。

（相関性が存在するのは、識別の難しさと、類似性であると私たちが考えるものとの間である、と言いたい人もいるだろう。事物そのものにおいては類似性などというものはないとか、類似性とは私たちの考え方、つまり概念枠組みの問題にすぎないと言いたい人がいるのである。私たちは自分が似ていると考えるものを似ていると見なすことがあるが、それはまさに、概念枠組みを重視しない人なら知覚的と言うようなやり方でそういう事物を調べるときに、それらが容易に混同されるからである。概念枠組みに相対的な類似性だけが、存在する唯一の類似性ならば、私たちの識別能力に関する諸事実が類似性を創造するのだと言ってよいかもしれない。ところが、それでもなお、類似性によって事物は知覚的に識別困難になるということを、容認することができる。何が類似性とみなされるのか、類似するどのような側面が概念枠組みに相対的に存在するのかは、ある程度は、知覚の普通の様態を前提したときに、どういう識別が簡単にでき、どういう識別が難しいのかということによって決定されている。一定の事物がこういった側面において似ているという事実は、それらの事物を識別する困難を説明するのである。[24]）

絵画的な表象体は、この相関性を概ね保存している。しかし、記述は現実の類似性の関係（ないし私たちが類似性の関係だと考えるもの）をごた混ぜにしてしまう。家は馬や霊柩車によく似ているわけではない。物語の中で a house と a horse を区別するのが難しいのは、家と馬の類似性とは何の関係もない。それは記述のために使われる言葉の類似のせいである。それゆえ私たちは、自分と、自分がそれについて読んでいるその対象との間に、絵画的表象体には生じないやり方で言葉が介入してきて、対象を見るのを妨げていると考えることになる。言葉を読んでいるときに自分が対象を見ていると想像することは、こうして言葉によってうまくいかなくなるのである。

こうして今や、私たちは、リチャード・ウォルハイムが言うような、ありうる複数の表象的体系を理解するための道具を手に入れたのである。すなわち、「風景画なのだが、すべての対象の色が反転していて、現実の色の補色によって描かれているような絵を想像することができるだろう。あるいは、情景のさらに過激な再構成として、情景をまずさまざまな部位に断片化して、次に、それらの断片的部位を、風景の元々の見え方をまったく顧慮せずに、何らかの定式に従って、全体として再構成するような絵を想像することもできるにちがいない。」ウォルハイムは、こういった絵は描出的ではない、と示唆している。「というのも、書かれたその図からそれが描出していると言われるものに私たちが到達することができるのは、推論という手段によってのみ、つまり「導出」の結果としてなのだからである。もはや、描出されたものを書かれた図の中に見るという問題は一切存在しない。今や、見るべき絵があるのではなく、解くべきパズルがあるのだ[25]。」

表象体を「読む」ことが上で述べられているような推論過程であるならば、つまり、まず表象体の重要な特徴を確認し、次に一つの定式に従って考えて、どんな虚構的真理が生み出されているのか了解に達することであるならば、これは表象されているものを表象体の中に見ているのではない。通常は、ホッベマの水車小屋風景を見る人は、虚構として赤い屋根の水車小屋が鬱蒼とした木々のそばにある、ということをただ見るだけで分かるのである。多かれ少なかれ自動的にこういう風にできないのなら、その画布は私たちにとって絵ではないことになるだろう。その理由は、私が付け加えれば、次のことである。すなわち、画布上の絵の具の二次元的な配置の特徴に基づいて、定式の助けを得て考えをめぐらし、虚構として(例えば)赤い屋根の水車小屋があるという了解に到る過程は、それがそのまま現実の情景を観察して赤い屋根の水車小屋があるのに気づくことであると、生き生きと想像できるような過程ではまずありえない、ということである。気づくということは、これと似た了解の過程などまったく含んでいない。私たちはただ見るだけで分かるのである。

ウォルハイムの言う色が反転された表象体と、手順に従って体系的に混ぜこぜにされた表象体はどうなるのだろうか。こういう表象体が絵であることは不可能なのだろうか。十分に練習を積めば、こういった体系にも慣れ親しむことができ、こういう体系の中に置かれた表象体を「読む」のに非常に熟達しうるだろう。すると、私たちは、どんな虚構的真理が生み出されているのかについて、考えて了解する必要はなくなり、見るだけで分かるようになるのではないだろうか。私たちがそのようになるのなら、ウォルハイムは、見たところ、こういう表象体を絵であると喜んで呼ぶことになるはずである。私はこの点について懐疑的である。表象体を自動的に読む能力は、明らかに、その表象体が絵であるための十分条件ではない。私たちは言葉も自動的に読んでいる。

ある混ぜこぜ体系を考え、それに伴う図式に従って、ある正常な体系に属す絵の諸部分が、配列を変えられていると考えてみよう。

正常

1	2	3
4	5	6

混ぜこぜ

6	4	2
5	3	1

図 8-2a　正常（右に魔女）

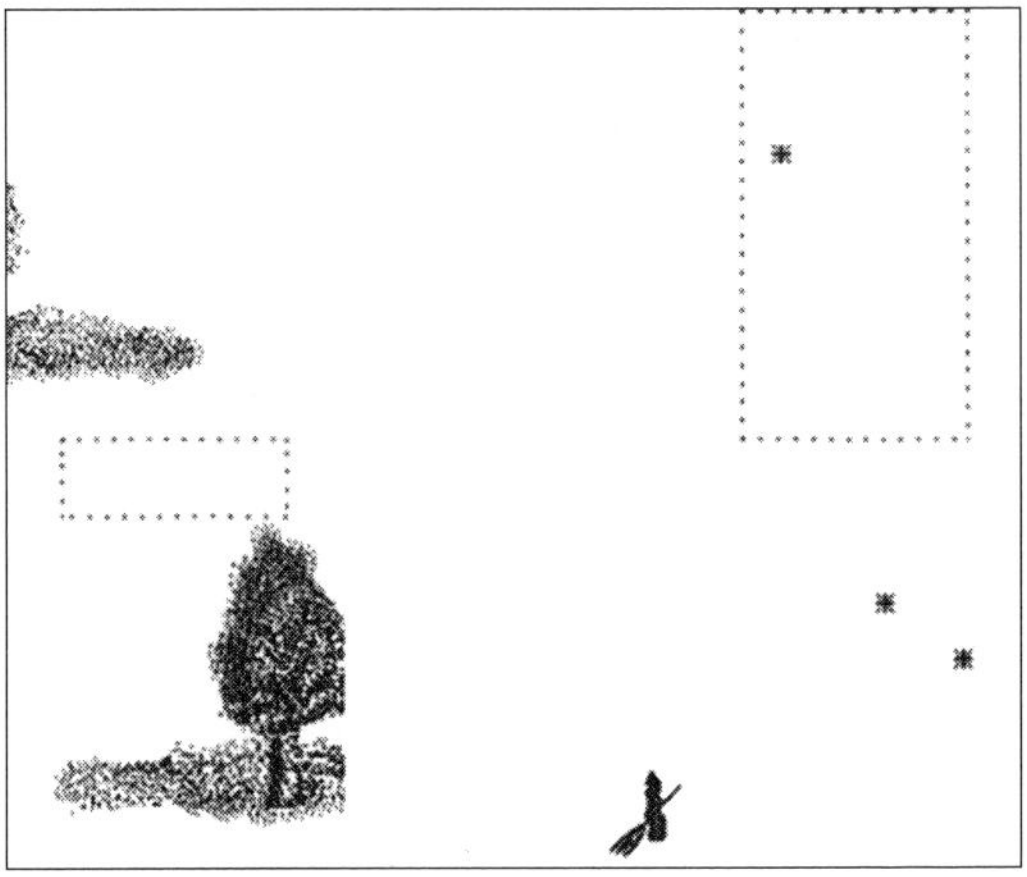

図 8-2b　混ぜこぜ（右に魔女）

図8-2b（画中の長方形は除く）は、図8-2aの正常な絵を混ぜこぜにしたものである。二つそれぞれの体系で理解すれば、これらの絵は同一の虚構的真理を生み出している。したがって、「絵の世界」は、どちらの場合も同じである。それぞれ、情景の真ん中にある一本の木と、右端の上方にいる魔女を描出している。だが混ぜこぜ体系の方は私たちの見なれないものであるから、図8-2bで何が起こっているのかを了解するために、いくらか計算しなければならない。図8-2aの方は、私たちはずっと容易に理解できる。

長く経験を積んで、両方の種類の絵を自動的に「読む」能力を私たちが発達させたと考えてみよう。ところが、両方を探索する過程の内には、重要な相違が依然として存在する。混ぜこぜの方は、それが正常の方と同じくらい淀みなく観察できる人に対してでさえ、さまざまな虚構的真理が確認されるときの容易さと困難さを、激烈に変えてしまう。混ぜこぜの絵を読む修練を積んだ人は、おそらく、一目見れば図8-2bの魔女が情景の中心近くにいるのではなく、左右どちらかの端の方にいるということを見て取るはずである。（魔女が中心にいるとしたら、魔女が絵の中に描かれるのは、二つの長方形の領域のどちらかになるはずだが、明らかにそうなっていない。）しかし、見る修練を積んだ人でも、情景のどちらの側に魔女がいるのか判別するのはおよそ簡単ではない。魔女は左端にいるのか、右端にいるのか、来るのか、去るのか。図8-2bでは、魔女は右にいる。図8-3bでは、魔女は左にいる。この二つの絵は、すぐには見分けられない。

混ぜこぜになっていない方の、図8-2aと図8-3aの二つの絵を対比してみよう。図8-3aでは、魔女は左側から近づいてきている。図8-2aでは、魔女は右端に描かれていて、悪事を働きに別の場所へ行くところである。どちらがどちらなのか判別するのは容易い。

図 8-3a　正常（左に魔女）

図 8-3b　混ぜこぜ（左に魔女）

この二つのような通常の絵の世界を調べることは、混ぜこぜの体系をまったく淀みなく見る人にとってさえ、明らかに、混ぜこぜの絵の世界を調べることよりも現実世界を見ることに近い。現実の生活ではいったいどういうときに、何かが右端か左端かどちらかにあることにはすぐに気づくが、どちらなのかはもっと綿密に見ないと判別がつかない、などということが起こ

図 8-4　ポール・シトロエン『メトロポリス』1923 年, ©Paul Citroën / VAGA New York, 1989

りうるだろうか。そんなことがあったら、視覚的なごっこ遊びへの影響は深刻なものになるはずである。

私は、上記の混ぜこぜにされた絵が絵ではないと言いたいのではない。この混ぜこぜの絵を見ることも、他の多くの側面では現実世界を見ることに似ており、それなりに豊かで生き生きとした視覚的ごっこ遊びの小道具として機能する。また当然、六つの区画のそれぞれは、絵であるという資格を認められる。だが、それにもかかわらず、混ぜこぜの絵と混ぜこぜにされていない絵の間の相違は、実質的で重大なものなのである。

注意すべきことは、混ぜこぜの体系の方も、混ぜこぜでない方に劣らずグッドマンの言う意味で「稠密」（統語論的にも意味論的にも）と見なされる権利をすべて備えていることである。[26] グッドマンの理論は二つを区別しない。混ぜこぜの体系は、しかし、ケント・バックの言う「連続的相互関係」の側面とエリオット・ソーバーの言う「透明性」の側面において、[27] 通常の体系と異なっている。大まかに言えば、正常な体系の場合、画像の配列順序は描出される情景の配列順序に対応しているのだが、混ぜこぜの体系の場合はそうなっていないのだ。

ウォルハイムの混ぜこぜの体系は、たんなる学術的な練習問題ではない。さまざまな種類の芸術家たちが、混ぜこぜを自分の作品で実行するやり方を採用してきた。最もはっきりしているのはキュービストたちである。[28] ただし、彼らの混ぜこぜの表現様式の原理は、典型的には、きわめて非体系的で、ここで示した人工的な例で用いた原理などよりはるかに複雑なものである。しばしば、絵の各部分を配列する手続きの体系を、絵を見る人が絵そのものから判断せねばならない。ポール・シトロエンの写真『メトロポリス』（一九二三年）を考えてみればよい（図8-4）。また、映画におけるフラッシュバックやフラッシュフォワードも類似の結果をもたらす。私たちは、例えば、キュービズムはたんに他の体系と違っている体系なのであって、慣れる必要のある違った慣習規約を備えているにすぎないと見なすことが、どれほど深刻な誤りであるのかいっそう明瞭に理解できる。キュービズムは、それに慣れているかどうかとはまったく別に、作品が小道具として機能するごっこ遊びの本質に、実質的な影響を及ぼすような体系なのである。ここで述べた違いは、キュービズムを先行流派より知的であって視覚的でない絵画表現様式であるとする通常の特徴づけを支持している[29]。

3　描出の表現様式

描出体は、鑑賞者が作品を使って行なうごっこ遊びによって、他の種類の表象体と違うものになっている。種々の描出体相互間でのこの種の違いの一つについては、いま述べたばかりである。だが、ほかにも多くの違いがある。絵画の表現様式の多くの特徴の意義は、見る人のごっこ遊びに及ぼす影響にある。ある描出体を使って行なわれるごっこ遊びが、別のものを使う遊びよりも豊かで生き生きしていると見なされる場合、「写実性」（その一つの種類）の違いという言葉を使うことができるかもしれない。例えば、キュービズムによる混ぜこぜの様式は、ある一面において、写実性を減少させるというように。だが、ごっこ遊びの間にある重要な違いの中には、そう見ることが容易ではないものもある。いくつかの例を見てみることにしよう。

ぞんざいな表現様式と理念化された形態

図8-5は、私がぞんざいな表現様式の描出体と呼びたいもののうちに入る。絵のコンピューターは筐体が歪んでいて、右の側板が天板とつながっておらず、キーボードの半分はなくなっている、などと主張するのは善意に欠け、教養もない感じがするだろう。確かに、素描の線は真っ直ぐではないし、正確な建築図面のようにつながってはおらず、キーボードは一部が描かれているだけである。しかし、要するに、これがぞんざいな表現様式なのであり、ぞんざいな表現様式の線描はぞんざいであることが期待されている。線描のぞんざいさは虚構世界の中に読み込まれることにはならず、描かれているものとは無関係に、この表現様式では避けられないものとして受け入れられる。描かれ方のぞんざいさにかかわらず、虚構として、コンピューターが完全に部品が揃っていて、状態もよい、ということを私たちが許容するのは、十分に理由がある。もちろんアップル・コンピューター社と広告代理店は、この素描がそのように理解されることを期待している。（善意の解釈の原理が影響力を持っているのかもしれない。つまり、芸術家が虚構として成り立つことを明瞭に意図した事柄は、何が虚構として成り立つかに影響を及ぼすと解釈されるのかもしれない。）

では、この素描は、同じ主題を注意深く正確かつ詳細に描いた画像と、どのように異なっているのだろうか。この二つは、それぞれが登場する視覚的ごっこ遊びにおいて異なるのである。どちらの遊びでも、描画を見る人は、虚構として、壊れていない無疵のマッキントッシュ・コンピューターを見る。しかし、ぞんざいな表現様式の素描を見ている人が行なう可能性のあるどんなことであれ、その行ないは機械の側板に狂いがない

図 8-5 マニュアル表紙, ©Apple Computer, Inc.

かどうか確かめるために注意深く見ることである、と容易に見立てることができるものは一つもない。その人は、虚構において、コンピューターが無疵かどうか詳しく調べることはないだろう。[30] 一旦、素描がぞんざいな表現様式だと理解されたら、描画の線を詳しく調べることによって、コンピューターの出来具合の詳細に関する虚構的真理が明らかになることはないのを私たちは了解する。コンピューターが正常であるということは、多かれ少なかれ当初の設定において虚構として成り立つのである。しかし、正確な描画を見る人は、虚構として、コンピューターの出来具合を綿密に調べ上げる作業に携わっても少しも差し支えない。このように、より正確な描画は、ぞんざいな表現様式の素描で行なわれるものよりも、ある側面において豊かな視覚的ごっこ遊びを許容するのである。

（この二つの描画には、現在の関心にとっては中心的でないが、より重要な相違がある。それは、ぞんざいな表現様式の素描が、人間的な温かみとコンピューターの親しみやすさを暗示しており、これは正確な描画には欠けているようだということである。このことは、素描を使って行なわれうる別のごっこ遊びとしても理解可能だろう。その遊びの中では、虚構として、その素描は機械によってではなく、誤りうる、人間味ある、気難しくない人物によって描かれたことになるのである。第7章6節を参照のこと。）

パウル・クレーの『冬の山』（図8-6）は、ちょうど反対の種類のものである。この絵では、描線は真っ直ぐである。だが、山は真っ直ぐなものではない。虚構においても、山らしい山にふさわしく、そこに起伏と凹凸があって当然であると私たちが考えるのは理に適っている。とはいえ、この場合、山々に起伏や凹凸があるかどうかを虚構において確かめるために見たり、でこぼこの大きさをいちいち調べたりすることはないだろう。

キュービストの理念化された形態やその他さまざまな作品について、類似のことが観察されるだろう。ある人物を描くのに鋭い角のある形態をある絵が使っていたら、その人物は鋭い角のある頭部をもっているということが虚構として成り立つだろうか。鋭角的であることが、何を描くかと無関係に、単純に表現様式の特徴であると見なされるならば、そうはならない。だから、ピカソの『ダニエル＝ヘンリー・カーンワイラーの肖

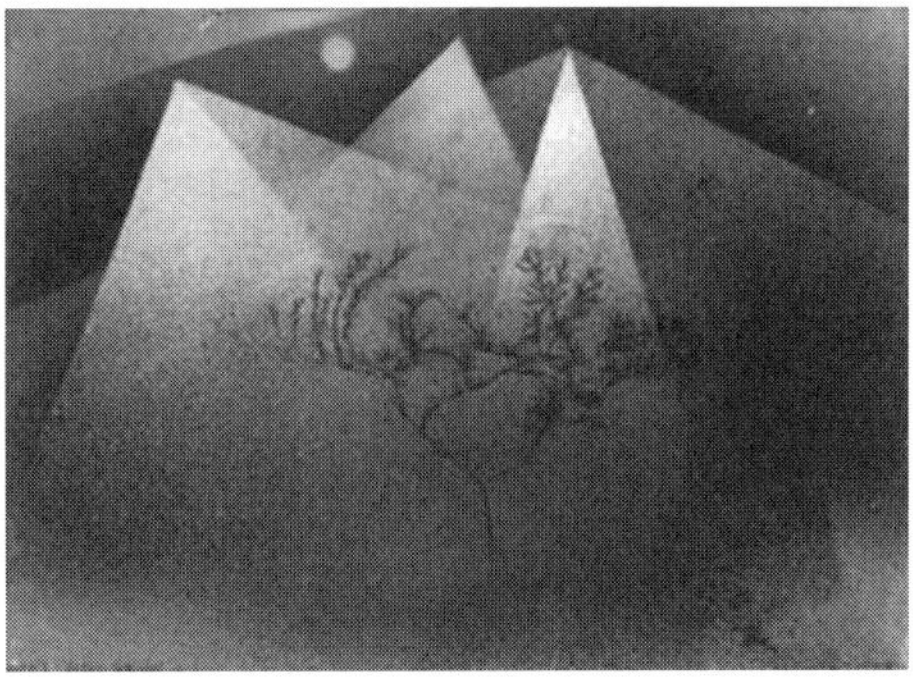

図 8-6　パウル・クレー『冬の山』1925 年，ベルン美術館蔵

図 8-7　パブロ・ピカソ『ダニエル＝ヘンリー・カーンワイラーの肖像』1910 年，シカゴ美術館蔵

像』（図8-7）は、カーンワイラーを異様に歪めて描いているわけではないのである。しかし、私たちの視覚的なごっこ遊びは、ある方向で厳しく制限されたものになる。虚構において、カーンワイラーの眉の優美な曲線を好ましく見つめるとか、攻撃的に張り出した顎に少し怖じ気づく、といったことは存在しないことになるのだ。

光

絵画の中には、陰影や反射をはっきりと詳細に表現することによって、対象の表面の光の作用をきわめて明示的に描き出すものがある。フェルメールの作品群はそういうものであるし、多くの写真もそうである。他方で、対象の形や配置、色彩、質感といったものに関心を集中させ、光が対象からどのように反射されるかは無視する絵画もある。外形の線描画、さまざまな古代や「未開」の絵画、二〇世紀の諸作品といったものがこういうもののうちに含まれる。フェルメールの『窓辺で手紙を読む女』（図8-8）は前者の例となるだろう。後者は、マティスの『赤いスタジオ』（図8-9）が例証となる。このマティスの作品では、一様な色彩の無地のテーブルクロスと壁紙が、濃淡のない一様な画布の色の広がりによって描かれており、陰影も、またテーブルクロスの異なった領域に当たる光の角度の違いも、無視されている。

　この違いは正確にはどういう帰結をもたらすのだろうか。フェルメールの作品は、マティスの作品に欠けている一定の種

図 8-8 デルフトのヤン・フェルメール『窓辺で手紙を読む女』1658 年頃，ドレスデン国立絵画館アルテ・マイスター・ギャラリー蔵

図 8-9 アンリ・マティス『赤いスタジオ』1911 年，ニューヨーク近代美術館蔵

類の「情報」を含んでいる、と言えばよいのだろうか。そうかもしれない。しかし、この点でこの二つの絵は、最初に思うよりも違いが少ない。フェルメールの作品は光の作用についての虚構的真理を生み出しているが、これに対して、マティスの作品はそうしていない、というのは公正ではないだろう。マティスのこの作品の主たる光は、左の大きな窓から来ている。（窓は開いていて、情景は日中のものだから、この窓が明るさの主たる源であると考えるしかない。）それゆえ、例えば（虚構において）花瓶はテーブル上の窓と反対方向に影を投げかけていると推論するのは合理的である。このことは、窓についての虚構的真理によって含意される。このほかにも同様の含意がありうる。マティスが影を描くために、フェルメールなら塗ったはずの暗色の絵の具を塗らなかった事実は、描出された情景における影の不在を示すものではなく、この絵が描かれる表現様式の特徴として解釈することが可能なのである。(31)

それならば、『赤いスタジオ』は、光の作用に関する虚構的真理を生み出しているのである。確かに、この絵は『窓辺で手紙を読む女』に見出されるような細かい個別的な虚構的真理を生み出してはいない。フェルメールの作品には、マティスの作品に存在するよりも、光と影についてさらに多くの情報が存在している。だが、この二つの間のもっと重要な違いは、どういう虚構的真理が生み出されるかではなく、虚構的真理が生み出される様式と、その様式が私たちの視覚的ごっこ遊びに対してもつ影響に関わっている。

マティスの作品では、影と反射に関する虚構的真理が、窓の場所、花瓶の位置と形、等々によって含意されている。これに対して、フェルメールの作品では、影と反射に関する虚構的真理が、もっと直接的に生み出されている。しかし、さまざまな対象の位置と形に関する虚構的真理は、フェルメールの作品においてよりも、マティスの作品においての方が直接的に生み出されている場合がある。フェルメールは、カーテンの襞とその表面の質感を示すために、光の反射と影とを利用している。虚構においてカーテンがしかじかの仕方で垂れ下がっているという事実は、虚構において光がカーテンのいろいろな場所からある仕方で反射しているという事実によって含意されている。短く言えば、虚構的真理の相互間の依存関係が、フェルメールとマティスとで、ちょうど反対向きになっているのである。マティスの作品においては、光の作用に関する虚構的真理が、三次元の対象に関する虚構的真理に依存している。フェルメールの作品においては、三次元の対象に関する虚構的真理が、かなりの程度まで、光の作用に関する虚構的真理に依存しているのである。(32)

見る人がこの二種の虚構的真理をどのようにして発見するかについても、依存関係の違いに対応する違いが存在している。フェルメールの作品を見る人は、光の作用に関する虚構的真理によって、さまざまな対象の空間的な配置に関する虚構的真理を確認することが可能になる。しかし、マティスの作品を見る人は、配置に関する判断を別のものに基づかせなければならない。最も明白なのは、さまざまな対象の端部を示す画中の線である。フェルメールの作品への接近の仕方は、知覚者が現実世界に対して行なう接近の仕方とよりよく一致している。現実生活では、反射や影は、三次元の対象の空間的な特性の判断に大きく関係しているのである。

フェルメールの作品を見るとき、虚構として、カーテンの光と影の配置を知覚することによってカーテンの折れ重なり具合を知覚することは、容易に理解できる。しかし、これが決定的なのではない。マティスの作品を用いたごっこ遊びについても、同様に、対象たちの位置関係の知覚が光と影の知覚にもとづくということが虚構として成り立つと合理的に認められる可能性はある。(この虚構的真理は、第4章2節で論じた現実性原理に似たものから導かれる。)

この二つの絵の相違点が劇的に浮かび上がるのは、絵を見る人が、三次元の対象に関する虚構的真理を知覚し、その根底にある知覚的手がかりを探索するときである。『窓辺で手紙を読む女』を観察する人は、当然、そこに表象されている対象に関する判断の根拠を、自分が探っていると想像する。虚構として、その人は、一定の反射と影とが重要な手がかりであると気づく。しかし、『赤いスタジオ』を見ている人は、似たような考察に乗り出してみても、そのごっこ遊びからはすぐに締め出されてしまう。影や反射がその人にとって手がかりとして役に立つということは、虚構として成り立つかもしれない。しかし、その人が行なうことの中に、影や反射という手がかりを探索して発見することであると自然に想像されるものは、何一つ存在しないのである。三次元の対象に関する虚構的真理にその人は気づくが、その気づきの根底にある現実の手がかりを調べることは、影や反射という手がかりの探索ではない。なぜなら、現実の手がかりの方[7]は、光と影についての虚構的真理を含んでいないからである。マティスの作品を使った視覚的なごっこ遊びは、こうしてある意味で弱められるのだが、フェルメールの作品を使った視覚的ごっこ遊びでは、同じことが生じないのだ。

現実の生活では、私たちはしばしば影や反射に何の注意も払わない。三次元の対象の空間的配置に注意を集中させており、こういった配置に関する判断が基礎を置く手がかりの方には気づきさえしない。フェルメールの作品を見るときも、やはり同様に、光の作用に関する虚構的真理が三次元の対象に関する虚構的真理の知覚的手がかりとして役立てられているのにもかかわらず、私たちは手がかりの方には気づかないかもしれない。この場合、その経験は、マティスの絵を見ている人の経験と少しも違わないのだろうか。どちらの絵を見ている場合も、私たちは、虚構として対象が一定の仕方で配置されているのを単純に見て分かるのであって、それによって、虚構において対象を見て、それらがどのように配置されているのか分かっているのである。しかし、三次元の対象たちを知覚する根底にある手がかりを、自分が虚構において探っている、という可能性のぼんやりとした理解は、たとえその人が光と影が描かれているさまにまったく注意していなくても、フェルメールの作品を経験することには現前しており、重要な仕方でその経験を色どっている。このように私は信じている。この理解、すなわち、自分の視覚的ごっこ遊びの潜在的な豊かさの理解は、絵を見る行為が現実世界を観察することであると人が想像するのを、非常に生き生きとしたものにする重要な要因を成しているのである。

変換

ほとんどの描出体が、何らかの種類の変換（*translation*）と呼びうる仕組みをともなっている。絵画は三次元の対象たちの並びを二次元の表面に描いている。鉛筆による素描やほとんどの彫刻は、多くの色からなる情景を単色で表現している。運動は静止した媒体に描き出される。パノラマ的な見晴らしが小さな画布や舞台に切り縮められる。彫像は隠退した英雄を実物大より大きく引き延ばす。映画や演劇のように、運動を描くために運動が使用されるときは、時間が縮められたり引き延ばされたりする。音楽的な再現では、自然の音が全音階の音に整理される。

このような変換が、鑑賞者の知覚的なごっこ遊びをある程度弱める結果になることは避けられない。鉛筆による素描を観察している人にとって、その観察が色に関する観察であるということは虚構として成り立たない。（とはいえ、少なくとも間接的には、色に関する虚構的真理が生み出されることはありうる。虚構としてある物体が赤いということは、虚構としてその物が停止信号であるということによって含意されうる。そして、見ている人がその色を観察するということは、虚構として成り立つかもしれない。）あるいは、ウージェーヌ・ドラクロワの『東洋のライオン狩り』を見る人が、どのライオンとどの狩人が生き残るのか見ようと待ち構えているということも、また待ち構えていないということも、どちらも虚構として成り立たないだろう。そしてまた、映画でスローモーションやこま落としを使うと、描かれた出来事のある一定の側面が分かりにくくなる（他方で別の側面が顕わになる）。低速映像も高速映像も、通常の運動状態なら明瞭に分かる虚構的真理を見つけにくくするのである。こま落としでは細部が失われ、物事の移り行きが速くなりすぎる。スローモーションでは、細部が詳しすぎて運動の全体の形が分かりにくくなる。どちらの場合も、出来事が虚構において生じる実際の速さは判別しがたくなる。虚構的な事柄を見出す際のこういった難しさは、当然ながら、そういった真理を私たちが見つけることは虚構として成り立たない、ということに変換されるのである。

図 8-10　アンドレア・マンテーニャ『羊飼いたちの礼拝』1450-60 年，メトロポリタン美術館蔵

　絵においては、前景から後景まですべてを、額縁の幅一杯に、等しく明晰かつ判明に表すべきかどうか、という長く続いている論争がある。この論争は、芸術家の選択が見る人の視覚的なごっこ遊びに及ぼす影響ということから解釈可能である。[33] このやり方に批判的な人々は、それは私たちが現実に世界を見るやり方に反していると主張する。視野の中心の焦点領域に位置し、私たちからの距離が目の焦点と合っている事物だけがはっきり見える。視野の周辺や、前景が焦点にあるときの後景、後景が焦点にあるときの前景は、ぼんやりしている。

　アンドレア・マンテーニャの『羊飼いたちの礼拝』（図 8-10）を見ている人は、虚構において、はるか遠方の道にいくつものSカーブがあるのを見るかもしれない。同時に、虚構として、前景のマリアが青いケープをまとっているのを見るだろうし、また虚構において、左端にいるヨセフはサンダルを履いているが、右端にいる羊飼いたちの一人は裸足である、ということに注目するかもしれない。このすべては焦点を変えずに、つまり視線の方向を変えずに行なわれる。現実の情景について、これと一致するような情報を、対応した視点から観察して得ようとするなら、焦点を変え、左右を見ることが必要になる。観察者の視覚的ごっこ遊びにとって、これは何を意味するのだろうか。その人は、虚構として、その情報のすべてを目を動かすことも焦点を合わせ直すこともなく取り入れた、と私たちが言いたいのだとは思われない。もしそう言うなら、虚構において その人はどうやってこの視覚の離れ業をやってのけたのか、という問いに対して、うまい回答はないであろう。見る人の視覚的能力が、虚構において正常かつ普通であると仮定しても、虚構において焦点の合わせ直しや視線の向け変えを構成するような、現実におけるそういう動作は存在しないであろう。

おそらく、何かが前景にあるのか後景にあるのかを取り違えることは、絵においての方が比較的起こりやすいだろう。天使たちの一人の髪の房を、遠くの川の小島と見間違えることがありえなくはない。現実世界においては、これに対応するような間違いは起こりにくい。観察者からの距離が異なれば、対象の輪郭の鮮明度が異なるからである。(ホガースは、『間違った遠近法』(図1-2)でこの点をうまく利用している。)このことも、観察者のごっこ遊びの豊かさや生気を減じている。

後景(または前景)や物の輪郭が判明でない描出体は、より現実そっくりになるだろうか。(アントワーヌ・ヴァトーの『シテール島への船出』は、十分に絞りを開けて撮った写真のように、被写界深度が狭い。輪郭線をぼんやりさせることは、写真よりも絵画においての方が珍しく、かつ困難である。)このような描出体も固有の制限をともなっている。現実の情景の観察者は、焦点を変えたり別の方向を見たりできる。最初に見た時はぼんやりしていたものが、次に見る時には焦点に来ることがある。しかし、選択的にぼやけさせた絵を調べる場合、どんな見方をしようと、最初は判明でなかったものに虚構的に注意を向けているところだと容易に認めうるような見方というものはない。見る人は、もちろんその絵のどの場所にも注意を向けることができる。だが、ぼやけた画像はぼやけたままである。ぼやけた画像をより近くから見ると、画布上の絵の具の詳細が見えてくるが、描出されているものに関する虚構的真理を明らかにすることはほとんどない。それゆえ、より近くから見ても、その世界の対象を焦点に置いてはっきり見るということが虚構として成り立つ、ということにはなりにくいのである。『シテール島への船出』を調べることは、むしろ注意の焦点を単一のまま変えず、不自然に情景を凝視することにずっとよく似ており、視線も注意も移動し続ける通常の情景の調べ方とは似ていない。そのうえ、この固定した凝視は見る人に強制される。これは見る人が選べる選択肢の一つではないのである。善意の解釈によれば、初期設定として、ヴァトーを見る人は虚構においてその情景を通常の仕方で観察している、ということを許容するのが好まれるのかもしれない。しかし、何を、いつ、どのぐらいの間、虚構においてその人が見ているのか、といった特定の点については、何も言えることはないだろう。

マンテーニャ風の一様な明瞭性と、選択的なぼかしとの間での選択は、三次元のパノラマ的な情景を小さな二次元表面に「変換」するせいで強制されるのである。(『羊飼いたちの礼拝』のサイズは、一五・二五×二一・八七五インチ〔四七・二×五五・六センチ〕にすぎない。) ある程度までは、大きな画布や映写幕を使い、視野の中央部と周縁部の自然な違いを利用することによって、その情景を、明瞭なあり方とぼやけたあり方の両方で見ることができる。たとえ、描かれ方が全面にわたってくっきりしたものであっても、任意のある瞬間には、描出体のいくつかの特徴が焦点に来て、他のものは焦点から外れる。そして、どの特徴が焦点に来るのかは、目を動かせば変わる。すると、その描出体に面したときの私たちの注意の変化がその情景に面したときの注意の変化である、ということが自然に虚構として成り立つことになる。そして、虚構において、何を見るか選ぶこともできる。(画家や映画監督は、依然として、いろいろな仕掛けを通じて見る人の注意を効果的に制御することができる。だがそれは、見る人がその制御に従う場合のみである。)

この種のさまざまな変換は、ある種の写実性を弱めることを意味する。しかし、そういう変換は、それがない場合に比べて、その作品がどういう意味にせよ単純に写実的でなくなるということを導くわけではない。また変換のせいで、その作品が、つまらないとか、美しくないとか、価値がないといった状態になるわけでもない。むしろ、そういう変換が優美に達成されていることは、多くの表象的作品の美しさの重要な部分を構成しているのである。

4 写実性

写実性 (realism) はたくさんの頭を持つ怪物で、そのもつれを解きほぐす必要性は、ほぼ絶望的なほどに大きい。私たちは、今そのもつれた状態からいくつかの筋道を取り出すことができる。

ある種の写実性は、作品世界と現実世界の対応に存している。ある作品の世界が現実世界に「似て」いればいるほど、その作品は写実的だと言われてよいだろう。だが、この基準は、単純でもなく、その意味するところが一つでもない。例えば、私たちは虚構として成り立つことのうちどのくらいが真であるのか、と問うことができるし、また、真であることのうちどのくらいが虚構として成り立つのか、と問うこともできる。ボストン・ハーバー地区の正確だが簡略な線描画は、第一の基準で高い得点を得るだろう。他方、詳細だが部分的に改変された写真は、第二の基準で勝者になるだろう。さらに、虚構として成り立つことが真であるということが、何らかの意味において、どのくらいありそうかありそうでないか、と問うことができるし、また、虚構として成り立つ種類の命題たちが真であるということが、どのくらいありそうかありそうでないか、と問うことができる。あるいは、起こりうる事柄の領域から虚構世界がどのくらい隔たっているか、と問うこともできる。類似性と相違性のいろいろな特定の項目にどのような重みづけをするか、という決定が行なわれなければならないだろう。

どういう対応関係が写実性を構成すると受け取られるにしても、作品の中の空想的な要素は、対応関係をおそらく弱める。身に着けると姿が見えなくなる指輪とか、タイムマシン、人間を動物に変えてしまうこと、六インチの背丈の人々の社会、といったものがそういう要素の例である。しかし、最大限に空想的な作品でも、もう一つの種類の並外れた「写実性」をもつことが可能なのは明らかである。トールキンの『指輪物語』三部作はそういう写実性を達成している。『指輪物語』の世界は現実世界と似ていないが、似ていないところの多くが、作品の写実性に反するとは考えられていない。かといって、違いがあるのにもかかわらず、それを凌駕する類似性のせいで『指輪物語』がなんとか写実性を保っているというわけでもない。むしろ、現実世界にまったく似ていない空想的な世界を、けた外れに写実的な仕方で現前させているのである。チャールズが映画館で遭遇した種類のスライムは現実世界では聞いたこともないものだが、この事実が映画の「恐るべき」写実性を切り下げることはまったくない。SF映画はドキュメンタリーと同じように写実的でありうる。そして、現実世界の出来事の最大限に正確で詳細な描写でも、ありそうでなく、「信じがたく」、非写実的なものとなりうる。すべての写実性が対応関係の問題なのではないのである。

私たちは、先ほど、写実性の違う概念を取り扱った。それは、鑑賞者のごっこ遊びが豊かで生き生きとしていることに存する写実性の概念だった。今現在の私たちの関心事は、知覚的なごっこ遊びである。とはいえ、もっと一般的に、何らかの表象体を用いたあらゆる種類のごっこ遊びの豊かさと生気について語ることができるだろう。たしかに、作品世界と現実世界との対応関係は、鑑賞者のごっこ遊び世界の豊かさと生気に影響を及ぼしうる。しかし、ごっこ遊びの性格は、どんな虚構的真理が生み出されるかということだけではなく、それが生み出される様式にも実質的に左右されるのである。ここでもまた、私たちは、作品の重要な属性が、作品の虚構世界ではなく、それを使って鑑賞者が行なうごっこ遊びに帰属するということを見ることになる。

ごっこ遊びの豊かさと生気を評価することに加えて、ごっこ遊びの世界が現実に対応していたりいなかったりするあり方を考えることが可能である。つまり、鑑賞者が何をどう知覚するかについて虚構として成り立つことを、現実生活で私たちが何をどう知覚するかということと、照らし合わせて比較できるのである。ごっこ遊び世界は、作品世界が空想的でありうるのと同じように、空想的でありうる。しばしばごっこ遊び世界は、それが結びつけられている作品世界から空想を引き継ぐ。火を吐くドラゴンの絵を見るとき、私が火を吐くドラゴンを見ているということが、虚構として成り立つ。それは、私が現実には決して見たことがないし、見ると期待したりもしないものである。しかし、そんな生き物が存在するとしたなら、それが可視的なものであることは驚くべきことではないだろう。虚構としてそういう生き物がいるということを前提すれば、つまり、絵の世界にそれが含まれていて、それゆえ私のごっこ遊び世界にも含まれているということを前提するならば、私が虚構においてそれを見ることは空想的ではない。

　しかし、ごっこ遊び世界は、それ自身として空想的な要素を持つことが可能である。絵は、ときに、まったく普通の事物だが、現実生活では決して見ることができなかったり、容易には見られなかったり、見ることがありそうになかったりするものを見せてくれることがある。例えば、冬眠中のクマ、遺伝子、DNA分子、電流、子宮内の胎児、遠すぎて暗すぎるためその及ぼす影響からしか存在を推論できない星々、といったものである。また、まず見ることができないような、あるいは絶対見ることができないような物の側面を浮かび上がらせるように描く絵や写真、というものもある。全力疾走する馬の四つの蹄の一瞬の位置、写真が停止させた滝の飛沫の一滴一滴、真上から見た室内の情景、怒り狂ったカバの上下の顎の間から見た光景、といったものである。それゆえ、見ている人たちのごっこ遊びにおいては、人が現実生活でまず見ることがありえない事物を見ている、ということが虚構として成り立つときがある。作品世界がまったく普通のものであっても、見ている人たちの知覚的なごっこ遊び世界は空想的になりうる。虚構において、その人たちは分子や、冬眠中のクマや、カバの扁桃腺を見る。虚構において、疾走する馬の四つの蹄すべてが一瞬空中に浮いているのを観察する。

（写真は、他のやり方では見ることが不可能だったはずのもの——例えば、疾走する馬のある一瞬における四つの蹄の位置——を私たちが現実に見ることができるようにする。しかし、写真を観察するときにそれを見るということは、同時に虚構として成り立つことでもありうる。現実にそれを見るという事実によって、虚構としてそれを見るということが、少しでも空想的でないことになるわけではない。というのも、私たちは、写真の助けを借りてそれを現実に見る。だが、私たちが肉眼でそれを見るということは、虚構として成り立つことなのである。そして、このことは依然不可能なままなのである。[34]）

　空想的な虚構が一般にそうであるように、ごっこ遊びの世界には不確定の要素がかなり多くなりやすい。そこには愚かな問いが培養される可能性がある。虚構において、ウィルスや電子を見ることは、どうやって可能になるのか。私たちの視覚がびっくりするほど鋭いのだろうか。顕微鏡や霧箱を（虚構として）通じて見ているのだろうか。（おそらくそうではない。）一体どうやって、天井にくっついて家庭内の情景の真上にいることができたのだろうか。答えが得られないとき、不確定性が生じる。驚くほど鋭い視力が知覚的な大成功の原因である、ということが虚構として成り立つわけではなく、また同時に、それが原因でないということが虚構として成り立つわけでもない。このような不確定性は、知覚的なごっこ遊びに一定の衰弱をもたらす。つまり、虚構において遂行される知覚的な活動は減ることになるのである。驚くほど鋭い視力で見るということは虚構として成り立たない。しかるに通常の視力で見るということも虚構として成り立たない。にもかかわらず、そのごっこ遊びは、相当の豊かさと生気を持つことが可能である。

　虚構において、絵を見る人が原子より小さい粒子を見たり、怒ったカバの扁桃腺を見たりするという事実があるとき、ごっこ遊び世界がこの点で空想的であり現実世界に対応していないという理由で、この事実が絵の「写実性」に反すると見なされる場合がありうる。だがそういう場合でも、この事実はまた別の仕方で「写実性」を支持するものであるとも見なされる。なぜなら、それを見ることによって私たちは電子やカバの扁桃腺について学び、特別な仕方で理解するようになる、ということがおそらく虚構として成り立つからである。虚構において、私たちは現実には顕微鏡が可視化することによって到達可能になる種類の情報を獲得し、洞察を達成する。（描かれたものが正確だと考えてよい場合、私たちは、その絵に関する経験を通じて、現実にそういう洞察に達することもありうる。）さらに、私としてはこう論じたいのだが、素粒子や扁桃腺についてある種の「知覚的接触」を私たちは手に入れ、これは情報や知識には置き換えられないということが虚構として成り立つ。虚構的には、私たちそういうものを現実に見るのだ。たとえ、虚構として、それを見る経験が短かすぎたりぼやけて見えたりして、意義ある知識を生み出すまでには到らないとしても、現実に見るのである。電子や怒ったカバの扁桃腺との知覚的接触が現実生活においては問題外でありながら、なお、この虚構において現実に見ることは「写実性」を支持する点になる。(35)

　描出的な「写実性」に関する以上の考察は、大いに不完全なものである。「写真的な」写実性の最も重要な側面について、私はほとんど語っていない。その側面とは、あるものの写真を見ることは、現実において、その物それ自体を文字どおりに見ることだ、という事実である。(36)写実性のもつれた状態については、私がまだ言及していない重要な筋道もいくつか存在している。

5　様相横断的な描出

大きく広がった動かない口蓋から声が聞こえた。それは、記述しようとすれば自分が錯乱しそうな声だった。……似た音声が人類の耳を打ったことはいまだかつてない。……［その抑揚が］私を打ち（まさに、自分にそれを理解させるのは不可能ではないかと恐れるのだが）それはゼラチン状の物質か膠状の物質が触れてくるようなのだ。

——エドガー・アラン・ポー『ヴァルデマール氏の症例の真相』[8]

　空想には限界がある。第4章で注意したように、作品世界を解釈するとき、現実世界と（ないし、私たちがお互いに現実世界だと信じているものと）似ていないところをできるだけ少なく解釈する傾向が存在する。様相横断的な描出、すなわち、ある感覚様相から別の感覚様相への「変換」は、通常は空想的すぎて受け入れにくいような世界にかかわるごっこ遊びを含むと思われるだろう。絵画は——つまり、ある側面において描出的であるような表象体は——視覚的でない現象を描くこと（その現象について虚構的真理を生み出すこと）がもちろんできる。問題は、このように描くことが描出であるかどうかである。『紐育の波止場』で、一群の鳥たちが突然飛び立つことを通じて銃の発射音が間接的に描かれるのは、明らかに描出ではない。飛び立つ鳥たちの映像を見ることは、虚構において発射音を知覚することではない。では、漫画において、銅鑼の音やキャンプファイヤーの熱放射やゴミの山の臭いを、発生源から発する同心円の円弧や波打つ線によって描いたりするのはどうなのか。その絵を見るときに私たちが音や臭いや熱を見るということは、おそらく虚構として成り立たない。また、絵を見ることが、虚構において、それら視覚的でない現象を見ることである、というわけでもない。

遺伝子や遠くの星の場合はこれと異なる。遺伝子や遠い星は（通常は）見えないし、肉眼では特にそうである。だが、そういうものを見るということがどんな感じがすることなのか、私たちは十分に理解できる。肉眼で見る場合の感じでさえ理解できるのであって、たぶん虚構として私たちが行なっていることはこれである。思うに、私たちは原子を構成する粒子や、電流といったものを見るのがどんな感じのことなのか、理解できるような印象を抱く。それが素粒子や電流がどんなものなのかについての間違った考え方を必然的に含むとしても、理解できるような気がするのである。しかし、音や臭いを見るというのがどんな感じのすることなのか、私たちはまったく漠然とした考えすら持っていない。それを見る感じを理解しているということを、想像することさえ容易ではない(37)。

では、その絵を見ているとき、私たちが音を聞き、臭いを嗅ぎ、熱を感じているということは虚構として成り立つのだろうか。その可能性はある。だが、私たちの絵の知覚、つまり絵を見ているという知覚について、それが聞いたり、嗅いだり、感じたりすることの一例であると想像することになるというのは、およそありそうにない。（仮にそうだとして、では、その絵を明るいところに置いたり目を細めて見たりしたら、虚構においてもっとよく聞いたり、嗅いだり、感じたりすることができるようになるのだろうか。）それは、スイカを食べることが海賊船の帆柱を上っていくことだ、というのが虚構として成り立つというのと同じようなものである。それゆえ、漫画は、みずからが表象している音や臭いを、おそらく描出してはいないのである。

天気図やさまざまな図表、グラフなどが絵に分類されると、なぜ、非常にしばしば不都合な感じがするのだろうか。それは、主として、そこに含まれている情報が非常にしばしば視覚的ではなく、知覚的ですらないからである。天気図を視覚的に調べることが、例えば、気温と高気圧とを知覚する（見る？

それとも感じる？）ことである、ということが天気図を見るときに虚構として成り立たねばならないはずなのだ。あるいは、折れ線グラフを見ることが、虚構として、過去十年間にわたる国民総生産との比率において国家債務の増加率を知覚することでなければならないはずなのだ。グラフが視覚的な現象に関する情報を提供しているときでさえ、描出体と認められるに十分なだけ、豊かで生き生きとしたごっこ遊びができるようになっているということはありそうにない。例えば、いろいろな区画に生えている樹木の数を示した棒グラフを考えてみるとよい。（このことは、ある程度、グッドマンが決定的と解する充実性（*re-pleteness*）が欠けていることの帰結である。(38) これが欠けていることは決定的ではない。だが、私たちは、今そのことがどのように重要なのかを理解できる。）さらに、グラフは通常、視覚的なごっこ遊びで小道具として用いられる機能を備えているとは思われていない。というのも、非常にしばしばグラフは視覚的でない情報のために使用されるからである。この事実によって、ある特定の一つのグラフが小道具になる機能を持つと解釈しうる場合でさえ、そのグラフがそう解釈されることは起こりにくくなるのである。それとは反対の種類の習慣が存在しているのだ。

　グッドマンは様相横断的な描出を、ほんの少しのためらいも見せずに受け入れる。(39) 聴覚や嗅覚の対象と結びついた視覚的象徴の枠組みは、稠密でありうるし、少なくとも描出体が稠密であるのとほとんど同じくらいは稠密であって、充実性も少しも劣らない。だが、このことは、グッドマンの説明に反する論証を与える。というのも、様相横断的な描出は最もうまくいっても確実にぎこちないものであり、まったく普通ではないからである。これらの事実は説明を必要とする。（描出的でない手段による様相横断的な表象はありふれており、まったく自然である。）この点では類似性論者の方がうまくやるように思われる。類似性論者ならば、描出体はみずからが描出するもののように見える（聞こえる、感じられる）のでなければならないという要求によって、視覚的でない現象を描出する絵画は排除される、と言うことができるのである。(40)

　知覚的な様相を横断するのとは別の「変換」のうちにも、似たように取り扱うべきものがある。時間的な特徴は空間的に表象される場合がある。運動は、運動する対象が継起的に占める位置を線描で示すことによって、静止画で描かれることがありうる。(41) 虚構において出来事が起きた時間的な順序を（絵の中の出来事の画像の空間的な位置関係に注目することによって）確かめるという活動が、出来事の時間的順序を虚構において観察する活動であると私たちが言いたくないのならば、その限りにおいて、この側面でその絵は描出的でない、と結論することになるだろう。

6　音楽的な描出

ここまでの例示は、おそらく危険なくらい視覚芸術に限定されている。私は、知覚的なごっこ遊びとして、幅広く描出を定義し、すべての描出体が視覚的なわけではないと注意した。だが、視覚的でない芸術における描出が、ただちに視覚的芸術における描出と類似すると決めてかかってはならない。音楽的な描出はどういうことになるのか。

表象作用は、音楽の場合、絵画におけるよりもはるかに一般的でなく、重要でもないように思われる。絵画の場合、表象性が一般的標準である。「非具象的（nonobjective）」、「非写実的（nonfigurative）」な絵画は正当化が必要とされ、原則に適っていると見なされるために戦わねばならなかった。[42] 音楽に関しては、ちょうど逆のことが成り立つように見える。標題音楽は、「純粋」ないし「絶対的」な音楽よりも、しばしばはっきり劣ると見なされてきた。それぞれ違う意味においてではあるが、標題音楽と非具象的絵画は、どちらも奇異なものなのである。

音楽における表象作用があからさまな標題音楽に限られていないことは、もちろんである。とはいえ、それがどこまで及んでいるのかを言うことは容易ではない。ベートーヴェンの交響曲『田園』のように圧倒的に絶対音楽である作品においても、明白で些細なものだが、表象的な要素は存在している。言葉や絵画と結びついた音楽は、それ自体としては表象的でないとしても、しばしば虚構的真理の生成に寄与する。映画では、音楽が急に明るい調子になることによって、登場人物がある特定の瞬間に何かを突然悟ったということが虚構として成り立つ場合がある。バロックの声楽曲には楽音による絵解き（the tone painting）があるが、そこでは楽器の声部が文章の意味を強めたり例示したりしている。音楽の表現性は、表象作用の一種として理解される場合があるということが判明するかもしれない。また、そうする決意を固めれば、音楽のほとんどどんな楽節にでも表象性を見出す――あるいは押しつける――ことができるのだ。しかし、最初は議論の余地のない事例を見ることにしよう。

音楽が表象的である場合、描出的でもあるだろうか。音楽と絵画は、文学と対比すると、「知覚的」芸術であるという点で、互いに似ているように思われる。一方は視覚的で、他方は聴覚的である。それゆえ、音楽的表象の様相は、絵画の場合と同じく、知覚的で、描出的であると予想されるかもしれない。絵画が視覚芸術であり小説がそうでない理由とは、私が示唆したように、絵画は視覚的なごっこ遊びの小道具となるが小説はならない、ということである。音楽が知覚的な芸術であるのなら、音楽作品も小道具ではあるとして、知覚的なごっこ遊びにおいて、つまり聴覚的なごっこ遊びにおいて小道具となるのではないだろうか。答えは、しばしばそうではない、である。

音楽のうちには描出するものもある。ベートーヴェンの『荘厳ミサ曲』のある楽節で、聴衆は虚構として釘が十字架に打ち込まれるのを聴く。バッハのカンタータ『天は笑い、地は歓呼す』のトランペットの演奏を聴くことは、虚構として、笑い声を聴くことである。他に音楽が描出するのは、大砲の発射音や、嵐の猛威、山々に響く角笛、疾走する馬、水の流れ、虫の羽音、ため息、泣き声、教会の鐘、蒸気機関車、そしてもちろん、鳥の囀り、といったものがある。

　表象的な音楽は、聴覚現象を表象するとき、典型的に描出的になる。しかし、しばしば――思うに、ほとんどの場合――音楽が表象するものは聴覚的ではない。ヨハン・クーナウ[9]によるオルガンのための『聖書ソナタ』の一つにおいて、急に上昇する音階は、ダヴィデがゴリアテに礫をとばしたことを表象する。一四世紀イタリアのカッチャ[10]では、狩りにおける追跡を描くために旋律による模倣が行なわれる。こういった様相横断的な表象作用が、音楽では（表象的な音楽である限りにおいて）普通であるのみならず、表象されるものが視覚的でないばかりか知覚的ですらないこともある。例えば、忍耐、苦痛（不協和音によって）、従順（模倣によって）、到着と復帰、闘争、人間関係における調和、などである。シュトラウスの交響詩、ヴィヴァルディの『四季』、エルガーの『エニグマ変奏曲』による肖像[11]画、といったものを考えてみて欲しい。スコット・ジョプリンの『ウォール街のラグ』もおそらくここに入る。音楽的表象体は、子どもっぽくて、バカバカしくて、音楽的でない場合にこそ、音響を表象し描出する表象体となるように思われる。[43]もっと「抽象的」な表象体――到着の表象体、葛藤の表象体、感情の表象体――は、しばしばずっと密接に音楽的構造に一体化されており、音楽の潔癖主義者にとって気に障るものではなさそうである。（しかしながら、こういう楽曲は、表象体であると認められるかどうかという点で、明白さが劣ることになる。）

　音楽における様相横断的な表象作用は、絵画におけるのとは違って、描出であることはあまりない。知覚的でない物や出来事の表象は、確実に描出ではない。音楽を聴く人にとって、誰かが昇天するのを聴くとか、聴覚以外の仕方でそれを知覚するということが、虚構として成り立つことはない。少なくとも、上昇する楽節を聴くことが昇天の知覚である、ということが虚構として成り立つことはない。また、音楽を聴く人が、虚構として、ある人が忍耐強いこと、従順であること、目的地に到着したことなどを知覚したりしないのも確実である。それゆえ描出作用は、音楽が表象的である場合でさえ、音楽においては絵画におけるよりもはるかに重要ではなく、中心的ではないのである。私たちが注目した音楽と絵画の間の見たところの類縁性は、ある程度まで錯覚である。音楽は、絵画が視覚的な芸術であるのに比べると、知覚的でなく聴覚的でない芸術なのである。

　しかし、音楽について、この見たところの類縁性の幾分かを取り戻すような解釈の仕方が存在する。その解釈によれば、通常音楽が表象的であると見なされる以上に、音楽は描出的であると見なすことが強く支持される。別の場所で示唆したことだが、きわめて「表現的（expressive）」な音楽の場合、虚構として成り立つのは、その人が見たり、聞いたり、その他何らかの仕方で外的な事物を知覚するということではない。そうではなくて、その人が（自分自身の）感情や情動、情緒、心情、気分といったものを経験し、意識するということが虚構として成り立つのである。[44] 音楽を聴く人は、興奮や情熱、熱意、絶望、葛藤、満ち溢れる感覚、努力する感覚、決意する感じ、幸せな感じ、不安の感じ、静謐さの感じ、といったものを、自分が経験しているところであると想像する。さらに、私としては、聴覚的な感じの体験（音の知覚ではなく）がその感情の感じであるということが、その現実の聴覚的な感じについて虚構として成り立つと示唆したい。虚構としての外的対象の知覚の代わりに、虚構としての内観、つまり自分への気づきがある。私が正しければ、バッハの『フーガの技法』のような音楽的純粋性の権化についてさえ、このことは真であるように思われる。内観が「外的」感覚にどの程度まで類似しているにせよ、「描出」について私たちの解釈を、内観を含むように拡張することは理に適っているだろう。

（絵を見ている人もまた、虚構において、感情に気づくかもしれない。だが、その人の視覚的な感覚経験が、その感情を経験することである、ということは虚構として成り立たない。聴覚的な感覚経験は、どういうわけか視覚的な感覚経験よりもこの役割に適している。これは、非常に印象深い。おそらく、内観するということが、何らかの仕方で、見ることよりも聴くことに似ているのであろう。）

もう一つ、（純粋）音楽と絵画との間には重要な相違がある。絵画の場合、私たちは作品世界と鑑賞者のごっこ遊び世界の両方を認識する。一つの絵は、絵の世界の虚構的真理を生み出す。そしてまた、絵を見る人の活動や経験と一体化し、その人のごっこ遊び世界の虚構的真理を生み出す。音楽を聴くとき、虚構として何らかの感情や心情を経験するごっこ遊びに人が携わるとすると、ごっこ遊び世界はここに存在している。ところが、人が作品世界も認識するのかどうかは明瞭ではない。誰かが音楽を聴くということと独立に、音楽のみによって何らかの虚構的真理が生み出されているのだろうか。

ある家の絵を人が観察しているとき、その人のごっこ遊びにおいて、自分が家を見ているということが虚構として成り立っている。虚構において、その家は人が見ているということと独立に存在している。家とはそういうものである。そして、絵も見ている人とは独立に存在しているから、その絵そのものによって、その家が存在するということが虚構として成り立つというのは自然なことである。その絵単独で生み出されるこの虚構的真理やこの他の虚構的真理たちが絵の世界の内容を構成する。しかし、音楽を聴く人が幸福だという感じや苦痛だという感じを虚構として経験しているとき、その音楽のみが原因となるような虚構的真理はおそらく存在しない。その人のそういう感情が、独立に存在する特定の対象、状況、出来事についての感情である、ということが虚構として成り立つ必要はない。おそらくは、一定の種類の感情が虚構として感じられるという事実が、虚構においてその感情の対象となる何かが存在する、ということを含意するときもあるだろう。しかし、その感情が、音楽そのものだけによって存在が確立される何ものかに向かっているということは、虚構として成り立つ必然性がないのである。私たちがその音楽を聴くまで、虚構として成り立つことは何ひとつ存在しないだろう。つまり、音楽を聴く人のごっこ遊びと別個に成り立つ虚構性は何もない。ごっこ遊び世界は、絵画においてとは違い、音楽においては何よりも優越している。だが、音楽は依然として私たちの言う意味で表象的であるという特性を認められる。音楽の機能は、聴く人のごっこ遊びにおいて小道具として役立つということだからである。しかし、ほとんどの音楽は、この重要な側面で絵画とは異なっており、また絵画以外の典型的な表象芸術とも異なっている。(その場限りの小道具は、また違う理由で作品世界を欠くと解釈できるのだが、それらは表象性を否定されるということを思い起こしておこう。第1章7節を参照のこと。)

以上の示唆が正しいとすれば、私たちは、音楽の鑑賞が、絵画や文学の鑑賞よりも個人的で私的な経験であるという印象を説明することができる。音楽を聴くことは、むしろ夢を見ることによく似ている。多くの場合、想像活動が独りで行なわれるのである。あなたと私が演奏会に行ったとき、二人が共に虚構において何かに気づいたり、何かを知ったりすることはないし、後でそれに対する自分たちの態度や反応や行動を比較したりもしない。だが、絵を一緒に見たり同じ小説を読んだりした場合には、そういうことを行なうことがある。音楽を聴いたとき、虚構として自分が感じたことを(言葉にできるかぎりで)お互いに説明することはあるかもしれない。これは朝食の席で自分の見た夢を語るのに似ている。また、私たちが自分の感じたことについての記録を互いに比較するということは虚構として成り立ちうる。だが、私たちが一緒に観察したある出来事や状況や人物に対して感じたことを、虚構において互いに比較することはできない。私たちはその音楽について語ることになってしまう。(それが、苦悩に満ちているとか、静謐であるとか、大袈裟であるなどと語るのであり、また、それに自分がどう反応したか語るのである。)私たちは、その音楽が小道具となっている一つのごっこ遊びに、他の聴き手と一緒に言語的に参加しているのではない。

音楽は、描出的な場合でも、また別の仕方で絵画とは違っている。それは、事物が描出されるときの「視点」と関わっている。

7 視点(描出体における)

前方上方に、トーマスがハイド・パークを車で通り抜けるのがちらりと見え、カメラが車に向かって近づいていく。これが、警戒しつつ隠れている視線に対して車が出現する仕方である。その目は、決して車を視野から外さないと決心し、追いかけるのに夢中になっている。

——ミケランジェロ・アントニオーニ『欲望』のための脚本

描出体が事物を一定の視点から描出するとはどういうことなのだろうか。その意味の一つは明白である。視点とは、その描出体を調べるとき、虚構として私たちが事物を知覚するパースペクティヴに存する。私たちは虚構として、ホッベマの赤い屋根の水車小屋を、川の数百ヤード下流の左岸から見ている。ある描出体の視点とは、鑑賞者の（公認される）ごっこ遊びにおいて虚構として成り立つ種類のさまざまな命題の関数なのである。（さらに、照明のあり方など、虚構において事物を見るさまざまな状況にかかわる命題を含めることも許されよう。）

描出とは、必然的にこの意味での視点において存在するのだろうか。そうではない。自立している彫刻を観察するとき、一定の角度と距離から見るということが虚構として成り立つ。だが、描出体そのものは、この虚構としてのパースペクティヴを定めてはいない。パースペクティヴは、見る人が彫刻とどういう位置関係にたまたま立っているかということに依存する。その人が動けばパースペクティヴも変わる。それゆえ、その作品は、特定の視点を備えてはいない。その作品はいかなる視点も備えていないと言うこともできるし、あるいは、その作品に複数の視点、つまり無限に多くの視点を認めてもよいだろう。

図 8-11　パブロ・ピカソ『アヴィニョンの女たち』1907 年，ニューヨーク近代美術館蔵

ある種の絵は複数の視点を含んでいると言われる。ピカソの『アヴィニョンの女たち』（図8-11）の一つの部分に焦点を置くと、一人の女性の顔を正面から見るということが虚構として成り立つ。別の部分に焦点を移すと、横顔を見るということが虚構として成り立つ。しかし、可能性には限界がある。この絵は、自立した彫刻よりは、どの視点から私たちが見ることが虚構として成り立つのかを決定している。とはいえ絵のいろいろな部分に次々と焦点を移していくだけの人は、多くのものを見逃すだろう。全体を見ることが重要なのである。だから、この絵のような絵画を、ばらばらな描出体のコラージュと見て、それぞれの描出体が特定の視点を伴うと見なすのは、間違いにつながるだろう。（さらに、そのコラージュの構成要素のそれぞれには確定した境界線はなく、いくつかの要素は重なり合っている。『アヴィニョンの女たち』のある一つの眼の描出は、正面から見たときと側面から見たときの間で共有されている。）

絵の全体を見るとき、ほぼ間違いなく、女性を正面から見るということが虚構として成り立つと同時に、同じ女性を側面から見るということも虚構として成り立つ。ただし、間違いなく、両方の角度から同時に見るということは虚構として成り立たない。だが、こう見なす代わりに、異なった視点は互いに打ち消し合って、その女性を正面から見るということも側面から見るということも虚構として成り立たない、と主張してもよいかもしれない。ただし、私たちがその女性を見るということは虚構として成り立つのである。(どちらを選ぶかは、第4章以来、周知のものである。それは、私たちの視点からの虚構的真理は強調されないと見なすことと、そういう虚構的真理が不在になっていると見なすことの間での選択である。) こちらの見方では、この絵が複数の視点を含むのは、その一部分を周りから孤立させれば正面から女性を描出しており、別の部分を同様に孤立させれば横からその女性を描出している、という意味においてのみである。

私たちが虚構において取る視点に関しては、いずれにせよ視覚的なごっこ遊びの中で一つに決まらない可能性がある。それゆえ、この不確定性を考えておかなければならない。この種の不確定性が明白な事例はいろいろある。手足を棒線で、頭を円で描いた人の絵で、顔その他は描かれていないものを見る場合、ある人物を正面から見ているのか背後から見ているのか、どちらが虚構として成り立つのか、という問いには答えがないだろう。だが、ほぼ水平方向からその人を見ていて、彼または彼女を真上または真下から見ているのではないということは虚構として成り立つ。だから、その描出体は完全に視点を欠くわけではない。多くの場合、私たちが見ているのが正確にどのくらいの距離からであるのかを虚構において言うことは、まったく不可能である。とはいえ、視線の角度ははっきり決まっていることがある。鑑賞者の(公認される)ごっこ遊びが、虚構として見るときの視角と距離について、原理上不確定でありえない理由などないと私には思われる。描出体が完全に視点を欠く場合も考えられる。キュービズムの複雑な作品が、ほとんど完全に視点を欠くと解釈されるということも、ありそうでなくはない。また(すぐに見るが)音楽的な描出体の中に、そう解釈すべきものがあるというのはありそうなことである。(同様に、すべての視覚化がある視点からのものでなければならない、と決めてかかる理由もないと私には思われる。ある人の想像活動の世界において、虚構において見ている視点を欠いたまま、その人が見ているということが虚構として成り立つ場合があるだろう。[45])

個々の事例に関するもっと細かな問いは、おそらく美術史家と批評家にゆだねるのが最もよいだろう。複数の視点を含むということが、気づかれないくらい少しずつ、視点を一つも含まないということに変化する。専門家は、エジプトその他の古代の描出体や、ルネサンス以前の作品、子どもたちや「未開人」の描画について、おそらくさまざまな意見を持っているだろう。私たちが何を語るかが問題になるときもある。多種多様な描出体に鑑賞者が反応する仕方には、微妙な強調や相違がある。こういった微妙なところは、どこから私たちが見ているのか、他の側面をどうやって見ているのかといったことに関して、何が虚構として成り立ち、何が虚構として成り立たないのかを言うことを通じて明瞭になり、説明されることになるのである。

音楽的な描出体は、視点に関して特に希薄である。音が描出されるとき、通常は、私たちが虚構において聴いている角度や距離について、虚構として成り立つことはほとんど何もない。もちろんこれは、現実生活で何かが聞こえるときに、見るときよりも角度や距離について、確定した情報が少ししか与えられないのが典型的だからである。人が小川の流れるのを聴いているということが虚構として成り立つとき、その人が上流で聴いているとか、下流で聴いているとか、横でとか上でとか、近くでとか遠くでとかいったことが虚構として成り立つだろうか。

視点という概念は、自己意識に対しては当てはまりさえしないだろう。自分の感情や情緒を「観察する」異なったパースペクティヴというものがあるだろうか。(いったい、感情や情緒を「観察する」ことと、どのようにして異なるのだろうか。)音楽を聴いて、内観的に自分の感情や情緒に気づくということが虚構として成り立つとしたとき、虚構における私たちの視点はどれなのかと問うことは、意味を成すことさえないだろう。しかし、一定の感情や情緒に三人称ではなく一人称のパースペクティヴから気づいているということが虚構として成り立つ、と言うことは可能である。虚構において、私たちは、その感情や情緒を他人の中ではなく自分自身の中で観察している、と言うことはできるのである。

しかし、この種の視点さえ欠落している音楽的描出体が——いずれにせよ音楽的表象体が——ありうる。ある音楽のいくつかの楽節は、闘争や到着、葛藤、達成といったことを表象すると無理なく解釈できるとしよう。すると、それを聴く人は、例えば、ある闘争が起きていると想像することになる。ところが、その詳細は未決定のままである。誰が、何について、なぜ闘争しているのか、その闘争は身体的なものか、それとも経済や政治の競争といったものか、あるいは誰かの魂の内側での闘争なのか、等々のことは決まらない。さらには、聴いている人自身がその想像された闘争の参加者なのかどうか、はっきりしないかもしれない。その人は、自分自身が闘争しているところを想像しているのだろうか、それとも、他の人々が闘争しているということを想像しているのだろうか。私は、自分自身どちらなのか言うことができないと感じる。ある楽節が闘争を描いていて、私にとって、それを聴く経験が闘争を想像することを含んでいることが明瞭であると納得できるようなときでさえ、どちらなのか言うことはできない。私は、何ものかが闘争しているのを想像する。だが、私は自分が闘争していると想像しているわけではないし、また、人々が闘争していると想像しているわけでもない[46]。それゆえ、闘争は(また、到着や成功も)、音楽において、一人称の視点からでも三人称の視点からでもなく表象されていると言ってよい。

図 8-12　イングマール・ベルイマン『狼の時刻』より，ニューヨーク近代美術館蔵

このような表象作用は描出することだろうか。つまり、聴く人は、自分がある闘争を知覚しているところだと想像するのだろうか（ただし、内観的な自己意識を知覚の一種と見なすのを許容するものとする）。知覚の様相は確定していなくてもよい。例えば、その（自分自身の）闘争を知覚するのが内観と運動感覚と視覚の組み合わせによってである、ということが虚構として成り立たねばならないわけではないし、かといって闘争が（他の人々の間に）起きているのを見たり聞いたりする、ということが虚構として成り立たねばならないわけでもない。だが、何らかの様式で人がその闘争を知覚しているということは、依然、虚構として成り立つかもしれない。その人は、闘争が今ここで起きているという感覚を持ち、このことによって、闘争への接近の仕方が、伝聞などによるものではなく、知覚的なものであることが示唆されるのである。さらに、自分の聴覚的な感覚経験が闘争の感覚印象であると想像しているけれど、その想像活動は感覚印象の様相に関して不確定になっている、ということさえありそうに思われる。それゆえ、おそらくその闘争は描出されているのである。だとすると、視点と呼ばれうるものを根本的に欠いた描出の事例が得られることになる。(47)

事物を描出するときに、一定の視角や距離からだけではなく、一定の人物ないしある種の人物のパースペクティヴから描出するような作品もある。映画では、いわゆる主観的なショットが数多く存在する。ある登場人物が見ているものを撮って、その人物に事物がどう見えているかを描くショットである。フリッツ・ラング監督の『暗黒街の弾痕』の最後のショットは、エディが死ぬ直前の最後の視覚的経験を見せている。同じ作品のもっと前のショットは、見たところ蛙の視点からのもののようである。(48) ファン・ゴッホの『蝶々のいる草地（*L'Herbage aux Papillons*）』は、蝶の視点からのものである。ベルイマンの『狼の時刻』の晩餐の場面（図8-12）は、深刻に精神を病んだ芸術家のボイルが見ている晩餐を、奇怪な人物配置のおどろおどろしい映像で描いている。フランチェスコ・パルミジャニーノの『凸面鏡の自画像』は、画家が見た鏡の中の自分自身を提示している。

映画では、最初にある登場人物が何かを見ているところを見せておいて、次にその人物が見ているものを示すというのは、通常の技法である。二番目のショットは、事物がその登場人物に、虚構においてどのように見えているのかを描くと解釈される。（その人物が注目しているものは、例えば、焦点に置かれていることによって示すことができる。）二つのショットは、静止画では事実上一つになっているときがある。漫画では、知覚している登場人物に見えているものの描写は、その登場人物の絵に付随する吹き出しの中に入れられる。しかし、吹き出しはどうしても必要なわけではない。ルソーの『夢』では、夢みる人と

図 8-13　エドヴァルド・ムンク『叫び』1893年，オスロ国立美術館蔵

彼女の夢のイメージが、同じ枠取りの中に見えている。（夢のイメージは、寝椅子に横たわる彼女自身を含まないということになっている。）ムンクの絵画『叫び』（図8-13）は、前景にいる女性に事物がどのように見えているのかを描いていると解釈される。しかし、『蝶々のいる草地』では、知覚している蝶が含意されてはいるが、提示されてはいない。パルミジャニーノの『自画像』で提示されている見え方は、部分的には知覚者自身のものであり、彼はその見え方に合わせて描かれている。

エディの視点や蝶の視点から事物を描く場合、事物を知覚しているのはエディや蝶なのだから、作品を見る人のごっこ遊びの中では、その人がエディであったり蝶であったりするということが虚構として成り立つ、ということが必ず起こるのだろうか。その描出体を見る人は自分がエディや、パルミジャニーノや、蛙や、蝶であると想像するのだろうか。[49] この問いかけは、友だちに同情するとき、自分が彼であると想像しているのか、それとも単に、彼が持っていると私が思う経験や感情を私が持っているところを想像しているだけなのか、という問いかけに非常に近いものである。（第1章4節、第7章2節を参照のこと。）人物視点のショットは後者の様式で解釈できるだろう。見ている人は、自分がエディや蛙であると想像するというよりは、一定の種類の経験を、つまり、エディや蛙が経験しているということが虚構として成り立つと思われるような知覚的経験を、自分がしているところを想像するのかもしれない。いくらか異なった種類の例によって、この可能性が例証されるはずで

である。

黒澤明の映画『羅生門』は、登場人物が見ている事物ではなく、記述している事物として、ものごとを描いている。焦点となるのは、妻を連れて森を旅していた一人の侍とある盗賊との対決である。それは居合わせた者たちによって、後から審問の席で語られている。目撃者はそれぞれ自分の証言を開始し、私たちは、目撃者がこう起きたと主張する事件を見るのである。[50]説明は食い違う。それゆえ、(言わば)同一の出来事の両立しない複数の編集版を見ることになる。盗賊によれば、盗賊が侍を殺したのである。妻によれば、妻が殺したのである。当然、少なくともどちらか一人が嘘をついている。二人のどちらかまたは両方の証言が、当人の見たものと一致していない。だから、証言を描き出す一連の映像を見るとき、『暗黒街の弾痕』を見るのとは違って、私たちは「登場人物の目を通して」見ているのではない。私たちの見るものは、登場人物が見るものではない。こういう次第で、この作品を見ている人が虚構的にその登場人物であると想定する理由や、見ている人は自分が登場人物であると想像しているはずだと期待する理由は、ほとんどないことになる。作品を見る人が行なっていることは、もちろん、虚構として審問の席で登場人物たちがどのように証言するのかを知る、ということなのである。

作品を見る人が虚構として見ているということですら、私たちは許容できるのか。妻がその侍を殺したということが、彼女の言うとおりに虚構として成り立つのでないならば、いったいどのようにして、彼女が殺すところを私が見るということが虚構として成り立ちうるだろう。

この映画のいろいろなシークェンスを映画全体から区別し、さらにシークェンスを互いに区別することにしよう。目撃者それぞれの証言を描くシークェンスは、それ自身の分離した虚構世界を持っていて、映画の残りの部分と映画の世界を作るために結びつくと考えることができる。観る人はそれぞれ別のごっこ遊びを各シークェンスで行なう。そういうごっこ遊びは映画全体でその人が行なうごっこ遊びとは別ものである。妻の証言を描くシークェンスにおいては、妻が夫を殺したということが虚構として成り立つ。そして、そのシークェンスによる私のごっこ遊びにおいては、彼女が夫を殺すのを私が見るということが虚構として成り立つ。盗賊の証言を描くシークェンスは、彼が殺害を実行するのを私が見るということが虚構として成り立つごっこ遊びにおいて、小道具となる。しかし、映画全体においては、誰がその侍を殺したのかに関するいかなる確定した命題も、虚構として成り立ちはしない。また、誰がそれを行なったのかを私が見るということは、全体による私のごっこ遊びにおいては虚構として成り立たない。(このことによって、映画全体は、こうなっていない場合に比べると、描出体である度合いを減ずることになる。ただし、映画のそれぞれの部分は完全に描出的なのである。)

とはいえ、全体は部分に依存している。あるシークェンスの世界で起こる事柄は、映画全体の世界においては、当該の目撃者が起こったと主張している事柄なのである。（これは、ある虚構的真理が他の虚構的真理たちによって含意される例の一つである。だが、含意される虚構的真理と含意する虚構的真理は、相異なる世界に属している。）また私が、虚構としてそのシークェンスを用いたごっこ遊びで見ている事柄は、全体を用いた私のごっこ遊びにおいては、これが起こったと目撃者が証言するのを私が聞いている事柄である。もちろん、これが、証言を絵解きとしてそのシークェンスを記述するときに私が意味していることである。そのシークェンスは、目撃者の証言に沿って、何が起こったのかを私たちに見せているのである。

以上の解釈は、『羅生門』を観る経験とよく合致する。観る人は個々のシークェンスの劇に没入し、多かれ少なかれ法廷手続きという枠組みを忘れている。そして、（例えば）妻が自分の夫を刺すところを生き生きと想像する。だがそれは、場面が法廷に切り替わって、観る人が映画全体の世界に引き戻されるまでである。こうなると、観ている人は、妻は自分が夫を殺したと証言しているとのみ想像するのである。（人は、キュービストの絵の空間的な諸部分に対しては、同じ程度に関心を集中させるわけではない。これが、キュービストの絵をコラージュと見なすことを私が保留する一つの理由である。）

『暗黒街の弾痕』に見られるような、通常の人物視点のショットについて同じような解釈をすることは、不可避ではないが、可能ではある。『暗黒街の弾痕』の最後のショットは、その時かぎりの分離されたごっこ遊びの小道具であって、映画全体の世界の中で、エディに事物がどのように見えているのかを描いていると見なすことができる。そのごっこ遊びにおいては、そのように事物が見えているということが虚構として成り立つ。そして、映画全体、および映画全体を用いたごっこ遊びにおいては、エディにそう見えているということが虚構として成り立つ。私たちは、いかなる世界においても観ている人がエディであるということが虚構として成り立つ、と考える必要はない。また、観ている人は自分がエディであると想像している、と想定すべきでもない。

ルーベンスの『ヴィーナスの化粧』（図4-2）を思い出そう。この作品は、ヴィーナスが鏡の中に見ている像を鏡の反射として見せている。それは絵を見る人の視点から見えるはずのものではない。鏡が描いているものは、分離された一つの描出体であって、絵画全体の世界の中で、虚構としてヴィーナスが鏡の中に見ているものを描き出している、と見なすことができる。

『蝶々のいる草地』は、適切な空間的ないし時間的な部分に、容易には分割されない。だが、絵を見る人に草地がそう見えるということが虚構として成り立つようにする描出的な側面を備えたものとして、この絵をとらえることは可能である。そしてさらに、この側面は、次の段階では、虚構において事物がもう一匹の蝶にはどのように見えているのかを描くものとして解釈されるのである。

登場人物の知覚的な視点から描出体が事物を描くものには、

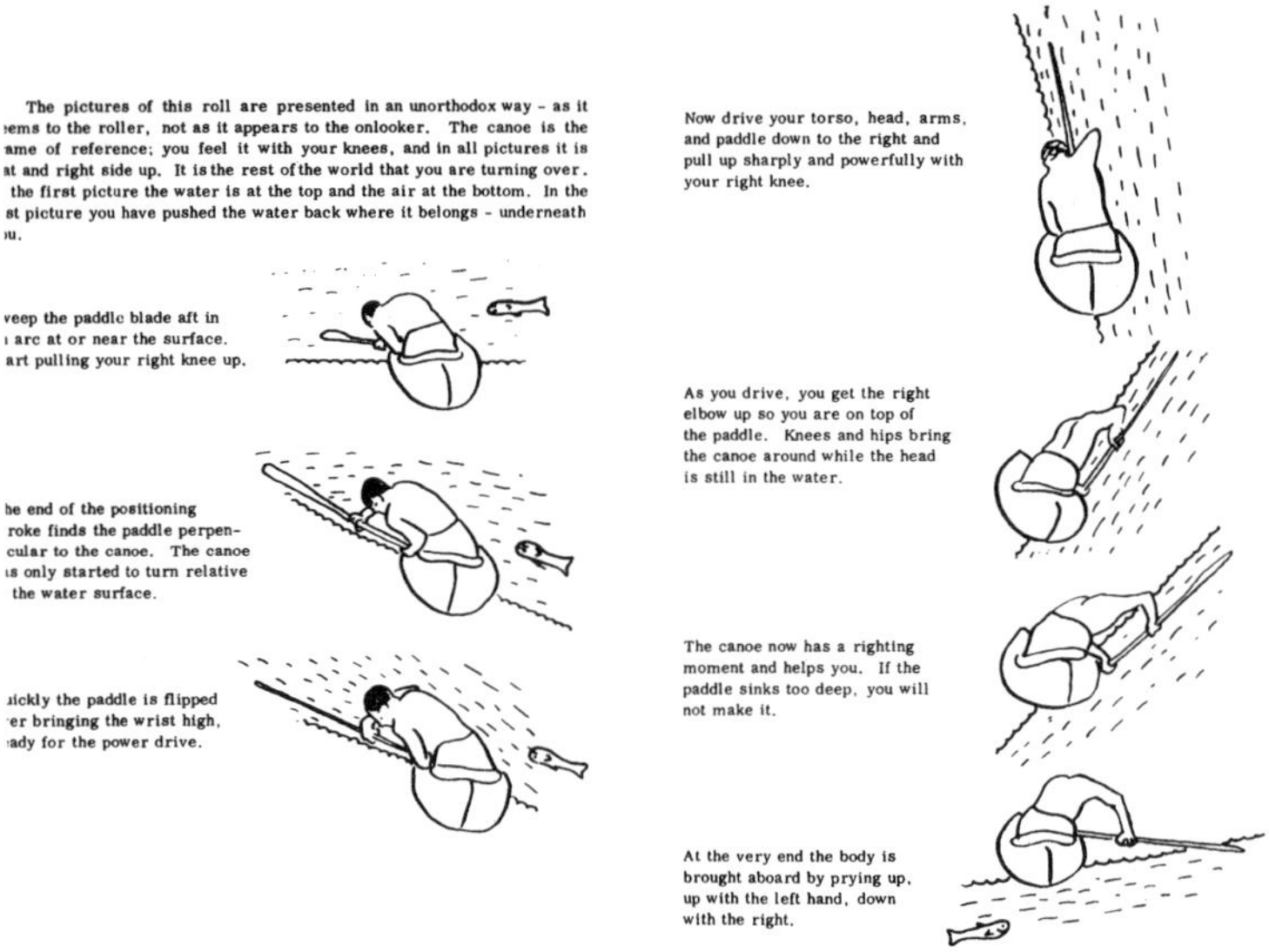
The pictures of this roll are presented in an unorthodox way - as it
eems to the roller, not as it appears to the onlooker. The canoe is the
ame of reference; you feel it with your knees, and in all pictures it is
at and right side up. It is the rest of the world that you are turning over.
the first picture the water is at the top and the air at the bottom. In the
st picture you have pushed the water back where it belongs - underneath
ou.
veep the paddle blade aft in
arc at or near the surface.
art pulling your right knee up.
he end of the positioning
roke finds the paddle perpen-
cular to the canoe. The canoe
as only started to turn relative
the water surface.
uickly the paddle is flipped
er bringing the wrist high,
ady for the power drive.
Now drive your torso, head, arms,
and paddle down to the right and
pull up sharply and powerfully with
your right knee.
As you drive, you get the right
elbow up so you are on top of
the paddle. Knees and hips bring
the canoe around while the head
is still in the water.
The canoe now has a righting
moment and helps you. If the
paddle sinks too deep, you will
not make it.
At the very end the body is
brought aboard by prying up,
up with the left hand, down
with the right.

図 8-14　カヌーのエスキモーロールの解説図（Robert E. McNair, *Basis River Canoeing*, 3rd Edition, American Camping Association, 1972 より）

さまざまな事例がある。それらを見る人が、知覚者である登場人物と自分が同一であると想像するかどうかに関しては、どういう言い方が好まれるかいろいろな可能性がある。だが、いずれにせよ重要なことは、見る人が登場人物のパースペクティヴを共有するということである。見る人は、その描出体の部分ないし全体を用いて視覚的なごっこ遊びに参加する。そして、その人は虚構において登場人物が見るやり方で見ている、ということが虚構として成り立つのである。このとき、登場人物の目を通じて見ると考えるにせよ、自分の目を通じて見ると考えるにせよ、その人は登場人物が見るように見ていると想像する。こういう参加が、ここで扱ってきたような描出体に対する私たちの経験において、本質的なのである。それはちょうど、感情移入の経験にとって、他人がそう感じていると自分に思われるような仕方で自分が感じると想像する――自分自身がその人物になってそう感じていると想像するのでないとしても――ことが本質的であるのと同様である。実際、私たちは、描出体を見る人が登場人物の知覚経験に「感情移入」していると見なしているのかもしれない。そして、この「知覚的感情移入」が、例えば、『狼の時刻』のボイルを対象として、彼の掻き乱された心的状態に「感情移入」することに役立つのかもしれない。

　図8-14は、どうやってカヌーのエスキモーロールを行なうのか、つまり、スラローム艇（密閉型）が転覆したときにどうやって立て直すのかを描いている。この素描は、虚構において絵の中の漕ぎ手に事物がどのように見えているのかを示すもの

として（ただし、本人の背中の画像はもちろん除外する）、ある程度まで解釈できる。だが、この場合の要点は、絵の中の漕ぎ手に「感情移入」したり理解したりするのを促すことではない。そうではなくて、私たちが自分でこの技ができるようになるために、この技を実行するのがどういう感じなのかを教えることである。重要なのは、自分がある経験をしているところを想像することである。[51] 私たちが虚構において経験する事柄が、漕ぎ手が経験しているということが虚構として成り立つ事柄であるという事実は、それを理解すれば当該の経験をしているところを想像するのに役立ちはするものの、副次的なことなのである。

見る人の視覚的なごっこ遊びが決定的に重要である。自分自身がロールしているところを私が想像するということが決定的なのである。虚構の中で世界と水平線は、私の視界において、私に相関して回転する。これこそ、エスキモーロールを行なうことがどんな感じなのか、という生き生きとした感覚を私に与えるものである。この素描がすべて水面は下、空は上というように直立になっていたなら、その効果はまったく違ったものになってしまい、多少とも教えになるところなどほとんどなかっただろう。それらの絵の世界において虚構として成り立つことは、その場合にもまったく同じであることは確かである。違いは、見る人のごっこ遊びの方に存在する。絵を見る人は、虚構として、エスキモーロールを行なう人の視覚経験ではなく、他人がエスキモーロールをしているのを見ている人の視覚経験を持つことになる。[52] この例は、こういう単純な場合においてさえ、見る人の視覚的なごっこ遊びの小道具となるという描出体の役割を認識することが不可欠だ、という点を劇的に確認するものとなっている。

「として見る」とか「の中に見る」という言葉遣いで絵というものを考えようとする人々は、この違いを容易に見逃してしまうだろう。この違いは、人が絵を何として見るか、あるいは絵の中に何を見るか、ということには存していない。そうではなくて、人が絵を見るやり方の方に存しているのである。すなわち、視覚的なごっこ遊びという言葉で説明されるものの方に存しているのだ。

8 結論

知覚的なごっこ遊びによって描出作用を解釈することは、いろいろな方面で――写実性を説明する点で、描出様式の視点やその他の諸側面を説明する点で、また描出を記述から区別する点で――実り多いということが立証された。この解釈は、絵画的な表象作用において視覚に特にかかわるものが何なのかを明らかにする。また、この解釈は、理論以前の印象を裏書きしており、描出と記述の間の（平たく言えば、「見せる」ことと「語る」ことの間の）対比が根本的なものであって、表象体が描出的であるかないかは表象体に関する重要な事実であるという印象を支持する。この重要性は、知覚が私たちの生活の中で備えている重要性を映し出しており、また、私たちが現実に知覚したりしなかったりする仕方が重要なのだということを映し出している。

描出作用のこの説明は、理論上の敵対者たちの説明を理解する上でも、私たちの助けになる。「稠密性」や「充実度」や「連続的な相関性」が、視覚的なごっこ遊びを豊かで生き生きとしたものにするのにどのように貢献するのかを私たちは観察した。（すなわち、絵の世界を探索する場合の終わりのなさを強めることによって貢献するのであり、また、知覚的に確かめるのが容易なことと困難なことが、虚構世界と現実世界の間で互いに対応するのを確実にすることによって貢献するのであった。）さまざまな表象体や表象体系の他のいろいろな属性について、あるいは表象体に対する私たちの反応について、同じことが言える。理論家たちは、これまで、表象体のいろいろな属性や表象体への私たちの反応について、それらが全体的にも部分的にも描出性（絵画性）を構成するものとなっていると強調してきた。ある理論家によれば、絵画性が存するのは、まずは、「共に視認可能」な特性たち——与えられたときに与えられた地点から視認可能な複数の特性——を表象する作用においてであり、さらには、描出体が明度（輝度の相互関係を含む）を表象するのに用いる特性が、形を表象することにも役立てられている事実（と称するもの）においてなのである。[53] 別の理論家が注目するのは、一つは、絵画が現実生活の知覚の場で私たちが使う認知的な諸能力にかかわるという事実であり、もう一つは、絵画を解釈する能力が描かれた種類の事物を認識する能力に基づくという事実であり、さらには、「自然な増殖性（natural generativity）」である。「自然な増殖性」とは、大まかに言えば、一つの絵画的体系を習得していくつかの絵を解釈できるようになると、他の無限に多くの絵を理解する上で、新しい語彙を学ぶような学習は一切要らない、という私たちの能力のことである。[54]

こういった特性たちは、それが現前しているときに、現前している範囲において、絵画を見ることと事物を見ることとの類似性を強めていて、この類似性が視覚的なごっこ遊びを促す。ある表象体が共に視認可能な特性を描いているならば、その表象体を見るときに私たちが同時的に見て取るその描かれた特性群は、世界を見るときに私たちが同時的に知覚しうる特性群になる。この二番目の特徴のおかげで、ちょうど現実生活において、形を視覚的に見きわめるのが色と明度の移り変わりを知覚することによってであるのと同じように、形の描出を確実に捉えるのは、色と明度の価の描出を見ることによってであることになる。私たちの知覚的な能力は、絵画を解釈するときそこにかかわっていると主張されるのと同様、現実を知覚するときそこにかかわっている（これは明白である！）。（このことは、現実のものを認識する能力が、それの絵を見ることによってどうして獲得できるのか、ということを説明している。）「自然な増殖性」は、特別な訓練なしに新しい事物を知覚して理解することができる、という能力と結びついている。[55]

私たちは、表象体を受け取る能力が記号の読み取りや推論の働きを用いずにどのように理解できるかという点についての考察が、視覚的なごっこ遊びにつながるということに注意した。記号の読み取りと推論は、ウォルハイムが表象作用に不可欠であると考えるものである（とはいえ、ウォルハイムの定義の一部ではない）。絵画的体系の解釈のよどみなさは――これをグッドマンは写実性の試金石であると明言しているが――、明らかに視覚的なごっこ遊びに同じ仕方でつながるのである。

類似さえ――類似とは描出体が（ある場合には）それが描出しているもののように見える個別的に特定可能な側面のことだが――ある役割を果たすことになる。緑色の絵の具が、緑の葉を描くのに通常用いられることは偶然ではない（ただし、描く方の緑の色合いと描かれる方の緑の色合いは、かなり違っていることもある）。木の葉が虚構として緑であるとは、その葉の緑色を虚構において見るという事実になるだろう。このことに注意が向けられるような仕方で木の葉を表象したいのならば、なすべきことは、まったく明らかに、木の葉の緑色を表象するために緑色を使用することなのである。

これら描出作用の表徴であると称される事柄は、それぞれの言葉遣いで考えていくと私たちを混乱させる。提案されるいろいろな定義が、互いに似た直観を捉える試みであるという印象を与えないのである。そして、こういう定義のどの一つも、全体的な類似性という曖昧に定義された概念に訴えるやり方が備えているような、直観的な本当らしさを備えてはいない。稠密性、連続的相関性、自然な増殖性などは、確かに絵画と普通に呼ばれるものと相関性をもつ傾向はある。だが、これらは、理論以前の段階でさえ、描出作用の本質から納得しかねるほど隔たっていて、周縁的で、予兆のようなものであるという印象を強く与えるだろう。これらの概念による定義は、どれほどうまく絵画という集合の外延を限定するのに成功するとしても、一つの理論から得られると期待される洞察を提供してくれない。多くの事例で、またさまざまな程度で、私たちは怪訝な気持ちのままにとどまることになる。例えば、こういうやり方で定義された絵画性について重要なのは何なのか。結局のところ、描出と記述の対比は根本的なものなのかどうか。ある描出体を写実的にしている要因は、そもそもそれを描出体にしている要因と何か関係があるのか。描出作用のこういう説明は、絵画のさまざまな様式の重要な側面の解明を助けるのか。また、場合によるが、何が絵画において特に視覚的であり、何が描出体において特に知覚的であるのか。結局、私たちは怪訝な気持ちのままなのである。

今、私たちは、この雑多な集まりが一つの共通の目的に結びついていることを理解している。その目的は、豊かで生き生きとした知覚的なごっこ遊びを推進することである。上に言及された特徴は、どれも絵画性の核心部に存在しているものではない。だが、偶然的にのみ絵画性に関係しているわけでもない。こういう特徴が知覚的なごっこ遊びに及ぼす影響は、これらの特徴の有無がどのように重要であるのか、そういう特徴が絵画的様式の変化にどのように関わっているのか、ということを示唆している。描出作用についてのごっこ遊びによる説明は、そういう特徴のそれぞれに場所を与え、そこに置くのである。この説明には誇りうるさまざまな良い点があるが、次のことを付け加えることができる。すなわち、この説明が投げかける光によって、表面的には動機が不明瞭できわめて少ししか洞察を与えず、思いつきめいた大量のごた混ぜな提案にしか見えないものが、意味を成すようになり始める、ということである。

読者は、私が非虚構的な描出作用の存立の余地を与えなかったことに、気づいているだろう。絵は定義において虚構なのである（絵画が作品である場合は、虚構の作品である）。もちろん、絵がごっこ遊び的な信念形成において役割を担うことに加えて、何かを教えたり、情報を伝えたり、記録を残したりするために用いられることはしばしばある。だが、視覚的であるか否かにかかわらず、ごっこ遊びの小道具として役立てられるという任務を持つこと、そういう役割を保有していること、これは、第2章で説明した意味で、虚構であるということなのである。

言葉はこれと異なる。言葉は、しばしばごっこ遊び的信念を介在させずに何かを教えたり伝えたりする。言語的なテクストには、虚構であるものもあれば、虚構でないものもある。記述と描出は、同じ傾向を示す概念ではない。一方は虚構の一つの種類であり、もう一方は虚構というカテゴリーには収まらない。思うに、「記述」（「言葉」、「言語的象徴」）は意味論的な用語や統語論的な用語によって定義される。だが、描出は語用論的な概念である。すなわち、意味論的な内容を備えた事物の使い方の問題なのである。

この語用論的なカテゴリーを認識し、事物の見方に関して、このカテゴリーに中心的な位置を与えることには十分な理由がある。視覚的なごっこ遊びで絵を使うことは、以下に述べるような仕方で、絵が意味論的内容を持つことに先立っている。絵がどんな「情報」を含んでいるのか、絵がどの命題を選び出して指定するのか、ということを私たちが確認するのは、ほとんど常に、絵をごっこ遊び的な信念の形成に用いることによってである。ある絵が鹿を描いていると分かったり、鹿が草地を跳ねていくとか、小川のそばで草を食んでいる、といった命題を特定し、そういう命題を虚構として認識したりするのは、自分が「ある絵を鹿として見ている」とか「鹿を絵の中に見ている」、あるいは、自分が鹿を見ているところであると想像している、といったことに私たちが気づくときである。ごっこ遊びに携わることなく、絵を「読む」のは、単にその絵の表面の色と形に注意を向け、解読の規則や原則に訴えることだが、これは困難である。少なくとも、読み取る命題が、個別的で微妙なものである場合は、困難である（例えば、鹿がかすかに気遣わしげな様子で首をもたげているとか、さざ波がきらきら輝く水の表面の光を揺らめかせている、といった命題の場合）。これが意味することは、絵が情報の伝達や、何かを教えたり、告げたり、思い出させたりするために用いられるとき、こういう目的に絵が役立つのは、絵のごっこ遊び的な信念形成における役割を通じてなのだ、ということである。絵という手段で何が言われているかを理解するためには、私たちは、その絵を視覚的なごっこ遊びに使用しなければならないのだ。

　この認識論的な核心部分は、もっと実質的で重要な問題の一つの現れにすぎない。すなわち、ある絵が、鹿が存在する、という命題を選び出して指定すると言われうるのは、おそらくは、絵が自然にたやすくごっこ遊びの小道具として用いられうる（絵を見るのに適した感覚能力のある人間によって）という事実の所為なのである。このごっこ遊びの中で、人は虚構において鹿を見るのだ。これにかかわる生成の原理は、その絵が容易に「として見られる」ものは、その絵がそれの絵であるところのもの、言い換えれば、その絵が虚構として成り立つようにするものと、多くの事柄を共にするという原理になるだろう。その絵の意味論的内容、つまりその絵が取り出して指定する命題は、端的に、その絵が虚構として成り立つようにする命題なのである。絵をごっこ遊び的な信念形成に用いるということは、ただ単にその絵の「情報」を引き出すための便利な手段なのではない。それは、根本的な第一の手段なのである。ごっこ遊びの中で人が決めることが、最終的な決定となりやすいのだ。言葉の意味論的内容は、これと対照的に、もっと直接的なやり方で接近可能であり、言葉がごっこ遊び的な信念形成において持ちうる用途からは独立である。

第9章　言語的表象体

言葉は、ごっこ遊び的な信念に使用するのに適している。言葉には意味論と統語論の特性があらかじめ備わっているから、その特性によって無数の仕方で言葉を結びつけて、広い範囲の命題を示すことができる。言葉のそもそもの主たる目的は、通常のコミュニケーションに用いて断定や、問いかけや、要求の伝達手段となったり、あるいは思考の媒体となったりすることかもしれない。しかし、言葉は想像を命令するために、そのまますぐに使うことができる。言葉を使って一定の命題を選んで指定し、他人にそれを想像するよう求めることができる。口頭または書かれた文章の言葉の集まり自体が、そういう命令を発するものとして理解される場合、その言葉の集まりは小道具となる。小道具であることがその機能であるなら、そういう言葉の集まりは、私たちの言う意味での表象体である。文学作品は、まさにこの意味で、作品中の文の集まりが特定する命題を想像することを単純に命令するものとして理解できる場合があるかもしれない。だが、ほとんどの文学作品は、ごっこ遊び的な信念形成においてもっと複雑な役割を果たしている。

1　言語による描出

前章では、言葉は知覚的なごっこ遊びではうまく役に立たず、そのまますぐには描出体として機能しないと述べた。この点はさらに説明する必要がある。言葉は言葉を簡単に描出できる。デイヴィド・ギルモア・ブライス[1]の描いた『郵便局』の「GENERAL DELIVERY」という言葉は、郵便局の窓口の上にあるその言葉の刻印を描出している。画布上のその言葉を観察することは、虚構としてその刻印を見ることなのである。また、俳優が発する言葉も描出的である。ローレンス・オリヴィエ卿が舞台上で発する言葉を聞くとき、芝居を観ている人は、虚構としてハムレットが語るのを聴いている。こういった事例では、発話や印しは反射的描出体であり、それらは自分自身を描出している。「具象」詩、つまり言葉が木とか家とかその他何らかの形象を作るように配列された詩は描出体であるが、通常は反射的描出体ではない。

言葉の意味論的な特性は、こういう描出の役割にとって本質的ではない。言葉を意味のない音や形と見なしても、それは同じものを描出するだろう。具象詩の中の言葉の意味は、それが木や家を描出することに寄与していない。だが、意味論的な特性たちは、ほとんど不可避的に何らかの役を果たしてしまう。虚構において、郵便局の壁の上にある言葉は「General Delivery（局留め郵便）」を意味している。オリヴィエが発する言葉の意味することは、虚構において、ハムレットの言葉が意味することである。

ほとんどの小説は、『郵便局』の言葉やオリヴィエの発話のように豊かな描出性を備えてはいない。しかし、多くの小説が、少なくとも簡略な知覚的ごっこ遊びの小道具にはなる。『ガリヴァー旅行記』を読むことは、虚構として、船の航海日誌を読むことである。リチャードソンの『パミラ』のような書簡体小説が手紙を表象する働きや、『トリストラム・シャンディ』が自伝を表象する働き、また、その他さまざまな文学作品が新聞や日記や覚書を表象する働きは、描出作用に近い。しかし、こういった作品が用いられるごっこ遊びは、最小限度に知覚的なだけである。読むということが、虚構において遂行されるほぼ唯一の知覚的な行為である。『ガリヴァー旅行記』の印刷された文章を吟味しているのならば、手書きの航海日誌を注意深く見ているとか、判読できない文字の形を観察しているといったことは虚構として成り立たないだろう。『トリストラム・シャンディ』の風変わりな印刷の仕方、真っ白なページや真っ黒なページは、読者のごっこ遊びに少しは知覚的なものを付け加えている。書簡体小説の一冊が筆記体の署名を含んでいたら、それは十分に署名‐画像となるだろう。だが、書かれた文章が語られた言葉を表象しているとき（先立って語られたこの書かれた引用を、ではないとき）、描出の働きはほとんど脱落する。様相横断的な描出がどれほどありそうにないかは、すでに見ておいた。様相横断的な場合は、読者が話された言葉を聴く、ということが虚構として成り立つことになるだろう。話し手が読者に語りかけるということさえ虚構として成り立つかもしれない。しかし、読者が現実にその文章を知覚していること、つまりその文章を読んでいることについて、それが言葉の話されるのを聴くことであるということは、虚構として成り立たないはずである。

『ガリヴァー旅行記』は第一義的にはガリヴァーと彼の冒険に関わっているのであって（現実世界の風刺の標的については言わないことにすれば）、航海日誌に関わってはいない。意味をもった言葉による表象作用は、そういう言葉が記述している種類の事物を表象するための仕掛けである。だが、この表象の働きは、描出することではまったくない。その小説を読んでいるあいだ、私たちがガリヴァーを見ているとか、彼の冒険を見つめているということは、虚構として成り立たない。言葉は知覚的なごっこ遊びにうまく適合しないという見解の正しさは、ここにある。文学作品の意味論的な特徴によって、その作品において虚構的とされる命題群が選び出されて指定され、作品の表象する事柄がこうして決定されるのであるかぎり、文学作品による表象の働きが描出となることは、およそありそうにない。言葉によって描出するのが困難であると判明する事柄とは、言葉が記述する事柄である（ただし、たまたま言葉が言葉を記述している場合は除くのだが）。

　言葉を巻き込んでいるごっこ遊びは、重要な点で知覚的な場合もあるし、ほとんど知覚的でない場合もある。この事実は、ごっこ遊び的な信念形成における言葉の使われ方の大きな多様性を例証している。言語的表象体は、それが言葉を使っているという事実を越えるいかなる統一性ももたない。だが、語り（*narration*）という種類の言語的表象体は、特別に中心となるものである。私は、多くの他の言語的表象体の歴史的な祖先は語りなのではないかと考えている。ただし、ここは「物語論（narratology）」の本格的な検討を開始すべき場所ではない。だが、表象作用に関する私たちの一般的な説明が貢献できるような決定的な局面をいくつか注意して見ておくことができる。

2　語り

> 『トム・ソーヤーの冒険』という名前の本を読んだことがないなら、俺のことは知らないわけだ。でも、大した問題じゃあない。あの本はマーク・トウェインさんが書いた。あの人は本当のことを言ってた、まあ大体はだ。誇張してる事柄もあるけれど、大体は本当のことを述べてた。どうってことじゃない。どんな時にも嘘は吐かないっていう人間は見たことがない。
>
> ——マーク・トウェイン『ハックルベリー・フィン』

言葉が言葉を表象するとき、意味あるものとしてだけでなく、通常の仕方で使用されるものとして表象するということはまったく当然のことである。言語的表象体を作り上げている言葉たちについては（トークンではないにしても語タイプとしては）、誰かが出来事を報告しているとか、言葉で態度を表明しているとか、友人に手紙を書いているとか、日記をつけているとか、言葉を発することで議論したり、嘆願したり、怒鳴ったり、熟考したりしている、といったことがしばしば虚構として成り立つ。登場人物が虚構において話したり書いたりする言葉からできている表象体は、語りによる表象体である。虚構において話したり書いたりしている登場人物は、語り手（*narrator*）である[1]。

　虚構において語り手が別の登場人物の言葉を直接的に（また正確に）引用する場合、その文中の言葉たち（語タイプ）について、引用する側の登場人物だけでなく引用された側の登場人物も、それらの言葉を使用している（使用した）ということが虚構として成り立つ。私たちは、引用された側の登場人物を語り手に数え入れるのは避けたいと思うだろう。ともかく、その文章に対する引用された側の登場人物の関わり方と、引用する側の登場人物の関わり方との違いは重要である。引用する側の言うことを読んだり聞いたりしているということは、私たちのごっこ遊びの中で虚構として成り立つことになりやすいが、引用された側の言うことについてはそうではない。

語り手は、普通、(現実の)作者とは区別される。批評家や理論家がこの区別を力説するときに言おうとしていることは、たいていは語り手の備えているさまざまな特性を作者に当てはめるべきではないということである。語り手がある種の行為をよくないと思っていることが虚構として成り立っているとしても、私たちは、作者が現実にそう思っていると決めてかかってはならないというわけだ。これは、言いたいことはよく分かるが、混乱した言い方である。現実の作者は、作品の語り手でもありうる。作者について、その文章中の言葉を彼が話したり書いたりしている、ということが虚構として成り立つことは可能なのである。[2] ところが、語り手(=作者)が虚構においてしかじかの特徴を備えているということから、作者が現実にそういう特徴を備えていると単純に推論することは、依然として規則違反である。(作者が語り手でなくても、作者と語り手は無数に多くの特性を「共有」することがある。語り手は、作者がその口から語る代弁者かもしれない。)

語られた作品の唯一の語り手といったものは存在しなくてもよい。違う語り手たちが素早く次々に入れ替わることができる。ほとんどの演劇では(脚本でも上演でも)書かれた数行の台詞ごとに新しい語り手が存在する。語っているそれぞれの登場人物が、私たちの意味において、その人物に属する台詞の語り手である。会話を表象するときに「と彼は言った」を省略する小説は、(たぶん、省略しない小説のいくつかも)似たようなやり方で解釈することができる。

――もしもし……

――あらファニー!

――もしもし。どちら様でしょう。

――わたしよ、ファニー。ネネ夫人はお元気?[3]

この一節は、交互に語る二人の語り手を備えている。この文章の言葉は、虚構において、二人の会話者を引用する誰か一人によって語られているのではない。そうではなくて、会話する二人がこれらの言葉を述べているということが、虚構として成り立っている。語り手とは、その人物を含む作品を統合する特徴であると解釈する人々もいる。語り手はこの目的に役立つことがありうるが、常にそうなるのではないのは明らかである。

語りの言葉について、それが誰かの話したり書いたりしたものだということが虚構として成り立つならば、読者の側のごっこ遊びでも、その人が話すのを聞いているとか、その人の書いたものを読むということが、虚構として成り立つことになりやすい。虚構として、私たちは、語り手が冒険を物語っているのを聞いていたり、その人の手紙や航海日誌や日記や自伝を読んでいたりするのである。時には、語り手が私たちに話しかけるということが虚構として成り立つこともある。あるいは、語り手が誰か他の人に話しているのを傍で聞くとか、独り言を言っているのを聞くとか、他人のために書いたものを読む、ということが虚構として成り立つ場合もある。虚構として私たちがどうやってその人の言葉を見たり聞いたりできているのかということは、大抵ははっきり決まっていない。この点を問い質すのは、愚かな問いになるだろう。虚構において、語り手が（現実世界の）読者や聴き手以外の誰かに語りかけている場面は、映画における人物視点のショットのように扱うことが可能かもしれない。（第8章7節を見られたい。）マヌエル・プイグの『ハートブレイク・タンゴ』で、ネリダ・フェルナンデス・デ・マッサからエチェペア夫人に宛てた一九四七年五月一二日付の手紙の描写の一節を読むとき、私は、この一節を使って、虚構として私自身が語りかけられているごっこ遊びに一時的に携わっていると解釈することが可能である。だが、自分がエチェペア夫人であるかどうかについては決めないでおく。いずれにせよ、虚構として私が語りかけられる様態は、その作品全体においても、また全体を用いた私のごっこ遊びにおいても、エチェペア夫人が語りかけられているということが虚構として成り立つ様態であることになるだろう。私は、エチェペア夫人が虚構においてどのように語りかけられるのかということを、（その一節を使った私のごっこ遊びで）虚構として私がどのように語りかけられるのかに注目することを通じて知るのである。だが、こういう解釈は、虚構において、他人に向けられた談話をふと耳にするとか、ふと目にするといった解釈が無理なく成立する場合には、採用するまでもないだろう。例えば、語り手の古い手紙を屋根裏で私が発見した可能性がある、ということが虚構として成り立つ、といった場合である（ただし、私がそこで本当に発見したということは、虚構として成り立たなくてもよい）。だから、上に述べたような解釈は、手紙を受け取った人物がすぐにそれを破棄してしまったとか、語り手が聴き手に内密に語った、といったことが虚構として成り立つ場合に魅力的になる。いずれにせよ、語りかけられている登場人物に「感情移入する」かぎりで、読者ないし聴き手は、自分が語りかけられている人物なのだと想像したり、少なくともその登場人物が虚構において語りかけられている仕方で自分が語りかけられていると想像したりする、と私には思われる。

語り手は「物語の中の出来事」への私たちの接近を仲立ちする（*mediate*）、としばしば言われる。出来事は語り手を通じて私たちに間接的に提示されるのである。これは多くの場合本当であるが、間接性の異なったあり方を区別すべきである。すなわち、(a)ガリヴァーの冒険に関する虚構的真理は、ガリヴァーが航海日誌に書いたことに関する虚構的真理によって含意される。(b)読者は、前者の虚構的真理を後者の虚構的真理にもとづいて確認する。そして、(c)航海日誌を読むことによって読者はガリヴァーの冒険について学ぶということが虚構として成り立つ。

描出の場合、これと同じ間接性は、通常は生じない。確かに、物がどのように見えるかという虚構的真理によって含意されるかたちで、描出される対象に関する虚構的真理が間接的に生成されることはありうる。(おそらく、描出される対象に関する虚構的真理は常にそうやって生成されている。)私たちは、物がどのように見えるかという虚構的真理にもとづいて(特にそれに注目してはいなくても)、描出の対象に関する虚構的真理をとらえているのである。そして、事実として成り立つように見えるということから事実であることを判断する、ということが虚構として成り立つだろう。しかし一般に、こういう含意される虚構的真理の生じる経路が、語り手の意識のような、他の(虚構的な)意識を経由することはない。事物がどのようであるのかという虚構的真理を含意するのは、事物が私たちにとってどのように見えるのかという、私たちのごっこ遊び世界における虚構的真理なのである。また、虚構において、私たちは自分自身で事物を見ている。これは、事物がどのようであるのかを、どのように見えるのかということから判断しなければならない場合でも、そうなのである。『狼の時刻』や『羅生門』は例外である。例外的に、虚構として(全体としてのその世界においてて)事物がどのようであるかということが、虚構において事物がボイルにどのように見えているか、ということに(部分的に)依存している。あるいは、虚構においていろいろな証人によってどのように事物が記述されるか、ということに(部分的に)依存している。(虚構において事物がどうであるのかを、私たちが、ボイルにとって事物がどう見えているかということから判断しているのかどうか、あるいは、証人がどう記述するかということから判断しているのかどうか、この点はそれほど明らかではない。)とはいえ、個々の場面やシークェンスを用いるごっこ遊びにおいては、事物を私たち自身が見るということが虚構として成り立っている。そして、その場面やシークェンスにおいて虚構として事物がどのようであるのかということは、事物が私たちにどのように見えるかということにもとづいているのである。

語りによる表象体の場合、語り手の全知や語り手の消去などと言われるものが、間接性の効果を弱め、描出では普通の、物語の出来事への接近の直接性に近いものを与えることは可能である。(全知や消去は、もちろん、読者のごっこ遊びを知覚的にはしない。)しかし、すぐに見ることになるが、語り手は、常に仲立ちをするというわけではまったくない。ここまでに述べたすべてのやり方で常に仲立ちするわけではないし、そのどれかによって常に仲立ちするということさえないのである。

語り手にはたくさんの種類がある。その多様性は、よく知られた文学作品をざっと調べ、批評家がどう言っているかを見るだけで明らかである。とはいえ、語り手について述べるときによく使用される概念的な道具立てには、かなり出来の悪いものも含まれている。そのせいで、語りの組み立ての重要な特徴が、間違って解釈されたり無視されたりすることもある。ここで特に念頭にあるのは、語り手の「信用性」ないし「信頼性」

についての議論、つまり語り手の語る物語と語り手の関係についての議論、および語り手と読者との関係についての議論である。必要とされるのは、多くの事例において、虚構として成り立つことと真理であることの区別への敏感さであり、さまざまな虚構的真理がどの虚構世界に属するのかに関するいっそうの注意深さである。

3 二種類の信頼性

語り手のなかには、他の語り手たちより「信用できる」とか「信頼できる」と言われる者たちがいる。だが、人がこう言っているとき、非常に違う二つの問題が念頭にある可能性がある。一つは、語り手に関してどんな命題が虚構として成り立つのか、という問題である。[4] ある場合には、語り手が大いに信頼でき、知的で、洞察力に優れ、正直で、聡明であるということが虚構として成り立つ。またある場合には、語り手は無知で、混乱しており、詐欺漢であり、自己欺瞞的であり、偏見を持っていて、神経症的であるということが虚構として成り立つ。トーマス・マンの『ヴェニスに死す』では、語り手が「賢明で理性的な心理学者」であることが虚構として（たぶん）成り立っている。[5] ナボコフの『青白い炎』では、ジョン・シェイドがチャールズ・キンボートに対して抱いている関心についてキンボートは自分自身を欺いている、ということが虚構として成り立つ。

語り手に関する虚構的真理は、語り手の言語的な振る舞いに関する虚構的真理によって、しばしばその大部分、またはすべてが含意される。『青白い炎』は、虚構としてキンボートの編集に成るジョン・シェイドの詩と、前書き、注釈、索引のみからできている（索引の中で、他を圧して最長の記載事項は「チャールズ・キンボート」であり、この事項の小項目の一つは「その慎み深さ」である）。私たちはキンボートが言っていることと、どのようにそれを言うかということから、とりわけいつ終わるとも知れない注釈から、キンボートが自己欺瞞に陥っていると判断する。これとは別に、自分の信頼性をぶち壊しにする語り手もいる。すなわち、

私が忘れてしまったことがたくさんあるし、言えないこともたくさんある。多くは言うに足りないし、多くは口にできない性質のものなのだ。

それゆえ、私は作り直す、
私はでっち上げる（少々）
私は歪める
私はまねる
私はそらとぼける
私は暗示する
私は誇張する[6]

語り手の言語的振る舞いに関する虚構的真理から導かれる推論は、しばしば現実生活で私たちが行ないがちな推論を忠実に写し取っている。（現実性原理や共有信念原理が、含意のあり方に顕著にかかわるのである。）語り手が虚構においてどのくらい信頼に値するのかは、しばしば、その語り口なら現実生活においても報告者の信頼性が高まるだろうと思われる度合いにほぼ一致する。ただし、通常、現実生活ではより広範囲の情報が存在しており、私たちはそこに自分の判断の基礎を置いている。だが、作品の全体が単独の語り手に帰されている場合は、その人物が言ったり書いたりすることが私たちのよりどころとなるすべてなのである。語り手の人柄について裏付け調査をしたり、語られることを独自に検証したりすることは、不可能である。（これが私たちに可能だということが虚構として成り立つことはありうるが、私たちが実際にそうするということが虚構として成り立つことはありえない。）

語り手の信頼性に関する虚構的真理は、しばしば他のどのような虚構的真理が含意されるかに影響を及ぼす。語り手が正直で、知的で、聡明だということが虚構として成り立つならば、この事実と、語り手が虚構においてしかじかであると述べたという事実とによって、虚構においてしかじかであるということが含意されることになる。混乱していて、無知で、嘘つきなら、こういう含意は成り立たないだろう。虚構においてしかじかのことが事実ではないと私たちが判断するとき、おそらく部分的には語り手が事実だと言ったということが虚構として成り立つがゆえに、そう判断する場合もあるのだ。このことは、フォード・マドックス・フォードの『良き兵士』など、「信頼できない」語り手をもった作品群の標準的な例によって例証される。人として信頼できることが虚構として成り立つという意味において「信頼できる」語り手たちは、多くの場合、第二の意味においても「信頼できる」語り手となる。つまり、語り手が虚構において語ることは、それが虚構において本当であるということの信頼できる指標になっているのである。

しかし、この二つの種類の「信頼性」が常に一緒に生じるわけではない。そこで、時には、語り手が事実だと主張しているということが虚構として成り立つすべてのこと（または、ほとんどすべてのこと）について、語り手の人柄に関する虚構的真理は考慮せずに、虚構として受け入れるよう命令する（おそらくは「慣習的な」）含意の原則が存在することになる。これが、いわゆる全知の語り手をもつほとんどの作品を解釈するほぼ最善のやり方のように私には思われる。だが、全知という表示は誤解を招くものである。というのも、語り手が全知だということは、通常は虚構として成り立たないからである。語り手が完全に正直であるとか、神のようだとか、テレパシー者で、千里眼で、肉体をもたず、超自然的である、といったことが虚構として成り立つわけではない[7]。むしろ、語り手は全知ではないということの方が虚構として成り立ちさえするだろう。語り手が間違いうることの個別的な暗示があるかもしれない[8]。あるいは、虚構として、語り手は普通の人間にすぎず、普通に短所や欠陥、不十分さ、限界などをもつことが（ちょうど、虚構において登場人物の血管に血が流れていることが非常にしばしば当然と見なされるように）ごく単純に当然と見なされているかもしれない。これとはまた違って、虚構において語り手がどのくらい聡明なのかがはっきりしない場合もある。とはいえ、〔いわゆる「全知」の〕語り手が語っていると描写されることは、どんなことであれ、それは本当なのだと解釈してよい。つまり、虚構として語り手がPと言っているならば、語り手の聡明さについて、何かが虚構として成り立つか成り立たないかには関わりなく、P自体が虚構として成り立つことが自動的に含意されるのである。おそらく、語り手はPを知っているということが虚構として成り立つのだろう[2]。そして、（私たちのごっこ遊びにおいては）語り手がPと言っているということが虚構として成り立つなら、私たちが語り手の言うことを真に受けるということが虚構的となるのだろう。だが、「どうやって語り手はそれを見出したのか」「なぜ私たちは語り手を信じねばならないのか」「どうやって語り手は誰それの秘密の思考を、本人よりもよく知りうるのか」といった問いは、愚かな問いなのである。こういう問いは問われるべきではないし、問われたとしても、「なぜなら、（虚構において）語り手は全知であるから」という答え方で答えられるべきではないのだ(9)。

この取り決めの有利なところは明白である。このおかげで、作者は、登場人物や出来事に関する虚構的真理を、歯切れよく明快に打ち立てることができるようになる。そういう虚構的真理には、人々の最も内奥の思考や感情も含まれる。作者は、こうして虚構的真理に間違いなく達する方法を、読者に与えることができるのだ。作者がすることは、その「全知の」語り手の口に、自分が虚構として成り立たせたいことを表現する言葉を突っ込んでやることだけである。人間にすぎない報告者の、間違っているかもしれない証言を選り分ける不確実性は回避できる。証言者の人柄を、場合によってはその証言だけに基づいて判断し、何を受け入れ何を受け入れないかを決定するのは、不確実性をともなう。それが回避できるのである。とはいうものの、語り手は、虚構において人間であり、間違うことがありうる。少なくとも、語り手が人間でなく間違わないということは虚構として成り立っていない。だが、物語の「写実性」は、普通と違う超自然的な能力をもった登場人物がいても、掻き乱されはしない。確かに虚構において、多くの場合に現実の報告者ならば知りえない事柄を、語り手がまさに知っていて語っているのは、「写実性を損なう」ことかもしれない。だが、現実世界からのこの逸脱は、限られた側面にとどめることができ、多かれ少なかれ無視できるのである。語り手が間違いうる人間であるということが虚構として成り立つなら、私たちは、（虚構的に）語り手に共感できるし、人間である他の登場人物に対するのと同じ仕方で語り手に対して反応してよい。とはいえ、語り手が虚構として知っていて語っていることが、虚構において語り手が超自然的な能力を持つことを含意すると受け取られるならば、共感や理解を得るのは簡単ではなくなる。普通と違う超自然的な存在と心を通わせるのは難しいのだ。

しかしながら、虚構世界の空想的な要素は、限られた側面にとどまるのではあるが、重要である。虚構において語り手の言うことが自動的に虚構として成り立つという取り決めは、そういう趣旨の「慣習規約」による場合もあるし、語り手が全知である（また全面的に信用性がある）ことが虚構として成り立つという理由である場合もある。いずれにしても、こういう取り決めは、第8章4節で述べたいくつかの意味における「写実性」を引き換えにして得られている。虚構世界と、現実世界ないし現実に隣接する世界群との間の対応関係が、不確定性の結果として成り立たなくなる場合もあるだろう。世界の間に対立がなくても、対応関係の不成立はありうる。（対立があるというのは、例えば、現実世界においては誰も知りえないことについて、ある人物が権威をもって語るということが虚構として成り立っているような場合である。）明示的に言われていることを越えると、語り手の知識の範囲が確定できなくなる場合もあるだろう。語り手が全知であることが虚構として成り立っていない場合、こういう範囲の確定はできなくなる。同じ不確定性は、どうやって語り手がその知識を得たのか、またなぜ語り手の言葉を信用しなくてはならないのか、ということに関しても生じる。作品世界における不確定性は、他の場合と同様、ここでも私たちのごっこ遊びの発展を妨害する。語り手がどうやってその知識を学んだのか読者が考えをめぐらせるということが、読者の側で虚構として成り立つ「ごっこ遊びとして行なわれる」ことはありそうにない。語り手の言葉を受け入れるべきかどうか、またそれはなぜか、といったことを考えるといったことも、読者の側で虚構として成り立ちはしないだろう。初めは語り手の主張に対して懐疑的だったが、最終的には何らかの理由で主張を受け入れることにする、といったことが読者において虚構として成り立つこともないだろう。語り手が全知であるということが虚構として成り立つのでないならば、なぜ虚構において私たちが語り手を信じるのかという問いに、たぶん答えは存在しない。語り手が全知で（かつ正直で）あるがゆえに私たちがその人物を信じる、ということが虚構として成り立つとしても、語り手がそういう人だと考えるしかじかの理由が私たちにある、ということは虚構として成り立ちはしないだろう。

しかし、写実性におけるこういう犠牲は、虚構世界と現実世界の不一致やごっこ遊びの妨害を伴うとはいえ、別の種類の写実性を得ることにつながっている。こういう犠牲によって、語り手の語る登場人物や出来事について、一連の豊かな虚構的真理を生み出すことができ、これがまた豊かなごっこ遊びをもたらすのである。ごっこ遊びは、登場人物や出来事に関して、虚構においてどうやって私たちがそれを知ったのかについては豊かにならないとしても、知っている事柄そのものについては豊かになる。こうして虚構の中で考えるべきことがたくさん得られる。虚構として成り立つ事柄を分類し、いろいろな方向への含意を追跡するときに、語り手によって語られた出来事をいろいろなやり方で私たちが熟考し、思案し、考察するということが虚構として成り立つのである。

この、両立しない要請の釣り合いの取り方は、現実生活では普通は見えないものや決して見えないものを描出する絵に関連して論じた釣り合いの取り方と似ている。つまり遺伝子や、DNA分子や、怒っているカバの扁桃腺の絵の例と似ているのだ。虚構として遺伝子やDNA分子が見えるということは、ごっこ遊びの世界の空想的な要素であって、現実世界で真であることや真らしいことからの、はっきりした離脱になる。そして、虚構において私たちがどういうやり方でこういうものを見られるようになるのかということは、大体において確定しない。私たちのごっこ遊び世界は、こうして弱められる。しかし、虚構において、遺伝子やDNA分子が私たちにまさに見えているのである。その物理的な特性に関して、虚構的真理の内容豊かな集合が生み出されるのであり、これらの虚構的真理を学んだとき、遺伝子やDNA分子について普通以上に深い知識を私たちが（何らかの仕方で）獲得するということが虚構として成り立つ。同様に、「全知」で完全に「信頼できる」語り手を備えた小説は、語り手が記述する登場人物たちの、最も秘密の属性に関する虚構的真理をたやすく生成できる。この点は、語り手が全知で信頼できることが虚構として成り立つ場合でも、虚構的な事柄の含意することから語り手がそうであるかのようになっている場合でも、変わりはない。いずれにせよ、読者のごっこ遊びにおいて、語り手がそういう一群の属性を知っているということが虚構として成り立つ。語り手がその知識を得たことに関する虚構的真理がどれほど空想的であろうと、その情報の源について虚構として成り立つことがどれほど少なかろうと、語り手が知っているということは虚構として成り立つ。記述される登場人物に関するこういう深い知識は、虚構において読者が保有するのであり、この深い知識によって、語り手への共感はさておき、登場人物たちに対する「共感」が促されることはありうるだろう。[10]

似たような利益のために似たような犠牲が払われることは、これまで何度も何度も強調してきた。私たちはエミリー・ディキンソンの饒舌（あえて言えば）を許容したし、フランス人が英語を話すことや、『ヴィーナスの化粧』の光学的な不規則性や、（演劇や映画の）四番目の壁の透明性や、天地創造を観察している人や、恥ずかしがりやの娘たちの化粧部屋を見ている部外者の眼、といったものを許容してきた。これらはすべて、登場人物と出来事に関する詳細な虚構的真理を生み出すことを容易にし、私たちがそこに接近できるようにするためだったのである。（第4章5節、第6章6節を見られたい。）

虚構において語り手の言うことがそのまま自動的に虚構として成り立つ場合、なぜ語り手をそもそも承認するのか。当該作品の文が表現していることは、それらの文を語ったり書いたりする何者かの存在が虚構的に成り立つとするまでもなく、何らかの規約によってすべて虚構的に成り立つ、となぜ言ってしまわないのか。この場合、その物語の出来事を私たちが語られて知ったということさえ虚構として成り立たなくなるだろう。しかし、語られることが人の心の奥深い秘密である場合、語られて知ったということが虚構として成り立たないということも、いずれにしても、「写実的」な作品に対するわざとらしい邪魔だてにすぎないように思われる。私たちがどうやって虚構において学ぶのかということを、なぜ、すべて不確定なままにしておけないのだろう。このやり方の可能性は本章5節で考察することにしよう。

4　言葉にならない語り

登場人物がテクスト内の言葉（のうちのいくつか）を思い浮かべていることは虚構として成り立つが、話したり書いたりしたということは虚構として成り立たない場合もある。こういう場合は、いくつかのくだり、あるいは作品全体でさえも、それを「内的な独白」と解するのが最善となる。マヌエル・プイグは、登場人物の考えただけの言葉を虚構として成り立つようにするために、慣例にとらわれない二つの仕掛けを用いている。一つは次のようなものである。ファニーがパンチョと一緒に暗闇の中にいるときに浮かんでいる思念：奥様は私に会わない、私は友だちにそのことを言わない、私は銀行の人たちと踊ったりしなかった、学生たちとも踊ったりしなかった、奥様、踊ったらだめと奥様が言う人たちと私は踊ったりしなかった。(11) プイグのもう一つの仕掛けは、虚構の中で登場人物が考えたけれど口に出さなかった言葉にイタリック体〔以下の邦訳では傍線〕を使うことである。

――入ってもいい？　あの女はむかつく。

――どうぞ、入ってらして。待ってたのよ。着飾ったチビだわ。

――あなたなら、草花を枯らさないやり方をご存知だと思って。でも家はどうでもいいのね。

――草花のことだけは残念に思うでしょうね、もしかしてベジャホスを離れることになったら……だから、床のタイルの割れてるとこをじろじろ見るのはおよし！　また派手に着飾ったわね、お高いウールのコート、お高いフェルトの帽子！(12)

登場人物がテクスト中の言葉を思い浮かべたということさえ、虚構として成り立たない場合もある。その人物が実際より内省力があって明瞭に考えてさえいたら、つまりそんな風に考える機会さえあったなら、その言葉を思い浮かべたかもしれない、ということが虚構として成り立つような場合である。『サンセット大通り』の冒頭では、一人の登場人物の声が私たちに聞こえるのだが、同時に私たちは、その男がうつ伏せになってプールに浮かんでいるところを観察している。聞こえている言葉を、男が思い浮かべているということはまず虚構として成り立ちそうにないし、もちろん語っているはずもない。男が生き返って話せるようになればその言葉を使うであろう、ということがおそらく虚構として成り立っているのだろう。ときには、テクストが登場人物の空想や夢や欲求を表現しているが、その人物がまず使いそうにないと思われる言葉でそれを表現している、ということが虚構として成り立っていたりする場合もある。

語りの形態を制限するかどうかは、重要な問題ではない。語りの概念を、作品の言葉が登場人物の言ったり書いたりしたものであることが虚構として成り立つ事例に制限しておくか、虚構において作品の言葉が何らかの仕方で「帰属される」登場人物は、誰でも語り手と数えることにするか、ということは重要ではない。誰でも語り手とみなす後者の定義の不正確さは認めねばならないが、これによってさまざまな事例の大事な相違が説明できることも認めねばならない。語り手がテクスト中の言葉を思い浮かべただけだということが虚構として成り立つ場合、読者はごっこ遊びから重要な側面で排除される。このとき、読者が語り手の言葉を読むとか聞くということは、虚構として成り立たない。ただし、おそらく語り手がそれらの言葉を思い浮かべたということを、読者が（何らかの仕方で）知っているということは、虚構として成り立つだろう。こうして、この読者のごっこ遊びは、話したり書いたりする語り手をもつ作品ならばしばしば備えている最小限の知覚的な特徴さえ失うことになるのである。

とはいえ、いろいろな作品を解釈する上で、この相違を小さくするもう一つのやり方がある。一つの作品のある部分や局面だけを取り出して考えて、それが一つの世界を作り上げるのを許容するやり方である。全体としての作品世界では、ある人がその言葉を思い浮かべただけであることが虚構として成り立つとしても、部分世界では、同じ人物が話したり書いたりするということが虚構として成り立っている。『サンセット大通り』の画面にかぶせられた語りは、映画全体の世界においては、ギリスが死から甦って話すとしたら言うであろうことを提示している。だが、その語りは、ギリスが実際にそう語るのを第二の世界で虚構的に成立させることによって、それを提示しているのである。映画を観る人は、このとき、ギリスが話すのを聴いていることが虚構として成り立つごっこ遊びを、実際に行なう。このごっこ遊びでは、画面にかぶせられた語りだけを取り出して、それが小道具になる。これは、映画全体を用いて行なわれるごっこ遊びとは別ものなのである。このやり方は、私たちが『羅生門』を解釈するやり方と似たものである。（第8章7節を見られたい。）

5　不在の語り手と消された語り手

文学作品のうち語り手をもつものはどのくらいに上るのかという問い、あるいは文学作品のすべてに語り手がいるのかという問いは、あまり悩んでも仕方がない。だが、この問題について何が言えるのかを考えておくことは有益だろう。

言葉で構成されている表象体にとって、語り手が不可避のものではないということは確実である。言語テクストの言葉が表現するいくつもの命題があり、端的に虚構として成り立ってい るけれど、誰かがその言葉を話したり書いたりしたというのは虚構として成り立たないし、その言葉が何らかの仕方で誰かに帰属するということも虚構として成り立たない、こういう状態は、言語テクストのあり方として十分理解可能である。（テクストが「こんな想像をしてみよう」という前置きを伴うと解釈するか、あるいは「誰かがこう言って［書いて、考えて］いると想像してみよう」という前置きを伴うと解釈するか、このどちらかの選択が暗々裡になされると考えておけばよい。）いくつかの作品では、語り手の「影が薄い」ことにはすでに注目した。語り手がいても、その人物についてほとんど何も語りえないのである。明らかに、語り手が自分の述べている出来事を知りえたはずがなかったり、報告不能であったりするような、つじつまの合わない事例も存在している。そういう事例では、問題の出来事が、知られることのありえないものだったり、それが起きたとき誰も立ち会っていなかったり、起きた時点で語り手が死んでいたり、起きたのを報告しているはずの時点で死んでいたりする。「全知」の事例では、語り手がどういう人柄なのかを考えることが重要でなくなることにも注目した。虚構においてその人物が言うことは、とにかく自動的にそれ自体で虚構として成り立つからである。こういったことは、語り手が存在するのを否定するように私たちを強いるわけではない。これに似た当惑を扱うためには周知のやり方がある。不確定な状態を受け入れて、愚かな問いの追求は止めればよいのである。これで語り手は「消された」と宣言できる。この宣言は、語り手に関する虚構的真理を軽い扱いにすることを意味しており、そんな虚構的真理がほとんどないということもおそらく意味している（語り手が消されているということが虚構として成り立つ、ということは意味しない）。とはいえ、多くの事例において、語り手が存在することを強調するのにどういう利点があるのか不思議に思う向きもあるだろう。

文学作品のほぼすべてに語り手がいることを確認するため、いろいろな考え方が決定的なものとして提示されてきた。そのうちの二つを、私たちの理論の言葉遣いで定式化し、素描してみよう。あわせて、あまり知られていない第三のものの概要も述べておく。第一に、私たちは、出来事を報告したり人々や状況を記述するために、陳述文が使用されることに慣れ親しんでいる。そのせいで、文学作品に接したとき、誰かがその作品の中の文をそういう仕方で使用していると、ほとんど不可避的に想像するようになる。この、不可避的な想像活動を、命令されているものと見なすことには、ほとんど努力を要しない。（この考え方の要点は、報告や記述という言葉の使い方が、どんな意味にせよ、根本的、基礎的、本質的であるという点にあるわけではない。こういう使い方が広く見られることだけで、このような想像活動に私たちが従事する傾向は説明できるだろう。）

ほとんどの文学作品の言葉には、物語の出来事に関して、語り手に帰属させるのがもっとも適切であるような感情や態度、心的傾向、印象、といったものの暗示が含まれている。[3] 語り手が多くの局面で背景に引っ込んでいても、また語り手の態度等々が（虚構において）語り手の言うことが真実なのかどうか決定することに関わりがなくても（「全知」の事例の多くで関わりがないように）、語り手に感情や態度を帰属させるのが適切に見えるのである。語り手が出来事を皮肉っぽく語るということが虚構として成り立つかもしれない。あるいは、嬉しそうに語ったり、確信をもって語ったり、安堵したように語ったりするかもしれない。口調は、軽蔑的だったり、同情的、嘲笑的、共感的、忍従的、絶望的だったりするかもしれない。ためらいがちに、あるいは熱心に語るかもしれない。こういった態度は、明示的に、「運良く」「おかしなことに」「悲しそうに」「見たところは」といった副詞を使って表現されることもある。しかし、もっと繊細なやり方で現れてくる場合もある。

　私たちは、これらの態度を語り手に帰属させねばならないのだろうか。そうではなくて、文学作品の現実の作者にこれらの態度が属すということはないのだろうか。多くの場合、それはないのである。作者は（現実において）物語の登場人物や状況に対して心的態度を取っていない（人物も状況も単に虚構的にすぎず、作者もそれらが虚構的であるとわかっている場合、心的態度を取りはしない）[13]。ウォルターストーフは、作者が心的態度を取っていることを、作者本人が「自分の言葉で含意したり、含意しているように自分を見せたり（*presented*）」することがあると主張している。そういう風に見せるとは、「ふりをすること（to pretend）」、「自分自身を虚構化すること」[14]、「あるペルソナを身にまとうこと」であるとウォルターストーフは言う。しかし、これが意味するのは、登場人物と状況に作者がある特定の仕方で関心をもち、そのテクストの言葉として作者がそれを表現していることが虚構として成り立つ、ということである。これは、作者を語り手とすることである。

　語り手がとても不明瞭であるときでさえ、いくつかの事例で語り手の存在が認められる第三の理由は、次のものである。「実生活」において、ある事柄が述べられたり、ある態度が表明されたりすることが、私たちにとって重要になるときがある。関わりあるすべての人が、述べられたことが真実であると分かっており、表明された態度を共有している場合でさえ、それは重要となるのである。私たちは、言うことと表明することそれ自体から一定の満足を得ている。（これは葬式その他の儀式や式典の重要な機能である。）それゆえ、ある事柄が述べられることが虚構として成り立ち、それが語られるのを私たちが聞くということがごっこ遊びにおいて虚構として成り立つということが重要になる場合がある、と期待されることはありうるだろう。そういう事柄が虚構として成り立つと私たちが学ぶことや、あるいはそれが真実であると虚構において学んだり知ったりすることとはまったく別のこととして、それが述べられるのを聴くことが重要になる場合があると思われるのである。この場合、テクストの言葉によって、表明された命題は真となり心的態度は適切となるということが虚構として成り立つと想定するだけでは、十分ではないのである。

私たちはどのように結論すべきなのだろうか。私は、語り手の存在を比較的自由に認める方がよいと思う。そして、語り手が不在であると言うよりは、語り手が消されていると言う方が、通常はよいと思う。[15] 語り手が存在しないと解しても、ほとんど何も失われないような文学作品も存在する。語り手を認めても、批評や鑑賞にとってほとんど意味がない場合があることは認めねばならない。だが、幅広い事例で語り手の存在を承認することは、語りによる介入の、きわめてかすかな暗示に鋭く気づくことを私たちに促し、いろいろな作品で語り手が示す目立ち方の程度（と種類）の、無限に微妙な多様性を認識することを容易にする。語り手の承認は、語りによる作品と語りによらない作品との人為的に明確な分断を前提せずに、これを実現するのである。

以上のように言っておいた上で、しかし、語り手[16]の存在を認めることが特別に無理を強いることになる特殊な事例があることに注意せねばならない。以下の言葉について、郡共進会を記述する人物の言葉であると考えるのは容易ではない。

郡共進会　日曜日　一九三七年四月二六日　スパニッシュ・メドウにて　出来事の流れと大団円
開始時刻：午後六時三〇分
入場料：紳士一ペソ、淑女二〇センターボ。
第一のダンス：ロス・アルモニコス楽団　タンゴ「ドン・ファン」。
夕方の催しの女王：ラクエル・ロドリゲス。
漂う香り：スパニッシュ・メドウの周りのユーカリ樹の葉から発せられる香り。
ファニーの居場所に割り込む意図をもって共進会に参加した紳士：フランシスコ・カタリーノ・パエス、またの名、パンチョ。
パンチョの計画を実現しやすくする気圧計の条件：心地よく涼しい気温、華氏六一度、新月。
既述の計画を実現しやすくする偶然の条件：獰猛そうな野良犬が近づいてきて、ファニーを驚かせるが、パンチョの方はそこで明白な勇気を示すことができて、それがファニー[17]に守ってもらっているという温かい感じを呼び起こした。

まったく反論の余地のない語り手であっても、現実の人間ならばしないようなやり方で語るときはある。例えば、弱強五歩格[4]で語ったりする。しかし、弱強五歩格の一節でも、現実生活で語られるような事柄を、変形したり脚色したりしたものであることが分かるようになっている場合が多い。それは一種の規約に沿った変形なのである。だから、特定の文芸の分野に合わせるために、凝った意匠で仕立てた通常の発話と見なすことが可能である。[18] だが、上に引用した一節をこのやり方で解釈するのは、ずっと難しい。

重要なのは、語り手（消された語り手）を備えた文学作品とそれを欠いた文学作品との間の境界線をどこに引くか、あるいはそもそもそういう境界線を引くかどうかを決定することではない。そうではなくて、さまざまな作品に見出される微妙な相違に敏感になることが必要なのである。私たちは、フィクションの書き手が私たちの目の前に投下するものが何であっても、それに十分に対処できる概念的な道具を手許に持つ必要があるのだ。

ここまでは、報告する語り手についてのみ考察してきた。しかし、報告する語り手の存在を認知する必要がなかったり、認知すべきではなかったりするときでさえ、つまり、上の引用のような事例においてさえ、物語を語る語り手の存在を認知することが理に適っている場合や、それが必須となる場合も時にはある。

6　物語を語る語り手

文学作品のテクストを構成する言葉を、語り手が虚構として語ったり書いたりしている場合、虚構の中で語り手はその言葉で何を行なっているのか、と問う必要がある。語り手が実際の出来事を報告したり、現実の人々や状況を記述したりしているということが、虚構として成り立つことはよくある。だが、そのテクストの言葉を使って、語り手が物語を語ったり、小説を書いたり、ほら話をしたりしているということが虚構として成り立つ場合もあるのだ。報告する語り手が存在する場合もあれば、物語を語る語り手が存在する場合もある。語り手がノンフィクションとして語ったり書いたりすることが虚構として成り立つ場合もあれば、フィクションを創造しているということが虚構として成り立つ場合もある。語り手の中には、虚構において現実の物事や出来事について語る者、あるいは、語っていると称する者がいる。しかしまた、物事をでっち上げる者もいるのである[19]。

報告する語り手と物語を語る語り手の違いが重要になるのは、語り手がどのように物語の「筋」や、語られている登場人物、また状況や出来事に関係しているのかを考察するときである。最初に問われるべき問いは、語る行為と語られた出来事が同じ虚構世界に属すのかどうか、である。語り手の語っていく出来事が現実のものであることが虚構として成り立つ場合、この二つは同じ世界に属している。ロビンソン・クルーソーが難破してあの島であのように生きたということと、その冒険について彼が語るということは、『ロビンソン・クルーソー』の世界においてともに虚構として成り立つ（また読者のごっこ遊び世界でもともに成り立つ）。ロビンソン・クルーソーやこれと似た例の場合、語り手と出来事とが共に属す世界の中で、語り手が自分の記述する出来事にどう関係しているのかについて、よく知られた一連の問いを立てることができる。語り手が出来事に参加していたということが虚構として成り立つのか、それとも単に観察しただけなのか。虚構として、語り手が出来事の中で中心的な役割を演じたのか、ちょっとした役割だけなのか。語り手が自分の目で出来事を目撃したということが虚構として成り立つのか、それとも伝聞その他の仕方で知ったのか。（または、出来事について虚構としてどうやって知ったかは、はっきり決まっていないのか。）語り手は、出来事が起こっているとき、またはそのすぐ後に、一つ一つ順を追って説明しているということが虚構として成り立っているのか、それとも自分の記憶の中から記憶を掬い上げているのか。正直に正確に報告しているということが虚構として成り立つのか、それともひねりを加えて自分の目的に適うようにしているのか。

報告する語り手は、自分の記述している出来事から遠く離れたところにいてもよい。虚構において、語り手が出来事とまったく関係を持っていないという意味で遠く離れているのでもよいし、語り手が出来事とどんな結びつきを持った可能性があるかということについて（あるいはどうやって出来事を知ったかについてでさえ）重要な虚構的真理が存在しない、という意味で遠く離れているのでもよい。その作品はこの面では確定していないのかもしれない。後者の、重要な虚構的真理が存在しない場合は特に、略式には、出来事が語り手の報告の行なわれている虚構世界とは異なった虚構「世界」で生じている、と言ってもよいかもしれない。しかし、語り手が現実に起こった事件を報告しているということが虚構として成り立つかぎり、そのほかに何が虚構的であろうとなかろうと、語り手とそれらの事件は、（私たちの言う意味で）同じ虚構世界に属しているのである。

しかしながら、語り手がテクストの言葉を話すか書くかするときに、ほら話をする、物語を語る、小説を執筆するといったことが虚構として成り立つのならば、つまり、語り手が自分の語る出来事を作っているということが虚構として成り立つのならば、語りと出来事は違う世界に属している。作品世界はこの語りだけを含む。出来事は作品世界の内側にある世界で起こる。作品世界においては、それらの出来事が起こることが虚構として成り立つ（にすぎない）一つのフィクションを、語り手が創造しているということが虚構として成り立つ。語り手が虚構においてどうやって出来事を学んだのかとか、出来事に参加しているのかどうか、どのように参加しているのか、といった問いは、生じることさえないだろう。なぜなら、そういう出来事は現実には起きなかったということが虚構として成り立つからである。[20] 問われるべき問いは、語り手と出来事（ある虚構世界の内側のそれ）との関係についての問いではなく、これとは非常に異なった問い、すなわち、虚構として語り手はそういう出来事についての虚構的真理とどのように関係しているのか、という問いなのである。

第3章6節で、それ自身が表象体であることを表象する作品について論じた。『虚栄の市』の中の言葉は一つの表象体を構成しているが、その表象体においては、ベッキー・シャープがロードン・クロウリーと結婚することが虚構として成り立っている。そしてまた、ベッキーがクロウリーと虚構的に結婚するというお話を、これらの言葉の書き手が語っているということも、虚構として成り立っている。『虚栄の市』は物語を語る語り手を持っているのである。語り手を、明示的にフィクション作品を作るものとして（とにかく、時々は）描く作品は珍しくはない（『トム・ジョーンズ』やバースの『ライフ・ストーリー』）。しかし、これが明示的ではない多くの作品も、的外れでなく、同様に解釈できる。

内在する作者（*implied authors*）と呼ばれる存在や、私が見かけの上の芸術家（*apparent artists*）と名付けた存在[21]は、文学作品で生じる場合、物語を語る語り手として解釈できることがしばしばある。物語や小説を読んでいるとき、いったいどんなタイプの人物がこれを書いたのだろうかとか、作者の目的は何だったのだろうかとか、どんなやり方で書かれたのだろうかといった漠然とした疑問を持つことがある。ある作品が人種差別主義的な考えをもった人物の作品に見えることもあるし、別の作品は鈍感な人間の作品に見えたり、また、怯えて竦んでいる人や神経症的な人の作品に見えたりするものもある。面白い話のつもりで書かれたように見えるものもあるし、あるいは社会主義の理想を推進するつもりで書かれたように見えるものもある。素早く、あるいは苦心して、あるいは無造作に、書かれたように見えたりもする。こういう漠然とした印象は、実際にその小説を書き、物語を語った人物がどういうタイプなのか、その人物がどのようにして、なぜそれを書いたのかを示していることもあるだろう。だが、私たちがこういう印象それ自体に関心を抱き、現実に合致していようといまいと、それを掘り下げることはよくある。その物語は面白い話のつもりだったように見えるという事実は、それが現実にどういう意図の下にあったのかとはまったく独立に、その物語に関する重要な事実となることがある。面白い話を意図したように見えることが、心地よい期待の雰囲気を醸し出すかもしれない。あるいは、面白さが予測できるばっかりに滑稽味が損なわれたり、聴き手の期待が大きくなりすぎて滑稽味が損なわれたりすることもある。ときには、ちっとも面白い話ではないつもりでいるかのように、生真面目な顔で面白い話を語るのが最良であることもある（聴き手の方には面白い話だと分かっている場合でさえ、そうなのである）。文学作品の文体が大胆だったり、強迫的だったり、気ままだったり、情熱的だったり、横柄だったり、感傷的だったり、華やかだったりすることは、その作品が大胆に書かれたという印象や、強迫的に、あるいは気ままに書かれたという印象を与えるのであり、あるいはまた、情熱的な人物、横柄な、感傷的な、華やかな人物によって書かれたという印象を与えるのである。こうして、その文体自体が、私たちにとって興味深いものとなる。病的な冗談は病的な精神から生み出されるように見えるのだ。

あるテクストが、なぜ、どうやって、どんなタイプの人物によって書かれたのかについて与える印象に私たちが関心を抱く場合、その印象がどの程度信頼できるのか、あるいはできないのかということとはまったく独立に、私たちは、そのテクストがそういうタイプの誰かによってそのように書かれた、と想像することになりやすい。そんな想像活動を命令することがその作品の機能の一部であるなら、つまり、作者がそういうタイプの人物で、しかじかの理由のゆえに、そういうやり方でその作品を構成したのだということが虚構として成り立つのなら、この虚構上の作者は、その作品の語り手（の一人）である。そして、その作品を書くことで作者がフィクション作品を創造したということが虚構として成り立つのなら、それは物語を語る語り手である。

あるフィクション作品の語り手が一つのフィクション作品を作り出すということが虚構として成り立つとき、私たちの読む物語である現実の作品に関しては、これこそがその語り手の作り出したフィクション作品である、ということが通常は虚構として成り立つ。[22] 現実の物語を作っている数多くの言葉は、結局のところ、虚構の中で語り手が自分の作り出す物語を語るのはそれらの言葉を書いたり話したりすることにおいてである、という位置にある。『虚栄の市』の語り手がある小説を書く、ということが虚構として成り立つだけではなく、その語り手が『虚栄の市』を書くということも、虚構として成り立つのである。

そこにある言葉の連なりとしての現実の物語が、虚構として語り手の語る物語である場合、私たちは、その物語がそれらを生み出すということが虚構的に成り立つ数多の虚構的真理について、それらがその物語の現実的に生み出す虚構的真理である、と期待して当然である。語り手によって作られた小説としての『虚栄の市』がベッキー・シャープとロードン・クロウリーの結婚を虚構として成り立つようにする、ということが虚構として成り立っている。だが、その結婚はたんに虚構の中で虚構として成り立つだけではなく、ベッキー・シャープがロードン・クロウリーと結婚するということは、『虚栄の市』が現実において虚構として成り立つようにせねばならないのである。[5]

これが第7章6節における私たちの見解であった。読者は『虚栄の市』を、別個な（第一階の）二つの作品世界を確立するものとして、二通りの仕方で見ている。一つの世界では、語り手がある物語を語っていて、その物語の中ではベッキーの結婚をはじめ、さまざまな出来事が起こるということが虚構として成り立つ、ということが虚構として成り立っている。だが、もう一つの世界では、それらの出来事が現実に起こるということが虚構として成り立つのである。読者は、この二つの作品世界に応じた二つのごっこ遊びを往ったり来たりする。ある時は、語り手に、つまり虚構上の物語作者とその人物が語る物語に、注意を集中し、また別の時は、物語の内容に注意を集中するのである（ただし、読者は両方の作品世界を同時に意識するかもしれない）。同じことは、これほど明瞭でない例についても言いうる。ある物語の中で、それが愛と略奪についての一つの物語であって、成功したいと思っているけれど野心のわりに才能に恵まれていない作者によって急いで書かれた、ということが虚構として成り立つとしよう。そして、その物語の中で、ただし、別個の作品世界において、登場人物たちがさまざまな愛と略奪の行為に携わるということが虚構として成り立つとしよう。このとき読者は、その物語が虚構としてどのようにできあがったかに、つまり、物語が作者とその執筆動機や方法について与える印象に注意を集中する状態と、愛と略奪の行為に注意を集中する状態を、交互に体験するだろう。

物語を語る語り手と、この語り手が語る出来事は、依然、一つの世界を共有してはいない。だが今の場合、語り手と出来事が、異なる世界ではあっても同一の水準にある複数の作品世界に属するように見て取られる。このことによって、ある種の問いかけが可能になる。それは語る側についての虚構的真理と、語られる出来事についての虚構的真理の関係についての問いである。(この問いに対応するのは、虚構において語り手とその語りが、出来事にどのように関係するのか、また出来事についての虚構的真理とどのように関係するのか、といった問いである。)例えば、物語のテクストが、語る側と語られる側の虚構的真理の集合体を一挙に生み出すのは、どのようにしてなのか、と問うことができる。また、その物語の語り手の性格や動機についてある虚構的真理を成立させると作者が決めたということが、もう一つの作品世界で、(例えば)愛と略奪の行為に関して虚構として成り立つ事柄に、どのように影響を及ぼすのか、などと問うことができるのである。

一個の文学作品やその一節が、物語を語る語り手と報告する語り手の両方を持ちうることは明らかである。ある物語があって、そこではRが愛と略奪の事件を報告するということが虚構として成り立つときに、その物語がまた、虚構としてSによって語られる一つの物語である、ということがありうる。その作品の言葉たちは、Rが愛と略奪をともなう出来事を述べるときに語ったり書いたりする言葉である、ということが虚構として成り立っている。だが、同じ言葉たちについて、異なるもう一つの作品世界でSが一つの物語を語るときにそれを用いていて、その物語の中ではRが愛と略奪の事件を述べている、ということが虚構として成り立つのである。ここに魅惑的な縺れと解釈上の混乱が潜んでいることは明らかである。

語り手と物語の「筋」の間に成り立ちうるさまざまな関係を心に留め、なかでも物語を語る語り手と報告する語り手の違いに注目することは、語り手が(現実の)読者と「筋」との間で仲立ちしたりしなかったりするやり方を整理して理解する上で、私たちの助けとなる。また、物語の「筋」が描き出される「視点」について語るときに意味されうる事柄を、整理して理解する上でも助けとなる。

7　仲立ち

物語を語る語り手は、自分の語る出来事に読者が近づくのを、報告する語り手が典型的に行なうような仕方では仲立ちしない。

本章2節で、報告する語り手が仲立ちをするいくつかの異なるやり方に注目した。ここで、もう少し明瞭にその概要を述べてみよう。物語の「筋」についての虚構的真理は、報告する語り手の言うことについての虚構的真理にもとづく場合がよくある。ガリヴァーがリリパット国を訪れたことが虚構として成り立つのは、ガリヴァーが自分のしたことを自分の航海日誌に書いた、ということが虚構として成り立つからなのである。また、虚構において、語り手が自分の英雄的な行ないについて語り、どんなに自分の振る舞いが立派だったかを、強い調子で、繰り返し、自己弁護的に述べるという事実は、ひょっとすると、彼が立派な仕方で英雄的に振る舞いはしなかったことが虚構として成り立つことを含意するのかもしれない。現実に起こったことについて何が虚構として成り立つのかは、語り手が言うとおりに物事が起きたということが虚構として成り立つかどうかにかかわらず、虚構において語り手が言うことと、どのように語り手がそれを言うのかにもとづいている。語り手が虚構においてそのテクストの言葉を語ったり書いたりするという事実は、おそらく、他の虚構的真理に基礎を置いていない第一次の虚構的真理なのである。これは、唯一の第一次の真理でありさえするかもしれない。その作品の生み出す他のすべての虚構的真理が、そこから流れ出てくるのだ。

物語の「筋」に関する虚構的真理が、語り手の言語的な振舞いについての虚構的真理にもとづくかぎりで、読者は後者から前者を推論することになる。私たちは、まず最初に、語り手が虚構において何をどのように言うのかに注目し、そこから虚構において現実に起こったことを判断する。こういう推論をするときには、語り手の性格、人となり、置かれた状況などについて虚構として成り立つ事柄に注意を払わねばならない。それはちょうど、現実の人間について、どういう場合に彼らを信じるべきか判断する上で、その性格や状況を考慮に入れる必要があるのと同じである。語り手が、あったとかなかったと言うとおりに物事が起きた、ということが虚構として成り立つかどうかは、相当な程度まで、語り手が洞察力に富むとか、知的だとか、正直だということが、どのくらい虚構として成り立つか、という判断に左右される。あるいはまた、語り手が虚構として偏見まみれだったり、混乱していたり、真実を隠すことが彼の利益になったりするかどうか、という判断に左右される。つまり、これは（多くの場合）、語り手の「信頼性」にかかわるすべての事柄にもとづくのであり、この場合の「信頼性」は私たちの言う二つの意味のうちの最初の方の意味である。私たちは、語り手の言うことを信用していない場合でさえ、虚構世界の残余のすべての情報について、語り手の言葉のみならず、語り手の目と心に頼っているのである。

私たちは語り手に関する虚構的真理を経由して、物語の出来事について虚構として成り立つことに、現実において接近する。だが、それだけではない。ごっこ遊びにおいても、私たちが語り手を経由して出来事に接近するということが、虚構として成り立つ。語り手の報告、およびその性格、人となり、状況についてその報告が明らかにするすべてから、出来事について私たちが学ぶ、ということが虚構として成り立つのである。語り手が立派な仕方で振る舞ったと強調するときの自己弁護的な姿勢から、読者は、現実には彼が違う仕方で振る舞ったと判断する、ということが虚構として成り立ちうるのだ。

だから、報告する語り手は、ここまでに述べたいろいろな意味で、確かに、物語の中の出来事への私たちの接近を仲立ちすることが時々はある。しかし、あくまでも時々なのである。「全知の」語り手はある程度例外である。ただし、「全知」とは、語り手の言うことが、虚構において自動的にそれ自身で虚構として成り立つ、という意味の場合である。おそらく、語りによる表象体が、ここまでに概要を述べた単純な見取り図にまったく正確に当てはまることはないだろう。だが、この見取り図のある程度の近似が、多くのものに当てはまることは明らかである。報告する語り手は、私が記述した仲立ちの役割に似た役割を、しばしば果たしているのである。

しかしながら、物語を語る語り手はそういう役割を果たさない。孤児として育てられ、名声と富を求めて生きていく少年の物語は、例えば洞察力の優れた人によって書かれたという印象を与えるかもしれないし、あるいは、愚かな人によって、また、分別ある人、神経質な人、利己的な人、不作法なくらい率直な人によって書かれたという印象を与えるかもしれない。この点をしかるべく想像すると決めることもできる。つまり、その物語はしかじかのタイプの物語の語り手によって創作され、一定の意図をもって書かれたということが、虚構として（一つの作品世界において）成り立つと決めることもできる。だが、この決定によって、孤児とその探求に関し、その物語がどんな命題を虚構として（別の作品世界において）成り立つようにするかが影響を受けることはありそうにない。それがたとえ愚者によって語られているように見えるとしても、虚構としてその子の探求が成功したと物語が言っているのなら、私たちがその成功を疑う必要はない。それがたとえ、虚構において、錯乱した狂人や嘘つきの創作であって、それが報告ならその人の判断を私たちが絶対に信用しないとしても、私たちはその孤児の成功を疑わなくてよいのである。物語それ自体は、私たちの眼前にある。それを読み、主人公がどういう運命に遭遇するのか私たちが自分で決定できる。その子が幸運に巡り逢ったと決めるなら、私たちの前には、単に、成功した孤児の物語があり、虚構として嘘つきの狂人によって作られた物語がある。その物語は虚構として嘘つきの狂人の創作であり、主人公の探求がうまくいく虚構世界とともにあるのだ。

実のところ、物語を語る語り手についての虚構的真理は、孤児についての虚構的真理に依存することになる。その逆ではない。その物語が一人の狂人によって作られたという印象を与えるのは、おそらく、虚構において、主人公が名声と富の探求に乗り出す仕方や、その途中で主人公に降りかかる事柄のせいなのである。虚構として主人公自身が狂気じみているという事実が、一役買っているのかもしれない。私たちは、正気の書き手ならこんな物語は書かないと思うのかもしれず、そこで虚構としてこの物語の語り手は正気でない（おそらく現実の物語の語り手も正気でなかった）と決めるのだろう。病的な冗談は、虚構として病的な精神の産物であるにしても、その内容ゆえに病的なのであり、虚構においてその登場人物が言ったり行なったりすることのゆえに病んでいるのである。通常私たちは、まず冗談が病的であると決め、次にそこから筋立てや登場人物についての結論を導く、というようにはしない。

私たちは、孤児の冒険の旅について虚構として成り立つことを、物語の語り手について虚構として成り立つことによって決定したりはしない。それだけでなく、私たちのごっこ遊びにおいても、孤児がその探求をどうやって行なうどの程度成功したのかということを、どんなタイプの人物がお話を語ったのか、その動機は何だったのか、といったことから確認するということが虚構として成立しないのも確実である。この意味でも物語を語る語り手は、報告する語り手とは違って、仲立ちに失敗する。（この違いは、現実生活の報告者と、現実生活の物語の語り手との違いの、自然な帰結である。報告者の報告を信じるかどうか判断する場合には、報告の出どころを考慮しなければならない。だが一般に、物語の内容を確かめるために物語の語り手に関心を向ける必要はない。第2章を見られたい。）

二つの留保が必要になる。第一に、私は物語を語る語り手が仲立ちできないとは主張しない。特別な事例では、おそらく仲立ちをするのであり、少なくとも二つのやり方を私は論じてきた。図8-5のようなぞんざいな様式の線描画は、虚構として、ぞんざいに創作されたか、または、ぞんざいな人物によって創作された、ということが十分に成り立つ。これは、コンピューターが完全で状態もよいことを（別の虚構世界で）虚構として成り立つようにする根拠の一部となりうる。そして、後者の虚構的真理は、（部分的には）前者の虚構的真理から推論されうる。とはいうものの、私たちの〔図像解釈の〕ごっこ遊びにおいて、画家がぞんざいな人だという事実がそのコンピューターは完全だと判断する理由の中に含まれるということが、虚構として成り立たないのは確実である。おそらく、文学作品でもこの例に似たものはある。例えば、物語の内容が善意の解釈の原理にもとづいていて、かつ、物語の語り手に関して虚構として成り立つ事柄によってその原理が発動される作品は、この例に似たものになるだろう。

第二の留保は、次のことである。物語を語る語り手は、ここまで考えてきたのとは異なるやり方で、語っている出来事への私たちの接近を仲立ちすることがありうる。二つの異なった作品世界が存在していて、一つの世界では、物語を語る語り手が物語を語っているということが虚構として成り立っており、もう一つの世界では、主人公が名声と富を求めているということが虚構として成り立っている。しかし、第一の世界で、孤児の少年が名声と富を探求しているということが虚構として成り立っている、ということが虚構として成り立っている。この少年の冒険の旅は、一つの作品世界と、一つの（異なる）作品世界の内側の作品世界との両方で生じる。物語を語る語り手は、ある意味で、後者の世界で起こることへの私たちの接近を仲立ちしている。私たちのごっこ遊びにおいて、その冒険の旅についての虚構的真理を、その淵源である物語、つまりその語り手の語る物語を読むことによって私たちが学ぶ、ということが虚構として成り立っている。だが、このことは、語り手の人となりや置かれた状況に関する虚構的真理への注意を、必ずしも伴わなくてよい。その冒険の旅について虚構として成り立つことを私たちが学んだのは物語の語り手の書いたことを読んだからである、ということが虚構として成り立つために、私たちは、その物語が虚構としてある人物によって書かれたということをありありと実感する必要はないし、私たちがそのように実感しているということが虚構として成り立つ必要もない。

8　語りによる表象体の視点

文学作品の「パースペクティヴ」つまり「視点」は、とにかく一つの意味で、報告する語り手の視点であるとされることがしばしばある。報告する語り手の視点とは、語られる出来事に対して報告する語り手が取る位置に関して、虚構として成り立つすべてである。それは出来事に対する語り手の空間的・時間的な位置関係、出来事について語り手が知っていることと知らないこと、語り手の知識の源泉、出来事に対する語り手の態度、といったものになる。作品は、出来事を語り手のパースペクティヴから描いていると言われてよい。というのも、語り手が出来事への読者の接近を仲立ちしているからである。物語を語る語り手もパースペクティヴないし視点を持っている。あるいは、物語を語る語り手が視点を持つということが虚構として成り立つ。だが、その作品は、報告する語り手の場合と同じ仕方で、語り手のパースペクティヴから、物語の出来事を提示するわけではない。その作品は、出来事を提示し、同時に物語を語る語り手のパースペクティヴも提示する。だが、後者を通じて前者を提示するのではない。

　それだけでなく、物語を語る語り手の持つ視線は、報告する語り手の視線とは違って、物語の出来事を与える視線ではない。虚構として孤児の名声と富の探求が生じる世界は、虚構として物語を語る語り手が住んでいる世界ではない。孤児の探求が現実に起きていることに語り手が気づき、それにさまざまなやり方で視線を向けるということが虚構として成り立ちうる世界というものは、存在していない。語り手が何らかの仕方でその孤児について学び、声援を送ったり、誉めたり、軽蔑したり、憐れんだりする世界は存在しないのである。ただし、語り手があるごっこ遊びをしていて、その中ではその孤児のことを語り手が知り、その子のことをよく思ったり悪く思ったりする、ということが虚構として成り立つということは、物語の語り手の世界において虚構として成り立つかもしれない。物語の語り手が、その物語と孤児について物語が生み出す虚構的真理に対して、さまざまな態度を現実に取るということもまた、虚構として成り立つかもしれない。語り手は、虚構としてその孤児がそのように振る舞うことが、虚構としてその孤児が賢く、あるいは愚かに、あるいは立派に、あるいは子どもっぽく行動するということを含意すると、(虚構として)受け取るかもしれない。孤児についての虚構的真理が滑稽な物語を生み出す、と物語の語り手が考えるとか、刺激的だったり、退屈だったり、あるいはためになったりする物語を生み出すと考えるとか、ベストセラーを生み出すと考えるといったことが、虚構として成り立つかもしれない。物語の語り手は、孤児とその世界をその外側に立って見ている。これに対して、報告する語り手は、虚構において現実に起きたことを報告しており、その世界の内側に立って見ているのである。

文学作品は、もちろん、語り手の視点以外の視点を含んでいたり提示したりすることがしばしばある。これは、報告する語り手でも物語を語る語り手でも変わらない。そして、ときには登場人物や出来事が他のさまざまな視点から描かれることもある。ジェラール・ジュネットは態(*voice*)と叙法(*mood*)[6]の間の区別に注目すべきであると強く主張する。これは「誰が語りのパースペクティヴを方向付ける視点をもった登場人物なのかという問いと、これとは大きく異なる誰が語り手なのかという問いの間の区別である。あるいは、もっと簡単に言えば、誰が見ているのかという問いと、誰が話しているのかという問いの区別である」[23]。私が強く主張したいのは、次のことだけである。「語りのパースペクティヴを方向付ける視点をもった」唯一の登場人物、単一の登場人物といったものが(その作品のたった一つの文章においてでさえ)存在するはずだと思い込まないようにすること、そして、報告する語り手(話している人物)のパースペクティヴが、多くの例で、少なくとも形の上では存在しているのを認めること、である。このパースペクティヴは、主要な視点が別の登場人物の視点である場合でさえ、形の上では存在するのである。

報告する語り手が、他の登場人物が事物を見るやり方をあからさまに記述している場合は、その二つのパースペクティヴの両方に、果たすべき役割がある。作品は、出来事に対するその登場人物の見方への語り手の見方を提示している。(虚構として、語り手はその登場人物の見方が歪んでいるとか不適切だとか考えている、ということが明らかであることもある。)ときには、語り手が登場人物の見方を、あまりあからさまでない仕方でほのめかしたり、描いたりしている、ということが虚構として成り立つ場合もある。

批評家は、語り手(話している人物)が何らかの仕方で他の登場人物のパースペクティヴを取り入れたり、受け入れたりしているように見える作品に、特に関心を寄せてきた。こういう作品では、漠然と記述されてきたように、二つのパースペクティヴは合体もしくは融合する傾向にある。[24] そういう事例の多くで、登場人物のものの見方だと語り手が受け取ったものを、その見方を語り手自身が表明するふりをすることによって示す、ということが虚構として成り立っている。語り手が（虚構において）登場人物の言葉を直接的もしくは間接的に明示して引用するとき、語り手は、その登場人物が言ったり言いそうだったりすると自分が思うのに合わせて、それを語るふりをしていることがある。（第6章3節を見られたい。）しかし、真似ていることがこれほど明白でないときもある。

語り手以外の登場人物のパースペクティヴを提示するよく知られた技法は、ウェイン・ブースが「意識の三人称的な中心[25]」と名付けたものを利用することである。語り手は、ある出来事に対する登場人物の視線やパースペクティヴや態度を（虚構において）記述するのではなく、また、その登場人物が知っていたりいなかったりすることを、引用その他によって明示的に述べたりするのでもなく、（虚構として）その出来事を単純に記述する。だが、自分が報告することを、その登場人物が知っていたり、注目していたり、重要だと思っていたりすることに限定し、登場人物が出来事に対して取っている姿勢をある仕方で表現するように報告するのである。ストレザーは、ヘンリー・ジェイムズの小説『大使たち』における「意識の三人称的な中心」である。[26]

ホテルに着いたとき、ストレザーが最初に尋ねたのは友人ウェイマーシのことだった。しかし、どうやらこの人物が夕刻まで到着しそうもないと教えられても、彼はすっかり当惑してしまったわけではなかった。フロントで確かめると「やかましくさえなければ」一部屋予約したいという返信料支払い済みの電報が届いていたから、リヴァプールではなくチェスターで会いたいという約束は、その限りでは、まだ破棄されてしまったわけではなかった。しかし、この友人にぜひとも波止場まで出迎えてもらいたいとは思わず、結果として再会の喜びを数時間遅らせることになったのと同じ密かな動機が今またストレザーの心の中で動いて、もっと待たされても失望することはないと彼は考えた。[27]

語り手は、ストレザーの心的状態を、まごつきもせずに記述している。この心的状態は、たぶんストレザー本人によく知られているものである。だが、ウェイマーシの到着予定に関して、ストレザーに利用できる証拠――その電報――だけを報告し、その意味を憶測して（「どうやら……」）いる。

虚構において語り手の報告することが、虚構において登場人物の知っていることに限定されているということは、いったいどのようにして私たちに分かるのだろうか。しばしばそのことは明白である。なぜなら、それは単純に、（虚構において）語り手の報告する事実が、登場人物が知っていると私たちが思うような事実だからであり、登場人物が当然知っていると私たちが決めてかかるような事実だからである。だが、このパターンが一旦設定されると、つまり、語り手が虚構において報告する事柄は、登場人物が虚構において知っていたり気づいていたりすることに制限される、という先例が確立されると、何かあることに語り手が言及したりしなかったりするという事実は、それ自体が、登場人物がそのことを知っていたり気づいていたりすることの有無を虚構として成り立たせるものとして解釈されることになる。登場人物の視点の認識論的側面にかかわる命題は、こうして、明示的に表現されることなく虚構として成り立つようになるのである。

私たちは、この種の多くの事例で、語り手の与える限定が虚構として成り立つのを理解できる。語り手は、念を入れて、自分の報告内容を登場人物の知っていることに限定し、そうすることで、登場人物がどんな知識を持っていて、どんな知識は持っていないのか、ほのめかしたり強調したりする。このやり方は、日常生活でもしばしば行なわれている。例えば、友だちが警察ともめ事を起こしたのを私が物語るとしたら、そのもめ事がどんな風に始まったのか述べるあいだ、その人物が一晩留置所で過ごすことになったかどうかは伏せておくだろう。これは、その夜をどこで過ごすことになるのかその時点ではその人物が知らなかったという事実を、生き生きと表現するためである。語り手が、この日常的な手法で登場人物の知と無知のありようを描き出すことは、容易に虚構として成り立ちうる。

この文学的な技法によって、読者には、あるパースペクティヴがどのようなものであるか、ある立脚点からは物事がどのように見える感じがするのか、ということの洞察が得られる。そして、このパースペクティヴを持っている登場人物への感情移入が促されることになる。読者のごっこ遊びにおいて、物事への自分の見方が、重要な側面でその登場人物の見方と似ている、ということが虚構として成り立つのである。虚構において、その登場人物が知って気づくちょうどそのことを、読者も知って気づく。なぜなら、それが虚構において語り手の報告することだからである（これは、読者が自分の知っていることを学んだ方法が——つまり語り手の報告が——その登場人物がそれを学んださまざまな方法とは違っていても成り立つ）。また、虚構において読者が語り手の言うことからいろいろな事柄を学んでいく順序は、その登場人物がそれらの事柄を見出す順序に近似することになりやすい。それゆえ、読者とその登場人物が、虚構において、知って驚いたり驚かなかったりする事柄も、一致する傾向がある。

この小説的な技法と、映画での人物視点のショットとの間には類比が成り立つ。『狼の時刻』の晩餐のシークェンスを見る人たちが虚構において見るものや気づく事柄は、スクリーン上に映し出されているものたちとそれらの焦点にある事柄なのだが、虚構においてユーハン・ボイルが見て、気づくことであると解釈される。この点で（また他の点でも）読者が虚構において晩餐会を見る見方は、ボイルの見方に似ているのだ。

『大使たち』の語り手が（虚構において）事物を記述する言葉は、ストレザー本人が自分の知っていることを（虚構において）表現するのに使いそうな言葉に似せたものである。だが、語り手がストレザーを三人称で指示する場合には、似せているというのは真ではないし、過去時制を使う事例の多くについても真ではない。友人が遅れることへの反応をストレザーが認知して表現するのは（その反応について自覚があれば）、「私はすっかり当惑しているわけではない」という言葉だろう。「彼はすっかり当惑してしまったわけではなかった」ではないはずである。描出体の場合に最もこれと類比的なのは、人物視点ショットによって視線の提示される人物に見えている事物が、見ている人物自身のショットと一緒に示されるような人物視点のショットだろう。あるいは、見ている人物と見えている光景が両方とも示されている静止画像でもよい。ルソーの『夢』や、エスキモーロールの図式（図8-14）はその例である。ムンクの『叫び』（図8-13）もたぶんそうである。

ところが、こういった描出体の場合、『大使たち』の報告する語り手に対応するものはまったく存在していない。私たちが虚構において語り手から聞くことは、虚構においてストレザーが考えたり知ったりすることである。だが（描出体の場合）、虚構においてボイルが見るのは、私たちが虚構において自分自身で見るものなのである。

私が示唆したいことは次のことである。すなわち、虚構において語り手は、さまざまな側面で、自分が登場人物に帰属させる認識論的な位置に、語り手である自分自身がいるかのようにして言葉を発するのであり、登場人物が認知したと語り手が思う事柄を報告し、登場人物が認知していないと語り手が思う事柄については沈黙するのだ、ということである。語り手がそういう認識論的な位置にいるふりをしているということが虚構として成り立つと解釈できる場合もいくつかある。これは、登場人物がその位置にいることを示すための方法としてなのだが、ふりをする行為はごっこ遊びへの参加なのである。『審判』からの以下の一節は、ヨーゼフ・Kの死刑執行直前の思考を描いているが、この種の解釈を促すものである。

彼の視線は石切場の隣にある家の最上階に止まった。明かりがつくと、窓枠が急に開いて、遠くて高いため、かすかで実体がないみたいなひとつの人影が、ぐっと乗り出し、両手を大きくひろげた。それは誰だったのだ？（Who was it?）友人か？　善人なのか？　誰かが同情してくれたのか？　助けてくれようとしているのか？　一人だけなんだろうか？　あれは人間だろうか？　すぐ助けてもらえるのか？　彼に有利なのに見過ごされた論証があったんだろうか？（Were there arguments in his favour...）もちろんあるに決まっている。論理は揺るがしがたい。だが、論理は生きようとしている人間を阻止することはできない。彼がそこまで行き着けなかった最高裁判所はどこにある？[28]

私たちは、『審判』の世界において、以下のことが虚構として成り立つと考えることができる。「それは誰だったのだ？ 友人か？……」と問うとき、語り手は、窓から身を乗り出している人物が誰なのか、友人なのか、善人なのか等々と、思い巡らすふりをしているということである。語り手は、ごっこ遊びをしているのであり、その中では語り手がこのように思い巡らすということが虚構として成り立っている。こうして思い巡らすふりをするときの語り手の目的は、処刑を待つKの心をどんな疑問がよぎっていくのかを示すことである。（この場合、語り手は、Kが知っていたりいなかったりすることだけではなく、現にKの心に起こっている思考を示そうとしている。）語り手はK自身の言葉をではなく、Kが心の中で考えたと語り手に思われる言葉を真似ている。Kは当然、「あれは誰だ？（*Who is it?*）……私に有利なのに見過ごされた論証があるんだろうか？（*Are there arguments in my favour...*）」と考えただろう。しかし、Kの処刑を物語りながら、語り手がKのふりをして表明する疑念にかかわる諸事実――窓から乗り出しているのは誰なのか等々――は、Kがその時点で思い巡らせたこととして語り手が描く諸事実なのである。

（作品世界においては、語り手はその窓のところにいた人物が誰であるか知っているのだが、知らないふりをしている、ということが虚構として成り立つのかもしれない。だが、もっとありそうなのは、私の考えでは、語り手は知っているのでも知らないのでもない、ということが虚構として成り立っている、ということである。）

語り手は、登場人物が事物をどのように見ているのかを示す方法として、登場人物の視点の他の側面――例えば、その心的態度――を表現するふりをするということが虚構として成り立つ場合もある。アン・バンフィールドは、以下の一節で感嘆符によって表現されている見解は、語り手ではなく、ダロウェイ夫人（「彼女」の指示する登場人物）に帰されるべきであると指摘している。「まあ愉快！ なんて気持ちのいい跳びこみ！ いつだって彼女は……フランス窓を勢いよく開けて、ブアトンで外気に跳びこむときにはそう感じたものだった。[29]」しかし、私たちは、（報告する）語り手がこれらの見解を（虚構として）表明するふりをしており、そうすることで、ダロウェイ夫人がどのように感じているのか示そうとしている、と考えることができる。

ジョージ・エリオットの『ダニエル・デロンダ』の一節を見てみよう。「グウェンドレンの後悔の中で大きかったのは、財布の中の四枚のルイ金貨に加えてあと結局九枚しか持っていないということだった。あのユダヤ商人どもは、キリスト教徒の不幸につけこむことに何の躊躇いもみせなかったのだ！」この一節について、ある批評家はこう言っている。「二番目の感嘆文は、第一の文と文法的には同一だが、第一の文とは違って、作者としての言明ではありえない。というのも、この文が断言しているのは、小説がそれを示すのに取りかかっている見解なのだが、それは一個の偏見である。だから、第二の文は、登場人物であるグウェンドレンが持っている意見を表現しているはずである。[30]」私としては、次のように示唆したい。報告する語り手は、グウェンドレンが現実に考えていることを示すために、（虚構として）この反ユダヤ主義的な態度を表明するふりをしているのである。（反語をどうやって解釈するかに関する第6章3節での私の提案との類似性は、明らかだろう。）

私は、以下のジョイスの『若い芸術家の肖像』の一節の語り手が（虚構として）スティーヴン・ディーダラスの罪の意識を告白するふりをしていると見なしてみたい気さえする。語り手は、スティーヴンの悔い改めの気持ちを表現し、すべてを告げる彼の意図を認め、誰もが知ることになるという事実で思いとどまったりしないようにするというスティーヴンの決意を宣言するふりをしている、と見なしたいのである。

> 引き戸がとつぜん開いた。さっきの告解者が出て来た。次は彼だった。彼は怯えながら立ちあがり、無我夢中で告解室にはいった。
>
> とうとうそのときになった。彼は静かな暗がりにひざまずき、頭上にかけてある白い十字架へと眼をあげた。神は彼が悔やんでいることをごらんになるだろう。ありったけの罪を話すつもりだ。告解は長い長いものになるだろう。そうすれば礼拝堂にいる誰もかれもが、彼がどんなに罪びとであるかを知るわけだ。知らせたってかまわないじゃないか。その通りだもの。しかし神は、もし彼が悔やんでいれば赦してくださると約束なさったのだ。彼は悔やんでいた。彼は両手を握りしめ祈りの姿勢をとった。[31]

これが一つのふりをする行為であるとすると、このふり行為は、もちろん完全に露見している。語り手が（虚構において）自分がするふりをしている事柄を現実にはしていないということは、完全に明らかである。だが、露見してはいても、ふりは無効にならない。そして、ふりをする目的が人々を騙すことではなく、むしろスティーヴンが告白し、表明し、自分で認めた事柄を提示することにあるのなら、露見することは、必ずしも望ましくないわけではない。

以上のことが受け入れがたいのなら、少なくとも、語り手は（虚構として）自分が現実に行ないうる一定の行為を行なうふりをしている、と認めるだけでもよいだろう。そういう行為とは、告解がどんなに長くなるかに驚き、誰もが知ることになるという予想を表明し、罪の重大さに注目して意見を述べる、といった行為である。

私は、こういった事例のどれについても、登場人物が話したり考えたり行為したりするのを写し取るようなやり方で、語り手が（虚構として）話し、考え、行為するふりをしていると私たちは見なしているのだ、と強く主張するわけではない。だが、そういう解釈が私たちにとって可能であるという事実は、それ自身、重要である。これより慎重なもう一つの考え方は、語り手がふりをするふりをしている、ということが虚構として成り立つという考え方であろう。すなわち、語り手は、ふりをすることに現実には携わらずに、ふりをする可能性を示唆しているということが虚構として成り立つ、とするものである。例えば、多くの場合テクストを声に出して読み上げるのを想像することは容易である。こういう朗読が行なわれると、語り手が（虚構的に）ここで問題となっているようなふりをする行為に現実に携わっているという認識は、ほとんど避け難くなるはずである。侮蔑の気持ちがにじみ出るような調子で「あのユダヤ商人どもは、キリスト教徒の不幸につけこむことに何の躊躇いもみせなかったのだ！」と読み上げたり、深い自責の念と痛悔の気持ちを表現するように「彼は後悔していた」と語ったりすれば、それは一人称の文に聞こえるだろう。

言うまでもなく、以上の考察は、文学的表象体における仲立ちと視点に関する包括的で体系的な説明にはまったく達していない。しかし、この議論されてきた問題を明瞭に理解する上で、ごっこ遊び説が意義ある仕方で貢献しうるということを私たちは見てきた。おそらくこれは、他の問題にも示唆するところがあるだろう。

第Ⅳ部　意味論と存在論

第10章　架空の存在者をしりぞける

1　問題

私たちはみな、リア王は存在せず、シェイクスピアの劇は虚構にすぎないと知っている。母親の膝の上で『ピーターと狼』は「ただのお話」であり、ピーターも狼もどこにもいはしないということを学ぶのだ。だが、リアやピーターといった登場人物は存在するのかと尋ねられたら、私たちが口にする最初の回答は、確かに存在するというものになる。まず最初に、分かりきったこととして、私たちは、ドラゴンもユニコーンも妖精も存在しないし、今までに存在したこともないと保証する。次いですぐさま、虚構の中ではドラゴンもユニコーンも妖精もその他すべてがもちろん存在する、と自分が認めていることに気づくのだ。この相容れない直観によって、虚構的存在者の存在論的地位という問題が生じるのである。

この直観の衝突によって、哲学者たちは見苦しい論理的曲芸をいろいろと考え出すことになった。ある人々は、存在すること（being）と実在すること（existence）の区別を導入する。つまり、在るものと、実在するものないし現実的であるものとの区別である。リアやグレンデルは実在しないが存在する、と言われる。[1]（理論以前の観点からは、リアやグレンデルが「存在する」のを否定することは、それらが「実在する」のを否定するのとまったく同じように受け入れてよいと思われる。そして、「実在する」のを肯定するのは、「存在する」のを肯定するのとまったく同じように受け入れてよいと思われる。この事実から、このやり方の不自然さは明らかである。）リアやグレンデルは実在するが物のよう（real）ではないとか、虚構的実在を享受するが現実的実在は享受しないとか、虚構領域に実在するが現実的には実在しないなどと言われるときもある。こういった仕掛けは、ヴードゥー呪術的な形而上学に見える。こんなものは矛盾を隠蔽するために考案されたごまかしだという印象は避け難い。リア王とその一行は、存在論上の立派な見かけを、ただ奪い取られるためにだけ供与されているのである。

もう一つ別の、だが同じように魅力のないやり方がある。それは、虚構的存在者[2]について一切の実在や存在を否定するが、とはいえ、そういうものを指示したり語ったりすることはできるし、私たちはそうしていると強調するやり方である[3]。このやり方は、リアという登場人物が存在する、という当たり前の主張を単純に退けるよう命令する。もっと重大なのは、これによって、指示作用をどう解釈すればよいのかという扱いにくい謎が私たちに負わされるということである。指示の因果説は使えないだろう。非存在は原因ではありえないからである。そもそも、指示は関係ではないということになってしまうだろう。このやり方は、結局、虚構的存在者の実在を否定する真っただ中でその実在をこっそり持ち込むという見苦しい試みの、もう一つのあり方になってしまう。

柵で隔てられた両側に足を着けて立ちたいという衝動は、両側のそれぞれが問題を抱えているという事実から生じる。どちら側から見ても反対側の芝生は青く見えるのだ。虚構的存在者を受け入れる人々も拒絶する人々も、説明すべきことがたくさんある。その存在を信じない者たちは、日常の会話で虚構的存在者への見かけの指示が数多くあることを説明しなければならない。リア王は存在しておらず、それが私たちに分かっているのなら、リア王には三人の娘があったとか、リア王はシェイクスピアの劇中の人物だ、などと言うとき、私たちは何を言っているのだろうか。信じる者たちの方は、リアなる人物が存在するとかドラゴンやユニコーンが存在するということを、多くの文脈で私たちが簡単かつ自然に否定するという事実に直面せねばならない。そして、それらが存在するのなら、どういう種類のものが存在し、どんな特性を備えているのかを言わねばならない。

信じる者たちは、登場人物その他の虚構的存在者をいろいろな種類の珍奇なものとして解釈するという点でも[4]、ぎこちない立場に追いやられるのに気づく羽目になる。虚構的存在者は排中律の適用を免れる「不完全な」対象であると考える人々がいる。（マクベス夫人は、子どもが二人以上いるという属性を持つわけでも、二人以上いないという属性を持つわけでもない。）テレンス・パーソンズによれば、シャーロック・ホームズはグラッドストンと話したことがあるという特性を持ちうるが、このときグラッドストンの方ではシャーロック・ホームズと話したという特性を持たなくてかまわない[5]。こういった不愉快な帰結を免れるためもあって、信じる者のうちの他の人々は、人間であるとか、娘が三人いるといった普通の特性を登場人物が持つことを否定する。そして、登場人物には、物語の中で帰属されるかぎりで人間であることを具備する、という特性とか、虚構的に（ないし「物語-内的」に）人間であるようなものという特性とか、何らかの仕方で部分的に人間であることによって構成されているという特性、といったものだけを許容するのである。また他の人々は、虚構の対象を抽象的存在者（特性の普遍的類型、ないし種類、ないし集まり）であると考え、さらに他の人々は、虚構の対象は必然的かつ永遠的に実在すると考える。ある説明によれば、複数の異なった作品は、当該の登場人物にそれぞれの作品の中で同一の特性群が帰属されているのでないかぎり、同一の登場人物についての作品ではありえない。そして、一つの作品の中で正確に同一の特性群が二つの登場人物に帰属されていたら、それらは二つではなくて一つである、[6] または一つもない、[7] などと言われる。

　虚構の対象に関するこういったさまざまな考え方は、すべて普通の話し方と衝突する。私たちは、具体的な個人を記述するのと同じように虚構的存在者を記述している。リア王やマクベス夫人について、ルイ一四世と同じく排中律に従うかのように語る。リアは三人の娘のいる男だと言うのであって、そのとき彼が本当はこんな現世的属性を超越した抽象物なのだとほのめかしたりはしない。私たちは、リアがある特定の機会に存在するようになったかのように語る。(だがそれはどんな機会なのだろう。彼が誕生したときなのだろうか。それともシェイクスピアが戯曲を書いたときなのだろうか。) 私たちは、『ハムレット』の中のハムレットと、ストッパードの『ローゼンクランツとギルデンスターンは死んだ』の中のハムレットは、帰属される特性がまったく同一ではないにしても、同一だと言う。また『フロプシー・バニーのおはなし』[8] を読むときには、六匹の異なったウサギがいることを平然と認める。それというのも、六匹がどのように違っているか語られはしないが、そのお話ではウサギは六匹いると言われるからである。私たちが、理論に先立つ素朴な関わりを虚構の人物や事物に対してもっているとすれば、その関わりは、ほとんどの側面でまったく普通の人物や事物に対する関わりのように見えるだろう。理論に先立つ存在論的関わりと思われるものをうまく取り扱うために立てられた理論は、なかでも非常に洗練された理論は、問題の存在者を根本的に解釈し直さねばならない立場にあることに気づくはずである。

　ここまでのところ何も解決されていない。最終的にどんな理論に私たちがたどり着くにせよ、通常の、明らかに正しい見解が、まったく文字通りの直截的なやり方とは違うやり方で解釈される必要がある、ということになるだろう。それをどう見るにせよ、虚構の中では何かおかしなことが起こっているのである。

　どちらの側の理論家も、額面通りには受け取れない文を言い換えることに取り組んだり、そういう文をどういう風に解釈すべきか他のやり方で示すことに取り組んだりして、さまざまな程度の成功をおさめてきた。しかし、これは十分ではない。尊敬に値する理論なら、なぜ、私たちが現にしているような仕方で自分の考えを表現するのかも説明するよう努力するはずである。「リア王は三人の娘がいる」と言うとき、この話し手がある一定のリア王を指示しているのではないならば、また、この話し手が、このとき指示されているものに三人の娘がいるという特性を帰属させているのではないならば、私たちは、ここで言われていることが何なのかを知る必要があるばかりでなく、そのことを言うのに、なぜ誤解を招く可能性のある言い方をするのかも知る必要がある。自分のしていることが、「リア王」という名前で取り出される何ものかに対して、三人の娘がいるという特性を帰属することではないのなら、そうしているかのように私たちが語るのはなぜなのだろうか。グレンデルは存在しないと言い、ドラゴンは存在しないと言うことは、グレンデルやドラゴンがどんな種類のものなのかについて何か言うこと、ないし、現実の存在者というよりは、むしろ虚構的なまたは非実在の存在者だと言うことであるのなら、どうしてそういうやり方で言うのか説明が必要になる。つまり、本当はある対象の本質の観察であるものを、どうして、それが存在することの否定の形に偽装しなければならないのだろう。さらに、虚構について言われているいろいろな種類の事柄を理解するために、個々の不規則性についてのその場しのぎのばらばらな取り決めではなく、[9] 合理的で体系的な取り扱いが必要である。私たちは、虚構にかかわるいろいろな課題の全体を考察するための、体系的で包括的な方法が欲しいのだ。

いま目の前にある形而上学と意味論の係争点を越えて、先立つ各章で探究してきた美学的な係争点へと視野を広げなければならない。だが、そういう美学的探究に乗り出す前でさえも、私たちは、この二つの係争点が密接にからまり合っていると考えるべき理由があることに気づいていた。特に、「物語のとりこになる」経験は、虚構的存在者の地位に関する二つの両立しない直観と近いところで結びついている。ごっこ遊び的な信念(make-believe) という概念は、美学的な問いを扱う上でとても役に立ち、とりこになる経験を理解するために中心的な役割を果たした。この概念は、意味論と形而上学の問いに対しても重要な手がかりとなるだろう。

架空の存在者の地位に関する議論の多く——特に実在論者によるもの——は、ごっこ遊び的な信念や、何かのふりをする行為、想像活動といったものに言及することさえなく進められている。これは驚くべきことである。なぜなら、私の理論の個々の部分が最終的にどう評価されるにせよ、ごっこ遊びに類する何らかの概念が、虚構という制度の妥当な説明の中で目立った場所を占めるべきことは明らかだと思われるからである。おそらくどんな理論でも、ごっこ遊び的な信念やふりをする行為を後から補足として付け足すことはできるだろう。だが、結果は満足のいかないちぐはぐなものにならざるをえない。虚構的存在者を認証し、それがどういう種類の事物であり、どうやって私たちの談話の中に入ってくるのかを特定した後で、人々が一定の想像活動やふりをする行為に携わるということを付け加えることもできるかもしれない。(つまり、虚構的存在者は現実のものである、あるいは、存在するだけでなく実在もする、あるいは、特性とか種類ではなくて個物である、などと私たちは認めるふりをしたり、そう想像したりすると付け加えるわけである。) だが、これでは遅すぎる。ごっこ遊び的な信念とその近親の同類たちは、虚構という制度にとってきわめて基礎的なものであるから、虚構的存在者とは何か、それは存在するのか、という問いに大きな関わりをもつと思われる。最初からそれを議論に加え

図 10-1　パトリック・メイナード『お前は存在しない！』1990 年，©Patrick Maynard

ておく方がずっとよいのである。

実在論者が真顔で主張するところによれば、人々は虚構的存在者を指示し、語っているのであって、人々の言うことを理解するためには虚構的存在者を理論において仮定せざるをえないのである。私の主張は、簡潔に言うと、虚構という制度の核心にあるごっこ遊び的な信念という要素を実在論者は見逃しており、それを小さく見積もりすぎている、というものである。実在論者は、虚構的存在者を指示するふりを、そのふりの遂行に真剣な関心が結びついているせいで、本物の存在論的な関わりと取り違える。私たちはごっこ遊び的な信念に非常に深く浸透されている。それゆえ、理論的考察自体が影響を受けるのである。私たちのすべき仕事は、ごっこ遊び的な信念がどんなに広く行き渡っているのかを理解するのに十分な程度にまで、そういう影響から自由になることである。

もう一つ、あらかじめ言っておきたい。虚構的対象に私が抵抗するのは、抽象的存在者一般に対する疑いの気持ちからの派生としてではない。私の立場は、特性、数、命題、意味などに等しく適用されうるような、大がかりな経験論的・唯名論的傾向に由来するものではないのである。蹴飛ばせるような具体的対象に肩入れする一般的な偏見や、抽象的存在者を放逐すべきそれなりの理由といったものは、虚構的存在者が抽象的なものと考えられるかぎり、もちろん虚構的存在者にも影響を及ぼすことになる。だが、これらが私の理由なのではない。実のところ、先立つ各章においては、特性や命題といったものを恥ずかしげもなく自由に利用してきた。これから虚構的存在者を説明するときにも、特性や命題を使うつもりである。虚構的存在者を警戒する根拠としては、抽象的存在者一般にはそのまま当てはまらない重要な直観的理由がある。虚構に対する実在論者の説明が取り組まねばならない事実の一つに、理論と関係のない日常の文脈の多くにおいて、虚構的存在者が実在しないとか、そんなものは存在しないという主張に見えるものを、人々がごく自然に生み出している、という事実がある。特性や数の実在に関しては、これに似た日常的な否認は存在しない。赤さなどというものは存在しないとか、数一七は実在しないということを、リア王やドラゴンは存在しないと述べるのと類似した理論以前の意味で指摘するような場面は、私たちにはまず生じない。数や特性を宇宙から追放しようという気になるのは、何らかの哲学的な思惑を抱くようになってからなのである。だが、ピーター・ラビットがこの宇宙の住人ではないということは（正反対の前理論的な直観がある場合でさえ）、当たり前の常識であるように見える。

2　虚構世界の内側で虚構世界について語ること

最大限にとことん本気で、最良の場合にさえ、批評とは、芸術同様に、ある程度はゲームである。
——ジョン・ガードナー『道徳的虚構について』

実在論者であるか非実在論者であるかにかかわりなく、虚構的存在者の存在論的地位に関する事実上すべての議論は、虚構的存在者についての断定[1]に見えることを人々が普通に行なっているという事実の観察から始められる。多くの場合、こういう断定は、さまざまな真理の断定である。だが、このやり方で始めると、出だしから誤ることになる。問題なのは、この観察が不正確だということではない。たしかに、私たちは「トム・ソーヤーは自分の葬式に出席した」とか「ドン・キホーテはセルバンテスが生み出した登場人物だ」といったことを断定的に言うし、こうして断定される事柄はしばしば真である。誤りは、これを出発点に取るというところにある。こういう文の発話が機能するもう一つの道筋が存在する。それはまた、より根源的であり（より一般的ではないとしても）、問題をはらんだ断定の使用を理解するやり方を指し示す道筋である。より根源的な発話行為とは、ふりをする行為、ごっこ遊びに参加する行為である。

スティーヴンのことを思い出そう。彼は、ファン・デ・フェルデの『スヘフェニンゲンの浜辺』の適切な部分を指差し、断定的な口調で「あれは船だ」と言ったのだった（第6章3節）。スティーヴンがその絵の世界を記述していると理解しようとしたとき、私たちはさまざまな困難に遭遇した。「あれは船だ」は、この文脈において、スティーヴンがその絵の世界で虚構として成り立つと主張しているということが本当らしくなるような、一つの命題を表現しているようには見えなかった。というのも、私たちは、指示語「あれ」の適切な指示対象を見出すことができなかったからである。私たちは、こういった困難の結果、スティーヴンはたんに、この指示語によって何かを指示してそれが船だと言うふりをしているだけである、と考える方向に進んだ。今、この示唆をさらに発展させて、別の種類の事例でこの示唆を試してみる時がきたのである。ガリヴァーもリリパット人も存在しないのなら、彼らについての命題も存在しない。それゆえ、ガリヴァーはリリパット人に捕らえられたという命題も存在しないと思われる。[10]「ガリヴァーはリリパット人に捕らえられた」と言うことは、このとき、この命題に虚構性を帰属させることではありえない。つまり、ガリヴァーは虚構的にリリパット人に捕らえられた、と言うことではありえないのだ。では、話し手はふりをする行為に携わっている、ということになりうるのだろうか。

私はここで、ふりをすると語ることについて語っているが、非常に慎重にそうしている。ふりをすることは、ごっこ遊びに言語的に参加するという行為を記述するための、簡略な方法にすぎない。銀行強盗をするふりをするとは、ごっこ遊びの中で、自分が銀行を襲うということが虚構として成り立つようにする何ごとかを現実に行なうことであり、自分が現実に行なうことについて、それが銀行を襲うことの一例であるということが虚構として成り立つようにすることである。こういうふりをする者は、そのふりに従った想像をする、ということを付け加えておこう。その人は、自分が行なっていることが銀行を襲うことであると想像するのである。このように解釈された「ふりをすること」は、誰かを欺くこととはもちろん何の関係もない。また、この意味で何かをするふりをすることは、現実にそのことをすることと完全に両立する。泥棒と警察ごっこをする子どもが「止まれ、泥棒！」と叫ぶことによって、この言葉を叫ぶということが虚構として成り立つ。と同時に、子どもが現実にこの言葉を叫ぶことに関して、その現実の叫びが泥棒に向かって叫ぶということを行なうことの一例である、ということが虚構として成り立つのである。この子どもは、現実にそう叫ぶことによって「止まれ、泥棒！」と自分が叫ぶふりをしている〔演技をしている〕のだ。ただし、泥棒を逮捕することについては、その子はそういうふりをしているだけである。[2]

私は、第6章3節で、言語的な参加が子どもたちのごっこ遊びでどれほど広く見られるかに注目し、鑑賞者は表象体を用いて自分が行なっているごっこ遊びにしばしば言語的に参加する、という予測を表明した。例えば、「あれは船だ」とか「沖合に何艘かの船がいる」とか「ガリヴァーはリリパット人に捕らえられた」とか「イワンはスメルジャーコフに激怒した」などと人が言うとき、その人は出来事を物語っていたり、事実を報告していたりする、ということが虚構として成り立ちうると述べた。こういう発言をこのやり方で解釈するということは、話し手を虚構世界（その話し手のごっこ遊び世界）の内側に位置させることであり、話し手がその虚構世界に貢献するようにすることである。このやり方は、話し手が虚構世界（作品世界）に対し、その外側の視点から真正な断定を行なっていて、その世界がどんな虚構的真理を含むのかについて何かを言っている、という通常の想定とは対照的である。ふりによる解釈は、鑑賞者が虚構世界を現実において記述するという設定ではなく、鑑賞者は現実世界を記述するふりをしているという設定を与えるのである。

表象的芸術作品をめぐる私たちの談話は、どの程度まで、ふりをすることとして、つまりごっこ遊びへの言語的参加として、解釈されるべきなのだろうか。ふりをすることとしての解釈が、まったく無理をきたさずに当てはまる事例はいくつもある。『アンナ・カレーニナ』のある読者がアンナの自殺を知って、目に涙を浮かべ、「ああ、ひどい！　アンナがかわいそう。こんな結末ってありえない」と独りつぶやくとする。虚構において、この人物はアンナの死を悼み、死をもたらした状況を嘆いている。チャールズは、ホラー映画を観ながら、身をすくめて友だちに寄り掛かり、「きゃあ、あれ見て！　スライムがこっちへ来る！」と驚いて叫ぶ。このとき、チャールズはスライムが来ると断言するふりをしている。虚構において、チャールズはそうしているのだ。虚構世界を記述しているだけならば、その点をはっきりさせたはずである。つまり、「スライムが映画の世界でこちらに来ている」とチャールズは言えばよかったのである。だがこう変形すると、元の発話にあった絶望的な雰囲気は欠けてしまう。チャールズの絶叫口調は、当該の危険の虚構的身分が明示されれば、場違いで馬鹿げたものとなる。（『ハムレット』で幽霊が登場したとき、ホレーシオを演ずる役者が、「おお、見よ、来る、劇の虚構世界において！」と叫ぶのと並べて考えてみたらよい。あるいは、グレゴリーが「注意して！　藪の中にクマがいるよ！　ごっこ遊びの世界で」と叫ぶと考えてみてもよい。）チャールズはふりをすることに携わっている。チャールズは、状況にふさわしい絶望的な気分でスライムが間近に迫っていると宣言する、ということが自分自身について虚構として成り立つようにしている。「きゃあ」と「あれ見て」は、外見上も記述のように見えさえしない。だから虚構世界の記述ではないのである。だが、この発話は簡単に解釈できる。チャールズは、驚きや恐怖を表現する演技をしており、（真剣な）警告を発する演技をしている。虚構として、こういうことを行なっているのだ。

　とはいうものの、虚構作品についての多くの発話は、これに似た明瞭なふりをする行為を含んではいない。冷静で客観的な批評があり、距離を置いた観察があり、冷たい学問的分析、抽象的な理論化といったものがある。ジェラール・ジュネットは、文学作品の「時間錯誤（anachrony）」を論ずるにあたって、サントゥイユの小説[3]に言及しつつ、「ジャンは、かつて愛したマリ・コスィシェフの住んでいるそのホテルを、数年後に再び見つける。そして、今日自分が抱いた印象を、かつて自分が今日抱くだろうと思った印象と比較する」(11)と述べている。そして、テクストの各部分の順序を、その各部分が物語の世界で描いている出来事の順序と比較対照していく。ジュネットがこの真剣な理論化を、ふりをしたりごっこ遊びをしたりするために中断するようにはまず見えない。そして、ジュネットは、確かにその小説の世界の特徴を実際に指摘しているように見える。あるいは、スティーヴンが用いたような指示語は、最も冷静な批評においても出現する。まったく素っ気ない学術的な講演者が、ヒエロニムス・ボスの『干草車』の特定の部分を指差して、「これは豚です」と言い、続いてその図像学上の意味について論ずるといったことはありうる。映画や小説の筋立てを友だちに説明し、友だちの方はそれを観たり買ったりするかどうか決めるということもある。その作品がなぜ魅力があるのか、あるいは、なぜ当惑させたり退屈させたりするのか、どうしてそれが良いとか悪いとか思うのか、といったことを説明するとき、私たちは、登場人物がどんな風で何をするのか記述することになる。こういった事例では、ごっこ遊び的な信念は関係が薄いように思われる。こういう場合、現実世界を記述するふりをしているというよりは、虚構世界を現実において記述しているのではないのだろうか。

一つの示唆は、鑑賞と批評を区別し、この二つの違う活動に携わるときに人々が表明する見解を、それぞれ分離して扱うようにするというやり方だろう。鑑賞者は作品の中身のとりこになり、それに沿って演技し、その作品が小道具となっているごっこ遊びに参加する。（さしあたり、第7章6節で論じた参加しない鑑賞のことを無視する。）批評家は、対照的に、作品そのものと作品を使って行なわれるごっこ遊びとを外から、傍観者の視点から考察し、どんな虚構的真理が生み出されるのかを事実的に記述する。

当然ながら、状況はこんなに単純ではない。鑑賞は主としてふりをする問題であり、批評は主として観察し記述する問題であると決めておくとしても、単純にはいかない。鑑賞と批評、参加と観察は、まったく切り離せない。他方をほぼ同時に行なうことなく、もう一方を行なうということは、まずできないのである。作品を鑑賞するためには、それがどういうことを虚構として成り立つようにしているのかに注目せざるをえない。その虚構世界を敏感に捉えねばならない。このかぎりで、鑑賞者は批評家となる必要がある。また批評家は、ある程度まで、鑑賞者のようにふりをする精神状態に陥ることを自分に許容しないかぎり、通常、作品の世界を記述する上で深くまで達することはできない。含意関係に関する現実性原理または共有信念原理が適用できるかぎりにおいて、何かを外挿的に推定するときには、一定の他の事物が存在する場合に何が起こりうるのか、あるいは、芸術家の属す共同体の背景的信念が肝心な側面で真であると仮定すると何が事実となりうるのか、といったことを決定する手続きが必ずそこにともなってくる。このとき、そういう前提や背景を知っている人物の立場に自分を置いてみるとか、そういう状況にいると想像するとか、そう想像したとき他のどういうことに自分が気づくか観察する、といったやり方が大いに役に立つ。これは批評家がごっこ遊びに携わるとき、言い換えれば批評家が鑑賞者になるときに行なっていることである。鑑賞（参加する鑑賞）と批評は密接にからまり合っている。現実世界を記述するふりをするという活動と、現実において虚構世界を記述するという活動は、密接にからまり合うのだ。

実際、私たちは両方を同時に行なうことがしばしばある。現実世界について語るふりをすることは、現実において虚構世界について語る一つのやり方になることがよくある。この問題とは別の文脈でも、何かを現実に言うという方法で、別のことを言うふりをするというのはまれではない。食事をする人が、冗談めかして、サイだって食えそうだと言うのは、自分が空腹だということを、真剣に、伝えようとしているのである。スミスが皮肉な口調で「ジョーンズはスーパーヒーローだ」と断言すると、これによってジョーンズは自分でそう思っているということが含意されたり、示唆されたり、断定されたりすることになる。批評家的鑑賞者が六インチの背丈の人々の暮らす土地があると(真剣に)主張するふりをしているのは、『ガリヴァー旅行記』の中ではそれが虚構として成り立つと指摘しているのかもしれない。このように、言語的参加は人が思うよりもずっと広く行き渡っているだろう。話し手が虚構世界について真剣に主張していることが完全に明らかなときでさえ、その人物がふりをすることに携わっていて、ごっこ遊びに言語的に参加している、ということを否定する必要はないのである(12)。

発話の二重の性質がすぐに分かることもときにはある。文学の教師が、厳粛な雰囲気で深い懸念を表明しながら(「可哀想なウィリーは」と語り始めて)、ウィリー・ローマンの悲惨な境遇について意見を述べる。だが、それはウィリーの災難の寓意的で象徴的な意義を論ずる中で行なわれている。この教師が現実の人間に起きた悲劇を正しく共感的なやり方で記述するふりをしているということと、そうすることにおいて、その戯曲の世界に関して冷静な観察を行なっているということ、この二つの両方が明瞭である。

二重の行為遂行の一方の側が、他方の側より強調される場合はあってよい。ある場合には、ふりをすることの方が問題の事柄となる。話し手は喜んでその虚構に沿って演技するのだが、他人にその虚構世界について知らせることにはほとんど気を配らないかもしれない。虚構世界について同時に記述しているとしても、それは演技の副産物にすぎないかもしれないのだ。逆に、冷静な批評において、ふりの遂行がそこに介在するとしても、それは虚構世界を記述するための便利な手立てにすぎないという場合もありうる。

ふりの遂行が介在するかどうか、どうやって私たちは決定したらよいのだろう。とりわけ強調されるのが(真正の)断定の方であるときには、どうしたらよいのだろうか。また、強調が逆になっている場合、真正の断定が行なわれているかどうか、いったい何が決定するのだろうか。これへの回答は、断定することとふりをすること(参加すること)をどう理解するかに左右される。私は、断定の説明に関して、提供できるものは何もない。確かに、ふりをするときには、話し手は断定よりも弱いことを何か行なっている、と言っておくのが最も適切なときもあるだろう。話し手は、虚構世界がある種のものであることを、たんに含意したり、示唆したり、理解されるべきものとして提供したりしているだけなのである。その境界線がどこに引かれるべきなのかについて、私たちは関心を寄せなくてもよい。

ふりをすることの方はどうなのか。批評家がまるで素っ気ない学術的な設定においてさえ、少なくとも形式的にはごっこ遊びに携わる、ということを進んで認める人たちもいるかもしれない。だが、多くの人は、ウィリー・ローマンを論じるときに同情する観察者を露骨に演ずる教授といった、もっと明白な事例においてのみ、ふりをする行為や参加について語る方を好むだろう。この違いもまた本質的に曖昧なのだが、曖昧にしておいてかまわない。しかし、注意すべきことが一つある。すなわち、私たちが狭い解釈を採用し、冷静な批評家が、弱められた仕方で現実世界の出来事を語るふりをするとは認めない場合でさえ、ふりをすることは背景に潜んでいることがありうる。その批評家は現実の出来事を語るふりをするふりをしているのかもしれない——批評家が言語的にごっこ遊びに参加しているということが虚構として成り立つのかもしれない——、あるいは、その人は、熟慮の上で、そういうふりをする動作を遂行してみせているのかもしれない。（第7章6節を見られたい。）こういったやり方のどれかを遂行すると、自然にそれが作品の虚構世界を記述する一方法として、実在する出来事を語るふりを現実において遂行する[4]代わりになる。聴き手はどちらの場合でも要点を摑むことができると思われる[5]。あるいはこれとは違って、話し手の発話は、他人が行なうためのごっこ遊びの小道具になっているのかもしれない。話し手自身はそのごっこ遊びに参加していないとしても、自分の発話がそういう小道具となることを意図するかもしれないのである。ある人が「トム・ソーヤーは自分の葬式に出席した」と言うとき、その人は、トム・ソーヤーなる人物が当人の葬式に出席したと自分が主張しているところを想像しているのではないかもしれない。つまり、そういう風に想像せよという命令に自分自身が服従しているとは考えていないかもしれない。だが、そういう風に想像せよという要請は、聴き手に対しては存在しうるのである。ごっこ遊び的な信念は、このようにして全体の構図の中に入ってくる。

虚構的存在者について語るように見える言明でも、そういうふりをすることとして発話されるかぎり、形而上学的な謎をまったく招き入れない。サリーが、ふりをすることとして「トム・ソーヤーは自分の葬式に出席した」と言うとき、サリーのごっこ遊びにおいては、サリーがトム・ソーヤーと呼ぶある人物が存在し、その人物が自分の葬式に出席したとサリーが主張している、ということが虚構として成り立つ。私たちは、現実に誰かそういう人物が存在すると想定する必要はない。私たちは、誰かある人ないし何らかの登場人物が存在して、その人物についてサリーが話すふりをしていると想定する必要もない[6]。サリーが断定するふりをしている命題が存在すると想定する必要もない。サリーの発話は「ごっこ遊びに」参加する行為として完全に理解可能である。すなわち、サリーの言葉が命題を表現しているということは、真なのではなく、たんに虚構として成り立つにすぎないと考え、それらの言葉がトム・ソーヤーとサリーが呼ぶ誰かについての命題を表現しているということも、サリーがそういう命題を真だと断定しているということも、同じくたんに虚構として成り立つにすぎないと考えるならば、完全に理解可能になるのである。

これで話がすべて終わるのなら、見かけ上の指示はたんなるふりの遂行であると片付けて、ただちに架空の存在者を用いるのを止めることができただろう。だが、そうではないのだ。「トム・ソーヤーは自分の葬式に出席した」といった事柄を言うとき、ふりをすることにその時点で私たちが携わっているかいないかにかかわらず、時には私たちが真正の断定を行なうことがある、という事実がまだ残っている。私たちの課題は、こういった事例で何が断定されているのかを説明することである。（そういう文それ自体が何を意味しているのかということが問題なのではないし、それらの文がどういう命題を表現しているのかということが問題なのでもない。私は、それらの文は通常の文字どおりの意味しか持っていないという立場をとる。そして、純粋に虚構的な存在者を表示するように見える文はまったく命題を表現してはいない、と見なすのを好む。）

　虚構的存在者を指示するように見える文の、断定としての使用例を解釈するための鍵になるのは、ふりをすることにおけるその文の使用を、第一義的なものと受け取ることである。そういう文を使って断定されていることは、そういう文のごっこ遊び的な信念における役割を通じて理解すべきなのである。

3　通常の言明

　架空の存在者を指示するように見える言明には何種類かある。最も単純で基本的な言明は次のようなものである。こういう言明を、虚構に関する通常の言明（*ordinary* statements）と呼ぶことにしよう。

(1) トム・ソーヤーは自分の葬式に出席した。
(2) その殺人者は死体を床板の下に隠した。（エドガー・アラン・ポーの『告げ口心臓』に結びつけて言われた場合）
(3) あれはユニコーンだ。（ユニコーンのタペストリーを指して言われた場合）

これらはそれぞれ「『トム・ソーヤーの冒険』においては」、「その物語では」、「その絵の世界では」といった語句を適当に追加しても、元の形と同値であるように見える言明である。このやり方は、通常性の大まかな試験として役に立つだろう。

　もちろん、例えば(1)を次の(1a)の縮約と考えても、問題はまったく解決されない。

(1a)『トム・ソーヤーの冒険』の世界においては、トム・ソーヤーは自分の葬式に出席した。

この長くなった言明は、トム・ソーヤーへの見かけの指示を依然としてともなっている。これは、マーク・トウェインの小説の世界において自分の葬式に出席した存在として、トム・ソーヤーを記述しているように見えるのだ。

　通常の言明のすべてが、たんに虚構的にすぎない存在者への見かけの指示を含んでいるわけではない。架空のものではなく実在のものにかかわるように見える言明もある。個物についての言明という形式を取らないものさえある。

(4) シーザーは三月一五日について警告された。(シェイクスピアの劇に結びつけて言われた場合)

(5) 北部の森で育つ巨大な蚊はアリゾナで井戸を掘るのに利用された。(ポール・バニヤン物語に結びつけて言われた場合)

私たちの問題は、虚構的存在者に関するものである。だが、虚構的存在者を指示する言明にも指示しない言明にも一般的に適用できるような、通常の言明の説明を追究すべきである。

通常の言明は、私が公認のごっこ遊びと呼んできたもの——その遊びの中で用いられることが表象体の機能となっているようなごっこ遊び——と結びついている。もちろん、ある作品を好きなように私たちが使うのを阻止するものは何もありはしない。だから、『見出された時』のページ上の印字が、虚構として極小の火星人の足跡となる遊びを考案してもかまわない。ブリューゲルの『婚礼の踊り』の赤い絵の具の斑点を、虚構として、凶悪犯罪の現場で飛び散った血痕と見なすことにしてもよい。だが、こういう遊びは作品の広く受容された標準的な用途ではないし、そのために作品が計画された使用法でもない。こういう遊びの中で用いられることは、作品の機能ではないのだ。こういったごっこ遊びは、これらの作品に関して、公認されない。

あるごっこ遊びが公認されるかどうかは、ごっこ遊び的な信念に関してどんな原理がその遊びの中で作動しているのかという問題である。公認されたりされなかったりするのは、遊びの「規則群」であって、遊んでいる人の「動き」ではない。『モナリザ』の前で、ジョコンダ夫人と何とかして視線を合わせないでいるということが虚構として成り立つように振る舞うのは、推奨できないし、適切でないとさえ言えよう。だが、この虚構的真理やこのほかの虚構的真理を生み出す原理たちが、この種の作品にとって受容されている原理であるならば、そのごっこ遊びは依然として公認の遊びではある。『トム・ソーヤーの冒険』の読者が「トムは学校をずる休みしたことはない」と言う場合、そのごっこ遊びが公認されるものであって、トムは時にずる休みをしたということが虚構として成り立っているとしても、この読者は公認のごっこ遊びに参加していることになるだろう。

通常の言明とは、公認のごっこ遊びの中で、ふりをすることとして、自然に発せられるような言明であると解釈される言明である。こういう言明の断定における使用を理解するための鍵になるのは、現実のまたは予見されるふり行為——公認のごっこ遊びへの言語的参加という行為——なのである。

通常の言明のうちのあるものは受容可能、つまり適切であるが、別のものはそうではない、ということは議論の余地がない。「トム・ソーヤーは自分の葬式に出席した」と言うことはある仕方で正当化されるが、これと同じようには、「トムは学校をずる休みしたことはない」と言うことは正当化されない。[13] 受容可能か不可能かということは、容易に真と偽として通用するので、発話を真正の断定であると解釈することを促す。だが、もはや理由は明らかだが、この方向に急いで向かうべきではない。ふりをする行為も含めてほとんどすべての行為が、さまざまな理由のうちの何かによって、適切となったり不適切となったりしうるのである。鑑賞者は自分の鑑賞している作品に関して、公認される種類のごっこ遊びをするものと期待されている。そして、鑑賞者が言語的に参加するときには、虚偽ではなく真理を話しているということが、ごっこ遊びの中で鑑賞者自身について虚構として成り立つことを期待される。アリゾナに井戸掘り用の巨大な蚊がいると断定するふりをするとき、ロバートは自分が真なることを話しているということを、ポール・バニヤン物語に関して公認される一つのごっこ遊びの中で、自分自身について虚構として成り立つようにしている。ロバートのふりをする行為は、まさにこのあり方において、適切となっている。また、サリーがトム・ソーヤーという名前を使ってある人物を指示し、その人物は自分の葬式に出席したと言うふりをするとき、サリーにおけるこのふりの遂行は、ロバートの場合と同じ理由によって適切となる。ロバートの場合にアリゾナには井戸掘り用の蚊はいないと言うふりをしたり、サリーの場合にトム・ソーヤーとして指示される人物について宇宙船で海王星まで旅をしたと言うふりをしたりすることは、いずれも不適切であり、受容不可能である。なぜなら、そのごっこ遊びが公認の遊びだとしたら、話し手が虚偽を断定しているということが虚構として成り立つだろうからである。こういったふり行為に携わるとき、発話の受容が可能か不可能かを説明するために、人が真だったり偽だったりする何ごとかを真正に断定している、と決めてかかる必要はないのである。

だが、ふりをする行為自体が適切だったり不適切だったりするという事実によって、ふりをする行為を手段として断定を行なうための、分かりやすい入り口が与えられる。すなわち、ある与えられた状況においてどのような振る舞いをすることが適切であるのかを、単にその適切なやり方で振る舞うことだけで、他人に向かって示すことが可能になるのである。[7] 例えば、風変わりな文化に属する現地人が、異邦からの客人に向かって、蛇の肝臓はオウムの巣の出し汁で食べるのだということを、そういう風に率先して行なうことによって教えてやる、ということはありうるだろう。あるいは、ハロルドが賞を取ったことを公式発表の前に論ずるのは間の悪い不適切なことだとされている場合に、もう発表があってハロルドの幸運は論じてよいものになっていることを知らせる一つのやり方として、彼の幸運について論じ始めるというやり方があるだろう。あることを行なうということが、それを行なうことが適切で受容可能だと主張する一つのやり方になるときがあるのだ。

だから、アリゾナに井戸掘り用の巨大な蚊がいると断定するふりをするとき、ロバートは、その状況においてはそのようなふりをすることが適切で受容可能だ、と言っているのだろう。同様にサリーも、「トム・ソーヤーは自分の葬式に出席した」と言うときに彼女が実行しているふり行為に携わることは適切なことなのだ、という事実に注意を引いていると解釈してよいだろう。問題になっている適切性や受容可能性は、ある特定の種類のものである。それは、取り上げられている作品に関して公認されるごっこ遊びにおいて、虚構として、当該の真理を言うことの適切性ないし受容可能性なのである。それゆえ、ロバートとサリーについては次のように解釈することができる。すなわち、二人はそれぞれ、自分が行なっているふり行為を遂行することは、自分が真なることを話しているということを、ポール・バニヤン物語や『トム・ソーヤーの冒険』について公認されるごっこ遊びにおいて、自分自身について虚構として成り立たせることになっている、と主張していると解釈されうるのである。

　ロバートやサリーが断定しているのは何なのか、またどうやってその主張を言い換えたらよいのかということについては、のちにもっと明快に述べるつもりである。ただし、言い換えの仕方について決定することは、厳密に必要だというわけではない。私たちが今の諸目的のために必要とするすべては、そういう断定のための真理条件である。すなわち、話し手が何か真なることを（真正に）断定していることになるような諸条件を特定することなのである。サリーが断定しているのが何であるにせよ、それが真であるためにトム・ソーヤーという存在者は必要とされないのならば、サリーが「トム・ソーヤー」という語を見かけ上は指示的に使っているとしても、そんな存在者を信じる理由をその使用はまったく与えはしないのだ。

　サリーの断定を真としているものは、私の考えでは、単純に、サリーの（公認されている）ごっこ遊びにおいて、彼女が真なることを話していることが虚構として成り立つという事実なのである。一般的に言えば、ある表象体によって公認されるごっこ遊びにおいて、参加者が通常の言明を発話することで何ごとかを断定し、それによって真正の断定を行なう場合、その参加者が真正に断定していることが真であるのは、そのごっこ遊びにおいてその参加者が真なることを話しているとき、またそのときに限るのである。[14] こういう断定をどのように言い換えるかという議論は、この原則を支持するはずである。だが、これに対するはっきりした反例を容易には思いつくことができないということで、当面は満足しておいてよいだろう。

　虚構的存在者は、この真理条件を満たすために必要とされないことは明らかである。この真理条件が所与の事例で満足されるかどうかは、扱っている作品のあり方と、その作品の公認のごっこ遊びにおいてどんな生成の原理が実効性をもっているのかということにもとづいて決まる。サリーの公認されたごっこ遊びにおいて、サリーが真なることを語っていることは——虚構として成り立つ。その理由は、『トム・ソーヤーの冒険』に関して公認されるごっこ遊びの生成の原理が、テクストの言葉を所与としたとき、サリーが話したように話すことが虚構において真なることを話すことになるような原理であるから、ということなのである。トム・ソーヤーという存在者は、この全体の構図にまったく入ってこない。

サリーが真正に断定していることは、何なのだろうか。こういう主張はどう言い換えたらよいのだろうか。サリーは、単純に、上に述べた真理条件が自分の発話事例で満足されていると断定しているだけなのだろうか。つまりサリーは、『トム・ソーヤーの冒険』に関して公認されるごっこ遊びにおいて、自分が真なることを話しているということが虚構として成り立つと断定しているだけなのだろうか。そうではない、サリーは自分自身について話しているのではない。また、サリーは、自分の行為や自分が使った言葉について話しているのでもない。（とはいえサリーは、自分自身について何かを含意したり、示唆したりしているかもしれない。）サリーが断定していることは、違う言葉を使って別人が断定することもできるはずである。ディヤンは（インドネシア語で）「トム・ソーヤー・メンガディリ・ウパカラ・ペングケブミアン・ディリンニャ」というときに、同一の主張を行なっている。ディヤンの断定は、サリー自身、サリーの行為、サリーの使用した言葉のいずれに関するものでもないことは確実である。だから、サリーの断定もそういうものではないのである。

サリーの主張は次のようなものだ。『トム・ソーヤーの冒険』という小説は、ある仕方で振る舞うこと、つまりその作品に関して公認されるごっこ遊びに参加しながら一定の種類のふりを行なうことに携わることが、虚構において真なることを話すことになるような、そういう小説である、というものである。サリーとディヤンは、当該の仕方においてふりを行なうことに携わっている。二人とも、関連するふり行為の種類を、その一例を提示することによって、示している。[15] このふり行為の種類をKと名付けよう。サリー（とディヤン）の断定は、以下のように言い換えられる。

(1b)『トム・ソーヤーの冒険』は、次のようなものである。すなわち、その作品の公認のごっこ遊びにおいて種類Kのふり行為に携わる人物は、自分が真なることを話しているということを、そのごっこ遊びにおいて、自分自身について、虚構として成り立つようにする。

この形式の言い換えは、通常の言明について一般に有効である。(5)（「北部の森で育つ巨大な蚊はアリゾナで井戸を掘るのに利用された」）を言うとき、ロバートは以下のことを断定している。

(5a) ポール・バニヤン物語は、次のようなものである。すなわち、その作品の公認のごっこ遊びにおいて種類K^*のふり行為に携わる人物は、自分が真なることを話しているということを、そのごっこ遊びにおいて、自分自身について、虚構として成り立つようにする。

ただし、この場合K^*は、ロバートによる(5)の発話によって例示されるふり行為の種類である。

KとK^*というふり行為の種類とは何であるのか。ロバートの例のように虚構的存在者への見かけ上の指示が存在しない場合、関連するふり行為の種類を特定する純粋に記述的なやり方が存在する。ロバートは、北部の森で育つ巨大な蚊がアリゾナで井戸を掘るのに利用された、という命題を断定するふりをしている。虚構として、ロバートはそうする。これは、K^*という種類のふり行為に携わると見なされるものである。ロバートの主張は、このとき、以下のとおりである。

(5b)ポール・バニヤン物語は、次のようなものである。すなわち、その作品の公認のごっこ遊びにおいて、北部の森で育つ巨大な蚊がアリゾナで井戸を掘るのに利用されたと断定する人物は、自分が真なることを話しているということを、そのごっこ遊びにおいて、自分自身について、虚構として成り立つようにする。

誰か別人が他の言葉を使ってこれを言うにはどうすればよいのかは容易に理解できる。ロベルトは「モスキトス・ギガンテス・クリアドス・エン・ロス・ボスケス・デル・ノルテ・フエロン・ウティリザドス・パラ・ペルファラル・ポソス・エン・アリゾナ」と発話するかもしれない。これによって、北部の森で育つ巨大な蚊がアリゾナで井戸を掘るのに利用されたということを断定するふりをするのであり、ポール・バニヤン物語に関して公認されるごっこ遊びにおいてそういうふりをすることは、虚構において真なることを話すことである、と現実に断定しているのである。

この定式化(5b)は、もっと単純な形式を示唆している。それは厳密に等値ではないが、多くの目的にとってはほぼ十分なものとなる。北部の森で育つ巨大な蚊がアリゾナで井戸を掘るのに利用されたと虚構として断定する人物が、公認のごっこ遊びにおいて、虚構として真なることを話すことになる事情は、いったいポール・バニヤン物語に関する何であるのか。それは、その物語においては北部の森で育つ巨大な蚊がアリゾナで井戸を掘るのに利用される、という事実である[16]。そこで、ロバートの断定は、以下のように単純に、解釈できることになるだろう。

(5c)ポール・バニヤン物語においては、北部の森で育つ巨大な蚊がアリゾナで井戸を掘るのに利用された、ということが虚構として成り立つ[17]。

この(5c)は、ロバートが(5)を言う際、ただ単に、「ポール・バニヤン物語では……が虚構として成り立つ」ないし「この物語では……は真である」といった語句を省略して明示されなくしただけである、という周知の示唆と同じ結果をもたらしている。だが、(5)が(5c)から短縮によって導き出されると考えるのは誤りにつながる。短い方の言明(5)の方が主たる言明である、と見なす方がよいのだ。

(5c)に対応する形でサリーの「トム・ソーヤーは自分の葬式に出席した」を単純に言い換える解釈の方法は、すでに言及した理由のせいで、存在しない。ロバートの発言の長い方の言い換え(5b)は、ロバートの言明とサリーの言明のような他の通常の言明との類似をはっきり示す点で、短い方の言い換えよりも優れている。

サリーの断定（「トム・ソーヤーは自分の葬式に出席した」）は、種類*K*と命名したふり行為の種類について成り立つものである。ふり行為のこの種類に関して、これを個別的に特定する情報を与える記述の仕方を、私はまったく知らない。このようなふりをするということは、そんな命題が存在しない以上、トム・ソーヤーは自分の葬式に出席したという命題を断定するふりをすることではない。このようなふりをすることは、ある断定をするふりをすることであって、さらに特定すれば、ある誰かについて、その人物が自分の葬式に出席したという物の水準の（*de re*）断定を行なうふりをすることである。だが、この類いのふり行為のすべてが種類*K*であるわけではない[8]。私たちは、しかしながら、〔種類*K*を〕個別化する記述が与えられねばならないと強調する必要はない。「*K*」の指示対象は、サリー自身がしてみせたふり行為のような、さまざまな実例を指し示すことで確定可能である。ただし、「*K*」の意味は、どの個別的な事例とも結びつけられはしない[18]。

サリーは、自分自身のふり行為という*K*の一つの例を示してみせることによって、*K*を特定する。こうやって示してみせることは、種類*K*がどういう種類のものなのかについての何らかの理解がないかぎり、〔*K*の特定に〕十分ではないだろう。というのも、サリーのふり行為が属している他の多くの〔ふり行為の〕種類が存在するからである[9]。人は一つの例を指し示すことによって、ある色調を特定することは可能である。だが、それは、そうやって示される種類がある色調であると理解されるかぎりにおいて、つまり、事例となるものたちは正確に似た色をしているのだと理解されるかぎりにおいて、なのである[10]。サリーが一つの事例を提示することによって*K*を示すことに成功するのは、他のふり行為がその示された種類に属すかどうかを決める方法に関して、ある理解が存在する場合だけである。この理解の存在は、私たちが、サリーの提示した標本から、その標本がないときには当該の特性の有無を調べればよいような、ある決定的な（だが関係的でない）特性を抽出できねばならない、ということを意味してはいない。しかし、私たちは、あるふり行為が、同一の種類に属するために標本的事例に対してどういう関係を持たねばならないのか、ということを知っている必要があるのだ。ディヤンのふり行為とサリーのふり行為は、ある関係があるせいで両方が正しく同一の種類に帰属することになるのだが、そのためにはいったいどういう関係を持っていなければならないのだろうか。

ロバートとロベルトが進むべき道を指し示してくれるだろう。さしあたり、この二人がポール・バニヤン物語を小道具とする一つの拡張されたごっこ遊びに参加している、と考えることにしよう。このごっこ遊びにおいては、ロバートとロベルトの二人が同じ主張を行ない、同じ命題を断定しているということが虚構として成り立っている。このことは、二人のふり行為の間の決定的な関係である。また、二人が虚構としてともに断定する一つの命題——北部の森で育つ巨大な蚊がアリゾナで井戸を掘るのに利用されたという命題——が、たまたま本当に存在している。[11] だが、このこと〔命題が存在すること〕は本質的ではない。サリーとディヤンの両方が虚構として断定している命題は存在しない。にもかかわらず、サリーとディヤンの両方の行為を含むと解釈される拡張されたごっこ遊びにおいては、この二人が断定している一つの命題が存在するということが虚構として成り立つ。虚構において、サリーとディヤンはともに自分自身の葬式に出席したという特性をある人物に帰属させている。そして、虚構において、この二人がこの特性を帰属させている一人の人物が存在している。虚構において、サリーとディヤンは、自分たちがこの特性を帰属させる人物を指示するために、たまたま「トム・ソーヤー」という同じ名前を使用している。しかし、このこと〔同じ名前を使用すること〕も不可欠ではない。「トム・ソーヤーは自分の葬式に出席した」と言う代わりに、サリーは「ハックルベリー・フィンの最も親しい友人は自分の葬式に出席した」と言ってもよい。これでも依然として、サリーが断定したことは「トム・ソーヤーは自分の葬式に出席した」と言うときに断定したはずのことだ、ということが虚構として成り立っている。あるいは新しい名前を作ってもかまわない。ディヤンは「トム・ソーヤーをス・キトポと呼ぶことにしよう」と宣言して、「ス・キトポは自分の葬式に出席した」（つまり「ス・キトポ・メンガディリ・ウパカラ・ペングケブミアン・ディリンニャ」）と断定してもよい。いずれにしても、ディヤンが断定することは、サリーが「トム・ソーヤーは自分の葬式に出席した」と言うときに断定することである、ということが虚構として成り立つことになる。ディヤンのふり行為は依然として種類Kなのである。そしてまた、現実において断定されることも、同一のままにとどまる。——すなわち、『トム・ソーヤーの冒険』は、公認のごっこ遊びにおいてそういうふりをすることが、虚構において真なることを話すことになるようなものである、ということなのである。[19]

サリーとディヤンが一つの拡張されたごっこ遊びに参加していると見なすことは、正当なことなのだろうか。私はここまで、普通は、異なる鑑賞者がそれぞれ別個のごっこ遊びをしていると見なしてきた。しかし、それぞれの人が他人の参加に気づいていない場合でさえも、そういう人たちは別個のごっこ遊びをしていると見なさねばならないことが明白なわけではない。（こういう人たちは、同時に両方のやり方で考えられるだろう。サリーは自分自身のごっこ遊びをしていると見なしてよいのだが、このごっこ遊びはディヤンも参加しているより大きなごっこ遊びの部分にもなっているわけである。）いずれにせよ、私たちは、この包括的なごっこ遊びを、非公式（*unofficial*）だがとても自然なごっこ遊びと見なすことができる。これは、後の節で論じることになる非公式のごっこ遊びと似ているのである。[20]

私はロバートとロベルトだけでなく、サリーとディヤンも真正の断定をするときにふり行為に携わっていると解釈している。しかし、サリーとディヤンが断定していることをある人が断定するために、その人がふり行為に携わらねばならないというわけではない。関連するふり行為の種類を特定する必要はあるのだが、このことはその種類の例を示すことなく実行することができる。サムは、サリーが言うこと、すなわち「トム・ソーヤーは自分の葬式に出席した」と言う。だが、ふりをするという気持ち（a spirit of pretense）でそうするのではない。サリーと同様に、サムは、『トム・ソーヤーの冒険』とは、種類*K*のふり行為に携わることが、公認のごっこ遊びにおいて、虚構として真なることを話すことになるようなそういうものであると、（真正に）断定している。だが、サムが*K*を指示するのは、*K*の一例を提示することによってではなく、当該の様式でふり行為をするという一連の動作をひととおり行なっていくことによって、なのである。[12] つまり、ふり行為として使用されるとすれば、その種類のふり行為において用いられることが非常にありそうな、そういう言葉を使うことによって、サムは*K*を指示するのだ。

結局のところ、虚構的存在者はどういう扱いを受けることになるのだろう。ある意味において、トム・ソーヤーへの見かけ上の指示をサリーの断定から除去するような言い換え、つまり普通の英語で同じことを言うやり方は、私たちの手許にはない。私が示唆した言い換えは、トム・ソーヤーへの指示を含んではいない。だが、この言い換えは、「*K*」という専門用語の導入を要請している。この専門用語は、「トム・ソーヤー」という名前を含む文の使用、つまり種類*K*の事例を指摘することによって説明され、その語の指示対象が確定されたのであった。それならば、私たちは、たとえ虚構的存在者は現実には存在しないとしても、虚構的存在者への本気の関わりが私たちの言語と概念枠組みに深く埋め込まれていると結論すべきなのだろうか。そうではないのである。というのも、「*K*」の指示対象を固定することが私たちにできるのは、「トム・ソーヤー」のような名前をふ<u>い</u>り<u>い</u>行<u>い</u>為として使うことによってであるのだから。「トム・ソーヤー」という名前で誰かを指示するふりをすることは、私たちの関心を引くようないかなる意味においても、その名前の指示対象が存在するということを本気で信じて明言することではない。結論すべきことは、私たちの概念枠組みの中心に存在するのは、断定するふりをするさまざまな行為、私たちのごっこ遊びなのだ、ということである。世界を組み立てる上で重要な役割を果たしているのは、虚構的存在者への存在論的に本気の関わりではなく、ごっこ遊びなのである。

読者の中には、見かけは単純な日常の発話を私が複雑に言い換えたことで、つくづくうんざりさせられる人もいるかもしれない。そういう人たちも悩む必要はない。サリーが(1)によって意味していることは、明示的にすれば(1b)のように複雑であるとしても、このこと自体がそれを言うもっと単純なやり方がある十分な理由となる。(1b)がまさにあれほど不格好で複雑であるからこそ、取り扱いやすい(1b)の等価物を言語が作り出すと期待されるのである。しかし、(1)を発話するとき、サリーはいったいどうやってあのすべてを意味することができるのだろうか。(1b)のようなものをサリーが心の中に特定の形で抱いていないことは確実である。サリーはそういうものを定式化するいろいろな準備もないだろう。ある意味で、サリーはあのすべてを意味してはいないのである。(1b)のような言明ではなく、(1)のような言明によってサリーは考えている。それゆえサリーにとっては、自分の言っていることは比較的単純である。(単純性と複雑性は、ある人の言語の構文論、ないし思考の言語の構文論の中に存する、と付け加えておいてもよいだろう。)それにもかかわらず、(1b)は、理論的な諸目的に必要とされる明示的な形式で、(1)を断定するときにそれが成り立つとサリーが主張する事態を示しているのである。

　見かけ上は単純な発話を複雑に言い換えることに関して、ありうる懸念は、次のようなものである。言い換えの候補は、さまざまな反証例を回避する目的で、場当たり的に複数の条項を綴り合わせて組み立てられたのかもしれない。その結果は不明瞭なごた混ぜになりやすく、〔元の発話で〕言われていることがなぜ言うに値することなのかは明らかにならないままになる。つまり、言い換えた発話によって言われていることが捉えられているのならば、なぜ人々はそれ〔元の発話〕に興味をもつのかが明らかにならないというわけである。(この前提になっているのは、単純な言い方があるようなものは、それを言うのが重要だと私たちが思うような事柄なのだ、ということである。)私が示した言い換えは、この問題をもっていない。(1)のような言明で人々が表現している事実は、私の説明が正しければ、そういう人々が重要だと思うと当然期待される事実である。鑑賞者が芸術作品を用いて行なっている(公認の)ごっこ遊びが重要なものだと前提すると、どのような種類の断定のふりが、そういったごっこ遊びにおいて虚構として真理の断定になるのかということに、人々は当然興味を抱くはずである。つまり、ごっこ遊びの参加者は、虚構において真なることをいつ話すのか、また話さないのはいつなのか、ということに興味を抱くはずなのである。

　言い換えを提案する際には、そこで言われていることを人々がある特定のやり方〔元の発話〕で表現するに到るということがどのようにして生じるのか、ということを説明する用意もしておかねばならない。私たちは、それを言うのに、なぜ、他の形式ではなく、ある短縮された、単純な、間接的なやり方を利用するのだろうか。通常の言明に関する私の説明は、この点についても語るに足りる説得力のある説明を備えている。先に注意したように、ある種の振る舞いが適切であるという観念を、その振る舞いを実行することによって表現する、というのは普通のことである。「トム・ソーヤーは自分の葬式に出席した」といった事柄を断定として言うことは、まさにこの普通のやり方の一つの例なのである。

虚構的存在者への見かけの指示を含むさまざまな言明のうち、そういう存在者を認めよという最も強い圧力を生み出すのは、通常の言明たちではない。他の言明はもっと扱いにくい。しかし、最も扱いにくいものでさえ、私には、通常の言明類型の変異体として認識可能であるように見える。私は二種類のそういう変異体について詳しく調べるつもりである。一つは次節で扱おう。もう一つは第11章1節で扱うことにする。

4　非公式のごっこ遊び

あわれ　幸ある　幸ある枝々よ、繁る葉を散らしも敢えず
春に別れを告げやることも絶えてなく。
また　幸ある楽人よ、倦むことなく
永久に新たな歌を永久に吹き鳴らしつつ。
まして幸ある恋　いやまして幸ある　幸ある恋よ、
永久に思いは熱く　歓びは絶ゆるときなく
永久に憧れわたり　永久に瑞々しく

――ジョン・キーツ「ギリシャの壺のオード」[13]

ミケランジェロはシスティーナ礼拝堂の突き当たりの壁を消滅させ、私たちが天国と地獄を通り抜けて教会から出て行くことができるようにした。ルネサンスからカラヴァッジョの世界へと、ミケランジェロの想像力さえも越えて、官能性と不調和な空間の世界へと出て行くのだ。

――フランク・ステラ『ワーキング・スペース』

虚構作品の公認のごっこ遊び――その中で小道具として用いられることが作品の機能であるような遊び――は、人々がその作品で行なう遊びの唯一のものではない。私たちは、作品が虚構的真理を生み出すときに作用する生成の原理を作りかえて、自分だけの遊び、つまり公認のごっこ遊びを変形させた遊びを作り出すことがしばしばある。特別の目的に合わせて特別の遊びをするのである。そうするにあたって、正統とは違ういろいろな種類の伝統に従うときもある。また、その場で即興的に作るときもある。公認されない多くのごっこ遊びは断片的な遊びであり、それに参加することは、会話の流れに沿った一時的な所作を構成する。そういうごっこ遊びについて、たんにそういうものもあるとほのめかすだけで参加はしないということも、ときには――公認の遊びの場合よりは頻繁に――ある。そうではあるのだが、表象体について私たちが言うことの多くは、こういうごっこ遊びを通じて解釈されなくてはならない。こういう遊びはどこか規則違反であるといった含みを避けるため、公認されない遊びと言う代わりに、今後は、非公式のごっこ遊びと言うことにしよう。

もちろん、ごっこ遊び的に信じるための原理は、私たちの好きなように取り決めることができる。そうやって新しい種類の遊びを立ち上げることができる。だが、非公式の遊びの多くはまったく自然なものであり、取り決めなしでただちに理解される。人の彫像を撫でることが虚構としてその人物を撫でることになる遊びは、ほとんどの伝統的な彫刻に関して公認されない。ほとんどの一八世紀の肖像画にとって、ダーツを投げつけることが虚構としてその人物にダーツを投げつけることになるような遊びで小道具として用いられることは、絵の機能ではない。だが、これらの遊びはこれ以上分かりやすいものもなさそうである。また、レオナルドの『最後の晩餐』で参会者がどうしてテーブルの片側に全員座っているのかを知りたがる場合のように、愚かな問いを追求することにこだわると、公認のごっこ遊びが非公式の遊びに変わってしまうこともしばしばある。（第4章5節を見られたい。）

ふり行為として行なわれる通常でない言明の多くは、非公式のごっこ遊びに寄与するものとして解釈できる。そういう言明は、それが行なわれる文脈においては、話し手が現実にふり行為に携わっていない場合さえ、似たような文脈で似たように話す人はそこに自分が参加していることになるような、ある種の非公式のごっこ遊びをしばしば示唆し、含意する。ギルバートとサリバンの『戦艦ピナフォア』の上演を見ながら、その演技が船の後甲板で行なわれているときに、

(6)オーケストラは水の中にいる。

と言うことは、オーケストラ席が虚構において舷側の外の海中にあるというごっこ遊びを示唆する。

(7)野蛮人が聖母マリアを大槌で襲った。

は、ミケランジェロのピエタの破壊が想定されている文脈では、彫刻を破壊することが、虚構において彫刻のかたどっている人を襲うことになるようなごっこ遊びを示唆する。

(8)小さな孤児アニーは、この四〇年間ずっと八歳だ。

は、いくらか正統的ではないが、完全に理解可能なごっこ遊びに容易に適合する。その遊びの中では、新聞漫画が四〇年間連載されたという事実が決定的な役割を果たすことによって、その間ずっと八歳だったアニーという名の天真爛漫な少女が存在する、ということが虚構として成り立っている。またデズデモーナを演じている女優について、

(9)あの人はこの二週間で九回死んだ。

と言うことは、これと似ていなくもないややひねくれたごっこ遊びを伴うものとして、ただちに理解される。

異なった作品間で登場人物を比較することは、さまざまな作品の公認のごっこ遊びを自然なやり方で結合して非公式な遊びを作ることに寄与すると見なされうる。

(10)ロビンソン・クルーソーはガリヴァーよりも臨機応変の才があった。

は、デフォーの『ロビンソン・クルーソー』とスウィフトの『ガリヴァー旅行記』の両方が小道具になっている遊びを示唆しており、この遊びでは、それぞれが公認のごっこ遊びにおいて果たすのとほぼ同じ機能を果たしている。形式にこだわらずに言えば、クルーソーとガリヴァーは両者とも、結合されたごっこ遊びの世界の登場人物であり、それぞれ本拠地の世界で自分が示す臨機応変の能力の度合いをこちらの世界に持ち込んでいる。

ホメロスの『オデュッセイア』とテニスンの詩『ユリシーズ』について、

(11)ユリシーズはオデュッセウスである。

と言う場合のように、一つの作品の登場人物ともう一つの作品の登場人物とを同一であると確認することは、似たように、二つの作品を結合するごっこ遊びを行なうことかもしれない。[21] 一つの非公式の遊びで小道具となる二つの作品間に何らかの不一致があった場合、どうなるのだろうか。『オデュッセイア』ではオデュッセウス(＝ユリシーズ)は故郷に戻る。『地獄篇』では戻らない。[22] だが、この不一致は、『オデュッセイア』と『地獄篇』について「オデュッセウスはユリシーズである」と指摘する断片的な非公式のごっこ遊びの場合、正面から取り組む必要はない。おそらく、この文を言ったとき、虚構として人が真なることを話しているのは明らかであって、この二つの作品が小道具となっている非公式の遊びの他の側面まであれこれ考える必要はないからだろう。この非公式の遊びをさらに続けることにこだわるなら、いくつかの選択肢が生じる。私たちは、「オデュッセウス(＝ユリシーズ)は故郷に帰り、かつ帰らなかった」と誰かが言うとき、その人が真なることを話しているということが虚構として成り立つ、と考えてもよい。別のやり方をとって、「オデュッセウス(＝ユリシーズ)は故郷に帰ったが、『地獄篇』ではそうではなかったように誤って描かれている」と言うとき、真なることを話していることになると考えてもよい。(後者のようにこのごっこ遊びを解釈すると、『地獄篇』は反射的な小道具になる。すなわち、それ自身についての虚構的真理を生成する小道具になる。)また、そういった問いは愚かな問いであるという理由で、問題を捨ててもかまわないのだ。

(6)から(11)のような言明の、断定としての使用をどう解釈すればよいのか。話し手が一定の種類のごっこ遊びを含意し、おそらくそれに参加してもいるということに加えて、さらに真剣に断定を行なっているのならば、何をその人物は断定していて、どのような条件の下でその断定は真となるのだろう。

これへの回答は、通常の言明の断定としての使用に対して私たちが与えた回答に対応するものとなる。ただし、公認のごっこ遊びの占める位置に、含意されている非公式のごっこ遊びを代わりに置かねばならない。何ごとかを真正に断定するとともに、話し手がふり行為に携わっていて、含意される種類のごっこ遊びに言語的に参加していると考えてみよう。このとき、この人物が何ごとか真なることを断定しているのは、当該のごっこ遊びにおいてその人物が真なることを話しているということが虚構として成り立つとき、またそのときに限る。もしも、この人物がふり行為に携わっていないのならば、この人物の断定することが真であるのは、含意されるごっこ遊びを行なっていたならその人物は真なることを話している、ということが、そのごっこ遊びにおいて虚構として成り立つことになるはずであるとき、またそのときに限る。では、この人物が断定しているのは何なのだろうか。それは、状況が次のようなものであるということ、すなわち、例示されていたり、ほのめかされていたりするやり方でふりをすることが、虚構として、含意されている種類のごっこ遊びにおいて、真なることを話すことであるような状況であるということ、である。

この説明は、通常の言明に対して与えられた説明に包摂されると解釈できる。私たちは、通常の言明が、それ自身の文脈において、問題の作品に関する公認のごっこ遊びを含意すると考えるだけでよい。これによって、通常の言明とここまで論じたような通常でない言明との両方に関して、それらの断定としての使用を取り扱う統合されたやり方が与えられる。

しかし、この二種類の事例には、それによって含意されるごっこ遊びがどうやって特定されるかに関して、相違がある。含意される非公式のごっこ遊びは、しかじかの生成の原理が作用している遊びとして特定されることになる。通常の言明によって含意されるごっこ遊びは、生成の原理がどうであろうと、問題の作品によって公認される遊びとして特定されることになる。ユニコーンのタペストリーを見て、ドリーンが「ユニコーンが柵の中にいる」と言うときに断定していることは、次のような場合に真となる。すなわち、そのタペストリーが、それに関してどんなごっこ遊びが公認されるにせよ、ユニコーンが柵の中にいるとある人物が主張するということが虚構として成り立つならば、真理が語られているということが虚構として成り立つ、というようなタペストリーである場合に、真となるのである。ドリーンの断定は、そのタペストリーの色が現実のその色とは違う色になったとしても真であるような断定である。そして、その作品に関する公認のごっこ遊びに変動を吸収する幅広さがあるおかげで、依然として、その公認の遊びにおいてユニコーンが柵の中にいるということは、虚構として成り立つのである。[23] だが、ドリーンが（現実において）断定していることは、次のような場合、真とはならないであろう。すなわち、そのタペストリーに関して公認されるごっこ遊びが違う生成の原理を持つせいで、ユニコーンが柵の中にいるということが公認のごっこ遊びにおいて虚構として成り立たない、というような文化的な文脈に、そのタペストリーが組み込まれている場合には、真とはならないのだ。これと対照的に、例えば、(6)や(10)を言うときに行なわれる主張が真となるのは、しかじかの生成の原理を備えた任意のごっこ遊びにおいて、一定のやり方でふり行為をすることが虚構として真なることを話すことであるとき、またそのときに限るのである[14]。

虚構に関する広い範囲の言明が、含意されるごっこ遊びという考え方によって、ここで記述されたようなやり方で解釈可能になる。以下は、そういう言明のさまざまな例である。

(12)オスカー・ワイルドは、ドリアン・グレイの心臓にナイフを突き刺して殺した。
(13)ほとんどの子どもはミッキー・マウスよりＥＴの方が好きだ。
(14)シャーロック・ホームズは他のどんな探偵より有名だ。
(15)ドン・キホーテは、スペインの現実に打ち負かされて、生まれた村で一六一四年に死んだ。ミゲル・デ・セルバンテスは、短い間だが、ドン・キホーテより後まで生きた[24]。

ある事例で、どんな種類の非公式のごっこ遊びが含意されているのか、どうやって決めたらよいのだろう。そもそも、ある言明が通常のものだと受け取るのでなく、何か含意される非公式のごっこ遊びを探すべきであることをどうやって知るのだろう。これに簡単な処方箋はない。言明の一つの解釈が別の解釈よりも理に適っているということは、いろいろな文脈的特徴とそれまでのさまざまな先例の、揺れ動く複雑な系列の働きによるのである。そこに関与する原理を体系化できるという見通しは、作品世界の生成の原理を体系化したり、比喩の解釈の「規則」を体系化したりする見通しと同程度の貧しいものにすぎない。

初期設定として、虚構に関する言明は、それが通常の言明でないと解釈する十分な理由があるのでないかぎり、通常の言明と見なそう、という推定があると思われる。(これに似た推定は、発話は比喩としてではなく文字どおりに解釈しようというものである。)この推定を越えると、善意の解釈の原理が作動する。つまり、ある発話を、不合理だったり、あからさまに虚偽だったり、取るに足りない愚かなことを言ったりするものとして解釈するのは、別の解釈ができるのなら、避けるべきだということである。それが可能なら、話し手は愚鈍さから救出されてしかるべきなのだ。(10)「ロビンソン・クルーソーはガリヴァーよりも臨機応変の才があった」を言うことは、虚構として『ロビンソン・クルーソー』または『ガリヴァー旅行記』のどちらかの公認のごっこ遊びにおいて、真なることを話すということではないだろう。(ひょっとすると、話し手が分別をもって話してさえいない、ということが虚構として成り立つかもしれない。)仮にこの発話が通常の言明として解釈されたなら、話し手が真正に断定している事柄が真でないというのは、歴然と明らかである。それゆえ、私たちははっきり分かる非公式のごっこ遊びを探して、通常の範囲の外でより理に適った解釈を求める。この例の場合、『ロビンソン・クルーソー』と『ガリヴァー旅行記』が両方とも小道具となるごっこ遊びが含意されているのだと考えるのである。そういうごっこ遊びとしてならば、「ロビンソン・クルーソーはガリヴァーよりも臨機応変の才があった」と言うことが、虚構として真なることを話すことである、というのは、少なくとも主張可能ではある。したがって、これを言うことによって行なわれる真正の断定も、真でありうるだろう。もちろん、善意の解釈の原理は真理性の保証にはならない。「野蛮人が聖母マリアをレンチで襲った」は、「野蛮人が聖母マリアを大槌で襲った」と同一のごっこ遊びを含意するかもしれない。だが、前者を言うことは、その遊びにおいて、虚構として偽なることを話すことなのである[15]。

　善意の解釈の他に何が必要となるのだろう。さまざまな先例が重要である。含意されるごっこ遊びが公認の遊びでないときでも、含意作用の多かれ少なかれ標準的な類型が存在している。相互に関連しない作品を一つの非公式のごっこ遊びに結合するというやり方は、よく確立されている。あるいは、ある人が

(16)ジェーン・オースティンはエマ・ウッドハウスを創造した。

というときのように、一定の種類の人々や事物に関する一つの虚構の作者となることが、虚構においては、そういう存在を作り出すことである、という非公式のごっこ遊びはありふれている。これは、何かがある特性を持つことを虚構として成り立つようにすることは虚構としてあるものにそういう特性を与えることである、というごっこ遊びとなっている。

　より新奇な道を取る含意関係もある。レオナルドの『最後の晩餐』の絵柄が薄れていきつつあることについての会話の中で、

(17)最後の晩餐の参会者たちは徐々に立ち去っている。

と言ったと考えてみよう。これは(9)やステラのシスティーナ礼拝堂についての評言と同じようなものである。非公式のごっこ遊びを含意する標準的なやり方と新奇なやり方の間の相違は、古くさい比喩と新しい比喩の間の相違になぞらえることができる。

　ここまでに言及してきた非公式のごっこ遊びは、虚構作品によって公認されはしないが、作品によって方向を与えられており、容易に公認のごっこ遊びの変異体と見なされる。だが、非公式のごっこ遊びは、公認の遊びと関係を持っていなくてもよいし、虚構作品を視野に置かない状態でも生じうる。人類学者が異民族の宗教的信条を論ずるとき、教えを実践している人々に合わせて演技をし、彼らが話すように話すということはあり

うる。人類学者は、「これは雨を降らせる儀礼である」と言ったり、「ヴィシュヌはなだめられなければならない」と言ったりしてよいのである。こういう見解は、実際には現地人が考えていることの観察報告なのかもしれない。しかし、このように話すとき、人類学者は、現地人の考えていることが虚構として成り立つような一つのごっこ遊びに参加したり、そういう遊びをほのめかしたりしているのかもしれない。つまり、そのごっこ遊びでは、人類学者の発話が現地人の信念と一致するとき人類学者は真なることを話している、ということが虚構として成り立つのである。虚構作品ではなく、他の人々の信じていることにこういう仕方でもとづくごっこ遊びは、もう少し後で重要になってくる。こういうごっこ遊びは、事実であるように見えたり、事実であると称していたりするものにもとづいている。あるいは、幻想や迷信と思われるものにもとづいていることもある。こういうごっこ遊びでは、参加者は、自分が受け入れていない信念に「合わせて演技して」いて、そういう信念と結託したり共謀したりするのだ。(25)

5　他のさまざまな形

虚構に関する言明を取り扱うために私が提案してきた方法は、厳格に受け取られるべきものではない。言明の解釈には一定の選択の余地がつきものであり、非公式のごっこ遊びをともなうときは特にそうである。(どんな非公式のごっこ遊びが含意されるかが明らかな場合でさえそうなのだ。)

似たような選択の余地は、より単純な事例でも発見されるはずである。ハロルドの受賞を論ずる行為は、聴き手にいくつかの異なった情報を(明示的に言われている何らかのことに加えて)伝えるのに役立つだろう。話し手は受賞の件を論ずることで、聴き手に受賞を論ずるのが適切かつ妥当なことなのだと告げるのに成功する。だがまた、それが適切であるということの原因となっている目立った条件について、例えば、受賞のことが公式に発表されたという事実について、聴き手に告げることにもなるだろう。たぶん、話し手が後者、つまり適切性の原因の存立を聴き手に得心させるのは、前者、つまり受賞の適切性を示すことによってである。聴き手がその適切性の条件が満たされていると理解するのは、ハロルドの幸運について論ずることの適切性に気づかされるからなのである。

話し手は、聴き手が信じる気になることは何でも、それを必ず断定していることになるわけではない。この事例の場合、断定されていることは、事例の細かい部分、例えば、発話の生じる状況の特徴や、話し手の心理状態(私たちはこれを必ずしも特定しようとしなくてよい)に左右される。また、断定という行為の説明方式の好みにも左右される。受賞について論ずるのは適切だということを話し手が断定している、と見なすことは十分できるけれども、公式発表がなされたということは含意したり示唆したりしているのかもしれない。あるいは、話し手が後者の方を断定していて、前者はたんに含意ないし示唆していると見なすのが最もよい場合もあるだろう。両方を断定していると か、どちらも断定はしていない、という場合もありうる。さらには、話し手が正確に何を断定しているのかについては明快な解答が存在しないのかもしれないのである。

虚構についての言明も似たような選択を生じさせることがある。私が示唆したのは、虚構についての言明を行なうとき、含意される類いのごっこ遊びで一定の仕方でふりをすることが虚構として真なることを話すことだ、とその人は断定している、という考え方である。そういう風なふりをすることは、そのやり方で適切なのだ、と断定しているのだ。しかし、場合によっては、話し手はその適切性の原因となる一定の条件が現実化していることを断定している、と理解する方がより理に適っているかもしれない。(6)「オーケストラは水の中にいる」を言うことは、オーケストラが本来いるべき下方の奏楽席にいることを、ほんの少し生き生きと主張しただけのことかもしれない。というのも、この下方にいるという事実が、ここで含意される類いのごっこ遊びの中で、こういう仕方でふりをする人物について、その人が真なることを話しているのを虚構として成り立たせる事柄だからである。この解釈によれば、話し手が断定していることは、ふり行為やごっこ遊びに関するものではない。[16] そうはいうものの、ふりをすることは関与してくる。話し手は、自分が断定していることを断定する手段としてふりに携わっているのかもしれない。その場合、オーケストラが水の中にいると話し手が主張しているということが(非公式のごっこ遊びにおいて)虚構として成り立っているだろう。[17] また、話し手がそのふり行為に携わってはいなくて、ただある種のごっこ遊びでそういう風なふりをすることが虚構として真なることを話すことであると、断定ではなく、含意したり、示唆したりしている場合でさえ、おそらく話し手は、その種のふりをすることに注意を引いてはいるのである。[18] オーケストラが下方の奏楽席にいることを聴き手に教えることができると話し手が期待するのは、ある種のごっこ遊びを含意したり示唆したりすることによってなのだ。「オーケストラは水の中にいる」という言葉が、オーケストラが奏楽席にいることを断定する目的に適っているかどうかは、この言葉がこのふり行為を連想させるかどうかに懸かっている。

別の例を見てみよう。

(18) ナポレオンはシーザーより尊大なやつだった。

(ただし、歴史的な所見と取るのではなく、シェイクスピアの戯曲とトルストイの小説に関する主張と取る。言い換えれば、「トルストイのナポレオンはシェイクスピアのジュリアス・シーザーより尊大なやつだった」と表現されうるような主張と取る。) 私の提案では、この種のものの言い換えは以下の通りだった。

(18a)『ジュリアス・シーザー』と『戦争と平和』は、しかじかの種類のごっこ遊びにおいて、ナポレオンはシーザーより尊大なやつだと断定するふりをすることが、虚構として真なることを話すことになるような作品である。

この場合、関わりある種類のごっこ遊びとは、この二つの作品がともに小道具となっているような一定の非公式のごっこ遊びである。しかし、話し手は、非公式のごっこ遊びについて何も言ってはいなくて、二つの作品の世界の間に対比を導入しているだけに見えると言ってもよい。すると、以下のような言い換えが当てはまりそうだと考えられる。

(18b)次のような尊大さの程度が存在する。すなわち、『戦争と平和』においてナポレオンがその程度まで尊大であるということが虚構として成り立ち、かつ『ジュリアス・シーザー』においてシーザーはそうではないということが虚構として成り立つような、尊大さの程度が存在する。[26]

この二つの言い換えの提案は、等値ではない。だが密接に関係している。(18a)が真であることは、(18b)が真であることに基づいている。(18a)で言及されている種類の非公式のごっこ遊びは、その遊びにおける虚構的真理が一定の仕方でこの二つの作品の世界において虚構として成り立つ事柄に依存するような遊びである。シーザーないしナポレオンの尊大さの程度に関する命題は、それぞれ『ジュリアス・シーザー』ないし『戦争と平和』において虚構として成り立っているが、二つを組み合わせた非公式の遊びにおいても虚構として成り立つのである。この二つの命題が(18b)において記述されたようであるならば、ナポレオンがシーザーより尊大であることは、そんなごっこ遊びにおいて虚構として成り立つのであり、かつ、これを虚構として断定する参加者は、虚構において真なることを話しているのである。

それゆえ、私たちは、二つの解釈の間に選択の余地があると予想してよい。(18)を言うことは、(18a)と(18b)によって表現される二つの事実のどちらか一方またその両方を、聴き手に伝えることに役立ちうるだろう。発話をめぐる諸条件（と断定に関する説明方式）に基づいて、話し手が二つの事実のどちらか一方を断定している（または、両方を断定している、または、両方とも断定していない）と見なすことが理に適うことになるであろう。おそらく(18b)によって表現される事実の方が、(18a)によって表現される事実よりも重要である。人々は、多かれ少なかれその場限りの非公式のごっこ遊びで虚構として成り立つ事柄よりも、作品世界において（したがって、公認のごっこ遊びにおいて）虚構として成り立つ事柄の方に、より大きな関心を寄せるものである。それゆえ(18)は、たぶん、(18a)よりも(18b)によって言い換えられる主張を行なうために使用されることが多くなりやすい。だが、(18)の文を使用するとき、(18b)の主張を行なうための手段になるのは、(18a)が表現している非公式のごっこ遊びについての事実を、暗示したり含意したりするという手段なのである。

他のいろいろな言明についても、似たような別の言い換えを試みてみたいと思われる向きもあるだろう。

(11)ユリシーズはオデュッセウスである。

(12)オスカー・ワイルドは、ドリアン・グレイの心臓にナイフを突き刺して殺した。

(14)シャーロック・ホームズは他のどんな探偵より有名だ。

(19)そのチェスの競技者たちは、次の手を打たずに一世紀以上にもわたってチェス盤を熱心に研究している（ただし、ドーミエの『チェスをする人々』を指示して言われたものとする）。

上のことを断定することは、それぞれ以下のことを断定することになるだろう。

(11a)テニスンの『ユリシーズ』は、ホメロスの『オデュッセイア』に対して、一定の発生的関係を有している。

(12a)オスカー・ワイルドは『ドリアン・グレイの肖像』を次のようなあり方になるように書いた。すなわち、『ドリアン・グレイの肖像』に関して公認されるごっこ遊びにおいて、ある一定の仕方で「ある読者が「ドリアン・グレイは心像を貫くナイフによって死んだ」と言うとき通常の場合に行なうようなふり行為の仕方で」ふりをすることが、虚構として真なることを話すことになるように書いた。

(14a)次のような有名さの程度が存在する。すなわち、いかなる現実の探偵も当該の程度まで有名であることはなく、かつ、シャーロック・ホームズ物語に関して公認されるごっこ遊びにおいて、ある一定の仕方で「すなわち「シャーロック・ホームズは当該の程度まで有名である」と言う人が通常の場合にそういうふりをしている仕方で」ふりをすることが、虚構として真なることを話すことであるような、有名さの程度が存在する。

(19a)ドーミエの『チェスをする人々』はチェス盤を熱心に研究しているチェス競技者を描いているが、この作品は一世紀以上にわたって存在している。

それ自体として考えれば、以上の言い換えはそれぞれ異なった分類項目に配列されるように見える。こういう言い換えだけで立ち止まると、言い換えられた方の言明をその場しのぎの断片的なやり方で処理することになる。だが、それぞれの言い換えは、ある条件を特定しており、その条件は、問題の文をふり行為において発話すると、含意される非公式のごっこ遊びにおいてその条件のゆえに真なることを話すことになるような、そういう目立った条件なのである。このことによって、どのようにして、私たちがそれぞれの事例でいろいろ異なった言い換えにたどり着くのかが説明される。つまり、問題の言葉を発することが、その言い換えの表現することを断定する一方法として役立つ、ということがどのようにして生じているのかが説明されるのである。非公式のごっこ遊びの、このような背景としての共通の役割によって、これらと似たさまざまな言明に対し、ハウウェルが正当に強調する「滑らかで一様な」扱い方が与えられる。だが実は、私たちはさらに先を行っている。私たちは、これらの言明と、非公式ならぬ公認のごっこ遊びにかかわる通常の言明との間に成り立つ体系的なつながりを明らかにしたのである。

本章3節で、通常の言明の中のあるものについて、別の書き換えの仕方があることに注目した。私たちは、(5)「北部の森で育つ巨大な蚊はアリゾナで井戸を掘るのに利用された」の発話は次のような主張であると解釈することができる。すなわち、ポール・バニヤン物語に関する公認のごっこ遊びにおいて、虚構として北部の森で育つ巨大な蚊はアリゾナで井戸を掘るのに利用されたと断定することは、虚構として真なることを話すことになる、という主張であると(5)を解釈することができる。だが私たちは、この代わりに、(5)は単純に次のような主張であると、すなわち、その物語においてそういう蚊はそういう風に利用されたということが虚構として成り立つ、という主張であると、解釈してもよいであろう。こちらの解釈は、すでにおなじみとなった類型に合致する。二番目の言い換えは、一番目の言い換えを真とする事実を表現しているのである。

およそ成り立ちそうにない言い換えの中にも、この類型に合致するものがある。ブリューゲルの『婚礼の踊り』における色と形の配置は、この絵に関する公認のごっこ遊びにおいて、虚構として農民たちが浮かれ騒いでいるとある人が断定すると

き、その人は真なることを話しているということが虚構として成り立つ、という事実の原因となっている。ではなぜ、この色と形の配置を記述する方法として、「農民たちが浮かれ騒いでいる」と言ってはならないのだろうか。もちろん誰かがそうするということは、考えられないわけではない。しかし、関係してくる色彩の斑点を細かく述べる言明は、通常の場合に言われることを捉えているようには到底見えないだろう。[19] この言い換えが失敗することの説明は、通常は絵の解釈にかかわる色や形の組み合わせに私たちがそれ自体として関心をもつことはなく、むしろ絵画の世界およびその公認のごっこ遊びの世界において虚構として成り立つことについて非常に関心をもち、いろいろと語ることになりやすい、という事実によってある程度まで与えられる。私たちは、農民たちが浮かれ騒いでいるということを虚構として成り立つようにしている色や描線の正確な特徴に、注目することすらないだろう。[27]

他の事例の場合、あるやり方でふりをすることが虚構として真なることを話すことである、という事実の原因となる諸条件の方が、それ〔真なることを話しているということ〕が虚構として成り立つという事実よりもはるかに興味深い、ということもある。これに該当するのは、話し手が断定していることは単純にそういう諸条件が成り立つということである、と解するのが本当らしく思われるような事例である。注意すべき重要なことは、ある人物の言っていることが何なのか確定する際にごっこ遊び的な信念が決定的に関与するような場合でさえ、その人物

が言っていることの内容は、ふり行為やごっこ遊び的な信念といった類いのものにはまったく言及していない、ということがあることである。

　虚構に関する言明、なかでも非公式のごっこ遊びをともなうような言明をどう解釈するかについては、さらに改良の余地がある。[28]しかし、それらを言い換える合理的なやり方の候補のほとんど（そのすべてではないとしても）は、一定の種類のごっこ遊びにおいて一定の仕方でふりをすることが、虚構として真なることを話すことになる、という考え方に、何らかの仕方で結びつくことになると私は考えている。私が提案した言い換えのどの一つも、虚構的存在者を私たちに強制するような脅威となっていない。成立しそうな別の形も、視野に入るかぎりで、そんな脅威とはならないと私は信じている。

6　論理形式

　言い換えは、言い換えの元となる言明の論理形式を保存せねばならない。そして、元となる言明間に成り立つ論理的含意関係（entailment）を保存せねばならない。ピーター・ヴァン・インワーゲンは、虚構についての言明のために私が提案したような言い換えが、この要請を満足するかどうかに疑いを表明している。[29]次の言明、

(20) 次のような虚構の登場人物が存在する。すなわち、すべての小説にとって、その小説に登場するか、またはその小説に登場する登場人物のモデルとなっている登場人物が存在する。

は、一定のかなり複雑な量化の構造を備えており、インワーゲンは、その構造が(20)から下の(21)への推論を妥当なものとすると指摘する。すなわち、

(21) すべての小説に登場する登場人物がいないのならば、ある登場人物は別のもう一人の登場人物をモデルとしている。

ところが、私が推奨する(20)と(21)の言い換えは、いずれもこういう論理形式を備えていない。私たちの基本的な定式によると、この二つは両方とも次のような形式で言い換えられる。

種類*K*のふり行為に携わることは、しかじかの種類のごっこ遊びにおいて、真なることを虚構において話すことである。

（ただし、これにかかわるふり行為の種類は、それぞれの事例で異なっている）。別のもう一つのやり方は、(20)と(21)がある条件群を述べていて、それらの条件は、それらが存立するなら、これにかかわる様態でふり行為をする人は真なることを話している、ということが虚構として成り立つようになるような条件で

ある（これは現存する小説の総体にかかわる条件になる）、とするものである。こういった言い換えのどれも、⒇と㉑が示している量化の構造をそのまま映し出していると期待できないことは明らかである。どちらの種類の言い換えも、論理形式によって⒇が㉑を論理的に含意するということを示さない。

私たちはこの結果を甘んじて受け入れることができるだけでなく、これにもとづいてうまくやっていくことができる。まず、私たちの言い換えが捉えようとしていることは、引用された文を発話するときに話し手が言っていることである。けっして、文それ自体が意味していることや、文が表現している命題（もしあったとしても）ではない。話し手が言っていることは、使用している文によって示されている論理形式を、まったく備えていない。備えていると決めてかかるのは、論点先取になるだろう。だが、私たちがどうしても説明しなくてはならないのは、自分が断定することとは異なる論理形式を示す文を、なぜ人々は、まさにその断定の発話で使うのか、という点である。そして、㉑によって言われていることは、確かに⒇によって言われていることから演繹的に帰結するかのように見え̇る̇。㉑に異議を唱えつつ⒇を受け入れるということを心に描くのは容易ではない。言われていることの量化の構造がこの論理的含意関係を保証しないとしたら、何が保証するのか。論理的含意関係が成り立たないのなら、なぜ成り立つように見えるのか。説明は容易に与えられる。だが初めに、話し手が⒇と㉑を手段にしながら断定していそうなことについて、もう少し述べておくことにしよう。

⒇と㉑の発話は、ほぼ通常の種類の非公式のごっこ遊びを伴うものとして解釈することができる。それは、以下のような特徴で大体の近似が与えられるような、いくつもありうるごっこ遊びである。(a)すべての小説がそれらのごっこ遊びの小道具になっていて、任意の小説において虚構として成り立つことの大半が、それらの遊びでも虚構として成り立つ。この非公式のごっこ遊び群は、本章4節で周知となったやり方で、それぞれの小説に関する公認のごっこ遊びたちを結合する。(b)〔遊びの〕全領域はいろいろな小説に対応する領域に分割されているということが、これらの結合されたごっこ遊び群において虚構として成り立つ。[30]「ある登場人物がある小説に登場する」と言うことは、虚構として、その人物をある一定の領域に局所的に位置づけることである。(c)ある小説を書くことは、書き手が人々（「登場人物」）を創造し、彼らの一定の特性を賦与するということを、含意される類いのごっこ遊びにおいて、書き手自身について虚構として成り立たせることである。（「ジェーン・オースティンはエマ・ウッドハウスを創造した」と突き合わせてみよ。）(d)ある著者が、よく言われるように「先立って存在するある登場人物に基づいて、別の登場人物を造型する」場合、著者はある人を誰か別の人に似るように創造した、ないし、誰か別の人の似像としてある人を作っている、ということが虚構として成り立つ。（「人」でなく「登場人物」について話すとき、話し手は自分のふり行為を暴露し̇て̇い̇る。だが、この事実はその断定

の内容に影響しない。第11章1節を参照のこと。)

この種類の含意される非公式のごっこ遊びにおいては、確かに、⑳と㉑という文それ自体は、これらの文が備えているように見える論理的構造を持つ命題を表現しているということが虚構として成り立つ。この論理的構造のゆえに、⑳は㉑を論理的に含意する。そういうごっこ遊びに参加している間にエレンが⑳を断定として発話するならば、エレンの断定した事柄は、論理形式の力のみによって、㉑によって断定されうる事柄を論理的に含意するということが、エレンに関して虚構として成り立つ。このことが、⑳を手段としてエレンが現実において断定した事柄が、㉑によって断定されうる事柄をしかるべく論理的に含意する、という印象を部分的に説明する。

いったい⑳を手段として、エレンは何を真正に断定しているのか。最も単純で、原初的な事例では(ありそうにないかもしれないが)、エレンは記述された種類の非公式のごっこ遊びに参加しており、自分が行なうようにふり行為を遂行することは虚構において真なることを話すことである、ということを断定しているのである。エレンのふり行為は、この文によって提示される形式を備えた何事かを断定するふりをすることの一種である。エレンがその形式を備えた命題を断定するということは、虚構として成り立っているのである。それゆえ、現実にこの種類のふり行為についてエレンが断定する事柄が非常に異なった形式を備えている場合でさえ、エレンは自然にこの文を使用するのだ。

エレンがこの種類のふり行為に携わらずにそれについて何かを言っているとしても、エレンは依然としてこの種類のふり行為を指示している。それについて何かを言うのではなく、そういう風にふり行為をすることが虚構として真なることを話すことになるような諸条件の存立をエレンが指摘しているのであるとしても、エレンが存立すると主張している諸条件に注意を呼び起こすのは、その種類のふり行為を暗に示すことによってなのである。どちらの場合にせよ、エレンが使用する文⑳は、その論理形式を提示することにおいて、エレンの目的に適っている。というのも、エレンが指示したり暗に示したりするやり方でふりをすることは、虚構としてその形式を備えた何事かを断定することだからなのである。

だが、⑳が㉑を論理的に含意するような量化の構造を備えているということは、たんに虚構として成り立つだけであって、真なのではない。そして、⑳を手段として断定されている事柄が、論理形式のみの力で㉑によって断定される事柄を論理的に含意するということは、たかだか虚構として成り立つのであって、真なのではない。にもかかわらず、次のように断定するとき、人は真なることを話している。

㉒言明⑳は論理形式のみの力で㉑を論理的に含意する。

㉒の断定それ自体が、虚構にかかわる他の言明を私たちが解釈するやり方によって、解釈できる。話し手は、原初的な事例

の場合、ある種のふり行為——(20)が論理形式のみの力で(21)を論理的に含意すると断定するふりをすること——を暗に示し、かつ、そういうふりをすることが、含意されるある一つの種類の（すなわち、(20)と(21)によって含意される種類の）非公式のごっこ遊びにおいて、虚構として真なることを話すことであると主張している。この主張は、(20)が(21)を論理形式のみの力で論理的に含意するのではないとしても、真である。だが文字どおりに受け取られた(22)は偽である。[20] この一連の話の教訓は、再び、虚構性と真理性の識別に、言い換えれば、事実として成り立つ事柄と、たんに事実として成り立つというふりがなされているだけの事柄とを識別することに、注意しなければならないということである。

だが、(20)によって断定される事柄は、論理形式のみの力によってでなくてよければ、(21)によって断定される事柄を、実際に論理的に含意する。混乱の起こりやすさは、この事実によって高まっている。含意されるごっこ遊びを構成する諸原理は、(21)を断定することが真なることを話すことであるということが虚構として成り立たないかぎり、(20)を断定することが真なることを話すことであるということが虚構として成り立たない、というような諸原理になりそうである。これがそうでないとなるためには、非公式のごっこ遊びは、かなり風変わりな論理的な空想とならねばならない。そして、問題の諸原理は、(20)を断定するときに人が真なることを話しているということが虚構として成り立つために要請される諸条件が、(21)を断定するときに人が真なることを話しているということが虚構として成り立つために要請される諸条件である、というような諸原理になりそうなのである。たしかに、(20)が真であると考えて、(21)は偽であると考えることは困難なのだ。

第11章　存　在

1　暴露と不同意

何かのふりをするときに、人はふり行為を自分で暴露する場合がある。多少とも明示的に、自分がただそういうふりをしているだけであることを示すのだ。虚構に関する通常の言明と、これまでに考察した通常でない言明は、ふりをしていることが認知されないままになると誤解を生じる。それゆえ、暴露を必要とすることがある。例えば、

(22)[1] 象牙の義足を付けた捕鯨船員が巨大な白い鯨を追っていた。

を断定することは、そういう出来事が起こったと真剣に断定しているかのように話すことである。私たちは、話し手がただ断定するふりをしているだけ（ないし、そういうふり行為をほのめかすだけ）であることを、文脈から判断せねばならない。混乱の恐れがあるときは、ふり行為であることを暴露することができる。例えば、

(23) メルヴィルの小説『白鯨』では、象牙の義足を付けた捕鯨船員が巨大な白い鯨を追っていた。

と言えばよいのである。こういう暴露は、ふり行為（現実の、または含意されたふり行為）への注意を喚起し、ここではそのふり行為について語っているのであることを明らかにする。（この例の場合、暴露が行われても、たぶん、真正に断定されていることが何であるのかを変えることはない。話し手は、『白鯨』に関して公認されるごっこ遊びの中で、示されている仕方でふりをすること——象牙の義足を付けた捕鯨船員が巨大な白い鯨を追っていたと断定するふりをすること——は、虚構として真なることを話すことである、と断定しているのである。）

暴露することとは、「その物語の中では」や「その絵の世界では」といった文句の重要な任務である。しかし、いろいろな他の手段によっても達成することができる。ふり行為は、「(虚構的な)登場人物」について明示的に話すことで暴露できる。例えば次のように。

(24)ムーア夫人は、E・M・フォースターの『インドへの道』の登場人物だが、神経衰弱になったのだ。

非公式のごっこ遊びにかかわる言明も、通常の言明と同じく、行なっているふり行為が暴露されることがある。例えば、

(25)オーケストラは、言わば水の中にいる。

を(6)「オーケストラは水の中にいる」の代わりに言ったり、

(26)デフォーの小説のロビンソン・クルーソーは、スウィフトのガリヴァーよりも臨機応変の才があった。

を(10)「ロビンソン・クルーソーはガリヴァーよりも臨機応変の才があった」の代わりに言ったりすればよいのである。

話し手は、自分が暴露しているふり行為に携わっているのだろうか。暴露されたふり行為は依然として何かのふりをすることなのだろうか。そうでありうることは確かである。だが、たとえそうでなかったとしても問題にはならない。というのも、ある種のふり行為を暗に示すだけで、実際に例示することなくそれについて語ることができるからである。(23)を口に出す人は、自分が暴露しているふり行為に現実には携わっていないかもしれない。この暴露は、話し手が、象牙の義足を付けた捕鯨船員が巨大な白い鯨を追っていたと主張しているのではなくて、本当はたかだかそう主張するふりをしているにすぎないということを知らせる。そして、いずれにせよ話し手が語っているのはこの種のふりについてなのだということを知らせているのである。

私たちは、ふり行為によって提示されていることを、暴露を越えて否定するところまで進むこともある。本当にそんなふり行為の中で断定を行なうとしたら、その人は真理を断定していることにならないだろうと宣言するのである。例えば、ある人が

(27)人が虫に変身したのはカフカの『変身』においてのみである。

と言うと、これによって、人が虫に変身したとこの人が主張しているのではないということが明らかになるだけではない。この人は、これを主張することは真理を主張することではないこと、いまだかつて誰一人として虫に変身した人間はいないことを宣言してもいるのである。

すでに見たように、(23)の暴露は、断定している内容に影響を及ぼさない。暴露は、「象牙の義足を付けた捕鯨船員が巨大な白い鯨を追っていた」という言明が虚構に関する（通常の）言明として受け取られるべきであることを明らかにするのに役立っている。しかし、(27)の否定は、話し手が断定している内容の（少なくとも）一部を成している。話し手は、たんに「人が虫に変身した」という通常の言明によって断定されうることのみを断定しているのではない。話し手は、ふり行為によって提示されている事柄を否定するために、一定のふり行為を提示しているのであって、あるごっこ遊びの中でそういうふりをすることが虚構において真なることを話すことになると主張しているだけではない。

暴露と否定は、参加に水を差すように意図して表象体を作る第7章6節のやり方に明らかによく似ている。それは媒体に特別な注意を呼び起こしたり、物語や絵がたんに物語であり絵であるという事実に注意を引いたりする仕掛けを用いていた。この両方のふり行為の例でも、それに参加することは――現実であろうと予想であろうと、暴露されたり否定されたり水を差されたりしていようと――依然として中心的なのである。

ここまで考えてきたふり行為は、断定するふりをするという種類のものだった。この種類のふり行為に携わることは、虚構において、断定する行為を遂行することになる。なかには、指示するふりをすることを伴うものもある。該当するのは、虚構として、トム・ソーヤーという人物を指示し、この人物について、自分の葬式に出席したと断定する、といった場合である。しかし、断定するふりをする行為とはまったく独立に、指示するふりをする行為の一種を例示したり提示したりして、それについて論評を加えるときもある。それが行なわれるのは、例えば、

(28)グレゴール・ザムザは『変身』の（純粋に虚構的な）登場人物である。

と言うときである。「グレゴール・ザムザ」という名前を用いるとき、話し手は何ものかを指示するふりを実行しているか、または、指示するふりの一種を（実行せずに）ほのめかしている。次いで、このふり行為を暴露し、自分が何ものかを指示しているということが虚構として成り立つにすぎないのを明らかにしている。（話し手は、後で見るように、自分がふり行為によって提示する事柄の一部を否定してもいる。）

この例の場合、話し手は、『変身』に関する公認のごっこ遊びにおいて、示された仕方でふりをすることは虚構において何ものかを指示することである、ということを認めている。しかし、作品を特定する必要はない。つまり、

(29)グレゴール・ザムザは（純粋に虚構的な）登場人物である。

と言う場合は、一方でふり行為を暴露しつつ、何らかの作品が

存在することだけを認めて、その作品に関する公認のごっこ遊びでしかるべくふりをすることは、虚構において指示に成功することである、と認めていることになる。このことを認めることさえ避けることができる。すなわち、

(30)グレゴール・ザムザは存在しない。

ふり行為を暴露することは、ふり行為の外へ出て、論評を加えることである。ここまで論じてきた事例では、ふり行為の中で実際に発せられたり、発せられる可能性があったりする言葉に対して補足的に追加された語句によって、暴露が達成されている。追加の語句は、それ自体がふりをする中で発せられるのではないように見えるし、ふり行為の種類を特定するのに役立ってもいない。語句の追加以前にある元の言葉の特定するふりの種類について、論評を加えることに役立っているだけである。

しかし、こういった追加の語句の多くを、それ自体ふり行為の一部と見なすやり方がある。ただし、そのふり行為は、暴露されるものとは異なるふり行為である。多くの暴露（および否定）が取っている形式がそれを明らかにしてくれる。言明(29)は、話し手が主語表現の指示対象に、ある特性を帰属させる通常の単称言明の文法的構造を備えている。問題の形式は、もちろんこの構造ではない。また、その形式についての私の説明は、話し手がグレゴール・ザムザとして指示する何ものかについて、それが虚構的な登場人物であると言うふりをしているとするものでもない。言明(29)は『変身』に関する公認のごっこ遊びにかかわるように見えるかもしれない。だが、この言明は、「グレゴール・ザムザは虫に変身した」というような通常の言明として取り扱われるべきではない。というのも、(29)を断定することは、私の理解によるかぎり、何か真なることを断定することである。ところが、(29)をふり行為として言う人物が、真なることを表現しているということは、『変身』に関する公認のごっこ遊びにおいて虚構として成り立つことではない。（形式にこだわらずに言えば、その小説の中で、またその小説に関する公認のごっこ遊びの中で、グレゴールはたんなる虚構的な登場人物ではなく、実在する人物である。）

しかし、一つの非公式のごっこ遊びが存在することは可能であって、その中では(29)を言う人は、虚構として真なることを話している。この遊びでは、二種類の人間が存在するということが虚構として成り立つ。すなわち、「本物の」人間と「虚構の登場人物」の二種類である。話し手はこういう非公式のごっこ遊びに参加していると見なすことができる。すなわち、虚構において、「グレゴール・ザムザ」という名前によって何ものかを指示し、さらに「登場人物である」という述語によって特定されるある特性を、その指示対象に帰属させているのである。（虚構の登場人物であるという特性は存在しないということは、問題にならない。話し手は、こういう言葉がある特性を選び出しているふりをしているのである。そして、この非公式のごっこ遊びでは、

そのように選び出すということが虚構として成り立っている。）一つのふり行為に携わることによって、話し手はもう一つのふり行為を暴露する。この非公式のごっこ遊びにおいて、虚構として真なることを話すとき、話し手は、公認のごっこ遊びの中で、その固有名を手段として指示するふりをしているだけであることを提示する（あるいは、そういうふり行為をほのめかす）のである。

ここに述べた種類の非公式のごっこ遊びが存在せねばならないことは、驚くべきことではない。一旦、「グレゴール・ザムザ」という名前でもって何ものかを指示するふりをすると、さらに進んで、指示している当のものにいろいろな属性を帰属させるふりをする誘惑は、人間のようにごっこ遊びの能力を与えられている生き物にとって、ほとんど抵抗しがたいものとなるだろう。だが、指示するふりをすることがまさにふり行為であることを示さねばならないときもある。それゆえ、私たちはそれを暴露するのだ。ふり行為を完全に放棄することもできるし、時には実際に放棄する。「グレゴール・ザムザというもの（ないし人）は存在しない」とか、「「グレゴール・ザムザ」は何も表示していない」などと言うときのように、外側からふり行為の正体を暴くのである。だが、ふり行為を暴露するときでさえ、ふりをする気構えとまではいかないにしても、その形式の幾分かを保存しておくことが好まれることがある。暴露はさらなるふり行為という手段で達成されるのだ。私たちは、「グレゴール・ザムザ」として指示された何ものかに、ある特性を帰属するふりをする。だが、このふり行為は「虚構の登場人物である」という述語をその名前に寄り添わせることによって行なわれ、これによって私たちが何かを指示するふりをしているにすぎないことが明らかとなる。（自分が冗談を言っているにすぎないことを、まともにそう言わないで、面白さを損なわないように暴露する一つの方法は、その冗談を、あからさまな不条理になる点までさらに推し進めることである。こうすれば、冗談を放棄することなく、冗談が冗談であることが明らかになる。）

これ以外の暴露の仕組みもまた、公認のごっこ遊びの上に重ね合わされた非公式のごっこ遊びに寄与するものと考えることができる。おそらく、非公式のごっこ遊びにおいては「存在は述語である」ということが虚構として成り立つのである。言い換えれば、「存在する（exist）」という述語は真正の特性を表現していて、その特性とは、すべてのものならぬいくつかのものが所有しており、「存在しない」という述語はその補集合を表現しているのである。それゆえ、(30)を発話する人は、「グレゴール・ザムザ」として指示する誰かに一つの特性（「存在する」）を帰属させているということが虚構として成り立ちうる。発話者は、このことを虚構として成り立つようにする一方で、自分があるふりをしていること、つまり誰かを指示するためにその名前を使用するふりをしていることを暴露するのだ。非公式のごっこ遊びにおいては、宇宙が「現実世界」といろいろな「虚構世界」という複数の領域からできていて、それぞれが固有の住人を備えている、ということが虚構として成り立つのだ

ろう。そういうわけで、

(31) カフカの『変身』の世界では、少年が虫に変身した。

と言うことは、少年から虫への変身がこの宇宙のある部分ないし領域で生起したということを、真なることとして、虚構において断定することになりうる。（ウッディ・アレンは、現実生活の中よりも漫画の中で存在する方が好ましいと言ったとき、この種の非公式のごっこ遊びに訴えたのである。）

私がいま記述した類いの非公式のごっこ遊びにおいて虚構として成り立つ事柄、つまり私たちが事実であるふりをする事柄は、まさに、実在論的な立場をとる理論家たちが現実において事実であると主張する事柄である、ということが注目されるだろう。それらの事柄とは、例えば、「たんに虚構的な登場人物にすぎない」といった述語によって表現される特性を備えたものが存在するとか、「存在する」はある特性を表現しており、その特性をある事物は欠いている、といったことである。そういう理論家たちの誤りは、文字どおりにしか考えない傾向が過剰だということである。彼らは、ふり行為を、ふり行為によって提示される事柄と取り違えるのである。

2 存在と非存在についての主張

こうして私たちは、(28)や(29)や、

(30) グレゴール・ザムザは存在しない。

のような否定的存在言明を解釈する一つのやり方に接近している。こういう否定的存在言明を断定することは、私が示唆したかぎりで、ある種の指示するふりをすることを提示し、かつ暴露することである（おそらく、さらなるふり行為に携わったり、ほのめかしたりすることによって、そうするのである[1]）。

一つ気になることがある。私たちは、(30)の説明が単称の存在主張を取り扱うやり方に一般的にうまく合うようにしたいと思っている。ところが、単称の存在主張の多くが、明瞭なふり行為やごっこ遊び的な信念を伴ってはいない。特に、小説その他の虚構の作品と何の関わりももっていない主張の場合、そうである。人々は、ヴァルカン[2]や若返りの泉、ホメロス、ネス湖の怪獣、国務省の二重スパイといったものの存在を、グレゴール・ザムザ、ガリヴァー、ロビンソン・クルーソーといったものと同様に、肯定したり否定したりしている。スティーヴン・シッファーは、ガレス・エヴァンズのごっこ遊びによる存在否定言明の取り扱いが、次のような例、すなわち、

(32)カダフィは存在しないし、かつて存在したこともない。そんな人物は存在していない。（ただし、「この発話が真であること以外については私たちの世界と酷似しているある可能世界において」言われたものとする。）

には当てはまらないという所見を述べた。というのも、「この想像上の発話の真理条件は、話し手と聴き手が携わるふり行為やごっこ遊びに対して、いかなる指示作用も実行しないことは確実だからである。(2)」

私たちは、しかし、ごっこ遊びによって存在主張を説明する試みを、あわてて全面的にしりぞけてしまってはならない。私たちが知っているように、その種の説明は、話し手や聴き手が現実にふり行為やごっこ遊びに関わっていると仮定しなくてもよい。話し手は、ふり行為の一種を事例として提示することなく、聴き手の注意をそこに向けさせることができる。その発話は、誰もこれまで行なわなかったし今後も行なわないようなごっこ遊びを含意するかもしれないのだが、聴き手はそのごっこ遊びを明瞭に理解するのである。さらに、非公式のごっこ遊びは、既知のいかなる虚構作品にも結びついていなくてよいことを思い出しておこう。そうは言うものの、存在主張は、第10章で論じた断定とは違って、直接的ないし本質的にごっこ遊びをともなっているわけではない。この事情が、グレゴール・ザムザ、ガリヴァー、ロビンソン・クルーソーの存在の肯定または否定に当てはまり、ヴァルカン、ホメロス、国務省の二重スパイの場合にも当てはまるのである。

(30)を発話すると、私たちが見たように、ふり行為の一種が暴露される。だが、この暴露は、話し手の断定する内容を構成してはいない。話し手の断定は、むしろ〔ふり行為の〕否定なのであって、否定というものは（いずれにせよ私たちが考察しているものは）ふりをすることについての論評ではなく、ふり行為によって提示される事柄についての論評である。「グレゴール・ザムザ」という名前を使うとき、話し手は指示するふりをすることの一種を提示するだけではなく、指示しようと試みるふりをすることの一種も提示している。話し手が否定する事柄は、その名前で指示しようと試みること、つまりそのふり行為によって提示される種類の、指示する試み一般である。話し手の主張は、そのやり方で指示する試みは何かを指示することに成功しないだろう、ということである。(3) このとき、ふり行為は、話し手が否定したいと思っている種類の指示する試みを選び出す道筋としてのみ、関わってくる。話し手は、その試みを行なうふりをしたり、その種類のふり行為を提示したりすることによって、当該の種類を特定しているのである。

他にも、指示する試みの種類を選び出すやり方は存在する。それに関わりそうな種類の試みを現実に行なえば、ふり行為を一切浮上させずに当該の種類を選び出すことができるかもしれない。つまり、そういう試みにおいて用いられる言葉、ないし用いられやすい言葉を使えばよいのである。(32)や、次の

(33)ヴァルカンは存在しない。

を断定するとき、「ヴァルカン」や「カダフィ」という名前が発される。こういう名前は指示する試みにおいて現実に用いられてきた。そして、その種類の試みが否定されるのである。話し手は自分自身で指示することを試みてはいない。少なくとも本気でそうしてはいない。というのも、話し手はそういう試みは失敗するとはっきり言い、そういう試みを否定するからである。だが聴き手の方は、ヴァルカンやカダフィの存在を信じている人々によってそういう名前が使用される機会に親しんでいる。すると、話し手がどんな種類の試みを否定しているのかは分かる。否定される種類の指示の試みを提示するために、話し手の方で指示する試みをするふりをしたり、虚構として指示したり、そういうふり行為をほのめかしたりする必要はない。(30)を断定するときは、「グレゴール・ザムザ」を手段として指示するふりをする、つまり、そういうふり行為を提示する。だが、このことは、断定の内容にとって本質的ではない。話し手が断定しているのは、たんに、一定の仕方で指示する試みをすることが失敗に終わる、ということなのである。

　指示する試みの可能的な遂行や現実の遂行を提示することによって、その試みが帰属する種類を選び出すことに成功することがありうる。だがこれは、それと同じ種類に属するために、他のさまざまな試みが、どのような関係をその標本に対して持たねばならないのか理解されている限りにおいてである。（第10章3節を見られたい。）ごっこ遊びが、ここで全体の構図に入ってくる。魔術的な力を持つ泉に関する同一の報告を信じたポンセ・デ・レオンとその他の人々によって、「la Fuente de la Edad」[3]を手段として行なわれた指示の試みは、「若返りの泉(the Fountain of Youth) は存在しない」とある人が言うときに、その人が否定している種類の試みである。同様に、この語句を他の言語に翻訳したものを本気で使用する事例や、この語句の代わりに用いられうる他の名前を使用する事例や、そういう事例に適切に結びついている代名詞や確定記述の使用の事例についても、同じこと（当該の種類に属す指示の試みであるということ）が成り立つ。これらが同じ種類の試みであることになるのは、含意されている非公式のごっこ遊びにおいて、これらの使用事例が同一のものを成功裡に指示する事例になっている、という事実によってである。このごっこ遊びは、当然、ポンセ・デ・レオンが信じた事柄が虚構として成り立っており、かつ、これらの使用事例すべてによって指示されている魔術的な力を備えた水の湧き出る穴が一つ存在する（ないし存在した）ということが虚構として成り立っているごっこ遊びなのである。

「グレゴール・ザムザ」という名前は、(30)を言うときに否定される種類の本気の指示の試みにおいて現実に使用されたことは、一度もないかもしれない。しかし、私たちは、そういう試みを行なうのがどういうことなのかは分かっている。『変身』を真剣な事実報告として受け取り、そこから自分が学んだと思うことを語る人物は、そういう試みをしていることになるだろう。カフカのテクストのこれ以外の（でも信じられないくらい）素朴な読者たちや、そういう読者からグレゴールについて学んだ人々は、一つの分かりやすいごっこ遊びの中で、「グレゴール・ザムザ」と名づけられた一人の人物が存在し、この人物を皆が指示するということが虚構として成り立つ、というように受け取るだろう。（このごっこ遊びは、他の読者が参加するという事実とはおそらく別に、公認のごっこ遊びでありうる。）

こういうごっこ遊びの詳細は、二つの（成功する）指示行為が同一のものを指示することであるために現実に要求されるのがどういう条件になると考えるか、ということに大きく依存する。私は、指示する事例の間の歴史的なつながりが決定的だと信じる。現実に「グレゴール・ザムザ」と名づけられた人物がたまたま存在していて、だがこの人物のことをカフカはまったく知らなかったとしよう。この人物について語ることは、虚構において、『変身』の素朴な読者が指示しているものを指示することではない。そして、この二つの指示の試みは、（同一のものを共に指示するという問題に）関わりのある種類ではないだろう。だが、私はこの問題を詳しく扱うつもりはない。

ごっこ遊びがあまり本質的な役を果たさないかたちで、共に指示する試みの一つの種類を何が成り立たせるのかを説明する他のやり方もいくつかある。一つは、同一物指示にかかわる種類のごっこ遊びにおいて、ある単一の事物を指示しているということが虚構として成り立つ、ということを与えるような諸条件（事例間の歴史的つながりを含む）によるやり方である。あるいは、単に、指示する二つの試みが同一の種類になるのは、この二つが成功するならば指示対象が同一である、という場合に限る、と示唆するやり方もあるかもしれない。（だが最後のやり方は、そのままではうまくいかないだろう。）

肯定形の（単称の）存在主張はどうなのだろうか。これはいろいろな種類の指示の試みを肯定することである。例えば、

(34) ホメロスは存在する。

を断定することとは、一定のやり方で指示する試みが――「ホメロス」という名前を人々が使うときに指示するのを試みる普通のやり方が――何ものかを指示することに成功する、と主張することである。(34)の話し手の「ホメロス」の使用は、それ自体がこの種類の試みの一つであり、成功する試みである。このことは、この話し手がそういう試みを行なうふりをすることと両立しないわけではない。話し手は、指示の試みを虚構として行なうごっこ遊びをしているかもしれないし、そういうふり行為をほのめかしているのかもしれない。だが、この話し手は、自分の言っていることを言うために、このどちらのふり行為もする必要はない。何らかのやり方で、これにかかわる指示する試みの種類を特定し、それを肯定する必要が、つまりその試みは成功すると宣言する必要があるだけである。ポール・バニヤン物語が現実の歴史的人物に（何らかの仕方で）結びついていると考えている人は、「ポール・バニヤンは存在する」と断定す

るかもしれない。おそらく、指示するふりをすることの一つの種類をこれによって提示することになるが、断定していることは、単純に、ある一定の仕方で指示する試みが成功する、ということなのである。

「虚構的存在者に関する」存在主張は、このように存在主張と一般的に合致しており、虚構に関する他の言説の多くとはっきりと異なっている。他の言説の方は、一定の種類のごっこ遊びの中で、一定の仕方で何らかのふりをすることは虚構において真なることを話すことである、という断定から構成されている。存在の肯定と否定は、肯定されたり否定されたりするのが「虚構的存在者」の存在である場合でさえ、似たような仕方でふり行為やごっこ遊びとかかわってはいないのである。

だがこれで話のすべてではない。多くの存在主張が、以上の結論の示唆するところよりはごっこ遊びと深くかかわっている。それらは虚構に関する他の言明と重要な点で類似するものとして解釈することができる。ふり行為の暴露が、多くの場合、さらなるふり行為という手段で達成されることを思い起こそう。同じことが否定に関しても当てはまる。(29)や(30)を断定するとき、その人は「グレゴール・ザムザ」を指示的に用い、「(純粋に虚構的な)登場人物である」や「存在しない」という述語によって指示対象にある特性を帰属させる、ということが虚構として成り立つだろう。この話し手がふり行為としての指示を暴露したり、あるいは、もう明らかだが、ふり行為によって提示される種類の指示の試みを否定したりするのは、このように断定するふりをすることによってなのである。それゆえ、その言明は非公式のごっこ遊びを含意しており、その中では、二種類の人間――「現実の」人間と「(単に虚構的な)登場人物」――が存在すること、つまりある人々は「存在する」が他の人々はそうではないことが虚構として成り立っている。

暴露や否定の他の事例も、ごっこ遊びを含意するものとして解釈することは難しくない。そういったごっこ遊びの中では、「神話の」獣類と「現実の」獣類が存在することが虚構として成り立ったり、あるいは、いくつかの偉業や冒険や逃した巨大な魚が「ほら話」や「空想の」ものである一方で、ほかに「本物の」ものもあるということが虚構として成り立ったりする。また、オアシスは「幻想の」ものか「実在の」ものかどちらかであり、この宇宙の多数のトラックの中には「オモチャ」のものもあったり、クマは「ぬいぐるみ」だったり「血と肉を備えた」ものだったりする。(例えば、「タビーはとっても可愛いクマさんでお友だちだけど、本物じゃないのが残念」とか、「締め紐、留め紐その他の仕掛けがライフジャケットのずり上がりを、実際のずり上がりからありもしないずり上がりまですべて防ぎます」[4]とか、「神話の獣はそんなに危険ではない」などと言うとき、私たちはこういったごっこ遊びに携わっているのだ。)

これらの引用は、神話的であることとか、幻想であること、空想であること、まがい物であること、実在であること、本物であることといった特性が存在しないということを私たちに思い出させるためにある。何らかのものがそれを所有するということが虚構として成り立つような特性さえ、存在しないのである。(同様に、ぬいぐるみであることやオモチャであることなども、クマやトラックが所有しうる特性ではない。)「まがいものの」、「神話的な」、「幻想の」、「実在の」、「現実の」といった述語が特性を表現しているということが、虚構として成り立つだけである。私たちが適当なごっこ遊びに参加するとき、これらの述語によって特性を帰属させるふりをする。だが、そうやって私たちが何ものかに帰属させるふりをする特性というものは存在していないのである。(5)

以上述べてきた種類の非公式のごっこ遊びは、虚構作品と結びついていない存在言明によっても含意されうる。例えば、「ヴァルカン」に関して、私たちは、「存在する」によって表現される特性——冥王星の有する特性——を欠いた惑星を名づけている、と考えることができる。

「ヴァルカンなるものは存在しない(There is no Vulcan)」とか「ロビンソン・クルーソーなるものは存在しない(There is no Robinson Crusoe)」といった言明は、二次的なふり行為を伴うものとして解釈することが(33)よりも容易ではない。こういう言明の文法形式は、単称の述語付けという文法形式を真正面からは備えていない。話し手は指示する行為の一つの種類を提示して否定している。それはおそらく、指示するふりをすることの一つの種類を提示したり、あるいはそれに携わったりすることによってであろう。しかし、話し手は、指示される何ものかにある特性を帰属させるふり行為を提示することによって、そうしているのではない。

存在主張を以上に述べた種類の二次的なふり行為を伴うものと考えることによって、その主張を、私たちが虚構にかかわる述語的言明について与えた説明の下に包摂することが可能になる。私たちの第一の説明モデルに基づくと、(30)や(33)の話し手は、断定するふりの一つの種類を提示する(詳しく言うと、ある特性を何ものかに帰属させるふりをすることの一つの種類を提示する)。さらに話し手は、含意された(非公式の)ごっこ遊びにおいてそのようなふりをすることは、真なることを話すことであると主張する。存在言明は、このやり方で解釈されるにせよ、私が先に提案したやり方によって解釈されるにせよ、同じ事例について真や偽であると解釈されると期待できる。というのも、含意されるごっこ遊びは、確かに次のようなものになるからである。すなわち、「X」を発話するときに提示される種類の指示する試みが成功する場合にのみ、「Xが存在する」と言うとき、人は真なることを話しているということが虚構として成り立つ。そして、その種類の指示する試みが不成功の場合にのみ、「Xは存在しない」と言うとき、人は真なることを話しているということが虚構として成り立つ。(6)

第一のモデルは、ふり行為とごっこ遊びを、存在言明によって断定される事柄の内容の方に戻す。存在を断言したり否定したりすることは、ヴァルカンやカダフィの存在に関してでさえ、ふり行為の種類と(非公式の)ごっこ遊びについての断定であることになる。しかし、この第一のモデルの周知の別形も利用可能である。単称存在言明は、そのことが虚構として成り立っているという主張としてではなく、提示されたあるやり方で断定するふりをすることが虚構において真なることを話すことになる、という事実を与えるような環境がそこに成立している、ということを確言している言明として解釈するのが最善であるのかもしれない。（私たちは、第10章5節で、非公式のごっこ遊びを伴う言明が、特にそういう解釈になじみやすいことに注目した。）存在言明の事例に本質的に関わりがある環境とは、提示されているやり方で指示を試みることは、何かを指示することに成功または失敗することである、という事実である。こうして私たちは、存在言明に関する私たちの元来の説明に戻ってくる。だが今は、(30)や(33)のような言明の言っていることを言うために、どのようにして(30)や(33)のような言明が使用されることになるのかを理解することができる。こういう存在言明と、述語付けを行なうこれらとよく似た言明との間に、予想していなかった連続性が見出されているからである。これら二つの言明は、さまざまな特性を（現実の）事物に本当に帰属させる述語付けの言明であり、そしてまた、通常の諸特性を架空の事物に帰属させるように見える述語付けの言明なのである。私たちは、虚構作品とまったく関係のない存在言明と「架空の存在者」に関する存在言明との両方について、統一的な説明を与えることにも成功した。そして、統一的な説明を与えるにあたり、虚構作品と無関係な言明をふり行為やごっこ遊びについての主張であると解釈することなくそれを行なった。

ごっこ遊びの概念は、存在主張の内容の中にはその場所を持たない場合でさえ、以上のような結果を得る上で、もちろん本質的なものである。

謝辞

並はずれて有能かつ寛大な同僚と友人に恵まれたことは、表象芸術について考え、書いてきたこの年月の間、まことに大きな幸運だった。幾多の人々との、数か月から数年にもわたる長い対話の中で、私が得た利益は非常に大きい。その対話は、ジョン・G・ベネット、デイヴィド・ヒルズ、パトリック・メイナード、ホリー・スミス、ウィリアム・タシェク、スティーヴン・ホワイトといった人々との間で行なわれた。彼らは皆、進行中の草稿のかなりの部分をいろいろな折りに読み、意義ある改善をもたらしてくれた。とりわけ頻繁に私が相談したのはデイヴィド・ヒルズである。彼には、非常に厄介な哲学的問題や最も微妙な美学的問題、さらには実例や図版の選択にいたるまで、すべてのことを相談し、常に素晴らしく洞察に満ちた助言が返ってきた。キット・ファインとティモシー・マッカーシーには、虚構的存在者の形而上学的地位に関する議論に応じてもらった恩義がある。スーザン・プラット・ウォルトンには、東南アジアのごっこ遊びの諸形式に関する専門知識を負っている。また、学生たちは洞察力に優れ、しばしば懐疑的でもあったが、彼らのさまざまな見解や不賛成の表明は、私の考察を形づくる上で多大な貢献をしてくれた。その中の二人、テッド・ヒンチマンとアイリーン・ジョンは、草稿の準備を手伝ってくれた。

私は、ネルソン・グッドマン、リチャード・ウォルハイム、ニコラス・ウォルターストーフらの著作に対し、折々に異議を唱えているが、賛嘆の気持ちをここで表明しておく。私はたぶん、この三人の導きに従うことの方が、離反するところよりも多かっただろう。だから、一致するところ以上に一致しないところを私が強調したのは、ひとえに不一致の方から教えられることが多いように私には思われたからにすぎない。ウォルハイムとウォルターストーフとはいろいろな折りに会い、彼らの仕事と私の仕事に関して実りの多い議論をしてきた。このことは、喜ばしい記憶となっている。

ごっこ遊びに関する私の理論の説明を分かりやすいものにするため、多くの出演者に登場してもらうことになった。出演者には現実の人物も架空の人物もいる。彼らの貢献に私は深く感謝している。とりわけグレゴリーとエリックには特別の感謝を献げたい。この二人は実在の人物である。

この書物の中で私が扱っている諸問題は、本質的に学際的な問題である。それは多くの研究分野の多数の傑出した学者を引きつけてきた。批評家、美術史家、文学理論家、心理学者、哲学者といった人々が、いろいろな方向から、表象芸術に関する私の理解と、また本書で展開する理論に貢献してくれた。文中に示した参照の指示は、多様性を豊かに備えたこれらの豊穣な文献に私が負っているところを、ほんの少し示しているにすぎない。

　私が表象芸術にかかわる哲学的問題に魅了された始まりは、大学院生になったばかりの頃に遡る。後にそれは一連の論文に表現されることになったが、その最初のものは一九七三年に世に出た。その後の年月でいくつかの点について私は考えを変えている。また、思考の筋道を提示して発展させるためには、より明晰な方法と思われるものがいつも実り多いことも分かってきた。しかし、今ここにある研究成果は、以前に行なった冒険的な企てに多くを負っている。以前に書いた論文は、この本の中に一体化される際、すべて分割と再編を余儀なくされたが、改良もあったものと期待している。ただし、現在の目的に役に立つと思われるときには、私は、以前の論文から考え方や文章を自由にそのまま取ってきて使うことにした。私が拠った論文は以下のものである。

「絵画とごっこ遊び」("Pictures and Make-Believe," *Philosophical Review* 82 (1973))

「表象体は象徴か?」("Are Representations Symbols?" *The Monist* 58 (1974))

「語りと描出の表象体における視点」("Points of View in Narrative and Depictive Representations," *Nous* 10 (1976))

「虚構を怖れる」("Fearing Fictions," *Journal of Philosophy* 75 (1978))

「虚構世界は現実世界からどのくらい隔たっているのか?」("How Remote Are Fictional Worlds from the Real World?" *Journal of Aesthetics and Art Criticism* 37 (1978))

「ニコラス・ウォルターストーフ『芸術作品と芸術の世界』書評」(review of Nicholas Wolterstorff, *Works and Worlds of Art*, in *Journal of Philosophy* 80 (1983))

「虚構、虚構制作、そして虚構性の諸形態」("Fiction, Fiction-Making, and Styles of Fictionality," *Philosophy and Literature* 7 (1983))

「私たちは虚構的存在者を必要としているか? 理論のための覚書」("Do We Need Fictional Entities? Notes toward a Theory" in *Aesthetics ; Proceedings of the Eighth International Wittgenstein Symposium*, part I, ed. Rudolf Haller (Vienna : Höider-Pichler-Tempsky, 1984))

「絵を見ることと物を見ること」("Looking at Pictures and Looking at Things," in *Philosophy and the Visual Arts*, ed. Andrew Harrison (Dordrecht : Klwer, 1987))

刊行物からの利用を許可してくれたことについて、関係する編集者と出版社に感謝する。

アメリカ学術団体評議会（the American Council of Learned Societies）、ならびに全米人文科学基金（the National Endowment for the Humanities）、ロックフェラー財団（the Rockefeller Foundation）、スタンフォード人文科学センターフェローシップ（the Stanford Humanities Center for fellowships）に感謝する。これらの機関は、過去二〇年間のいろいろな機会に、私を他の義務から解放して、この本とそれに先立ついくつかの論文を書くことに集中できるようにしてくれた。また、ミシガン大学のホレス・H・ラッカム大学院には夏季補助金および草稿準備支援について、ミシガン大学の文学・科学・芸術カレッジには図版掲載のための経費の補助について、謝意を表したい。全米人文科学基金の豊かな出版支援についても感謝する。

訳者解説

はじめに

本書は Kendall L. Walton, *Mimesis as Make-Believe : On the Foundations of the Representational Arts*, Harvard University Press, 1990 の全訳である。原著の正題は、そのまま訳せば『ごっこ遊びとしての模倣』となるが、直訳では意味が伝わりにくいため、邦題は『フィクションとは何か——ごっこ遊びと芸術』とした。なお、この邦題中の「フィクション」は、広く絵画、文学、映画などを含む虚構一般を言う。

著者のケンダル・L・ウォルトンは、一九三九年生まれのアメリカ合衆国の哲学者・美学者である。彼は概念枠組みの言語的相対性をめぐる論文によってコーネル大学で学位を取得し、その後長くミシガン大学で教鞭をとり、現在は同大学の名誉教授となっている。本書は彼の主著であり、人間の認知と行動が虚構の世界に拡張される際の想像力の働きを考察した稀有な研究である。

ウォルトンは、本書で、芸術作品が私たちに複雑なメッセージを送り届けていることを浮かび上がらせる。例えばムンクの『叫び』では、不安におののく人物とその人物の見ている光景が、おそらく同じ画面に描出されている。私たちは暗にこのことに気づいており、画中の人物の見ている不気味な光景を自分の目で見ることを通じて、画中の人物の不安を自分の不安のように感じる。黒澤明の『羅生門』では、ある殺人事件の両立しない複数の事実経過が一つの作品世界を作り上げている。私たちは、つじつまの合わない物語の流れを世界の実相として受け入れ、生の不条理さを体験する。『叫び』のような視点や『羅生門』のような事実経過は現実にはありえない。だが、私たちはそれを虚構にすぎないとして拒絶するのではなく、むしろ進んで受け入れて、世界を深く体験するのである。虚構世界には私たちをとりこにする不思議な力がある。本書は、その力の成り立ちを解き明かそうとする大胆な試みである。

1 本書の位置づけ

ウォルトンの美学研究は、芸術の本質や芸術作品の美学的特性を、概念や体験の分析を通じて解明していくスタイルをとっており、個別作品への言及は多いが、美術史や哲学史への言及は少ない。このような美学研究は、分析哲学の手法の美学への適用として二〇世紀半ばに英語圏で誕生し、近年ではしばしば分析美学（analytic aesthetics）と呼ばれる。当初、美学は分析哲学の中の目立たない分野だったが、一九八〇年代から九〇年代には盛んになり、現在では多くの研究成果が発表されている。本書は、近年におけるその分析美学興隆の一要因となった重要な著作である。

ピーター・ラマルクの編纂した文献案内では、本書は分析美学の「ランドマークとなる業績」として「記念碑的なもの」と評されている。ラマルクは本書を特に「「ごっこ遊び」という着想を通じて多くの係争点に統一的な説明を与えたものであり、美学への影響のみならず、他の哲学分野（例えば、心の哲学や言語哲学）に与えた衝撃においても特筆すべきである」と評価する（Peter Lamarque, *Analytic Approaches to Aesthetics : Oxford Bibliographies Online Research Guide*, Kindle Edition, 2011）。また、デイヴィド・デイヴィースは、美学史の教科書において、「芸術の哲学的考察におけるケンダル・ウォルトンの過去四〇年余にわたる貢献は、その重要性、影響力、幅広さにおいて、際立っている」と述べている（David Davies, "Kendall L. Walton". In Alessandro Giovannelli (ed.), *Aesthetics : The Key Thinkers*, Continuum, 2012, p. 197）。このように、ウォルトンに対する学界の評価はきわめて高い。

ウォルトンは、観客や読者の反応を焦点に置いて芸術作品を分析する。その分析の大きな特徴は、芸術作品の解釈と鑑賞をそれ以外の想像活動とまったく同じ水準で扱う点にある。複数の人物が同一の映画や小説を鑑賞すると、人々は多かれ少なかれ類似した作品世界を想像する。芸術作品は私たちに一定の想像を促すのである。だが、一定の想像を促す事物は、芸術作品に限定されはしない。クマのぬいぐるみやオモチャのトラックは、子どもたちに本物のクマやトラックを想像させる。岩の亀裂が人の顔を連想させたり、雲が動物を連想させたり、星の配置が白鳥や水瓶を連想させたりすることもある。ウォルトンは、芸術作品もオモチャも星座も一まとめにして、人間に何かを想像させる事物という新しいカテゴリーを立て、それを「表象体」と呼ぶ。雲や星のような自然物に関して作り手の意図を論ずることは意味をなさない。表象体は、作り手の意図ではなく、受け手の反応に着目して設定されるカテゴリーなのである。本書では、この表象体という新たなカテゴリーをめぐる徹底的な分析を通じて、芸術作品にかかわる私たちの体験の本質が解明されていくことになる。

ウォルトンによれば、芸術作品の鑑賞とは、端的に言って、子どもたちがオモチャを使って行なうごっこ遊びと同じ活動である。ごっこ遊びの中で、子どもたちは日常とは異なる世界を作り上げ、その世界を他人と共有しながら他人がそれを別の視点から体験していることを発見し、それまでの自分とは違う自分を生きるやり方を学ぶ。ごっこ遊びは発達上重要な意味をもっており、オモチャは非日常の世界への橋渡しを担う特別な役割をその中で果たしている。表象体とは、このように、想像の世界への橋渡しを担う働きをもつ物体や出来事であり、ごっこ遊びの小道具となる機能を社会的に認定された事物なのである。

芸術作品の鑑賞は、ごっこ遊びに酷似している。例えば、『モナリザ』を見て「この笑顔、気味悪いね」と言うとき、私たちは、ある人物の気味の悪い微笑をそこに見ている。だが、現実には絵の具の塗られた画布があるだけである。現実において画布上の絵の具の染みを見ることが、虚構として微笑んでいる人物を見ることに、想像の働きによって変貌する。これは、現実においてお人形を抱くことが、虚構として赤ちゃんを抱っこすることに変貌するごっこ遊びの想像活動と、確かによく似ている。そして、お人形が遊びの小道具であるならば、『モナリザ』という作品も芸術鑑賞という遊びの小道具と見なされてよい。芸術の鑑賞体験は、作品を小道具としたごっこ遊びなのである。こうして、ごっこ遊びとの共通性に着目することで、絵画も小説も映画も演劇も音楽も等しく見渡す視点が得られる。本書は、このように、全芸術ジャンルを一括して扱う美学理論を、日常の想像体験、なかでも子どもたちのごっこ遊びを手引きにして作り上げる試みなのである。

上述のラマルクの評言にあるように、ウォルトンの影響は美学を越えて、哲学一般に及んでいる。私自身、ジョン・ペリーの指示表現の研究（John Perry, *Reference and Reflexivity*, Stanford : CSLI, 2001 [2nd edn. 2012]）を通じて本書を知り、一読してこれほど面白い哲学書は読んだことがないとの印象を受けて、翻訳を企図するに到った。というのも、ウォルトンの議論は、現在の哲学的な議論の地平を一変させるきっかけとなりうるからである。

哲学者たちは、通常、現実世界の対象認識の成り立ちを分析し、現実世界に何が存在するのかを論ずる。こうして、種々の認識論や存在論がくり広げられる。ウォルトンの議論は、このような哲学的分析が虚構世界に拡張されるべきであることを示唆する。表象体とは、物理的に言えば、ありふれた物体や出来事にすぎない。ということは、私たちは、ありふれた事物を外界に認知したとき、ただたんに物理的な現実世界を認識するだけではない、ということなのである。岩の亀裂から人の顔を連想し、雲のさまを見て動物を連想する。あるいは、街中で携帯電話や化粧品のコマーシャルフォトを見て、商品の画像と添えられたコピーから、その商品によって得られるであろう想像上の自分の生活を瞬時に思い描く。こういう想像から現実世界での行動がもたらされることもまれではない。人はコマーシャルフォトを論評したり、商品を購入したりする。人間はごく普通に虚構と現実をまたいで生きているのである。

このように、人間は、身の回りの物体や出来事を別の何かに見たてたり、何かをそこに読み込んだりする働きを通じて、いろいろな虚構世界をみずから想像する。そして、ほとんど無意識的に、さまざまな物語の中で考えて行動している。これは、おそらく数万年前の洞窟壁画の時代から、現生人類が変わることなく携わってきた活動である。したがって、表象体に触発されて生じる想像活動のあり方を分析することは、人類史における共同的な幻想の世界の成り立ちを分析することに等しいのである。

ウォルトンは自分の理論がこのような含意をもつことに当然気づいており、序章では、宗教や道徳、また科学の「理論的存在」など、一般に実在論（realism）が問題になる領域に関して、ごっこ遊び的な信念（make-believe）の関与するところは大きいはずだと述べている（本訳書、七頁）。だが、本書の議論そのものは、きわめて禁欲的に、表象的芸術作品の解釈という美学上の問題に限定される。本書の含意を美学以外の領域に展開することは、読者である私たちの仕事になるだろう。

2　本書の概念装置

ウォルトンは、第1章の終わりで自分の議論を短くまとめて次のように述べている。ここには彼独特の言葉遣いがほぼ出そろっているので、それを解説しよう。

> 表象体とは、ごっこ遊びの小道具として働くという社会的な機能を備えた物体である。表象体は、いろいろな想像活動を促したり、ときには想像のオブジェクトとなったりもする。小道具とは、条件付きの生成の原理の力によって、想像活動を命令する何らかのものである。想像するように命じられる命題は、虚構的である〔虚構として成り立つ〕。ある命題が虚構として成り立つという事実は、虚構的真理である。虚構世界は、虚構的真理の集合と結びつけられている。虚構的なものは、ある与えられた世界において虚構的である——例えば、ごっこ遊びの世界や表象的な芸術作品の世界において虚構的である。（本訳書、六九—七〇頁）

表象体の原語は「representations」である。普通「表象」と訳されるが、「表象」は哲学文献ではしばしば「心的表象」を意味し、心的表象は外的事物を再現する心の中の認知内容のことである。だが、ウォルトンが本書で新たなカテゴリーとして立てる「representations」は、身体の外にある絵画やオモチャなどの外的事物であるから、誤解を避けるために「表象体」という訳語を当てた。表象体は、典型的には、絵画、彫刻、小説、映画、演劇、といった芸術作品や、人形、木馬、雪だるま、といった子どもたちの遊び道具である。

これらの外的事物は、人々の間に成り立つ共通の了解に沿って、その事物とは別の、想像上の何ものかを表す。『グランド・ジャット島の日曜日の午後』と名付けられた画布上の絵の具の配置は、見る人の想像の中で芝生を散策する人々を表し、『ガリヴァー旅行記』と名付けられた文字列は、読む人の想像の中で小人の国の出来事を表し、キューピー人形と名付けられた合成樹脂の物体は、ごっこ遊びをする子どもの想像の中で赤ちゃんを表す。ごっこ遊びは「games of make-believe」の訳だが、「make-believe」は語源的にも語形的にも「強いて信じること」を示唆する。ごっこ遊びとは信じることにするゲームであり、表象体は、現実にはAであるものが虚構としてはBである、と信じることにするゲームをもたらすのである。

表象体は、演劇における小道具のように、想像上のある場面であるものとなる機能を持つ。ここでの機能とは、ある社会で広く認められている使い方を言う。例えば、キューピー人形は、ごっこ遊びの赤ちゃんとなる機能を持つが、アンパンマンになる機能は認められていない。肖像画は、現実世界でそれを見ることが、想像上である人物を見ることになる機能を持つが、現実世界でその画布を床に置くことは、想像上でその人物を床に横たえることにはならない。そういう機能はないのである。小説は、想像上の出来事を報告する機能を持つが、その文字列が蟻の行列と見なされるという機能は持たない。芸術作品は、社会的に認められた機能を通じて、キューピー人形と同じ仕方でごっこ遊びの小道具となる。

これらの表象体は、私たちの想像を促す。例えば、キューピー人形は赤ちゃんを想像するように私たちを促す。同じく絵の具の染みや文字列も、上に述べたように想像を促す。同時に、表象体はしばしば想像世界の存在者となる。例えば、現実世界のキューピー人形がごっこ遊びの想像世界では赤ちゃんである、ということが成り立つ。一つの事物が、現実世界と想像世界をまたいでそれぞれの世界で存在者として存立するとき、その物体は想像のオブジェクトであると言われる。例えば、ハムレットを演ずる俳優は、現実世界ではその人自身だが、劇の世界ではハムレットである。俳優は観客の想像のオブジェクトとなっている。だが、現実世界の小説の文字列は、想像上の世界の人でも事件でもないから、一般に小説は想像のオブジェクトではない。絵画については、事情がやや複雑である。絵の具の染みそれ自体は、想像上の人や静物ではないが、絵の具の染みを見ることは、想像上で人や静物を見ることである。このとき見るという知覚作用は、想像のオブジェクトになる。

表象体が想像を促したり、想像のオブジェクトとなったりするのは、人々の共通の了解にもとづいている。この共通の了解が、想像を生み出す原理である。これを生成の原理と言う。表象体は、生成の原理によって私たちに何を想像すべきかを命令している。例えば、キューピー人形は、キューピー人形に関する共通の了解（生成の原理）に沿って、これを見たら赤ちゃんを想像せよ、という命令を発している。『グランド・ジャット島の日曜日の午後』や『ガリヴァー旅行記』は、それぞれの生成の原理に沿って、もっとずっと複雑な命令を発している。表象体は、生成の原理を体現し、命令を発することによって小道具となっているのである。

こういった命令によって想像される命題、すなわち、「これは赤ちゃんだ」「あれは散歩する二人連れだ」「この人々の背丈は六インチだ」等々は、それぞれの想像の中で真なることとして成り立っている。想像の中で真なることとして成り立つということが、虚構的であるということである。想像の中で成立する命題は虚構的真理である。虚構的真理の集合によって、ある想像上の世界が形成される。この想像上の世界が虚構世界である。虚構的な命題、例えば「これは赤ちゃんだ」等々は、それぞれのごっこ遊びの虚構世界において虚構として成り立っている事実ということになる。

なお、「命題」は、日常語では「文」とほぼ同じように使われるが、哲学文献ではやや注意が必要である。例えば、「雨が降っている」と「It's raining」は同じ命題を表していると言われる。このとき、命題は異なる言語表現が共通に指し示す言語外の一定の事柄のことである。つまり命題は、世界の側に措定されるものであって、言語の側のものではない。

また、ウォルトンの場合、存在論的に厳密な言い方としては、「命題」は現実世界の事柄のみを言う。したがって「シャーロック・ホームズは名探偵だ」という文が命題を表さないというのは、この文の言う事柄が現実世界の事実ではないということである。ウォルトンが再々確認するように、虚構世界について「命題」や「虚構的真理」などと言うのは一種の便法であり、こういう言い方が一般には許容されていて、直感的に理解しやすいからにすぎない。

3 本書の構成

次に、本書の各章を簡潔に紹介しながら、本書の構成を俯瞰しておきたい。各章の議論は概して明快だが、一様に詳細であるため、全体の問題意識がつかみにくい傾向はある。それゆえ、全体の問題連関に注意して紹介していこう。

本書は序章を別にして四部構成である。第I部は、表象体の一般理論を扱う。第1章では、想像活動の分析を手がかりにして、本書で使用される概念が順に導入され、一つの理論が組み立てられる。その一端は本解説の第2節に紹介したが、ウォルトンは、具体例を随所で導入しながら、手持ちの素材を使って自分の言いたいことを大胆に展開しており、衒学的な要素のまったく見られない現代アメリカ哲学の美点を強く印象づける面白い章となっている。なかでも本章第4節の、虚構的な自己を内側から体験する想像作用の分析は、芸術が現実のシミュレーションとして機能する心的メカニズムの分析であり、本書を貫く重要な論点である。

第2章は、小説や物語などの虚構的な言語表現と、論文や歴史書などの虚構的でない言語表現はどういう基準で分類できるのか、という問題から議論が始まる。この章の主たる目標は、言語分析の手法によって表象体が分析できるという見通しが誤りであると示すことである。発語内行為や伝達意図による虚構性の解釈がどのように見当外れに陥るのかを、絵画や彫刻といった非言語的表象体を視野に入れて考察することによって論じていく。本章の議論は、直接的には文学と言語理論を対象としているが、それを絵画の解釈と共通の土俵で見直す姿勢に特徴がある。なお、本書の文中で「フィクション」と片仮名書きする場合は、すべて文芸としてノンフィクションと対比される意味でのフィクションのことを言う。広く絵画その他も含む意味では「虚構」と訳出する。

第3章は、表象体と現実世界の対象との関係を扱う。この章の主たる目標は、画像と対象の照応関係や記号列の指示といった概念によって、表象体と現実の対象とのさまざまな結びつき方を分析することである。だが、表象体が現実の何らかの事物を表したり、指し示したりしているということは、表象体を理解する上で必ずしも本質的なことではない、と指摘される。あわせて本章では、表象体が虚構上の事物を表すという考え方についての予備的な批判が試みられており、第Ⅳ部への布石となっている。

第4章は、表象体が備えている生成の原理の種類や作用を扱う。ある表象体に接したときに、私たちはどういう虚構世界を想像すべきなのか、つまり虚構世界を想像する際に私たちが依存している原理はどのような原理であるのか。こういう問いに詳しく答えていく。これは文学、絵画、映画などの解釈の原理はどういうものかという問題であり、また虚構世界の構造をどのようにして分析すべきなのかという問題にも深く関わっている。ウォルトンは、解釈原理と分析方法について、個々の作品解釈を離れた厳密な一般原則が成り立つとは見ない。だが、解釈の原理と方法に限界があっても、芸術作品とは何なのかについての原理的考察はできる。この二つは別問題なのである。

第Ⅱ部は、表象体の鑑賞体験の分析を扱っており、ごっこ遊びによる虚構世界への参加という本書の中心的な着想の、理論的な帰結が徹底的に展開される。プラトンは、劇詩人たちが偽りの感情を人々に吹き込んで理性の目を曇らせると批判した。ヒュームは、身の毛のよだつような事件をなぜ人々は好むのか、という悲劇のパラドックスを指摘した。芸術の鑑賞体験の感情的な実質が何なのかという問いは、芸術論の根本問題の一つである。その意味で、第Ⅱ部は本書の理論の核心部を成している。

第5章は、この根本問題を考察するための基本的な問題設定を与える。それは、現実世界と虚構世界が物理的には隔離されているのに、心理的には隔離されていないように見える、という不均衡である。個別的に取り上げられるのは、ホラー映画を観ている人の感情的体験をどのように解釈すれば、感情の解釈および芸術鑑賞の解釈として整合的になるのか、という問いである。

第6章は、芸術鑑賞をごっこ遊びへの参加として分析することの妥当性を詳述する。人が絵画を指差して「あれは船だ」と言うとき、いったいこの発話は何についてどういう行為を行なっていることになるのだろうか。この発話は、絵画を小道具としたごっこ遊びに参加している人物のセリフとして解釈する以外にないことを論じて、さまざまな参加のあり方を詳述していく。さらに、演劇の脇台詞の分析や作品に対する愚かな問いの例示といった切り口から、虚構と現実の境界設定とその侵犯が詳細に描かれていき、私たちと芸術作品の入り組んだ関係が浮かび上がってくる。

第7章は、感情的体験の解釈の問題に解答を与える章である。第5章でウォルトンは、ホラー映画を観ている人の身体反応と感情の言表とを分析して、準感情という概念を構成した。第7章では、これを用いて現実世界における心的体験と虚構世界における心的体験とをそれぞれ整合的に説明する仕組みを提出する。この仕組みによって、表象体が私たちに対してもつ重要性、つまりは芸術の存在意義を、さらに的確にとらえることができるようになる。

第III部は、絵画的な表象体と言語的な表象体の本質的な違いがどこにあるのか、という問いを扱う。第I部と第II部は、表象体一般に共通する特徴を考察しているのに対して、第III部では、表象体というカテゴリー内において、描くことと語ることの違いを際立たせることが目的となっている。

第8章は、絵画的表象体を扱っており、現実世界において画布上の色と形を見ることが、虚構世界では人物や風景を見ることになるという、鑑賞者における知覚的なごっこ遊びの機構を詳細に分析する。言語的表象体においては、文字列を知覚することは虚構世界の何かを知覚することではないから、知覚的なごっこ遊びが成立しない。この点に、この二者の相違が見出されることになる。また、本章では音楽の鑑賞体験のあり方が検討されており、音楽が特異な知覚的ごっこ遊びを提供する表象体であることが指摘される。

第9章は、言語的な表象体を扱っており、語り手を措定することがほとんどの言語的表象体に関して妥当であること、また語り手の仲立ちによって鑑賞者が虚構世界に接するという点に言語的表象体の特徴があることが論じられる。視覚的表象体の場合は、知覚的なごっこ遊びが成立することと表裏一体の現象として、仲立ちをする者はいないのである。本章で特に興味深いのは、物語の中で物語が語られるという虚構世界の多重化の分析である。本章以外でも虚構世界の多重化は随所で触れられているが（例えば第6章5節や第7章6節）、物語を語る語り手という概念を導入して行なわれる本章の分析は、この問題に対する見通しのよい説明を与えている。

第IV部は、虚構世界の存在論を扱っている。第10章で取り上げられるのは、指示対象をもたないと考えられる「トム・ソーヤー」とか「シャーロック・ホームズ」といった名前は、いったい何を指示しているのか、という問題である。この問題には、伝統的に二つの解決方法がある。一つは、現実世界には存在しないが虚構世界には存在する何者かを、とにかく立てるという方法。もう一つは、存在するのは現実世界の事物だけだという立場を堅持して、「トム・ソーヤーは自分の葬式に出席した」といった発話の語っている事柄（つまり命題）を、現実世界の事物で組み立てるという方法。この二つのうち、ウォルトンは後者をとる。そして、ここでもごっこ遊びの概念が中心的な役割を果たす。すなわち、「トム・ソーヤーは自分の葬式に出席した」という発話は、現実世界で何かを断定していると受け取られる場合、『トム・ソーヤーの冒険』について公認されるごっこ遊びにおいてどのようなふり行為（鑑賞ごっこ遊びに参加して行なう行為）を遂行することが適切であるのかをその発話が断定している、と解釈されるのである。言い換えれば、この発話は、このように語ることが『トム・ソーヤーの冒険』の虚構世界において真なることを語ることである、という（現実世界における）断定なのである。この場合、トム・ソーヤーなる虚構の存在者への指示は発生していない。ある表象体をめぐるごっこ遊びとその規則という現実世界の存在が指示されているだけである。

第11章で取り上げられるのは、「グレゴール・ザムザは存在しない」や「サンタクロースは存在しない」などのような、指示対象を欠く名前を使った否定的存在言明の真偽をどう考えればよいのか、という問題である。「グレゴール・ザムザは存在しない」という発話は、「トム・ソーヤーは自分の葬式に出席した」と同じやり方では解釈できない。試みに、「グレゴール・ザムザは存在しない」という発話が、『変身』について公認されるごっこ遊びにおいてどのようなふり行為をすることが適切であるのかを断定している、と解してみよう。このときこの発話は、そう発話することが『変身』の虚構世界において真なることを語ることである、という現実世界における断定であると解されることになる。すると、問題の発話は明らかに『変身』の虚構世界において真なることを語ることではないから（なぜなら、その世界にグレゴール・ザムザは存在するから）、この断定は現実世界において偽である。ところが、この断定、「グレゴール・ザムザは存在しない」は、直観的に言って、現実世界では真になるはずである。それゆえ第10章のやり方は、否定的存在言明には適用できないのである。

ウォルトンは、この難問もやはりごっこ遊びの概念によって解決することを提案する。「グレゴール・ザムザ」という名前は、指示しようと試みるふりをして使用され、そのふり行為の提示するような指示の試み一般が失敗するということ（ふり行為の暴露と否定）が、この発話によって断定されている、と解するのである。なお本章の議論は短い上に難解なので、詳細に理解したい方には上述のジョン・ペリーの著作が参考になるだろう。

第IV部で取り上げられる問題は、現代の言語哲学の歴史がからんでいるため、わけが分からないと感じる読者も多いと思われる。それゆえ、説明を一言付け加えておこう。

そもそも、私たちは指示対象を欠く名前（以下、「空虚な名前」と言う）を使ってうまく意思疎通できており、「サンタクロース」が何を表すのか悩んだりすることはない。だから、日常的には何も問題はないのである。ところが、空虚な名前を使って意思疎通できるというこの日常の事実が、現代言語哲学の主流の意味論ではなかなかうまく説明できない。これが、第IV部の議論の背景である。

現代の言語哲学はフレーゲに始まる。フレーゲは数学者であり、数学を基礎づけるために現代論理学の体系をほぼ独力で作り上げた。フレーゲの意味論は、表現と世界の対応関係が有意味性の基盤である。その基本的な枠組みの一つは、名前が実在する個体を指示するという考え方である。例えば、「4」という表現は、数学的に実在する個体、つまり四という数そのものを指示しており、「4」は四という個体の名前なのである。「4は偶数である」という表現を考えてみる。この文の述語の部分、「( )は偶数である」という空所をもつ表現は、フレーゲによれば、これまた一つの実在する関数を指示している。「4は偶数である」という文は、したがって四という個体がこの関数に入力された状態に対応しており、この関数はこのとき真という値を出力する。つまり「4は偶数である」という文は真になる。名前は個体を指示し、述語は関数を指示し、名前と述語からなる文は個体が関数に入力された状態と対応し、その関数は真または偽という真理値を出力し、その結果、文は真または偽となる。これがフレーゲ的な意味論の見取り図である。

この意味論は、数学や自然科学の言語的分析には大いに役に立ったので、現代の言語哲学の主流となった。この意味論では、名前の指示する個体が存在しない場合、入力される個体が存在しないから、関数は値をもたない。したがって、空虚な名前を含む文は、真または偽になるようなことを何も言っていないことになる。だが、私たちは空虚な名前を用いて何かを言っているはずである。というわけで、フレーゲ的な意味論の枠組みを維持した上で、空虚な名前を含む文に真理値を与えるにはどうしたらよいのか。これが第IV部の議論の背後にある問いなのである。

むすび

ウォルトンには、本書のほかに次の二冊の論文集がある。

Kendall L. Walton, *Marvelous Images: On Values and the Arts*, Oxford University Press, 2008.

Kendall L. Walton, *In Other Shoes: Music, Metaphor, Empathy, Existence*, Oxford University Press, 2015.

この二冊によって、ウォルトンの既発表論文はほぼ網羅される。なお、*Marvelous Images* 所収の論文 "Pictures and Hobby Horses: Make-Believe beyond Childhood" は、本書の理論の核心部を分かりやすく生き生きと述べており、元は講演原稿であったことと相まって、読んで楽しい好論文である。ウォルトンを含む分析美学全般に関しては、上述のラマルクの文献案内を参照していただくのがよいだろう。

日本語で読める関連文献としては、西村清和編『分析美学基本論文集』（勁草書房、二〇一五年）がある。この論文集は、分析美学のよく参照される論文九篇の翻訳であり、ウォルトンについては、「フィクションを怖がる（Fearing Fictions）」という論文が収録されている。これは本書第II部の原型となった有名な論文である。

またフィクションをめぐる日本語の研究書として、清塚邦彦『フィクションの哲学』（勁草書房、二〇〇九年）を挙げておこう。この研究は、芸術をめぐるプラトンやアリストテレスの議論からウォルトンを含む分析美学の議論まで、フィクションの問題を広い視野で論じていて有益である。このほか、ウォルトンを扱った日本語の論文も近年いくつか発表されているが、それらについてはウェブ検索等で各自補っていただくことができるだろう。

本書は、私がそのあまりの面白さに感動し、この書物をぜひ日本の読者と共有したいと思って名古屋大学出版会の橘宗吾さんに出版の可能性を打診したところから、企画が動き始めた。以後三年足らずで刊行に到ったのは大変喜ばしい。翻訳権の交渉から始まって企画をずっと見守って下さった橘さんと、訳稿を綿密に吟味して本書を完成に導いて下さった編集担当の三原大地さんには、この場を借りて心から御礼を申し上げたい。

二〇一六年二月

訳　者

《訳者略歴》

田村《たむら》　均《ひとし》

1952 年　名古屋市に生まれる
1977 年　京都大学文学部卒業
1984 年　京都大学大学院文学研究科博士後期課程満期退学
元名古屋大学大学院文学研究科教授
著　書『自己犠牲とは何か』(名古屋大学出版会，2018 年)

フィクションとは何か

2016 年 5 月 30 日　初版第 1 刷発行
2025 年 4 月 30 日　初版第 3 刷発行

定価はカバーに
表示しています

訳 者　田 村　均
発行者　西 澤 泰 彦

発行所　一般財団法人 名古屋大学出版会
〒 464-0814　名古屋市千種区不老町 1 名古屋大学構内
電話(052)781-5027/ FAX(052)781-0697

印刷・製本 亜細亜印刷㈱　ISBN978-4-8158-0837-2
乱丁・落丁はお取替えいたします。

索　引

ア　行

カ　行

サ　行

タ 行

ナ　行

ハ　行

マ　行

ヤ・ラ・ワ行

図版一覧

参考文献

Aldis, Owen. *Play Fighting*. New York : Academic Press, 1975.

Allen, Woody. Quoted in *Newsweek* (June 1976) : 46.

Antonioni, Michelangelo. *Blow-Up : A Film by Michelangelo Antonioni*. New York : Simon and Schuster, 1971.

Apollinaire, Guillaume. *The Cubist Painters : Aesthetic Meditations*. Translated by Lionel Abel. New York : G. Wittenborn, Schultz, 1949.（ギィョーム・アポリネール『キュビスムの画家たち』斎藤正二訳，緑地社，1957 年）

Apuleius. *The Golden Ass*. Translated by Jack Lindsay. Bloomington : Indiana University Press, 1960.（アープレーイユス『黄金の驢馬』呉茂一・国原吉之助訳，岩波文庫，2013 年）

Aristotle. *Poetics*. Translated by Gerald F. Else. Ann Arbor : Ann Arbor Paperbacks, University of Michigan Press, 1970.（アリストテレス『詩学』今道友信訳，『アリストテレス全集　第 17 巻』岩波書店，1972 年）

Arnheim, Rudolf. “The Robin and the Saint.” In *Toward a Psychology of Art*. Berkeley : University of California Press, 1966.

——— *Film as Art*. Berkeley : University of California Press, 1966.

Ashbery, John. “Self-Portrait in a Convex Mirror.” In *Self-Portrait in a Convex Mirror*. New York : Viking, 1975.（アッシュベリー「凸面鏡の中の自画像」『ジョン・アッシュベリー詩集』大岡信・飯野友幸訳，思潮社，1993 年所収）

Bach, Kent. “Part of What a Picture Is.” *British Journal of Aesthetics* 10 (1970) : 119–137.

Banfield, Ann. “Narrative Style and the Grammar of Direct and Indirect Speech.” *Foundations of Language* 10 (1973) : 1–39.

——— *Unspeakable Sentences : Narration and Representation in the Language of Fiction*. Boston : Routledge and Kegan Paul, 1982.

Barth, John. “Frame Tale.” In *Lost in the Funhouse*. New York : Bantam Books, 1969.

——— “Life Story.” In *Lost in the Funhouse*. New York : Bantam Books, 1969.

Baum, L. Frank. *The Road to Oz*. New York : Ballantine Books, 1972.（ライマン・フランク・ボーム『完訳　オズへの道』宮坂宏美訳，復刊ドットコム，2012 年）

Baxandall, Michael. *Painting and Experience in Fifteenth-Century Italy*. London : Oxford University Press, 1972.（マイケル・バクサンドール『ルネサンス絵画の社会史』篠塚二三男ほか訳，平凡社，1989 年）

Bazin, André. *What Is Cinema?* Edited and translated by Hugh Gray. Berkeley : University of California Press, 1971.（アンドレ・バザン『映画とは何か』野崎歓・大原宣久・谷本道昭訳，岩波文庫，2015 年）

Beardsley, Monroe. *Aesthetics : Problems in the Philosophy of Criticism*. 2d ed. New York : Harcourt Brace Jovanovich, 1980.

——— “Fiction as Representation.” *Synthese* 46 (1981) : 291–313.

——— *The Possibility of Criticism*. Detroit : Wayne State University Press, 1970.

Bennett, John G. “Depiction and Convention.” *The Monist* 58 (April 1974) : 255–268.

Berkeley, George. *Three Dialogues between Hylas and Philonous*. In *Berkeley's Philosophical Writings*. Edited by David Armstrong. New York : Collier, 1965.（ジョージ・バークリ『ハイラスとフィロナスの三つの対話』戸田剛文訳，岩波文庫，2008 年）

Bernstein, Leonard. CBS Interview (November 24, 1979).

Bettelheim, Bruno. *The Uses of Enchantment : The Meaning and Importance of Fairy Tales*. New York : Knopf, 1977.（ブルーノ・ベッテルハイム『昔話の魔力』波多野完治・乾侑美子訳，評論社，1978 年）

Booth, Wayne. "Distance and Point-of-View : An Essay in Classification." In *The Theory of the Novel*. Edited by Phillip Stevick. New York : Free Press, 1967.

——— *The Rhetoric of Fiction*. Chicago : University of Chicago Press, 1961.（ウェイン・ブース『フィクションの修辞学』米本弘一・服部典之・渡辺克昭訳，書肆風の薔薇，1991 年）

Borges, Jorge Luis. "Everything and Nothing." In *Labyrinths : Selected Stories and Other Writings*. Edited by Donald A. Yates and James E. Irby. New York : New Directions, 1964.

——— "Parable of Cervantes and the *Quixote*." In *Labyrinths : Selected Stories and Other Writings*. Edited by Donald A. Yates and James E. Irby. New York : New Directions, 1964.

——— "Tlön, Uqbar, Orbis Tertius." In *Labyrinths : Selected Stories and Other Writings*. Edited by Donald A. Yates and James E. Irby. New York : New Directions, 1964.（ホルヘ・ルイス・ボルヘス「トレーン，ウクバール，オルビス・テルティウス」『伝奇集』鼓直訳，岩波文庫，1993 年所収）

Braudy, Leo. *The World in a Frame*. Garden City, N.Y. : Anchor, 1976.

Calvino, Italo. *If on a Winter's Night a Traveler*. Translated by William Weaver. New York : Harcourt Brace Jovanovich, 1981.（イタロ・カルヴィーノ『冬の夜ひとりの旅人が』脇功訳，ちくま文庫，1995 年）

Casey, Edward S. *Imagining : A Phenomenological Study*. Bloomington : Indiana University Press, 1976.

Castañeda, Hector-Neri. "Fiction and Reality : Their Fundamental Connections : An Essay on the Ontology of Total Experience." *Poetics* 8 (1979) : 31–62.

Charlton, William. "Feeling for the Fictitious." *British Journal of Aesthetics* (1984) : 206–216.

Chatman, Seymour. *Story and Discourse : Narrative Structure in Fiction and Film*. Ithaca : Cornell University Press, 1978.

Chisholm, Roderick. *The First Person : An Essay on Reference and Intentionality*. Minneapolis : University of Minnesota Press, 1981.

Clark, Herbert H., and Richard J. Gerrig. "On the Pretense Theory of Irony." *Journal of Experimental Psychology : General* 113 (1984) : 121–126.

Clark, Ralph W. "Fictional Entities : Talking about Them and Having Feelings about Them." *Philosophical Studies* 38 (1980) : 341–349.

Cohn, Dorrit. *Transparent Minds : Narrative Modes for Presenting Consciousness in Fiction*. Princeton : Princeton University Press, 1978.

Coleridge, Samuel. *Selected Poetry and Prose*. Edited by Elizabeth Schneider. New York : Holt, Rinehart, and Winston, 1951.

Conrad, Joseph. *The Secret Agent*. Garden City, N.Y. : Doubleday, 1953.（ジョゼフ・コンラッド『密偵』土岐恒二訳，岩波文庫，1990 年）

Cortázar, Julio. "Blow-Up." In *Blow-Up and Other Stories*. Translated by Paul Blackburn. New York : Macmillan (Collier), 1968.

——— "Continuity of Parks." In *Blow-Up and Other Stories*. New York : Macmillan (Collier), 1968.

(フリオ・コルタサル『コルタサル短篇集　悪魔の涎・追い求める男』木村榮一訳，岩波文庫，1992 年)
Currie, Gregory. “Fictional Truth.” *Philosophical Studies* 50 (1986) : 195–212.
——— “What is Fiction?” *The Journal of Aesthetics and Art Criticism* 63, no. 4 (Summer 1985) : 385–392.
Danto, Arthur C. *The Transfiguration of the Commonplace*. Cambridge, Mass. : Harvard University Press, 1981.
Darwin, Charles. *The Expression of Emotions in Man and Animals*. Chicago : University of Chicago Press, 1965. (チャールズ・ダーウィン『人及び動物の表情について』浜中浜太郎訳，岩波文庫，1931 年)
Davidson, Donald. “On Saying That.” *Inquiries into Truth and Interpretation*. Oxford : Clarendon Press, 1984. (ドナルド・デイヴィドソン「そう言うことについて」『真理と解釈』野本和幸ほか訳，勁草書房，1991 年所収)
Donnellan, Keith. “Reference and Definite Descriptions.” *Philosophical Review* 75 (July 1966) : 281–304. (キース・ドネラン「指示と確定記述」，G・フレーゲほか『言語哲学重要論文集』松永陽一編訳，春秋社，2013 年所収)
——— “Speaking of Nothing.” *Philosophical Review* 83 (1974) : 3–31.
Dostoyevsky, Fyodor. “Notes from the Underground.” In *Notes from the Underground, White Nights, The Dream of a Ridiculous Man, and Selections from The House of the Dead*. Translated by Andrew R. MacAndrew. New York : New American Library, 1980. (ドストエーフスキイ「地下生活者の手記」『ドストエーフスキイ全集』第 5 巻，米川正夫訳，河出書房新社，1970 年所収)
Doyle, Sir Arthur Conan. “The Adventures of the Empty House.” In *The Complete Sherlock Holmes*. Garden City, N.Y. : Doubleday, 1930. (アーサー・コナン・ドイル「空き家の冒険」『詳注版シャーロック・ホームズ全集〈7〉』小池滋訳，ちくま文庫，1997 年所収)
Eaton, Marcia. “Liars, Ranters, and Dramatic Speakers.” In *Art and Philosophy*. Edited by William Kennick. 2d ed. New York : St. Martin’s, 1979.
Evans, Gareth. *The Varieties of Reference*. Edited by John McDowell. Oxford : Oxford University Press, 1982.
Farrell, Daniel M. “Recent Work on the Emotions.” *Analyse und Kritik* 10 (1988) : 71–102.
Federman, Raymond. *Take It or Leave It*. Excerpt in *Statements : New Fiction from the Fiction Collective*. Assembled by Jonathan Baumbach. New York : George Braziller, 1975.
Fielding, Henry. *Tom Jones*. Harmondsworth, Middlesex, England : Penguin, 1966. (ヘンリー・フィールディング『トム・ジョウンズ』朱牟田夏雄訳，岩波文庫，1975 年)
Fine, Kit. “The Problem of Non-Existence : I. Internalism.” *Topoi* 1 (1982) : 97–140.
Fish, Stanley. “How to Do Things with Austin and Searle.” In *Is There a Text in This Class? The Authority of Interpretive Communities*. Cambridge, Mass. : Harvard University Press, 1980.
Fried, Michael. *Absorption and Theatricality : Painting and Beholder in the Age of Diderot*. Berkeley : University of California Press, 1980.
——— *Realism, Writing, Disfiguration : On Thomas Eakins and Stephen Crane*. Chicago : University of Chicago Press, 1987.
Gale, Richard. “The Fictive Use of Language.” *Philosophy* 46 (1971) : 324–339.
Gardner, John. *On Moral Fiction*. New York : Basic Books, 1977.
Genette, Gérard. *Narrative Discourse : An Essay in Method*. Translated by Jane E. Lewin. Ithaca, N.Y. : Cornell University Press, 1983. (ジェラール・ジュネット『物語のディスクール——方法論の

試み』花輪光・和泉涼一訳，書肆風の薔薇，1985年）
Gombrich, Ernst. *Art and Illusion*. 2d ed. New York : Pantheon Books, 1961.（エルンスト・ゴンブリッチ『芸術と幻影――絵画的表現の心理学的研究』瀬戸慶久訳，岩崎美術社，1979年）
——— "Meditations on a Hobby Horse, or the Roots of Artistic Form." In *Meditations on a Hobby Horse and Other Essays on the Theory of Art*. London : Phaidon, 1965.（エルンスト・ゴンブリッチ『棒馬考――イメージの読解』二見史朗・谷川渥・横山勝彦訳，勁草書房，1988年）
——— "Standards of Truth : The Arrested Image and the Moving Eye." *Critical Inquiry* 7, no. 2 (Winter 1980) : 237–273.
Gombrowicz, Witold. *Pornografia*. Translated by Alastair Hamilton. New York : Grove Press, 1966.（ウィトルド・ゴンブロヴィッチ『ポルノグラフィア』工藤幸雄訳，河出書房新社，1989年）
Goodman, Nelson. "Fiction for Five Fingers." *Philosophy and Literature* (October 1982) : 162–164.
——— *Languages of Art*. Indianapolis : Bobbs-Merrill, 1968.
——— *Ways of World-Making*. Indianapolis : Hackett, 1978.（ネルソン・グッドマン『世界制作の方法』菅野盾樹訳，ちくま学芸文庫，2008年）
Greenspan, Patricia. "Emotions as Evaluations." *Pacific Philosophical Quarterly* 62 (1981) : 158–169.
Grice, Paul. "Meaning." *Philosophical Review* 66 (1957) : 377–388.（ポール・グライス「意味」『論理と会話』清塚邦彦訳，勁草書房，1998年所収）
Halliwell, Leslie. *The Filmgoer's Companion*. New York : Avon, 1974.
Hazlitt, William. *The Characters of Shakespeare's Plays*. London : C. H. Reynell, 1817.
Hermerén, Göran. *Representation and Meaning in the Visual Arts*. Lund : Lärsomedelsförlagen (Scandinavian University Books), 1969.
Howell, Robert. "Fictional Objects : How They Are and How They Aren't." *Poetics* 8 (1979) : 129–177.
——— "Review of Parsons, *Nonexistent Objects*." *Journal of Philosophy* 80, no. 3 (1983) : 163–173.
Hume, David. *An Enquiry Concerning Human Understanding*. Edited by Antony Flew. La Salle, Ill. : Open Court, 1988.（デイヴィド・ヒューム『人間知性研究』斎藤繁雄・一ノ瀬正樹訳，法政大学出版局，2004年）
——— "Of the Standard of Taste." In *Of the Standard of Taste and Other Essays*. Edited by John W. Lenz. Indianapolis : Bobbs-Merrill, 1965.
——— "Of Tragedy." In *Of the Standard of Taste and Other Essays*. Edited by John W. Lenz. Indianapolis : Bobbs-Merrill, 1965.（デイヴィド・ヒューム「趣味の標準について」「悲劇について」『ヒューム　道徳・政治・文学論集』田中敏弘訳，名古屋大学出版会，2011年所収）
Hyslop, Alec. "Emotions and Fictional Characters." *Australasian Journal of Philosophy* 64, no. 3 (September 1986) : 289–297.
James, Henry. *The Ambassadors*. New York : Harper and Brothers, 1902–3.（ヘンリー・ジェイムズ『大使たち』青木次生訳，岩波文庫，2007年）
Kael, Pauline. *I Lost It at the Movies*. Boston : Atlantic-Little, Brown, 1965.
——— *Kiss Kiss Bang Bang*. Boston : Little, Brown, 1965.
Kafka, Franz. "The Burrow." Translated by Willa and Edwin Muir. In *Franz Kafka : The Complete Stories*. Edited by Nahum N. Glatzer. New York : Schocken Books, 1971.（フランツ・カフカ「巣穴」『カフカ寓話集』池内紀編訳，岩波文庫，1998年所収）
——— "The Metamorphosis." Translated by Willa and Edwin Muir. In *Franz Kafka : The Complete Stories*. Edited by Nahum N. Glatzer. New York : Schocken Books, 1971.（フランツ・カフカ『変

身・断食芸人』山下肇・山下萬里訳，岩波文庫，2004 年）
Karelis, Charles. “The Las Meninas Literature—and Its Lesson.” In *Creation and Interpretation*. Edited by Raphael Stern. New York : Haven Publications, 1985.
Keats, John. “Ode on a Grecian Urn.” In *The Mentor Book of Major British Poets*. Edited by Oscar Williams. New York : The New American Library, 1963.（ジョン・キーツ「ギリシャの壺のオード」宮崎雄行編『対訳キーツ詩集』岩波文庫，2005 年所収）
Kraut, Robert. “Feelings in Context.” *Journal of Philosophy* 83, no. 11 (November 1986) : 642-652.
Kripke, Saul. *Naming and Necessity*. Cambridge, Mass. : Harvard University Press, 1973.（ソール・クリプキ『名指しと必然性』八木沢敬・野家啓一訳，産業図書，1985 年）
——— *Wittgenstein on Rules and Private Language : An Elementary Exposition*. Cambridge, Mass. : Harvard University Press, 1982.（ソール・クリプキ『ウィトゲンシュタインのパラドックス——規則・私的言語・他人の心』黒崎宏訳，産業図書，1983 年）
Laing, R. D. *Knots*. New York : Random House, 1972.（R・D・レイン『結ぼれ』村上光彦訳，みすず書房，1973 年）
Lamarque, Peter. “Fiction and Reality.” In *Philosophy and Fiction : Essays in Literary Aesthetics*. Aberdeen : Aberdeen University Press, 1983.
——— “How Can We Fear and Pity Fictions?” *British Journal of Aesthetics* 21, no. 4 (Autumn 1981) : 291-304.
Lem, Stanislaw. *A Perfect Vacuum : Perfect Reviews of Nonexistent Books*. Translated by Michael Kandel. New York : Harcourt Brace Jovanovich, 1971.（スタニスラフ・レム『完全な真空』沼野充義・工藤幸雄・長谷見一雄訳，国書刊行会，1989 年）
Leonardo da Vinci. *Treatise on Painting*. Edited by A. P. McMahon. Princeton : Princeton University Press, 1956.（『レオナルド・ダ・ヴィンチ　絵画の書』斎藤康弘訳，岩波書店，2014 年）
Levinson, Jerrold. “What a Musical Work Is.” *Journal of Philosophy* 77, no. 1 (January 1980) : 5-28.
Lewis, David. “Attitudes De Dicto and De Se.” In *Philosophical Papers. Vol. 1*. New York : Oxford University Press, 1983.
——— *Convention*. Cambridge, Mass. : Harvard University Press, 1969.
——— *Counterfactuals*. Oxford : Blackwell, 1973.（デイヴィッド・ルイス『反事実的条件法』吉満昭宏訳，勁草書房，2007 年）
——— “Truth in Fiction.” In *Philosophical Papers. Vol. 1*. New York : Oxford University Press, 1983.
Locke, John. *An Essay Concerning Human Understanding*. New York : Dover, 1959.（ジョン・ロック『人間知性論（一）～（四)』大槻春彦訳，岩波文庫，1972-1978 年）
MacDonald, Margaret. “The Language of Fiction.” In *Art and Philosophy*. Edited by W. E. Kennick. 2d ed. New York : St. Martin’s, 1979.
Mailer, Norman. *The Executioner’s Song*. Boston : Little, Brown, 1979.（ノーマン・メイラー『死刑執行人の歌』岡枝慎二訳，同文書院，1998 年）
Mann, Thomas. “Death in Venice.” *Death in Venice and Seven Other Stories*. Translated by H. T. Lowe-Porter. New York : Random House, 1936.（トーマス・マン『ヴェニスに死す』高橋義隆訳，新潮文庫，1958 年）
Mannison, Don. “On Being Moved by Fiction.” *Philosophy* 60, no. 231 (January 1985) : 71-87.
Margolis, Joseph. *Art and Philosophy*. Brighton : Harvester, 1980.
Márquez, Gabriel García. “The Incredible and Sad Tale of Innocent Erendira and Her Heartless Grandmother.” In *Innocent Erendira and Other Stories*. Translated by Gregory Rabassa. New York : Harper and Row, 1978.（ガルシア・マルケス「無垢なエレンディラと無情な祖母の信じがた

い悲惨の物語」『エレンディラ』鼓直・木村榮一訳，ちくま文庫，1988 年所収）
Martin, Pete. “Pete Martin Calls on Hitchcock.” In *Film Makers on Film Making*. Edited by Harry Geduld. Bloomington : Indiana University Press, 1971.
McNair, Robert E. *Basic River Canoeing*. 3d ed. Martinsville, Ind. : American Camping Association, Bradford Woods, 1972.
McPhee, John. *The Pine Barrens*. New York : Farrar, Straus, and Giroux, 1967.
Meinong, Alexius. “The Theory of Objects.” Translated by Isaac Levi, D. B. Terrell, and Roderick M. Chisholm. In *Realism and the Background of Phenomenology*. Edited by Roderick M. Chisholm. New York : Free Press, 1960.
Melville, Herman. *Moby Dick*. New York : Random House, 1930.（ハーマン・メルヴィル『白鯨』八木敏雄訳，岩波文庫，2004 年）
Meyer, Leonard. *Emotion and Meaning in Music*. Chicago : University of Chicago Press, 1956.
——— “On Rehearing Music.” In *Music, the Arts, and Ideas*. Chicago : University of Chicago Press, 1967.
Morreall, John. “Enjoying Negative Emotions in Fiction.” *Philosophy and Literature* 9, no. 1 (April 1985) : 95–103.
Mothersill, Mary. *Beauty Restored*. Oxford : Oxford University Press, 1984.
Nabokov, Vladimir. *Pnin*. New York : Doubleday, 1957.（ナボコフ『プニン』大橋吉之輔訳，新潮社，1971 年）
Newfield, Jack. “Journalism : Old, New, and Corporate.” *The Reporter as Artist : A Look at the New Journalism Controversy*. Edited by Ronald Weber. New York : Hastings House, 1974.
Newhall, Nancy. *P. H. Emerson : The Fight for Photography as a Fine Art*. New York : Aperture, 1975.
Novitz, David. “Fiction, Imagination, and Emotion.” *Journal of Aesthetics and Art Criticism* 38, no. 3 (Spring 1980) : 279–288.
——— *Knowledge, Fiction, and Imagination*. Philadelphia : Temple University Press, 1987.
——— *Pictures and Their Use in Communication*. The Hague : Martinus Nijhoff, 1977.
O’Brien, Flann. *At Swim-Two-Birds*. London : MacGibbon and Kee, 1966.（フラン・オブライエン『スウィム・トゥー・バーズにて』大澤正佳訳，白水社，2014 年）
Ohmann, Richard. “Speech Acts and the Definition of Literature.” *Philosophy and Rhetoric* 4 (1971) : 1–19.
Opie, I., and P. Opie. *Children’s Games in Street and Playground*. Oxford : Oxford University Press, 1969.
Panofsky, Erwin. “Die Perspective als ‘Symbolische Form.’” In *Aufsätze zu Grundfragen der Kunstwissenschaft*. Berlin : 1964.（アーウィン・パノフスキー『〈象徴《シンボル》形式〉としての遠近法』木田元・川戸れい子・上村清雄訳，ちくま学芸文庫，2009 年）
——— “Style and Medium in the Motion Pictures.” In *Film Theory and Criticism : Introductory Readings*. Edited by Gerald Mast and Marshall Cohen. 2d ed. New York : Oxford University Press, 1979.
Parsons, Terence. *Nonexistent Objects*. New Haven : Yale University Press, 1980.
——— “Review of John Woods, *The Logic of Fiction : A Philosophical Sounding of Deviant Logic*.” *Synthese* 39 (1978) : 155–164.
Pascal, Roy. *The Dual Voice*. Totowa, N.J. : Rowan and Littlefield, 1977.
Pavel, Thomas G. *Fictional Worlds*. Cambridge, Mass. : Harvard University Press, 1986.
Peacocke, Christopher. “Depiction.” *The Philosophical Review* (July 1987) : 383–410.
——— “Imagination, Experience, and Possibility : A Berkeleian View Defended.” In *Essays on*

Berkeley : A Tercentennial Celebration. Edited by John Foster and Howard Robinson. Oxford : Clarendon Press, 1985.
——— *Sense and Content*. Oxford : Oxford University Press, 1983.
Peirce, Charles Sanders. *The Collected Papers of Charles Sanders Peirce*. Vols. 1-6. Edited by Charles Hartshorne and Paul Weiss. Cambridge, Mass. : Harvard University Press. 1931-1935.（チャールズ・サンダース・パース『パース著作集（1）～（3)』米盛裕二・内田種臣・遠藤弘編訳，勁草書房，1985-1986 年）
Penrose, Roland. "In Praise of Illusion." In *Illusion in Nature and Art*. Edited by R. L. Gregory and E. H. Gombrich. London : Duckworth, 1973.
Plantinga, Alvin. *The Nature of Necessity*. Oxford : Oxford University Press, 1974.
Podro, Michael. *The Critical Historians of Art*. New Haven : Yale University Press, 1982.
Poe, Edgar Allan. "Facts in the Case of M. Valdemar." In *The Portable Poe*. Edited by Philip Van Doren Stern. New York : Viking, 1945.（エドガー・アラン・ポー「ヴァルデマール氏の病気の真相」『世界文学全集 8　ポー』松村達雄訳，河出書房新社，1965 年所収）
Potter, Beatrix. *The Tale of the Flopsy Bunnies*. New York : Frederick Warne and Co., 1909.（ビアトリクス・ポター『フロプシーの子どもたち』いしいももこ訳，福音館書店，2002 年）
Pratt, Mary Louise. *Toward a Speech Act Theory of Literary Discourse*. Bloomington : Indiana University Press, 1977.
Price, H. H. *Belief*. London : George Allen and Unwin, 1969.
Puig, Manuel. *Heartbreak Tango*. Translated by Suzanne Jill Levine. New York : Vintage, 1981.
Robbe-Grillet, Alain. "Jealousy." In *Two Novels by Robbe-Grillet* (*Jealousy and In the Labyrinth*). Translated by Richard Howard. New York : Grove Press, 1965.（アラン・ロブ゠グリエ『嫉妬』白井浩司訳，新潮社，1959 年）
Roberts, Robert C. "What an Emotion Is : A Sketch." *The Philosophical Review* 97, no. 2 (April 1988) : 183-209.
Rorty, Richard. "Is There a Problem about Fictional Discourse?" In *Consequences of Pragmatism* (*Essays : 1972-1980*). Minneapolis : University of Minnesota Press, 1982.
——— "The World Well Lost." *Journal of Philosophy* 69, no. 19 (1972) : 3-18.
Rose, Barbara. *American Art since 1900 : A Critical History*. London : Thames and Hudson, 1967.
Routley, Richard. *Exploring Meinong's Jungle and Beyond : An Investigation of Noneism and the Theory of Items*. Canberra : Research School of Social Sciences, Australian National University, 1980.
Rubin, Kenneth H., Greta G. Fein, and Brian Vandenberg. "Play." In *Socialization, Personality, and Social Development*. Edited by E. Mavis Hetherington. Vol. 4 of *Handbook of Child Psychology*. 4th ed. Edited by Paul H. Mussen. New York : John Wiley and Sons, 1983.
Ryan, Marie-Laure. "Fiction, Non-Factuals, and the Principle of Minimal Departure." *Poetics* 8 (1980) : 403-422.
Savile, Anthony. *The Test of Time : An Essay in Philosophical Aesthetics*. Oxford : Oxford University Press, 1982.
Schier, Flint. *Deeper into Pictures*. Cambridge : Cambridge University Press, 1986.
Schiffer, Stephen. *Meaning*. Oxford : Oxford University Press, 1972.
——— "Review of Gareth Evans, *The Varieties of Reference*." *Journal of Philosophy* 85, no. 1 (January 1988) : 33-42.
Scholes, Robert. *Structural Fabulation*. Notre Dame, Ind. : University of Notre Dame Press, 1975.
Scruton, Roger. *Art and Imagination*. London : Methuen, 1974.

Searle, John. "The Logical Status of Fictional Discourse." *New Literary History* 6 (1975) : 319–332. (ジョン・R・サール「フィクションの論理的身分」『表現と意味』山田友幸監訳，誠信書房，2006 年所収)

——— *Speech Acts : An Essay in the Philosophy of Language*. Cambridge : Cambridge University Press, 1969. (ジョン・R・サール『言語行為——言語哲学への試論』坂本百大・土屋俊訳，勁草書房，1986 年)

Shakespeare, William. *A Midsummer Night's Dream*. In *William Shakespeare : The Complete Works*. Edited by Charles Jasper Sisson. New York : Harper and Brothers, n.d. (Preface dated 1953.)

——— *Othello*. In *William Shakespeare : The Complete Works*. Edited by Charles Jasper Sisson. New York : Harper and Brothers, n.d. (Preface dated 1953.) (シェイクスピア『シェイクスピア全集 1〜7』小田島雄志訳，白水社，1973–1980 年)

Sheikh, Anees A., and John Shaffer, eds. *The Potential of Fantasy and the Imagination*. New York : Brandon House, 1979.

Sidney, Sir Phillip. *An Apology for Poetry, or The Defense of Poesy*. Edited by Geoffrey M. A. Shepherd. London : Thomas Nelson and Sons, Ltd., 1965.

Silverstein, Shel. "Slithergadee." In *Uncle Shelby's Zoo : Don't Bump the Glump*. New York : Simon and Schuster, 1964.

Singer, Jerome L. *The Child's World of Make-Believe : Experimental Studies of Imaginative Play*. New York : Academic Press, 1973.

Skulsky, H. "On Being Moved by Fiction." *Journal of Aesthetics and Art Criticism* 39 (1980) : 5–14.

Smith, Barbara Herrnstein. *On the Margins of Discourse : The Relation of Literature to Language*. Chicago : University of Chicago Press, 1978.

Snyder, Joel. "Picturing Vision." *Critical Inquiry* 6 (Spring 1980) : 499–526.

Snyder, Joel, and Neil Walsh Allen. "Photography, Vision, and Representation." *Critical Inquiry* 2, no. 1 (Autumn 1975) : 143–169.

Sober, Elliott. *Simplicity*. Oxford : Oxford University Press, 1975.

Stalnaker, Robert. "A Theory of Conditionals." In *Studies in Logical Theory*. Edited by Nicholas Rescher. Oxford : Blackwell, 1968.

Steinberg, Leo. "The Eye Is Part of the Mind." *Partisan Review* 22, no. 2 (1953) : 194–212.

Stella, Frank. *Working Space : The Charles Eliot Norton Lectures, 1983–84*. Cambridge, Mass. : Harvard University Press, 1986. (フランク・ステラ『ワーキング・スペース——作動する絵画空間』辻成文・尾野正晴訳，福武書店，1989 年)

Strawson, Peter. "Imagination and Perception." In *Experience and Theory*. Edited by Lawrence Foster and J. W. Swanson. N.p. : University of Massachusetts Press, 1970.

Thackeray, William Makepeace. *Vanity Fair : A Novel without a Hero*. New York : Modern Library, 1950. (サッカリー『虚栄の市』中島賢二訳，岩波文庫，2003–2004 年)

Thurber, James. "The Macbeth Murder Mystery." In *The Thurber Carnival*. New York : Dell, 1962. (ジェイムズ・サーバー「マクベス殺人事件」『虹をつかむ男』鳴海四郎訳，早川書房，1976 年所収)

Tolkien, J. R. R. "On Fairy-Stories." In *The Monsters and the Critics, and Other Essays*. Edited by Christopher Tolkien. Boston : Houghton Mifflin, 1984. (J・R・R・トールキン『妖精物語について』猪熊葉子訳，評論社，2003 年)

Tovey, Donald Francis. "Programme Music." In *The Forms of Music*. Cleveland : World Publishing Company, 1956.

Toynbee, A. J. Quoted in *Webster's Third New International Dictionary*. Springfield, Mass. : G. and C. Merriam, 1971.
Twain, Mark (Samuel L. Clemens). *The Adventures of Huckleberry Finn* (*Tom Sawyer's Comrade*). New York : Modern Library, 1985.（マーク・トウェイン『ハックルベリ・フィンの冒険』大久保博訳，角川文庫，2004 年）
——— *The Adventures of Tom Sawyer*. Harmondsworth, Middlesex, England : Penguin, 1986.（マーク・トウェイン『トム・ソーヤーの冒険』柴田元幸訳，新潮文庫，2012 年）
Urmson, J. O. "Fiction." *American Philosophical Quarterly* 13, no. 2 (April 1976) : 153–157.
Van Inwagen, Peter. "Creatures of Fiction." *American Philosophical Quarterly* 14 (1977) : 299–308.
——— "Pretence and Paraphrase." In *The Reasons of Art : Artworks and the Formations of Philosophy / L'art a ses raisons : Les oeuvres d'art : Défis à la philosophie*. Edited by Peter J. McCormick. Ottawa : University of Ottawa Press, 1985.
Voltaire. *Candide*. In *Candide and Other Romances*. Translated by Richard Aldington. London : Abbey Library, n.d.（ヴォルテール『カンディード　他五編』上田祐次訳，岩波文庫，2005 年）
Walton, Kendall L. "Categories of Art." In *Art and Philosophy*. Edited by William Kennick. 2d and 3d eds. New York : St. Martin's, 1979.
——— "Linguistic Relativity." In *Conceptual Change*. Edited by Glenn Pearce and Patrick Maynard. Dordrecht, Holland : Reidel, 1973.
——— "Points of View in Narrative and Depictive Representation." *Noûs* 10 (1976) : 49–61.
——— "Review of Nicholas Wolterstorff, *Works and Worlds of Art*." *Journal of Philosophy* 80 (1983) : 179–193.
——— "Style and the Products and Processes of Art." In *The Concept of Style*. Edited by Berel Lang. 2d ed. Ithaca, N.Y. : Cornell University Press, 1987.
——— "Transparent Pictures." *Critical Inquiry* 11 (1984) : 246–277.
——— "What Is Abstract About the Art of Music?" *The Journal of Aesthetics and Art Criticism* 46, no. 3 (Spring 1988) : 351–364.
Weber, Ronald. *The Literature of Fact : Literary Nonfiction in American Writing*. Athens, Ohio : Ohio University Press, 1980.
——— "Some Sort of Artistic Excitement." In *The Reporter as Artist : A Look at the New Journalism Controversy*. Edited by Ronald Weber. New York : Hastings House, 1974.
Williams, Bernard. "Imagination and the Self." In *Problems of the Self : Philosophical Papers, 1956–72*. Cambridge : Cambridge University Press, 1973.
Wilshire, Bruce. *Role Playing and Identity*. Bloomington : Indiana University Press, 1982.
Wilson, George M. *Narration in Light : Studies in Cinematic Point of View*. Baltimore : Johns Hopkins University Press, 1986.
Wittgenstein, Ludwig. *The Blue and Brown Books*. Oxford : Basil Blackwell, 1958.
——— *Philosophical Investigations*. Translated by G. E. M. Anscombe. 3d ed. New York : Macmillan, 1958.（ルードヴィヒ・ウィトゲンシュタイン『ウィトゲンシュタイン全集 8　哲学探究』藤本隆志訳，大修館書店，1976 年；『哲学探究』丘沢静也訳，岩波書店，2013 年）
Wodehouse, P. G. *How Right You Are, Jeeves*. New York : Harper and Row, 1985.（P・G・ウッドハウス『ジーヴスの帰還』森村たまき訳，国書刊行会，2009 年）
Wollheim, Richard. *Art and Its Objects*. 2d ed. Cambridge : Cambridge University Press, 1980.
——— "Imagination and Identification." In *On Art and the Mind*. Cambridge, Mass. : Harvard University Press, 1974.

——— “On Drawing an Object.” In *On Art and the Mind*. Cambridge, Mass. : Harvard University Press, 1974.
——— *Painting as an Art*. Princeton : Princeton University Press, 1987.
——— *The Thread of Life*. Cambridge, Mass. : Harvard University Press, 1984.
Wolterstorff, Nicholas. *Works and Worlds of Art*. New York : Oxford University Press, 1980.
Woods, John. *The Logic of Fiction : A Philosophical Sounding of Deviant Logic*. The Hague : Mouton, 1974.

注

［1］ マーク・トウェイン『トム・ソーヤーの冒険』柴田元幸訳，新潮文庫，2012 年，28–29 頁。
［2］ R・D・レイン『結ぼれ』村上光彦訳，みすず書房，1973 年，5 頁を参照。

序　章

［1］ 赤ちゃんの初めての靴をブロンズ色に加工して飾る習慣が米国などにある。
［2］ 「ドルードル（droodles）」はアメリカのユーモア作家のロジャー・プライス（Roger Price, 1918–1990）が始めたナンセンス漫画の一種。四角い枠の中に，単純な抽象的図形を描き，意表を突くナンセンスな説明を加える。例えば，四角形の真ん中あたりに小さな円が描かれ，その円に向かって四辺から細長い棒が伸びている図に，「4 頭の象がオレンジを調べているところ」といった説明を付ける。
［3］ 「棒馬（hobbyhorse）」は，杖ほどの長さの棒の先に，馬の頭を造形した子どもの玩具。棒にまたがって走って遊ぶ。
［4］ 「make-believe」は，本書を貫く重要な語だが，一語で代替できる日本語はない。この語が表すのは，「ごっこ遊びにおけるように，事実でないと分かってはいるが進んで受け入れることにする」という心的態度のことである。これに対し「believe（信じる）」は，事実と思われることを受け入れる態度を言う。したがってまた「belief（信念）」は，信じられている事実的内容を言う。以下，「信念」や「信じる」と混同されないように，「make-believe」が動詞として用いられた場合，「ごっこ遊びにおけるように信じる」，「ごっこ遊び的に信じる」，また文脈上紛れが生じないかぎりで，「信じることにする」，といった訳語を適宜用いる。「make-believe」が名詞として用いられた場合は，文脈に応じて「ごっこ遊び的な信念」，あるいは，単に「ごっこ遊び」などと訳すことにする。
（1） Gombrich, “Meditations of Hobby Horse”（以下，引用文献の完全な書誌情報は参考文献で見られたい）。ゴンブリッチは，棒馬が馬の「代替物」であるのと同様に，人物の絵は人物の「代替物」であると示唆する。この示唆は，絵画にまつわるいくつかの誤解に狙いを定めている。しかし同時に，これはそれ自身誤解を導くものである。棒馬は，馬に牽かれていない乗り物が馬に牽かれた乗り物の代替物となるように，馬の代替物になるわけではない。私たちは，馬に牽かれた乗り物に乗るのと同様に，馬に牽かれていない乗り物に乗ることができる。だが，子どもは現実に棒に乗るわけではない。決定的なのは，子どもは，自分の棒についてそれが馬であると考えているが，自動車に乗る人は，自動車が取って代わった馬の牽く乗り物のことなどまるで忘れていることである。
（2） Pavel, *Fictional Worlds*, pp. 57–61 を見られたい。

第 1 章　表象体とごっこ遊び

［1］ シェイクスピア『真夏の夜の夢』大場建治訳，研究社，2010 年を一部改変。
（1） Opie and Opie, *Children's Games* を見よ。子どもたちの遊びのすべて，ないしほとんどすべてが，何かのふりをすることやごっこ遊びである，と述べる人々もいる。例えば，鬼ごっこは，追跡と捕獲のふりをすることである。Aldis, *Play Fighting*, pp. 14, 128 を見よ。

(2) 第 7 章 5 節，注 22 に挙げた文献を見られたい。

(3) Opie and Opie, *Children's Games*, p. 331.

(4) バークリーは，自然に起こる観念とは想像力の作った観念ではなく，実在の事物である，と暗黙のうちに述べている。「想像力によって作られた観念は……意志にまったく依存している。しかし，感覚によって知覚された観念，つまり実在の事物は，……私たちとは別の精神によって心に刻印されたものなので，私たちの意志に同じように依存してはいない」(Berkeley, *Three Dialogues*, p. 197〔ジョージ・バークリ『ハイラスとフィロナスの三つの対話』戸田剛文訳，岩波文庫，2008 年，169-170 頁〕)。また，ロック『人間知性論』第 4 巻 11 章 5 節も見られたい。リチャード・ウォルハイムは，次のように示唆している。「想像の働きに感情がともなうのを促すのは，自分の想像することが意のままにならないこと，想像における受動性である」。例えば，『リア王』を観ている間にグロスター伯が眼を潰されるのを想像すると，恐怖がともなう（Wollheim, "Imagination and Identification," pp. 68-69)。

(5) Casey, *Imaginings*, pp. 63-64 を見られたい。

(6) 場合によっては，何を夢見るかを自分で決定を下しているという印象を持つこともある。そういう場合でも，たかだか夢の主題を決定しているだけで，夢の詳細には自分の（意識的な）操作は及ばないというように私には思われる。人は熟慮しつつ夢をある方向付けの下で開始するが，あとは夢が勝手に進んでいくにまかせるのである。こういう経験は，夢と（熟慮をともなう）白昼夢が混ざったものと理解するのが最も適切だろう。何かを想像することを自分が選んでいるという夢を見る人もいるかもしれない。夢の（世界の中の）白昼夢もありうる。だが，選んでいる夢を見ることは，現実に選ぶことではない。

(7) アルヴィン・プランティンガによると，虚構作品の作り手は，命題を「展示して」いるのであって，「私たちの注意を命題に引き寄せ，命題を考察し探究するように招いている」(Plantinga, *Nature of Necessity*, p. 62)。Scruton, *Art and Imagination*, chap. 7 ; Wolterstorff, *Works and Worlds*, pp. 233-234 も見られたい。

(8) 「命題を心に抱くということは，知的な現象のうちで最もなじみ深いものである。それはすべての思考形態に組み込まれており，意志的および感情的な態度の多くに組み込まれている。命題を心に抱くことは基礎的な知的現象である，と言いたい気持ちになるかもしれない。あまりに基礎的なので，それは説明することも分析することもできず，逆にそれ以外のすべての思考形態がそれによって説明されねばならない，というわけである」(Price, *Belief*, p. 192)。

［2］ 原語は「a stump」。この語は，切り倒されたり自然に倒れたりした木の，まだ地上に立っている幹の部分を言う。日本語の「切り株」が数十センチ程度のものを示唆するのに対し，クマと見間違えるくらい背丈の高いものも含まれる。ただし「a stump」に正確に対応する日本語は思い当たらないので，「切り株」と訳す。

［3］ 「オブジェクト」の原語は「object」。通常この語は「対象」「目的」「もの」などと訳出できるが，ここではウォルトンの理論上の意味を込めて使われているので，「オブジェクト」とカタカナ表記する。なお，第 3 章の訳注[1]も参照されたい。

(9) 自己想像（imaginings *de se*）は，想像する人物自身についての想像である。しかし，次節で示唆されることであるが，自己想像している人物が，その想像活動の物の水準でのオブジェクト（a *de re* object）である必要はない。そして，その人物が「彼自身について，……ということを」想像している，と記述するのは適切ではないかもしれないのである。想像の「オブジェクト」という表現によって，私は，物の水準でのオブジェクトだけでなく，自分にとってのオブジェクト（*de se* object）も意味することにする。〔「物の水準」に

ついては，第 3 章の訳注[2]を見られたい。]

(10) Bazin, *What Is Cinema?*, I, pp. 96-98 を参照のこと。だが，バザンは，演劇と映画がこの点で大きく異なるということを否定する。

(11) *Zardino de Oration* (Venice, 1494). Baxandall, *Painting and Experience*, p. 46 の引用から。

(12) Peacock, "Imagination, Experience, and Possiblity".

(13) Ibid., p. 21（強調は引用者）。「内側から」が何を意味するのかについてのピーコックによる説明は，Peacock, *Sense and Content*, chap. 5 にある。

[4] 「〜しているところを想像する」の原文は「imagining *doing* or *experiencing*」。「〜ということを想像する」は「imagining *that...*」である。前者は，自分が何かをしている遂行体験の想像，後者は，自分が何々であるという事実命題の想像である。

(14) Wittgenstein, *Blue and Brown Books*, p. 39.

(15) この点を説得的に示してくれたのは，デイヴィド・ヒルズである。私が提示する理由も，ほぼヒルズのものと同じである。

(16) どうやってグレゴリーは，想像上の試合の観客でも選手でもあるということができるのだろうか。たぶん，自分が観客であるところを想像し，自分が選手であるところを想像するのだが，同時に両方であるところを想像するのではないということなのだろう。

(17) ナポレオンがサイを見ているのをじっと観察しているところを，内側から想像しているということはありうる。

[5] これらの例は，文法構造の異なる日本語にそのままでは対応しない。しかし，何語を用いるかにかかわりなく，自分がサイを見ているところを想像することと，誰か（自分である場合も含む）がサイを見ていることを想像することの間には，すなわち，何かの遂行経験の想像と命題の想像との間には，想像のあり方にたしかに違いがある。英語の場合は，この違いが構文の違いで直観的に理解できるようである。だが日本語の場合は，この違いを捉えるためには，「自分が〜するところを想像する」というように，「自分」という要素をはっきり言い表すほかない。

(18) この示唆を私はデイヴィド・ヒルズから得ている。ルイスは，自分についての信念（belief *de se*）を，物の水準での自分自身に関する信念（belief *de re* about oneself）の一例であると解釈している。チザムも同じだが，「物の水準での信念」の二つの意味のうちの広い方の意味でそう解する。おそらく，この両名は想像活動についても同じことを主張するだろう（Lewis, "De Dicto and De Se," p. 156；Chisholm, *First Person*, pp. 108-109）。

(19) このことは，ある意味ではジョイスとナポレオンが同一であるとジョイスが想像してはいない，ということと整合する。

[6] ブライアン・マルルーニーは第 24 代カナダ首相。

[7] ウィリアム・レンクィストは第 16 代アメリカ合衆国裁判所首席判事。

[8] 問題の男は客観的にはマルルーニーなのだが，私はその事実を知らずに，ただ「あの男」という仕方で指し示して認知し，その男がレンクィストだと信じている。私の認知状況から言えば，私はマルルーニーがレンクィストだと信じているわけではない。ただし，私ではない人物が客観的に状況を観察すれば，この人（＝私）はマルルーニーがレンクィストだと信じている，と言うことができる。

[9] ジョイスの想像体験の場合，ナポレオンの方は，歴史上の人物として，生涯の断片的情報や肖像画などから想像上で描写される（記述される）ことになるだろう。ジョイスは，自分があのような経歴――フランスの軍人政治家で，軍事独裁政権を築き，皇帝となるが，ワーテルローで敗北し，失墜する等々――で，あのような容貌の男である，と想像していることになる。このとき，ジョイスが，自分自身について，「この人物」として指し示す

形で認知しているとすると，この人物があの経歴と容貌の男だ，という想像をしていることになる。これは，あの男がレンクィストだ，という信念の事例と大きくは異ならない。すなわち，ジョイスの想像は可能だということになる。しかし，自分をとらえるために，「この人物」という指示的な認知をともなうと言えるかどうか疑問があるので，問題は残るのである。

［10］ 関係項の順序を入れ替えてもその関係が成り立つとき，その関係は対称的であると言う。同一性は，a＝b であれば，b＝a であるから，対称的である。だが，ウォルハイムによれば，「自分がスルタン・メフメト 2 世である」ならば，「スルタン・メフメト 2 世が自分である」とは言えない。つまり，「(　) が (　) である」は，空所に人を指示する表現を入れると，対称的でなくなることがある。すると，同一性の関係であれば対称的なのだから，「自分はスルタン・メフメト 2 世である」という表現は，同一性を言い表すものではない，ということになる。

(20) Wollheim, *Thread of Life*, p. 75. また，Wollheim, "Imagination and Identification," p. 80 も見られたい。

(21) Wollheim, "Imagination and Identification," pp. 82–83.

(22) ウィリアム・タシェクがこの代案を示唆してくれた。

(23) この虚構性（fictionality）の考え方は，ダントーの芸術的同定の「である（is）」および他の特殊な同定の「である」を不必要にする（Danto, *Transfiguration*, pp. 126–27)。人形が人間であるとか，ある俳優がハムレットである，ということが虚構として成り立つのは，「である（is)」の普通の意味においてである。（ただし，ダントーの挙げる例のいくつかにおける同一性は，私が「非公式の」ごっこ遊びと呼ぶものにおいてのみ，虚構として成り立つ。）

［11］ 以上から分かるように，「fictional」とは，ウォルトンの用法では，「ある虚構世界において成り立つ」，ないし「ある虚構において真である」という意味である。日本語の「虚構的」という訳語は，「虚」の語感のせいで，「事実でない，成り立たない，架空である」といった意味で受けとられやすいため，ウォルトンの用法について誤解を招く可能性がある。それゆえ，以下では「fictional」を主に「虚構として成り立つ」と訳すことにする。

(24) 純粋に虚構的な存在者は命題の構成要素にならない。なぜならそんな存在者は存在しないからである。グレゴール・ザムザは存在しないから，彼が虫に変身したという命題などというものも存在しない。しかし，宇宙が架空の存在者を含み，架空の存在者からなる命題を含むということにしておくことは，さしあたり便利ではある。だから私は，さしあたり，グレゴールが虫になったという命題があたかも虚構として成り立つかのように語るつもりである。だが，これはただそういうふりをする（pretense）だけのことなのである。（この点で，本書の大部分は，それ自体一つの虚構作品であるということになる*。）人々が架空の存在者について語っているように見えたり，語っているふりをしていたりするとき，実際に人々は何を言っているのか，という問題を理解するやり方は，第 IV 部で見ることになる。〔*「ふりをする（pretense)」ことを虚構の語りを定義する特徴と見なす考え方は，Searle, "The Logical Status of Fictional Discourse" で主張された。自著が虚構作品だというウォルトンの言葉は，この論文が誤りだとほのめかす一種の冗談である。〕

(25) 私の見るところでは，ルイス（Lewis, "De Dicto and De Se"）とチザム（Chisholm, *First Person*）の示唆する考え方が特に魅力がある。その考え方によれば，命題的態度とはいろいろな特性を自分自身に帰属させることとして理解できるはずなのである。私が理解したかぎりで，私の理論は，実質的な変更を加えずにこういう語り方で述べることができそうである。命題を想像することの代わりに，諸特性を想像上で自分に帰属させるということ

が得られる。これは，想像活動が必然的にある程度まで自己へと向かうものである，という考え方にうまく適合している。

(26) どんな想像活動についても，想像されたことがその中では虚構として成り立つようなある空想を認めることができるかもしれない。しかし，その事柄は，想像する人が主に関心を持っている「世界」――例えば，あるごっこ遊びのその世界――において虚構として成り立たなければならないわけではない。

(27) 「人間の想像作用よりも自由なものは何もない」(Hume, *Enguiry*, sec. 5, pt. 2)。

(28) P と P の否定の両方が虚構的であるような特殊な事例については，この解釈はうまく働かない。だが私は，上の条件が一般にどのように解釈されるべきかについて語ろうとしているのではない。

(29) 夢ないし白昼夢に携わっている間に生じるすべての想像活動が，その夢や白昼夢の部分と見なされるわけではない。あることを空想している真っ最中に，他の空想に携わりつつ，同時に最初の空想に（たぶん現に生起していない状態で）携わるのを止めないでいるということがありうる。ある事柄が，与えられた夢ないし白昼夢の一部として想像されたのかどうかは，その夢ないし白昼夢の続きとしてそれを想像したと本人が思うかどうかによるのではないだろうか。ただし，私はこの点についてこれ以上語るつもりはない。

(30) このことは，夢の世界が不整合なものであってはならない，ということを意味しない。そうではなくて，夢の世界がすでに不整合なのでないかぎり，それが不整合にされてはならないということ，あるいは，夢の世界が整合的でありうるのに，その整合性が低下してはならないということを，この規則は意味するのみである。

(31) 私たちが夢を解釈するやり方が夢の経験に影響することは疑いない。

(32) 小道具となるのは『ガリヴァー旅行記』や『マクベス』そのものなのだろうか，それとも小説の冊子や戯曲の上演なのだろうか。読者や観客が何を想像することになるかは，その作品そのもの，つまりその小説や戯曲の本質にもとづく。冊子や上演は，作品の本質が何であるのかを知らせる役に立っている。それゆえ，作品は一つの小道具である。『マクベス』の場合，作品によって命令されることに加えて，個別の上演における衣裳や所作や台詞回しといった個別的な細部が想像活動に命令を下す。それゆえ上演もまた，一つの小道具である。

［12］ 「タイプ (type)」と「トークン (token)」は，C・S・パース（1839–1914）によって導入された哲学用語。通常，タイプとは言語記号の一般者としての側面を言い，トークンは言語記号の物理的に生じる 1 回ごとの使用例の側面を言う。例えば，直前の一文には，「言語記号」という語が 2 回出現している。これはタイプとしては一つであるこの語の，二つのトークンである，と言われる。ここでは，あるごっこ遊びが一般的に（タイプとして）は想定されるが，現実に生じる遊びの実践（トークンとして）は一つも存在しない，という場合を考えている。

(33) だが，例えば，表象的な芸術作品の場合，何かをごっこ遊び的に信じさせる機能が，そのものの同一性にとって本質的であるならば，そういう作品は絶対的に表象体なのであって，ある社会に相対的にそうであるのではない。（これについては第 2 章 7 節を見られたい。）

［13］ ヨゼフ・アルバース（Josef Albers, 1888–1976），カジミール・マレーヴィチ（Kasimir Malevich, 1878–1935），ピエト・モンドリアン（Piet Mondrian, 1872–1944），ジャクソン・ポロック（Jackson Pollock, 1912–1956），マーク・ロスコ（Mark Rothko, 1903–1970），フランク・ステラ（Frank Stella, 1936–）。

(34) Wollheim, "On Drawing an Object," pp. 27–28.

［14］「閉合の群化の法則（closure grouping law）」によると，閉じた輪郭を形成する要素は，まとまりとして知覚される傾向がある。例えば，［　］［　］［　］［　］という配列は，八つの個別の要素としてではなく，四つの四角状のまとまりとして知覚される（Andrew M. Colman『心理学辞典』藤永保・仲真紀子監訳，丸善出版，2004 年より）。

(35) ニューヨークやパリなどの現実の場所に何かがあるということを，ある絵が虚構として成り立つようにする場合もある。だがそれは，そういう絵の置かれている場所のせいではない。たぶん私たちは，そういう絵の世界を虚構的な場所として考えていて，現実の場所に対応しているとか，現実の場所の別型であると考えているのだろう。

［15］マサチューセッツ州コンコードは，アメリカ独立戦争の端緒となったレキシントン・コンコードの戦いの古戦場。アメリカの民兵軍とイギリス正規軍の戦いがあり，イギリス軍が敗退した。

［16］アラン・ロブ＝グリエ『嫉妬』白井浩司訳，新潮社，1959 年，149 頁。

(36) Levinson, “What a Musical Work Is”; Fine, “Problem of Non-Existence.”

(37) だが，待つことが，唯一利用可能な探検方法となっている。ごっこ遊びにおいては，探求を能動的に進めることができる。

第 2 章　フィクションとノンフィクション

(1) 「フィクション作品」と「ノンフィクション作品」という語句でさえ，曖昧にならずに正しい方向を指し示すことには失敗する。この語句の使われ方は，理論においても実践においても一つの混乱状態にあって，良心的な注釈家を激怒させるのに十分である。今のところは，私の行なう区別が相当重要な区別であり，少なくとも，通常用いられる「フィクション」とこの語を含む複合語の雑多な混合体の，目につく要素を成す，とだけ言っておくことにしよう。

(2) *Webster's Third New International Dictionary*, p. 844 に引用された A・J・トインビーの言葉。また，MacDonald, “Language of Fiction,” p. 342; Beardsley, “Fiction as Representation,” p. 300; Wilshire, *Role Playing*, p. 28 も参照されたい。

(3) グッドマンは「言葉どおりに解して虚偽であることがフィクションを真実の報告から区別する」と主張する。彼は，フィクションは言葉どおりに解して虚偽であるだけでなく，必ず文学になるはずだとも考えている。「言葉どおりに真である言明を高いパーセンテージで含んでいる小説は，ノンフィクションに近づく。偽なる言明を高いパーセンテージで含む［文学的な］歴史書は，フィクションに近づく」（Goodman, “Fiction for Five Fingers,” pp. 124–126）。

(4) 「文学的な関心を大いにそそる暗喩，直喩，意味の転移，反語法，諷刺，寓意，虚構化などの問題は，論理的で意味論的な研究の開始の時点で脇に置かれてしまう。言葉どおりの意味と事実報告の言説が，それ以外のほとんどの言説を切り捨てて常に強調される。脇に置かれた文学的現象は，よくてお座なりな扱いをうけるだけで，それも言葉どおりの事実報告的言説を取り扱う大事な仕事が終わった後でのことなのだ」（Routley, *Exploring Meinong's Jungle*, p. 537）。

(5) Goodman, *Language of Arts*, pp. 21–26.

(6) ときには「むかしむかし」という語句のように，言葉遣いの中に手がかりがある場合もある。また，一定の文法構造はフィクションでは頻繁に見られるが，ノンフィクションではほとんど，あるいはまったく，見られない。Banfield, “Narrative Style” および *Unspeakalbe Sentences* を見られたい。

(7) これは，少し修正すれば，ビアズレーの提案になる（Beardsley, *Aesthetics*, pp. 419–423）。

また，Ohmann, “Speech Acts,” pp. 13–14 も見られたい。
断定をどう説明するかについては，態度を決めなくてもよいだろう。断定を，発話によって何かを意味することというグライスの考え方に沿って理解してもよい。つまり，話し手の意図を聴き手が認知することによって，聴き手の中にある一定の効果を生み出そうという話し手の意図，という考え方に沿って理解してもよい（Grice, “Meaning”）。あるいはサールの『言語行為』（Searle, *Speech Acts*）における分析を採用してもよい。サールの分析では，一定の諸条件を満たす責任を話し手が引き受けるという考え方が，重要な役割を果たす。この二つの考え方または断定を解釈する他の理に適うやり方のうちでどれを選ぶかということは，私が今言っていることやこの後で言うことに影響がない。

（8） Kafka, “The Burrow,” p. 325.

（9） マリー・ルイズ・プラットが指摘している（Marie Louise Pratt, *Toward a Speech Act Theory*, pp. 91–92）。

［1］ 発語内の力（illocutionary force）とは，ここでは，例えば「雨が降っている」という文を，事実を断定するために用いるときの，断定という発語内行為を遂行する働きのことを言っている。同じ文でも，「雨が降っているなら，地面が濡れているはずだ」という複文のなかで用いる場合，「雨が降っている」に事実を断定する働きはない。

（10） Sidney, *An Apology for Poetry*, p. 123.

（11） 「ある物語をフィクションとして作り上げるとき，私は何も断定しない」（Urmson, “Fiction”）。ほかに Beardsley, *Aesthetics*, pp. 421–423；Gale, “Fictive Use of Language,” pp. 324–339；Ohamnn, “Speech Acts,” pp. 11–14, 16–18；Plantinga, *Nature of Necessity*, pp. 161–162；Van Inwagen, “Creatures of Fiction,” p. 301 も見られたい。「事実上，この論点について書いている人はみな……フィクションの作者がこういう場合に自分が書いていることを断定も，報告も，記述もしていない，ということに同意している」（Parsons, “Review of Woods,” p. 158）。ただし，これらの著者たちのうちには，当人が表明しているように見える立場よりも弱い主張をしているつもりかもしれない人たちもいる。

（12） フィッシュがこれに似たものの可能性を指摘している（Fish, “How to Do Things,” p. 235）。また，本章 7 節を見られたい。

（13） ノーマン・メイラーは，『死刑執行人の歌』について，「あたかも小説であるかのようにして」書かれた「ありのままの一代記」である，と述べている（「後書き」, Mailer, *Executioner's* Song, p. 1053）。

（14） Mailer, *Executioner's Song*, pp. 494–495.

（15） Searle, “Logical Status of Fictional Discourse,” pp. 319–332. 類似の理論は，Gale, “Fictive Use of Language” でも提出されている。また，Lewis, “Truth in Fiction,” p. 266 も見られたい（「物語を語ることはふりをすることである。物語の語り手は，自分の知りえた事実について真理を語ると称しているのである」）。

（16） Beardsley, *Aesthetics*, p. xliv.

（17） Ohmann, “Speech Acts,” p. 14. また以下のものも見られたい。Beardsley, *Possibility of Criticism*, pp. 58–61；Eaton, “Liars, Ranters, and Dramatic Speakers,” pp. 356–371；Smith, *Margins of Discourse*, pp. 24–40.

（18） Wolterstorff, *Works and Worlds*, pp. 219–234. また以下のものも見られたい。Gale, “Fictive Use of Language”；Eaton, “Liars, Ranters, and Dramatic Speakers”；Currie, “What is Fiction?”.

（19） Wolterstorff, *Works and Worlds*, pp. 198–200.

（20） 例えば，Fish, “How to Do Things,” pp. 235–237 を見られたい。

［2］ 悪霊の比喩はデカルト『省察』第一省察末尾，太古の「言語ゲーム」はウィトゲンシュタ

イン『哲学探究』冒頭，ウェイターらしすぎるウェイターはサルトル『存在と無』第1部第2章 II，水槽の中の脳はパトナム『理性・真理・歴史』第1章，予期せぬ死刑執行は D. J. O'Connor, "Pragmatic Paradoxes," *Mind*, Vol. 57, No. 227 (Jul., 1948), pp. 358–359 をそれぞれ見られたい。なお，オコナーによる予期せぬ死刑執行（unexpected execution）のパラドックスの提示は，予期せぬ軍事訓練という例になっているが，この形式のパラドックスの活字化されたものとしてはこれが最も早いようである。

［3］ トルストイ『アンナ・カレーニナ』望月哲男訳，光文社古典新訳文庫，2008年より。

(21) 例えば，『トム・ジョーンズ』第6巻，第1章（「愛について」）を見られたい（Fielding, *Tom Jones*）。

(22) 別の可能性は，その言葉はそれ自身が――すべての幸せな家族は似ている云々が――真であることを虚構として成り立つようにしているが，誰かがこのことを断定したということは虚構として成り立つようにしない，というあり方である。さらに別の可能性は，その言葉はただ単に，このことが虚構として成り立つと告知するだけで，その解釈は小説の後の方にゆだねられる，または，小説世界がそうできているという点で現実世界に似ているという想定にゆだねられる，といったあり方である。その言葉は，この告知を行なう機能を持つということのゆえに虚構として認められるというわけではない。

(23) サヴィルによって，芸術の「自律的」概念に対抗して行なわれた「歴史主義者的」概念への擁護論を見られたい（Savile, *Test of Time*, chap. 4）。

(24) これは疑問とされうる。いずれにせよ，たぶん会話が非常に生き生きと想像されるということはないだろう。ひょっとすると，読者は会話を想像していると想像するだけかもしれない。

(25) 何かを主張することもまた，しばしばニュージャーナリズムの大事な目的となる。「参加と主張は，反逆する新しいジャーナリズムの試金石である。……私たちは，アギーや，オーウェルや，カミュのように，世界をたんに記述するのではなく，世界をよりよく変えることに心底から自分を賭けている書き手を特に必要としている」（Newfield, "Journalism," p. 65）。

(26) 「真剣な書き手は，自分の題材に近づけば近づくほど，それについて深い理解が得られ，決定的な瞬間をあるがままの本当のあり方で記録するためにそこにいることになる。彼は文脈の内側に侵入し，もっと因習的な報告者には距離と中立性が邪魔して近づくことができない現場とその詳細を見る。個人的でない公的な儀式については書かなくてもよい。ゴーストライターの書いたスピーチや，十分リハーサルを繰り返した演奏会，きちんと運営される記者会見といったものは書かなくてもよい。彼は，ある人物の人となりを明るみに出す咄嗟の人間的行動が，夜も更けたころに不意に表出されるのを見て，それに反応するためにそこにいるのである」（ibid., p. 65）。

(27) これは，おとぎ話をめぐる想像活動がおよそ想像にありうるかぎりの生き生きとした状態になりうる，ということを否定しているのではない。想像するときの生き生きとした状態は，多くの異なったものによって影響される。そして，明らかにいくつかの種類の活性化した状態が識別される必要があるのだ。

(28) ここで，最初にある神話は，私たちの考えでもフィクションではないのだが，照応するフィクションの物語によってそれが置き換えられた，と言ってもよいし，あるいは，最初に作った人々にとってはノンフィクションであり，私たちにとってはフィクションであるような一個の神話が持続している，と言ってもよい。どちらの場合でも，その物語の最初の語りは端的な真理の主張だったと想定される。だが，現代の語りはそうではなくてフィクションなのである。すなわち，ごっこ遊びにおいて小道具として用いられる機能を備え

ているのである。

(29) 言い換えれば，神話を語るとき，語り手はそれによって文字通りの真理を主張していたのではないかもしれないということである。私は，神話を語ることが道徳を提示する手段だったのか，宇宙の構造についての一般的観察を行なう手段だったのか，あるいは人間の条件について語る手段だったのか，最善の人生を送るにはどうすればよいのかについて語る手段だったのか，といった点についての懐疑論を述べているのではない。

(30) この方向での鋭い指摘はエリザベス・エイゼンステインに負っている。

(31) もちろん違いはある。私たちは（文字通りに解釈された場合）それらの神話を積極的に疑ってかかるが，古代ギリシア人やヒンドゥーの人々はそうはしなかったかもしれない。より重要な違いは，おそらくそれらの物語は，元々の文化の中では，私たちの文化の中におけるよりも中心的な位置を占めていたということである。

(32) Lewis, “Truth in Fiction,” pp. 278–279 を見られたい。

(33) フランク・シブリーがこのような方向の示唆を与えていたことが思い起こされる。

(34) この大胆さが危なっかしいとはまったく思わない読者は，この節を飛ばしてかまわない。

(35) 私は別の場所（Walton, “Linguistic Relativity”）で，世界がそれ自体として存在する様態というものはないのであって，感覚能力をもつ何らかの存在者によって感受されたものとしての事物が存在するすべてでありうる，という古くからの考え方の本当らしさを肯定的に論じておいた。

(36) Fish, “How to Do Things,” pp. 197, 242–243.

(37) 「あなたが語っているフランスは，常にそれについての語りが生み出したものであり，決して語りから独立に利用できるものとはならないだろう」（ibid., p. 199)。「書くことのすべて，文章を構成することのすべては，構築である。私たちは世界を模写するのではなく，世界の別形態を構築するのである」（Scholes, *Structural Fabulation*, p. 7)。「議論が進むにつれて，ノンフィクションはフィクション同様に実在の記録ではありえなくなる。なぜなら，書くことのあらゆる形式は，実在の現実的な記述を与えるというよりは，実在の模型ないし別型を与えるものだからである。したがって，ノンフィクションは本質的にフィクション同様「非実在的」なのである」（Weber, *Literature of Fact*, p. 14)。

(38) Goodman, *Ways of World-Making*, pp. 91, 107. カントは，可能的経験の対象が直観の諸形式と悟性の諸カテゴリーによって条件づけられてはいても，私たちがそれらの対象に関して正しかったり間違ったりすることが可能であるのを疑わなかった。バークリーは，いかなるものも「神によって知覚されることとは別の，すべての精神の外部にある絶対的な存在」を持つことはないと主張したが，「実在的な事物と，想像力の作り出した幻想や夢の幻視と」の間の通常の区別を注意深く保存した（Berkeley, *Three Dialogues*, p. 197)。ローティは，真理の対応説に反対して真理の実用説（a pragmatic theory of truth）を肯定的に論じたが，「「世界」の一つの意味において，……真理を決定するのが世界であるという点についての論証はない」ことを許容し，このことを「論争の必要のない些細なこと」であると呼んでいる（Rorty, “World Well Lost,” pp. 662, 664)。私たちもこれ以上を求める必要はないだろう。

(39) Fish, “How to Do Things,” p. 237.

(40) Ibid., p. 239.

(41) Ibid., p. 243. この言葉は，彼の主張「真面目な語りと虚構の語りとの間の区別は……維持しがたい」(p. 197）と，どうやったら首尾一貫させられるのか明瞭ではない。

[4] 類（genus）と種（species）は，アリストテレスに由来する分類一般の考え方。包括的な上位の区分が「類」と呼ばれ，類の中に「種」と呼ばれる下位区分が設定される。

(42)　このことでさえも疑わしい。ある小説が虚構として成り立つようにしている命題群は，しばしばその小説の言葉がその言語の意味論を前提したときに表現している命題たちではない。また，それらの言葉を断定として言うなり書くなりした人物によって断定されるはずの命題たちでもない。その小説がどういう命題群を選び出して虚構として成り立つようにしているのかを決定するためには，人はそれが小説であることを知らなければならないし，小説の任務が虚構的真理を生み出すことであるのを知らなければならないのである。

(43)　私は，第8章8節において，絵画がしかるべき命題を選び出すのは，ごっこ遊びの中でその絵画が果たす役割によっていると示唆する。

［5］「得点が記録される」という命題を真とするためには，ボールを投げてリングを通すという物理的な運動だけでなく，バスケットボールの規則と慣習の体系（つまり，バスケットボールという制度）が必要となる。これらの規則と慣習によって，「得点が記録される」という命題が真となるという制度的事実が成立する。この制度的事実が成立することを通じて，一定の運動（ボールを投げてリングを通すこと）が，「得点を挙げる」という，バスケットボールという制度に属する行為の遂行になる。

［6］すべての事物が，「その事物は存在する」という命題を真とするという形で，当該の命題を「選び出す」働きを持つと言える。すると，すべての事物が問題の類（象徴ないし記号という類）に包含されることになる。これと似て，すべての事物は「その事物はΦである」という何らかの命題（例えば，「その人形は赤ちゃんである」「その泥団子は握り飯である」等々）を虚構として成り立つようにするという形で，命題を「選び出す」働きを持つと言えるかもしれない。すると，すべての事物が表象体――ごっこ遊びの中で小道具として用いられうる物――でありうることになる。これでは，わざわざ象徴ないし記号という類を立ててみても，虚構とは何か，表象体とは何か，という問いに答えるための手がかりにはならない。

第3章　表象の対象

［1］「表象体の対象（an object of a representation）」という概念と，「想像活動のオブジェクト（an object of imagination）」という概念は異なるので，注意が必要である。想像のオブジェクトは，想像活動を展開するための物体的な手がかり，いわば想像の「依り代」とでも言えよう。ある人形がごっこ遊びの中で赤ちゃんとなっているとき，その人形は，赤ちゃんを想像する際の想像のオブジェクトである（第1章3節参照）。他方，この人形が現実のある赤ちゃんに酷似するように，その肖像として作られているとき，この人形という表象体の対象はその現実の赤ちゃんである。単純化して言えば，表象体の対象とは，『サン・ヴィクトワール山』という絵画がサン・ヴィクトワール山を表現するように，その表象体が表現している実在物のことである。

　なお，「representation」が可算名詞として「a［the］representation」「representations」という形で「object(s) of」に後続するとき（例えば「an object of *a* representation」等）は，「表象体の対象」と訳す。これは，当該の作品が表している事物を言う。これに対して，「representation」が不可算名詞として「object(s) of」に後続するとき（例えば「object(s) of representation」等）は，「表象の対象」または「表象作用の対象」と訳す。これは，表象する働きが表す事物，という一般的な概念を言う。

［2］「物の水準の（de re）」は「記述の水準の（de dicto）」と対比される言語哲学上の概念。「de re」はラテン語で，文字通りには「物について」の意。「de dicto」も同じくラテン語で，「語られたことについて」の意。

　例えば，「その青い服を着た男が犯人だ」という文は，「その青い服を着た男」という記

述を，「物の水準」と「記述の水準」のどちらで解釈するかによって，この世界の中のどういう事態を語っているのか，聴き手側の理解の仕方が変わる。

いま仮に，その男が青い服を着ているというのは発話者の見まちがいだったとしよう（例えば，緑色の服を着ていたのだとしよう）。このとき，見まちがいにもかかわらず，「その青い服を着た男」として指し示された人物が誰であるか判り（例えば，発話者が同時に指差したことによって），青い服は着ていないのだが当該の男は犯人なのだ，と聴き手が理解したとする。このとき，聴き手は「その青い服を着た男」という表現を，記述の水準ではなく，記述の当否と無関係にその人物を指定する表現として，「物の水準で」理解していることになる。そして，「その青い服を着た男が犯人だ」という発話を，同じく「物の水準で」真であると理解しているのである。

他方，聴き手が，青い服を着た男はおらず緑の服を着た男しかいないから，「その青い服を着た男」という表現は指し示す対象がないと考えたとする。このとき，聴き手は「その青い服を着た男」という表現を「記述の水準で」理解しており，「その青い服を着た男が犯人だ」という発話は，偽であるか，または真でも偽でもないと見なされる。この場合，聴き手はこの発話を，「記述の水準で」理解しているのである。

この箇所の，「物の水準の虚構的真理」とは，ある対象についてどのような表現や描写がなされていようと，現実に存在しているその対象に関し，当該作品の虚構世界において成り立つ虚構的真理，ということだと思われる。

（1） ホルヘ・ルイス・ボルヘスは，私の知るかぎり，この種の物語を書いたことはない。

（2） ただし，私たちが，いささか無内容に，世界ないし宇宙はすべての表象体の対象であるとか，すべての表象体は，ユニコーンを，またはある男と殺人を，またはその他の何であれとにかく任意のものを，宇宙が含んでいる，ということを宇宙について虚構として成り立つようにしている，と言いたいのでないかぎりにおいて。

（3） Goodman, *Languages of Art*, pp. 21–26 に従う。

（4） 物語がある人物に一致するためには，一登場人物が問題の人物の属性すべてを備えている必要はないが，逆は真でなければならない。例えば，問題の人物は金髪なのだが，物語の方はその登場人物の髪の色について確定していないということはあってよい。

［3］ ポール・リヴィア（Paul Revere, 1734–1818）は，アメリカ独立戦争時の名高い愛国者，英雄。

［4］ この記述は，マグリットの『受胎告知（*L'Annonciation*）』ではなく『永久運動（*Perpetual Motion*）』に当てはまる。（なお，この件については原著者に確認し，現行の本文のまま訳出して訳注を付す，という扱いに承諾を得ている。）

（5） モンロー・ビアズレーの「名前だけの」肖像と，「身体的な」肖像の区別を参照されたい（Beardsley, *Aesthetics*, p. 277）。

［5］「指示する（refer）」，「指示（reference）」とは，言葉がある対象を指し示す働きを言う。この用法は，「避難を指示する」などのような，指図するという意味の命令表現とは関係ないので混同しないことが必要。典型的には「ポチ」という固有名が，特定の犬を指し示す，といった働き。また「この家」といった指示語による表現も，目の前の特定の家を指し示している。あるいは「現在の日本の総理大臣」といった確定記述も，特定の人物を指し示している。

（6） Voltaire, *Candide*, chaps. 3 and 4.

（7） この例はA・L・ベッカーによる。ここでは，寓意的な指示を伴っているのは，上演される作品ではなく，そのエピソードの上演である。

［6］「反射的」というのは，この場合，ある表象体の表象作用が，その作用の持ち主自身（つ

まりその表象体自身）に向かっている，という意味である。「再帰的」とか「自己言及的」と言うのとほぼ同じことになる。

［7］ メル・ブルックス監督の西部劇パロディ映画。1974年制作，第47回アカデミー賞3部門ノミネート。

［8］ ここで言われていることは，おそらく次のようなことである。仮に，図3-2が，まったく同じ図柄になるように，しかし，現にそれが描かれたのと違う時刻に描かれた別の線から構成されていたとしよう。すると，図柄はまったく同一だが，それを構成している線自体は違う個物であることになる。それゆえ，その場合，図3-2は違う物（現在の絵の線とは違う時刻に描かれた別の線）を表象していることになる。これに対し，絵の中の壁に掛かっている絵は，図柄が同じなら（あるいは大体似ていれば），違う時刻に違う仕方で絵の具が塗られていても，鑑賞者が今見ている絵の，その絵自身の中における再現である（それ自身の表象である）。

（8） Barth, *Lost in the Funhouse*, pp. 1–2.

（9） ただし，これは非現実的な存在者というものは存在しないと考えて，現実の事物のみが表象作用の対象となりうると見なすとき，である。（第3章8節参照。）

（10） Goodman, *Language of Art*, p. 5. グッドマンは「表象」という言葉を，私よりも広い意味で使うときも，狭い意味で使うときもある。この言葉は，グッドマンの場合，フィクションだけでなくノンフィクションにも適用される。そして，グッドマンはこの言葉を絵画およびその他（フィクションまたはノンフィクションの）絵画的描出にのみ適用し，文学作品は排除する。しかし，グッドマンが表示作用を，私が表象体と呼ぶすべてのものの核心であると考えていることは，非常に明瞭である。

（11） 第一の解釈を肯定する証拠は次のとおりである。(a) グッドマンは，絵はその表示する事物を描出したり表象したりする，あるいはそれらの事物の絵である，と言っている。だが何かと一致することは，それによってその物の絵となることではないし，その物を描出ないし表象することではない。これらの表現のごく普通の意味において違うことである。(b) グッドマンの挙げた表示する絵画の例――コンスタブルのマールボロ城の絵，チャーチルやウェリントン公爵の肖像画――は，一致の事例には到底なりそうにないような表象作用の明らかな例である。チャーチルの肖像画（と通常呼ばれている絵）は，チャーチルを対象として持っているが，何らかの仕方で絵の対象を美化するか非難するかしている。そして，すべての例で「絵の中のチャーチル」がどこか細部で現実のチャーチルと違っていることは，まず間違いない。すなわち，その肖像画はチャーチルと一致するのに失敗しているのである。(c) グッドマンは，表示されているものを表象しそこなう可能性を認めている（ibid., pp. 27, 29–30)。だが，表象しそこないとは，一致することなしに表象することである。

第二の解釈の証拠は以下である。(a) グッドマンは，絵が描いている物，つまりその絵が表示している物は，絵の「絵画的な諸特性」にのみ，すなわち，（おおまかに言えば）「どんな色がその絵のどんな場所にあるか」にのみ依存すると主張している。すでに見たように，このことはある絵が何を表象するかには当てはまらない。表題や〔画家の〕意図，因果的な関係，またこれらの要因の組み合わせも役割を果たすのである。たぶん，絵が何と一致するのかということは，（絵画的表現の体系および一致すべき対象の性質を前提として）絵の絵画的な諸特性にのみ左右されるであろう。(b) グッドマンは，「絵と絵が表象する［すなわち，表示する］ものとの関係を……述語と述語が適用されるものとの関係に」（ibid., p. 5）類似すると見なしている。ある絵がある物と一致するということは，述語がある物に適用されるということに類似するように見える。だが，表象することは，

名前と名前の持ち主の間の関係にはるかによく似ている。

グッドマンの表示の概念は表象することと一致することの深刻な混合を含んでいる，という結論を免れる方途はないように私には見える。

(12) Ibid., pp. 227–228，強調は引用者。ノヴィツは，Novitz, *Pictures and Their Use* で，表象作用（絵画的な）を基本的に表示的なものとするグッドマンの理解に反対している。ただし，その理由は私とはむしろ反対である。

(13) これは，キース・ドネランが「属性帰属的」と呼ぶやり方で使用されたものとする (Donnellan, "Reference and Definite Descriptions")。

［9］ グレンデルは『ベーオウルフ』に登場する巨人。

(14) 実際には，非表示的な表象体は，まれではあるが，これでもなお可能ではある。「あちこちにお化けがいました。おしまい（There are ghosts about. The End.)」はそういうものに見える。(第 3 章 8 節を見られたい。)

(15) ある表象体が外から取り入れられた虚構的な対象——発祥の地が他の表象体であるような対象——を表示するということは，認めてもよいかもしれない。なぜなら，外から取り入れられた対象は，それが入り込んだ表象体からは独立だからである。

(16) ウォルターストーフは，登場人物とは永遠に存在する種的存在であって，それゆえ表象体によって創造されるのではなく，たんに取り上げられるにすぎないと主張している (Wolterstorff, *Works and Worlds*, pp. 134–149)。だが，登場人物をこのように同定することに対しては，別個の理由で反論が可能である。Walton, "Review of Wolterstorff" を見られたい。

(17) Goodman, *Languages of Art*, p. 5. この同一視の根拠は不明瞭である。特に，グッドマンが述べていることの非常に多くが示唆しているのは，彼が「表象作用の核心」であると考えている「表示作用」とは，一致させることよりは表象することであり，それゆえに表象体に似ているのは述語ではなく指示表現であることが示されているからである。Bennett, "Depiction and Convention" は，もっと明示的な理論を展開しているが，それは，大まかに言えばグッドマンの見解の曖昧さを取り除いたものに基づいている。ベネットの理論によれば，絵画とはそれ自体（非言語的な）述語なのである。

(18) グッドマンの場合，類比関係をこのように表現することは，その唯名論のせいで阻まれている。

(19) ベネットは「絵が意思疎通の上で果たす役割」を根本的なものと考えている。「絵は「文」を作るために使用され，人々が相互に意思疎通することを可能としている」(Bennett, "Pictures and Convention," p. 266)。ベネットの主張は，これが絵の最も重要な使用法だということではない。むしろ，これなくしては，いかなる絵画的表象も存在しなくなるような使用法だ，ということである。

［10］「単称命題（a singular proposition)」とは，特定の個物に関する命題のこと。

(20) グッドマンは，表現作用のための必要条件は表現されている事柄への「指示」であると主張している（Goodman, *Languages of Art*, p. 86)。

(21) Plantinga, *Nature of Necessity*, pp. 159–163 を見られたい。

(22) ロバート・ハウェルはこの違いを強調している（Howell, "Fictional Objects," pp. 145–169)。Fine, "Problem of Non-Existence," p. 104 も見られたい。

(23) ある絵が一匹の魚を想像することを命令しており，かつ，一匹の魚を想像することが一匹の魚を（自分が）見ていると想像することであるのなら，その絵は自分自身についての想像活動を命令しているのである。では，このことは，見ている人を作品世界の中に置くのではないだろうか。そうではない。その絵がまさにその人についての想像を命令している

個別的な人物というものは存在しない。一匹の魚を見ていると想像されることになる人物は，その絵を見る個々の人によって異なるからである。（カルヴィーノの『冬の夜ひとりの旅人が』のような小説で，読者を指すために使用されている「あなた」と比較してみてほしい。）しかしながら，その絵は，誰かある人が一匹の魚を見るという命題を想像することは命令しており，この命題を虚構として成り立たせていると思われる。これに類する厄介事は第 6 章 5 節で扱う。

第 4 章　生成の機構

（1）「どういった事実状況が，与えられた芸術作品の世界の内に包含されていると見なすべきなのだろうか。……この問いへの解答を追求するとき，私は一般規則，ある原理を求めていることになる」(Wolterstorff, *Works and Worlds*, p. 115)。

（2）Conrad, *The Secret Agent*, p. 249.〔コンラッド『密偵』土岐恒二訳，岩波文庫，1990 年，444 頁。〕

（3）虚構においてヴァーロック夫人が飛び降りたのは夫人が飛び降りたという見出しのゆえである，と言っているのではない。また，ゴヤの版画の世界が，狙いをつけた銃の存在に兵士の存在がもとづいている奇妙な世界だ，と言っているのでもない。

（4）虚構的真理のいくつかは，ある程度は他の虚構的真理に依存しつつ，またある程度は作品の特徴に依存している。このことは，その虚構的真理が他の虚構的真理を生み出すかどうかとは独立である。

（5）Arnheim, *Film as Art*, p. 107.

（6）Beardsley, *Aesthetics*, pp. 242–247，および Woods, *Logic of Fiction*, pp. 64–65. この二つの原理のより徹底した展開は，Lewis, "Truth in Fiction" と Wolterstorff, *Works and Worlds* に見出せる。ただし，問第設定の仕方は私のものとは少し異なっている。特に，ルイスやウォルターストーフは，（私の言う）第一次の虚構的真理と含意された虚構的真理という区別を立てていない。Ryan, "Fiction, Non-Factuals, and Minimal Departure" は現実性原理と同系統の原理を論じている。

［1］「エルフ（elf)」,「フェイ（fay)」,「トロル（troll)」は，いずれも妖精のこと。OED によれば，「elf」はゲルマン系，「fay」は古フランス語系，「troll」はスカンジナヴィア系の言葉。

（7）Stalnaker, "Theory of Conditionals"; Lewis, *Counterfactuals* を見られたい。

（8）誰かがピアノの鍵盤を踏んだとしても，ピアノの音が発せられるということは，単に起こりそうで，蓋然的なことになるにすぎない，と考える人もいるかもしれない。そういう人たちは，チャールズ・カレリスの「蓋然性を打ち固める」原理（Karelis, "The Las Meninas Literature," p. 112）に似たものが採用されることによって，音が確定的に発せられるということが『戦艦ポチョムキン』において虚構として成り立つ，という直観を維持しているのかもしれない。

（9）Wolterstorff, *Works and Worlds*, p. 128 を見られたい。

(10) 一つの絵は，顕微鏡的な分析だけが明るみに出すような第一次の虚構的真理を備えているかもしれない。そして，絵の特徴の絶対的に精密な識別に達しないようなやり方では，その絵の第一次の虚構的真理は明らかにならないということであるかもしれない。Goodman, *Languages of Art* を見よ。

(11) 例えば，Parsons, *Non-Existent Objects*, pp. 177–178，および Wolterstorff, *Works and Worlds*, pp. 117–118 を参照。

［2］通常の論理学の体系に従えば，矛盾を前提するとすべての命題が証明できる。したがっ

て，作品世界に矛盾が含まれていると，任意の命題がその作品世界で成り立つことになる。それゆえ，ここで言うような荒唐無稽な想定も成り立つ。

［3］ 前訳注に述べたとおり，矛盾を含む世界では，すべての命題が論理的に証明できる（つまり，真理となる）ので，矛盾を含む異なる二つの作品は，完全に同一の真理群（要するに，ありとあらゆる命題）を共有することになる。

(12) これは Wolterstorff, *Works and Worlds* におけるウォルターストーフの戦略である。

(13) ルイスが Lewis, "Truth in Fiction" で提案しているように。このことは，ある与えられた作品の生み出す虚構的真理のうちで，あるものは他のものよりも強調されているということを理解すれば，見かけほど困難なわけではない。そうは言っても，問題の女性が蠟燭を手に持っていると同時に手に持っていないということが『間違った遠近法』- 虚構的である，という事実は，私たちが許容せねばならなくなる虚構的真理の中に含まれるのではあるが。

(14) 物語の新たに見出された興奮を誉め称える前に，次のようなことを私たちは理解するはずである。すなわち，マルコ・ポーロの冒険はほとんどすべての作品の世界に何度でも繰り返し登場するものであること，また，その冒険は，私が最近食料品店に行ったというような，現実世界から拝借したとんでもなく退屈なエピソードの膨大な連なりの中に埋没しているということである。また，芸術家にも作品にもクレジットは与えられないので，誉める理由もないのである。

ルイスの考え方（反事実的条件法が真であることは前件と後件の間の何らかの意味ある結合を要請する，という考え方）よりも狭い考え方か，あるいは RP の適当な再定式化によって，現実世界からのこの大量の移入は阻止できるだろう。だがこれは，虚構世界と現実世界の間の類似性を最大にすべきだという考え方から後退することを伴わないというわけにはいかない。

(15) ラウトリーは，現実世界のごく限定された一部分だけが虚構世界の中に含まれるようにする方を選んでいる。「その作品が暗に触れていたり依存していたりする要素をちょうど含むくらい……，物語が理解できて一定の誤解を防ぐのに足りるくらい，それ以上ではない」(Routley, *Exploring Meinong's Jungle*, p. 542)。

(16) Thurber, "The Macbeth Murder Mystery," pp. 81–82.〔ジェイムズ・サーバー「マクベス殺人事件」『虹をつかむ男』鳴海四郎訳，早川書房，60–62 頁。〕

(17) Lewis, "Truth in Fiction," p. 273.

(18) Wolterstorff, *Works and Worlds*, pp. 123–124.

(19) 私は，シッファーの「共有信念（mutual belief)」という言い方を，ルイスの「公然たる信念（overt belief)」の代わりに用いる。Lewis, "Truth in Fiction," p. 272 ; Lewis, *Convention*, pp. 52–60 ; Schiffer, *Meaning*, pp. 30–42 を参照。

(20) 少なくとも，ストールナカーとルイスによる反事実的条件法の説明を前提すれば，そうなる。

(21) このことが表象体の重要な目的であるのは疑いがない。ただし，第 2 章で見たように，表象体であるとはどういうことか，虚構作品であるとはどういうことかということは，こういう言葉遣いで説明されるべきではない。

(22) あるいは，芸術家に誤解があると鑑賞者に理解されたとしても，芸術家の考えることが虚構として成り立つということを鑑賞者がわきまえていて，したがって，自分が虚構として成り立つと思うことを想像するのではなく，芸術家が虚構として成り立つと考えていると鑑賞者に思われることを想像するように鑑賞者が努力するとき，と言ってもよい。この場合も，本当に虚構として成り立つ事柄という概念は，使い道がなくなるように見える。

(23) 自然の表象体は，芸術家がそこに私たちの注意を引きつけ，それらを表象体として見ることを推奨する場合には，芸術家のための表現媒体となる。神はわれわれ死すべき者どもの想像活動を導くために自然物を創造した，と有神論者は思っているかもしれない。

(24) Hume, “Standard of Taste,” pp. 21–24〔ヒューム「趣味の標準について」『道徳・政治・文学論集』田中敏弘訳，名古屋大学出版会，2011 年，204–205 頁〕。また，Mothersill, *Beauty Restored*, pp. 411–412 も参照。

(25) この物語にどちらの原理を適用するのが妥当かということは，もちろん，私がここで特定していない物語の特徴によって左右される。人種混合が邪悪であるという考え方が「物語の道徳原理」の中心であるのか，むしろ，それはいろいろな人格や人間本性を研究するための手立てなのか，あるいは，それは神々からの劫罰の危険をはらんだ冒険譚の背景なのか，といったことが違いをもたらすだろう。

(26) しかし，台無しにならない場合もありうる。登場人物の全員であれ幾人かであれ，人々が人種混合を邪悪と見なしているということが虚構として成り立つという点に物語の主眼点が依存しているが，その人々が正しいということが虚構として成り立つという点には依存していない，という場合がありうる。前者の虚構的真理を受け入れることをためらう必要はない。

(27) 「[他の時代や地域の洗練された著作において］普及していたすべての意見にわれわれを同意させ，そういう意見に由来する所感や結論を享受させるためには，思考や想像力の一定の転換が必要となる。しかし風俗習慣へのわれわれの判断を変え，心が長い習慣によってなじんできたものとは異なる称賛や非難，愛や憎しみの感情をかき立てるには，きわめて熱心な努力が必要である。そして人が自分の判断のもとづいている道徳の標準の正しさに自信がある場合，その人は警戒し，しばらくはいかなる著者にも自分の胸中の所感を従順に曲げはしないであろう」(Hume, “Standard of Taste,” p. 22)〔ヒューム「趣味の標準について」『道徳・政治・文学論集』田中敏弘訳，名古屋大学出版会，2011 年，246 頁を参照した〕。

(28) Lewis, “Truth in Fiction,” p. 271. また，Wolterstorff, *Works and Worlds*, pp. 120–121 も参照。

(29) Leonardo da Vinci, *Treatise on Painting*. Baxandall, *Painting and Experience*, p. 59 の引用による。

(30) この線描画は，紙が白いおかげでその動物を白く描いているのではない。Walton, “Categories of Art” を参照。

(31) Silverstein, “Slithergadee”.

(32) Panofsky, “Style and Medium,” p. 254.

(33) 事物が描かれる大きさだけでなく，おそらく人物を描くために利用される画布上の領域の大きさも，その人物が虚構としてどのくらい重要なのかに影響するだろう。また，誰かを大きく描いたり，画布上の広い部分を使ったりすることで，画家はその人物が重要だということを虚構として成り立たせるだけでなく，本当に重要なのだとも言っているのだろう。

(34) Penrose, “In Praise of Illusion,” p. 267.

(35) これが成り立つと仮定しても，直接的生成は，命題が確定される意味論的規則と同じく，単純でも体系的でもないだろう。そのうえ，考慮に入れなければならないものには，明らかに，テクストの文字通りの意味だけではなく，暗喩や逆説などもある。

(36) こういう虚構的真理は，登場人物の行為と周りの状況についての虚構的真理の助けがあって生み出される。そのかぎりで，前者の虚構的真理は含意されているのである。しかし，音楽の貢献に関するかぎりで，おそらく虚構的真理の生成は直接的である。つまり，音楽

がその虚構的真理の生成に貢献するのは，たぶん，何か他の虚構的真理を生成することによってではない。これを「部分的な含意」と呼ぶことができるだろう。

虚構的真理を生成することは，映画や歌劇や舞踏における音楽の唯一の働きではないし，主たる役割でもないだろう。音楽は，ある作品ないし場面の「基調を設定する」のである。これは単に虚構的真理を生成するという問題ではない。ときには，音楽は他の手段で生み出された虚構的真理を強調したり，補強したりする。また，鑑賞者に予兆を与えることもある。そういう予兆は，後で虚構として成立することについて，正しい場合も正しくない場合もあるのだが。

(37) 『ブレージングサドル』では，音楽が最初は映画の伴奏音楽のように思われるが，砂漠で演奏している楽団に遭遇する場面で虚構世界に取り込まれる。

(38) Bazin, *What Is Cinema?*, I, 25 を見よ。

(39) この光輪を，私が装飾的な表象と呼ぶことになるものの一例に数えることもできる。聖人の頭上に光の輪があるということが虚構として成り立つ，ということが虚構として成り立つだけであり，これが，その人物が聖人であることが虚構として成り立つことの理由なのである。

(40) 「ミロは，野生の暴力の強力なイメージを作り出した。『女の頭部』（1938 年）は，おそらく，その最も極端なものである。この効果を得るために，ミロは，色の対照を利用し，まったく論理的でない比率の配分と，人間の形のでたらめな歪曲を利用した。ミロの手法には錯覚的写実〔実物と錯覚するほどの写実性〕の要素はまったくない。だが私たちは，恐怖と攻撃性に満ち，悪夢のように子どもじみてグロテスクなイメージを突きつけられる。それは，未開な力強さがあれほど圧倒的でなかったら，笑い出したいようなイメージなのである」(Penrose, “In Praise of Illusion,” p. 270)。

(41) 動きの線の例は，その他の例と少し違う。虚構として動いている物体の周りに空気の流れがある，という考え方には何もおかしなところはない。それは，虚構としてその物体が空気に満たされた環境中を速く動いている，という事実によって含意されるので，いずれにせよ虚構的に成り立つだろう。しかし，動きの線が空気の運動を直接的に描いていると理解する場合，鑑賞者のごっこ遊びにおいて鑑賞者にそれが見えることが虚構的に成り立つと認めるのは，相当な困難に迫られるだろう。これを避けるには，物体が運動していることを線が虚構的に成り立つようにするのは，空気の運動に関する虚構的真理を生み出すことによってである，という主張を否定してしまうのが一つのやり方である。そうは言っても，そんな線が運動を自然に描くことに役立つのは，どうやって空気の動きを線が描き出しうるのかを私たちが理解するからではあるのだ。

(42) このことを私はウィリアム・タシェクに負っている。

(43) Shakespeare, *Othello*, act 2, sc. 2.〔なお，訳出にあたり，シェイクスピア『オセロー』福田恒存訳，新潮文庫，1973 年を参照した。〕

(44) このことは，ディキンソンが虚構において言っていることから明らかであり，また，ディキンソンの実生活について私たちが知っていることによって補強される。

(45) 遠近法の誤りは，別種の遠近法を用いることからは区別する必要がある。だが，その区別は決して明確ではない。また，「誤り」にはその深刻度において違いもある。

(46) ジョーンが上司と父親を結びつけたことがその夢の中心的な「意味」なのかもしれない。この「意味」が，ジョーンの会った人物の同一性を問うことによって明らかにされる，ということはありうるだろう。だが，このことは，そのパラドックスに，すなわち，その夢の世界について論理的に一貫した解釈を見出すことが困難だということに，何らかの重要性があることを意味してはいない。

(47)　映画『新婚道中記（*The Awful Truth*）』（レオ・マッケリー監督，1937 年）で，アイリーン・ダンはケイリー・グラントの妹であるかのように偽装する。「パーティの他の人々は……見え透いた偽装のせいで彼女であると気づかないが，それはプロットと喜劇の定式の必要性からなのだ」（Braudy, *The World in a Frame*, p. 109）。

(48)　ここには，芸術家の目指すものに関する違う種類の対立があるのだ。「映画『クリスティナ女王』では，最後の場面の名高いクロースアップで，見たところ二つの方向から風が吹いている。一方では船を進ませる方向に吹き，もう一方ではガルボの髪が最もきれいになびくように吹いている」（Halliwell, *The Filmgoer's Companion,* under "Boo-Boos," p. 97）。この変則性は，確かに観客を困惑させるように思われる。だが，これに過剰にこだわるのは理に適っていない。

(49)　このような阻止は，本章 3 節で言及したものとは大きく異なっている。無声映画において，誰かがピアノの鍵盤を踏んだら，虚構としてピアノの音が鳴るということが含意される。だが，ピアノ内部の映像が後から挿入されて，そのピアノには弦がないということが虚構として成り立つ場合，この含意関係は阻止される。とはいうものの，鍵盤が踏まれたとき，ピアノの音が鳴りそうな気がするいうことは，依然として虚構として成り立つ。また，ピアノが鳴ると思ったのは正しかったということも，虚構として成り立つのである。しかし，俳優がブルージーンズのオイディプスを演じているとき，オイディプスがブルージーンズを穿いているように見えるということは，虚構として成り立ちはしない。俳優のブルージーンズと，オイディプスが虚構として古代ギリシアに生きたということとの衝突が，ごっこ遊びの規則を変えてしまう。そして，それゆえに，問題の含意関係は出発点に立つことさえできないのである。次のように言うことができるだろう。ピアノの事例では，差し止められた含意関係の説明が，その虚構世界の内側に存在している。だが，オイディプスの事例では，その虚構世界を決定する原理の方に見出されることになる，と。

(50)　ウィトゲンシュタイン『哲学探究』第 1 部，211 節。〔藤本隆志訳，大修館書店，1976 年，167 頁。丘沢静也訳，岩波書店，2013 年，160 頁。〕

(51)　私たちが関連する原理を確かに，何らかの仕方で，またある意味において，「知って」いるとしても，それを何もないところから習得したと考える必要はない。人間は一定の生成の原理を受け入れる自然で生得的な傾向性を備えているのかもしれないし，一定の他の経験が与えられるとそういう原理を受け入れるのかもしれない。

(52)　とはいえ，虚構として成り立つことについての印象は，間違っていることがありうる。赤いものについての印象が間違っていることがあるのと同じである。どういうときに間違いが起こるのかを決める既定の定式はない。もっと経験を積んだりさらに情報を得たりすると，間違っていると分かるようになることがあるだけである。

(53)　この点については，私の論文 "Linguistic Relativity" を見られたい。

(54)　ウィトゲンシュタイン『哲学探究』第 1 部，217 節。〔藤本隆志訳，170 頁。丘沢静也訳，162 頁。〕

(55)　読者は，なかでもクリプキ『ウィトゲンシュタインのパラドックス』（Kripke, *Wittgenstein on Rules and Private Language*）を参照するとよいだろう。

［4］　俗語で「None of your business」の意味で「None of your beeswax」と言うことがある。

第 II 部　表象体の鑑賞体験

［1］　ウィトゲンシュタイン『哲学探究』第 1 部，524 節。〔藤本隆志訳，284 頁。丘沢静也訳，276 頁。〕

［2］　J・R・R・トールキン『妖精物語について──ファンタジーの世界』猪熊葉子訳，評論

社，2003年，129頁。

第5章　謎と問題点

（1）　私は，ヘンリーが取り組んでいる演劇的事象は，脚本による上演ではないと想定している。つまり，別の上演機会を持ちうるようなある演劇（演劇タイプ）の上演ではなく，その場でまったく即興的に作られるものと想定している。特定の上演の破壊工作は，ある演劇タイプのヒロインを救うことにはまったくならない。それをするためには脚本の文章を書き換えることが要求されるだろう。

（2）　とはいうものの，絵や小説を作り替えることは，虚構世界で起こることに影響を与えているのではなく，新しい作品とそれに伴う新しい虚構世界を創り出すことだ，というのは説得力のある見解である。

（3）　おそらく，非公式のごっこ遊びの場合を除けば。

（4）　私たちの問いは，チャールズが自分自身のこととして怖いと思っているかどうかである。誰か他人のこととして怖いと思うことは，おそらく，その他人が危険な状態にあるという信念を含んでいるだろう。

（5）　恐怖とは，ある部分において，危険であるという信念ないし判断である，とする説明もある。他の説明では，恐怖とはそういう信念によって引き起こされた感情，あるいは単にそういう信念を伴った感情であるとする。Farrell, “Recent Work on the Emotions” を参照されたい。

（6）　すべての「舞台表現は，一種の半分信じている状態を一時的に生み出す」(Coleridge, *Selected Poetry and Prose*, p. 396)。

（7）　チャールズは，あるいは熟慮の上で悲鳴を上げているのかもしれない。だが，そうである限り，おそらくチャールズがスライムを本気で受け取っているふりをしているだけだということは明らかである。

（8）　私の念頭にあるのは，チャールズの「恐怖」やアンナ・カレーニナへの「感動」の経験を特に対象としているいくつかの（すべてではない）近年の研究である。読者は，Hyslop, “Emotions and Fictional Characters” および Morreall, “Enjoing Negative Emotions in Fiction” の文献一覧からそういう研究の大部分を追跡できる。

（9）　Greenspan, “Emotions as Evaluations” 参照。また，Kraut, “Feelings in Context” も参照されたい。

（10）　ひょっとすると，アロンもまた，自分が危険にさらされていると考えることなく恐れているのだろうか。

（11）　グリーンスパンは，感情がその対象の適切な「評価」つまり「是認または否認の態度」を要請すると主張している（Greenspan, “Emotions as Evaluations”)。おそらく，チャールズはスライムを恐れるために必要とされる態度，つまり「評価」を持っていない。だが，評価や態度という概念は，信念という概念に劣らず明瞭ではない。

（12）　Ibid., p. 164 および p. 162. クラウト（Kraut）は，感情は信念を要請しないと論ずるが，行為が感情の分析の中で役割を果たすことは許容するように見える。

（13）　Lamarque, “How Can We Fear and Pity Fictions?” において，ラマルクは，チャールズの置かれている状況は，一定の仕方で動機付けを行ないうると指摘している。例えば，手のひらに顔を埋める観客もいるだろうし，映写幕上の恐怖に直面しないで映画館から出てしまう観客さえいるかもしれない。しかし，この振る舞いは，恐怖の対象の描き方やそれを体験することへの恐怖によって，容易に説明される。あるいは，単に体験が不快なものになるという予測のみによっても説明できるだろう。いずれにせよ，観客がしばしばこういう仕

方で振る舞わないことは明らかであるし,「その人たちはスライムを怖いと思っている」と言われるようなときでさえ,そういう振る舞いをする傾向をまったく示さないことも明らかである。

(14) Ibid. もちろん,思想は恐怖の対象ではないとしても,恐怖の原因となることは可能である。Clark, "Fictional Entities"; Mannison, "On Being Moved by Fiction"; Novitz, "Fiction, Imagination, and Emotion"; Skulsky, "On Being Moved by Fiction" を参照されたい。〔この箇所の「思想(thought)」および「意義(sense)」は,フレーゲの言語哲学に由来する概念である。そのため,ここではフレーゲの翻訳で定訳とされる訳語を用いた。普通の言葉遣いなら,それぞれ「考え」および「意味内容」などとなるところである。フレーゲにおいて,「思想」とは,ある文を理解できる人が,その文を通じて理解している内容のことである。例えば,「雨が降ってる」と「It's raining」は同じ「思想」を表すだろう。この二つの文は,発話の場面に応じて,現実世界のある個別的な事実,つまり特定の日に特定の場所で雨が降っている,という現実世界の無数の事実のうちのどれか一つを指し示し(refer)ている。したがって,思想が同一でも,文が指示する現実世界の事実が異なることはありうる。「意義」も,「思想」と同じく,ある表現(文,語句,語,等々)を通じて理解されている内容のことを言う。だが「意義」という術語は,フレーゲにおいて,文だけでなく,語や語句など,文よりも下位の表現単位についても使用される。他方,「思想」という術語は,語や語句などについては使用されない。要するに,「思想」とは文の「意義」のことである。この箇所では,ウォルトンは「思想」と「意義」を無差別に同じ概念として扱っている。〕

(15) 竜巻が来るかもしれない,という場合のように,存在するかどうか自分でも疑わしく思うものを人々が恐れることもあるように思われる。(可能的な)竜巻への恐怖と呼ばれるものは,竜巻が存在するだろうという恐怖(fear that there will be a tornado),として考える方がよいと思われる。すなわち,物について(*de re*)の恐怖ではなく,記述について(*de dicto*)の恐怖であり,これが物についての想像上の恐怖と結びついている,と考えるのがよいと思われる。

(16) Charlton, "Feeling for the Fictitious" および Clark, "Fictional Entities" を参照のこと。

(17) 哲学者たちの中には,信念世界や知覚世界という概念を導入するのが便利だと考えた人々もいる。だが,これらの世界は,専門的な目的のためにどんなに便利であるにせよ,虚構世界が私たちをとらえるように,想像力をとらえはしない。この事実が説明されなければならないのだ。

(18) フラン・オブライエンの『スウィム・トゥー・バーズにて』(Flann O'Brien, *At Swim-Two-Birds*)では,書き手が小説のための登場人物を創造すると,その中にはうっとりするほど蠱惑的な美人が含まれている。そのため,書き手は我慢できず彼女に手を出してしまう。彼女は妊娠し,息子を産む。息子は「準幻想的な種類」の人物である。作者の専横な支配に憤慨して,非嫡出の息子は(父の文学的才能を受け継いでいるのだが)他の登場人物の助けも借りつつ,作者との力関係を一挙に逆転し,作者についての小説を書く。その中で,作者は逮捕され,拷問され,いろいろな罪に問われ,裁判にかけられるのである。

第6章　参加すること

(1) 私たちは,後に,「ぼくには帆かけ船がいくつか見える」を「ぼくには帆かけ船がいくつか見えるということが虚構として成り立つ」の短縮形として理解するのが最もよいわけではない,ということを見出す。だが,私たちがそう考える理由は,むしろ,虚構において話し手がいくつかの帆かけ船を見ている,という考え方を強めることになる。

［1］ 描出体は絵画的な表象体のこと。詳しくは第 8 章を見られたい。

（2） Melville, *Moby Dick*, chap. 16 (“The Ship”).〔メルヴィル『白鯨』阿部知二訳，岩波文庫，1975 年を参照して訳出。〕

［2］ 原語は「a ship-*representation*」。説明的に言えば，「船を表すもの」の意。

（3） グリーンピース USA の活動資金を募る手紙。署名は「スーザン・ファウンテン，グリーンピースの男性と女性を代表して」とある（日付はない）。

（4） クラークとゲーリグは，この方向に沿った反語性の説明を Clark and Gerrig, “Pretense Theory of Irony” で提案している。

（5） パップの言葉。Twain, *Huckleberry Finn*, chap. 6, p. 49.

（6） Márquez, “Innocent Erendia,” pp. 40–41.〔G・ガルシア＝マルケス「無垢なエレンディラと無情な祖母の信じがたい悲惨の物語」『エレンディラ』鼓直・木村榮一訳，ちくま文庫，1988 年，166–167 頁。〕

［3］ 「演技」の原語は「pretense」。この単語は他の箇所では多く「ふり」と訳したが，この一節では「ふり」では日本語として要領を得ない。「断言するふりをして……」では，「本当は断言しない」という趣旨になってしまうだろう。「事実として断言するのではなく，口先でのみそう言う」という趣旨を伝えるために，ここは「演技」とした。以下でも，同様の配慮から，「pretense」を「演技」あるいは「演技性」と訳す場合がある。

［4］ ヴァルカンは，水星の軌道の近日点の移動を説明するため，水星より内側の軌道上に存在が仮定された惑星の名前。19 世紀半ばに，ルヴェリエがこの仮説を提唱した。20 世紀に入ってから，水星の近日点の移動はアインシュタインの一般相対性理論によって説明され，ヴァルカンの存在は否定された。

［5］ 「演技」の原語は「pretense」。訳注［3］参照。

［6］ 指差したり議論したりする行為は，見ている人の現実の身体運動である。だから，現実世界に存在する。だが，「カーテン」を指差したり，「手紙の内容」について議論したりすることは，フェルメールの作品と鑑賞者の想像が重なって作り出されるごっこ遊びの虚構世界においてでなければ成り立たない。なぜなら，現実世界にはカーテンも手紙も存在せず，存在するのは絵の具の塗られた画布にすぎないからである。それゆえ，カーテンを指差す行為や手紙について議論する行為は，「虚構として成り立つ（fictional）」と言われる。

［7］ リチャード・J・デイリー（Richard J. Daley, 1902–1976）はアメリカの政治家。1955 年から 1976 年まで 21 年にわたってシカゴ市長を務めた。1968 年のキング牧師の暗殺の後で起こった暴動への対応で批判を浴びた。リチャード・J・デイリー展覧会（the Richard J. Daley Exhibition）は，1968 年 12 月に芸術家たちが市長への抗議のために開催した展覧会（http://areachicago.org/chicago-artist-boycott/ を参照）。

（7） Wodehouse, *How Right You Are, Jeeves*, p. 85.

（8） Shakespeare, *Romeo and Juliet*, act 5, sc, 3.〔シェイクスピア『ロミオとジュリエット』中野好夫訳，新潮文庫，1994 年，222 頁。〕

（9） 例えば，『トム・ジョーンズの華麗な冒険』（トニー・リチャードソン監督，1963 年），および『魔笛』（イングマール・ベルイマン監督，1976 年）。

（10） バルサザーが空を見つめて自分の台詞を口にする場合のように，聴衆に向けられていない脇台詞というものもある。だが，今そういうものは関心外に置く。

［8］ 「脇台詞」は「aside(s)」の訳である。「an aside」は，文脈に応じて「脇台詞」，「傍白」，「独り言」，「余談」等々と訳され得るが，基本的に談話が脇へ向かうことである。だが，これ以降，「asides」の内には，絵画や映画の画面の中から観客に向けて言葉以外の働きかけ，例えば，視線を向けたり，銃を向けたりするといったことが為される現象も含まれる

ことになる。つまり，「脇台詞」は，芸術作品の中から登場人物によって為される観客に向けた働きかけ一般を指すように使われていく。

（11） Apuleius, *The Golden Ass*, p. 31.〔アープレーイユス『黄金の驢馬』呉茂一・国原吉之助訳，岩波文庫，2013 年，7 頁。〕

（12） 第 7 章 6 節で引用する一節を見よ。

（13） 第 9 章 6 節を見よ。もちろん，読者が語りかけられているということが虚構として成り立ち，同時に，それが真でもある，ということはありうる。そして，虚構において読者に語りかけているのは，現実における著者であるだろう。

（14） Barth, “Life Story,” p. 123.

（15） Ibid., p. 124.

［9］ 参考までに訳者の解釈を示す。「そこで読んでるやつ！　お前だよ」という呼びかけは，物語の内側の引用の中に出現する。引用は，何某がこう言ったという報告だから，報告者の語る一種の物語と考えてよい。つまり，この呼びかけは，物語の中の物語の中に出現している。これは物語構造の二重化である。通常の脇台詞は，現実―物語という一重の物語構造において，物語の中から現実世界に向けて発せられる。ところがこの引用中の呼びかけは，現実―物語 1―物語 2（引用）という二重の物語構造において，物語 2 から物語 1 に向けて発せられていることになる。「脇台詞が存在するということが虚構として成り立っている」というのは，物語 2 から物語 1 に向けた脇台詞が物語 1 において成り立っている，ということである。読者が話しかけられるということが虚構として成り立つのは，現実においてではなく，物語 1 の水準においてである。そういう物語として『ライフ・ストーリー』は存在している。したがって，物語 1 において如上の虚構性が成立するということが『ライフ・ストーリー』の属性なのであり，言い換えれば，『ライフ・ストーリー』-虚構的となるのである。

［10］ 参考までに解釈を示す。(a) では，現実―物語 1―物語 2 という物語の二重化が想定されている。そして，物語 1 の水準で，物語 2 から物語 1 に向けて脇台詞が語られるという解釈が前提になっている。この場合，脇台詞は，物語 1 の水準にいる読者（私）に向けられている。したがって，私は「自分が虚構において，すなわち，物語 1 において話しかけられているというごっこ遊び」を行なうことになる。こうして，物語 1 の水準で，「私に向けられた脇台詞が存在するということが虚構として成り立つ」のである。(b) では，物語の二重化が想定されていない。そうではなく，現実―物語 1 と現実―物語 2 という並列の関係が想定されている。物語 1 は短篇全体を指し，物語 2 は引用された脇台詞の部分のみを指す。現実―物語 2 という一重の物語構造の場合，脇台詞を語りかけられている読者（私）は現実世界にいる。それゆえ「私は，現実においてごっこ遊びをしている」のであり，「この一節だけ取り出せば，私に向けられた脇台詞が確かに現実において含まれている」ということになる。ところが物語 2 は物語 1 に，物理的に含まれているために，物語 1（つまり短篇全体）は，脇台詞を含んだ物語 2 を（物理的に）含んでいる。それゆえ，「この一節が脇台詞とともに物語の中に出現し，そういう物語を読む任意の人物に向けられている，ということが『ライフ・ストーリー』-虚構的」であることになる。

（16） Dostoevsky, *Notes from the Underground*, p. 120.

［11］ Jean-Baptiste Siméon Chardin（1699–1779）と Jean-Baptiste Greuze（1725–1805）。両者ともフランスの画家。庶民生活を題材とした絵画で知られる。

（17） Fried, *Absorption and Theatricality*.「［主役の俳優たちが］注意深く，よく計算された足取りで登場する。彼らは喝采を求め，筋から外れる。彼らは観客に呼びかける。観客に向かって話しかけ，退屈なまがい物になる」(Diderot, *Discours*〔*de la poésie dramatique*〕, Fried,

p. 95 における引用と訳による)。

［12］ スザンナと長老たちの挿話は，旧約聖書続編「ダニエル書補遺」の一つ。水浴するスザンナをのぞき見した長老たちがスザンナに関係を迫るが拒絶され，罰せられる話。多数の裸体画が歴史的場面として描かれた。

(18) Fried, *Absorption and Theatricality*, p. 97 における引用および翻訳から。なお，強調はウォルトンによる。

［13］ グルーズの絵。原題は *Une Jeune Fille Qui Pleure Son Oiseau Mort*。

(19) Fried, *Absorption and Theatricality*, pp. 58–59.

(20) 「肖像画の慣習規約は，他のどんなジャンルの慣習規約よりもずっとむき出しに，いわば無条件的に，その主題つまりモデルを，人々の注視に曝すことを求めている。別の言い方をすると，肖像画で描出されている基礎的な行為とは，注視を受けるために自分自身を提示するというモデルの行為なのである」(ibid. p. 109)。

(21) イタロ・カルヴィーノの『冬の夜ひとりの旅人が』は拡大された，長大な脇台詞である。読者のごっこ遊びの中では，読んでいるあいだ常に話しかけられているということが虚構として成り立っている。しかし，依然としてほとんど相互作用はない。読者と語り手が互いに応答し合うとか，一緒に会話するということがしばしば虚構として成り立つわけではないのである。読者が語って語り手が応えるということが虚構として成り立つ場合でも，読者が虚構として言う事柄を決めているのはテクストの中の言葉であって，読者が現実に言うことではない。カルヴィーノは次のように書く。「彼女は続ける。「私すべてが正確で，具体的で，はっきりと特徴づけられているような世界にすぐ私を引き込んでくれるような小説の方が好きなの。……」……あなたも同意見ですか？　それなら彼女にそう言いなさい。「そうした本なら，そりゃあ読む値打ちがありますよ。」」(Calvino, *If on a Winter's Night a Traveler*, p. 30〔イタロ・カルヴィーノ『冬の夜ひとりの旅人が』脇功訳，ちくま文庫，1995 年，45–46 頁〕)。この時，カルヴィーノは読者の口に言葉をつっこんでいる。子どもたちのごっこ遊びと比べてみよう。グレゴリーが虚構の中で「クマに注意しろ！」と言うのは，彼が現実に「クマに注意しろ！」と言うからなのである。

(22) これは即興演劇では実行可能である。即興と観客参加が相伴って生じることは偶然ではない。また，コンピューターによる相互作用的虚構も存在する。

(23) こういう問いのすべてが不確定のまま消滅するわけではない。ピーテル・ブリューゲルの『盲人の寓話』の登場人物たちは，なぜ見ている人に気づかないのか。それは明らかに彼らが盲人だからである。『死んだ小鳥のために泣く若い娘』の鑑賞者のごっこ遊びにおいては，少女が自分の悲しみに没入しているせいで鑑賞者が見えない，ということが虚構として成り立っているかもしれない。(しかし，絵の人物たちが盲人でなかったら鑑賞者に気づいていたであろうということは，おそらく虚構として成り立たないだろう。また，少女が悲しみに没入していなかったなら鑑賞者に気づいただろう，ということも虚構として成り立ちはしない。ついでに言っておくと，鑑賞者はそういう条件下でも気づかれなかっただろうということもまた，虚構として成り立ちはしないのである。)

(24) この反論は，チャールズ・カレリスほか幾人かの人々が会話の中で提起した。Wolterstorff, *Works and Worlds*, p. 325，および Karelis, "The Las Meninas Literature" を見られたい。ここでの問題は明らかにバークリーの言ったことと関わっている。すなわち，人は一本の木が「いかなる精神によっても知覚されることなく，まったく独立に，それ自身で存在している」と考えることはできない。その根拠は，その人がその木を考えているのなら，その木は心から独立ではない，ということなのである (Berkeley, *Three Dialogues*, pp. 163–164)。Williams, "Imagination and the Self"，および Peacock, "Imagination, Experience,

and Possibility” も見られたい。

(25) おそらく，完全に愚かしいわけではない。システィーナ礼拝堂を見る人は，努力すればパラドックスの感覚を呼び起こすこともできるだろう。裸体画を見る人が実際に一定の気まずさを感じることもある。映画監督のなかには，撮影の際に壁などの不透明な障害物を尊重していると力説する人もいる。

(26) 女性の入浴の図像を見る人が感じるかもしれない（虚構的な）当惑のかすかな感覚は，少なくとも，その人物がその女性を見ているということが虚構として成り立つことを示唆しており，この虚構的真理の成立が阻止されると宣言することは，逆説を軽減する最適の方法ではないということを示唆している。女性の入浴について書いてある小説の読者が，この微かな感覚を感じとることはありそうにない。読者がこの女性を見ているということは，虚構として成り立っていないのである。

(27) もちろん見る人は，少なくとも「そういうごっこ遊びをしている」のでなければならない。

(28) 絵を見る人が虚構として天地創造を見ているという事実と，天地創造は虚構として観察されないという事実に，それぞれ異なる虚構世界を割り当てるというやり方で解決するのも理に適っているかもしれない。あるいは，第7章6節で導入される意味で，そのフレスコ画を重要な点で「装飾的」な表象体と見なしてもよいかもしれない。

第7章　心理的な参加

[1] クサリヘビ科アフリカアダー属に分類される毒蛇。

(1) 叫び声と逃げることが熟慮して行なわれる場合，これは自己意識を伴った演技的行為になりそうである。叫び声と逃げることの熟慮はあるが，それが自己意識を伴った演技的行為でないならば，たぶん，ティミーは恐れているのである。

(2) 準恐怖のある側面は，虚構として自分が危険な状態にあるという信念によってではなく，刺激によって直接的に引き起こされることがある。スクリーン上に突然不気味に浮かび上がる形象は，虚構として成り立つ事柄についてその形象が生み出す信念とはまったく独立に，人をぎょっとさせる。だが，そうだとしても，ある人が恐いと思っているということが虚構として成り立っている場合，虚構として自分が危険な状態にあるとその人が理解していることは，その人が恐いと思うことに関して，おそらく何らかの役割を果たしている。多くの場合，虚構として自分が危険な状態にあると理解していることによって，部分的または全体的に準恐怖が引き起こされることは明白である。映像それ自体には，少しもぎょっとさせるところや衝撃を与えるところは存在しないかもしれない。だが，虚構として自分がはまり込んでいる信じがたい危険が少しずつ分かってくることに伴って，背筋のゾクゾクする感じが少しずつ強まっていく，ということはありうるのだ。

虚構として自分が危険な状態にあると理解することが，なぜそのときに，準恐怖を生み出すのだろうか。その人が自分は本当に危険な状態にあるわけではないと分かっていたとしても，なぜ虚構としての理解が，本物の恐怖に似た状態を引き起こすのだろうか。これへの答えは私たちの目的にとっては重要ではない。しかし，ダーウィン的な説明が利用できるかもしれない。ごっこ遊びへの心理的な参加は，私たちにとって非常に大きな価値がある。おそらくそれは生存にかかわる価値なのである。私たちがある状況において準感情を持ちやすい種類の生き物であることの原因は，進化論的な圧力なのかもしれない。そういう状況では，進化圧がごっこ遊びへの私たちの心理的な参加の度合いを高めているのであろう。

(3) 第6章2節で利用したのと似た論法に訴えることもできる。チャールズが自分はスライム

を恐いと思っていると想像しているということは，一息ついたあとで彼が自分の経験を「恐怖」の経験として即座に語るという事実によって，強く含意されている。この想像は，チャールズが準恐怖の感覚に気づくことに触発されて，多かれ少なかれ自動的に開始される。チャールズは，心臓の鼓動が速くなり，筋肉が緊張するなどのことを感じると，自分がスライムを恐いと思っていると考えるように端的に仕向けられるのである。この傾向性は，まさにごっこ遊び的な信念の原理が暗黙的に認識されていることを示唆する傾向性である。この原理によって，チャールズの経験において，自分がスライムを恐いと思っているということが虚構として成り立つようになる。そういう原理をチャールズが受け入れているということが，そのごっこ遊びにおいてチャールズがスライムを恐いと思っている，ということが虚構として成り立つのを確立するために示されねばならないすべてなのである。

（4） 私は，ここでは，舞台上で起こることによって生み出される虚構的真理にのみ関心をもっている。つまり，その上演の世界に属する虚構的真理にのみ関心をもっている。観客としての能力においては，ディキンソンはチャールズに似ている。彼女の現実の心的状態は，彼女自身についての虚構的真理を生み出す。これらの真理は，ジュリー・ハリスが生み出す真理と一致するときもしないときもあるだろう。ディキンソンは奇妙に曖昧な位置にいるのだが，これは普通でない位置というわけでもない。この位置は，自分自身を「外側から」注視している夢を見ることにかなり似ているのである。

（5） とはいえ，後述の，登場人物との同一視に関する本節の議論を見られたい。

（6） とはいえ，人が虚構において自分自身で怖いと感じるためには，脇台詞は必要ではない。脅かされていると実際に感じるために，気づかれていなければならないわけではない。そして，気づかれているということが虚構として成り立っていなくても，危険な状態にあるということが虚構として成り立つことはありうる。

（7） 関わりのある信念を持つことが十分条件となるような，弱い意味の「賞賛」や「憐憫」を認めてもよいかもしれない。人がそういう信念を持つということが虚構として成り立つだけで，この弱い意味においては，その人が誰かを賞賛しているとかかわいそうだと思っているということが，虚構として成り立つことになるだろう。準感情はまったく要求されないのである。

（8） この虚構的真理が「あなた，親愛なる読者は，緊張していなくて楽しい気分だ」といった（カルヴィーノの『冬の夜ひとりの旅人が』の中の）一節によって生み出されるのでない限りにおいて，であるが。

［2］ 参加の諸制約は，第6章4節で扱われている。

（9） 鑑賞者が，自分自身のあからさまな行為についてではなく，何か言ったり考えたりしたことについて恥や罪を感じたり，誰か他人のことで気まずい気持ちになる，といったことは虚構として成り立つかもしれない。

(10) Hume, “On Tragedy,” p. 224.〔ヒューム「悲劇について」『道徳・政治・文学論集』田中敏弘訳，名古屋大学出版会，2011年，187頁。〕

(11) 「ハッピーエンドを憎む人々がいる。私はその一人だ。騙されたみたいに感じるのだ。危難が決まりなのだ。凶事が滞ってはならない。雪崩が小さな集落の数フィート上で止まってしまうなんて，不自然なだけでなく，倫理に悖る振る舞いなのだ。」(Nabokov, *Pnin*, pp. 25–26)。

(12) 私の理論がこの問題に関わっていることは，デイヴィド・ルイスによって指摘された。

(13) Leonard Meyer, *Emotion and Meaning in Music*, p. 31.

［3］ 原語は「deceptive cadence」。「interrupted cadence」とも言う。終止形が調性的に順当な和

音で終わらないことを言う。
(14) メイヤーは，この反論を Meyer, "On Rehearing Music" の pp. 42-53 で取り上げている。
［4］ 原語は「submediant」。全音階の第6音。「superdominant」と同じ。
(15) Doyle, "The Adventure of the Empty House," p. 483.
［5］ 物語の冒頭から，ワトソンの語りかけている相手，つまり虚構世界の中の読者自身は，ロナルド・アデア殺害の犯人を知っていることになっている。だが現実世界の読者その人は，もちろんそれが誰なのかを知らない。したがって，物語を読み終わるまで，現実の読者は，虚構世界においては自分が知っていることになっているその犯人が一体誰なのか，分からないのである。
［6］ シャーロック・ホームズが名探偵であるということが虚構として成り立つと，私たちは（常識として）知っている。また，ホームズ物を読んでいるときに私たちが行なう鑑賞ごっこ遊びにおいては，シャーロック・ホームズが名探偵であるということを私たちが（ワトソンの言葉を通じて）知っているということは，虚構として成り立つ。したがって，虚構として成り立つと知っていることと，知っていることが虚構として成り立つこととは，この場合一致する。他方，オセロがデズデモーナを殺すということを，私たちは（常識として）知っている。だが，『オセロ』を観ているときに私たちが行なう鑑賞ごっこ遊びにおいて，オセロがデズデモーナを殺すということを私たちが知っているということは，虚構として成り立ってはいない。私たちは，一体どうなってしまうのだろうとハラハラすることになっている。したがって，虚構として成り立つと知っていることと，それを知っていることが虚構として成り立つこととは，この場合一致しない。
(16) 映画では，時には，後で起こる出来事を，後で起こると理解できない状態で私たちが観ることがある。それを観たことで，好奇心がかき立てられ推測を呼ぶかもしれないが，成り行きが明かされはしない。同じ場面が私たちの理解できる文脈で再び出現すると，それは正しくて，不可避的で，起こるべくして起こったように思われる。私たちは，そうと知ってはいなかったのに，それが起こることをあたかも当初から知っていたかのように感じるのである。（それが起こるだろうと私たちが知っていたということは，虚構として成り立たない。また私たちは，それが起こることが虚構として成り立つであろうと知ってもいなかった。）
(17) Baum, *Road to Oz*, chap. 9.
［7］ 虚構において，赤ずきんちゃんは一人の普通の女の子である。
(18) フリードは，トーマス・エイキンの描いた『グロス・クリニック』の一定の特徴がすぐには見えてこなくて，その絵を少し時間をかけて調べた後にのみ気づかれる，という事実の重要性を強調している（Fried, *Realism, Writing, Disfiguration*, pp. 10-11, 59-61）。
(19) 私たちの心のどこかには，かつて聴いたことがある多くのおとぎ話によって作り上げられている単一の巨大な虚構世界の概念があるのだと言えるかもしれない。私たちは，この包括的なおとぎ話世界において，人間が動物に変身するのが虚構として成り立つ多くの事例を知っている。それゆえ，そういう事例がもう一つ生じても驚くほどのことではなく，実際驚きもしないということが虚構として成り立つ，と容易に考えることができる。私たちがこの巨大な虚構世界を背景にして考えていることは，個々の特定のおとぎ話世界において虚構として成り立つと見なされる事柄に影響を及ぼす。そして，おとぎ話を用いて私たちが行なうごっこ遊びにも影響を及ぼすのである。
(20) 例えば，Chatman, *Story and Discourse*, pp. 60-61 を見られたい。（ただし，「サスペンス」と「驚き」という言葉を，私がチャットマンの使う意味で使っていないことは明白である。）
(21) Genette, *Narrative Discourse*〔ジェラール・ジュネット『物語のディスクール』花輪光・和

泉涼一訳，水声社，1985年〕を見られたい。

［8］ポール・バニヤンは，アメリカ合衆国五大湖地方や北西部森林地帯の民話に登場する木こりで，怪力の巨人。

(22) 例えば，以下の著作を見られたい。Singer, *Child's World of Make-Believe*; Bettelheim, *Uses of Enchantment*; Sheikh and Shaffer, *Potential of Fantasy and the Imagination*; Rubin et al., *Socialization, Personality, and Social Development*；そしてもちろん，フロイトの諸著作を。

(23) Calvino, *If on a Winter's Night a Traveler*, p. 3. 本節の冒頭で引用した一節も参照のこと。

(24) Thackeray, *Vanity Fair*, pp. 78–79.〔サッカリー『虚栄の市』第1巻，中島賢二訳，岩波文庫，2003年，206–207頁（第8章の終わりから三つ目と二つ目の段落）。〕

(25) 例えば，ジョン・マリン（John Marin）の絵。Rose, *American Art since 1900*, p. 52を見られたい。

(26) Cortazar, "Blow-Up," p. 102.〔フリオ・コルタサル『コルタサル短篇集　悪魔の涎・追い求める男』木村榮一訳，岩波文庫，1992年，59頁。〕

(27) Ibid., p. 102.〔上掲邦訳，60頁。〕ベケットの書くものも，こういう方向へ向かう傾向を備えている。

(28) Stella, *Working Space*, p. 40.

(29) この種の例は，デイヴィド・ヒルズに示唆を受けた。

(30) Borges, "Tlön, Uqbar, Orbis Tertius" は，これとは反対の種類の事例である。最初はトレーンの世界は他の虚構世界の中に深く埋め込まれているように見える。だが，物語が進むにつれて，埋め込まれていないということがどんどん顕わになってくる。

(31) 両方とも実在的ではない（unreal）として，である。とはいえ，物語の内容は現実ではないとしても，物語の中の夢の内容は現実であるかもしれない。

［9］「一階（first-order）」は，論理学の用語。一階の論理とは，個体を量化する（「すべての個体xが」とか「少なくとも一つの個体xが」といった語り方をする）論理のこと。個体だけでなく属性（個体の集合）も量化する二階（second-order）の論理など，高階（higher-order）の論理がある。ここでは，この論理学の語法を比喩的に用い，現実世界の中で虚構世界が展開される状態を一階と考え，現実世界の中の虚構世界の中で虚構世界が展開される状態を二階と見ている。

［10］この『星月夜』は，以下の記述から言って，糸杉と夜空を描いた『星月夜（*The Starry Night*）』（1889年）ではなくて，夜空の星と水面に映るガス灯の光の反射を描いた『ローヌ川の星月夜（*The Starry Night Over the Rhone*）』（1888年）であろう。

(32) Walton, "Poins of View" and "Style".

(33) 少なくとも，表面に現れている事柄が鑑賞者によって注意されるようになっているときにはそうである。とはいうものの，表面に現れている事柄を虚構的であると呼びたくないような事例もありうるだろう。ただし，何がこれらを分けているのかはきわめて明瞭というわけではない。

第8章　絵画的描出による表象

［1］Wittgenstein, *Philosophical Investigations*, p. 194.〔藤本隆志訳，386頁，丘沢静也訳，379頁。〕

［2］本書第1章4節を参照のこと。

(1) McPhee, *The Pine Barrens*, pp. 3–4.

［3］「パイン・バレンズ（Pine Barrens）」とは，アメリカ東部，ニュージャージー州の南部一帯に広がる森林地帯。酸性土壌の砂地で耕作に適さず，未開発の地域となっている。

(2) ゴンブリッチがこの点を強く主張したことはよく知られている。ストローソンは，「想像力は知覚そのものの不可欠の構成要素である」というカントの主張を裏書きしながら，知覚は概念や思考に「浸され，それらで一杯になり，息を吹き込まれ，照らし出され」ているのであって，思考は「知覚の中で生きている」と論じている（Strawson, "Imagination and Perception," pp. 40, 41, 46)。ウィトゲンシュタインは，「として見る」ことを論じるとき，見ることと考えることの「混合物」について語る。彼は，「あるアスペクトが私たちにちらりと見えることは，半分が視覚経験で半分が思考であるように見える」と述べている（Wittgenstein, *Philosophical Investigations*, p. 197)。また，Steinberg, "The Eye Is Part of the Mind" も見られたい。

(3) 先取りして述べておくと，見ることと想像することが統合されていなかったなら，視覚的なごっこ遊びは十分に豊かで生き生きとしたものにならないだろう。人が現実の水車小屋を見るときには，自分が水車小屋を見ているという思考は，見ている経験から分離できない。水車小屋を見ているという思考，つまり，それを見ているという想像活動が，画布を知覚することの部分を成していなかったら，その人は，画布を見る知覚が水車小屋を見る経験であると生き生きと想像することにはならないだろう。

(4) 描出体のごっこ遊び理論が知覚者の視覚経験に十分な重要性を認めていないという印象は，考え違いである。以下の著作を見られたい。Schier, *Deeper into Pictures*, p. 24 ; Wollheim, *Painting as an Art*, p. 361, n. 21 ; Peacock, "Depiction," pp. 391–392.

(5) Wollheim, *Painting as an Art*, p. 61.

(6) 見えないものを見るという問題を引き起こす描出体は，ある部分において装飾的であると考えてよいかもしれない。第 6 章 6 節を見られたい。

［4］ ヴァン・ダイクの『グリマルディ侯爵夫人』は，足下まで隠れる長い裳裾を引いた女性の肖像画である。

(7) ノーヴィッツは，「の絵（picture of)」ということが表示的な関係（denotative relation）を表現しないと主張している。『ロトの妻』という題の付いた塩の柱 - 画像は，ロトの妻の絵ではなく，彼女を表示するために用いられた塩の柱の絵だと言うのである。この提案の間違っているところは，今やもう明らかである。絵画は，もちろん，それが（表示的に）描いてはいないものや，さらには表象さえしていないものを，表示するために用いることができる。そういう事例は，『ロトの妻』の例とは区別する必要がある。『ロトの妻』においては，表示作用が絵画的なのである。つまり，その絵は，私たちがその絵を見るときロトの妻を（塩の柱の形で）見るということが虚構として成り立つような仕方で，ロトの妻を現前させているのである。『ロトの妻』は，この意味で，ロトの妻の絵なのであり，ある人物の絵なのであるが，それは人物 - 画像であるという意味において「ある人物の絵」なのではない。（ノーヴィッツは，描出的であるとはどういうことかが，表示作用によって説明されるべきではない，と強く主張している点では正しい。）〔ロトの妻は，旧約聖書のソドムとゴモラの滅亡のくだりに登場する人物。ソドムとゴモラが神によって滅ぼされるとき，正しい人であったロトは妻や娘とともに逃げることを許されたが，後ろを振り向いてはいけないと告げられた。ところがロトの妻は振り向いてしまい，塩の柱となった（『創世記』19：26)〕。

(8) Peirce, *Collected Papers*, vol. 2.

(9) とりわけグッドマンが困難を詳述している（Goodman, *Languages of Art* において)。ゴンブリッチも（Gombrich, *Art and Illusion* において）攻撃手段を提供している。ただし，ゴンブリッチは，グッドマンの過激な規約主義（conventionalism）には抵抗している。

(10) Goodman, *Languages of Art* の第 1 章と pp. 225–232. パノフスキー（Panofsky, "Perspective")

にも，異なった遠近法体系はたんに異なった慣習にすぎないという考え方の示唆がある。Podro, *Critical Historians*, pp. 186–189 も参照のこと。

(11) Goodman, *Language of Art*, pp. 34–39.

［5］ 参考までに，「ホッベマの『水車』を一枚の絵として見るということはしない」とはどういう意味なのか，訳者の解釈を示しておく。ホッベマの『大きな赤い屋根の水車小屋』という絵は，絵の具の塗られたさまざまな画布（つまり，いろいろな絵）によく似ている。しかし，だからといって，私たちが，ホッベマの『水車』を，《さまざまな絵を描出するものとして見る》ことはない。これがこの文の意味するところだと思われる。「ホッベマの『水車』を一枚の絵として見る」とは，絵というものを描出しているものとしてその絵を見る，というあり方を言うわけである。

(12) ハーメレン（Hermerén, *Representationa and Meaning*）とウォルターストーフ（Wolterstorff, *Works and Worlds*）は，「表象的に見る」ことを構成するような種類の「として見る」を，他の種類の「として見る」からどうやって区別すればよいのかについて，示唆を提供している。

(13) Wollheim, *Art and Its Objects*, §§11–14, pp. 205–226.

［6］ ある絵を絵というものの一例「として見る」ことはある。この意味では，絵を絵として見る，という言い方は可能である。だが，私たちは，絵「の中に」水車小屋を見るとは言うが，絵「の中に」絵を見るとは言わない。この点で，「seeing-in」は，「seeing-as」よりも，絵画が描出する働きを的確に捉える言い方になっている。なお，ここでは「絵「の中に」絵を見る」とは——もちろん，こういう言い方はないのだが——絵が絵というものを描出していると見る，という意味になる。

(14) Wollheim, *Art and Its Objects*, pp. 222, 223.

(15) Wollheim, *Painting as an Art*, pp. 46–47.

(16) シアーは，「の中に見る」による描出の説明に対し，以下のように反論している。彼の主張するところでは，壁の上に残像を見るような仕方で，自分の祖父のイメージを石の上に投射することは，祖父を石の中に見ることであると見なされてよい。ところが，こんなことをしても，その石が祖父の描出体になるわけではない。たとえ岩の上の神秘的な指図がそういう投射を命令していたとしても，石は描出体にはならない（Schier, *Deeper into Pictures*, p. 17)。これへの回答は，次のような要請の中に存在している。すなわち，その絵を現実に見ることは，ただ小道具とか想像を促す事物となるだけでなく，表象体の対象となり，知覚者の想像のオブジェクトとならねばならない，という要請の中に存在している。シアーの言う上記の知覚者は，祖父を見ているところを想像している。だが，その石を自分が見ていることが，自分が祖父を見ていることであるとは想像していない。正しく言い表せば，「の中に見る」による説明は有効なのである。

(17) 「ウォルトンの見解によれば，絵の外形的な見え方と，私たちがごっこ遊び的に見るように導かれる事柄との間には，規約的なつながりがあるとされる。それゆえ，この見解によると，その絵の外形的な見え方にかかわるために，私たちが特別な種類の知覚的な能力を持ち込むことは要求されないのである」(Wollheim, *Painting as an Art*, p. 361, n. 21)。（私は，このつながりを留保なしに「規約的」であると見なしはしない。）

(18) シアーは，これに似た反論を提示している（Schier, *Deeper into Pictures*, p. 23)。

(19) この主張には，第9章1節で限定を加えることになる。

(20) Robbe-Grillet, *Jealousy*, p. 39.〔アラン・ロブ＝グリエ『嫉妬』白井浩司訳，新潮社，1959年，7頁。〕

(21) 多くの場合，限界に近づいていると分かる以前に絵の具の染みが見えてくる。だが，この

逆はあまり起こらない。

(22) Goodman, *Languages of Art*, p. 136.

(23) 絵の木や物語の木について間違いと私が呼ぶのは，もちろん虚構的真理についての間違いである。二つの命題のどちらが真なのかについて間違いやすい場合，描出体においては，二つのどちらが虚構として成り立つのかについて間違うことがしばしば容易に生じる。だが，二つのどちらが虚構として成り立つのかに関して，物語において間違うことはずっと生じにくい。

(24) Walton, “Transparent Pictures” を参照のこと。

(25) Wollheim, “On Drawing an Object,” p. 25.

(26) また，「充実」してもいる。Goodman, *Languages of Art*, p. 230 を参照のこと。

(27) Bach, “Par of What a Picture Is” および Sober, *Simplicity* を参照のこと。

(28) 「[ピカソは] この作品 [『アヴィニョンの女たち』] で，四肢を切り離してもう一度寄せ集めた女性を提示している。この方法によって，背後と正面を同時に私たちが見ることができるようになっている。この仕掛けはキュービズムの中心となった」(Penrose, “In Praise of Illusion,” pp. 248–249)。

(29) 「[キュービズムは] 新しい絵画の技法である。それは，外的視覚の現実性ではなく，内的視覚の現実性から取り込まれた要素によって，新しい構造を描くものである」(Apollinaire, *Cubist Painters*, p. 17)。〔アポリネール『キュビスムの画家たち』斎藤正二訳，緑地社，1957 年。〕

(30) その人はコンピューターが無疵かどうか詳しく調べることができない，ということが虚構として成り立つのではない。おそらく，調べることができる，ということが虚構として成り立つだろう。だが，その人が調べているということは，虚構として成り立ちえないのである。

(31) この解釈に疑いの余地はある。しかし，通常の線描画の多くは，明らかにこの仕方で解釈されているはずであり，私の言いたいことを例証する役に立つ。多数の線描画において，たとえ明示的には影や反射が描かれていなくても，影や反射が存在することは虚構として成り立つのである。

私は，マティスの作品で影や反射が明示的に描かれていないことの美学的な重要性を疑ってはいない。絵画の表現様式のこの特徴は，この作品の表現的な性格に大きく貢献している。しかし，影が存在しないということが虚構として成り立っているという想定も，あるいは影が存在するということが虚構として成り立っていないという想定も，いずれもこの貢献を説明するために必要とはされないのである。この貢献は，作品世界において虚構として成り立っていたりいなかったりすることからではなく，私がすぐに述べるように，見ている人のごっこ遊びにおける省略から導き出されると解釈することができる。

(32) どちらの作品が，世界が存在するあり方ともっともよく一致すると考えられるのかということは，その人の形而上学の理論に依存するだろう。現象主義者はフェルメールの作品を選ぶだろうが，物質主義者はマティスの作品を選ぶだろう。私の現在の関心事は，世界のあり方に，または世界がそうあると考えられている仕方に，絵がどのように関係しているかではない。そうではなくて，私たちが世界を知覚する仕方と絵がどのように関係しているかである。

［7］ 前々段の内容によれば，マティスの場合，現実の手がかりは輪郭線である。

(33) 「多数の実地の実験を経て，私は，写真において（心理学的な視点から）自然に最も近い真実が，画像の背景を焦点より外に置き，かつ画面の構成に破壊をもたらさない程度にとどめることによって得られる，ということを発見した」(1893 年の P・H・エマーソンの

言葉。Nancy Newell, *P. H. Emerson*, p. 99 の引用から)。また，Gombrich, "Standard of Truth"，ゴンブリッチのヘルマン・フォン・ヘルムホルツの引用，および Snyder, "Picturing Vision," pp. 502, 516 も参照のこと。

(34) こういった論点を，私は Walton, "Transparent Pictures" で擁護した。

(35) Walton, "Transparet Pictures" を参照のこと。

(36) 写真を用いたごっこ遊びは，現実の知覚を補助するという写真固有の基本的な機能の上に追加される。例えば映画を観るときに，私たちが写真を通じて現実に見るものと，私たちが虚構として見るものとの間の弁証法的な構造は，興味深く，かつ重要なものである。これについても，Walton, "Transparet Pictures" を参照のこと。

[8] Edgar Allan Poe, "Facts in the Case of M. Valdemar".

(37) 音や匂いを音波や発散物質と同一視する物理主義者が正しいのでないかぎり。仮に物理主義者が正しいとしても，音波や発散物質を音や匂いとして見るとはどういうことなのか，私たちは理解できない。

(38) Goodman, *Language of Art*, pp. 228–230. ある図式は，他のある図式よりも，保有する特徴がより多く「構成的」であり，より少なく「偶然的として排除される」場合，当該の他の図式よりも「充実（replet)」している。

(39) Goodman, *Language of Art*, p. 231.

(40) ノヴィッツが現にこのことを言っている（Novitz, *Pictures and Their Use*, p. 12)。

(41) 別の例は，Snyder and Allen, "Photography, Vision, and Representation," pp. 157–159 で論じられている写真判定用の写真である。

(42) しかし，おおいに「非具象的な」絵画も，私たちの意味においては，表象的である。第1章8節を参照のこと。

[9] ヨハン・クーナウ（Johann Kuhnau, 1660–1722）はドイツの作曲家。

[10] カッチャ（*caccia*）は，「14世紀イタリアの詩と音楽の重要な形式の一つ。「狩り」の意味。歌詞は，狩りをはじめ，いきいきとした情景を扱ったもの。音楽形式は2声の厳格なカノンであるが，普通，これら2つの声部に自由なテノールの声部が加わり，楽器で奏されることが多い」(ブリタニカ大百科)。

[11] エルガー（Edward William Elgar, 1857–1934）の『エニグマ変奏曲（*Enigma Variations*)』は，それぞれの曲が友人たちの肖像画であるとされている。

(43) ハイドンは，『四季』の中の蛙の鳴き声について弁解しているという報告がある。ハイドンは「これ（フランス的なバカげたこと）は友人によってハイドンに強いられたと言っている」。Toovey, "Programme Music", p. 171 を参照のこと。

(44) Walton, "What Is Abstract About the Art of Music?".

(45) Williams, "Imagination and the Self," p. 34 を参照のこと。

(46) もう一つの可能性は，自分が闘争していると想像しているのだが，一人称的なやり方によってでない，つまり，内側からではない，ということである。なお，誰の闘争なのか，私のか誰か他人のか，私が想像していないとしても，私がその闘争に内側から気づいていると想像することはありうる。

(47) Walton, "What Is Abstract About the Art of Music?" を参照のこと。

(48) Wilson, *Narration in Light*, p. 31 を参照のこと。

(49) 新しいのは，反射する球面の微弱な意欲を
極度に注意深く描いていること
（それは鏡を使った最初の自画像だ）
だから，見る者は一瞬だまされる，

しかしすぐにわかるのだ，映っているのは
自分ではないと。そして自分が反射像を奪われた
あのホフマンの登場人物のように感じられる。自分の全体は
別の部屋にいる画家の厳密な他者性に取って代わられたように
見えている。私たちは絵を描いている画家を
驚かせたのか。違う，画家が絵を描いて
私たちを驚かせるのだ。

John Ashbury, “Self-Portrait in a Convex Mirror,” p. 74.〔ジョン・アッシュベリー「凸面鏡の中の自画像」『ジョン・アッシュベリー詩集』大岡信・飯野友幸訳，思潮社，1993 年を参照した。〕

(50) この映画の構造は，実際にはこれよりもっと複雑である。だが，単純化することで，私の論点を例証するのはより容易になる。

(51) 想像される経験は，もちろん，視覚的であるだけではなく，運動感覚と触覚も含む。虚構としてこの視覚的でない経験をすることは，ある程度，一定の仕方で虚構として見ることの結果である。

(52) 「エスキモーロールは，教える側にも習う側にも一つの挑戦である。……一つの認識問題が存在する。なぜなら，見る側はボートの漕ぎ手が回転するのを見るのだが，ボートの漕ぎ手は世界が自分の周りで回転するのを見て，感じているからである。見る側から行なう側に替わるのは，とても混乱させられることなのである」(McNair, *Basic River Canoeing*, p. 89)。

(53) Karelis, “The Las Meninas Literature”.

(54) Schier, *Deeper into Pictures*, pp. 43–56.

(55) 読者は，この見解を確認するために，シアーの「自然な増殖性」の説明を参照するとよい。私の手短かな批判は，シアーやカレリスの問題提起を正当に評価するためのものではない。

第 9 章　言語的表象体

［1］ デイヴィド・ギルモア・ブライス（David Gilmore Blythe, 1815–1865）はアメリカの画家。

（1） ある作品の言葉に関して，たんに誰か虚構としてそれを発したり書いたりする人物がいるというだけでは，その作品に語り手がいるということにはならない。略式の言い方をすると，虚構において，言葉はある特定の登場人物の言葉でなければならないのである。読者は，その言葉が誰かによって発されたとか書かれたとだけ想像するのではなく，誰かがその言葉を発したり書いたりしているところを想像するか，あるいは発したり書いたりしたばかりだと想像する必要があるのだ。

（2） ヴィトルド・ゴンブロヴィッチは，おそらく彼の『ポルノグラフィア』の語り手である。「そして今，急に私の前に，もはや完全に終わったと思っていた暖かな春の幸せな恋物語の可能性が現れた。……私はこれ以上を望まなかった。私，ポーランド人作家，ゴンブロヴィッチは，この幻影を，魚が餌を追いかけるように追った」(Gombrowicz, *Pornografia*, p. 41)。

（3） Puig, *Heartbreak Tango*, p. 131.

（4） 注意：純粋に虚構的な登場人物についてはいかなる命題も存在しない。それゆえ，虚構として成り立つ命題も存在しない。私は，そういう命題が存在するふりをしているのである。このふりの様式については，第 10 章で説明するつもりである。

（5） Cohn, *Transparent Minds*, p. 26.

（6） Federman, *Take It or Leave It*, p. 87.

（7） 作品世界，あるいは公認されたごっこ遊びにおいては成り立たない。だが，おそらく，非公式のごっこ遊びにおいては，容易に思い描かれうるだろう。第10章4節を見よ。

（8） 『ヴェニスに死す』で，「彼は，疑いなく，年老いた男だった。目じりにも口の周りにもカラスの足跡のような皺が刻まれていた」とあるのは，虚構において，この語り手にとってすべてが疑いないわけではないことを示唆している。後になって，不確実な点が個別的に暗示される。「彼らは，その男が年老いているのが見えなかったのだろうか。その男には彼らが着ているような服を着る権利はないこと，彼らのうちの一人であるようなふりをする権利はないことが，分からなかったのだろうか。だが，彼らはその男に慣れているように見えた。その男を自分たちの一人として我慢して受け入れ，その冗談に親切に応じてやり，その男の脇腹を小突き返してやっていた。他にどうできるというのだ？」(Mann, "Death in Venice," p. 17)。

［2］ 一般に，命題Pに関する知識の主張，「私はPということを知っている（I know that P)」は，Pが真である場合にのみ主張できる。これは「知っている（know)」という語に関して（さまざまな言語で）成り立つ使用規則である。この規則のゆえに，知っているという主張を行なう人物は，Pの真偽に疑いが提起されたとき，Pが真であるという十分な論拠を提出できるのでなければならない。Pが事実命題（例「私はAさんが犯人だということを知っている」）なら，証拠の提出が求められる。Pが未証明の数学の定理なら，Pの証明が求められる。したがって，語り手がPを知っているということが虚構として成り立つならば，その虚構世界ではPが真であることが含意されることになる。

（9） 「信頼性」の二つの概念が不鮮明であることの一つの典型的な例は，ウェイン・ブースの「全知」の定義である。「完全な特権［厳密に自然な手段では知りえないことを知っているか，または現実的な見方と推論に限定されているか］とは，いわゆる全知である」(Booth, *Rhetoric of Fiction*, p. 160).〔ウェイン・C・ブース『フィクションの修辞学』米本弘一他訳，書肆風の薔薇，1991年，208頁。〕

（10） 「フィクションの中で，最も実在的で「まっとうな」登場人物とは，まさに私たちが現実生活で人々をそういう風に知ることは決してないような仕方で，最も親密に知る登場人物なのである」(Cohn, *Transparent Minds*, p. 5)。

（11） Puig, *Heartbreak Tango*, p. 86.〔誰のどういう思念なのかを「：」の前に提示し，「：」の後で，その思念の内容を「,」で区切った一人称の文として列挙する，というやり方。〕

（12） Puig, *Heartbreak Tango*, pp. 164–165.

［3］ この段落と次の段落が，ほぼすべての文学作品に語り手があるとするための，第二の考察である。

（13） 作者は，現実において，登場人物と状況に関する虚構的真理に対してある心的態度を取り，そういう態度をテクストの言葉の中に表現することがありうる。だが，後に見るように，この事実はまったく違う問題であって，説明すべきテクスト上の特徴の多くをそれによって説明することはできない。

（14） Wolterstorff, *Works and Worlds*, p. 178.

（15） これは，ほぼChatman, *Story and Discourse* においてチャットマンの推奨することである。

（16） 語っている報告者のことである。本章6節を見られたい。

（17） Puig, *Heartbreak Tango*, pp. 83–85.

［4］ 詩の韻律の一形式。一行で，弱い音と強い音を交互に5回繰り返す。

（18） 文学作品を構成する文のうち，バンフィールドが，Banfield, *Unspeakable Sentences* において語り手には帰属させられないと主張した文などは，似たようなやり方で理解してもよい

かもしれない。

(19) ここに挙げた複数の分類の仕方がきれいに対応するわけではないということは，第3章から明らかである。一人の語り手が，報告する語り手でもあり物語を語る語り手でもあるということが可能なのである。

(20) しかし，語り手の物語の世界において，語り手が出来事に参加したとか，観察したということが虚構として成り立つということが，作品世界において虚構として成り立つかもしれない。

(21) Walton, "Points of View" および "Style". これらの論文で，私は，見かけ上の芸術家の本性と重要性について，本書で述べるよりもずっと多くのことを言っている。ただし，ごっこ遊び的な信念という観点で説明してはいない。

(22) このことは不可避的ではない。ある現実の短編Sに関して，Sを構成する言葉がある作者Nによって書かれた長大な英雄物語の始まりの部分の言葉である，ということが虚構として成り立つことはありうる。NはSの語り手である。Sの中の言葉がNの書いたものであることは，S-虚構的である。そして，それらの言葉を作り出すときに，Nがフィクションを創造しているということも，S-虚構的である。ところが，Sそれ自体がNの創造したその英雄物語であるということは，S-虚構的ではないかもしれない。

[5] 「現実において虚構として成り立つ」とは，読者が現実に読んでいる物語の水準で虚構として成り立つということ。『虚栄の市』と名付けられた小説1の中で，語り手は，ベッキー・シャープとロードン・クロウリーが結婚する小説2を語っていく。このとき，この結婚が小説2において虚構として成り立つということが，小説1において虚構として成り立っている。だが，この結婚は，小説1の中の小説2において虚構として成り立つだけでなく，小説1と同じ水準でも虚構として成り立つことが期待される。ウォルトンは，こう言っているわけである。

[6] 「態」と「叙法」という訳語は，ジェラール・ジュネット『物語のディスクール』（花輪光・和泉涼一訳，水声社，1985年）による。

(23) Genette, *Narrative Discourse*, p. 186. Chatman, *Story and Discourse*, pp. 151-158 も見られたい。

(24) Pascal, *Dual Voice*, p. 26.

(25) Booth, "Distance and Point-of-View," p. 94.

(26) ブース（Booth）は，そのパースペクティヴがこのようにして提示される登場人物を，語り手と呼んでいる。だが私は，ジュネット同様，この呼び方は混乱を招くと思う。ストレザー自身は，虚構において，このテクストの言葉を話している者ではない。つまり，私たちの言う意味での語り手ではない。

(27) 『大使たち』冒頭の文章。〔ヘンリー・ジェイムズ『大使たち』青木次生訳，岩波文庫，2007年，上巻，7頁より。ただし，第2番目の文の終りは，「……わけではない。」を「……わけではなかった。」に改め，主語「彼は」を補った。これは，以下で，人称と時制が問題となるための措置である。〕

(28) カフカ『審判』。Cohn, *Transparent Minds*, pp. 122-123 における引用から。〔訳文は引用の英語訳からの拙訳。ただし，ドイツ語からの原田義人訳（青空文庫）を参照した。なお，Cohn の引用では，末尾の最高裁判所云々の文のひとつ前に，"Where was the Judge whom he had never seen?" がある。ウォルトンでは脱落しているので，脱落のまま訳出した。〕

(29) ヴァージニア・ウルフ『ダロウェイ夫人』の始まりの一節。Banfield, *Unspeakable Sentences*, p. 66 で引用され，論じられている。〔引用は拙訳だが，富田彬訳（角川文庫，2003年）を参照した。〕

(30) Pascal, *Dual Voice*, p. vii.

(31) Cohn, *Transparent Minds*, p. 102 における引用から。〔訳文はジェイムズ・ジョイス『若い芸術家の肖像』丸谷才一訳（『世界文学全集 第 71 巻』講談社，1974 年，127 頁）によるが，丸谷訳では「ぼく」とあるのを「彼」に適宜改めた。〕

第 10 章　架空の存在者をしりぞける

(1) 例えば，Meinong, "Theory of Objects" において。

(2) 第 IV 部では，「fictions」と「fictional entities」は，たんに虚構的にすぎない事物を意味することにしたい。この用法は，先立つ各章で「fictions」と「fictional entities」が虚構的でありうるだけでなく，現実的でもありうる，という使い方をしてきたのとは違う。また，「fictions」が虚構作品（*works* of fiction）を意味したのとも違う。〔第 IV 部では，「fictions」と「fictional entities」を「虚構的存在者（たち）」と訳す。なお，「fictitious entities」は「架空の存在者（たち）」と訳すことにする。なお，これは「fictional entities」と特に区別する必要のない概念である。〕

(3) Margolis, *Art and Philosophy*, pp. 252–263.

(4) 虚構的存在者とその変異体の本質に関するここに引用したいくつかの見解は（私の短い所見が示唆するよりは洗練されているものが多いのだが），以下の著作に見出されるものである。Castañeda, "Fiction and Reality"；Fine, "Problem of Non-Existence"；Howell, "Fictional Objects"；Parsons, *Non-Existent Objects*；Routley, *Exploring Meinong's Jungle*；Van Inwagen, "Creatures of Fiction"；Woterstorff, *Works and Worlds*；Wood, *Logic of Fiction*.

(5) Parscns, *Non-Existent Objects*, pp. 59–60.

(6) Wolterstorff, *Works and Worlds*, p. 146. また，Fine, "Problem of Non-Existence" および Walton, "Review of Wolterstorff," pp. 187–189 を見られたい。

(7) Parsons, *Non-Existent Objects*, pp. 190–194.

(8) ビアトリクス・ポター『フロプシー・バニーのおはなし』(Beatrix Potter, *The Tale of the Flopsy Bunnies*)。

(9) ハウウェルはこの点を強調した（Howell, "Fictional Objects," p. 153)。

[1] 「断定」「断定する」の原語は，「assertion」「assert」。事実や信念や意見を「assert」するとは，辞書的には，そのことを確信をもって強く述べること（If someone asserts something such as a fact, belief, or opinion, they state it firmly and forcefully. *Collins COBUILD Dictionary of English Language*)。言語哲学の文脈では，話し手は，自分の述べていること（命題）が真であるという立場を明示し，かつ自分自身それが真であると信じているのでなければならない，とされる（Searle, "The Logical Status")。要するに，客観的に真なることを，自分もそれが真だと信じて（半信半疑などではなく）はっきり言う，ということ。

(10) 私たちは，この文が（この文脈で）ある仕方で命題を表現していると認めてもよいかもしれない。しかし，それはガリヴァーとリリパット人についての命題ではないし，また，話し手が虚構性を帰属させることができるような命題でもない。この文が表現している命題は，これから私が主張することだが，単純に，この文を手段として私たちが断定することになるような命題なのである。話し手がこの文を手段として断定していることを断定することができ，また実際に断定しているのは，この文が表現している命題をこの文が表現しているからではないのである。〔この原注 10 は，分かりにくいので，参考までに解釈を提示しておく。「ガリヴァーはリリパット人に捕らえられた」という文は，これ以降のウォルトンの説明を先取りし，かつ細部を無視してごく大まかに言うと，『ガリヴァー旅行記』という小説はこの文が虚構として成り立つような小説である，という小説に関する一つの事実命題を表現している。そして，「この文を手段として話し手が断定していること」は，

『ガリヴァー旅行記』はそういう小説だ，という現実世界の事実命題なのである。〕

［2］ その子は，「逮捕する」という行為を現実において実行してはいない。おそらく，その子は「相手の腕を摑む」といった行為を現実において実行しているだろう。ところが，この行為は，虚構においては「逮捕する」ことであるが，現実においては「逮捕する」ことではない。それゆえ「そういうふりをしているだけ」なのである。

［3］ プルーストの『ジャン・サントゥイユ』のこと。

(11) Genette, *Narrative Discourse*, pp. 37–38.

(12) エヴァンズは真面目な断定のためにごっこ遊びが利用されることを強調している（Evans, *Varieties of Reference*, pp. 363–364)。

［4］「実在する出来事を語るふりを現実において遂行する」とは，つまりは「ふりをすること」である。それゆえ，この箇所は「ふりをするふりをすること」は，「ふりをすること」の代わりになる，と言っているのである。なお，「実在する出来事を語るふりを現実において遂行する」ことが「ふりをすること」であるということは，俳優の演技の例で分析してみると分かる。ハムレット役の俳優は，戯曲の世界に実在する出来事を語る，という演技を，現実において遂行している。これが「実在する出来事を語るふり（＝演技）を現実において遂行する」ことである。（戯曲の世界の）実在の出来事をハムレットが語るという演技を俳優が現実において遂行する，のである。

［5］ ここでは，ふりをすることと，ふりをするふりをすることを対比している。そして，ふりをするふりをする場合でも，ふりをすることの代わりとして，ふりをするのと同等の効果が得られる，と言っているのである。

［6］ ここで対比されているのは，サリーがトム・ソーヤーについてふりをすることとして語ることによって，トム・ソーヤーがサリーのごっこ遊び世界にいることになる，というあり方（ウォルトンの立場）と，サリーが語る以前にトム・ソーヤーなる存在者が現実的または虚構的に存在し，それを指してサリーが何かを語る，というあり方（実在論者の立場）の，二つのあり方である。サリーが語ることによってトム・ソーヤーが存在することになるのか，サリーが語る以前にトム・ソーヤーが存在するのか，という違いとも言える。

(13) ウッズ（Woods, *Logic of Fiction*）は〔こういう文が〕「賭けに感受性がある」と語っている。トムが自分の葬式に出席したということに賭けると，あなたは勝つ。学校をずる休みしたことがないに賭けると，負ける。

［7］ 後ろの例からも分かるように，ふり行為を手段として遂行される断定の中身は，「どのような振る舞いをすることが適切であるのかということ」になる。

(14) これは，ガレス・エヴァンズが虚構に関する言明に対して提案している真理条件に近い（Evans, *Varieties of Reference*, Chap. 10)。エヴァンズは，言明をどのように言い換えるのがよいかについては述べていない。エヴァンズの試みは，虚構的存在者への見かけの指示をごっこ遊び的な信念によって説明するものであるが，そのかぎりで，基本的な傾向といくつかの細部において私の説明によく似ている。

(15) もう少し後で，サリーとディヤンが断定している事柄を，ふり行為に携わることなく断定する話し手，サム，について考えることになる。

(16) このことがその物語では虚構として成り立つので，その物語について公認される任意のごっこ遊びでこのことは虚構として成り立つ。それゆえ，公認のごっこ遊びである人がこのことを主張するということが虚構として成り立つとき，そのごっこ遊びにおいては，その人が真なることを主張しているということが虚構として成り立つ。

(17) 本章5節をみられたい。

［8］ 自分の葬式に出席した人物がいると断定するふりをする行為は，トム・ソーヤー以外の人

物名を用いて行なわれることがあるからである。虚構作品にかかわる発話ではない普通の断定では，名指された人物が実在する。その人物を指示対象とすることによって，自分の葬式に出席した人物がいるという発話を，人物別に分類することができる。だが，虚構的存在者を実在するものとして導入しないならば，断定するふりをする行為を，トム・ソーヤーにかかわる事例と，トム・ソーヤー以外の虚構名を用いて行なわれた事例との間で，適切に区別して分類することができなくなる。ここで扱われているのは，この問題である。

(18) 私は，『名指しと必然性』(*Name and Necessity*) におけるクリプキ (Kripke) の自然種名の説明に依存している。

[9] 「トム・ソーヤーは自分の葬式に出席した」という発話は，『トム・ソーヤーの冒険』にかかわるとは限らない。自分の葬式に出席したトム・ソーヤーを含む多くの人々に関する一連の発話の中に現れるかもしれない。あるいは，葬式のやり方（生前葬とか）に関する発話かもしれない。これらの場合，サリーの発話は種類 K を例示するものとはならない。

[10] ある色をした小片を示したとき，その行為が色調の例を示す行為であると理解されるとは限らない。その小片の形（例えば，四角形）に着目して，四角形の例を示すと理解されるかもしれない。その行為は，このほかにも，小片の大きさや材質，あるいは提示するときの手の動かし方，等々，さまざまなものの例でありうる。

[11] 「北部の森で育つ巨大な蚊はアリゾナで井戸を掘るのに利用された」という文には，「トム・ソーヤー」のような虚構的存在者を指す名前（現実世界の指示対象を欠く固有名）は現れていない。この文が指し示すある命題は，この現実世界において偽であるだけで，命題として存在しえないわけではない（ただし，命題とは，現実のさまざまな存在者が組み合わされて成立する論理的に可能な諸々の事態であると考えておく）。

なお，井戸を掘るのに利用されるような巨大な蚊など，この現実世界にいるはずないではないか，という感想を抱く読者も多いと思われる。この感想の実質は，「井戸を掘るのに利用される巨大な蚊が存在する」という文は偽だ，ということである。この文の真偽を判定するとき，虚構的存在者を導入する必要はない。この文が偽だということは，たんに，「蚊である」,「巨大である」,「井戸を掘るのに利用される」という三つの属性を同時に満たすものが現実世界に一つも存在しない，というだけのことである。こういった問題に関心のある方は，バートランド・ラッセル「表示について」あるいはクワイン「何が存在するかについて」などを参照されたい。

(19) 空間が相対的であるならば，すなわち，端的な運動または静止そのものは存在せず，何かあるものに相対的にあるだけであるならば，人は，物体の集合を，ある与えられた対象，——例えば土星——に相対的に静止している物体たちとして，当該の集合の一つの元（例えば，土星）とその集合の元となるために他の物体が持つべき関係とを示すことによって，特定できるかもしれない。種類 K が特定されるのは，このやり方によってである。

デイヴィドソンの間接話法の説明との類縁性は明らかだろう。すなわち，「ガリレオが地球は動くと言ったと私が言うとき，私はガリレオと私自身を，同じことを言う人物たち (same-sayers) として表象している」(Davidson, "On Saying That")。

(20) サリーとディヤンのふり行為を同じ種類のものとするための，別のもう一つの説明の仕方は，この二人が同じ命題を断定しているということを虚構として成り立つようにしている現実の諸条件による説明かもしれない。たぶんそれは，サリーとディヤンが真正の断定を行なっているとするならば，二人は同じ命題を断定することになっていたであろうという事実，になるだろう。

[12] わかりにくいので，訳者の解釈を参考までに述べておく。おそらく，サリーが断定するふ

りを本気で（＝「ふりをするという気持ちで」）遂行しているのに対し，サムは断定するふりを本気では遂行しておらず，断定するふりの所作をひととおり行なっているだけである，ということであろう。あるいは，サリーが断定するふりをしているのに対し，サムは断定するふりをするふりをしている，と言ってもよいかもしれない。

［13］ 宮崎雄行編『対訳キーツ詩集』岩波文庫，2005 年，143 頁。

(21) こういう事例で人が真なることを話しているということが虚構として成り立つのは，その二つの作品の間に一定の因果的つながりがあるからである。その因果的つながりは，人物 X の伝記と，その伝記を通じてのみ X について知った人の書いた伝記の解説の間に生じるような，任意の種類の因果的つながりである。解説における名前「X」は，このつながりによって，伝記においてその名前が指示する人物を，それが誰であるにせよ指示している。

(22) この例は，Howell, “Fictional Objects,” p. 171 から借用した。

(23) 物語が違う語群を含んでいながら，依然として現にある物語であるということはありえない，ということは主張しうることではある。にもかかわらず，物語がそうありえたならどういうことが成り立つのか，と問うことはできる。

［14］ 公認のごっこ遊びは，ごっこ遊びのメタ規則の水準（公認されるごっこ遊びに対して作品世界の側で成り立つ生成の原理）で特定される。他方，非公式のごっこ遊びは，作品の与えるメタ規則からは逸脱した規則を備えているということが前提である。非公式のごっこ遊びに関して，個別の生成の原理が言及されるのは，ここに違いがあるためである。

(24) Borges, “Parable of Cervantes and *Quixote*,” p. 242.

［15］ 1972 年にミケランジェロのピエタ像が大槌で破壊される事件があった。この事件を念頭に置きつつ，ピエタ像を指し示して「野蛮人が聖母マリアを大槌で襲った」と言ったとする。このとき，現実世界でピエタ像を破壊したことが，虚構世界で聖母マリアを大槌で襲ったことになっているような，ピエタ像を小道具とするごっこ遊びが設定される。このごっこ遊びの世界においては，聖母マリアをレンチで襲ったと言うことは虚構として偽になる。

(25) エヴァンズは，ごっこ遊び的信念が「共有された幻想や……取り違えられた証言といった，元々は芸術的ないし想像的な過程の産物ではないもの」から生じうることを強調している（Evans, *Varieties of Reference*, p. 353）。

［16］ 舞台下方の奏楽席にオーケストラがいる，という現実の事実を断定しているのである。

［17］ オーケストラが水の中にいる，ということが虚構として成り立つのではない。オーケストラが水の中にいると話し手が主張している，ということが虚構として成り立つのである。現実世界で，話し手は，オーケストラは舞台下方の奏楽席にいる，と断定している。だが，現実世界でこのことを断定する手段として，話し手は，虚構世界で，オーケストラが水の中にいると主張している。話し手は，だから，自分の断定の手段として，そう主張するふりを（現実世界において）していることになる。

［18］ 話し手は，前注に述べたふり行為さえ行なっておらず，そういうふり行為があるということを含意したり，示唆したりしているだけだということ。だが，含意や示唆によって，そういうふり行為がありうるということに注意を引いてはいるのである。

(26) Howell, “Fictional Objects,” p. 154 ; Parsons, *Non-Existent Objects*, pp. 169–170 およびパーソンズのプライアーへの言及を参照。

［19］ 「農民たちが浮かれ騒いでいる」色と形といった言い方で「色彩の斑点を細かく述べる」やり方は，しかじかの色でこれこれの形というような「通常の場合」の色と形の記述が言うことを捉えられない，ということ。たしかに，農民たちが浮かれ騒いでいる色と形，と

言われても具体的にどういう色，どういう形なのかは見当がつかない。

(27) 絵を見る人が，その絵がどんな虚構的真理を生み出すかとは別に，一つの抽象的な図案として絵に興味を抱くことはありうる。しかし，農民たちが浮かれ騒いでいるということを虚構として成り立つようにする個別的な色や形の組み合わせ方に，この人が興味を抱くということはありそうにない。さらに，こういった色や形の特徴を，「農民たちが浮かれ騒いでいる」と言うことでもって提示するのは，特徴そのものにではなく，特徴の表象的な機能への注意を呼び起こすことになるのは確実である。

(28) 以下は，「ユリシーズはオデュッセウスである」を解釈する別のやり方である。この二つの作品の間に成り立つ発生的関係のゆえに，人は，テニスンの詩を読みながら，ホメロスの『オデュッセイア』の一定の側面とその公認のごっこ遊びを心に留めることになる。この文を発話することの要点は，この事実を伝えることかもしれない。すると，この事実〔テニスンの詩を読むときホメロスの作品を連想するという事実〕が断定されていることになるだろう。

(29) Van Inwagen, “Pretence and Paraphrase”. これは私の理論の初期の素描に対する応答である。Van Inwagen, “Creatures of Fiction,” pp. 304–305 も参照されたい。

(30) このことは，他のごっこ遊びを結合する非公式のごっこ遊びにとって，珍しい特徴であるわけではない。とはいえ，こういった諸領域が虚構において何であるのかについて言いうることはほとんどないだろう。あるいは，事物がこういった諸領域のうちの同一の領域に属しているとか，異なった領域に属している，といったことがどういうことなのかについて，言いうることはほとんどないだろう。

［20］ 参考までに訳者の解釈を記しておく。ここでの「この主張」とは，〈問題の論理的含意関係が成り立つと主張するふりを現実世界においてすることは，虚構世界においては真なることを話すことである〉という主張である。一方，(20) は，ありとあらゆる小説の虚構世界のすべてからなる虚構世界集合にかかわる発話であって，これ自体が，ウォルトンの見解では，種類 *K* というふり行為にかかわる発話である。すなわち，(20) を用いて現実世界において断定されている事柄は，〈種類 *K* のふり行為をすることが全小説の虚構世界集合においては真なることを話すことである〉ということである。(21) を用いて断定されている事柄も，同様に〈種類 *K′* のふり行為をすることが全小説の虚構世界集合においては真なることを話すことである〉ということである。このとき，(20) が現実世界において断定する事柄は，(21) が現実世界において断定する事柄を，現実世界において，その論理形式のみの力によって論理的に含意する，ということはない。なぜなら，種類 *K* のふり行為をすることが何らかの虚構世界で真なることを話すことであるということが，別の種類 *K′* のふり行為をすることが何らかの虚構世界で真なることを話すことであるということを，現実世界において，それぞれの文の論理形式の力のみによって論理的に含意するということは，普通は起こらないからである。(ただし，これは，*K* と *K′* が独立の場合である。ウォルトンがすぐ述べるように，*K* と *K′* の間で生成の原理に一定の関係が成り立てば，論理的な含意が成り立つ。) ところが，「この主張」の方は依然として現実世界において真である。なぜなら，これはこれで，ある種のふり行為に関する主張にすぎないからである。とはいうものの，(22)「言明 (20) は論理形式のみの力で (21) を論理的に含意する」は，「文字どおりに」——すなわち，全小説の虚構世界集合にかかわるふり行為とからめずに——解すれば，上に述べたとおり，(20) が現実世界において断定する事柄は，(21) が現実世界において断定する事柄を，現実世界において，その論理形式のみの力によって論理的に含意するということはないゆえに，現実世界においては，偽なのである。

第11章　存　　在

［1］　(22) が重複しているが，原文のままとする。

（1）　(30) を「現実に」存在するものではなく「物語の内側に」存在するものについての主張として解釈することは可能である。そう解釈すると，(30) は偽であり，「グレゴールは存在する」が真になる。両方とも通常の言明であり，どちらも暴露を含んでいない。私は，「現実に」存在するものについての主張を説明することに取り組んでいるのである。

［2］　「ヴァルカン」については，第6章の訳注［4］を参照。

（2）　Schiffer, “Review of Gareth Evans,” p. 42.

（3）　この事実から，提示されたやり方で指示するふりを（成功裡に）行なう者は，たんに指示しているだけである，ということが帰結する。それゆえ，この人物は指示するふりをしていることを暴露し，また，指示しようと試みるふりをしていることも暴露している。このことの扱いにくさは，「指示する」ことが「断定する」とは違って，成功を含意するという事実に由来する。指示するとは，何かを選び出すことに成功することなのである。だが，断定することは，何か真なることを言うことに常に成功することではない。

［3］　直訳は，「年齢の泉」。

（4）　*Consumer Reports* (July 1988), p. 435.

（5）　私は，「存在する」が「あらゆるものについて真となる第一の水準の概念を表示する」ために使用されるときがある，というエヴァンズの見解には同意しない。しかし，そのように使用されるということが，虚構として成り立ちはするだろう。

（6）　肯定形の存在主張の場合，人は現実にこのような試みを行なっている。それゆえ，私たちは次のように言うことができる。すなわち，「X が存在する」と発話するとき，その人が現実に「X」を手段として指示することに成功する場合にのみ，その人は真なることを話しているということが虚構として成り立つ。